사회·문화편

전시체제기 여론통제(2)

관련 기구와 조사

사회·문화편

일제침탈사
자료총서 58

전시체제기 여론통제(2)

–관련 기구와 조사

동북아역사재단 일제침탈사 편찬위원회 기획

변은진·장순순 편역

동북아역사재단
NORTHEAST ASIAN HISTORY FOUNDATION

| 발간사

일본이 한국을 침탈한 지 100년이 지나고 한국이 일본의 지배로부터 벗어난 지 70년이 넘었건만, 식민 지배에 대한 청산은 이루어지지 못하고 있다. 일본의 독도영유권 주장은 도를 넘어섰다. 일본은 일본군'위안부', 강제동원 등 인적 수탈의 강제성도 인정하지 않고 있다. 일본군'위안부'와 강제동원의 피해를 해결하는 방안을 놓고 한·일 간의 갈등은 최고조에 이르고 있다. 역사문제를 벗어나 무역분쟁, 안보위기 등 현실문제가 위기국면을 맞고 있다.

한·일 간의 갈등은 식민 지배의 역사를 어떻게 볼 것인가 하는 역사인식에서 기인한다. 역사는 현재와 과거의 대화이며 이를 기반으로 미래로 나아갈 수 있다. 과거 침략의 역사를 미화하면서 평화로운 미래를 말하는 것은 불가능하다. 식민 지배와 전쟁발발의 책임을 인정하지 않고 반성하지 않으면 다시 군국주의가 부활할 수 있고 전쟁이 일어날 위험성도 배제할 수 없다. 미래지향적 한일관계를 형성하고 나아가 동아시아의 평화와 번영의 기틀을 조성하기 위해 일본은 식민 지배의 책임을 인정하고 그 청산을 위해 노력해야 할 것이다.

식민 지배의 역사를 청산하기 위해서는 식민 지배는 어떻게 이루어졌는지 그 실상을 명확하게 규명하는 일이 긴요하다. 그동안 일본제국주의에 맞서 조국의 독립을 위해 헌신한 독립운동가들의 활동을 찾아내고 역사적으로 평가하는 일에는 상당한 성과를 거두었다. 반면 일제 식민침탈의 구체적인 실상을 규명하는 일에는 충분한 노력을 기울이지 못했다. 제국주의가 식민지를 침탈했다는 것은 너무나 당연한 사실로 여겨졌기 때문에, 굳이 식민 지배에서 비롯된 수탈과 억압, 인권유린을 낱낱이 확인할 필요가 없었는지도 모른다. 그러는 사이 일본은 식민 지배가 오히려 한국에 은혜를 베푼 것이라고 미화하고, 참혹한 인권유린을 부인하는 역사부정의 인식을 보이는 데까지 이르고 있다. 일제의 통치와 침탈, 그리고 그 피해를 종합적으로 조사하고 편찬할 필요성이 여기에 있다.

일제침탈사를 체계적으로 정리하는 일은 개인이 감당하기 어렵다. 이에 우리 재단은 한국학계의 힘을 모아 일제침탈사 편찬위원회를 꾸렸다. 편찬위원회가 중심이 되어 일제의 식민지 침탈사를 정치·경제·사회·문화 모든 방면에 걸쳐 체계적으로 집대성하기로 했다. 일제 식민침탈의 실체를 파악하기 위해 2020년부터 세 가지 방면으로 사업을 추진하고 있다. 하나는 일제침탈의 실상을 구체적이고 생생한 자료를 통해서 제공하는 일로서 〈일제침탈사 자료총서〉로 편찬한다. 다른 하나는 이들 자료들을 바탕으로 연구한 결과물을 〈일제침탈사 연구총서〉로 간행한다. 그리고 연구의 결과를 대중들이 이해하기 쉽게 〈일제침탈사 교양총서〉를 바로알기 시리즈로 간행한다. 자료총서 100권, 연구총서 50권, 교양총서 70권을 기본목표로 삼아 진행하고 있다.

〈일제침탈사 자료총서〉에서는 정치·경제·사회·문화 모든 방면에 걸쳐 침탈의 역사를 자료적 차원에서 종합했다. 침략과 수탈의 역사를 또렷하게 직시할 수 있도록 생생한 자료를 제공하는데 목표를 두었다. 그동안 관련 자료집도 여러 방면에서 편찬되었지만 원자료를 그대로 간행한 경우가 많았다. 이번에 발간되는 자료총서는 해당 주제에 대한 침탈의 실상을 체계적으로 이해할 수 있는 구성방식을 취했으며, 지배자의 언어로 기록되어 있는 자료들을 독자들이 쉽게 읽을 수 있도록 모두 번역했다. 자료총서를 통해 일제 식민 지배의 실체와 침탈의 실상을 있는 그대로 이해할 수 있게 되기를 기대한다.

2022년

동북아역사재단 이사장

| 편찬사

1945년 한국이 일제 지배로부터 해방된 지 77년의 세월이 지났다. 그럼에도 불구하고 일본 사회 일각에서는 여전히 일제의 한국 지배를 합리화하고 미화하는 주장이 나오고 있으며, 최근에는 한국 사회 일각에서도 일제 지배를 왜곡하고 옹호하는 주장이 나오고 있다. 이는 한국과 일본 사회, 한일 관계와 동아시아 국제관계의 미래를 위해서도 결코 바람직하지 않은 일이다.

이에 동북아역사재단은 일제의 한국 침략과 식민 지배에 대한 학계의 연구 성과를 총정리한 〈일제침탈사 연구총서〉를 발간하기로 하였다. 이에 따라 2019년 9월 학계의 전문가를 중심으로 편찬위원회를 구성하였으며, 편찬위원회는 학계의 연구 성과를 토대로 정치 · 경제 · 사회 · 문화 부문에서 일제의 침탈이 어떻게 이루어졌는지 정리하여 연구총서 50권을 발간하기로 하였다.

주지하듯이 1905년 일제는 러일전쟁에서 승리한 뒤, 한국에 군대를 주둔시키면서 한국의 외교권을 빼앗고 통감부를 두어 내정에 간섭하였다. 1910년 일제는 군사력으로 한국 정부를 강압하여 마침내 한국을 강제 병합하였다. 이후 35년간 한국은 일제의 식민 통치를 받았다.

일제는 한국의 영토와 주권을 침탈하였을 뿐만 아니라, 군사력과 경찰력으로 한국을 지배하면서, 정치 · 경제 · 사회 · 문화의 모든 부문에서 한국인의 권리와 자유, 기회와 이익을 박탈하거나 제한하였다. 정치적으로는 군사력과 경찰력, 각종 악법을 동원하여 독립운동을 탄압하고, 한국인의 정치활동을 억압하고 참정권을 박탈하였으며, 집회와 결사의 자유를 억압하였다. 경제적으로는 일본자본이 경제의 주도권을 장악하고, 일본인 위주의 경제정책을 수행했으며, 식량과 공업원료, 지하자원 등을 헐값으로 빼앗아 갔고, 농민과 노동자 등 대다수 한국인의 경제생활을 어렵게 하였다. 사회적으로는 한국인들을 차별적으로 대우하고, 한국인의 교육의 기회를 제한하고, 한국인으로서의 정체성을 박탈하여 결국은 일본의 2등 국민으로 만들고자 하였다. 문화적으로는 표현과 창작의 자유, 종교와 사상의 자유를 억압하고, 한글 대신 일본어를 주로 가르치고, 언론과 대중문화를 통제하였다. 중일전쟁, 아시아태평양전쟁을 도발한 뒤에는 인적 · 물적 자원을 전쟁에 강제동원하고, 많은 이들을 전장에 징집하여 생명까지 희생시켰다.

〈일제침탈사 연구총서〉는 침탈, 억압, 차별, 동화, 수탈, 통제, 동원 등의 단어로 요약되는 일제의 침략과 식민 지배의 실상과 그 기제를 명확히 밝히고자 하였다. 이를 통해 일제의 강제 병합을 정당화하거나 식민 지배를 미화하는 논리들을 비판 극복하고, 더 나아가 일제 식민 지배의 특성이 무엇이었는지, 식민 통치의 부정적 유산이 해방 이후에 어떤 영향을 미쳤는지를 밝히고자 하였다.

편찬위원회는 연구총서와 함께 침탈사와 관련된 중요한 주제들에 관하여 각종 법령과 신문 · 잡지 기사 등 자료들을 정리하여 〈일제침탈사 자료총서〉도 발간하기로 하였다. 아울러 일반인과 학생들이 보다 쉽게 읽을 수 있는 〈일제침탈사 교양총서〉를 바로알기 시리즈로 발간하기로 하였다.

일제의 한국 침략과 식민 지배의 역사는 광복 후 서둘러 정리해냈어야 했지만, 학계의 연구가 미흡하여 엄두를 내기 어려웠다. 이제 학계의 연구가 어느 정도 축적되어 광복 80주년을 맞기 전에 이와 같은 작업을 할 수 있게 된 것을 다행으로 생각한다. 한일 양국 국민이 과거사에 대한 올바른 역사인식을 갖고 성찰을 통해 미래를 향해 함께 나아갈 수 있기를 기대하면서 삼가 이 책들을 펴낸다.

2022년

동북아역사재단 일제침탈사 편찬위원회

| 차례

Ⅲ '조선군' 보도부

Ⅳ 시국좌담회

Ⅴ 여론 동향 조사

일러두기

1. 일제침탈사 자료총서는 가급적 일반 시민들이 읽고 이해할 수 있는 현대적인 문장과 내용으로 구성했다.
2. 인명 및 지명 등 고유명사는 처음 등장할 때 원어를 병기하고 이후에는 한글만 표기했다. 한글 표기는 국립국어원 외래어표기법에 따랐다. 일본 인명이나 지명 등 고유명사는 현지어로(고유명사 뒤에 붙은 보통명사는 독음 표기), 중국 인명이나 지명 등 고유명사는 한글 독음을 원칙으로 했다.
3. 연도는 서력 표기를 원칙으로 하고 관련 연호는 병기했다. 날짜는 원문 그대로 하고 음력과 양력 여부를 알 수 있는 경우에만 '(음)', 또는 '(양)'으로 기재했다.
4. 숫자는 천 단위까지 아라비아 숫자로 표기하고 만 단위 이상은 '만' 자를 넣어 표기했다. 도표 안의 숫자는 가급적 그대로 표기했다.
5. 국한문혼용체와 같이 탈초만으로 문장을 이해하기 힘든 경우 가급적 현대어에 가깝게 윤문했다. 단 풀어 쓰기 어려운 낱말이나 문구는 원문을 병기하거나 편역자 주를 이용했다.
6. 용어 및 한자 표기에 있어서 조선 또는 한국은 시기에 관계없이 원문에 나온 대로 표기했다. 또한 일본해(日本海), 지나(支那), 만주사변(滿洲事變), 대동아전쟁(大東亞戰爭) 등 역사적으로 부적절한 용어도 일단 원문을 준용했다. 일본식 간자(簡字)는 가급적 정자(正字)로 바꾸어 표기했다.
7. 낱말이나 문구에 대한 설명이 필요한 경우, 또는 편찬사업의 취지에 따라 자료 해설이 필요한 경우 편역자 주를 적극 활용했다. 동일한 용어 설명의 경우, 각 장을 기준으로 각주를 반복해서 넣었다.
8. 원 자료에 수록된 표는 가급적 그대로 수록하되, 지면상 수정이 필요할 경우 가로쓰기로 수정했다.
9. 판독이 불가한 글자의 경우 ■로 표기했다. 그 밖의 부호, 예컨대 -, ○, ×, □ 등은 원문에 있는 그대로 살려두었다.
10. 본문의 사진 설명의 경우 원자료에 설명이 있는 경우는 「 」로, 별도의 설명이 없는 경우 편역자가 정리한 것이다.

| 편역자 서문

이 책은『전시체제기 여론통제』관계 자료집 시리즈 제2권으로 일제강점기에 조선인에 대한 여론통제를 담당했던 주요 관련 기구와 여론통제를 위한 주요 사업과 여론조사 관련 자료를 수록하였다. 이를 통해 전시체제기에 일제가 식민지 조선 사회 내 여론통제의 방향을 어떻게 설정했고, 그 주안점은 무엇이었으며, 실제 그 효과는 어떻게 나타나고 있었는지를 이해해보고자 했다. 이 책은 다음과 같이 크게 다섯 부분으로 구성하고, 총 37개 종류의 자료를 번역해 수록하였다.

Ⅰ. 조선중앙정보위원회
Ⅱ. 조선방공협회
Ⅲ. '조선군' 보도부
Ⅳ. 시국좌담회
Ⅴ. 여론 동향 조사

Ⅰ장(조선중앙정보위원회)에는 총 3개(자료 1~3), Ⅱ장(조선방공협회)에는 총 4개(자료 4~7), Ⅲ장('조선군' 보도부)에는 총 12개(자료 8~19), Ⅳ장(시국좌담회)에는 총 8개(자료 20~27), Ⅴ장(여론 동향 조사)에는 총 10개(자료 28~37) 종류의 자료가 포함되어 있다. Ⅰ~Ⅲ장은 조선인 여론통제 주요 담당 기관과 관련된 자료이며, Ⅳ~Ⅴ장은 일제 당국이 조선인 여론통제를 위해 실시했던 가장 주요한 사업인 시국좌담회(時局座談會) 관련 자료와 조선인 여론 동향 조사 자료이다. Ⅰ~Ⅳ장의 경우, 뒷부분에 신문 기사의 사례를 수록함으로써 활동의 구체적인 내용을 보강하고자 했다.[1]

1 신문 자료는 지나치게 방대하여 모두 조사해 번역 수록할 수 없었다. 이에 이 책은《조선일보》만을 대상으로

각 장의 설정 배경과 내용, 자료별 수록 이유 등에 대해서는 장별 해제에서 자세히 설명하기로 하고, 여기서는 먼저 이 책의 구성에 대한 배경적인 이해를 하고자 한다.[2] 『전시체제기 여론통제(1)-기본 구상과 방향』을 통해 살펴보았다시피, 전시체제기에 일제가 구상했던 사상전체제(思想戰體制)는 적어도 식민지 조선에서는 처음부터 효과를 거두기 어려웠고 오히려 많은 갈등과 균열을 내포하고 있는 것이었다. 더구나 제한된 경제력 내에서 침략전쟁을 완수하기 위해 일제는 시간이 흐를수록 국내외 민중에 대한 착취를 확대 강화해갔으며, 이를 위해 '일본 국민'으로서의 정신적 무장과 치밀한 선전 작업, 그리고 강력한 여론통제를 펴나갔다. 이는 완전한 일본 국민이 아닌 식민지 민중에게는 이중·삼중으로 더욱더 강하게 실시되지 않을 수 없었다.

1937년 7월 중일전쟁 이후 일본 내에서는 전쟁을 위한 사상·선전기구로서 이전의 내각정보위원회가 내각정보부로 확대되어 대내외 선전기관으로 활동하였다. 전시체제기에는 일본 내의 각종 방침이 발표와 동시에 조선에도 바로 영향을 미치던 시기였고, 이 방침들은 일본이 수행하고 있던 전쟁 상황과 밀접히 관계되어 있었다. 특히 1940년대 들어 '대동아공영권(大東亞共榮圈)'을 표방하고 1942년 11월 대동아성(大東亞省)을 설치하여 국내외 모든 사무를 통할하면서부터는 더욱더 그러했다. 따라서 내각정보위원회의 주요 결정 사항이나 활동은 대부분 거의 시차를 두지 않고 조선에서도 공포·실시되었다. 내각정보위원회와 정보부는 전황의 변화에 따른 시의적절한 선전과 '국민교화' 방침, 또 국민정신총동원운동과 관련한 각종 방침 등이 논의·결정되고 공포·시행되는 과정에서 가장 핵심적인 역할을 했다.[3]

이 외에도 일본 내에서는 기존의 육군성(陸軍省) 신문반(新聞班)이 정보부로 승격 확대되었고, 흥아원(興亞院)이 설립되어 그 산하의 문화부는 중국에 대한 선전·교화·문화공작을 담당

일부 사례를 보여주는 데 그쳤다. 독자들의 양해를 바란다.

2 아래의 내용은 변은진, 『파시즘적 근대체험과 조선민중의 현실인식』(선인, 2013)의 1장 2절을 중심으로 수정 보완했음을 밝혀둔다.

3 이미 『전시체제기 여론통제(1) - 기본 구상과 방향』에서 번역 소개했다시피, 몇 가지 대표적인 방침, 즉 중일전쟁 직후에 「지나사변(支那事變)에 대한 선전방책」(1937.7.22), 태평양전쟁 직전에 「대(對) 영·미(英米) 문제에 관한 여론지도 방침」(1941.11.4)과 개전(開戰) 당일에 「일·영·미(日英米) 전쟁에 대한 정보선전방책 대강」(1941.12.8), 전쟁 막바지 상황에서 「결전(決戰) 여론 지도방책 요강」(1944.10.6)과 「대동아전쟁의 현 단계에 즉응(卽應)하는 여론지도 방침」(1945.1.30) 등이 모두 각의의 양해를 거쳐 공표된 것이었다(변은진·장순순 편역, 앞의 책, 2021, Ⅳ장(537~585쪽) 참조).

하였다. 또한 일제는 국민정신총동원운동을 담당하는 각 기관 역시 전쟁을 위한 사상·선전 기구의 일환으로 파악했고, 일본 내 여러 민간 기관들도 '문화전(文化戰)'이라는 이름 아래 사회를 통제하고 동원하였다.[4] 민간에 대한 여론 지도를 위해 일제 당국은 해당 기관과 기타 기관들 사이에 항상 밀접한 연락을 취하게 했으며, 일반 기관이 그 직무를 수행할 때는 여론 지도상 미칠 영향을 아울러 고려해야 한다고 강조하였다.[5]

이러한 상황은 식민지 조선 내에서도 마찬가지였다. 중일전쟁 이후 여러 사상통제 조직들이 만들어졌는데, 그 대표적인 것 중 하나가 1937년 7월 22일 훈령 제51호로 설치된 정보위원회였다. 공식 임무는 사상전체제의 강화를 위한 정보선전의 강화였으나, 식민지 조선에서는 조선총독부의 정책에 보조하여 급속한 황국신민화(皇國臣民化)를 진행하는 데 역점을 두고 활동하였다. 조선에서는 조선인을 '일본 국민', '천황의 신민'으로 삼아 전쟁에 협력하도록 하는 것이 더 절실했기 때문이다.

조선총독부의 관제 어용조직이었던 두 종류의 조선방공협회(朝鮮防共協會/朝鮮防空協會)도 조선인의 일상과 사상·여론통제의 실질적 기구로 활동하였으며, '조선군'에서도 보도부(報道部)를 설치하여 민간에 대한 여론·선전 방책에 대한 조사와 연구를 실시하였다. 뿐만 아니라 각 지방행정조직과 경찰조직도 조선인의 '시국인식'과 여론의 조성을 담당했으며, 국민정신총동원연맹이나 국민총력연맹 등의 모든 총동원 조직도 동일했다. 게다가 일종의 민간 특무기관으로서 일제 당국의 외곽단체로 기능한 녹기연맹(綠旗聯盟)이나 대동민우회(大同民友會) 등의 친일단체 역시 조선인 여론 조성기관으로 활용되었다.

한편 전시체제기에 위의 관련 기구들을 비롯해 경찰조직 등을 이용하여 실시한 여론통제 정책 중 가장 중요한 것은, '시국인식'을 철저히 하기 위해 일반 조선인에게 실시한 각종 좌담회나 강연회였다. 이 가운데서도 주로 '시국좌담회'라는 명목으로 개최된 좌담회가 여론의 수집과 조성에서 특히 중요한 역할을 했다. 일제 당국은 조선 민중의 '불온 언동' 단속을 위해 각지의 주재소를 매개로 한 시국좌담회를 매우 중요하게 취급하였다.[6] 일제 당국으로서는

4 小松孝彰, 『戰爭と思想宣傳戰』, 春秋社, 1939, 309쪽 ; 변은진·장순순 편역, 『전시체제기 여론통제(1)-기본 구상과 방향』, 동북아역사재단, 2021, 134쪽.

5 安井英二, 「當面ノ思想對策ニ付テ」, 貴族院調査會 思想調査委員會, 1944.12.26.

6 京畿道警察部, 「流言蜚語·造言飛語·其ノ他不穩言動者取締狀況」, 『治安情況』, 1938.9.

조선인이 반전적 혹은 반국가적 언동을 하지 않도록 하기 위해서는 먼저 전쟁의 의미와 정부의 시책들을 '제대로' 이해시킬 필요가 있다고 보았던 것이다. 당시 일제는 이를 '시국인식'이라고 표현했다.

이 시기 좌담회는 여러 계층을 대상으로, 다양한 방식으로 추진되었다. 기존에 주로 지식인이나 사회 명망가를 중심으로 열리던 좌담회와는 달리, 시국좌담회는 농·산·어촌 지역 일반 민중의 '시국인식'을 위해 직접 관(官) 조직들이 전면에 나서서 추진하는 경우가 많았다. 기존에 지식인이나 명망가 중심의 좌담회는 관이나 관제 외곽단체뿐만 아니라 신문사·잡지사 등에서도 자주 개최했으며, 그 결과는 주로 신문·잡지를 통해 소개되는 경우가 많았다.[7] 이와 달리 일반 민중을 대상으로 한 시국좌담회의 결과는 공개적인 매체에 소개되지 않았다. 주로 경찰 등 일제 당국 내부에서 자체적으로 보고되고 정보들로 수집되어서, 또 다른 세부 방책들을 만들어내는 자료로 활용되었다.

좌담회에서 수집되는 각종 정보 외에도 일제 당국은 주요 사안이 발표될 때마다 조선인의 여론 동향의 추이를 관찰하고 조사 수집하였다. 그 대표적인 사례가 바로 이 책 제V장에 소개된 것들이다. 중일전쟁의 개시, 지원병제도 실시, 「교육령(教育令)」 개정, 장고봉(張鼓峰) 사건, 창씨개명(創氏改名) 실시, 의무교육제 실시, 징병제 실시, 조선인 처우 개선 발표 등 전쟁의 추이에 따른 식민통치정책과 관련된 세부 사안마다 조선인의 여론을 조사하여 여론통제의 내용과 방향을 모색하려 했음을 알 수 있다. 일제 당국의 조사라는 점을 감안하면서 이 내용들의 이면을 들여다보면 당시 조선인의 여론 동향의 추세를 파악할 수 있을 것이다.

이상의 자료들을 토대로 전시체제기 일제 당국의 조선인 여론통제정책의 요체와 이에 대한 조선인의 반응 혹은 대응을 살펴보면, 당시 일제 측은 조선인을 '진정한 황국신민'으로 양성하여 침략전쟁에 효율적으로 동원하는 데 기여하는 방향의 정책만 허용하면서, 조선인의 모든 여론을 이 방향으로만 모아내는 방식으로 통제하려 했음을 알 수 있다. 이러한 방향은 일반적인 근대국가의 여론선전정책이나 문화정책과는 거리가 먼 것이었다. 그것은 오히려 '천황제 파시즘'을 모토로 한 극단적인 사상통제와 강력한 대민(對民) 선전 및 여론 조성 등

---

7 이에 대해서는 신지영, 「전시체제기(1937~1945) 매체에 실린 좌담회를 통해 본, 境界에 대한 감각의 재구성」, 『사이』 제4호, 국제한국문학문화학회, 2008 참조.

군국주의 파시즘 이데올로기의 세뇌 작업으로만 나타났다.

편역자를 대표하여

변은진

I

조선중앙정보위원회

해제

1937년 7월 중일전쟁 발발 이후 식민지 조선에서 일반인에 대한 여론·선전기구의 중추가 된 것은 조선중앙정보위원회(朝鮮中央情報委員會)였다. 정보위원회가 일본 내에서 관제(官制)에 의해 정식으로 설치된 것은 1936년 7월 1일이었으나, 그보다 훨씬 전인 1932년 9월 관제에 의하지 않은 정보위원회가 외무성(外務省) 내에 설치된 바 있었다. 조선에서는 중일전쟁 직후인 1937년 7월 22일 설치되어, 7월 27일부터 8월 20일에 걸쳐 전국 각도에 정보위원회가 구성되었다.[8]

정보위원회는 중일전쟁 직후부터 노동자·농민 등 각 계급·계층별로 '시국인식'을 주입하는 핵심기구였다. 예를 들어 조선중앙정보위원회는 전쟁 직후인 1937년 8월 11일 상공회의소(商工會議所)와 협력 아래 노동자의 쟁의(爭議)를 억제하고 시국인식을 주입하기 위해 전국의 대공장과 회사 단위로 타합회(打合會)를 개최하고 계원(係員)을 파견하여 강연회나 영화 상영, 각종 시국 인쇄물 배포 등의 활동을 하였다.[9] 이렇게 출발한 조선중앙정보위원회는 1945년 8월 일제가 패망할 때까지[10] 대민(對民) 선전·여론기관의 중추로서 가장 중요한 역할을 담당했다고 할 수 있다. 전황(戰況)의 변화에 따른 시의적절한 선전과 '국민교화' 방침, 그리고 국민정신총동원운동과 관련된 각종 방침 등이 논의·결정되고 공포·시행되는 과정에서 핵심적인 역할을 담당했던 것이다.

하지만 조선중앙정보위원회의 구체적인 활동상을 파악할 수 있는 자료는 거의 없다. 이에 이 책에서는 다음 세 종류의 자료만 수록하였다. 그것도 조선중앙정보위원회가 설치될 당시

---

8 朝鮮總督官房 文書課, 「朝鮮時局宣傳事務概要(조선 중앙정보위원회 활동 상황 및 同會 附議 사항)」, 1937. 11. 20, 『昭和12年 時局宣傳事務報告』; 奥平康弘 監修, 『戰前の情報機構要覽: 情報委員會から情報局まで』, 1964. 3, 30쪽.

9 《京城日報》, 1937. 8. 11.

10 일제의 패전(敗戰) 이후 일본 내 정보위원회는 정보국으로 계승되었다.

와 그 개정 상황을 보여주는 《조선총독부 관보》의 짧은 기사인 〈자료 1〉을 제외하면, 활동상을 알 수 있는 유일한 자료는 조선총독관방(朝鮮總督官房) 문서과에서 나온 〈자료 2〉와 몇 개의 신문 기사로 구성된 〈자료 3〉뿐이다.

〈자료 1〉「조선중앙정보위원회 규정」(1937. 7. 22.)

〈자료 2〉「조선시국선전사무개요」(1937. 11. 20.)[11]

〈자료 3〉《조선일보》의 주요 관련 기사(1937. 7. 22.~1939. 11. 7.)

1937년 7월 22일 미나미 지로(南次郎) 총독 명의로 공표된 〈자료 1〉은 조선총독부 내에 조선중앙위원회를 둔다는 것과 위원장 이하 간부 임용에 관한 매우 간략한 규정이다.[12] '조선중앙정보위원회 활동 상황 및 동회(同會) 부의(附議) 사항'이라는 부제가 달린 〈자료 2〉는 결성 후 서너 달 뒤에 작성된 만큼, 비교적 소상히 조선중앙정보위원회와 각도 정보위원회의 업무를 정리하고 있다. 이를 통해, 예컨대 전시체제기 들어 조선총독부에서 《관보》의 부록으로 15일마다 한글로 된 《통보(通報)》를 발행하고, 산하 각 기관에서 《해외논평(海外論評)》 등 시국 인식 자료를 간행·배포하는 것을 종합적으로 관리한 주체가 바로 조선중앙정보위원회였음을 알 수 있다. 또한 뒤에서 살펴볼 시국좌담회 등에서 활용되는 각종 출판물뿐만 아니라 뉴

---

11 朝鮮總督官房 文書課, 「朝鮮時局宣傳事務概要(朝鮮中央情報委員會活動狀況竝ニ同會附議事項)」, 『昭和12年 時局宣傳事務報告』, 1937. 11. 20.

12 이 외에 조선중앙정보위원회 규정 개정과 관련해서는 1942년 1월 8일 미나미 총독 명의의 조선총독부훈령(朝鮮總督府訓令) 제1호로 공표된 「조선중앙정보위원회 규정 개정」이 확인된다. 그 내용은 기존의 "제6조 제2항 중 '조선총독부 문서과장'을 '조선총독부 관방정보과장'으로 변경"한다는 것뿐이다(『朝鮮總督府官報』 제4482호, 1942. 1. 8).

스나 영화 등 여러 매체들, 가미시바이(紙芝居)[13] 공연 등도 모두 중앙과 각도의 정보위원회가 관여하고 있었던 것이다. 이 외에 정보위원회의 여론통제와 관련된 세부 활동 상황을 이해할 수 있도록 〈자료 3〉을 배치하였다. 조선중앙정보위원회의 회의 상황이나 전국 각지에 대한 출판물 배포 상황 등에 관한 내용이 대부분이다.

13 가미시바이(紙芝居): 종이연극, 그림연극. 하나의 이야기를 여러 장의 그림으로 구성하여 한 장씩 설명하면서 구경시킨다. 1931년경부터 어린이를 상대로 사탕 장사가 판매의 수단으로 거리에서 공연하기 시작했다고 한다. 현재는 시청각 교재로도 사용되고 있다.

<자료 1>

「조선중앙정보위원회 규정」[14]

(조선총독부, 1937. 7. 22.)

◎ 조선총독부훈령(朝鮮總督府訓令) 제51호

조선중앙정보위원회(朝鮮中央情報委員會) 규정을 다음과 같이 정한다.

1937년(昭和 12) 7월 22일 조선총독 미나미 지로(南次郎)

조선중앙정보위원회 규정

제1조 정보 및 계발선전에 관한 중요사항을 조사 심의하기 위하여 조선총독부에 조선중앙정보위원회를 둔다.

제2조 위원회는 위원장 1인과 위원 약간 인으로 조직한다.

제3조 위원장은 조선총독부 정무총감이 맡는다.

위원은 조선총독부 부내(部內) 고등관 및 학식과 경험이 있는 자 가운데 조선총독이 임명하거나 또는 촉탁(囑託)한다.

특별한 사항을 조사 심의할 필요가 있을 때는 조선총독은 임시위원을 임명하거나 또는 촉탁한다.

제4조 위원장은 회무(會務)를 총리(總理)한다.

위원장이 유고[事故]가 있을 때는 위원장이 지정한 위원이 그 사무를 대리한다.

14 「(朝鮮總督府訓令 第51號) 朝鮮中央情報委員會規定」, 『朝鮮總督府官報』 제3155호, 1937. 7. 22.

제5조 위원장이 필요하다고 인정할 때는 조선총독부 부내 고등관, 기타 적당하다고 인정되는 자가 회의에 출석하여 의견을 진술하게 할 수 있다.

제6조 위원회에 간사장(幹事長), 간사 및 서기를 둔다.

간사는 조선총독부 부내 직원 중에서 조선총독이 임명하거나 또는 촉탁한다.

간사장 및 간사는 위원장의 명을 받들어 서무를 정리한다.

서기는 조선총독부 부내 판임관(判任官) 중에서 조선총독이 임명한다.

서기는 상사(上司)의 지휘를 받들어 서무(庶務)에 종사한다.

<자료 2>

「조선시국선전사무개요」[15]

(조선총독관방 문서과, 1937. 11. 20.)

조선시국선전사무개요(朝鮮時局宣傳事務概要)

- 조선중앙정보위원회 활동 상황 및 동회(同會) 부의(附議) 사항 -

조선 시국 정보선전 사무

1. 정보위원회

1) 조선중앙정보위원회(朝鮮中央情報委員會)

정보 및 계발선전에 관한 중요사항을 조사 심의하기 위하여 조선총독부에 조선중앙정보위원회를 둔다.

○ 7월 22일 설치

○ 위원회: 7월 22일 제1회 개최

○ 간사회: 매주 월요일, 목요일에 개최. 11월 18일까지 35회를 개최함

○ 간사회 행사

- 육해군 어용괘(御用掛)[16]로부터 전황(戰況)에 대한 정보 청취
- 내각정보부(內閣情報部) 정보 및 체신국 정보(해외 무전 등) 보고

---

15 朝鮮總督官房 文書課, 「朝鮮時局宣傳事務概要-朝鮮中央情報委員會活動狀況竝ニ同會附議事項」, 『昭和12年 時局宣傳事務報告』, 1937. 11. 20.

16 어용괘(御用掛, ごよう-がかり): 궁내성 등 관청의 명을 받아 용무를 담당했던 직(職) 또는 그 직에 있는 사람.

• 조선 사변 정보를 관계 대신 앞으로 43보(報)까지 보고 완료. 등사 배부

• 협의 사항 중 주요한 것은 별지(別紙)와 같음

2) 각도(道) 정보위원회

정보 및 계발선전에 관한 중요사항을 조사 심의하기 위하여 각도(道)에 도 정보위원회를 설치한다.

• 7월 27일부터 8월 20일까지 전도(全道)에 설치

○ 협의한 사항은 별지와 같음

3) 참고

내각정보위원회: 1936년(昭和 11) 7월 1일 관제(官制) 공포. 1937년(昭和 12) 9월 25일 관제 공포, 정보부로 개편

대만임시정보부(臺灣臨時情報部)

2. 인쇄물

1) 《통보(通報)》

국민정신을 앙양하여 시국에 대한 인식을 강화함으로써 국민의 총결속을 현성(現成)하기 위해, 정치·행정을 통하여 완전한 관민일치(官民一致), 이해제휴(理解提携)를 도모하기 위해, 조선 《관보(官報)》 부록으로 《통보》를 매월 1일과 15일에 발행한다.

제1호	북지사변(北支事變) 총후미담(銃後美談)(1)	2만 부
제2호	시국 해설	2만 부
제3호	관민일치(官民一致)의 총후(銃後)[17] 활동	2만 5,000부
제4호	국가총동원의 구조에 대하여	2만 5,000부
	정보선전에 대하여	
	군사기밀 보호와 외첩(外牒) 방지에 대하여	
	「조선북지특별세령(朝鮮北支特別稅令)」에 대하여	
	폭리 단속(取締)에 관한 조선총독부령에 대하여	

17 총후(銃後): 전쟁터에서 후방 또는 후방의 국민.

第5호	반도 외에서의 조선인 총후 활동	3만 부
第6호	농산어민(農山漁民) 보국(報國) 선서식에서 미나미(南) 총독 훈시 요지, 시국 관계 전선(全鮮) 농산어촌 진흥 관계관 회동에서 오노(大野) 정무총감[18] 훈시 요지	1만 5,000부
第7호	시국과 정보선전에 대하여	2만 부
第8호	국민정신작흥주간(國民精神作興週間)의 총독 성명	2만 부
	국민정신총동원 강조주간을 맞아 내지(內地)의 여러분께 고함	
	국민정신작흥주간의 본지(本旨)	
第9호	지나사변(支那事變) 총후미담(2)	2만 부

2) 《해외논평(海外論評)》

각국의 논평을 잘 수집하여 지도자 계급의 시국인식에 도움이 되도록 함과 동시에 사상의 안정을 도모한다.

第1호	1,000부	第2호	1,000부
第3호	1,500부	第4호	1,500부
第5호	1,500부	第6호	1,500부

3) 『소·지 불가침조약[19]에 대하여』 1만 5,000부(조선군사연맹)

4) 『농산어촌민의 총후 의무』 일문(和文) 4만 7,000부(농촌진흥과)

언문(諺文)[20] 3만 9,000부(농촌진흥과)

5) 『북지사변과 조선』 2만 부(사회교육과)

6) 『북지사변 시사 해설』 1만 부(사회교육과)

『북지사변에 대한 국민의 각오』 1만 부(사회교육과)

7) 『최근의 북지(北支)를 보고』 1만 부(사회교육과)

『북지사변과 조선인』 1만 부(사회교육과)

---

18 오노 로쿠이치로(大野緑一郎, 1887~1985): 관료, 변호사. 제37대 경시총감과 조선총독부 정무총감(1936. 8~1942. 5)을 역임하였다

19 중·소 불가침조약: 1937년 8월 중국 국민정부의 장개석(蔣介石)과 소련 스탈린 간에 체결된 군사동맹 조약.

20 언문(諺文): 한글을 말함.

8) 『조선청년시국특집』 2만 부(사회교육과)

9) 『(언문) 지나사변과 조선인의 각오』 50만 부(문서과)

본 인쇄물은 전 조선에 걸쳐 9호(戶)당 1권의 비율로 배부, 돌려 읽게 하는 방법을 강구하는 것 외에, 내지(內地)[21]·대만·홋카이도(北海道)·사할린(樺太)·만주·지나 등 각지에 송부하여 조선인이 필독할 수 있도록 준비함

10) 『지나사변에서 드러난 조선 동포의 적성(赤誠)[22]』 1만 부(조선교화단체연합회)

11) 『성전(聖戰)』 1만 부(조선교화단체연합회)

12) 『황국신민(皇國臣民)의 서사(誓詞) 1』 110만 부(학무국)

『황국신민의 서사 2』 20만 부(학무국)

13) 《주보(週報)》 제40호, 사변 특집호 5,000부 구입 배부

《주보》 제43호, 사변 제2 특집호

2,000부를 기증받고, 별도로 도(道)에 대해 직접 2만 1,000부를 기증받아 각각 배부함

《주보》 제56호(조선 동포의 적성 등재 부분) 1만 5,000부 구입

내선(內鮮) 각 방면에 배부

14) 내각정보부 감수

『지나군(支那軍)에 대한 올바른 인식』 2,000부

『지나에서 코민테른의 활동』 2,000부

『지나에서 재정적·경제적 통일 상황에 대하여』 2,000부

『지나에서 국민주의운동과 항일운동의 전모』 2,000부

『이번 사변의 의의』 2,000부

『열강은 어떻게 군비를 정비하고 있는가』 2,000부

내각정보부 발행 시국 자료를 제1회분으로 하여, 이상과 같이 각 2,000부를 구입해 배부하였는데, 앞으로도 발행할 때마다 배부할 예정

---

21 내지(內地): 일본 본토를 말함. 당시 일본은 행정법상으로 일본 본토를 '내지', 그 외의 식민지 지역 등을 '외지(外地)'로 구분하여 사용하였으며, 이에 준하여 '내지인', '외지인'이라고 불렀다. 이는 공식적으로 또 법적으로 자신들은 서양의 '식민지'와는 다르다는 것을 표방하면서, 내부적으로 차별을 두는 것이라 할 수 있다. 이하 동일.

22 적성(赤誠): 진실에서 우러나오는 참된 정성.

3. 활동사진(活動寫眞)

1) 제작

〈총후의 조선〉 권수 2권 무성판(無聲版) (각도에 배부)

〈경일(京日) 뉴스〉를 제작해 제공한 것

① 금차회(金釵會)의 상황

② 기생(妓生)의 위문대(慰問袋) 제작

③ 전사자(戰死者) 귀대(歸隊) 상황

2) 빌려온(借上)[23] 영화

경일(京日)·아사히(朝日) 뉴스 영화 수시

3) 구입 영화

① 경일(京日) 사변 뉴스 제1보부터 매회 1권씩 구입, 수시로 상영 중

② 국민정신총동원 강조주간에 고노에(近衛)[24] 수상, 바바(馬場)[25] 내무대신, 야스이(安井)[26] 전 문부대신의 강연 토키[27] 3편을 구입하여 각도에 순회 상영하도록 하였다.

4. 뉴스 사진

지방에서 시국인식에 관한 자료로 뉴스 사진을 배부 중인데, 8월 3일부로 전 조선 2,370개 읍·면에 일제히 배부하고, 이후 그 10분의 1을 읍면에 매일 1매씩 송부하였다. 그 후 다시 전 조선 도·부·군·도(島)·읍·면 2,621개소에 5일마다 한 번 순회할 수 있도록 매일 500여 매씩 송부하였다. 그 밖의 초등 및 중등의 모든 학교에 10일마다 1매의 비율로 도착하도록 매일 약 500매씩 송부 중이다.

23 가리아게(借上げ): 정부가 민간으로부터 물건을 빌리는 것.

24 고노에 후미마로(近衛文麿, 1891~1945): 정치가. 귀족(공작). 귀족원 의장, 추밀원 의장, 내각총리대신, 외무대신, 척무대신, 농림대신, 사법대신, 국무대신, 대정익찬회(大政翼賛會) 초대 총재 등을 역임했다.

25 바바 에이치(馬場鍈一, 1879~1937): 정치가. 대장성 관료, 귀족원 칙선의원을 지냈다.

26 야스이 에이지(安井英二, 1890~1982): 정치가. 문부대신, 귀족원 칙선의원 등을 거쳐 1940년 제2차 고노에(近衛) 내각의 내무대신이 되어 신체제운동을 추진하였다.

27 토키(talkie): 발성영화, 즉 영상과 음성이 동기화된 영화를 말한다.

5. 8월 18일 일본의 부(府) 출입 신문기자 및 정보위원회 간사회 사이에 시국선전 방책에 관한 간담회를 개최하여, 보도·선전 업무의 원활한 운행에 대해 자문하였다. 이 외에 9월 30일 문서과(文書課) 내에 보도계(報道係)를 신설하고, 신문·라디오 등의 관계자와 제휴하여 시국인식상 필요한 자료를 다수에게 공급하는 사무를 개시, 활동 중이다.

6. 지나사변 관계 경비 예산

○ 북지사건비(北支事件費) 선전비 5만 180원(제71 의회)

○ 국민정신총동원 제반 비용 16만 6,530원(제72 의회)

○ 각 도에 대한 예산 배부액

제1회	1도 평균 500원	합계 6,500원
제2회	동(同) 500원	합계 6,500원
제3회	동 3,000원	합계 39,000원
제4회	동 300원	경찰관주재소를 중심으로 한 시국좌담회비 합계 3,900원

7. 활동사진 〈총후의 조선〉 배부의 건

위 제목의 영화를 각도에 한 개씩 배부했는데, 그 후편이 지금 제작 중이어서 11월 하순에 완성되면 다시 각도에 한 개씩 배부할 예정

8. 시국인식 지방순회강연

시국에 관한 올바른 인식을 얻도록 하기 위해 전 도지사, 중추원 참의, 종교가, 기타 학식과 경험이 있는 조선인 유력자를 전 조선 각 지방으로 파견하여 시국에 관한 강연을 하였다. 이와 관련하여 제1회는 20명, 제2회는 57명으로서, 연일수(延日數) 500일에 달했다.

9. 전선중견청년대회(全鮮中堅青年大會)

9월 25~26일 전 조선 지방의 중견청년강습회 종료자 181명을 경성부민관 및 선린상업학교에 집합시켜 강연회를 개최하여, 시국인식을 심화시키고 국민의 각오를 깨닫게 하였다.

10. 전선농산어촌진흥(全鮮農山漁村振興) 관계관 회동

지방의 지도책임자에 대해 시국인식의 철저와 지도 정신의 강화를 기함과 함께, 현하(現下) 비상시에 대처할 수 있는 농산어촌진흥운동의 사명 수행에 대해 한층 더 노력을 촉구하기 위해, 9월 23일 전 조선 부윤·군수 및 각도 지방과장, 농무과장(農務課長) 등이 회동하였다. 조선농회(朝鮮農會), 조선금융조합연합회, 조선어업조합중앙회, 조선산림회 주최 아래 국위선양기원제(國威宣揚祈願祭) 및 농산어민보국선서식(農山漁民報國宣誓式)을 조선신궁(朝鮮神宮)에서 거행하고, 이어서 금융조합연합회에서 시국인식 강연회를 개최하였다.

또한 지방에서는 농산어민보국일(農山漁民報國日)을 9월 23일로 정하고, 진흥회(振興會) 등의 집합소, 신사(神祠) 또는 동사(洞社)의 경내, 기타 부락민의 집합에 적당한 장소를 미리 선정하여 실시하였다.

11. 애국일(愛國日) 설정의 건

9월 6일을 조선 내 각 학교의 애국일로 정하고, 학교 직원·생도·아동 및 관계자에게 올바른 인식을 부여하여 국체명징(國體明徵) 및 내선일체(內鮮一體)·시간극복(時艱克服)[28] 정신을 한층 확립시킬 수 있는 여러 행사를 실시한바, 대단한 반향을 불러일으키고 성적이 좋았던 것을 감안하여 매월 1일 또는 5일을 애국일로 정하고, 관공서, 회사, 은행, 공장, 각종 단체, 정·동회(町洞會), 부락에 이르기까지 이를 단위로 실시하도록 하였다.

12. 가미시바이(紙芝居)의 실시 방법에 대한 건

일반 민중에 대한 시국선전을 위해 전 조선 도·군·도(道郡島) 전부에 한 세트씩의 가미시바이를 송부하여 실연(實演)하도록 하는 중이다. 제1회는 〈지나사변과 총후의 반도〉라는 제목으로, 사변의 원인, 전황(戰況), 총후의 후원 미담, 국민의 각오 등을 28개 장면으로 표현한 것이다.

또한 이어서 〈김(金) 소좌의 분전(奮戰)〉, 〈생업보국(生業報國)〉 등을 제작 중인데, 순차적으로 완성되면 각 도·군·도에 송부할 예정이다.

---

28 시간극복(時艱克服): 시국의 간난(艱難)을 극복한다는 의미.

13. 경찰관주재소를 중심으로 한 시국좌담회

면 벽지에 이르기까지 시국인식을 철저히 하기 위해 전 조선 각 주재소에서는 때때로 각 부락의 일반 민중을 집합시켜 시국좌담회를 개최하고, 시국에 관한 질의응답을 하여 대단한 호평을 떨치고 있는 중이다.

14. 관리 출장의 경우 시국인식 대책에 관한 건

관리는 긴박한 비상시국에 비추어 직접 그 직분에 있든 아니든 불문하고 늘 적정한 시국인식으로 일반 민중을 유도하고 계발할 필요가 있다. 따라서 관리가 지방으로 출장 갈 경우는 시국인식 시설, 각종 행사 등에 대해 배려하고 협력함과 동시에, 시국인식 시설, 인쇄물, 통첩(通牒) 등에 대해 그 적부(適否)를 검토하여 문서과장에게 통보하는 등의 방법으로 시국선전 업무의 확충 강화에 이바지하고 있다.

15. 군가·민요 등 제작의 건

총독부 학무국 지도 아래 있는 조선문예회(朝鮮文藝會)에서는 시국에 관한 군가 및 민요 등을 내선문(內鮮文)[29]으로 제작하여 성대하게 발표회를 개최하고, 또한 학교에서 이를 가르치는 등 시국인식에 이바지하였다.

16. 애국부인회(愛國婦人會)와 국방부인회(國防婦人會)의 협조에 관한 건

위 제목에 언급된 두 부인회의 알력을 방지하여 시국에 잘 대처해야 한다. 군부 측과 상담 후에 정무총감 및 조선군 참모장 명의의 통첩을 관계 방면에 보내어 양회(兩會) 역원(役員)의 겸무(兼務), 회원은 가급적 동시에 양측 회원으로 할 것, 업무의 분야를 정할 것 등의 방법으로 양 단체의 협조에 노력하고 있다.

17. 시국인식 조사 및 선전 방법 재연토(再硏討)

지방에서 시국인식의 정도와 시국선전 시설을 조사하는 것과 함께, 총독부에서 해온 시국

29 내선문(內鮮文): 일본어와 한글.

선전 사무에 더하여 지방의 실정을 조사하고 지방의 의견과 희망 등을 청취하기 위해 총독, 정무총감을 비롯해 각 국장, 문서과장 등이 10월 초·중순에 지방을 시찰한 결과, 대체로 간단하고 쉬운 시국인식은 대부분 두루 미쳐 있다는 것을 인정하더라도 여전히 연구할 여지는 있다. 당분간 민간 중심인물의 궐기를 촉구하고, 장날 시장, 기타 많은 사람이 출입하는 장소의 이용 등에 대해 정무총감이 각 도지사에게 연구·선처한 방법대로 통첩을 발하였다.

18.「황국신민의 서사」 제정의 건

황국신민이라는 자각을 촉구하여 국민정신의 앙양을 도모하기 위해 위 제목의 서사를 제정하여 학생 생도를 비롯해 관공리, 각종 단체원, 회사·은행 등 전 조선에 걸쳐 각종 집회나 의식 등에서 이것을 낭송하도록 한다. 소년용 100만 부, 청년용 20만 부를 인쇄 배포하는 외에 신문, 잡지 등에 게재하고, 영화로 제작해 상영하는 외에 라디오로 방송하는 등의 방법으로 빠르게 보급을 도모하고 있는 중이다. 총독부에서는 지난 10월 13일 무신조서환발기념일(戊申詔書渙發記念日)[30]에 정무총감의 선송(先誦)으로 일제히 맞추어 외었다. 10월 17일의 국민정신 강조주간 중의 신사참배일에는 조선신궁 대전(大前)[31]에 참집(參集)한 재경성 관공 직원, 기타 약 2만 명이 내무국장의 선송에 따라 일제히 맞추어 외워 깊은 인상을 주었다.

19. 국방헌금 등의 통제에 관한 건

국민 총후의 적성(赤誠)이 더욱 치열해짐에 따라 각 방면에서 각자의 입장에 의해 헌금품 모집 계획이 있기 때문에 헌금품의 갹출이 많고 적음 또는 반강제로 걷는 등의 일을 우려하여, 전선적(全鮮的)인 것은 본부(本府)[32]에서, 지방적인 것은 도(道)에서 통제하기로 하고, 정무총감의 통첩을 발하였다.

30 무신조서(戊申詔書): 1908년 10월에 러일전쟁 후의 사회적 혼란 속에서 사치를 경계하고 근검을 장려하며 국민도덕의 방향을 제시하기 위해 천황이 내린 조서이다. '환발(渙發)'이란 임금의 명령을 천하에 널리 선포한다는 뜻이다.

31 대전(大前, おおまえ): 신전(神前), 천황의 앞을 뜻하는 경어.

32 본부(本府): 조선총독부를 말함. 이하 동일.

20. 전승보고(戰勝報告) 기행렬(旗行列) 거행의 건

조선사단(朝鮮師團)의 일대 결전지인 석가장(石家莊)[33]의 함락을 기회로 반도 총후 국민의 기상을 앙양하고 전승을 확인하며 거듭 각오를 새롭게 하는 의미에서 각 부·군·읍·면 주최 아래 학교 생도, 각종 단체 등을 주요 참가원으로, 10월 17일 북지전승(北支戰勝)을 일괄 봉고(奉告)하고 기행렬을 거행하여, 반도 아동 및 민중에게 깊은 감명을 주었다.

21. 10월 28일 상해(上海) 전선 급진격을 기회로 전 조선에서 일제히 대대적인 전승 축하 행사를 거행하기로 하였다. 전승봉고제(戰勝奉告祭)에 기행렬, 제등행렬, 기타 여러 행사를 실시하도록 각 도지사에게 타전(打電)하였다.

22. 시국인식 선전을 위해 본부(本府) 현관 양측에 대수기(大垂旗)[34]를 게양하기로 하고, 10월 28일 우선 다음 두 개의 표어를 내걸었다.

황군만세(皇軍萬歲)　　생업보국(生業報國)

23. 메이지절(明治節)[35] 당일 오전 9시를 기하여 전 조선에서 일제히 황거요배(皇居遙拜)를 하는 건

내지와 마찬가지로 당일은 각자가 소재한 곳에서 일제히 황거를 요배하기로 하고, 이 통첩을 발하였다.

24. 영화 추천의 건

독일 우파(UFA) 회사[36]가 제작에 관계한 토키 〈스파이 전선(戰線)을 공격하다〉는 내각정보부의 추천 영화이다. 조선에서도 정보위원회가 추천을 희망하여 시범 상영된 바, 방첩상 유

33 석가장(石家莊): 중국 하북성(河北省) 남서부의 성도(省都).

34 대수기(大垂旗): 아래로 늘어뜨리는 큰 깃발로, 원문은 '大垂旆(旆: 기 패)'로 되어 있다. 이하 동일.

35 메이지절(明治節): 메이지 천황의 탄생일인 11월 3일을 기념하기 위해 1927년 제정되었다. 1948년에 공포된 「국민의 축일에 관한 법률」에 의해 '문화의 날'로 바뀌었다.

36 우파(UFA, Universum Film AG): 1920~60년대 독일의 최대 영화사로서, 1919~1945년까지 세계 영화계의 중심축이었다.

효하다고 인정되어서 이를 추천하였다.

25. 황군 위문 연초(煙草) '가치도키'[37]를 신년 축하를 겸하여 위문품으로 전쟁터의 장병에게 증정하는 건

위 제목의 연초 '가치도키' 150만 상자, 15만 엔을 일반으로부터 모집하고 증정자 이름을 넣은 카드를 삽입하여 황군에게 보낸다. 앞서 기술한 헌금품의 통제에 기초하여 조선중앙정보위원회의 논의를 거쳐 전매국(專賣局)에서 현재 진척 중이다.

26. 태원(太原) 함락 봉축과 일본·독일·이탈리아 3국 방공협정 축하에 관한 건

태원 함락일은 때마침 일본·독일·이탈리아 3국의 방공협정 성립 직후여서, 이 두 가지 축하를 겸하여 행해도 지장이 없겠다는 취지를 통보하고 실시한 지방이 있다.

27. 동계 출근 시각 변경의 건

시국에 비추어 관공 직원은 한층 더 봉공의 정성을 다해야 한다. 1924년(大正 13) 이래 실시해온 동계 출근 시각 오전 10시를 오전 9시로 변경하기로 하고, 11월 20일부 총독부령(總督府令)으로 이를 개정하였다.

28. 비상시 재정경제에 대한 국민의 협력에 관한 건

위 제목의 건에 관해 차관회의 결정에 기초한 여러 사항에 대하여 조선의 실시 요항(要項)을 심의함에 다소 가감이 필요하여 현재 이를 보정 중이다. 하루 이틀 중에는 각도에 통첩할 예정이다.

---

37 가치도키(勝ちどき): '승리의 함성'이라는 뜻.

정보위원회 간사회 협의[打合] 주요 사항

- 군사후원연맹(軍事後援聯盟) 결성에 관한 건

◎ - 관리의 헌금[조선군 위문, 청내(廳內) 출정자 위문, 고사포(高射砲) 헌납 등]

- 각 도(道) 정보위원회의 설치

- 조선인 일반 대중 및 내지, 만주에 있는 조선인에 대한 시국선전 방책

◎ - 관공서 관계 잡지·팸플릿 류에 시국 기사 등재 방법의 건

◎ - 《통보(通報)》 매호 등재 사항의 협의

- 체신, 철도, 전매 등의 각 국(局)에 관한 사항의 보고 협의 등 수시

- 전·사상자(戰死傷者)에 대한 총독 및 정무총감의 조위(弔慰) 방법의 건

◎ - 사변 관계 경비를 지방청(地方廳)에 배부하는 건

◎ - 유림(儒林) 층의 분기(奮起)를 종용하는 건

◎ - 시국사진 뉴스를 각 읍면에 배부하는 건

- 천도교의 시국에 대한 선처(善處) 보고

- 부민관(府民館)을 고별식장(告別式場)으로 할 수 없으므로 경성에도 장제장(葬祭場)이 필요하다는 이야기

◎ - 전차, 버스, 기타 다수의 사람이 집합하는 장소에 시국 표어 등을 게양하는 건

◎ - 시국선전에 우편 스탬프를 이용하는 건

◎ - 큰 회사, 큰 공장 방면에 대한 시국인식 선전에 관한 건

◎ - 구한국 대관(大官) 등에게 시국을 인식하도록 하는 건

◎ - 정보선전사무 연락원을 각 과에 설치하는 건

◎ - 시국에 대한 반도 부인의 각오에 관해 총독 담화 발표
또한 금차회(金釵會) 설립 협의

◎ - 본부(本府) 출입 신문기자와 간담회 개최의 건

◎ - 출장자는 지방에서 시국선전 방책에 대해 연토(硏討) 회보(回報)의 건

- 내지인 유력자의 총후 후원을 환기할 필요가 있다는 이야기

- 역 앞에서 환송할 때 본부 깃발 아래 모일 것

- 사변 예산 요구액 보고

◎ - 가미시바이(紙芝居)와 슬라이드[幻燈]에 의한 선전 방책 연구 방법의 건

◎ - 전선(全鮮)의 수 호(戶)마다 1책의 비율로 배부할 인쇄물 『지나사변과 조선인의 각오』를 언문으로 발간할지 가부(可否)

- 출정군인 숙사료를 헌금하는 건

- 지방 순회강연자 파견에 관한 희망

① 군사후원연맹의 취지 철저

② 강연지(講演地) 변경의 건

③ 기차가 통과하지 않는 지방으로 현역 장교를 파견하는 건

◎ - 전선(全鮮) 부윤·군수·도사(島司) 및 도 지방과장, 농무과장 등을 회동하게 하여 시국 인식 및 생업 보고에 관한 훈시를 하는 건

- 황군 위문 체육운동회를 9월 11~12일 양일에 개최하는 건

(야구·정구·럭비·축구·육상·수상 경기 6종, 입장료 10전의 이익금은 황군 위문에)

◎ - 중견청년대회(中堅靑年大會)를 9월 25~26일 개최하는 건

◎ - 금융조합연합회 발간 인쇄물 언문《금융조합》, 8월 26일, 7만 부 발간에 부쳐 선전력(宣傳力) 있는 시국 기사 제공 방안 의뢰의 건

- 적령(適齡) 입영(入營) 중인 응소자(應召者)와 충원 응소 출정자의 대우 방안의 건

◎ - 국내의 부족한 물자, 특히 양모와 양지(洋紙) 절약 합의의 건

- 제1, 제2 방송 모두 총후 미담을 방송하는 건

- 상시관제(常時管制) 완화 방안의 건

- 지나어(支那語) 방송의 건

◎ - 각도 정보선전사무 시찰의 건

- 국민정신총동원을 위해 내각총리대신 이하 시정(市井) 진출에 관한 조선 방침의 건

- 황군 위문 파견 중추원(中樞院) 참의(參議) 귀임(歸任) 보고

◎ - 학교 생도에 대한 시국선전 방책, 즉 애국일 설정의 건

- 조선의 헌금이 전부 내지로 송부되어 일반 국방비에 충당되고 있는 것 같다는 오류 시정의 건(신문 투서에 관한 것)

- 황군 위문 연초 '가치도키' 판매의 건
- 방공법(防空法) 조기(繰上) 시행의 건 보고
- 사진 보고를 위해 《경성일보》, 《매일신보》에서 모집 중인 사진은 관청에서도 이용하도록 함

이익금(益金) 국방헌금 한 건 보고

◎ - 본부 활동사진반 활동을 개시함

◎ - 애국부인회 및 국방부인회의 마찰 완화에 관한 건

- 백보환(百補丸)[38]의 시국선전 포스터 제작의 건(5~6천 원 투입)
- 야채(野菜) 배급 방책에 대한 연구의 건

◎ - 영화 〈총후의 조선〉 관람 비판

- 방공하령(防空下令)에 관한 등화관제, 사이렌 류의 조치에 관한 건

◎ - 주재소를 중심으로 한 시국강연회 개최의 건

◎ - 조선문예회 작(作) 시국 가사의 건

- 수입품 절약의 건
- 방호단(防護團)의 소질 저하의 건
- 종교단체의 연중행사적 회합 금지 완화 방법의 건

◎ - 본부에 신문계(新聞係) 설치의 건

◎ - 가미시바이 실시 방법의 건

- 부인의 헌금에 관한 건
- 각도 지방과장의 기채(起債)[39], 방공(防空), 정보선전사무에 관한 간담회 개최의 건

◎ - 시정(施政) 운행 상황 주지를 위해 각 국·과에서 지방청에 발한 통첩 사본을 다른 국·과로 배부하는 건

- 출정 군인·군속(軍屬) 및 재지(在支) 경찰관 등에 위문금 각출 방안의 건

---

38 백보환(百補丸): 1930년대 평화당주식회사(平和堂株式會社)에서 제조한 영양제. 신문 광고에는 당시 조선중앙일보사 사장 여운형(呂運亨)이 약효를 선전하는 친필 찬사가 쓰여 있었다.

39 기채(起債): 국가나 지방 공공단체, 주식회사 등이 재정자금이나 사업자금을 조달하기 위해 채권(債券)을 발행하는 것.

- 상해(上海) 민단장(民團長) 초빙 강연을 위한 건
- 사변 관계 기부금품 모집 단속의 건
- 국민정신작흥주간 행사에 관한 건
- 「황국신민의 서사」 제정의 건
- 허가영업자가 시국선전에 협력하도록 하는 건

◎ - 국민정신 강조주간 행사에 관한 건
- 국민정신 작흥주간에 내릴 총독 성명 초안의 건
- 국민정신 작흥 포스터 제작에 관한 건

◎ - 전승 봉고 기행렬(旗行列) 거행의 건
- 문서과장 경북 관내 출장 시국 관계 사항 복명(復命)
- 전매국 제조 황군 위문 연초를 내지에서 다량으로 주문하는 건
- 외국 및 국내 선전에 대한 단속 완화 방법의 건

◎ - 헌금품의 통제에 관한 건
- 황군전승가(皇軍戰勝歌) 작시(作詩), 작곡(作曲) 공표의 건

◎ - 국민정신 강조주간의 실천 사항에 관한 건
- 문서과장 평북 관내 출장 시국 관계 사항 복명

◎ - 소비 절약에 관한 사항

◎ - 메이지절 당일 전선(全鮮)에서 일제히 황거요배하는 건

◎ - 야규(柳生) 간사가 북지(北支) 파견군을 위문하고 돌아온 이야기
- 대수기(大垂旗)를 본부 청사 현관 앞에 내거는 건

◎ - 각도에서 관리의 각종 헌금품 조사의 건 보고

◎ - 「황국신민의 서사」를 영화로 제작한 건

◎ - 충남도연합청년단 발단식 참석 감상 보고
- 전국 박물관 주간(週間)의 건

◎ - 무네스에(棟居) 관리국장의 내선(來鮮)에 관한 건
- 방첩영화 〈스파이 전선을 공격하다〉 추천의 건
- 상해전첩(上海戰捷) 봉축 제등행렬 거행 완료 정황 보고

- 가미시바이 〈김 소좌의 분전〉 및 〈생업보국〉 시연

◎ - 무네스에 관리국장으로부터 내지 및 대만의 시국 관계담 배청(拜聽)

◎ - 이자카(井坂) 간사장이 내지의 시국 관계 상황 복명

◎ - 황군 위문 연초 '가치도키' 150만 상자, 15만 원을 새해 축하를 겸한 위문품으로 공모하는 건

- 태원(太原) 함락 봉축 기행렬은 일·독·이 3국 방공협정 성립 축하와 겸하여 행하는 건

◎ - 동계 출근 시간 변경 방안에 관한 건

◎ - 응소자가 상병(傷病)으로 제대하게 된 경우, 그 후의 처우에 관한 건

- 응소자의 연말 상여 지급률에 관한 건

◎ - 학교에서 실시하고 있는 애국일을 부락에까지 연장하는 건

- 대본영(大本營) 설치에 관한 건

- 외국인 선교사의 언동에 관한 건

- 해군기(海軍機) 경북호(慶北號) 헌납식 참석 감상 보고

- 사변공채(事變公債) 발매에 관한 건

- 연장 폐지에 관한 건

- 관리가 시행해야 할 국민정신총동원 구체책(具體策)에 관한 건

◎ - 비상시 재정경제에 대한 국민의 협력에 관한 건

각 도 정보위원회 상황

1. 일반 사항

1) 시국에 대한 선행 미담

2) 청년단체, 기타 농산어촌 진흥단체, 일반 민중에 대한 시국인식 강연 및 간담회 개최

3) 시국 관계 인쇄물의 배부

4) 군사부조법(軍事扶助法)의 제 시설 철저 및 총후 후원으로서의 각종 대책

5) 상해전선 대승전첩(大勝戰捷) 보고제(報告祭)와 제등행렬 및 태원(太原) 함락 축하 기행렬

을 두 차례 실시함

6) 국방헌금 위문금품 등의 헌납

7) 주재소를 중심으로 한 시국좌담회 개최

2. 각 도 정보위원회 보고 특수 사항

경기도

1) 각 부(部)의 사회주사(社會主事), 청년단체 부단장, 청년도장(青年道場) 지도자를 불러 모아, 경성농학교(京城農學校)에서 8월 16~17일 양일 합숙하며 구마가야(熊谷) 소좌 이하 5명의 강습회를 개최함

2) 학교 수업료, 기타 감면에 관한 건
   군무공용자(軍務公用者) 자제에 대한 수업료 감면, 공·사립 중등학교 입학시험료, 입학금, 교우회비 감면

3) 회사, 공장 종업원의 시국인식 방안 간담회 9월 8일 개최

4) 애국군용기 헌납 22만 4,000원을 10월 15일까지 완료

5) 기독교계 학교 교가(校歌)는 종래 조선어로 했는데, 학생·아동의 훈육상 타당하지 않은 점이 있어서 학교장과 협의 후 국어(國語)[40]로 새로운 교가를 제작하게 한다.

6) 시국에 비추어 도내 모든 부·군의 13개 연합단체를 합쳐 하나로 한 경기도연합청년단(京畿道聯合青年團) 결단식(結團式)을 10월 1일 거행

충청북도

1) 군용기 및 중·경 기관총 2대 헌납, 8만 200원

2) 도에서 관공서·민간 유력자, 신문지국장 간담회를 8월 23일 개최

3) 8월 1일 군시제사회사(郡是製絲會社) 청주공장 여공 424명이 애국자녀단(愛國子女團) 결성

4) 시국에 대한 각군의 중요시설 사항 조사 보고

---

40 일본어를 말함.

전라북도

1) 시국인식 참고 자료 인쇄물 발간

『북지를 말한다』, 기타 2종 발간

지나사변 관계 지도(地圖) 850매 발간

2) 군용기 전북호(全北號) 헌납

육군기 2대, 22만 2,588원 58전

해군기 1대, 3만 3,000원

3) 다음의 시국 군사영화를 구입하여 순회 상영하고, 군수 또는 경찰서장의 시국강연 실시 중

〈북지사변 뉴스〉 2권

〈대공군(大空軍)〉 3권

〈총후에 피다〉 4권

〈우리의 생명선(生命線)〉 1권

전라남도

1) 《전라남도보(全羅南道報)》 부록 〈시보(時報)〉 발간, 현재 제1호부터 제7호

2) 《시국 선행 미담집》, 현재 제1호

3) 라디오 청취자의 증모(增募) 및 시국 뉴스 게시

4) 방공(防空), 기타 시국 인쇄물 및 포스터 배부

5) 『북지사변의 진상과 국민의 각오』 및 『지나사변과 국민의 각오』 발간

경상북도

1) 《시국에 대한 미담》, 제1집부터 제3집

2) 군용기 헌납금 10만 5,867원(10월 8일 현재)

3) 농촌진흥운동 가미시바이를 이용해왔는데, 이번 시국인식 선전을 위해 〈지나사변〉이라는 제목의 가미시바이를 제작하여 관내 순회공연 중

4) 영천(永川) 비행기 불시(不時) 착륙장 완성

경상남도

1) 조선인 측, 총후경남지성회(銃後慶南至誠會)를 8월 2일 창립, 폭격기 1대를 목표로 활동 중

황해도

1) 읍·면 직원 221명을 도내 3개소에 집합시켜 1개소당 8일간 시국인식 강연회 개최

평안남도

1) 평원군(平原郡)에서 《애국 소식(愛國便り)》, 덕천군 팸플릿 발간
2) 군용기 평남호(平南號) 2대 헌납 계획 중
3) 8월 21일 《평남 소식(平南便り)》 7,000매를 북지 각 부대로 발송
4) 『시국애국독본』 일문(和文) 1만 부, 언문 5,000부 발간

평안북도

1) 평북 관리호(官吏號), 민간호(民間號) 및 선천군(宣川郡)에서 군용기 1대 헌납 계획 중
2) 시국인식 철저 특집호 1,000부 및 『북지사변 황군약진요도(北支事變皇軍躍進要圖)』 1,000부 발간

강원도

1) 대지(對支) 사변에 관한 강본(講本) 발간
2) 군용기 강원도호(江原道號) 헌납
   육군기 7만 5,000원
   해군기 3만 5,000원

함경남도

1) 《지방진흥시보(地方振興時報)》 시국 특집호 8월 말부터 매월 2회 간행 예정
2) 각 농촌진흥단체에 대하여 《매일신보》를 구독하라고 종용 중

함경북도

1) 애국함북호(愛國咸北號) 헌납하려고 10월 말일을 기한으로 10만 원을 목표로 현재 취계(取繼) 중

2) 《관북월보(關北月報)》[41] 부록 〈지나사변(支那事變)〉 제1집 및 제2집 발간

(중략)

11월 2일(화) 조선중앙정보위원회 간사회 정례회 개요[42]

11월 2일(화) 오후 2시 50분부터 총독부 제2 회의실에 무네스에(棟居) 척무성(拓務省)[43] 관리국장을 맞이하여 간사회를 개최, 오후 4시 50분 종료했다. 또한 이어서 관리국장은 가미시바이 〈지나사변과 총후의 반도〉와 영화 〈총후의 조선〉을 관람하고 오후 5시 30분 퇴청(退廳)하였다. 간사회의 개요는 다음과 같다.

- 기(記) -

무네스에 관리국장이 조선에 온 용무는 주로 시국 관련 사무 시찰이므로 총독부에서 협의를 마치면 평양·대전·부산 등에 가서 이야기를 듣고 싶은 생각이 있다는 뜻을 말씀하셨다. 다음에 열거한 것과 같은 사항에 대해 상세한 말씀이 있을 때마다 총독부 측 간사에게 질문하는 등 간담회 형식으로 일관하였다.

---

41 원문은 '開北月報'로 오기됨.

42 '극비(極秘)'라는 직인이 찍혀 있다.

43 척무성(拓務省): 1929년에 설치된 일본 내각의 하나로서 척식 업무, 즉 식민지 행정을 통괄하던 중앙관청. 1942년 대동아성(大東亞省) 설치로 폐지되었다.

무네스에 관리국장

1. 군사 후원에 만전을 기하고 출정 장병 유가족, 전상병 장병 등의 생활에 지장이 없도록 기약하는 운동이 내지에서는 예상 이상으로 왕성하고, 대단히 중대한 문제가 되어왔다. 중앙에 군사원호부(軍事援護部)를 설치하고 각 부·현에도 이에 관한 인원을 배치하여 본격적인 업무를 하도록 했다. 이렇게 대처하게 하는 것으로도 정치적 의의가 있다.
2. 각 외지(外地) 상호 및 내지와의 사이에서 군사 후원 등에 관해 보조를 맞추지 못하면 곤란하므로 도(道)에서의 취급과 의견 등도 듣고 싶다.
3. 군사 후원에 관한 예산 등에 대해 조선에서도 상당히 고려하지 않으면 안 된다. 언제까지나 내지의 덕을 보겠다는 식으로는 곤란하다고 생각한다.
4. 지금 내지의 큰 고민거리는, 서면(書面)으로 통지했지만, 소비 절약의 문제이다. 오늘날 소비 절약은 종래와는 달라 서면상으로는 표현할 수 없는 점이 있다. 서면의 내용은 대단히 의미심장한 점이 있다(이 의미심장한 점에 대해 무역관리, 대외 환(爲替) 결제(決濟), 국내 물자의 수급 절약 등에 대한 설명이 있었음).
5. 대장성(大藏省)에 제1, 제2, 제3 위원회가 있다. 제1위원회에서는 현재 앞에서 적은 의미심장한 점에 대한 연구를 진행하고 있는 취지는 앞서 적은 바와 같이 내용에 대해 상세한 설명이 있었다. 이 점에 대해 자원과장, 이재과장(理財課長) 등에게 질문이 있었다.
6. 지금 내지에서 활발하게 하고 있는 국민정신총동원은 단순한 정신 작흥과 같은 사상 방면의 이상민을 고취하는 것이 아니라, 각 방면에 걸쳐 필요한 물자의 조절, 군수(軍需)의 충족, 기타 제반에서 전시체제를 갖추도록 지도하는 것이 큰 주안점이다.
7. 기획원(企劃院)의 신설을 보니, 그 관제에는 업무도 여러 가지가 명기되어 있는데, 먼저 군수에 관한 방책에 대해 이를 어떻게 실행할 것인가가 첫 번째 업무로 되어 있다. 이것은 종래 대장성의 제1위원회에서 하고 있던 일을 이곳으로 이관한 것이다.

   두 번째는 군수에 관한 것인데, 산업 5개년 계획에 대해 연구하는 것이다.

   세 번째는 「국가총동원법(國家總動員法)」을 낼 예정으로 연구를 하는 것으로 되어 있다. 「국가총동원법」은 저번에도 계획한 적이 있었는데, 지나치게 파시스트적이어서 「임시자금조정법(臨時資金調整法)」, 「임시선박관리법(臨時船舶管理法)」, 「무역관리법」, 「군수공업동원법」 등으로 나뉘었다. 일단 관계 법령이 나왔지만, 장래의 필요에 대비하기 위해 좀 더 일괄적인 것들을 연구하는 것이다.

네 번째는 제3차 총동원 계획을 진척시키는 것이다.

8. 대장성 제1위원회의 업무가 기획원 제1 위원회로 인계되어 올해의 군수에 대해 연구하고 있다. 제2위원회는 경제봉쇄가 일어나는 최악의 경우에 대한 대책에 대해 생각하고 있다. 제3위원회는 북지경제건설 대책에 대해 연구하고 있다. 이는 4상(相) 회의에서 하고 있는 것을 기획원으로 옮긴 것이다.

9. 내지에서는 11월 10일부터 정신작흥운동이 일어났는데, 조선에서도 행해질 것 같으니 충분히 해주기 바란다. (이 점에 대해 인사과장으로부터 조선에서는 지속적으로 이전부터 11월 10일을 중심으로 그 전후로 1주간을 정신작흥주간으로 하여 각종 행사를 진행하고 있다는 취지의 설명이 있었음.)

10. 자원과장으로부터 지나사변 대책과 제3차 계획의 관계에 대한 질의가 있었다. 이에 대해 관리국장이 사변 대책을 먼저 얘기하고 제3차 계획도 고려하여 넣어서 한다는 취지의 설명이 있었다.

11. 기획원 총무부에서 총동원 계획에 관한 사무를 처리하고 조사부에서는 자원 관계 사무를 처리하여, 평시와 전시의 양 대책을 고려하기로 하였다.

12. 이재과장으로부터 사무 연락 필요에 대한 환(爲替) 관리에 대해서는 대장성과 자원국(資源局) 양쪽에서 종종 다른 통첩을 보내 어려움이 있었다는 취지를, 또한 자원·이재 양 과장으로부터 제반 조회(照會)에서 전보 등의 경우는 목적이 명확하지 않아 조사상 어려운 점이 있으며 중대한 문제에 관해 전보로 답전(返電)하라고 하니 어렵다는 등 여러 가지 경우를 설명하였다. 이에 대해 관리국장도 동의한다는 취지와 함께 평소 상당히 세심한 주의를 기울이고 있지만, 한층 더 연락상 유감이 없도록 기하고자 한다는 취지의 설명이 있었다.

13. 척무성에서 최근에 사무가 늘어난 상황에 대한 설명이 있은 후, 척무성으로 상근할 본부(本府) 사무관[외국(外局)을 포함]을 한 명 제공해달라는 희망이 있었다. 정무총감 및 문서과장과는 이미 얘기를 마쳤다는 취지의 부언(附言)이 있었다.

14. 전쟁은 대체로 올해 중으로 정리될 듯하다. 이후 군사부조(軍事扶助) 문제가 중대화될 전망이다. 이미 조금씩 사회주의자의 움직임이 나타나기 시작했다며, 그 수 및 투서(投

書), 낙서(落書)[44] 등의 징후에 대한 설명.

15. 인사과장이 소비 절약의 구체안에 대해 질의하였는데, 낭비를 줄이라고 말할 것이 아니라 외국품을 절약하라고 말하는 것이다, 대체로 수입이 금지되면 외국품의 절약은 목적이 달성될 것이라는 등의 여러 가지 설명이 있었다. 인사과장, 자원과장 이외에 본부 정보위원회 간사회에서 협의한 상황 등에 대해 설명하였다.

16. 11월 3일 메이지절 당일 도쿄의 관서(官署)에서는 종래의 식(式)을 하지 않은 곳이 있었다. 또한 같은 날 오전 9시 전국에서 일제히 각기 소재한 곳에서 황거요배(皇居遙拜)를 하기로 했으므로 조선에서도 실시해달라는 취지의 희망이 있었다. 인사과장으로부터 조선에서는 거식(擧式)은 종전대로 하여 각 관서에서 정해진 시간에 행하는데, 오전 9시에는 전 조선에서 일제히 황거를 요배하도록 통첩했다는 취지의 설명이 있었다.

17. 일전에 국민정신총동원 강조주간의 마지막 날을 맞아, 내지의 여러분께 고하여 발표한 총독의 메시지를 내지의 신문이 거의 싣지 않은 것은 유감이었다. 《주보(週報)》에 원고를 내각정보부에 송부했으나, 다른 원고가 많아서 싣기가 쉽지 않았다는 이야기가 있었다. 조선의 사정은 다른 내지 사정보다 일반에게 알릴 필요가 있으므로, 반드시 서둘러 등재되도록 조선총독부가 송부한 원고를 제출하여 의뢰해두었는데, 아마도 조만간 등재될 것이다.

18. 라디오 뉴스를 보내면 대체로 방송해준다. 따라서 방송협회 상호 간의 연락에 의해 계속 보내면, 대개 방송해주니, 효과가 있을 것이다.

19. 지난번 귀족원에서 호즈미(穗積) 씨가 조선의 시국 관계를 우리 대만의 시국 관계와 관련하여 말씀하신 적이 있었는데, 대단히 즐거웠다. 기회가 있을 때마다 조선의 정황을 알리는 것에 신경을 쓰고 있다. 가능하면 팸플릿 류는 많이 보내어 각지에 배부하는 것이 좋다. 본건에 관해 도모(堂本) 사무관이 팸플릿 류는 관공서에 송부하는 외에 조선 관계 명사(名士)들에게도 직접 보내고 있다는 취지를 설명하였다.

20. 이미 알고 계신다고 생각합니다만, 대만 시국 관계에 대해 간단히 말씀드리면, 대만은 시국 사무에 관해서는 임시정보부(臨時情報部)를 설치하고 총무장관이 부장이 되며, 사

44 원문은 '樂書'의 오기임.

무관 1인을 신규로 채용하고, 조사과에 본부를 두고 활동 중이다. 이 사무관은 항구적이다. 이 밖에 노무부(勞務部)를 신설하여 지나인 귀환 후의 노동력(勞力) 부족, 공장 노동력 부족, 군부(軍部)로 징발된 본도인(本島人) 3,000인의 노동력 부족을 조절하기 위해 각 방면과 협력하여 수급을 주선하고 있다.

21. 사상관계는 조선과 마찬가지로 잘되고 있다. 사변 전에 한문 신문을 폐지했으며, 시국 논조는 내지의 것과 동일하다.

22. 대안(對岸)[45]에서 왔기 때문에 좋지 않은 것이 많아서 곤란하다. 광복운동이라 하여 대만을 지나로 복귀시키려는 것 같은 운동을 하고 있는데, 큰일은 아니다.

23. 헌금은 136만 원(?-원문)에 달한다. 조선의 250만 원 초과와 비교하면, 인구로 대비해볼 때는 좋은 성적이지만 부(富)의 정도가 다르므로 이러한 비교는 맞지 않다.

24. 대만군사후원기금(臺灣軍事後援基金)은 50만 원을 모집할 예정인데 13만 원을 달성하였다. 내지는 200만 원을 모집 중이다. (조선은 60만 원이라는 취지를 사회과장이 설명함.)

25. 아주까리와 삼베의 재배를 애국운동이라 하여 장려하고 있다. 현재 960만 정보였던 것을 각 농가에 20평씩 짓도록 하여 6,990만 정보로 증가할 계획이다.

26. 말먹이용 밀(小麥) 헌납 등은 모두 조선 등과 마찬가지다. 또한 양말(糧秣)[46]은 문제가 생길 것이다. 내지에서는 충분히 무리하여 나오고 있는데, 앞으로의 분은 어떻게 될까 생각한다.

27. 처음 징발된 본도인 3,000명은 상해로 가서 군용에 종사하고 있다. 맨 처음에는 대단한 비극처럼 생각했지만, 요즈음은 기꺼워하는 희망자도 점차 나오고 있는 상황이다. 만주군(滿洲軍)이라는 것은 바로 이 대만인을 가리킨다.

28. 상해, 남지(南支)에서 돌아온 사람 중에는 1,000명의 아편 흡음자(吸飮者)가 있다. 어쩔 수 없어서 응급대책으로 적당한 정도의 흡음은 인정하고 있다.

29. 대안(對岸)에서의 귀환자로부터 대안의 상황을 듣는 모임을 열어 여러 가지 지나의 참학 상황을 들어왔다.

---

45 대안(對岸): '강 건너편'이라는 뜻인데, 여기서는 대만인이 중국 본토에서 바다를 건너왔으므로 이렇게 표현한 것이다.

46 양말(糧秣): 병사의 식량과 군마(軍馬)의 먹이.

30. 금융공황 같은 것이 한 번 일어났다. 그것은 8월 14일(토)에 발생하였다. 은행예금, 우편저금의 일부는 국방헌금으로 몰수된다는 유언(流言)이 나와서, 16일인 월요일에는 은행, 우편국, 전당포 등에 다수가 밀려들어 500만 원의 인출이 있었다. 이외에 금(金)의 매점, 예금 감소, 보험 가입 감소 등이 있었다. 27일에는 평시로 돌아와 인출이 5만 원이었다.

31. 요사이 6개 은행에서 445만 원을 인출했는데, 현재는 거의 환원되어 겨우 그 일부만 사장(死藏)되어 있는 것 같다. 대안으로 유실된 것은 거의 없는 듯하다.

32. 대만에 재주하는 지나인 헌금은 2만 9,000원이다. 귀환자는 1만 6,000인에 달하고, 잔류자는 4만 5,000인이다. 대안에서 대만 내가 안전하다며 귀환한 자는 생각보다 근소하다.

33. 농촌진흥과장이 시국인식상 특이한 시설을 맡고 싶다는 뜻을 희망하였다.

34. 무네스에 관리국장이 대만에서는 조선처럼 이중방송이 없는데, 사변 후 대만어 방송을 개시하였다.

35. 생도의 감상, 부형(父兄)의 감상을 밝히건대, 처음에는 일본이 질 것이라고 말하는 사람이 상당하였지만, 시일이 지남에 따라 이런 생각은 감소하였다.

36. 전 도민(島民)이 협력하여 방호단을 만들고 「국민방위규정(國民防衛規程)」에 따라 총독부에 본부를 설치하였다. 오히려 평시에 총동원 경비와는 별개로 방공과(防空課)를 만든 것이 민중 전체가 진도(全島)를 시킨다는 것으로 되고 있다. 시가장(市街庄)이 중심이 되고 있으며, 대만총독부(臺灣總督府)가 자랑하는 것이다.

37. 실은 작년 8월 24일 오후 11시 50분부터 1시간, 25일 오전 0시 50분부터 1시간의 두 차례에 걸쳐 정말 공습경보가 2회(나중에 알았는데 실수로) 있었는데, 일반적으로는 침착하였다. 이것은 앞서 설명한 방호단 설치의 결과라고들 한다.

38. 쟁의는 공장 쪽에서 7월까지 31건이 있었는데, 사변 후는 전혀 없었다. 또한 농민에게서는 7월까지 27건이었는데, 이것도 모두 없어졌다. 어떻든 노·자(勞資) 모두 시국을 인식하고 있기 때문이다.

39. 대만인의 다툼도 감소하였다. 싸움은 경제적인 것이 매우 많아서, 조선인과는 양상을 약간 달리하고 있다.

40. 남경방송(南京放送)에 시달려서 전도(全島)에 13개소의 차단(防遏) 설비를 하고 있다. 남경은 종래 70킬로와트(kW)였는데, 폭격으로 인해 금릉(金陵)으로 옮겨 20킬로와트로 하고 있다. 각종 전파를 활발하게 방송하느라 약해져서, 이에 대항하여 대만에서는 7와트(W)로 차단한 전파를 방송한다. 그 밖에 북경어(北京語), 복건어(福建語) 방송을 하고 있는데, 빨리 150킬로와트를 완성하고 싶다고 말하고 있다.

41. 시모조(下城) 체신부 사무관이 조선에서도 남경방송으로 고민하다가, 5만 이상의 도시에는 전파 차단시설을 하기로 하고, 3개소는 완성했다.

42. ■■ 각 성(省) 및 다른 외지에 대해 필요한 자료나 참고사항 등으로 필요하다 하니, 넘겨주면 좋겠다.

43. 농촌진흥과장 및 기타 2~3명의 간사가 시국에 관한 대만 관계 자료를 보내달라고 희망하여 승낙받았다.

44. 인사 관계 예산은 금년도는 사변 관계의 특별한 것 외에는 통과될 전망이 없다.

45. 척무성에 조사과를 만들었으므로 자료를 보내라고 했는지 모르겠지만, 잘 부탁한다.

이상

<자료 3>

조선중앙정보위원회 관련《조선일보》기사

(1937. 7~1939. 11)

인심(人心) 영도차(領導次) 중앙정보위원회(中央情報委員會) 설치

1937. 7. 22. 조간 1면 8단

미나미(南)[47] 총독은 취임 이래 반도(半島) 통치의 근본정신 주지(周知) 철저와 민심의 귀일(歸一)을 강조하고 그 구현화를 기하여 관계 각 국과(局課)에 입안을 명하여 문서과(文書課)가 중심이 되어 조사 연구 중이던바, 현하 비상시국에 비추어 더욱 반도 인심의 영도가 긴요하다고 인정하게 되었으므로 이번에 총독부 부내(部內)에 조선중앙정보위원회(朝鮮中央情報委員會)를 신설하게 되었다. 동(同) 위원회의 사명은 "정보 및 계발 선전에 관한 중요사항을 조사 심의함"에 있다. 위원장에는 오노(大野) 정무총감(政務總監), 위원에는 총독부 각 국장, 관방(官房) 실부과장(室部課長), 경기도지사, 군 참모장, 진해요항부(鎭海要港部) 참모장, 헌병사령관(憲兵司令官)이 임명 또는 위촉되고, 간사장(幹事長)에는 문서과장이 지명되고 간사에는 관계 과장 14명, 사무관 3명, 중추원(中樞院) 서기관, 육해군 어용괘(御用掛), 기타 서기 약간 명으로 조직되어, 제1회 회합은 오노 위원장이 도동(渡東)[48] 중이기 때문에 상당이 지연될 모양인데, 다음 22일 「위원회규정」을 공포하고 그날[即日] 실시하여 시국(時局)에 비추어 지난번 임시각도지사회의

---

47 미나미 지로(南次郎, 1874~1955): 일본의 육군 군인. 1936~1942년 조선총독을 역임함. 제2차 세계대전 종전 후 A급 전범(戰犯)으로 지목됨.

48 도동(渡東): 도쿄로 건너갔다는 의미.

(臨時各道知事會議)에서 천명한 미나미 총독의 훈시(訓示) 취지인 주지 철저에 대하여 조속히 활동을 개시하기로 하였다.

보도 통제를 목표
정보위원회를 설치
– 외국의 선전성(宣傳省)과 같은 임무가 주안(主眼) –
명(明) 10일 부령(府令)으로 발표

1937. 7. 22. 석간 2면 1단

기보=오랫동안 문제를 거듭하며 연구를 쌓아오던 조선정보위원회는 마침내 명 22일 총독부령으로 발표 시행하기로 되어 21일 오전 10시 총독부에서 정식으로 발표한 바 있었다.

그 내용의 대개는 이미 보도한 바이거니와 평온 시나 비상시를 물론하고 그 정책, 시국, 기타 정보를 국외에 적절히 선전하여 국내의 정책을 국외에 유리하게 인식하게 하며, 국내에 또한 그 정책 개발, 국외 정보 등 기타를 선전하여 일반 민중으로 하여금 국외 실정을 철저히 인식하게 하는 것, 즉 외국의 선전성과 그 내용이 같은 것이다. 그리하여 조선 정보를 통제하는 최고기관으로서 이 기관의 장래는 실로 주목을 끌게 되었다. 그리고 그 발표한 간부, 기타는 다음과 같다.

- 정보 및 계몽, 선전에 관한 사항으로 하여 조선중앙정보위원회를 조선총독부 내에 설치함
- 위원장 오노(大野)[49] 정무총감
- 위원 총독부 각 국장, 관방(官房) 각 과장, 관계 사무관, 경기도지사, 조선참모장(朝鮮參謀長), 헌병사령관
- 간사장 총독부 문서과장, 간사 관계 각 과장 14인, 관계 사무관 3인, 서기 약간 인

49 오노 로쿠이치로(大野緑一郎, 1887~1985): 일본의 관료, 변호사. 1936~1942년 조선총독부 정무총감을 역임함.

미나미(南) 총독 3원칙
주지(周知) 철저에 노력
정보위원회 초회합(初會合)

1937. 7. 23. 조간 1면 7단

시국에 비추어 총독부 부내(部內)에 급설된 조선중앙정보위원회 제1회 회합은 22일 오전 10시부터 총독부 제1 회의실에서 개최되었는데, 미나미 총독 임장(臨場)하에 위원장대리 오타케(大竹)[50] 내무국장 이하 총독부 각 국장, 군부(軍部) 각 위원, 간사 등이 출석하여, 오타케 위원장대리의 인사(人事)가 있은 후 간사장(幹事長) 이사카(井坂) 문서과장으로부터 정보위원회 설립 경과 및 금후의 방침 등에 대하여 상세히 설명하고, 뒤이어 위원회의 사명인 정보 및 계발 선전에 관하여 현하 시국에 대처하여 취할 방책을 중심으로 각 위원으로부터 의견 개진이 있었다. 그런데 지난번 지사회의(知事會議)에서 미나미 총독이 천명한 민심영도(民心領導)의 3대 방침의 주지 철저가 목하의 긴요 임무라는 데에 의견이 일치되고, 계속하여 보도선전의 확충, 통제 등에 대하여 열심히 의견 교환을 행하고 정오에 산회하였다.

군사원호회(軍事援護會) 조직 필두
각종 사항 결의
총독, 총감도 거액 헌금
중앙정보위원회 초일(初日)

1937. 7. 23. 조간 2면 5단

총독부 내에 이번에 새로 설치한 조선중앙정보위원회는 초회의 위원회를 22일 오전 10시부터 총독부 제1 회의실 내에서 열었는데, 총독 이하 각 위원, 간사 등 30여 명이 출석하여 정오까지 극히 긴장리에 시국을 중심으로 한 중요한 협의를 하고, 우선 할 일로서 각지에 군사

50 오타케 주로(大竹十郎, 1888~1979): 일본의 내무관료. 1936~1941년 조선총독부 내무부장을 역임함.

원호회를 조직한 것이며 또 소선 있는[51] 출정부대 군인과 가족의 위문 구호를 위하여 관리들이 기금을 거두는 등 상당히 광범위한 사업에 착수할 것을 결정하였다. 앞으로 정보위원회의 활동은 각 방면으로 상당히 영향이 클 모양이다.

당일 회의 내용과 결정 사항은 다음과 같다.

1. 회의 벽두에 총독으로부터 정보위원회의 목적과 각 위원의 각오에 대한 열심한 훈시가 있고,
2. 시국에 관한 각종 군사원호회를 조직하게 할 것에 관하여 사회과에서 각 도에 조직하게 하고 경성에 원호회연맹을 조직하게 하기로 결정하고,
3. 시국에 관하여 관리들이 헌금을 하기로 하였다. 조선의 출정부대의 군인 가족의 위문 구호를 위하여 관리들은 우선 8월달 봉급에서 100분의 1을 헌금하기로 하였는데, 총독은 1,000원, 정무총감은 500원을 내었다.
4. 각도에도 도 정보위원회를 두어 중앙과 연락하게 하고,
5. 관계 대신에 대하여 시국에 관련한 정보를 그동안 7회나 보고를 한 바 있었는데, 금후로 도 정보회에서 보고하기로 하였다.
6. 척무성(拓務省)에서도 북지사변 관계 정보를 보내왔다는데, 이를 위원회에 보고하였다.

금후로도 위원회는 자주 개최하게 될 것이나 그보다는 간사회를 자주 열어 정보를 수집 교환하는 동시에 시국에 대한 활동도 할 터이다.

지방 정보위원회
시급히 조직키로 준비

1937. 7. 26. 석간 2면 1단

51 원문에 '소선잇는'으로 되어 있는데, '소선'은 한자어 또는 일본어로 小善(しょうぜん), 즉 '작은 선행'을 뜻하는 게 아닐까 추측된다.

일전 총독부에 설치된 조선중앙정보위원회에 준하여 각도에도 같은 취지의 도정보위원회(道情報委員會)를 설치케 하기로 되어 24일 각 도지사에게 지급 설치하라고 통첩을 발하였다.

중앙정보위원회 초회(初回) 간사회

1937. 7. 27. 조간 2면 7단

조선중앙정보위원회에서는 26일 오후 1시부터 총독부 제2 회의실에서 간사회를 개최하고 북지(北支) 정세와 비상시국에 관한 정보 수집, 기타 연락에 대한 것을 협의하였다.

사대사상(事大思想) 시정차(是正次)
외지(外紙) 논조 수집
총독부 정보위원회 활동

1937. 7. 28. 조간 1면 10단

조선중앙정보위원회는 일반 대중의 계발에 향하여 본격적 활동을 개시하기로 하였는데, 먼저 일부 인심(人心)에는 아직 경박한 사대사상에 붙잡혀 구미의존(歐米依存)의 몽상을 품고 각종의 억측으로 민심을 미혹(迷惑)케 함에 차제에 현하의 국제 인식을 강조하고 구미제국이 이번 사변을 어떻게 보고 있는가의 사실을 명료하게 파악하도록 하여, 제 외국 신문, 잡지 등에 보이는 논조를 수집하여 이것을 일반 민중에게 주지시켜 동양에 관한 한 제국이 맹주(盟主)가 되어야 비로소 동양평화가 확보됨을 철저히 인식시킬 방침으로 목하 외무부(外務部)에서 여러 외지(外紙)의 사변 관계 기사를 수집 중이다. 그리하여 전반적 계몽자료도 수집하고, 조선 내는 물론 만주, 일본 내지(日本內地), 북지(北支) 등에 있는 조선인의 미담가화(美談佳話)도 수집할 터이다. 이런 자료를 기초로 각 도에서는 지사(知事)를 선두에 세워 민중에 호소하여, 혹은 뉴스영화를 대여(貸受)하여 영화회(映畵會)를 개최하고 동시에 시국인식의 강연을 행할 계획도 되어 있으며, 이에 관한 소요 경비는 특별의회에 추가 예산으로 제출할 터이다.

중앙정보위원회서
간사회를 개최
각종 중요사항을 결의

1937. 7. 28. 조간 2면 2단

조선중앙정보위원회 간사회는 26일 오후 1시부터 총독부 제1 회의실에서 개최하고 시국에 관하여 일반 민중의 인식을 일층 강화 철저하게 하는 구체책에 대하여 협의하여 다음과 같이 결정하였다.

- 도회지와 유식 계급의 시국인식은 대개 철저하여 있으나 금후는 일반 대중의 계몽에 전력을 다할 것
- 대중 계몽에 관하여 각 도지사에게 통첩을 발하여 그 구체책을 고구[52] 실시시킬 것
- 거국일치의 진의는 자기의 본분을 완전히 함에 있는 것을 철저하게 하여 농촌진흥회, 청년단, 기타 도시, 농촌을 물론하고 각 단체에 대하여 한층 그 직무에 정려하도록 각 도지사로 하여금 선처케 할 것
- 시국에 관련된 조선인의 미담가화[53]를 취집하여 자료로 할 것
- 구미의존과 같은 그릇된 인식을 철저히 광정[54]시킬 것
- 강연, 영화 등에 의하여 민중 계몽운동을 계획할 것

시국인식 강화차
간행물을 총동원
조선중앙정보위원회 간사회

1937. 7. 30. 조간 1면 5단

조선중앙정보위원회 정례 간사회는 29일 오후 1시 반부터 제3회의실에서 개최,

52 고구(考究): 자세히 살펴 연구함.
53 미담가화(美談佳話): 감동시킬 만한 좋은 이야기.
54 광정(匡正): 잘못된 것을 바로잡음.

1. 방공시설(防空施設)

2. 출정군인 가족 위문기관의 설치

3. 시국인식의 철저를 위한 총독부 관계 간행물의 총동원

에 관하여 협의한 후 제3에 관해서는 농촌진흥과(農村振興課)에서 편찬하는《농촌진흥휘보(農村振興彙報)》 3만 부를 시국선전 특집호로 편집 발간하기로 하고, 계속하여 총독부 각국 기관지인《경무휘보(警務彙報)》,《조선의 교육》,《조선사회사업》,《조선》, 기타 각종 간행물을 총동원하여 시국인식을 위한 특집호를 발행시켜 각기 입장에서 일반 대중에 호소하기로 하였다.

전 조선 농진회(農振會)를 동원
시국인식을 선전
중앙정보위원회 계획

1937. 7. 30. 조간 2면 6단

조선중앙정보위원회에서는 29일 오후 1시 반부터 총독부 제2회의실에서 간사회를 개최하고 방공(防空)에 관한 것과 출정군인의 가족 부조에 관한 것을 협의할 터이다.

그리고 전 조선 약 3만의 농촌진흥회를 이용하여 시국에 관한 선전을 적극적으로 행하게 할 터이다.

전 조선 각 관청
방공시설(防空施設) 완비
중앙정보위원회서 각종 결의

1937. 7. 31. 조간 2면 6단

조선중앙정보위원회는 29일 오후 1시 반부터 총독부 제3 회의실에서 개최하고 다음과 같

은 내용의 것을 보고 협의하였다.

- 조선토목건축협회장 다테 요쓰오(伊達四雄)[55] 씨가 28일 총독부에 와서 현금 1만 원을 기부하고 방공사업에 써달라고 하였다.
- 정보위원회에서는 이번 출동 병사 중 총독부 직원으로 사상의 순직자가 있는 경우에는 장병을 물론하고 총독부로서 따로 정중한 조위(弔慰)의 뜻을 표하기로 하였는데, 그 구체안은 사회교육과에서 입안 중이다.
- 각 관청에서 발행하는 출판물이 수십 종에 달하니, 이때 이것을 널리 이용하여 시국에 관한 정보 선전에 선처하도록 할 것이다.
- 정보위원회 성적은 조직 이래 극히 양호하므로 간사회를 더 확충할 필요가 있다.
- 총독부 청사를 위시하여 전 조선 각 관청 청사는 방공시설이 거의 없어서 유사지추[56]에 만일을 대비할 도리가 없은즉, 이때 이 시설을 급히 할 일이다.

해외 논평에서 본
지나(支那)의 배일(排日)
조선중앙정보위원회의 편찬

1937. 8. 3. 조간 1면 10단

총독부의 조선중앙정보위원회는 급템포로 시국인식에 활동을 개시하여 이미 《북지사변(北支事變)에 대한 해외논평》 제1집을 발간하여 동양 민족의 구미의존 사상 시정에 노력하고 있는데, 이번에 다시 동지(同誌) 제2집을 발간하여 각 방면에 발송하여 민중 지도의 자료로 제공하기로 하였다. 이 제2집에서는 미국 컬럼비아대학 교수 극동평론가 나다니엘 페퍼[57] 씨의

55 다테 요쓰오(伊達四雄, 1886~?): 조선총독부 관료. 1921년 이래 경기도 내무부 지방과장, 충청남도·평안남도·경상남도 경찰부장, 평안북도·강원도·경상북도 내무부장, 경성부윤, 경상북도지사 등 역임. 퇴관 후 조선토목건축협회 회장 역임.

56 유사지추: 有事之秋. 급하거나 비상한 일이 일어날 때.

57 나다니엘 페퍼(Nathaniel Peffer, 裴斐, 1890~1964): 미국의 동아시아 문제 연구자. 《뉴욕 트리뷴》의 극동 특파

「고만(高慢)한 지나(支那)를 경계함」이란 귀중한 논문을 게재하였다.

이 논문에서는 "현재 지나에 대하여 첫 번째로 지적할 필요가 있는 것은 지나인이 지금 마음의 평정을 잃고 있는 것이다. 만약 저들이 자제함이 없다면 10년 전과 똑같은 과오를 반복하여 똑같은 비참한 결과를 초래하게 될 것이다"라고 첫머리에 말하여, 북지사변(北支事變)이 발발하자 즉시 이와 같은 경고적 비판을 내리고 일본은 여러 차례 지나에 충고를 해보았다. 그럼에도 불구하고 지나는 굴복하지 않았다. 일본은 조속히 응징하여야 할 것이다. 그런데 일본은 이 같은 조처를 취하지 않고 은인자제(隱忍自制)하여 그릇된(誤謬) 지나의 의기(意氣)를 날로 헌앙(軒昂)하게[58] 하여 이미 위험을 느낄 지경에 달하였다. 오늘날 지나는 그릇된 공격 정신에 불타고 있다고 지나의 자기도취를 힐난(詰難)하고, "상해(上海) 부근에서 열렬한 항일론(抗日論)을 토하고 있는 지나인의 대부분은 북지(北支) 농민의 고통 등을 거의 생각하지 않는다"고 헛된 자기만족으로부터 대일(對日) 전비(戰備)를 하는 등을 서술하고, 일본에 온건과 관용과 타협심 등을 기대할 수 있는 것은 가능하다고 생각되며 적어도 현재에서는 일본은 절대로 침략 등을 생각하지 않는다, 그리고 지나가 현재의 배일 수단을 중지하지 않으면 전쟁을 초래하게 됨은 명백하다고 단언하였다. 그리고 동지(同誌)에는 독일 평론가 앨버트 바르크 씨의 「일본의 대아세아주의(大亞細亞主義)」도 게재하였는데, "아세아주의는 일본의 신성한 사명에 다름 아니다"라고 논하였다.

대국적(大局的) 견지에서 불편을 양해할 바
화객(貨客) 취급 제한에 관한 미나미(南) 총독 의향
정보위원회서 활동

1937. 8. 3. 조간 2면 4단

원으로 중국에서 25년간 상주함. 조선의 3·1만세운동을 취재하여 전 세계에 알림.

58 헌앙(軒昂): 헌거(軒擧). 풍채가 좋고 의기가 당당함.

오는 4일부터 단행하는 철도 화물 수송을 제한한다 함은 기보한 바이거니와, 이에 대하여 2일 오전 10시 총독부 이사카(井坂) 문서과장은 미나미 총독의 뜻으로 다음과 같이 발표한 바 있었다.

> 준전시체제가 전시체제로 변함에 관련한 물화, 기타 수송 관계로 일반의 화물 수송 취급을 제한함에 의하여 단체나 개인을 물론하고 불편이 많을 것은 물론이거니와 각종 상공업에도 영향이 다소 있으리라고 생각한다. 그러나 이것은 어쩔 수 없는 사정이니 대국적 견지에서 특히 양해하여 주기를 바라는 바이다.

그런데 이 문제에 대하여는 조선중앙정보위원회에서 그 완화책을 시급히 강구하려고 한다.

북지사변(北支事變) 화보(畵報)를
각 초등교(初等校)에 배부
읍면사무소 게시판에도 첩부(貼付)
시국인식을 조장

1937. 8. 7. 석간 2면 1단

중앙정보위원회에서는 각 신문, 통신, 기타에 오는 북지사변의 사진을 전 조선 각지 공립 보통학교 또는 소학교에 배부하여 선생들이 아동들에게 설명하여 들려주어서 아동들로 하여금 시국의 인식을 철저케 할 터이며, 또 각 도 읍·면사무소 게시판에도 매월 3회씩 북지사변의 사진을 갖다 붙여서 일반 통행인, 기타 주민으로 하여금 북지사변과 시국인식의 철저를 환기할 터라는, 이 경비가 매월 600원이라 한다.

각지 문묘(文廟) 총동원
비상시국을 선전
특히 유림들의 시국인식을 목표
중앙정보위원회 활동

1937. 8. 7. 석간 2면 1단

유림(儒林) 관계 방면에 비상시국을 선전하고자 조선중앙정보위원회에서 여러 가지로 연구 중이던바, 오는 15일 경학원(經學院)을 비롯하여 전 조선 각지 문묘에서 일제히 시국에 대한 강연을 하여 일반 유림에게 시국인식의 철저와 총후 봉공에 대해 환기하는 한편, 경학원과 문묘에서는 매월 15일 양차 전배 시마다 분향 후 서원문(誓願文)을 봉독하여 전 조선 500 문묘를 중심으로 한 10만 유림을 총동원하여 비상시국 선처에 당하도록 할 터라 한다.

중앙정보위원회에서는 북지사변에 대한 해외 논평을 조선문 혹은 한문으로 번역하여 각지 유림들의 기관에 배포하여 시국인식에 관한 관념을 환기할 터이다.

공장 등 각 기관
동원토록 최촉(催促)
중앙정보위원회에서

1937. 8. 12. 석간 2면 1단

총후의 시국인식을 일반 민중에게 철저시키기 위하여 조선중앙정보위원회에서는 지난 9일 오후 1시에 총독부에서 간사회를 개최하고, 많은 사용인과 노동자를 수용하고 있는 각 기관과 각 공장에 동원을 재촉하기로 다음과 같이 결정하였다.

- 회사와 대공장에서는 총독부에서 주최하는 간담회에 대표자를 출석케 하여 협력을 구할 것
- 이러한 방면에 향하여는 도청, 부청, 상공회의소 등의 활동 협력을 구할 것
- 선전물은 무상으로 혹은 실비로 회사와 공장 방면에 배부할 것이다

시국 스탬프
우편국(郵便局)에서 사용

1937. 8. 15. 석간 2면 1단

시국인식을 우편 스탬프에 나타나게 하기 위하여 조선중앙정보위원회에서는

- 뿌린 씨 한 알에도 적성이 있다
- 타오르는 애국열로 가업에 노력하자
- 누구든지 되는 생업보국(生業報國)
- 총후를 지키는 것도 내선일여

등등의 표어를 만들어 이것을 우편 스탬프에 나타나게 하였으며, 멀지 않아 체신국에서는 전 조선 중요 우편국에 이것을 설치하고 총후를 선전하게 되었다.

120만 초등교(初等校) 아동에
시국통보(時局通報)를 배부
군대 위문대 발송운동도 환기
9월 6일 애국운동일(愛國運動日)로

1937. 8. 19. 조간 2면 4단

조선중앙정보위원회에서는 사변 이래 총독부《관보》부록으로 매월 2~3차씩《통보(通報)》를 발행하여오던 것을 18일부터 이것을《관보》부록으로 하지 않고 단순히 시국선전하는《통보》로 발행하여 전 조선 120만의 초등학교 생도들에게 배부하여 비상시국의 인식을 철저케 하기로 하였는데, 이로써 비상시국에 대하여 전 조선 초등 학동의 총동원도 마침내 보게 되었다.

그리고 전 조선 각 초등학교 생도들로 하여금 위문대(慰問袋)를 만들도록 할 터인데, 대개 한 학급에 1개 내지 2~3개씩 만들어서 생도 한 사람이 위문대 한 개에 1전 내지 3~4전씩과 다정한 편지를 넣어서 북지 또는 남지 전장으로 발송케 할 터이다. 이렇게 하면 위문대 3만 개를 만들게 되리라 한다.

이와 동시에 9월 6일을 애국일(愛國日)로 정하여 전 조선 120만 학교 생도 아동를 총동원시켜 애국의 일대 운동을 일으켜 국민정신 작흥에 힘쓰기로 하였다.

회화(繪畵) 해설로 시국선전 철저

1937. 8. 29. 조간 2면 2단

중앙정보위원회에서는 시국이 점차 중대하여짐에 따라 전 조선 방방곡곡에 선전의 철저를 기할 필요를 더욱 느끼고, 각 지방에 '가미시바이[紙芝居(지지거) — 회화 해설]'로 시국선전에 적극적 진출하기로 하였는데, 도쿄(東京)에서는 최근 '가미시바이'로 각종의 선전이 성히 유행하고 있는 중으로 매일 그 관람자가 100만을 돌파하여 절대한 효과를 나타내고 있다고 한다. 그리하여 총독부에서는 '가미시바이'를 비롯하여 각종 시국선전비로 이번 임시의회에 상당한 거액을 요구하였다 한다.

지물(紙物), 양모(羊毛)의 절약 관계(官界)에 전면적 운동화(運動化)

1937. 9. 11. 조간 2면 8단

전시를 당하여 모든 물자의 무용한 소비를 절약하여야 할 것은 이미 상식화한 일이나, 그렇다고 어떤 것이든지 모두 소비를 절약한다는 것은 한편으로 국내 산업을 위축시킬 염려도 없지 않아 소비 절약의 목표는 주로 국내에서 생산이 못 되는 것, 또는 국내 생산이 부족한 것인데, 총독부 내 조선중앙정보위원회에서는 우선 수입품에 관한 물자 절약의 필요를 느끼고 우선 지물류와 양모 관계를 절약하기로 6일 타합이 되었다.

그런데 이와 병행하여 7일에는 총독부 내 판임관 대표자들의 회합에서도 같은 뜻의 타합이 있어, 총독부에서는 다시 각 지방청에 통첩하여 전면적으로 소비 절약의 자각적 운동을 일으키게 되었다. 즉 (이하 생략)

영화를 통하여
시국인식 철저화
정무총감 명의로 각도(各道)에 통첩
영화업자를 지도

1937. 10. 16. 석간 2면 1단

총독부에서는 영화보국(映畵報國)을 철저히 하도록 11일 각도에 엄중한 통첩을 발하였다.

최근 영화 선전은 각 방면을 통하여 상당한 실적을 나타내고 있는바, 특히 이번 사변 발발 이래 시국인식 철저에 대하여도 각 영화의 활약이 자못 열렬하다. 도쿄, 기타 대도시에는 뉴스영화 상설관이 설치되어 연일 대만원을 이루고 있으며, 경성에도 뉴스영화 전문 상설관이 출현한다는 소문이 최근 자못 높은데, 만일 이 뉴스영화 상설관이 경성에 출현하는 날에는 다른 영화는 반드시 압도될 것이라고 보지 아니할 수가 없다. 따라서 영화로 하여 국민정신에 미치는 영향은 진실로 막대한 것이므로 시국영화를 유효하게 지도 장려하여 참된 영화보국을 도모하도록 하는 것은 긴요한 문제라 하여, 조선중앙정보위원회에서는 이에 대하여 수차 협의를 거듭한 결과 마침내 지난 11일 오노(大野) 정무총감의 명의로 각 도지사에게 통첩을 발한 것이다.

그 내용의 대개인즉 각지 영화 상설관에 대하여 시국 뉴스영화를 적극적으로 간섭하여 이것을 상영케 할 뿐 아니라, 적당한 장소에 「황국신민서사(皇國臣民誓詞)」와 국기, 기타 표어 등 인쇄한 것을 게시하며, 이것은 총독부에서 필름을 제작하여 각 상설관으로 하여금 구입하도록 하여 뉴스영화 상영 전후 기타 적당한 기회에 반드시 상영하도록 명령할 것 등으로, 대개 거국일치 관념 강조와 애국사상 환기를 골자로 하는 것인데, 그 결과 민중에게 미치는 정신적 영향의 통계를 각도로 하여금 총독부에 보고케 하는 것이다.

정보위원회 영화 추천

1937. 11. 5. 조간 2면 8단

조선중앙정보위원회에서는 방금 약초극장(若劇)에서 상영 중인 〈스파이 전선 돌파〉라는 영화를 그 위원회 최초의 추천영화로 추천하였는데, 이 영화는 간첩 사상을 보급시키는 데 유익하다고 인정된 까닭이라 한다.

'무엇이고 아끼자'
8월 22일부터 1주간 실시될
경제전(經濟戰) 강조주간 중점

1938. 7. 22. 조간 2면

전 조선 민중이 대중 생활을 통하여 경제전의 수행을 달성시키려 하는 경제 강조주간의 실시에 대하여는 총독부 관계 국과에서 여러 가지 구체안을 세우는 중이나, 조선의 실정에 맞는 경제전의 실천을 실시할 제반 준비도 있으므로 내지보다 다소 늦게 오는 8월 22일부터 28일까지 1주일 동안 전 조선 국민적 대운동으로 전개하기로 하여, 구체안은 22일 총독부에서 열리는 제2회 중앙정보위원회에서 논의할 것으로 물자의 소비 절약, 물자의 활용, 폐품의 회수 등 가장 대중적인 '아깝다' 하는 관념을 철저히 함에 중점을 둘 방침이라 한다.

보도보국(報道報國)의 충실 중앙정보위원회 보고

1938. 7. 24. 조간 2면 7단

조선중앙정보위원회는 조직한 지 꼭 1년 만인 22일 총독부 제1 회의실에서 열렸는데, 지나간 1년 동안 시국인식 선전과 정신총동원운동의 활약 상황을 간사회로부터 보고하였다.

그러데 특히 여기서 주목할 것은 사변 이래 전 조선 각 신문이 보도보국(報道報國)에 충실한 점이다. 총독부 문서과에 보도계(報道係)가 설립된 이래로 그 발표 건수는 그 전보다 6~7배가 늘었고, 각 신문이 이를 취급한 페이지 수로 보면 실로 십수 배에 달한다.

더욱이 기사는 완전히 통일되었고 또 정확하였기 때문에, 가령 지방관청에서는 총독부의 통첩을 받기 전이라도 신문 발표를 보고 벌써 각기 그 지방에 응분(應分)의 활동을 개시하는 등 사변 이래 신문의 활동은 그 전보다도 훨씬 더 효과 있는 활동을 하였는데, 이 보고를 받고 위원 일동이 모두 감탄하였다.

위원회는 오전 10시 20분부터 오후 ○시 반까지 계속되었다. 지나간 1년 동안 위원회의 위임으로 간사회를 열기가 81회였고 각 방면으로 활동한 상항에 대하여 그 자료를 전람하였는데, 미나미(南) 총독도 열심히 이것을 관람하였다. 이 자리에서 오는 8월 22일부터 행할 '경제전강조주간' 운동에 대해서도 더 연구하기로 하였고, 그 밖에 앞으로 활동할 방침에 대해서 여러 가지 의견이 있었다.

이날 출석한 이는 간사 일동을 비롯하여 각 위원과 군(軍) 방면에서 이하라(井原)[59] 대좌(大佐), 니노미야(二宮)[60] 헌병사령관이 출석하였는데, 위원장인 정무총감만은 출장 중이었기 때문에 오타케(大竹) 내무국장이 대리로 인사를 하였다.

끝으로 종이연극을 하였는데, 모두 감격하여 눈물을 흘렸다.

---

59 이하라 준지로(井原潤次郎, 1895~1971): 일본 육군 중장. '조선군' 참모, 제12사단 참모장, '조선군' 참모장, 제17방면군 참모장, 조선군관구 참모장 등을 역임함.

60 니노미야 신이치(二宮晋一, 1884~1970): 일본 육군 소장. 관동헌병대 총무부장, 조선헌병대 사령관 등을 역임함.

전 조선 방방곡곡
폭발된 축승노도(祝勝怒濤)

1938. 10. 23. 석간 2면 1단

광동(廣東) 함락의 쾌보를 기다리던 총독부에서는 쾌보를 듣자마자 곧 중앙정보위원회 간사들이 각각 분담하여 축하행사의 준비에 착수하였는데, 곤도(近藤) 비서관, 이사카(井坂) 문서과장은 불면 불휴로 축전, 축하행사 통첩 등으로 활동을 하고 있으며, 미나미 총독, 오노 정무총감도 오늘 새벽 통첩안에 결재하여 곧 각 도지사에게 통전을 보냈다. 그러나 아직도 한구(漢口) 함락이 남아있으므로 이번의 축하행사는 다만 기행렬, 제등행렬에 그치고, 한구 함락이 될 때에나 여러 가지 전승 축하 제반 행사를 하기로 하였다. 그리고 광동 함락 축하행사는 22일 오후부터 23일에 걸쳐 기행렬, 제등행렬을 전선 일제히 하기로 하였다.

항일의 대본영(大本營) 드디어 붕괴
무한삼진(武漢三鎭) 함락 축하
전 조선 일제히 거행
대망의 금일! 총후 감격

1938. 10. 28. 조간 2면 1단

대망의 무한삼진(武漢三鎭)[61]은 드디어 함락되었다. 전 반도를 들어 역사적 공략을 축복하는 봉축제 행사는 드디어 오늘을 기하여 2일간 전 조선에서 일제히 거행하기로 결정하고, 27일 밤 오노(大野) 총감으로부터 각 도지사에게 이에 대한 전보 통첩을 발하였다. 그리하여 전 조선 강산은 마침내 역사적 전승 축하의 기분으로 물 끓듯 하게 되었다.

찬연한 황군의 무위를 전 세계에 발양하여 적의 아성(牙城)인 한구(漢口)를 붕괴하여 바야흐

61 무한삼진(武漢三鎭): 양자강의 북쪽 지류인 한수(漢水)가 양자강과 만나는 지점을 둘러싼 3개 지역을 무한삼진(武漢三鎭)이라 불렀다. 양자강 남쪽의 무창(武昌), 맞은편에 흘러드는 한수의 남쪽 한양(漢陽), 그 북쪽의 한구(漢口)의 3개 시를 가리킨다.

로 무한삼진[武漢三鎭=무창(武昌), 한구(漢口), 한양(漢陽)]은 완전히 황군 육해군 정예부대장 중에 돌아와서 대망의 대본영 공식 발표의 쾌보는 전 조선에 전광석화(電光石火)의 형세로 전해졌다.

이미 지난 25일 황군이 한구 일각에 돌입한 것이 보도된 이래 임축즉발의 축하 기분이 충만한 2,300만 민중은 별안간에 감격과 환희가 폭발적으로 용솟음치기 시작하였다.

라디오로, 신문 호외로, 또는 가을 창공에 높이 터져 올리는 화포(火砲)와 사이렌으로 전 민중의 가슴을 소리 없이 흔들어놓았다. 학수하고 대기 중이던 축하 준비의 총본영인 총독부에서는 공보 접수와 동시에 즉시 오노 정무총감으로부터 각 도지사에게 "마침내 28일을 기하여 전 조선 일제히 이미 준비 중이던 축하행사를 행함이 가하다"라는 급전의 통첩을 발하고, 방금 평안북도 시찰 중인 미나미(南) 총독에게도 이 뜻의 보고 급전을 발하였다. 중앙정보위원회 간사는 서로 전화로 교환하여 '경축, 경축'을 연발하고 이사카(井坂) 문서과장의 달려감을 필두로 총독부 각 간부들이 대화정(大和町) 정무총감 관저에 참집하자, 목욕을 하고 있던 오노 정무총감도 뛰어나와서 라디오 앞에 앉아서 "마침내 대망의 날은 왔다. 이로부터도 더욱 투구 끈을 졸라매라. 내일은 굉장히 축하하자. 그리하여 총후의 적성을 더욱더욱 굳게 할 것이다"라고 하며, 참집한 일동은 모두 기쁨에 넘쳐서 작약하고 있었다.

내각정보부장 이하 내경(來京) 간담

1938. 11. 26. 석간 2면 3단

12월 초에 내각정보부 요코미조(橫溝) 부장과 가와모(川面) 서기관, 시미즈(淸水) 정보관, 혼노(本野) 정보관 외 두 명이 조선에 와서 12월 5일, 6일 이틀 동안에 부내 조선호텔에서 조선중앙정보위원회 관계자와 보도 관계자와 더불어 정보선전에 관한 간담회를 열기로 하였다.

그리고 때마침 함흥(咸興)에서 열리고 있을 사상전전람회(思想戰展覽會)를 시찰할 터라고 한다.

요코미조(橫溝) 부장 일행
정보위원과 간담

1938. 12. 6. 석간 1면 6단

요코미조(橫溝) 내각정보부장 일행 6명은 4일 함흥(咸興)에서 사상전전람회(思想戰展覽會)를 시찰하고 5일 오전 7시 20분 착(着) 열차로 재차 입경(入京), 즉시 부외(府外) 공덕리(孔德里)의 지원병훈련소(志願兵訓練所)를 시찰한 후 조선호텔에서 잠시 쉬고, 오전 11시부터 동(同) 호텔에서 조선중앙정보위원회 위원 약 30명을 초대하여 정보선전에 대하여 격의 없는 의견을 교환하고 오정(午正)부터 오찬을 같이 하면서 여러 가지로 간담을 마쳤다. 그리고 오후 4시부터는 동 위원회 간사 약 30명을 초대하여 간담회를 열고 동 6시부터 만찬회를 개최하였다.

중앙정보위원회 개최

1939. 7. 21. 조간 1면 8단

제3회 조선중앙정보위원회는 금 21일 오전 10시 반부터 총독부 제1회의실에서 개최, 미나미(南) 총독 임석(臨席), 오노(大野) 위원장 이하 각 위원 간사 출석, 과거 1개년간의 간사회 활동 상황 보고와 금후 활동 방침에 대하여 협의할 터이다.

요코미조(橫溝) 내각정보부장
11월 5일 내경(來京)

1939. 10. 19. 석간 1면 9단

내각정보부에서는 동아신질서(東亞新秩序) 건설하의 선만(鮮滿) 시국인식 및 정보계발 사무에 대하여 한층 철저 강화를 기하고자 요코미조 부장은 정보관(情報官) 5명을 대동, 오는 11월

5일 내경(來京), 6일은 조선중앙정보위원회 및 동 간사회 간담회를 열고, 익(翌) 7일은 재경(在京) 신문통신 방송 관계자와 간담회를 연 후 같은 날 신경(新京)[62]으로 향할 예정이다.

요코미조(橫溝) 정보부장 일행
조선정보위원을 초대
중앙 방침에 협력 요망

1939. 11. 7. 석간 1면 9단

작(昨) 5일 입경(入京)한 요코미조 내각정보부장 일행은 6일 오전 11시부터 조선호텔로 조선중앙정보위원회 위원을 초대.

[내각정보부 측] 요코미조 부장, 리(利), 광(光), 마쓰이(松井), 다케다(竹田), 반도(半島) 각 정보관(情報官), [조선 측] 총독부 각 국장, 군 참모장, 진해요항부(鎭海要港部) 참모장, 군 및 사단 보도부장, 헌병사령관, 정동(精動)[63] 전무(專務) 등 30여 명 출석, 요코미조 부장으로부터 시국하의 중앙부(中央部)의 선전계발 정보, 지도 방침에 대하여 설명하고 협력을 구하는 인사를 말한바, 조선 측 각 위원으로부터 조선 현상을 설명한 후 오찬을 함께 하면서 각종 간담을 하고, 오후 1시 반 산회하였다. 그리고 일행은 오후 4시부터 조선중앙정보위원회 간사를 욱정(旭町) 기라구(幾羅具)에 초대, 의견을 교환한 후 만찬을 함께 하고, 다시 7일은 오후 1시부터 조선호텔로 재경 신문, 통신, 방송 관계자를 초대, 간담회를 개최, 같은 날 오후 3시 40분 발(發) 노조미[64]로 신경(新京)에 직행할 터이다.

---

62 신경(新京): 1932년부터 1945년까지 '만주국'의 수도였던 장춘(長春)의 명칭.
63 국민정신총동원조선연맹의 약칭.
64 노조미(のぞみ): 일본의 도카이도(東海道)·산요신칸센(山陽新幹線)에 운행하는 특별급행열차를 부르는 애칭.

Ⅱ

조선방공협회

해제

조선인의 의식을 침략전쟁에 적합하도록, 즉 전쟁을 위한 각종 동원에 원활히 참여할 수 있도록 '개조'하려는 일제 측의 노력은 정보위원회 외에도 조선방공협회 등 각종 관제 어용 단체들에 의해 일상적으로 전개되었다. 전시체제기에 조선인 여론통제를 위해 기능했던 조선방공협회는 두 종류가 있었다. 즉 소련을 중심으로 한 국제공산주의 세력과 조선인의 공산주의운동에 대응하기 위해 설립된 조선방공협회(朝鮮防共協會)와 전쟁 수행 과정에서 공습(空襲)에 대한 대응을 목적으로 설립된 조선방공협회(朝鮮防空協會)가 그것이다.

일본 내 「방공법(防空法)」 시행에 따라 1937년 9월 방공(防空)에 관한 지식의 보급 및 조사 연구 등을 목적으로 조선에서도 조선방공협회(朝鮮防空協會)를 재단법인으로 조직할 것이 가결되었다.[65] 그리고 같은 해 11월에 체결된 일·독·이(日獨伊) 방공협정(防共協定)의 취지에 기초하여, 1938년 8월 조선방공협회(朝鮮防共協會)가 조직되었다. 일반 대중을 총동원하여 공산주의 사상 및 운동을 박멸 방위하고 '일본정신'을 앙양함으로써 진정으로 '국민방공(國民防共)'의 결실을 거두고자 설립된 것이었다.[66] 사실상 중일전쟁기에는 전자가, 태평양전쟁기에는 후자가 더 활발히 활동했던 듯하지만, 이 두 조직은 모두 조선인 여론통제의 중추로 기능하였다. 물론 공산주의의 영향력이 강했던 조선에서는 조선방공협회(朝鮮防共協會)가 전쟁 초기부터 더 활발히 활동한 것으로 보이는 측면이 있다. 따라서 이 책에서는 다음과 같이 이에 관한 자료를 중심으로 하면서, 조선방공협회(朝鮮防空協會)에 대해서는 신문자료를 통해 보강하였다.[67]

65 《每日申報》, 1937. 9. 7.;《東亞日報》, 1937. 9. 7.

66 《東亞日報》, 1938. 8. 31.;《朝鮮日報》, 1937. 8. 31.

67 이하 설명에서 특별한 언급이 없는 한 조선방공협회는 '朝鮮防共協會'를 가리킨다.

〈자료 4〉「조선방공협회의 설립과 활동 상황」(1939. 9)[68]

〈자료 5〉『조선에서의 방공운동』(1939)[69]

〈자료 6〉「조선방공협회 경기도연합지부 결성식 거행에 관한 건(1938)[70]

〈자료 7〉《조선일보》의 주요 관련 기사(1938. 8. 31.~1940. 8. 10.)

1938년 8월 이른바 관민일체(官民一體)를 내걸고 설립된 조선방공협회는 1939년 11월 8일 재단법인으로 되면서 면(面)·리(里) 단위로 전국의 청년층을 망라했고, 공장·광산·항만 등 직업별로도 방공단(防共團)이 조직되었다. 이후 방공단의 지도 아래 전국적으로 국방·방공·방첩 사상의 강화 및 철저 운동이 개시되었다. 전국적으로 방공단 3,359개, 단원 33만 2,141명의 규모를 갖추었으며, 이 밖에도 기존에 학교 등에 설립한 방공부(防共部) 404개에 부원 2만 4,197명을 확보하였다. 조선방공협회에서는 조선인에 대한 사상정화 작업의 일환으로 좌담회, 가미시바이(紙芝居), 영화, 전람회, 방공·방첩 소인극(素人劇) 등을 개최하고 근로봉사 작업, 부대 교련, 각종 연습 및 운동회, 오락회 등을 실시하였다. 기관지로 《방공(防共)의 조선》을 월 2회, 총 6만 3,000부씩 발행하여 단원뿐만 아니라 일반 민중에게도 배포하였다. 방공·방첩에 관한 사상전전(思想戰展)·영화회·가미시바이·연극 등의 개최 상황을 보면, 1941년 10월 1일 현재 전국 총 1만 9,408일(도별 중복 포함), 총 246만 5,883명이 관람한 것으로 집계되어 있다.[71]

68 「朝鮮防共協會の設立とその活動狀況」, 『思想彙報』 제20호, 高等法院 檢事局 思想部, 1939. 9, 182~212쪽.

69 朝鮮總督府 警務局 保安課, 「朝鮮における防共運動」, 『日帝下 戰時體制期 政策史料叢書』 제52권(民族問題硏究所 編, 2005), 1939, 253~329쪽.

70 京畿道警察部長, 「(京高特秘 第2196號) 朝鮮防共協會京畿道聯合支部ノ結成式擧行ニ關スル件」, 1938. 9. 19, 『思想ニ關スル情報 10』(국사편찬위원회).

71 「第79回帝國議會說明資料」, 警務局, 1941. 12, 71~74쪽.

〈자료 4〉와 〈자료 5〉는 모두 조선방공협회의 설립과 취지, 규약 및 역원(役員), 하부조직의 결성, 각종 활동 상황 등을 전반적으로 알 수 있는 자료다. 〈자료 4〉의 경우 뒷부분에 특별히 전라북도의 상황을 자세히 수록함으로써 실제 지부의 사례를 파악할 수 있도록 했다는 점이 주목된다. 이에 비해 〈자료 5〉는 각종 사진 자료가 다수 수록되어 있어서 각 지부의 상황을 포함하여 그 실체를 보다 상세히 파악할 수 있도록 했다는 장점이 있다. 경기도연합지부의 결성 상황을 파악할 수 있는 〈자료 3〉의 경우, 이에 대한 부민(部民)의 감상, 정확히 말하면 백관수(白寬洙), 윤치호(尹致昊), 여운형(呂運亨), 송진우(宋鎭禹), 최무신(崔茂信), 서춘(徐椿)과 같은 사회 명망층의 감상을 담은 별지(別紙)를 첨부하고 있다. 이 외에 조선방공협회의 여론통제 관련 세부 활동 상황을 이해할 수 있도록 〈자료 4〉를 배치하였다. 여기에는 일부 조선방공협회(朝鮮防空協會)의 활동도 함께 포함하였다. 방공협회 지부의 결성 상황과 활동, 경찰조직과의 관계성, 중앙 및 지부에서 개최한 사상전(思想戰) 전람회 등의 여러 활동에 대해 파악할 수 있다.

조선방공협회 조직은 1940년대 들어서 보다 강력한 국민총력운동의 전개라는 상황에 따라 국민총력조선연맹 산하의 최하부조직인 애국반(愛國班) 내로 해소되었고, 이를 통해 전시체제기의 강력한 사상통제와 치안유지의 효과를 도모하면서 '국민운동'으로서의 성격을 한층 더 강화해갔다고 한다.[72] 그런데 《매일신보》 등의 기사를 보면, 1940년대 이후에는 조선방공협회(朝鮮防空協會) 조직이 기존 방공협회에서 실시하던 각종 여론통제 활동을 지속해갔음을 확인할 수 있다.

72 김영희, 「1930·40년대 일제의 농촌통제정책에 관한 연구」, 숙명여대 박사학위논문, 1995, 219쪽.

<자료 4>

「조선방공협회의 설립과 활동 상황」[73]

(고등법원 검사국 사상부, 1939. 9)

조선방공협회의 설립과 활동 상황

본고는 당국 앞으로 보내진 각종 정보 자료에 기초하여 작성된 것이다.

1. 조선방공협회(朝鮮防共協會)의 설립

조선방공협회는 1938년(昭和 13) 8월 15일 별항(別項)의 취지 및 규약에 따라 성립하였다. 같은 날 본부 역원을 촉탁 또는 임명하여 조직을 완료하고(창립대회는 개최하지 않음), 같은 해 9월 2일 각도 고등 및 외사 양 경찰과장을 소집하여 연합지부 이하의 하부조직과 활동 방침에 관한 타합회(打合會)를 개최하고, 구체적 활동의 제1보를 내디뎠다. 설립에 이르기까지의 산파역은 경무국(警務局) 보안과(保安課)가 했고 탄생 후의 본부도 같은 과 안에 두어, 이곳이 활동의 중심이 되고 있다.

본 협회 설립 목적은 취지와 규약에서 볼 수 있듯이 공산주의 사상의 박멸과 일본정신 앙양의 두 가지 점이다. 전선적(全鮮的)인 조직망으로 에워싸고 종(縱)과 횡(橫)의 긴밀한 연락 아래 관(官)과 민(民)이 혼연일치하여 방공의 성과를 거두려 하는 것으로서, 대단히 묘미가 있고 또 그 성적이 기대된다. 특히 방첩(防諜) 문제와 같은 것은 단속관(取締官)과 민중이 합체 협력하여 비로소 완성을 기할 수 있기 때문에, 본 협회의 활동에 기대하는 바가 크다. 방첩의 목적

73 「朝鮮防共協會の設立とその活動狀況」, 『思想彙報』 제20호, 高等法院 檢事局 思想部, 1939. 9, 182~212쪽.

은 규약상 명기되어 있지는 않지만, 방첩이 필요한 이유를 선전하는 것이 협회의 가장 중요한 활동 방침의 하나로 되어 있는 것은 정말로 유효적절한 조치라고 생각한다.

규약 제8조에도 있는 바와 같이, 본 협회원은 물질적 부담을 지지 않기 때문에 회(會)의 경비는 전적으로 국고보조금(2만 원), 유지(有志) 기부금, 기관지 판매대금 등에 의해 조달된다. 회가 항구적이고 적극적으로 광범위한 활동을 전개하기 위해서는 상당한 재원을 가진 재단법인으로 할 필요가 있어서, 현재 그 준비 중에 있다.

2. 설립 취지

지나사변 발발 이후 이미 1년 남짓, 이 사이에 우리의 충용(忠勇)한 장병은 파죽지세로 연전연승, 북지(北支)를 뽑아내고 중남지(中南支)를 석권하여 크나큰 전과(戰果)를 거두었고, 총후(銃後)[74]의 반도 민중은 시국을 잘 인식하고 국민적 자각을 환기하여 내선일체(內鮮一體), 진충보국(盡忠報國)의 정성을 다하고 있다. 그러나 코민테른의 괴뢰인 장개석(蔣介石) 정권은 아직도 이른바 장기항일(長期抗日)을 표방하고, 국제정세 역시 혼돈으로 예측을 불허하여 사변의 전도(前途)가 완전히 예상하기 어려워 시국은 더욱 중대해지는 정세에 있다. 우리나라에서 일찍이 없었던 이러한 중대 시국을 타개하고 이번 성전(聖戰)의 목적인 동양의 영원한 평화를 확립시키기 위해서는, 거국일치하여 국책에 순응하고 모든 반국가적(反國家的) 사상을 극복함으로써 일본정신을 세계에 선양하고 팔굉일우(八紘一宇)[75]라는 대이상의 실현을 기해야 할 것이다.

원래 소련이 선전하는 공산주의 사상은 헛되이 유물적 편견에 사로잡혀 계급투쟁을 선동함으로써 민심을 혹란(惑亂)하고 문화를 파괴하며, 국제정의를 무시하고 세계혁명을 음모하며, 후방교란(後方攪亂)을 기도하는 사상 전략에 지나지 않는다. 그리고 코민테른의 세계적화(世界赤化) 정책의 예봉은 서구에서는 스페인 동란[76]을 유발하여 구주(歐洲)의 천지에 일대 암영(暗影)을 던지고, 나아가 동점(東漸)해서는 이웃 나라인 지나(支那)를 부추겨 항일인민전선(抗日

74 총후(銃後): 전쟁터에서 후방 또는 후방의 국민.

75 팔굉일우(八紘一宇): '천하를 한 집처럼 삼는 것', '전 세계를 한 집으로 삼는 것'을 뜻하는 어구. 『일본서기(日本書記)』의 "八紘(あめのした)を掩(おお)ひて宇(いえ)にせむ"에서 비롯되었다.

76 스페인 동란: 1936년부터 1939년까지 제2 공화정 시기 스페인에서 발생한 내전을 말한다.

人民戰線)의 결성을 꾀하며, 장(蔣) 정권[77]이 동양평화의 교란자가 되게 한 것은, 이번 일지사변(日支事變)으로 그 전모가 분명해진 바이다. 지난번 일본·독일·이탈리아 3국 간에 세계 역사상 획기적인 방공협정(防共協定)을 성립한 것은 오로지 이 코민테른의 세계적화 위협에 대항하여 공동방위진의 강화를 꾀하기 위한 것이었다. 혁신적 발흥 기운에 있는 일본·독일·이탈리아 3국은 서로 제휴하여 공산주의적 파괴 공작을 배격하고, 국가의 안녕, 사회복지의 증진을 기함과 동시에, 나아가 방공정신을 국제적으로 발양하여 세계평화의 유지 확립에 공헌할 것을 희망한 것이다. 특히 동아(東亞)의 안정세력인 우리 일본은 이 방공정신을 철저히 확충하고 또 이를 현실에서 실천화함으로써, 동양평화의 확립자라는 신성한 국가적 사명의 실현에 매진하는 것이 긴요한 일임을 확신하는 바이다.

조선에서 공산주의운동 현상을 돌이켜보면, 만주사변(滿洲事變)을 계기로 점차 쇠퇴의 기운이 드러났다. 특히 이번에 사변이 발생하자, 이러한 종류의 주의자(主義者)[78] 가운데 성전의 의의를 잘 인식하여 황국신민(皇國臣民)의 본연으로 돌아가 잇따라 충후의 적성(赤誠)[79]을 피력하고 있다. 하지만 완고하고 우매한 일부 주의자는 아직도 미몽에서 깨어나지 못하고 반전·반국가적 언사를 기도하여 거국일치의 체제를 방해하려는 것 같은 기미가 있으니, 참으로 유감스러운 바이다. 말할 것도 없이 이런 불온한 사상 및 운동에 대해서는 단호한 단속을 필요로 한다. 하지만 다른 한편으로는 우리 국체(國體)를 명징(明徵)하여 일반 민중이 확고한 국체관념을 파악하도록 함과 동시에 방공 사상을 왕성하게 하여 자위적 입장에서 반국가 사상의 침입과 감염을 막아내고, 나아가 불온사상을 품은 자를 개과천선(改過遷善)시켜 진실로 황국신민다운 자각을 촉진할 필요가 절실하다.

이러한 시국에 비추어, 또 일본·독일·이탈리아 방공협정의 취지에 기초하여, 진정으로 국민 방공의 결실을 거두기 위해 조선방공협회를 조직하였다. 일반 대중을 총동원하여 공산주의 사상 및 운동의 오류를 주지시키고, 그 박멸과 방위를 기함과 함께 나아가 일본정신의 앙양을 도모함으로써, 사상국방(思想國防)의 완벽을 기하고자 한다.

1938년 8월 15일

77 중국의 장개석(蔣介石) 정권.

78 당시 일본 측 자료에서 '주의자'란 대체로 '공산주의자'를 가리킨다.

79 적성(赤城): 단성(丹誠). 진실에서 우러나오는 정성.

3. 협회 규약

제1장 명칭

제1조 본회는 조선방공협회라고 칭한다.

제2장 목적 및 사업

제2조 본회는 공산주의 사상 및 운동의 박멸과 방위를 도모함과 함께 아울러 일본정신의 앙양을 도모함을 목적으로 한다.

제3조 본회는 위 조(條)의 목적을 달성하기 위해 다음의 사업을 한다.

- 기관잡지, 기타 간행물의 발행, 강연회, 전람회, 좌담회 등의 개최
- 주의자의 선도
- 방공상 필요한 사항의 조사 연구
- 방공에 관한 공로와 뛰어난 업적이 있는 자의 표창
- 기타 회장이 필요하다고 인정하는 사항

제3장 사무소

제4조 본회는 사무소를 조선총독부 경무국 내에 둔다.

제5조 본회는 각도에 연합지부를 두어 조선방공협회 무엇무엇 도연합지부라고 칭하고, 그 사무소를 각 도경찰부 내에 둔다.

제6조 필요에 따라 경찰서에 지부를 두고 조선방공협회 무엇무엇도 무엇무엇(경찰서 이름을 붙임)지부라고 칭하고, 그 사무소를 경찰서 내에 둔다.

제4장 회원

제7조 본회의 회원은 방공협회 역원, 방공단원, 방공부원 및 회장이 적당하다고 인정하는 자로 충원한다.

제8조 회원은 물질적 부담을 지지 않는다.

제9조 회원으로서 본회의 명예를 훼손할 때는 회장이 제명할 수 있다.

제5장 총재, 고문 및 역원

제10조 본회는 정무총감을 총재로 추대한다.

제11조 본회에 고문을 둔다.

고문은 조선총독, 조선군 사령관, 진해요항부(鎭海要港部) 사령관을 추대한다.

제12조 본회에 다음의 역원을 둔다.

- 회장 1명
- 간사 약간 명(이 가운데 1명을 상무간사로 함)
- 평의원 약간 명
- 주사(主事) 1명
- 사무원 약간 명

회장은 본회를 대표하여 회무(會務)를 모두 관리한다.

상무간사는 회장의 명을 받아 회의 업무를 집행한다.

평의원은 회장의 자문에 응하거나 또는 의견을 개진한다.

주사 및 사무원은 회장의 명을 받아 회의 업무에 종사한다.

제13조 회장은 경무국장으로, 상무간사는 경무국 보안과장으로, 기타 간사 및 평의원은 적당하다고 인정되는 자로 총재가 촉탁한다.

주사 및 사무원은 회장이 임면(任免)한다.

제14조 연합지부에 다음의 역원을 둔다.

- 연합지부장 1명
- 연합부지부장 1명
- 연합지부 간사 약간 명(이 가운데 1명을 상무간사로 함)
- 연합지부 평의원 약간 명
- 연합지부 사무원 약간 명

연합지부장은 회장의 지휘를 받아 연합지부의 사무를 맡아 관리한다.

연합부지부장은 연합지부장을 보좌하며, 연합지부장이 사고가 있을 때 그 직무를 대리한다.

연합지부 상무간사 및 사무원은 지부장의 명을 받아 연합지부의 상무를 처리한다.

연합지부 평의원은 연합지부장의 자문에 응하거나 의견을 개진한다.

제15조 연합지부장은 도지사로, 연합부지부장은 도경찰부장으로, 연합지부 상무간사는 도경찰부 고등경찰과장으로, 기타 간사 및 평의원은 적당하다고 인정되는 자로 총재가 촉탁한다.

연합지부 사무원은 연합지부장이 임면한다.

제16조 지부에 다음의 역원을 둔다.

- 지부장 1명
- 지부 간사 약간 명(이 가운데 1명을 상무간사로 함)
- 지부 평의원 약간 명
- 지부 사무원 약간 명

지부장은 연합지부장의 지휘를 받아 지부의 사무를 맡아 관리한다.

지부 간사는 지부장의 명을 받아 지부의 상무를 처리한다.

지부 평의원은 지부장의 자문에 응하거나 의견을 개진한다.

제17조 지부장은 경찰서장으로, 지부 상무간사는 경찰서 고등주임으로, 기타 간사는 적당하다고 인정되는 자로 연합지부장이 촉탁한다.

지부 평의원은 방공단(부)장, 기타 적당하다고 인정하는 자로 연합지부장이 촉탁한다.

지부 사무원은 지부장이 임명한다.

제17-2 연합지부 또는 지부에 고문을 둘 수 있다.

연합지부 또는 지부 고문은 학식과 경륜이 있는, 적당하다고 인정되는 자로 각각 총재 또는 연합지부장이 촉탁한다.

제18조 역원의 임기는 2년으로 한다. 다만 중임(重任)을 막지 않는다. 관직에 따라 총재 또는 역원인 자의 임기는 그 재직 기간으로 한다.

보결(補缺)로 취임한 자의 임기는 전임자의 잔여기간으로 한다.

제6장 방공단 및 방공부

제19조 지부 아래에 필요에 따라 방공단을 조직하고, 그 명칭은 적절하게 정한다.

제20조 방공단은 단장 1인, 간사 및 단원 약간 명으로 조직한다. 다만 필요성이 있을 때는 고문 혹은 부단장 약간 명을 둘 수 있다.

제21조 단장, 고문, 부단장 및 간사는 연합지부장이 촉탁한다.

단원은 지부장이 임면한다.

제22조 단장은 지부장의 지휘를 받아 단무(團務)를 처리한다.

간사는 단장의 명에 따라 단의 사무에 종사한다.

제23조 기존에 설치된 교화단체, 학교, 기타 적당하다고 인정되는 단체에는 필요에 따라 관계기관과 협의한 후 방공단에 준하여 방공부를 설치할 수 있다.

제7장 회의

제24조 평의원회는 필요에 따라 회장이 소집한다.

제25조 평의원회는 간사 및 평의원이 조직하고, 회장을 의장으로 한다.

평의회원에 자문해야 할 사항은 대략 다음과 같다.

- 본회 목적 달성상 중요한 사항
- 예산 및 결산에 관한 사항
- 규약 개정에 관한 사항
- 총재 또는 회장이 특히 필요하다고 인정하는 사항

제26조 연합지부 및 지부 평의원회는 필요에 따라 연합지부장 또는 지부장이 소집한다.

제27조 연합지부 평의원회는 연합지부의 부지부장, 간사 및 평의원으로 조직하고, 연합지부장을 의장으로 한다.

지부 평의원회는 지부의 간사 및 평의원으로 조직하고, 지부장을 의장으로 한다.

제28조 연합지부 및 지부 평의원회에 자문해야 할 사항은 대략 다음과 같다.

- 연합지부 또는 지부의 목적 달성상 중요한 사항
- 기타 연합지부장 또는 지부장이 특히 필요하다고 인정하는 사항

제29조 회의는 시의(時宜)에 따라 서면 회의로 할 수 있다.

제8장 회계

제30조 본회의 회계연도는 매년 4월 1일에 시작하여 이듬해 3월 31일까지로 한다.

제31조 본회의 사업자금은 보조금 또는 독지가의 기부로 충당한다.

제9장 부칙(附則)

제32조 본회 규약은 평의원회의 자문을 거쳐 총재의 승인을 받지 않으면 변경할 수 없다.

4. 역원(役員)

조선방공협회 역원

- 총재		정무총감
- 고문		조선총독
		군사령관
		진해요항부 사령관
- 회장		경무국장
- 간사	○	보안과장
		도서과장
		경무과장
		문서과장
		법무과장
		사회교육과장
		보안과 사무관
		육해군 어용괘(御用掛)[80]
		조선군정보부 주임참모

80 어용괘(御用掛, ごようーがかり): 궁내성(宮内省) 등 관청의 명을 받아 용무를 담당했던 직(職) 또는 그 직에 있는 사람.

헌병대사령부 고급 부원

- 평의원　　본부(本府)[81] 각국 부장(내무, 학무, 법무, 식산, 농림, 재무, 철도, 체신, 전매, 외무)

각 도연합지부장(각 도지사)

고등법원 검사장

경성제국대학(城大) 총장

조선군 참모장

조선헌병대 사령관

진해요항부 참모장

- 주사　　보안과 전임 촉탁

* 비고: ○표시는 상무간사이다.

5. 하부조직의 결성

도(道)를 단위로 한 연합지부는 함경북도의 11월 26일 결성을 최종으로 전부 결성을 완료했고, 경찰서를 단위로 한 지부도 254개 경찰서 전부 결성을 마쳤다. 지부의 세포인 방공단의 조직이야말로 본 협회 활동의 기초가 되는 것인데, 작년 12월 말 조사에 의하면 전부 해서 1,789개소에 달하므로 현재 더욱 증가하고 있다고 생각한다. 방공단은 설치의 남발을 피하여 지방의 실정에 따라 방공상 필요한 개소(예컨대 국경 지방 또는 군부, 기타 군수품 생산공상 혹은 접객업조합 등)에 결성하는 것을 목표로 하고 있다. 그 결성 상황은 다음 표와 같다.

방공협회 결성 상황(1938년 말 현재)

도별 \ 종별	연합지부 결성 월일	지부 수	단(부)
경기도	1938. 9. 16.	24	187
충청북도	1938. 9. 17.	10	20
충청남도	1938. 9. 13.	14	5

81 조선총독부를 말함.

전라북도	1938. 9. 22.	12	25
전라남도	1938. 9. 30.	22	200
경상북도	1938. 9. 18.	21	49
경상남도	1938. 9. 30.	24	61
황해도	1938. 9. 26.	18	72
평안남도	1938. 9. 22.	17	108
평안북도	1938. 9. 19.	24	71
강원도	1938. 9. 22.	22	45
함경남도	1938. 9. 30.	21	400
함경북도	1938. 11. 26.	20	546
합계		250[82]	1,789

6. 활동 상황

본부(本部)의 활동 상황으로 특기할 만한 것은 다음과 같다.

1) 사상전전람회 개최

작년 10월 15일부터 같은 달 26일까지 경성의 미쓰코시(三越) 백화점에서 사상전전람회를 개최하였다. 본 전람회는 내각정보부와 연락하여 동부(同部)의 소장 자료와 경무국 제작 자료를 함께 전람하게 한 것이다. '사상전(思想戰)이란 무엇인가'를 민중에게 철저히 주지시키는 것을 주안으로 한 것으로서, 대단한 호평을 받아 입장자가 30만 인에 달하는 대성공을 거두었다. 본 전람회는 그 후 청진, 함흥, 대구, 부산, 평양, 광주 등에서 연속해서 공개되었다.

2) 적색 소련을 폭로하는 전람회 후원

경성일보사(京城日報社) 주최 아래 작년 10월 25일부터 11월 6일까지 경성 미나카이(三中井) 백화점에서 위 전람회가 개최되었을 때 이를 후원하고, 자료의 출품, 관계 관과의 협력에 노력하였다.

82 위의 지부 수를 모두 합하면 249개로서 250이라는 수치와는 일치하지 않는다. 여기서는 일단 원문대로 두었다.

3) 기관지 발행

월간《방공(防共)의 조선》(매월 15일 발행, 1부 15전)이 본 협회의 기관지이다. 1939년(昭和 14) 1월 25일 창간호를 내고, 매월 1회씩 발행되고 있다. 인쇄 부수는 5만 부 정도이다. 신문은 반재형(半裁型)[83]에 12면 내외인데, 통속적이고 평이한 가운데 방공·방첩 사상을 철저히 보급시키려는 것이 엿보인다.

4) 표어, 마크, 기타 현상모집

협회 마크 도안, 방공단가(防共團歌)의 작사, 방공·방첩 포스터, 표어 등을 모집하였다. 작년 11월 10일에 마감하고, 각각 당선자를 결정하여 발표하였다. 방공가(防共歌), 방공단가는 레코드로 녹음하여 각 방면에 다수 배포하였다.

5) 팸플릿 발행

팸플릿『소련의 내정(內情)』, 기타를 발행하여 각 방면에 배포하고 있다.

6) 영화 〈방공의 맹세(誓)〉 제작 및 방공 가미시바이(紙芝居)[84] 배포

영화 〈방공의 맹세〉는 경무국 보안과장 시모무라 스스무(下村進) 씨의 총지휘 아래 내선(內鮮)의 영화진을 동원하여 제작된 것으로, 1939년 8월 15일 협회 창립 1주년 기념일에 경성에서 개봉되었다.

7) 방공·방첩데이 실시

방공·방첩 사상의 선전 고취를 목적으로 11월 1일 국민정신에 관한 조서환발기념일(詔書渙發記念日)로 방공·방첩데이를 정하였다. 전 조선에서 일제히 강연회 실시, 가두행진, 기타 지방에서 적당하다고 인정되는 행사를 실시하였다. 그 정황은 다음과 같다.

---

83 반재형(半裁型): 종이 등을 반으로 자른 형태.

84 가미시바이(紙芝居): 종이연극, 그림연극. 하나의 이야기를 여러 장의 그림으로 구성하여 한 장씩 설명하면서 구경시킨다. 1931년경부터 어린이를 상대로 사탕 장사가 판매의 수단으로 거리에서 공연하기 시작했다고 한다. 현재는 시청각 교재로도 사용되고 있다.

[한편 1939년 8월 15일은 협회 창립 1주년 기념일에 해당하므로, 경성을 비롯한 각지에서 가두행진, 강연회, 기타 행사가 이루어졌다. 경성에서는 가두행진에 중국인, 만주국인뿐만 아니라 백계(白系) 러시아인 다수가 참가한 사실은 주목할 만하다.]

방공 · 방첩데이 당일 실시 상황(1938년 11월 10일)[85]

종별 / 도별	강연회		좌담회		가미시바이		가두행진 참가 인원	삐라 배포 수
	횟수	집합 인원	횟수	집합 인원	횟수	집합 인원		
경기도	23	45,390	■	5,043			12,000	85,000
충청북도	29	6,322	■	1,402	9	3,880	14,783	10,800
충청남도	298	57,936	428	39,763	150	10,055	38,152	33,400
전라북도	291	67,538	215	20,001	7	1,661	23,414	15,130
전라남도	122	28,101	193	13,384	5	1,210	17,473	42,400
경상북도	74	18,204	128	19,196	3	1,020	2,770	33,400
경상남도	29	6,989	35	3,779			3,369	28,800
황해도	19	4,833	28	1,223	16	2,650	18,427	19,100
평안남도	32	10,239	43	2,716	2	230	2,014	9,250
평안북도	71	13,330	38	6,330			21,028	62,353
강원도	138	37,278	169	8,599	31	7,828	35,214	42,613
함경남도	146	44,324	94	10,668	34	8,472	23,012	23,090
함경북도	127	21,809	217	25,009	17	1,628	8,604	21,557
합계	1,399	362,293	1,638	157,113	274	38,634	220,260	426,893

7. 전라북도 방공·방첩 시설의 개황

지부의 활동 상황은 대체로 각도 모두 큰 차이는 없다. 다음으로 그 일례로서 전라북도의 상황을 기록으로 제시한다(《전라북도경찰부보》, 1939년 7월, 〈사변하의 치안 상황에서〉 발췌).

85 정확한 수치를 읽기 어려운 경우, 전체 합계 수치를 보면서 확인해서 맞춘 부분도 있음을 밝혀둔다.

1) 지부 및 단(부)의 결성

1938년 8월 15일 조선방공협회의 설립에 순응하여 본도에서도 같은 해 9월 이후 그 하부 단체를 조직하기로 했다. 지방 유지의 협력을 구하여 [별지 제1호]와 같이 각 경찰서마다 지부를, 각 추요지(樞要地) 또는 기존 단체 및 직업별로 방공단(부)을 결성하여, 현재 14개 지부 아래 32개 방공단 및 3개 방공부를 두었으며,[86] 그 단(부)원의 합계는 3,544명에 달한다.

더불어 올해 6월 15일 전라북도 내에 방첩단(防諜團)을 결성하고, 청내(廳內) 자체 방첩에 완벽을 기하고 있는 중이다.

2) 활동 상황

(가) 방공·방첩데이 실시

1938년 11월 10일을 중심으로 행해진, 국민정신작흥주간(國民精神作興週間) 중인 11월 10일을 조서환발기념일로 삼아, 도내에서 일제히 방공·방첩데이를 실시하였다. 각지에서 강연회, 좌담회, 가두행진, 가미시바이 등을 개최함과 동시에 포스터 게시, 삐라 살포를 하는 등 아직 인식이 얕은 일반 대중에게 방공·방첩 사상의 보급 선전을 한 결과, 본 사상의 앙양상 획기적인 효과를 거두었다.

(나) 강연회, 좌담회 실시

지부 및 방공단(부) 결성 이래 주로 지부 주최하에 군, 면 및 부락 단위로 방공·방첩 사상 보급 및 선전을 위해 강연회와 좌담회를 실시하였다. 올해 5월 말 현재 [별지 제2호]와 같이 합계 4,336회, 집합 인원 25만 1,417인에 달하여 일반의 계몽 지도상 효과가 현저하므로 각 지부를 통해 힘껏 반복 실시하도록 하고 있다.

(다) 표어, 포스터 등의 작성 배포와 기타에 의한 선전, 방공·방첩 사상 보급 및 선전을 위한 각종 시설 상황은 [별지 제3호]와 같다. 포스터 4,759매, 삐라 2만 8,340매를 작성하여 배포하는 외에 광고 성냥, 나무젓가락 등에 표어를 등재하도록 했다. 또한 널리 일반으로부터 모집한 표어는 신문지, 기타 각종 광고 인쇄물에 넣는 등 여러 방법을 강구하여 이용하려고

86 다음 [별지 제1호]에는 33개의 방공단과 2개의 방공부로 집계되어 있어서 원문에 오류가 있는 것 같은데, 일단 그대로 두었다.

노력하고 있다. 앞으로 한층 더 철저하게 하려고 계획 중이다.

(라) 활동사진, 가미시바이극 실시

올해 4월 도내 전반에 걸쳐서 연합지부 주최하에 방공·방첩영화를 순회 공개하여 커다란 효과를 거뒀다. 그 외에 〈방공의 꽃(華)〉, 〈총후 국방〉, 〈간첩의 최후〉 등의 가미시바이를 도내 곳곳에 계속 공개 중이다. 특히 오락 기관이 부족한[87] 산간 진지(陣地)에 가장 감동을 주어 그 자각의 앙양에 크게 도움이 되었다. 또한 전주지부(全州支部)에서는 6월 상순부터 소인극(素人劇)[88]을 이용하여 방공·방첩 사상의 보급 함양에 힘쓰고 있다. 상황은 [별지 제4호]와 같다. 본 운동 효과 발양에는 귀로만 듣는 선전보다는 눈과 귀를 통한 선전 효과가 더 크다는 점을 감안하여, 장래 이러한 종류의 계획에 의한 운동에 한층 더 박차를 가할 예정이다.

(마) 선전탑(宣傳塔) 건설

올해 5월 연합지부의 계획으로, 일반 대중에게 방공·방첩 사상의 보급을 한층 더 도모하기 위해 도내 군·읍의 중요한 32개소에 반영구적인 방공·방첩 선전탑을 건설하기로 하고, 현재 각각 착공 중이다.

(바) 기관지《방공의 조선》구독 장려

방공·방첩 사상 보급과 단(부)원의 지침이 될 기관지《방공의 조선》구독자 확장의 중요성에 비추어 각 지부를 통해 그 확대에 노력한 결과, 현재 [별지 제5호]의 통계 1,642부의 구독자가 있다. 장래 더욱 확장할 예정이다.

87 원문은 '芝しき'로 되어 있는데, '乏'의 오기로 보여 수정해 번역하였다.

88 소인극(素人劇): 전문가가 아닌 사람이 연출한 연극.

지부 및 방공단(부) 결성 상황 [별지 제1호][89]

지부 명칭	결성 월일	방공단(부) 명	결성 월일	단(부)원 수	비고
군산지부	10월 7일	선미수송협회(鮮米輸送協會) 군산지부 방공단	9월 20일	230	
		조선선미(朝鮮鮮米) 방공단	동(同)	71	
		군산철공업조합 방공단	동	50	
		경성고무 방공단	동	25	
전주지부	11월 10일	모악광산 방공단	11월 10일	76	
		가타쿠라제사(片倉製絲) 방공단	동	68	
		전북제사 방공단	동	50	
		전주지방전매국 방공부	동	175	
진안지부	9월 29일	진안 방공단	9월 29일	295	
		용담 방공단	9월 27일	86	
		마령(馬靈) 방공단	동	77	
금산지부	9월 28일	금산 방공단	9월 28일	46	
무주지부	9월 27일	무주 방공단	9월 27일	57	
장수지부	9월 26일	장계(長溪) 방공단	5월 25일	125	
		장수광산 방공단	11월 3일	43	
		조덕광산(照德鑛山) 방공단	동	38	
임실지부	10월 11일	임실 방공단	10월 11일	171	
남원지부	10월 15일	남원읍 방공단	10월 15일	550	
		운봉 방공단	10월 14일	79	
		사매(巳梅) 방공단	동	55	
		금지(金池) 방공단	동	50	
순창지부	9월 30일	순창 방공단	9월 30일	55	
정읍지부	동	정주(井州) 방공단	동	180	
		정농(井農) 방공단	동	157	
		정주제일 방공부	동	61	

89 원문의 각 표에는 '별지 몇 호'라 밝히고 있지 않으나 앞의 본문 서술에서 그렇게 칭하고 있으므로, 이해를 돕기 위해 역자가 부기하였다. 이하 동일.

고창지부	9월 15일	고창 방공단	10월 10일	115	
		흥덕 방공단	9월 29일	56	
		무장(茂長) 방공단	9월 28일	68	
부안지부	9월 22일	부안 방공단	9월 22일	81	
김제지부	9월 26일	김제 방공단	9월 29일	83	
		만경 방공단	11월 24일	50	
		금구 방공단	11월 20일	47	
		봉산 방공단	동　22일	39	
이리지부	9월 23일	이리환옥(裡里丸屋) 방공단	9월 22일	63	
		이리천일(裡里天一) 방공단	동	72	
계	14	방공단　33 방공부　2		3,544	

* 비고: 본 표 외에 1939년 6월 15일 설립된 전라북도청 방첩단이 1개 있음.

강연회, 좌담회, 간담회 개최 상황(1939년 5월 말 현재) [별지 제2호]

서명(署名)	1938년						1939년						합계	
	군 단위		면 단위		부락 단위		군 단위		면 단위		부락 단위			
	횟수	집합 인원	횟수	집합 인원	횟수	집합 인원	횟수	집합 인원	횟수	집합 인원	횟수	집합 인원	횟수	집합 인원
군산			15	4,237	59	8,560			12	2,230	48	3,363	114	18,625
전주			5	211	145	18,158					403	13,971	553	32,340
진안	6	1,973	19	3,601	201	14,664	2	1,611			148	7,569	375	28,218
금산			32	4,610	170	6,141			47	5,016	240	8,804	489	24,571
무주			14	2,307	123	6,820			2	215	67	3,122	208	12,462
징수			4	1,634	157	7,853	2	300	4	432	184	7,141	351	17,549
임실	4	750	16	1,891			2	375	3	236			25	3,252
남원	3	890	23	4,192	43	3,612			12	1,733	24	1,436	105	13,864
순창			1	59	40	1,597	1	46	1	41	64	2,742	107	4,465
정읍			37	6,531	25	750			6	18,680	93	5,340	161	31,271
고창	1	200	94	4,250	232	8,335	1	50	9	740	328	9,231	686	23,046
부안	3	985	13	1,350	182	14,310	1	90	24	1,415	815	10,742	1,038	28,708
김제			17	2,441	8	652							23	3,094
이리	1	80			98	9,872							99	9,952
계	18	4,878	290	37,314	1,483	101,324	9	2,472	120	30,738	2,414	73,461	4,336	251,417

* 밑줄은 원문의 합계가 맞지 않는 부분이다. 원문은 2,482로 되어 있는데 오기로 보여 수정했다.

방공 · 방첩 사상 보급 및 선전 상황(1939년 5월 말 현재) [별지 제3호]

종별 서별(署別)	포스터 배포 수	삐라 배포 수	광고 성냥, 나무젓가락 등 이용 유무	표어 이용	방공방첩일 실시	이상 외의 실시
군산	200		유	1. 신문, 기타 각종 광고 등 인쇄물에 넣음 2. 선거추천장, 인사장에 넣음 3. 상점 진열창의 이용 4. 영화막(映畵幕)의 이용	11월 10일	1. 선박 당국과 연락 2. 표어 모집 3. 선전탑, 선전기 등 건설
전주	12,000		유	1. 각종 광고 인쇄에 넣음	〃	1. 표어 모집 2. 극(劇) 공개
진안	30	2,000		1. 게시판 게시	〃	1. 표어 모집 2. 양반 유림에 대한 계도(啓導)
금산	75	3,000		1. 게시판 게시	〃	1. 표어 모집
무주	500	600			〃	1. 표어 모집
장수	136	540			〃	1. 표어 모집
임실	130		유	1. 광고 삐라, 기타 인쇄물에 넣음	〃	1. 표어 모집
남원	500	1,000		1. 광고 삐라, 인쇄물에 넣음	〃	1. 표어 모집 2. 각 관공서, 역에 나누어 표어 게시
순창	80	3,200	유	1. 우동집 후추 포장지에 넣음 2. 자동차 승차권에 넣음 3. 과자 포장지에 넣음	〃	1. 표어 모집
정읍	100	6,000		1. 광고 삐라 등에 넣음 2. 극장 프로그램에 넣음	〃	1. 논문 모집 2. 표어 모집
고창	350	3,000		1. 광고 삐라 등에 넣음 2. 게시판 게재	〃	1. 표어 모집
부안	380	3,000		1. 포스터 작성	〃	1. 표어 모집
김제	88	10,000		1. 광고에 넣음 2. 각 상점 간판에 기입 3. 청결검사제증에 넣음 4. 공문서에 고무판 날인 5. 납세고지서에 넣음	〃	
이리	300		유		〃 매월 13일을 방공일로 함	

방공 · 방첩 활동사진, 시로토시바이(素人芝居)[90], 가미시바이 실시 상황(1939년도 5월 말 현재) [별지 제4호]

서명(署名)	활동사진		시로토시바이		가미시바이					
					1938년		1939년		합계	
	횟수	집합 인원	횟수	집합 인원	횟수	집합 인원	횟수	집합 인원	횟수	집합 인원
군산					78	12,300	33	11,600	133	24,100
전주	1	3,025	5	4,630	396	11,530	99	3,679	495	15,209
진안	1	3,000			6	2,251	64	8,637	70	10,888
금산	1	4,000			11	4,178	66	17,940	77	22,118
무주	1	3,000			40	3,662	15	980	35	4,642
장수	1	2,000			98	3,173	248	6,400	356	9,573
임실	1	1,170			85	4,352	42	4,480	117	8,832
남원	1	5,030			64	3,414	55	4,769	119	10,185
순창	1	900			31	3,693	16	650	47	4,349
정읍	7	19,380			127	4,244	111	5,400	238	9,644
고창	1	2,000			16	1,500	18	1,040	34	2,340
진안	1	1,700			14	3,287	28	4,532	42	7,819
김제	1	3,500	2	850	123	16,146	63	8,270	186	24,416
이리	1	6,000	1	1,120	135	19,933	45	5,803	178	25,728
계	19	54,705	8	6,600	1,224	93,663	903	84,180	2,127	179,843

기관지 《방공의 조선》 독자 수 조사(1939년도 5월 말 현재) [별지 제5호]

지부명	무료지	유료지		계
		회원	비회원	
전라북도연합지부	4			4
군산지부	39	55	102	196
전주지부	47	22	160	229
진안지부	23	20[91]	48	96

90 시로토시바이(素人芝居): 본업이 아닌 아마추어가 개최하는 연극. 시로토쿄겐(素人狂言).

91 가로 및 세로의 합계와 대조해보면, 25의 오기로 보인다. 일단 원문대로 기입하였다.

금산지부	16	30	38	84
무주지부	13	7	29	49
장수지부	19	2	44	65
임실지부	17	38	55	110
남원지부	34	31	38	103
순창지부	16	18	70	104
정읍지부	31	51	62	144
고창지부	28	15	45	88
부안지부	15	3	54	72
김제지부	35	12	91	138
이리지부	32		128	160
계	369	309	964	1,642

3) 장래의 계획

지난번 개최된 본도 경찰서장 회의를 기하여 앞으로의 방공·방첩 사무에 관한 타합회를 개최하고 다음과 같은 대강(大綱)을 결정하였다. 이로써 집요한 세계적화 책모와 긴박한 현재의 국제정세에 대응하는 시국하 도내 방공·방첩망의 정비 및 확대 강화를 기한 바가 있었다. 앞으로 이에 관해 가장 철저하게 구체적 운동에 착수할 예정이다.

- 기(記) -

1. 방공단(부)의 조직 확충 계획

1) 조직 확충 목표

(1) 방공단의 지역적 신설

(가) 군사, 경제 및 교통의 요충지

(나) 사상적 위험 또는 취약 지역

(다) 광산, 기타 노동자 밀집 지구

(라) 해항(海港) 및 어장(漁場) 지역

(마) 기타 필요하다고 인정되는 개소(個所)

(2) 기존 단체에 방공부 병치(倂置)

(가) 관공서와 회사, 공장

(나) 활동력 있는 각종 단체

(다) 중등학교(실업보습학교 포함)

(라) 농민훈련소

(마) 예수교회

(3) 특수업자별 방공단의 신설

(가) 군수품 공장(하청공장 포함)

(나) 전기회사

(다) 운송업자

(라) 선박 관계 업자

(마) 사진업자

(바) 전기기구상

(사) 서적·지도류 판매업자

(아) 약종상(藥種商)

(자) 인쇄업

(차) 각종 접객업(接客業)

(카) 소개업

(타) 기타 필요하다고 인정되는 특수대상

2) 조직 요령(要領)

(1) 조직은 국부적으로 치우치지 않고 보편화를 기함

(2) 전원주의(全員主義)보다 인물정선주의(人物精選主義)에 의함

(3) 간부의 인선을 엄격하게 함

(4) 이미 설립된 각종 단체와 대립적 조직체가 되지 않고 각 단체의 종합적 귀일(歸一)을 정신으로 조직함

2. 방공단(부)원의 지도 훈련 계획

1) 정신적 지도 훈련

(1) 일본정신의 앙양 연성(錬成)[92]

(가) 단체의 진수(眞髓) 파악(把持)

(나) 황군신민으로서의 신념 파악

(다) 경신■■(敬神■■), 보은감사(報恩感謝) 생활의 체득

(라) 진충봉공(盡忠奉公), 희생적 정신의 발양

(마) 일본 무사도(武士道) 정신의 고취

(바) 내선동조동근(內鮮同祖同根)의 천명

(사) 내선병합(內鮮併合)의 역사적 필연성 강조

(아) 조선 통치와 제 외국의 식민정책의 우열(優劣) 비교

(자) 내선일체의 본지(本旨) 체득

(2) 공산주의 실체의 상식적 파악

(가) 강연회·좌담회의 실시

(나) 팸플릿 반포

(다) 지도자 계급의 교양

(라) 사상전향자의 적극적 활동 촉진

(3) 방공 관념의 보급 철저

(가) 숭고한 우리 국체의 인식

(나) 우리 국체와 공산주의가 배치되는 점 강조

(다) 소련 비정(秕政) 내용의 주지

(라) 공산주의 해독의 인식

---

92 연성(錬成): 황국신민으로서의 자질을 연마 육성한다는 뜻으로 사회의 모든 부문에서 '총력전체제'하의 모범적인 '인간형'을 양성하기 위해 사용된 용어. 원래는 1935년 11월 일본 문부성에서 교학쇄신(教學刷新)을 목표로 창출한 조어(造語)였는데, 1941년 3월 일본 내 「국민학교령」에서 규정된 후 종전 때까지 줄곧 전시체제기 교육의 최고 목표로 사용되었음(寺崎昌男·戰時下教育研究會 編, 『總力戰體制と教育 – 皇國民'錬成'の理念と實踐』, 東京大出版會, 1987, 2~20쪽 참조).

(마) 세계사상 동향의 주지

(바) 우리나라 건국의 사명(팔굉일우) 천명

(사) 확고한 국제정의 관념의 함양

(자) 멸공증소(滅共憎蘇)의 국민적 적개심 배양

(차) 방공교서(防共教書)의 제정 반포

(4) 시국인식의 철저

(가) 시국강연회와 좌담회의 반복 실시

(나) 정동(精動)[93]과의 연락

(5) 노·자(勞資) 일체화의 촉진

(가) 우리나라 도덕의 본지 체득

(나) 공존공영, 공덕심(公德心) 함양

(다) 산업보국 정신의 조성

(6) 방공단(부) 사명의 자각 함양

(가) 단원은 향당(鄉黨)의 정화(精華) 중추라는 것의 자각 앙양

(나) 총후보국 정신의 확립(총후 방공·방첩의 중요성 천명)

(다) 적극적 자주활동 관념의 촉진

2) 형식적 지도 훈련

(1) 단(부)기(旗)의 제정 수여(授與)

(2) 휘장(徽章)의 패용 보급

(3) 방공단(부)가(歌)의 제정 보급

(4) 우량단(부)원의 표창

(5) 정례행사표의 작성

3) 실천적 지도 훈련

(1) 강연회, 좌담회, 영화회, 극 및 가미시바이 개최

(2) 사상전람회 개최

93 정동(精動): 국민정신총동원조선연맹의 약칭.

(3) 방공일 및 방공주간의 설정 실시

(4) 단체적 훈련

(가) 예식, 교련[도수(徒手), 소대교련(小隊敎鍊)까지]

(나) 신사참배, 궁성요배

(다) 종합훈련

(라) 근로봉사

(마) 시위행렬

(바) 단복(團服)의 제정

(5) 지부 이하 하부조직 간부 및 대표자의 집단적 단기 강습

(6) 문서에 의한 계발선전의 구현

(7) 애국적 제 행사의 참가 장려

(8) 전향 주의자의 활동 촉진

(9) 기관지 구독자의 확장

(10) 중견 단원의 신사참배

(11) 선진 방공단의 견학 시찰

4) 방첩 활동에 대한 지도 훈련

방공단(부) 활동의 한 부문으로서 정신·형식·실천의 각 방면에 걸쳐 방공과 병행적 활동을 촉진한다. 주로 직업[무(務)]을 통해 국민 방첩망의 확충을 도모하며, 그 실적 거양(擧揚)에 노력한다.

3. 방공·방첩 사상의 보급 철저 계획

1) 인쇄물의 반포

(1) 팸플릿, 리플릿[일문(邦文), 언문(諺文)]

(가) 수시로 연합지부에서 발행하여 관공서, 각종 단체, 기타 적당한 장소에 반포함

(나) 적당한 서적의 소개 및 구입 알선 배포

(2) 포스터

연합지부 및 각 지부에서 전문가에게 의뢰하거나 학교 생도 및 일반으로부터 현상 모집하여 관공서, 각종 단체, 학교, 상점, 극장, 정거장, 정류소, 자동차 객석, 기타 가장 효과적인 장소에 부착함

(3) 삐라[94]

연합지부 각 지부에서 선전상 가장 효과적인 기일을 선정하여 일반에 반포함

2) 표어의 이용

(1) 모집

연합지부 또는 각 지부에서 수시로 학교 생도 아동 및 일반으로부터 현상모집함

(2) 이용

(가) 각종 광고 삐라, 기타 인쇄물의 이용

각 지부에서 인쇄업자와 각 관공서, 각 상점, 극장, 기타 관계자와 연락하여 광고 삐라, 기타 인쇄물에는 여백의 적당한 곳에 반드시 표어를 넣음

(나) 광고 성냥, 담배 포장지와 카드, 나무젓가락의 이용

① 담배 포장지와 카드는 연합지부에서 교섭함

② 광고 성냥, 나무젓가락 등의 이용에 대해서는 각 지부에서 관계자와 교섭하여 시급히 또 영속적으로 실시함

(다) 신문지의 이용

군산·전주지부에서는 매일 신문지, 적당한 장소에 표어 게재 방법 간담 실시

(라) 기타 각종 궁리 연구로 효과적이라고 인정하는 것에 대해서는 반드시 이용에 노력함

3) 간담회, 좌담회, 강연회의 개최

각 지부에서 각 경찰서 관내마다 보편적으로 반복 실시한다.

4) 가미시바이(극)

연합지부에서 구입하여 각 지부에 가급적 다수 배포한다.

---

94 원문에는 ビラ의 ラ는 누락, ビ로만 표기되어 있다.

5) 사상전람회 개최

(1) 올해 중에 연합지부 주최 실시 예정으로 계획한다.

(2) 각 지부에서도 장래 가급적 소규모의 사상전람회를 개최한다.

6) 활동사진관 및 극장의 이용

(1) 적당한 슬라이드의 제작 영사

(2) 막간의 이용

(3) 기타 모든 선전공작을 고려하여 실시한다.

7) 공사(公私)의 집회, 기타 다수 집합 장소의 이용

선전에 이용할 수 있는 각종 공사의 집합에 대해 지부 임원은 가급적 출석하여 강화(講話)를 하거나, 또는 다수가 집합하는 각종 장소에서는 시의에 따라 선전 삐라를 살포하며, 기타 절절하고 유효한 선전공작을 한다.

8) 학교와의 연락

(1) 수시로 생도 아동에 대해 연합지부 또는 각 지부 임원이 강화를 한다.

(2) 생도 아동으로부터 수시로 표어, 포스터, 도안 및 논문(작문)을 현상모집하여 작품을 통한 방공·방첩 사상의 함양을 논의한다.

(3) 초등학교 아동 및 학교 생도의 학예회에는 반드시 방공·방첩 연극을 상연하거나, 또는 방공·방첩에 관해 '이야기하는 방식(話し方)' 등을 행하도록 한다.

(4) 학교의 학예전람회 등에 즈음해서는 방공·방첩 선전 자료를 제공하거나, 또는 생도 아동에게 제작하도록 한다.

(5) 방공·방첩 자료는 때맞춰 지장이 없는 범위에서 학교에 송부하여 교재로 제공하도록 한다.

(6) 앞으로 교과서에 방공·방첩 사상의 취재(取材) 방법은 학무당국과 절충한다.

9) 극 및 영화, 레코드에 의한 선전

(1) 극의 공연

전주지부에서 방공·방첩 소인극(素人劇)을 공연하여 큰 효과를 거두었다.

이러한 종류의 계획은 가급적 각 지부에서도 실시한다(위안 기관이 부족한 지방에서는 특히 효과적일지도 모름).

(2) 장차 연합지부에서 본도를 배경으로 한 평이하고 흥미롭고 감명적인 활동사진을 제작하여, 각 지부 관내를 순회 영사할 예정

(3) 영화에 의한 순회 선전

연합지부에서 앞으로 가급적 자주 방공·방첩에 관한 영화로 순회 선전을 실시할 예정

(4) 레코드 제작과 알선

장차 적당한 레코드를 제작 배부하거나 알선한다.

10) 선전탑(宣傳塔)의 건설

현재 실시 중인 연합지부 계획 외에 각 지부에서도 힘써 다수의 적당한 선전탑 또는 선전기둥(宣傳柱)을 건설하고 이를 유효하게 이용하여 보급 선전의 실적 거양(擧揚)에 노력한다.

11) 방공주간 및 방공일의 선전

(1) 사상전람회 개최, 기타 적당한 시기에 방공·방첩주간을 설정하고, 도내에서 일제히 각종 적절한 행사를 실시한다. 본 기간 중에는 최대의 효과를 거양하도록 모든 선전 공작을 집중한다.

(2) 각종 국민운동에는 반드시 방공·방첩일을 넣어서 선전을 실시한다.

12) 각종 공진회(共進會)의 이용

지방의 각종 공진회에는 반드시 방공·방첩 사상 보급 선전 자료를 제공한다.

1939년도 방공단(부) 확충 계획(각 지부 보고)

지부명	단 · 부 · 반별	수	조직 예정 장소
군산지부	방공부	9	부(府), 군(郡), 세무서, 하야시카네냉장고(林兼冷藏庫), 외유(外油) 취급업, 교통 관계
전주지부	방공단	1	전북트럭
진안지부	동(同)	2	부귀금광(富貴金鑛), 동진금광(東鎭金鑛)
금산지부	동	2	진산(珍山), 추부(秋富)
무주지부	동	2	무풍(茂豐), 안성(安城)
장수지부	방공부	2	군, 전매국 출장소
임실지부	동	3	임실, 관촌(館村), 오수(獒樹) 세 곳의 예수교회
남원지부	방공단	1	주천(朱川)·주생면(周生面) 내 양반 유생 등
순창지부	동	1	서(署) 소재지, 각 관공서
정읍지부	방공단	1	신태인(新泰仁)
고창지부	방공부	2	군, 고창중학
부안지부	미정		
김제지부	반의 확충		군, 읍, 세무서, 수리조합
이리지부	방공단 방공부	4 5	춘포(春浦), 오산(伍山), 황등(黃登), 함열(咸悅) 군, 읍 외

<자료 5>

『조선에서의 방공운동』[95]

(조선총독부 경무국 보안과, 1939)

〈목차〉

---

95 朝鮮總督府 警務局 保安課, 『朝鮮における防共運動』, 1939, 民族問題硏究所 編, 『日帝下 戰時體制期 政策史料叢書』 제52권, 2005, 253~329쪽.

96 미나미 지로(南次郎, 1874~1955): 군인, 정치가. 일본육군으로서 조선군사령관(1929), 육군대신(1931), 관동군사령관(1934), 제8대 조선총독(1936~1941) 등을 역임하였다. 1945년 일제 패망 후 A급 전범 가운데 한 사람으로 지목되었다.

97 오노 로쿠이치로(大野緑一郎, 1887~1985): 일본정부 관료, 변호사. 경시총감(1932), 조선총독부 정무총감(1936~1942), 귀족원 의원(1942) 등을 역임하였다. 1946년 공직에서 추방된 후 변호사로 활동하였다.

98 아리타 하치로(有田八郎, 1884~1965): 외무관료, 정치가. 중국 봉천(奉天), 하와이 호놀룰루 등에서 재직 후 천진(天津) 총영사, 외무성 아시아 국장(1927), 외무대신 등을 역임하였다. 일제 패망 후 공직에서 추방되었다가 해제된 후 중의원 의원(1953) 등을 역임하였다.

조선방공협회 사업 내용

조선방공협회 역원(役員)

3. 조선방공협회 하부조직의 상황

방공단부(防共團部) 결성 상황표

조선방공협회 조직 계통도

4. 방공단(防共團)의 설치·지도 방침

방공단 설치 요강

방공단 지도 요강

조선방공협회 강령 및 방공단 실천 요강

방공단 사열(查閱) 요강

5. 조선방공협회의 법인조직

재단법인 조선방공협회 설립 취지서

재단법인 조선방공협회 기부행위

동(同) 시행세칙

6. 조선방공협회 창립 후 실시한 사업의 개요

(1) 사상전람회(思想展覽會)

(2) 적색 러시아를 폭로하는 전람회 개최

(3) 기관지 발행

(4) 팸플릿 발행

(5) 방공좌담회(防共座談會) 개최

(6) 사상정화 공작

(7) 포스터, 삐라 배부

(8) 현상모집

(9) 방공협회 회원장(會員章) 제작 배부

(10) 방공·방첩 영화필름 구입 및 순회영사(巡廻映寫)

(11) 방공영화 제작

(12) 가미시바이(紙芝居) 제작 배부

(13) 방공가(防共歌) 및 방공단가(防共團歌) 레코드 제작

(14) 방공·방첩데이 실시

(15) 방공협회 창립 1주년 기념식 거행

(16) '방공의 저녁' 개최

(17) 팔굉(八紘)의 기주(基柱) 기증

(18) 내지시찰단(內地視察團) 편성

(19) 기타

南總督閣下揮毫

大野政務總監閣下揮毫

〈그림 1〉 미나미 지로와 오노 로쿠이치로의 휘호

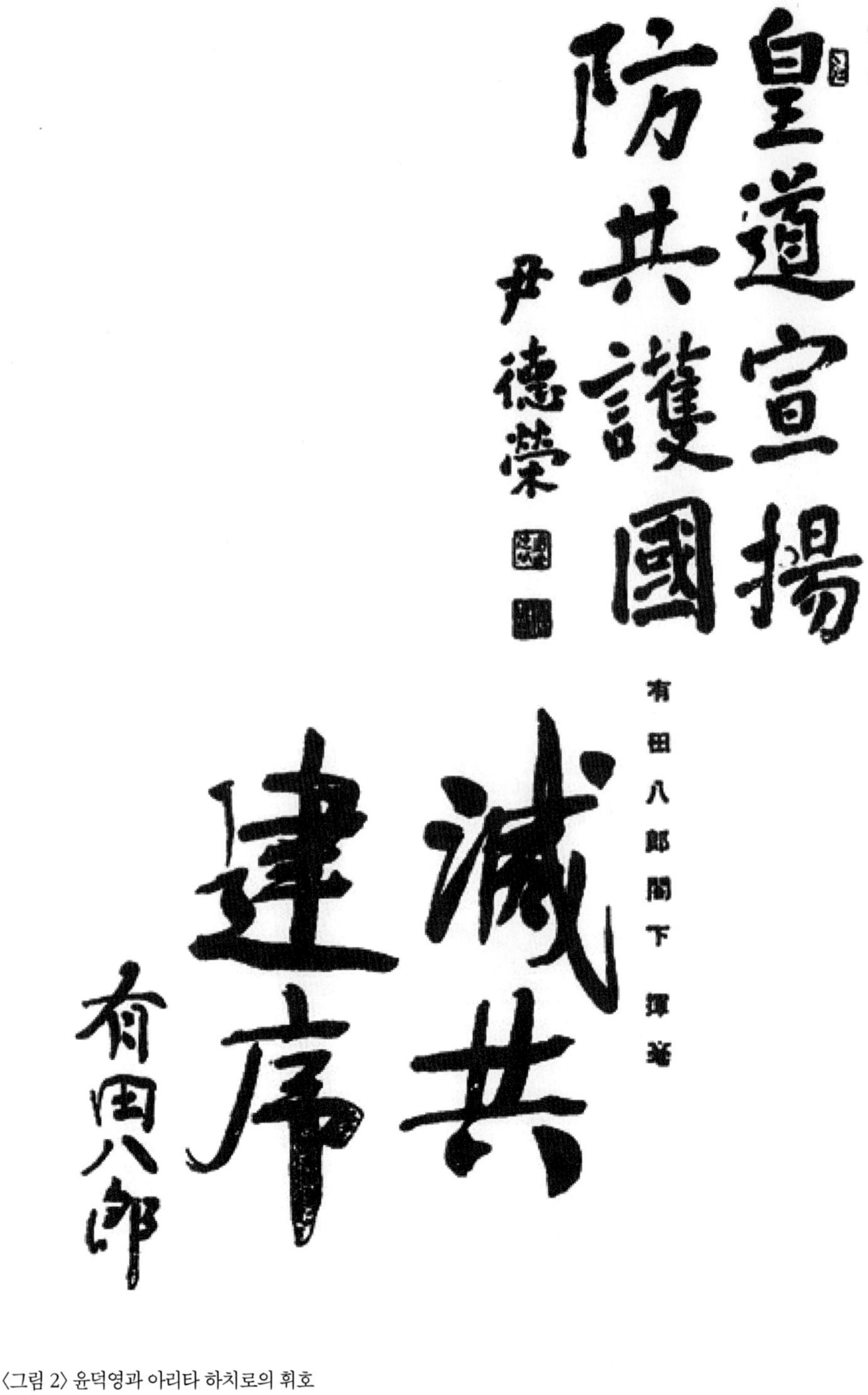

〈그림 2〉 윤덕영과 아리타 하치로의 휘호

방공운동

1. 조선에서 공산주의운동의 경과

조선에서 공산주의운동은 1920년(大正 9) 이후 급격한 진전을 달성하였다. 1925년(大正 14) 4월 화요회(火曜會)를 중심으로 내지(內地)[99] 유학생과 연계된 북풍회(北風會)의 일부가 더해져서, 경성(京城)에서 최초의 조선공산당(朝鮮共産黨)과 고려공산청년회(高麗共産青年會)를 결성하고 코민테른의 정식 승인을 얻기에 이르렀다. 이후 전선(全鮮)에 걸쳐 운동전선의 확대 강화에 광분하였으나, 1931년(昭和 6) 만주사변(滿洲事變)을 계기로 한때 치열했던 이 운동도 쇠퇴일로를 걸어, 공산주의자로서 전향하는 자가 속출하였다. 특히 이번 지나사변(支那事變)으로 한층 더 정의로운 일본의 힘을 인식하고, 또 한편으로 황국신민(皇國臣民)으로서의 의식을 자각하여, 많은 실천 경력을 가진 위험분자도 과거 운동의 오류를 문득 깨닫고, 나아가 총후(銃後)[100]의 방비에 진력하는 듯한 사례가 적지 않다. 이와 같은 현상은 필연적인 결과로서, 좌익진영의 쇠미(衰微)가 초래되어 해마다 비합법운동 역시 점차 감소하는 경향이 있다. 그렇다고는 하더라도 아직도 여전히 집요한 잠행(潛行) 공작의 흔적도 끊이지 않아, 오히려 그 수단과 방법은 더욱 음밀(陰密)하고 교묘해진 경향이 있다.

2. 조선방공협회의 조직

만고불변의 우리 국체를 명징(明徵)함과 동시에 공산주의 사상은 우리 국체와는 절대 서로 용납될 수 없는 것으로서, 전 인류의 복지를 위태롭게 하는 침략 수단임을 천명하고 단호하게 이들의 국내 침입을 막아내는 한편, 국내에서 이러한 종류의 사상의 철저한 박멸을 도모한다. 더욱더 나아가 우리 황도(皇道) 정신을 선양하고 아울러 방첩의 완벽을 기하는 것은 현

---

99 내지(內地): 일본 본토를 말함. 당시 일본은 행정법상으로 일본 본토를 '내지', 그 외의 식민지 지역 등을 '외지(外地)'로 구분하여 사용하였으며, 이에 준하여 '내지인', '외지인'이라고 불렀다. 이는 공식적으로 또 법적으로 자신들은 서양의 '식민지'와는 다르다는 것을 표방하면서 내부적으로 차별을 두는 것이라 할 수 있다.

100 총후(銃後): 전쟁터에서 후방 또는 후방의 국민.

하 시국의 중요성에 비추어, 비단 치안상뿐만 아니라 지나사변의 장기화에 따른 국방적 견지에서 보더라도 절대 필요하다. 따라서 그 구체적인 방책으로 민간방공망(民間防共網)을 확립하여 관민협력, 방공·방첩의 목적 달성에 매진해야 한다. 국민정신총동원운동과 병행해 그 조직 준비를 진행하여, 다음과 같은 취지, 규약과 사업내용으로 1938년(昭和 13) 8월 15일 중앙본부인 조선방공협회를 조직하였다. 동시에 각각의 역원을 추대, 촉탁 또는 임명하여 조직을 완료하였다.

- 기(記) -

조선방공협회 취지

지나사변 발발 이후 이미 1년 남짓, 이 사이에 우리의 충용(忠勇)한 장병은 파죽지세로 연전연승, 북지(北支)를 뽑아내고 중남지(中南支)를 석권하여 크나큰 전과(戰果)를 거두었고, 총후(銃後)의 반도 민중은 시국을 잘 인식하고 국민적 자각을 환기하여 내선일체(內鮮一體), 진충보국(盡忠報國)의 정성을 다하고 있다. 그러나 코민테른의 괴뢰인 장개석(蔣介石) 정권은 아직도 이른바 장기항일(長期抗日)을 표방하고, 국제정세 역시 혼돈으로 예측을 불허하여 사변의 전도(前途)가 완전히 예상하기 어려워 시국은 더욱 중대해지는 정세에 있다. 우리나라에서 일찍이 없었던 이러한 중대 시국을 타개하고 이번 성전(聖戰)의 목적인 동양의 영원한 평화를 확립시키기 위해서는, 거국일치하여 국책에 순응하고 모든 반국가적 사상을 극복함으로써 일본정신을 세계에 선양하고 팔굉일우(八紘一宇)라는 대이상의 실현을 기해야 할 것이다.

원래 소련이 선전하는 공산주의 사상은 헛되이 유물적 편견에 사로잡혀 계급투쟁을 선동함으로써 민심을 혹란(惑亂)하고 문화를 파괴하며, 국제정의를 무시하고 세계혁명을 음모(陰謀)하며, 후방교란(後方攪亂)을 기도하는 사상 전략에 지나지 않는다. 그리고 코민테른의 세계적화(世界赤化) 정책의 예봉은 서구에서는 스페인 동란을 유발하여 구주(歐洲)의 천지에 일대 팽창을 드러내고, 나아가 동점(東漸)해서는 이웃 나라인 지나(支那)를 부추겨 항일인민전선(抗日人民戰線)의 결성을 꾀하며, 장(蔣) 정권이 동양평화의 교란자가 되게 한 것은, 이번 일지사변

(日支事變)으로 그 전모가 명확하게 된 바이다. 지난번 일본·독일·이탈리아 3국 간에 세계역사상 획기적인 방공협정(防共協定)을 성립한 것은 오로지 이 코민테른의 세계적화 위협에 대항하여 공동 방위진(防衛陣)의 강화를 꾀하기 위한 것이었다. 혁신적 발흥 기운에 있는 일본·독일·이탈리아 3국은 서로 제휴하여 공산주의적 파괴 공작을 배격하고, 국가의 안녕, 사회복지의 증진을 기함과 동시에, 나아가 방공 정신을 국제적으로 발양(發揚)하여 세계평화의 유지 확립에 공헌할 것을 희망한 것이다. 특히 동아(東亞)의 안정세력인 우리 일본은 이 방공 정신을 철저히 확충하고 또 이를 현실에서 실천화함으로써, 동양평화의 확립자라는 신성한 국가적 사명의 실현에 매진하는 것이 긴요한 일임을 확신하는 바이다.

조선에서 공산주의운동 현상을 돌이켜보면, 만주사변을 계기로 점차 쇠퇴의 기운이 드러났다. 특히 이번에 사변이 발생하자, 이러한 종류의 주의자(主義者) 가운데 성전의 의의를 잘 인식하여 황국신민의 본연으로 돌아가 잇따라 총후의 적성(赤誠)을 피력하고 있다. 하지만 완고하고 우매한 일부 주의자는 아직도 미몽에서 깨어나지 못하고 때때로 반전·반국가적 언동을 기도하여 거국일치의 체제를 방해하려는 것 같은 기미가 있으니, 참으로 유감스러운 바이다. 말할 것도 없이 이런 불온한 사상 및 운동에 대해서는 단호한 단속을 필요로 한다. 하지만 다른 한편으로는 우리 국체(國體)를 명징(明徵)하여 일반 민중이 확고한 국체관념을 파악하도록 함과 동시에 방공사상을 왕성하게 하여 자위적 입장에서 반국가 사상의 침입과 감염을 막아내고, 나아가 불온사상을 품은 자를 개과천선(改過遷善)시켜 진실로 황국신민다운 자각을 촉진할 필요가 절실하다.

이러한 시국에 비추어, 또 일본·독일·이탈리아 방공협정의 취지에 기초하여, 진정으로 국민 방공의 결실을 거두기 위해 조선방공협회를 조직하였다. 일반 대중을 총동원하여 공산주의 사상 및 운동의 오류를 주지시키고, 그 박멸과 방위를 기함과 함께 나아가 일본정신의 앙양을 도모함으로써, 사상국방(思想國防)의 완벽을 기하고자 한다.

1938년 8월 15일

조선방공협회 규약(1938년 11월 2일 일부 개정)

제1장 명칭

제1조 본회는 조선방공협회로 칭한다.

제2장 목적 및 사업

제2조 본회는 공산주의 사상 및 운동의 박멸, 방위를 도모함과 동시에 아울러 일본정신의 앙양을 도모함을 목적으로 한다.

제3조 본회는 위 조(條)의 목적을 달성하기 위하여 다음과 같은 사업을 한다.

- 기관잡지와 기타 간행물의 발행, 강연회·전람회·좌담회 등의 개최
- 주의자 선도
- 방공상 필요한 사상의 조사 연구
- 방공에 관한 공로와 뛰어난 업적이 있는 자의 표창
- 기타 회장이 필요하다고 인정하는 사항

제3장 사무소

제4조 본회는 사무소를 조선총독부 경무국 내에 둔다.

제5조 본회는 각도에 연합지부를 두어 조선방공협회 무엇무엇 도연합지부라고 칭하고, 그 사무소를 각 도경찰부 내에 둔다.

제6조 필요에 따라 경찰서에 지부를 두고 조선방공협회 무엇무엇도 무엇무엇(경찰서 이름을 붙임)지부라고 칭하고, 그 사무소를 경찰서 내에 둔다.

제4장 회원

제7조 본회의 회원은 방공협회 역원, 방공단원, 방공부원 및 회장이 적당하다고 인정하는 자로서 충원한다.

제8조 회원은 물질적 부담을 지지 않는다.

제9조 회원으로 본회의 명예를 훼손할 때는 회장이 이를 제명할 수 있다.

제5장 총재, 고문 및 역원

제10조 본회는 정무총감을 총재로 추대한다.

제11조 본회에 고문을 둔다.

고문은 조선총독, 조선군 사령관, 진행요항부 사령관을 추대한다.

제12조 본회에 다음의 역원을 둔다.

- 회장 1명
- 간사 약간 명(이 가운데 1명을 상무간사로 함)
- 평의원 약간 명
- 주사(主事) 1명
- 사무원 약간 명

회장은 본회를 대표하여 회무(會務)를 모두 관리한다.

상무간사는 회장의 명을 받아 회의 일상 업무를 집행한다.

평의원은 회장의 자문에 응하거나 또는 의견을 개진한다.

주사 및 사무원은 회장의 명을 받아 회무에 종사한다.

제13조 회장은 경무국장으로, 상무간사는 경무국 보안과장으로, 기타 간사 및 평의원은 적당하다고 인정되는 자로 총재가 촉탁한다.

주사 및 사무원은 회장이 임면(任免)한다.

제14조 연합지부에 다음의 역원을 둔다.

- 연합지부장 1명
- 연합부지부장 1명
- 연합지부 간사 약간 명(이 가운데 1명을 상무간사로 함)
- 연합지부 평의원 약간 명
- 연합지부 사무원 약간 명

연합지부장은 회장의 지휘를 받아 연합지부의 사무를 맡아 관리한다.

연합부지부장(聯合副支部長)은 연합지부장을 보좌하며, 연합지부장이 사고가 있을 때 그 직무를 대리한다.

연합지부 상무간사 및 사무원은 지부장의 명을 받아 연합지부의 상무를 처리한다.

연합지부 평의원은 연합지부장의 자문에 응하거나 의견을 개진한다.

제15조 연합지부장은 도지사로, 연합부지부장은 도경찰부장으로, 연합지부 상무간사는 도경찰부 고등경찰과장으로, 기타 간사 및 평의원은 적당하다고 인정되는 자로 총재가 촉탁한다.

연합지부 사무원은 연합지부장이 임면한다.

제16조 지부에 다음의 역원을 둔다.

- 지부장 1명
- 지부 간사 약간 명(이 가운데 1명을 상무간사로 함)
- 지부 평의원 약간 명
- 지부 사무원 약간 명

지부장은 연합지부장의 지휘를 받아 지부의 사무를 맡아 관리한다.

지부 간사는 지부장의 명을 받아 지부의 상무를 처리한다.

지부 평의원은 지부장의 자문에 응하거나 의견을 개진한다.

제17조 지부장은 경찰서장으로, 지부 상무간사는 경찰서 고등주임으로, 기타 간사는 적당하다고 인정되는 자로 연합지부장이 촉탁한다.

지부 평의원은 방공단(부)장, 기타 적당하다고 인정하는 자로 연합지부장이 촉탁한다.

지부 사무원은 지부장이 임명한다.

제17-2 연합지부 또는 지부에 고문을 둘 수 있다.

연합지부 또는 지부 고문은 학식과 경륜이 있는, 적당하다고 인정되는 자로 각각 총재 또는 연합지부장이 촉탁한다.

제18조 역원의 임기는 2년으로 한다. 다만 중임(重任)을 막지 않는다. 관직에 따라 총재 또는 역원인 자의 임기는 그 재직기간으로 한다.

보결(補缺)로 취임한 자의 임기는 전임자의 잔여기간으로 한다.

제6장 방공단 및 방공부

제19조 지부 아래에 필요에 따라 방공단을 조직하고, 그 명칭은 적절하게 정한다.

제20조 방공단은 단장 1인, 간사 및 단원 약간 명으로 조직한다. 다만 필요성이 있을 때는 고문 혹은 부단장 약간 명을 둘 수 있다.

제21조 단장, 고문, 부단장 및 간사는 연합지부장이 촉탁한다.

단원은 지부장이 임면한다.

제22조 단장은 지부장의 지휘를 받아 단무(團務)를 처리한다.

간사는 단장의 명에 따라 단의 사무에 종사한다.

제23조 기존에 설치된 교화단체, 학교, 기타 적당하다고 인정되는 단체에는 필요에 따라 관계기관과 협의한 후 방공단에 준하여 방공부를 설치할 수 있다.

제7장 회의

제24조 평의원회는 필요에 따라 회장이 소집한다.

제25조 평의원회는 간사 및 평의원이 조직하고, 회장을 의장으로 한다.

평의회원에 자문해야 할 사항은 대략 다음과 같다.

- 본회 목적 달성상 중요한 사항
- 예산 및 결산에 관한 사항
- 규약 개정에 관한 사항
- 총재 또는 회장이 특히 필요하다고 인정하는 사항

제26조 연합지부 및 지부 평의원회는 필요에 따라 연합지부장 또는 지부장이 소집한다.

제27조 연합지부 평의원회는 연합지부의 부지부장, 간사 및 평의원으로 조직하고, 연합지부장을 의장으로 한다.

지부 평의원회는 지부의 간사 및 평의원으로 조직하고, 지부장을 의장으로 한다.

제28조 연합지부 및 지부 평의원회에 자문해야 할 사항은 대략 다음과 같다.

- 연합지부 또는 지부의 목적 달성상 중요한 사항
- 기타 연합지부장 또는 지부장이 특히 필요하다고 인정하는 사항

제29조 회의는 시의(時宜)에 따라 서면 회의로 할 수 있다.

제8장 회계

제30조 본회의 회계연도는 매년 4월 1일에 시작하여 이듬해 3월 31일까지로 한다.

제31조 본회의 사업자금은 보조금 또는 독지가의 기부로 충당한다.

제9장 부칙(附則)

제32조 본회 규약은 평의원회의 자문을 거쳐 총재의 승인을 받지 않으면 변경할 수 없다.

조선방공협회 사업 내용

1) 계발선전(啓發宣傳)

(가) 정례적인 기관지 발행

(나) 선전 인쇄물 발행(팸플릿, 포스터, 삐라 등)

(다) 강연회, 전람회, 좌담회 개최

(라) 방공단 지도원(指導員)의 순회

(마) 신문, 통신, 라디오, 영화 등의 이용

(바) 전향자의 활용

(사) 방공주간, 방공데이 또는 가두선전 실시

(아) 청년, 학생 생도, 기타 각종 단체에 대한 지도훈련

(자) 기타

2) 조성(助成)

(가) 주의자의 전향 조성

(나) 사상선도단체의 활동 원조

(다) 사상악화지대의 정화 숙정

(라) 기타

3) 조사

(가) 소련의 실정 조사

(나) 좌경(左傾) 또는 전향 동기 등의 조사

(다) 각국에서 방공운동의 실정 조사

(라) 기타 방공운동에 관하여 필요한 일체 조사

4) 표창

공산주의운동의 단속 또는 방공운동에 관해 공로가 있는 자의 표창

조선방공협회 역원

- 총재		정무총감
- 고문		조선총독
		군사령관
		진해요항부사령관
- 회장		경무국장
- 간사	○	보안과장
		도서과장
		경무과장
		문서과장
		법무과장
		사회교육과장
		보안과 사무관
		육해군 어용괘(御用掛)
		조선군 정보주임 참모
		헌병대사령부 고급부원
- 평의원		본부 각국 부장
		(내무, 학무, 법무, 식산, 농림, 재무, 철도, 체신, 전매, 외무)
		각도 연합지부장

고등법원 검사장
경성제국대학(城大) 총장
조선군 참모장
조선헌병대 사령관
진해요항부 참모장

- 주사 보안과 전임촉탁

* 비고: ○ 표시는 상임간사로 함

3. 조선방공협회 하부조직의 상황[101]

1938년 8월 15일 중앙부(中央部)인 조선방공협회 조직 후 같은 해 9월 2일 각도 고등·외사양 경찰과장을 소집하여 타합회를 개최하고, 본 협회의 하부조직인 도연합지부 이하 조직 및 활동 방침 등에 관해 미리 상의하여 협의를 끝냈다.

101 목차에 따르면 이 부분은 3장이 되어야 하는데, 원문은 잘못되어 있어서 바로잡았다.

忠清北道聯合支部結成式に於ける辭令傳達

昭和十三年九月二十七日全羅南道聯合支部結成式の盛況

〈그림 3〉 (위) 「충청북도연합지부 결성식에서 사령(辭令) 전달」, (아래) 「1938년 9월 27일 전라남도연합지부 결성식의 성황」

九月二十二日全羅北道聯合支部結成式の狀況

忠淸北道聯合支部結成式當日の盛況

〈그림 4〉 (위) 「9월 22일 전라북도연합지부 결성식 상황」, (아래) 「충청북도연합지부 결성식 당일의 성황」

〈그림 5〉 (위) 「평안북도 신의주지부 결성식 상황」, (아래) 「1938년 6월 부산 미나카이(三中井) 방공단 결성식 상황」

그리고 연합지부 이하의 조직에 즈음해서는 본 협회 창립 목적인 민간방공망의 취지를 철저히 하기 위해 상당수의 민간 적임자를 간부로 위촉하기로 하였다. 또한 방첩 활동에 대해서는, 방공과 함께 본 협회의 활동 내용이라는 성질상, 취지서 및 규약에는 이를 명기하기로 하였다. 또한 방공단 및 방공부의 조직에 즈음해서는 형식을 폐하고 남설(濫設)을 피하여 지방의 실정에 따라 진정으로 필요한 장소부터 순차적으로 결성하기로 하고 즉각 결성에 착수하였다. 그 결과 각 도경찰부에 둔 도연합지부는 같은 해 9월 말까지 조직을 완료(함경북도는 11월 26일 완료), 또한 각 경찰서에 두어야 할 지부의 결성도 같은 해 10월 말까지 완료하고, 이후 최하부조직인 방공단(방공부)의 결성을 보았다. 1939년(昭和 14) 9월 말 현재 방공단(부) 수 3,100, 단(부)원 수 19만 1,977명이라는 다수를 달성한 상황이다. 도연합지부 이하 조직의 상세한 사항 및 계통도는 별표(別表)와 같다.

방공단(부) 결성 상황표(1939년 9월 말 현재)[102]

도명	지부 수	지역별로 조직한 것		단체별로 조직한 것		직업별로 조직한 것		계		학교에 설치한 것		기타 교화 단체 내에 설치한 것		계		합계	
		단 수	단원 수	단수	단원 수	단 수	단원 수	단 수	단원 수	부 수	부원 수	부 수	부원 수	부 수	부원 수	단(부) 수	단(부)원 수
경기도	24	198	12,240	96	4,074	5	136	299	16,450	1	250	7	145	8	395	307	16,845
충청북도	10	13	646	7	832	5	296	25	1,774	2	220	9	295	11	515	36	2,289
충청남도	14	166	4,439	2	71	9	546	177	5,056	-	-	-	-	-	-	177	5,056
전라북도	14	43	1,775	2	172	12	2,865	57	4,813	1	157	11	1,118	12	1,345	69	6,158
전라남도	22	271	12,122	47	3,599	11	3,572	329	19,294	4	461	-	-	4	461	333	19,755
경상북도	23	61	5,506	15	1,261	5	159	81	6,476	-	-	1	26	1	26	82	6,503
경상남도	24	53	1,325	31	1,204	44	1,024	128	3,553	6	198	-	-	6	198	134	3,751
황해도	18	39	1,382	6	255	42	383	87	3,820	-	-	-	-	-	-	87	3,820
평안북도	24	13	840	36	5,768	31	1,940	80	8,548	15	2,044	5	247	20	2,291	100	10,839
평안남도	17	54	3,917	125	12,411	28	1,768	207	18,158	16	1,067	113	10,428	129	11,495	336	29,653
강원도	22	113	4,743	17	770	15	924	145	6,437	-	-	1	16	1	16	146	6,453
함경남도	21	498	23,956	1	7	32	7,107	531	31,063	-	-	1	64	1	64	532	31,129
함경북도	20	726	45,578	15	1,998	17	1,956	758	49,532	-	-	3	194	3	194	761	49,726
합계	253	2,248	118,469	400	32,423	256	22,677	2,904	174,974	45	4,397	151	12,533	196	17,000	3,100	191,977

102 표의 맨 아래 '합계'가 실제 합계와 맞지 않는 부분, 즉 원문이 잘못 계산된 것으로 보이는 부분에 밑줄을 그어 놓았다. 원문의 32,423은 실제로는 32,422명이며, 22,677은 22,676명이 맞다.

조선방공협회 조직 계통도

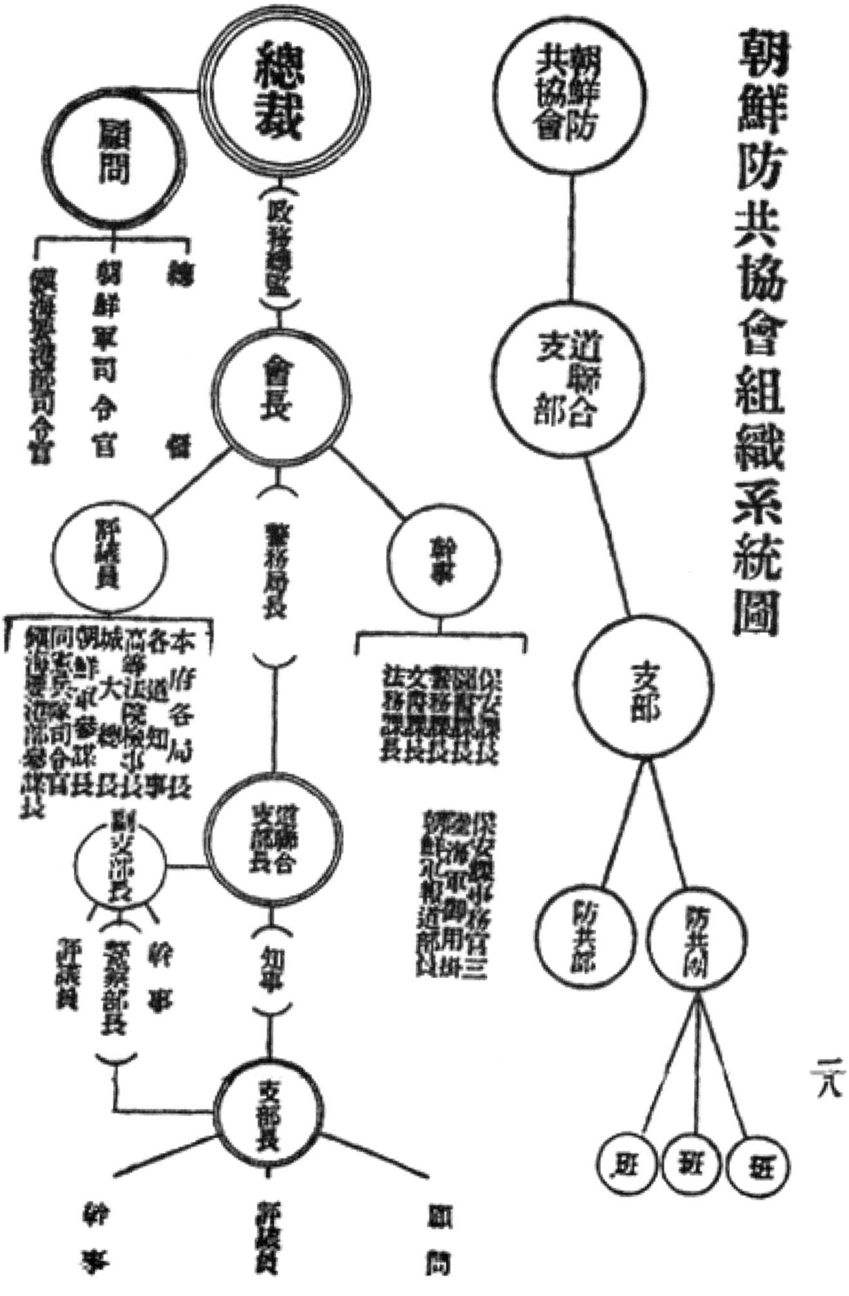

〈그림 6〉「조선방공협회 조직 계통도」1면

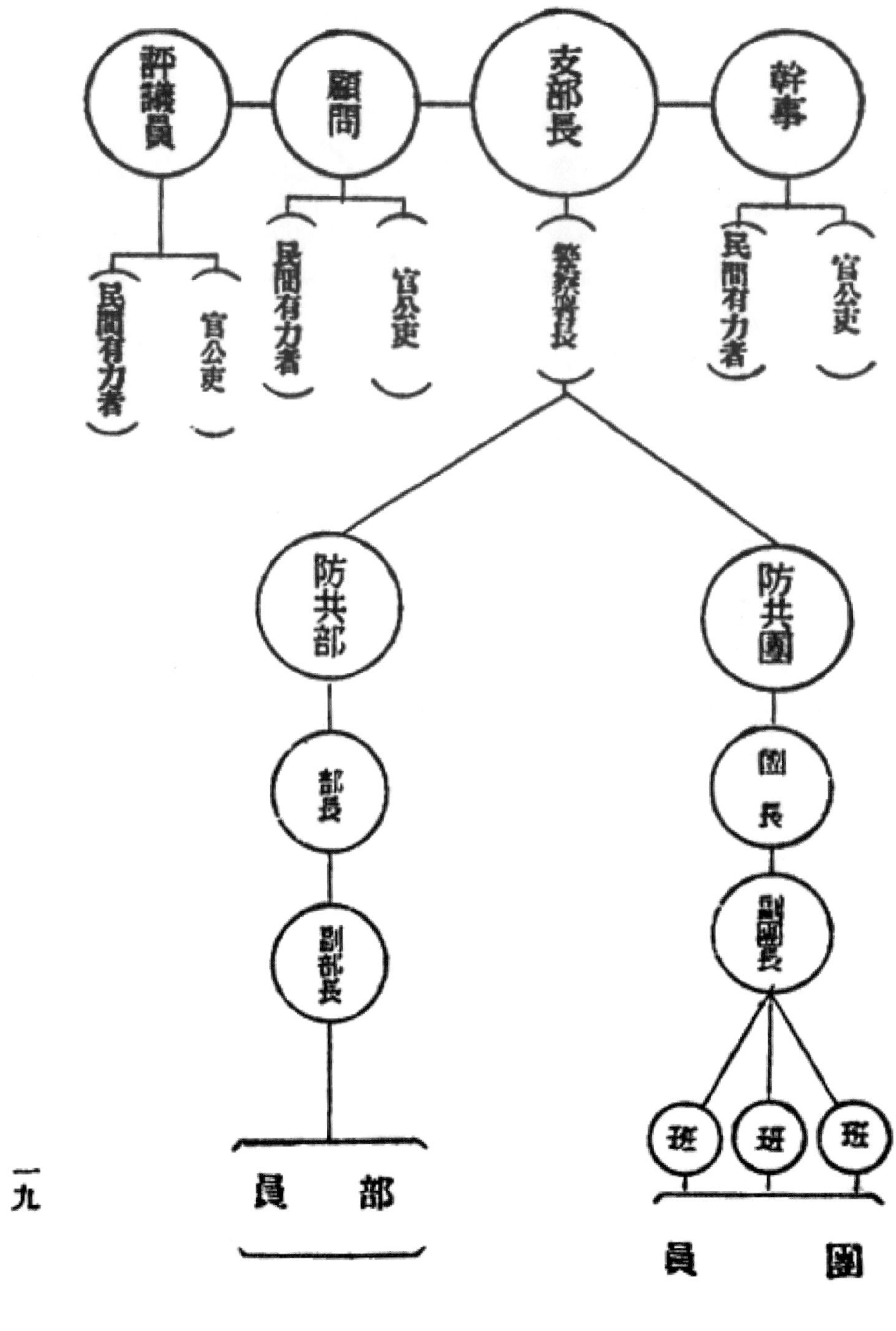

〈그림 7〉「조선방공협회 조직 계통도」 2면

4. 방공단의 설치·지도 방침

앞에서 기술한 바와 같이 하부조직의 완료와 동시에 각도에서도 각기 활동 기구와 조직을 정비하고, 구체적인 활동을 개시하였다. 지난 1년간의 실적을 밝히면 방공단의 지도활동상 유감스러운 점이 없다고 하지 않을 수 없어서, 1939년 8월 2일에 개최한 각도 고등경찰과장 회의에 즈음하여 그 지도훈련 등에 관해 타합 협의하여 방공단의 설치·지도 및 사열(査閱) 요강을 별지와 같이 결정하였다. 그리고 그 운영에 대해서는 대략 이 요강에 준거하고, 각지의 실정을 참작하여 각기 적절한 구체적인 계획 방법을 강구하였다. 이미 설치된 방공단에 대해서도 이때 재검토하고, 그 지도 활동의 완벽을 기하도록 각 도연합지부 앞으로 각기 통첩을 발하여 거듭 특단의 노력을 촉구하였다.

방공단 설치 요강

1. 방공단(부)의 설치

1) 설치 방침

방공단은 도읍지의 교통상의 요충지 또는 공산주의운동이 치열한 지방, 또는 이에 편승하기 쉬운 지역에 설치하도록 한다.

2) 설치 장소

방공단을 설치해야 할 장소는 다음과 같다.

① 경찰서 소재지

② 필요하다고 인정되는 주재소(출장소) 소재지

③ 기타 방공단 설치가 필요하다고 인정되는 장소

④ 이미 설치된 교화단체, 학교, 기타 적합하다고 인정되는 단체에는 필요에 따라 방공단에 준하는 방공부를 설치할 수 있다.

3) 설치 수속

방공단(부)을 조직해야 할 지구(地區) 및 단체 등은 지부장의 구신(具申)[103]에 의하여 연합 지부장이 이를 지정하는 것으로 한다.

2. 방공단(부)의 조직 요령

1) 방공단 조직 표준

방공단은 다음의 표준에 따라 대개 단원 50명으로 조직하도록 한다.

① 지역에 따른 경우

② 단체별에 따른 경우

③ 직업별에 따른 경우

지역에 따른 경우는 경찰서 혹은 주재소 소재지에 따라, 대개 4킬로미터 이내 지역에 거주하는 자로서, 가능한 한 청장년으로 조직하도록 한다.

단체별에 따른 경우는 관공서, 은행, 회사 등의 직원, 사원, 고용인으로 조직하도록 한다.

직업별에 따른 경우는 큰 상점, 공장, 광산, 운송업 등 다수의 종업원 및 노동자를 고용하고 있는 업무의 경영자, 혹은 야도야(宿屋),[104] 요릿집, 음식점, 인쇄소, 서적점(書籍店) 등과 같은 특수영업자 및 그 종업원과 노동자 전원으로 조직하도록 한다.

2) 방공단의 부서 및 하부조직

① 방공단 내에 서무, 교무, 선전 등의 부서를 설치할 수 있다.

② 방공단원의 지도, 교양, 기타 필요에 따라 방공단 아래에 지역·직업·직장·연령·성별·근무별 등의 반(班)을 설치할 수 있다.

3) 방공부의 조직 요령

방공부는 이미 설치된 교화단체, 학교 등의 기존 부서에 병치(併置)하도록 한다.

103 구신(具申): 상사 등에게 사정과 형편을 자세히 보고함.
104 야도야(宿屋): 여인숙, 여관, 숙박소, 색주가.

3. 역원

① 방공단(부)에는 단장, 부단장(부장, 부부장) 각 1명과 간사 약간 명을 두도록 한다.

② 필요가 인정될 때는 방공단(부)에 고문을 둘 수 있다.

③ 앞의 각호의 역원은 연합지부장이 촉탁한다.

4. 본 요강 시행에 필요한 세칙은 연합지부장이 정한다.

방공단 지도 요강

1. 지도 목표

방공단(부)의 지도 목표는 방공단(부)원의 방공사상을 왕성하게 하고 일본정신을 앙양시킴과 동시에, 일반 국민 대중의 방공(방첩)사상을 환기시키는 데 있다.

2. 지도 담임자

1) 책임자

방공단(부)원의 지도는 지부장, 단장(부장)이 담당하도록 한다.

2) 보조자

지부장은 부단장(부부장), 간사, 반장 가운데 적당하다고 인정되는 자로 지도의 보조를 삼도록 한다.

3) 기타

연합지부장, 지부장은 학식이 있는 명사, 기타 적당하다고 인정되는 자에게 강연, 강의 등을 위촉할 수 있다.

3. 지도 사항

방공단(부)의 지도 사항은 대략 다음과 같다.

1) 공산주의의 배격에 관한 사항

2) 소련의 내정 및 대외 적화정책에 관한 사항

3) 방공 추축(樞軸)을 둘러싼 국제정세에 관한 사항

4) 국방 사상에 관한 사항

5) 일본정신에 관한 사항

6) 일본도덕에 관한 사항

7) 내선일체(內鮮一體)에 관한 사항

8) 교련 예식, 기타 훈련에 관한 사항

9) 사회봉사에 관한 사항

10) 방첩에 관한 사항

4. 지도 방법

방공단(부) 지도는 별도로 정한 방공단 강령 및 실천 요항에 따른다. 특히 다음 2항에 유의하여 지도의 완벽을 기하도록 한다.

1) 대상별 지도: 지도 대상의 구분 및 지도의 중점은 대략 다음과 같다.

지도 대상의 구분	지도의 중점
학생, 생도	① 반제·반전운동의 배격에 관한 사항
	② 좌익 예술의 배격에 관한 사항
지식계급	① 좌익 출판물의 배격, 구축에 관한 사항
	② 반제·반전운동의 배격에 관한 사항
	③ 좌익 예술의 배격에 관한 사항
	④ 비전향자의 전향 촉진에 관한 사항
노동자, 농민	① 노·자(勞資) 간 협조에 관한 사항
	② 계급의식의 타파에 관한 사항
기타 일반 민중	① 소련의 내정 폭로에 관한 사항
	② 공산주의의 죄악 폭로에 관한 사항

2) 지도 방침의 종별(種別): 방공단(부)원의 지도는 대략 다음의 방법, 종별에 따라 행하도록 한다.

① 집합지도

가. 강연, 강화(講話), 강의, 좌담회

나. 청년단(부)원에 대해서는 부대(部隊) 교련 실시

② 문서, 서적에 의한 지도

문서, 서적의 윤독(輪讀), 회람, 공동 강독, 문고의 설치

③ 서화(書畫), 영화, 연예, 가요 등에 의한 지도

전람회, 학예회, 변론회(辯論會), 가미시바이(紙芝居), 연극, 라쿠고(落語)[105], 만자이(漫才)[106] 등의 실시

5. 지도 계획 및 보고

1) 지부장은 매년 1월 방공단(부)의 지도 계획을 수립하여 전년도 실적과 함께 연합지부장에게 보고하도록 한다.

2) 연합지부장은 매년 2월 방공단의 지도 성적 및 일반 민중의 방공사상 향상 상황을 조선방공협회장에게 보고하도록 한다.

105 라쿠고(落語): 우스꽝스러운 스토리로 듣는 사람을 재미있게 만드는 일본의 전통적인 이야기 예능인 요세게에(寄席藝)의 하나이다. 기모노를 입은 라쿠고가(落語家)가 무대 위 방석에 앉아 대화체를 중심으로 등장인물이 혼자서 역할을 나누어서 연기한다. 부채나 손수건 등 소도구로 몸짓, 손짓으로 두 사람 역할을 하는데, 주로 해학을 담아 풍자하는 내용이다.

106 만자이(漫才): 일본의 전통적인 이야기 예능인 요세게에(寄席藝)의 하나이다. 두 명의 희극인이 말을 주고받으며 진행하는 해학적인 예능으로서, 한국의 만담과 유사하다.

조선방공협회 강령 및 방공단 실천 요항(要項)[107]

방공사상의 보급 철저	공산주의의 오류 죄악 폭로 인민전선운동의 배격 적극적 방공활동	소련 적화정책의 폭로 소련의 내정 폭로 반제운동의 배격 소비에트 대외 민족정책의 배격 반전운동의 배격 좌익예술의 배격 노·자 간의 협조 좌익 출판물의 구축 비전향자의 전향 촉진 전향 확보 기관지, 기타 출판물의 구독 방공강연회·좌담회 참석 방공전람회·영화회 관람
일본정신의 앙양	국체관념의 강조 내선일체의 철저 국민도덕의 진작	황거요배(皇居遙拜) 경신숭조(敬神崇祖) 충군애국의 철저 국기(國旗)의 존중 「교육칙어」 복응(服膺) 「황국신민의 서사」 낭송 일본역사 대요(大要) 요득(了得) 일시동인의 성지(聖旨) 철저 국어의 사용 동종동근의 이념 요득 일가화합(一家和合) 보은감사 인보공조(隣保共助) 근로봉사 희생적 정신의 발양 호양정신(互讓精神)의 함양

107 앞의 목차에는 '요강(要綱)'으로 되어 있다.

국방 사상의 강화	시국인식의 철저 총후보국 방첩사상의 보급 철저	대지(對支) 전국(戰局)과 국제정세의 지득 방공 구축의 위력 지득 사상국방전사다움의 확인 생산 증가, 국산품 애용 자원 애호 저축 여행(勵行) 군사후원사업 참가 협력 국민방첩 철저 유언비어 박멸 국민운동 참가

방공단 사열(査閱) 요강

1. 사열관(査閱官) 및 사열 시기

1) 조선방공협회 연합지부장은 방공활동의 지도 감독을 위해 매년 1회 이상 방공협회 지부장 및 방공단을 사열하도록 한다.

2) 연합지부장은 연합부지부장이 사열하도록 할 수 있다.

3) 조선방공협회장은 간사가 임시 사열하도록 할 수 있다.

2. 사열 사항

사열은 다음 사항에 대하여 행하도록 한다.

1) 지부 사업 및 사무의 처리 상황

2) 방공단(부) 조직의 적합

3) 방공단(부)원 지도 교양 실시 상황과 실적

4) 방공단 실천 요목(要目) 여행(勵行)의 상황

5) 방공활동의 상황

6) 일반 민중의 방공사상 및 황국신민 의식 향상의 상황

3. 사열 요령 및 보고

1) 사열에 즈음하여 제출해야 할 서류, 소집해야 할 단(부)원 수 및 순서 방법 등은 사열

관에게 그때마다 지시하도록 한다.

2) 사열을 실시할 때는 그 상황을 10일 이내에 조선방공협회장에게 보고하도록 한다.

5. 조선방공협회의 법인(法人) 조직

본 협회 창립 후 즉시 그 취지와 목적 달성을 위해 별항(別項)에서 기재했듯이 각종 사업의 실시를 개시하여 상당한 실적을 거두고 있다. 그렇다 하더라도 본 협회는 종래의 기구로서는 아직은 곧바로 본회의 사명을 완수하지 못한 아쉬움에 비추어, 이번 기회에 사업의 전면적 확충을 도모하고 각종 회무(會務) 운영의 원활을 기하려 한다. 이로써 국민 방공의 실적 발양에 한층 더 유력한 공헌을 하기 위해 본회의 기구를 더욱 강화 정비할 필요를 인정하는 한편, 또한 본회를 해산하여 별지(別紙) 기부행위 및 동 시행세칙에 기초하여 새롭게 재단법인 조선방공협회를 설립하기로 하였다. 만반의 수속을 마치고 현재 허가를 출원(出願) 중이다.

재단법인 조선방공협회 설립 취지서

지나사변 발발 이후 우리의 충용(忠勇)한 장병은 파죽지세로 연전연승, 전지(全支)를 석권하여 다대한 전과(戰果)를 거두었고, 총후의 반도 민중 또한 시국을 잘 인식하고 국민적 자각을 환기하여 내선일체, 진충보국의 정성을 다하고 있다. 그러나 코민테른의 괴뢰인 장개석 정권은 여전히 이른바 장기항일을 표방하고, 국제정세 역시 혼돈으로 예측을 불허하여 사변의 전도는 전혀 예상하기 어려워 시국은 더욱 중대해지는 정세에 있다. 우리나라에서 일찍이 없었던 이러한 중대 시국을 타개하고 이번 성전(聖戰)의 목적인 동양의 영원한 평화를 확립하기 위해서는, 거국일치하여 국책에 순응하고 모든 반국가적 사상을 극복함으로써 일본정신을 세계에 선양하고 팔굉일우(八紘一宇)라는 대이상의 실현을 기해야 할 것이다.

원래 소련이 선전하는 공산주의 사상은 헛되이 유물적 편견에 사로잡혀 계급투쟁을 선동함으로써 민심을 어지럽히고 문화를 파괴하며, 국제정의를 무시하고 세계혁명을 음모하며, 후방교란을 기도하는 사상 전략에 지나지 않는다. 그리고 코민테른의 세계적화정책의 예봉은 서구에서는 스페인 동란을 유발하여 구주의 천지에 일대 암영(暗影)을 던지고, 나아가 동점(東漸)해서는 이웃 나라인 지나를 사주하여 항일인민전선의 결성을 획책하고, 장(蔣) 정권이 동양평화의 교란자가 되게 한 것은 이번 일지사변으로 그 전모가 명확하게 된 바이다. 지난번 일본·독일·이탈리아 3국 간에 세계 역사상 획기적인 방공협정을 성립한 것은 오로지 이 코민테른의 세계적화의 위협에 대항하여 공동방위진의 강화를 꾀하기 위한 것이었다. 혁신적 발흥 기운에 있는 일본·독일·이탈리아 3국은 서로 제휴하여 공산주의적 파괴 공작을 배격하고, 국가의 안녕, 사회복지의 증진을 기함과 동시에, 나아가 방공 정신을 국제적으로 발양하여 세계평화의 유지 확립에 공헌할 것을 희망한 것이다. 특히 동아의 안정 세력인 우리 일본은 이 방공 정신을 철저히 확충하고 또 이를 현실에서 실천화함으로써, 동양평화의 확립자라는 신성한 국가적 사명의 실현에 매진하는 것이 긴요한 일임을 확신하는 바이다.

조선에서 공산주의운동의 현상을 돌이켜보면, 만주사변을 계기로 점차 쇠퇴의 기운이 드러났다. 특히 이번에 사변이 발생하자, 이러한 종류의 주의자 가운데 성전의 의의를 잘 인식하여 황국신민의 본연으로 돌아가 잇따라 총후의 적성을 피력하고 있다. 하지만 완미(頑迷)한 일부 주의자는 아직도 미몽에서 깨어나지 못하고 때때로 반전·반국가적 언동을 기도하여 거국일치의 체제를 방해하려는 것 같은 기미가 있으니, 참으로 유감스러운 바이다.

물론 이러한 불온한 사상과 운동에 대해서는 단호한 단속을 필요로 한다. 하지만 다른 한편으로 우리 국체를 명징(明徵)하여 일반 민중이 확고한 국체관념을 파악하도록 함과 동시에 방공 사상을 왕성하게 하여 자위적 입장에서 반국가 사상의 침입과 감염을 막아내고, 나아가 불온사상을 품은 자를 개과천선하도록 하여 진실로 황국신민다운 자각을 촉구할 필요가 절실하다.

이에 조선방공협회는 시국에 비추어, 또 일본·독일·이탈리아 방공협정의 취지에 기초하여 국민방공의 결실을 거두기 위해, 일반 대중을 총동원하여 공산주의 사상과 운동의 오류를 주지시키고 그 박멸과 방위를 기함과 동시에, 나아가 일본정신의 앙양을 도모함으로써 사상국방(思想國防)의 완벽을 기할 것을 목적으로 한다. 1938년 8월 14일 설립 이래 기관지 발행, 사상전람회 개최, 방공·방첩데이 실시, 방공·방첩 좌담회 실시, 팸플릿 인쇄 배포, 방공·방첩 영화회 개최, 포스터와 표어의 현상모집 및 배포 등 여러 방면에 걸쳐서 착착 업적을 높이 거두어 금일에 이르렀다.

그렇지만 현재의 기구로서는 아직 진실로 본회의 사명을 완수하지 못한 아쉬움을 느꼈다. 이번 기회에 사업의 전면적 확충을 도모하고 제반 회무의 원활한 운영을 기함으로써 국민 방공의 실적을 높이는 데 한층 더 유력한 공헌을 하기 위해, 본회의 기구를 강화 정비하는 것이 시의적절하다고 인식하였다. 이에 일단 본회를 해산하고 별지의 기부행위안(寄附行爲案)에 기초하여 새롭게 재단법인 조선방공협회를 설립하고자 한다.

재단법인 조선방공협회 기부행위

제1장 명칭, 사무소 및 지부

제1조 본회는 재단법인 조선방공협회라 칭한다.

제2조 본회는 사무소를 경성부(京城府) 광화문통(光化門通) 조선총독부 경무국(警務局) 내에 둔다.

제3조 본회는 각 도경찰부 내에 연합지부, 각 경찰서 내에 지부를 둔다.

연합지부 및 지부의 명칭은 그 도명(道名) 또는 서명(署名)을 앞에 붙이는 것으로 한다.

연합지부 또는 지부에 관한 세칙은 회장의 승인을 거쳐 연합지부장 또는 지부장이 정할 수 있다.

제2장 목적 및 사업

제4조 본회는 공산주의 사상 및 운동의 박멸을 도모함과 동시에, 아울러 일본정신의 앙양을 도모하고 국민방공의 완벽을 기함을 목적으로 한다.

제5조 본회는 전조(前條)의 목적을 달성하기 위해 다음의 사업을 한다.

1. 기관잡지와 기타 간행물 발행, 강연회·전람회·좌담회 등의 개최
2. 방공 지식의 보급 철저
3. 주의자의 선도 및 일반 민중의 적극적 방공활동 조장 촉진
4. 방공상 필요한 사항의 조사 연구
5. 방공에 관해 공로와 위적(偉績)이 있는 자의 표창

6. 기타 본회의 목적을 달성하는 데 필요한 사항

제3장 자산 및 회계

제6조 본회의 자산은 다음과 같다.

1. 별지 재산 목록 기재의 재산
2. 본회에 속한 동산 및 부동산
3. 본회의 사업 또는 재산으로부터 발생하는 수입
4. 국고보조금
5. 유지자(有志者)의 기부에 관계된 금전, 기타의 물건
6. 기타 수입

제7조 본회의 자산은 기본재산, 보통재산으로 구분한다.

제8조 다음 각호에 게재된 것을 본회의 기본재산이라 한다.

1. 기본재산으로는 지정 기부를 받은 금전, 기타의 물건
2. 평의원회의 의견에 따라 기본재산에 편입된 것

제9조 기본재산 이외의 재산을 보통재산이라 한다.

기본재산은 소비할 수 없다. 다만 특별한 사정이 있는 경우, 평의원회에서 평의원 정수(定數)의 3분의 1 이상의 동의를 얻을 때는 이를 제한하지 않는다.

제10조 기본재산인 현금은 우편관서 혹은 확실한 은행에 예입하거나, 또는 국채증권이나 기타 확실한 유가증권을 매입하여 그 이식(利殖)을 도모하도록 한다.

제11조 본회의 경비는 기본재산에서 생기는 수입 및 보통재산으로 지불한다.

제12조 회장은 매 회계연도 세입·출 예산을 조제(調製)하여, 연도 개시 전 평의원회의 의결을 거쳐야 한다.

제13조 본회의 회계연도는 매년 4월 1일에 시작되어 3월 31일에 끝난다.

제14조 회장은 평의원회의 의결을 거쳐 기정예산(旣定豫算)의 추가 또는 갱생(更生)을 할 수 있다.

제15조 회장은 매년도 말일 현재를 기준으로 결산을 조제하여 평의원회에 보고해야 한다.

제16조 매 회계연도의 잉여금은 다음 연도의 경비로 충당한다.

제4장 회원

제17조 본회의 회원은 다음 세 종류로 구분한다.

1. 명예회원: 학식과 경험이 있는 자 또는 본회를 위한 특별한 공로가 있는 자로서 회장이 추천한 자
2. 특별회원: 기부금 5,000원 이상을 갹출한 자
3. 정회원: 방공협회 역원, 방공단원, 방공부원

제18조 회원으로서 본회의 명예를 훼손했을 때는 회장이 제명할 수 있다.

제5장 총재, 고문 및 역원

제19조 본회는 정무총감을 총재로 추대한다.

제20조 본회에 고문을 둔다.

고문은 조선총독, 조선군 사령관, 진해요항부 사령관을 추대한다.

제21조 본회에 다음의 역원을 둔다.

1. 회장
2. 간사: 약간 명(이 가운데 1명은 상무간사로 함)
3. 평의원: 약간 명

회장은 본회를 대표하여 회의 업무를 총리(總理)한다.

상무간사는 회장의 명을 받들어 당무(當務)를 집행하고 회장 유고시에는 그 직무를 대리한다.

평의원은 회장의 자문에 응하거나 의견을 개진한다.

제22조 전조(前條)의 역원 중 회장 및 간사로 본회의 이사를 둔다.

제23조 회장은 경무국장으로 총재가 촉탁한다.

상무간사는 경무국 보안과장으로, 간사는 적당하다고 인정되는 자로 총재가 촉탁한다.

평의원은 다음에 제시한 자 가운데 총재가 촉탁한다.

1. 본부(本府)[108] 내외 국·부장의 직에 있는 자

2. 각 도지사의 직에 있는 자

3. 고등법원 검사장, 경성제국대학(城大) 총장, 조선군 참모장, 조선헌병대 사령관, 진해요항부 참모장의 직에 있는 자

4. 명예회원, 특별회원 중 학식과 경험이 있는 자

5. 기타 적임이라고 인정되는 자

第24조 연합지부에 다음의 역원을 둔다.

1. 연합지부장

2. 연합부지부장: 1명

3. 연합지부 간사: 약간 명(이 가운데 1명은 상무간사로 함)

4. 연합지부 평의원: 약간 명

연합지부장은 회장의 지휘 감독을 받아 연합지부의 사무를 총리한다.

연합부지부장은 연합지부장을 보좌하고 연합지부장 사고 시에는 그 업무를 대리한다.

연합지부 간사는 연합지부장의 명을 받아 연합지부의 당무를 처리한다.

연합지부 평의원은 연합지부장의 자문에 응하거나 의견을 개진한다.

第25조 연합지부장은 도지사로, 연합부지부장은 도경찰부장으로, 연합지부 상무간사는 도경찰부 고등경찰과장으로, 기타 간사 및 평의원은 적임이라고 인정되는 자로 총재가 촉탁한다.

第26조 지부에 다음의 역원을 둔다.

1. 지부장

2. 지부 간사: 약간 명(이 가운데 1명은 상무간사로 함)

3. 지부 평의원: 약간 명

지부장은 연합지부장의 지휘를 받아 지부의 사무를 장리(掌理)한다.

지부 간사는 지부장의 명을 받아 지부의 담당 업무를 처리한다.

108 조선총독부를 말함.

지부 평의원은 지부장의 자문에 응하거나 의견을 개진한다.

제27조 지부장은 경찰서장으로, 지부 상무간사는 경찰서 고등주임으로, 기타 간사는 적임이라고 인정되는 자로 연합지부장이 촉탁한다.

지부 평의원은 방공단(부)장, 기타 적임이라고 인정되는 자로 연합지부장이 촉탁한다.

제28조 연합지부 또는 지부에 고문을 둘 수 있다.

연합지부 또는 지부 고문은 학식과 경험이 있는 자로서 적당하다고 인정되는 자로 각각 총재 또는 연합지부장이 촉탁한다.

제29조 역원의 임기는 2년으로 한다. 단, 중임을 허락한다. 관직에 따라 총재 또는 역원인 자의 임기는 그 재직기간으로 한다. 보결(補缺)로 취임한 자의 임기는 전임자의 잔존 기간으로 한다.

제30조 역원은 명예직으로 한다.

제6장 방공단(부)

제31조 필요에 따라 지부 아래에 방공단을 조직하고, 명칭은 적절하게 정한다.

제32조 방공단은 단장 1명, 부단장 1명, 간사 및 단원 약간 명으로 조직한다. 단, 필요가 있을 때는 고문 약간 명을 둘 수 있다.

제33조 단장, 부단장, 고문 및 간사는 연합지부장이 촉탁한다.

단원은 지부장이 임면(命免)한다.

제34조 단원은 지부장의 지휘를 받아 단무(團務)를 처리한다.

부단장은 단장을 보좌하고 단장 사고 시에는 그 직무를 대리한다.

간사는 단장의 명에 따라 단의 사무에 종사한다.

제35조 기존에 설립된 교화단체, 학교, 기타 적당하다고 인정되는 단체에는 필요에 따라 방공단에 준하여 방공부를 설치할 수 있다.

제7장 회의

제36조 간사회 및 평의원회는 회장이 소집하고 회장을 의장으로 한다.

제37조 간사는 간사회를 조직하여 본 기부행위에서 정한 사항 외에 평의원회에서 위임한 사항을 의결한다.

제38조 평의원회는 이사 및 평의원으로 조직하고, 대략 다음 사항에 대해 의결하는 것으로 한다.

1. 예산 및 결산에 관한 사항
2. 기본재산의 처분에 관한 사항
3. 본 기부행위의 개정에 관한 사항

제39조 연합지부 및 지부 간사회, 평의원회는 연합지부장 또는 지부장이 소집한다.

제40조 연합지부 간사회는 간사로, 동(同) 평의원회는 부지부장과 간사 및 평의원으로 조직하고, 지부장을 의장으로 한다.

제41조 연합지부 및 지부 평의원은 대략 다음 사항을 의결하는 것으로 한다.

1. 연합지부, 지부의 예산 및 결산
2. 연합지부 또는 지부의 목적 달성상 필요한 사항

제42조 간사회 및 평의원회는 간사 및 평의원 정수의 반수 이상이 출석하지 않으면 회의를 열 수 없다.

간사회, 평의원회의 의사(議事)는 출석자의 과반수로 결정하고, 가부동수(可否同數)인 경우 의장이 결정한다.

제43조 경미하거나 긴급한 사건에 대해서는 회의를 열지 않고 서면으로 간사 또는 평의원의 의견을 구하여 3분의 2 이상 동의가 있을 때는 이를 간사회 또는 평의원회의 의결로 대신할 수 있다.

제8장 잡칙(雜則)

제44조 본 기부행위는 평의원회에서 정수의 3분의 2 이상 동의를 얻어 조선총독의 인가를 받지 않으면 변경할 수 없다.

제45조 본회는 평의원회에서 정수의 3분의 2 이상 동의를 얻어 해산할 수 있다.

본회를 해산할 경우 재산의 처분 방법은 전항(前項)의 평의원회에서 결정한다.

제46조 본 기부행위의 시행에 관해 필요한 세칙은 총재의 승인을 거쳐서 회장이 정한다.

조선방공협회 기부행위 시행세칙

제1조 재단법인 조선방공협회 기부행위 시행에 관해서는 본 세칙이 정하는 바에 따른다.

제2조 본회의 회무를 처리하기 위해 다음의 직원을 둔다.

본부(本部)

주사(主事) 1명

사무원 약간 명

연합지부

사무원 약간 명

지부(支部)

사무원 약간 명

전항(前項)의 주사 및 사무원의 임면(命免)과 급여는 각 회장, 연합지부장 및 지부장이 행한다.

본회의 사무는 경찰 관계 직원에게 촉탁할 수 있다.

제3조 기부행위 제5조 제5호의 표창은, 방공운동에 관해 공로와 위적(偉績)이 뛰어나 타의 모범이 될 만한 사람으로, 연합지부장의 보고에 관계된 자에 대해 회장이 이를 행한다.

제4조 전조(前條)에 의한 표창은 단체표창 및 개인표창 두 종류로 하고, 공적의 경중에 따라 각각 공로장(功勞章), 표창기(表彰旗) 및 표창장을 수여한다.

제5조 공로장을 수여한 자가 본회의 명예를 훼손하거나 금고 이상의 형을 받았을 때는 이를 반환하도록 한다.

전항의 조치가 필요할 때 지부장은 연합지부장에게, 연합지부장은 회장에게 그 사유를 갖추어 보고해야 한다.

제6조 매년도의 세입·출 예산은 전년도 3월 중에 의결한다.

제7조 본회의 출납은 3월 말일로 마감한다.

제8조 결산은 출납 마감 후 2개월 이내에 조제(調製)한다.

제9조 본회에 세입·세출 및 물품에 관한 장부를 마련하여 필요한 사항을 기입한다.

제10조 연합지부 및 지부의 사업자금 및 경비는 본부에서 매년 배부한다.

연합지부장은 예산의 배부를 받으면 연합지부 예산을 편성해야 한다.

제11조 연합지부장은 매년 5월 말까지 결산을 조제하여 회장에게 보고해야 한다.

제12조 본회에 속한 재산의 득실(得失) 보관, 금품의 대차(貸借) 및 제 계약의 체결은 상무간사 명의로 행한다.

제13조 본 세칙 운용상 필요한 사항은 상무간사가 행한다.

6. 조선방공협회 창립 후 실시한 사업의 개요

방공협회 창립 후 협회 본부, 각 도연합지부 및 각 지부에서는 직접 각종 사업의 실시를 개시했는데, 그 개요는 다음과 같다.

1) 사상전전람회(思想戰展覽會)의 개최: 조선방공협회 주최[109]

경성(미쓰코시에서)	10월 15일 ~ 10월 26일	입장 인원 268,000인
청진(공회당에서)	11월 23일 ~ 11월 27일	입장 인원 87,885인
함흥(공회당에서)	12월 3일 ~ 12월 7일	동 181,423인
광주(상공장려관에서)	12월 17일 ~ 12월 21일	동 151,740인
대구(동)	1월 10일 ~ 1월 15일	동 215,880인
부산(동)	1월 21일 ~ 1월 25일	동 134,948인
평양(미나카이에서)	2월 2일 ~ 2월 6일	동 249,570인
7개소 연일수(延日數)	41일간	동 1,289,446인

2) 적색 러시아를 폭로하는 전람회(개최)

주최: 경성 미나카이(三中井) [경성일보 후원]

기일: 10월 25일 ~ 11월 3일

입장 인원: 약 25만 인

109 앞의 목차에는 제목이 '사상전람회'로만 되어 있다.

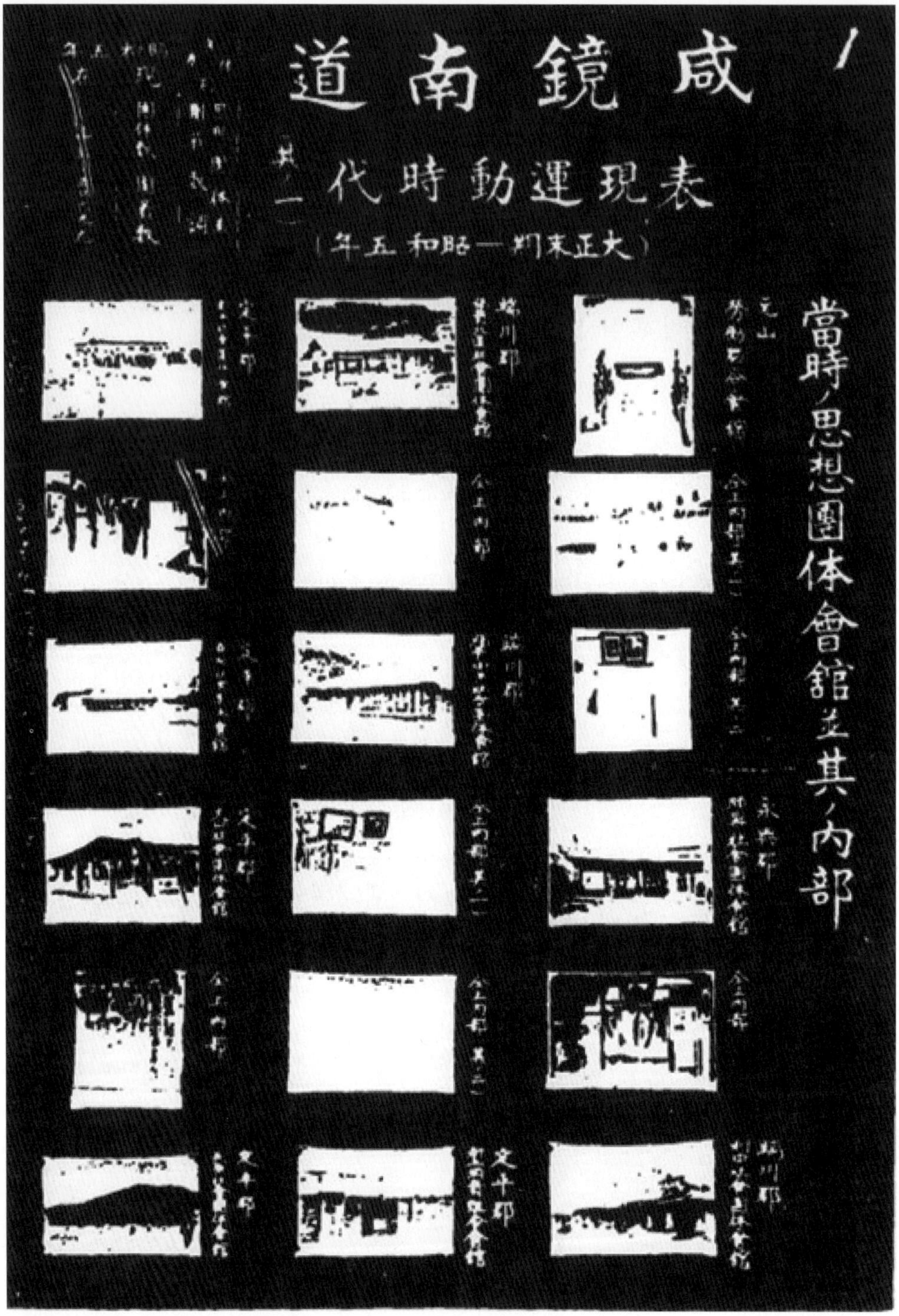

〈그림 8〉「함경남도 표현운동 시대(1) / 당시의 사상단체 회관 및 그 내부」

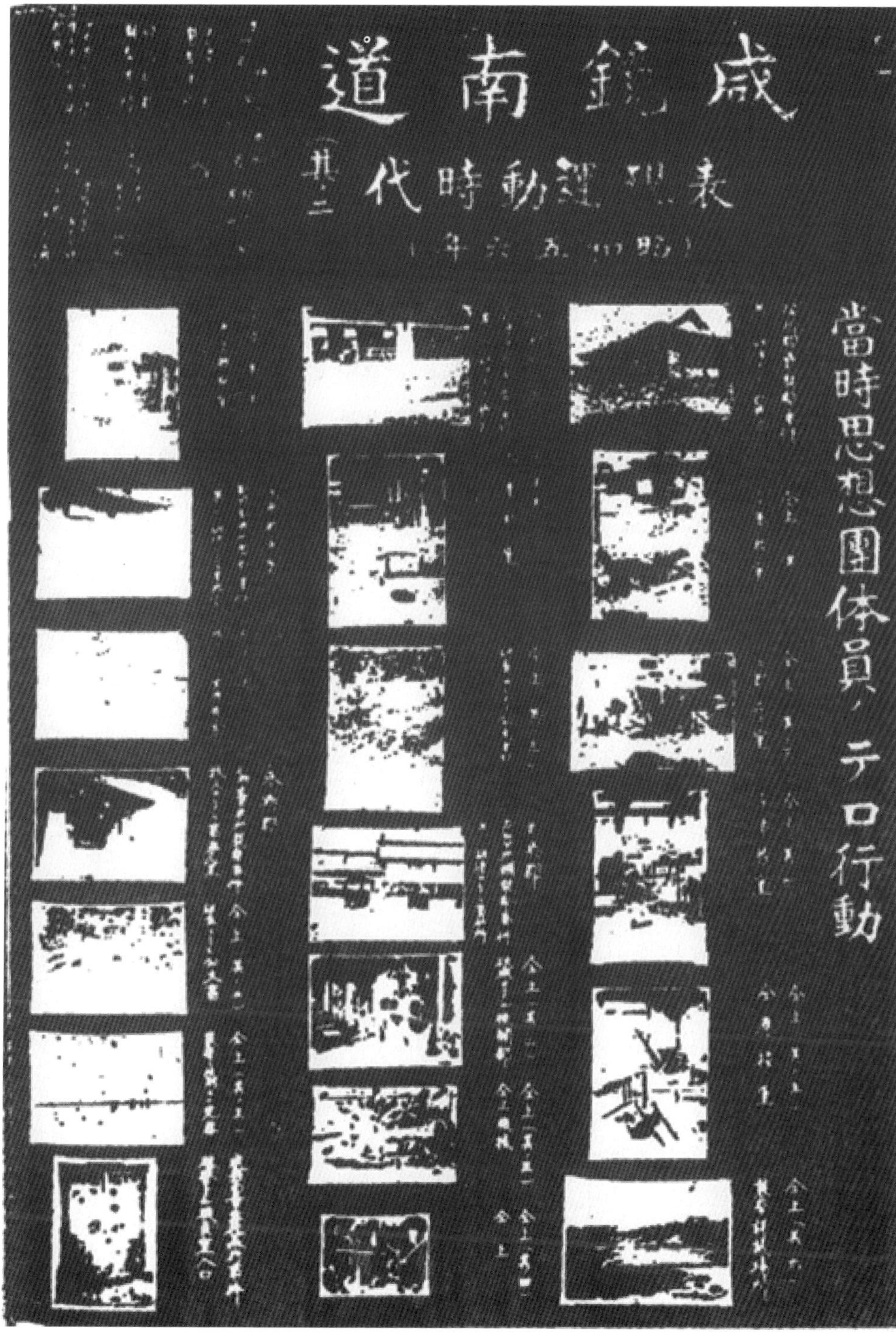

〈그림 9〉「함경남도 표현운동 시대(2) / 당시 사상단체원의 테러 행동」

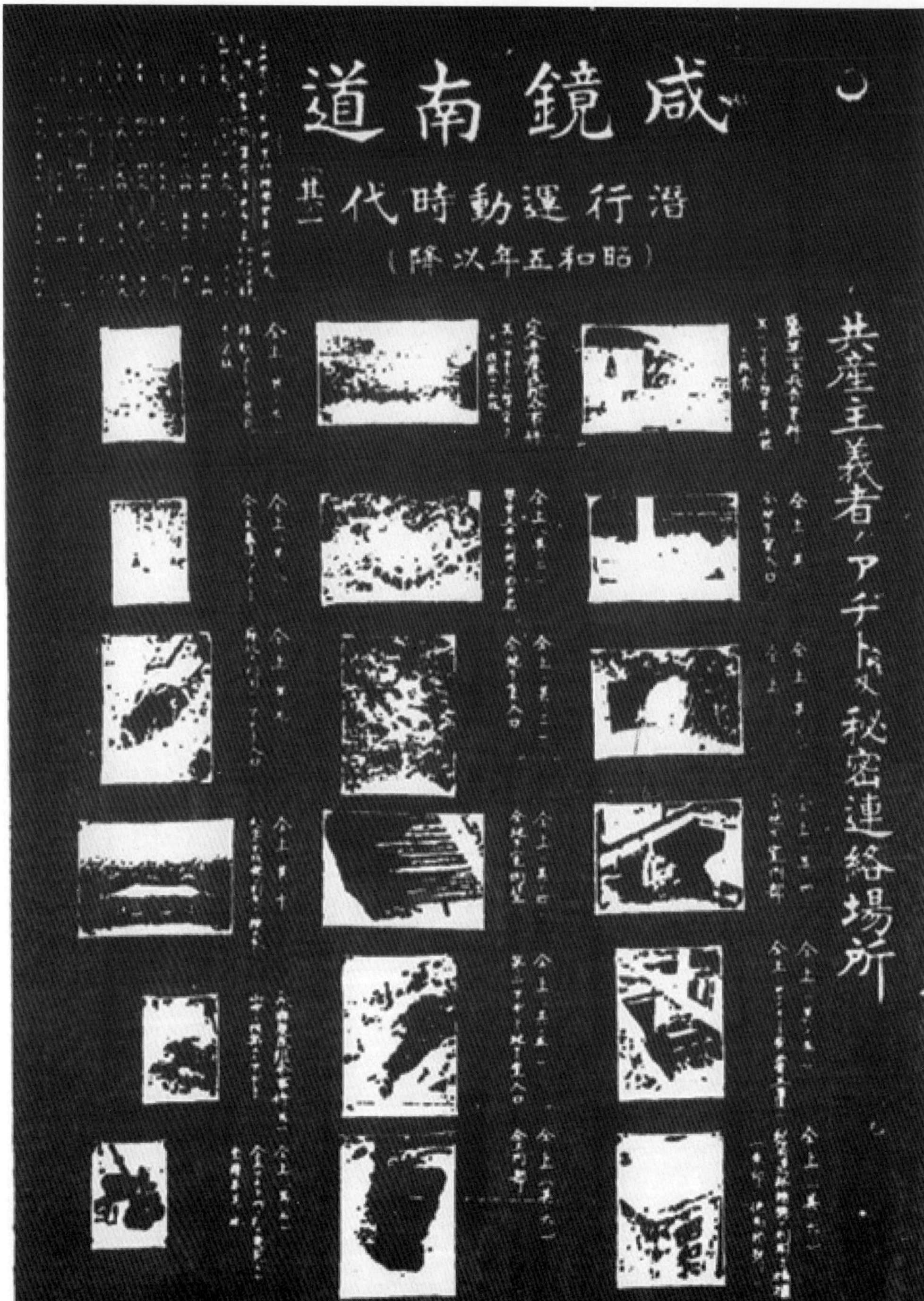

〈그림 10〉「함경남도 잠행운동시대(1) / 공산주의자의 아지트 및 비밀 연락장소」

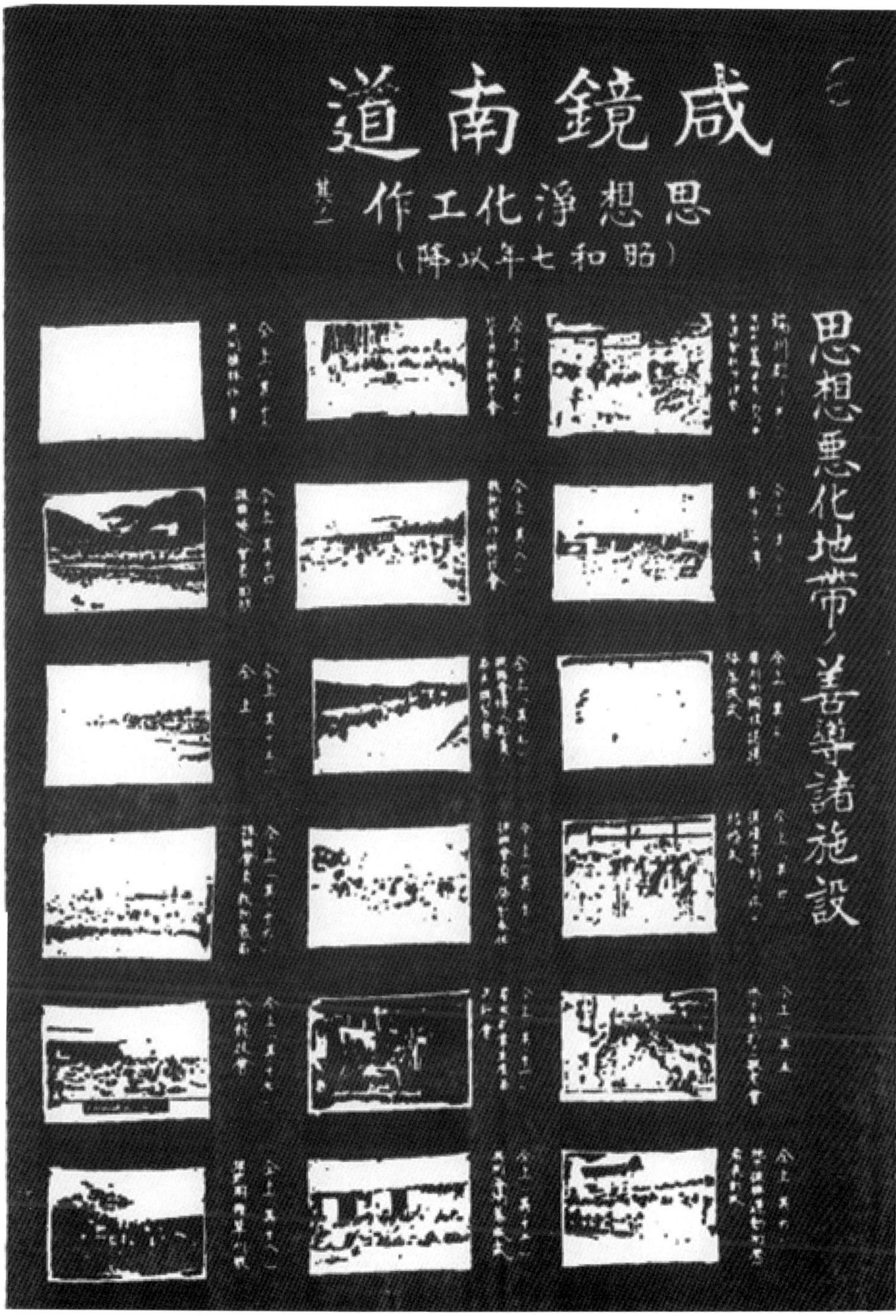

〈그림 11〉「함경남도 사상정화공작(1) / 사상악화지대의 선도 시설들」

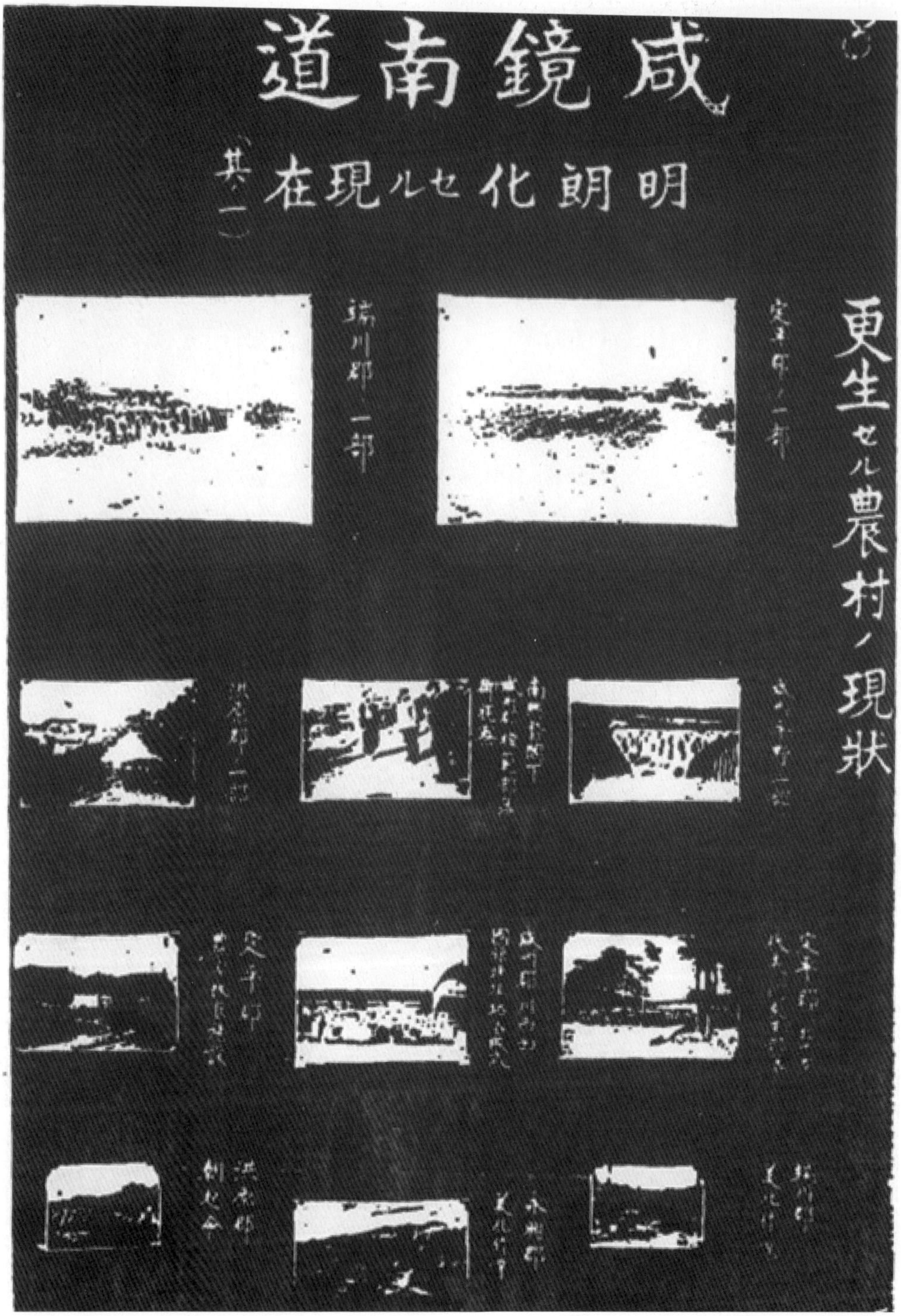

〈그림 12〉「함경남도 명랑화된 현재(1) / 갱생된 농촌의 현상」

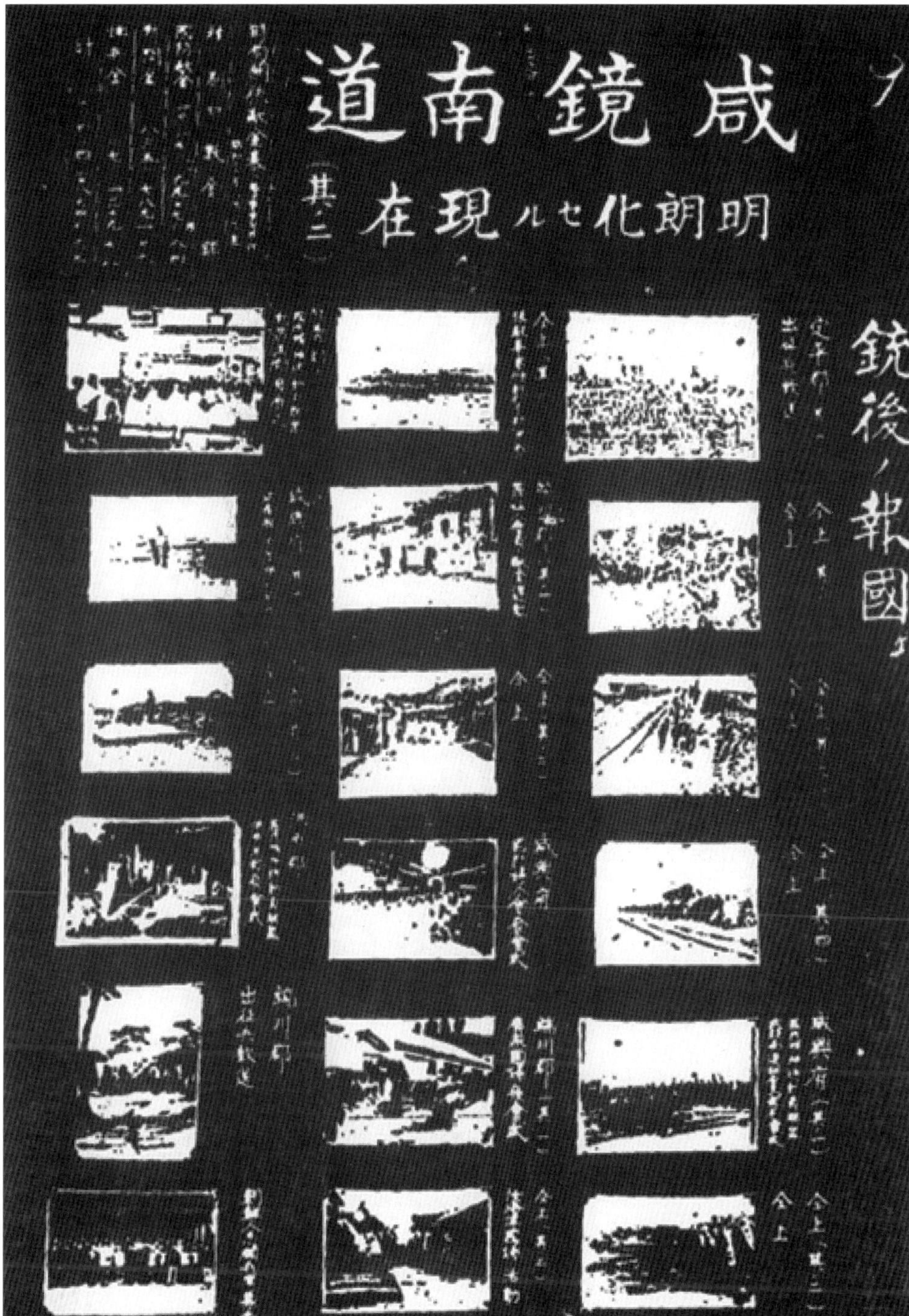

〈그림 13〉「함경남도 명랑화된 현재(2) / 총후의 보국」

〈그림 14〉 1939년 2월 경상북도 대구부(大邱府)의 사상전람회 회장(會場) 내부 상황 / 경상북도 대구부의 사상전람회장 입구의 혼잡 / 함경남도 함흥부(咸興府)의 사상전람회 회장 입구 / 전라남도 광주의 사상전람회 선전탑 / 경상북도 대구역 앞의 사상전전람회 선전탑 / 전라남도 광주부(光州府)의 사상전람회장 입구 (이상 모두 원문의 설명-편역자)

협회에서 일부 출품함. 평양 · 부산 · 대전 각 지점에서도 개최함.

3) 기관지 발행

1939년 1월 25일《방공의 조선》이라는 제목의 기관지를 창간한 이래 매월 1회씩 계속 발간하여, 방공협회 회원을 비롯해 내지(內地), 만주, 북·중지(北中支), 대만(臺灣), 남양청(南洋廳), 기타 관계 방면에 널리 배포하였다. 창간 당시의 부수는 3만 5,000이었는데, 올해 10월의 발행 부수는 4만 7,000으로 증가했으며, 여전히 계속 증가하고 있어서 올해 중에 5만 부에 달할 전망이다.

4) 팸플릿 발행

제1집:「적마(赤魔) 소련을 폭로한다」5,000부

제2집:「소련의 내정(內情)」4만 부

를 기관지《방공의 조선》부록으로 발행, 배포하여 방공사상의 보급에 이바지하였다.

〈그림 15〉「기관지《방공의 조선》」

5) 방공좌담회 개최

지나사변 발발 직후인 1937년 9월부터 경찰관주재소를 주체로 산간벽지에 이르기까지 전 조선 구석구석에서 시국좌담회를 반복 개최하였다. 사변에 대한 일반 사항, 특히 방공·방첩에 관해 민중이 기탄없이 질문하도록 하고 이에 각기 해답을 주어, 시국인식의 철저와 방공·방첩 사상의 보급을 도모하는 중이다.

〈그림 16〉 함경북도 명천군(明川郡) 하가면(下加面)의 방공좌담회 상황 / 평안북도 관하의 방공좌담회 상황 / 경상북도 영덕지부(盈德支部) 관하의 좌담회 상황 / 평안북도 희천군지부(熙川郡支部) 관하의 방공좌담회 상황(이상 모두 원문의 설명-편역자)

6) 사상정화 공작

함경남북도는 종래 사상적 특수지대로서 언제나 단속(取締) 및 정화(淨化) 공작에 특단의 노력을 기울이고 있다. 함경북도 평지대 남쪽의 3개 군(南三郡)[110]에서 미증유의 농민조합 사건이 검거된 후 정화 공작으로는, 과거 2개년여 간 각 기관을 동원하여 미검거자의 추적(追究), 사건 관계자와 청소년의 사상 선도, 기타 계몽 또는 민풍 작흥에 관한 여러 시설에서 힘써 행한 결과, 그 효과를 보게 되었다. 또한 함경남도 혜산(惠山) 지방에서 중국공산당계 인민전선 사건이 검거된 후 사상정화운동으로서 동도(同道)에서 구체적인 계획을 수립하여 시행 중인데, 그 중요한 실시 항목은 다음과 같다.

가. 지도단체의 조직

나. 미죄(微罪) 석방자의 특별지도

다. 산업 장려

7) 포스터, 삐라 배부

별표(別表)대로 방공·방첩 포스터, 삐라를 제작하여 올해 8월 15일 방공협회 창립 1주년 기념일을 계기로 실시된 방공·방첩데이 및 기타 각도에서 때때로 첨부 배포하였다.

8) 현상모집

종목

(가) 조선방공협회 회원장(會員章) 도안

(나) 방공단가(防共團歌) 작사

(다) 방공 및 방첩 포스터

(라) 방공·방첩 표어

110 함경북도 명천군(明川郡), 길주군(吉州郡), 성진군(城津郡, 현 김책시)을 가리키는 것으로 보인다.

모집 기일

1938년 10월 15일부터 11월 10일

응모 상황 및 당선

(가) 마크 도안: 987통 / 1등 1, 2등 1, 가작 2

(나) 단가: 403통 / 1등 1, 2등 1, 가작 1

(다) 포스터

방공: 91통 / 1등 1, 2등 1, 가작 1

방첩: 37통 / 1등 1, 2등 1, 가작 1

〈그림 17〉「전 조선에 배포된 포스터」

全鮮に撒布せる宣傳ビラ

〈그림 18〉「전 조선에 살포된 선전 삐라」

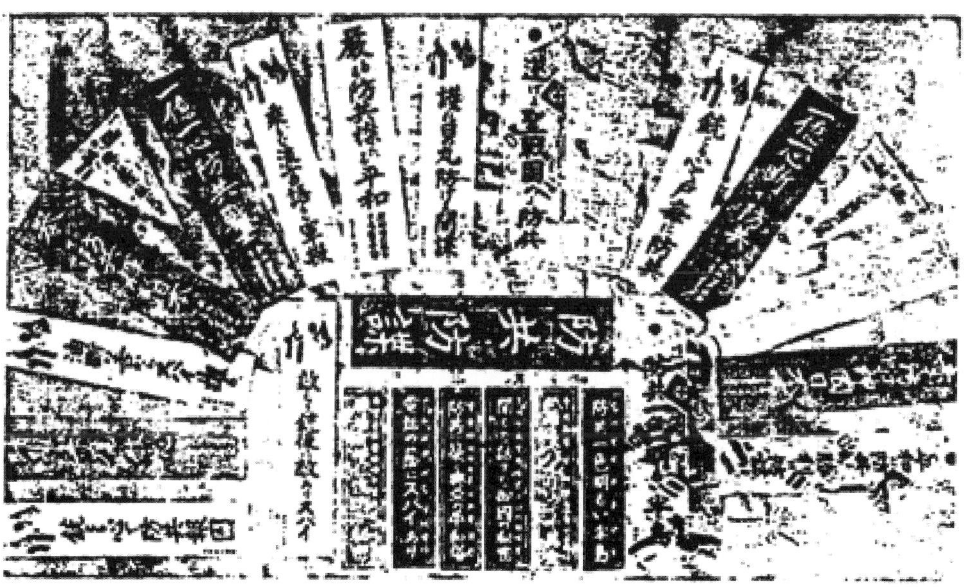

全鮮に撒布せる宣傳ビラ

〈그림 19〉「전 조선에 살포된 선전 삐라」

〈그림 20〉 마크 도안으로 보임

(라) 표어

방공: 3,152통 / 1등 1, 2등 2, 가작 3

방첩: 1,733통 / 1등 1, 2등 1, 가작 2

방공·방첩: 895통 / 가작 1

합계: 7,298통

당선된 표어는 다음과 같다,

완수하자 성전, 강화하자 방공

취하지 말자 전승, 잊지 말자 방공

총을 잡는 마음으로 집집마다 방공

적심(赤心)에 적화(赤化) 없다

방공 일색, 밝은 반도

총을 잡는 마음으로 방공보국(防共報國)

지켜라 히노마루(日の丸), 막아내자 간첩

편승하지 마라 유언비어(流言話), 말하지 마라 군기(軍機)

방심하는 혀에서 스파이는 춤춘다

적 없는 적 뒤에 적 있는 스파이

9) 방공협회 회원장(會員章) 제작 배부

회원을 표징(表徵)하기 위해 현상모집에서 당선된 도안으로 회원장(會員章) 14만 개를 제작, 회장 이하 회원에게 배부하여 평소에 패용(佩用)하도록 하였다.

10) 방공·방첩 영화필름 구입 및 순회영사(巡廻映寫)

영화를 통해 방공·방첩 사상을 고취하는 것은 가장 효과적이다. 따라서 협회에서는 다음과 같은 영화필름을 구입하고, 본부(本府) 문서과(文書課)에서 일본정신 앙양에 관한 각종 영화를 차용(借用)하여 각 도연합지부에 대부(貸付)해 강연회 실시 등을 할 때 상영하고 있다.

① 〈스파이는 너(君)다〉
② 〈방공십자군(防共十字軍)〉
③ 〈붉은 위협〉

또한 이밖에 각 도연합지부에서도 상당수의 적절한 필름을 구입하여 영화를 개최하고 있다.

11) 방공영화 제작

협회 후원하에 경성(京城)의 국책영화사(國策映畫社)를 통해 주의자의 전향 과정을 골자로 한 방공영화 〈방공의 맹세〉 전발성(全發聲) 6권(卷)[111] 1,239미터를 제작해 각 도연합지부에서 1개씩 구입하도록 하여, 방공운동의 필요를 인식하게 하였다.[112]

111 권(卷): 릴(reel). 영화용 필름의 길이를 나타내는 단위. 1권은 305미터.

112 다음 사진은 뒤에 실려 있는 것을 이곳으로 옮겨왔다. 원문에서는 그림이나 사진이 반드시 해당 위치에 있지 않지만, 여기서는 이해를 돕기 위해 각기 해당 위치로 옮겼음을 밝혀둔다. 이하 동일.

〈그림 21〉 영화 〈방공의 맹세〉 광고지

12) 가미시바이(紙芝居) 제작 배부

가미시바이에 의한 선전 효과가 큰 것을 감안하여 〈방공의 꽃(華)〉 및 〈방공보국〉, 〈간첩의 최후〉, 〈총후의 국방〉이라는 가미시바이를 제작하여 선내(鮮內) 각 경찰서에 1세트(組)씩 배부하였다.

〈그림 22〉「(위) 전라남도 목포지부 관하 방공가미시바이 실시 상황 / (가운데) 평안북도 중강지부(中江支部) 방공가미시바이 실시 상황 / (아래) 전라북도 장수지부(長水支部) 방공가미시바이 실시 상황」

〈그림 23〉「1939년 8월 14일 협회 본부가 주최한 조선방공협회 창립 1주년 기념일 당일 밤 신작 〈방공보국〉의 발표(부민관에서)」

〈그림 24〉 (왼쪽)「전라남도연합지부 주최 순천지부 외 인접 각 지부 관내 방공단원의 종합 사열 상황」, (오른쪽)「전라남도연합지부 주최 광주지부 및 영암지부 관내 방공단원 종합사열 때 여자방공복무단원을 사열 중인 신가이(新貝) 전남연합지부장」

13) 방공가(防共歌) 및 방공단가(防共團歌) 레코드 제작

현상모집에 당선된 다음 가사의 방공가와 방공단가는 8월 14일 개최된 '방공의 저녁'에서 발표하였다. 다시 이것을 레코드로 하여 널리 조선 내 방공협회원은 물론 일반 민중에게도 구입하게 하였다. 일본 빅터축음기주식회사에 제작을 청부하여 1만 60매를 현재 제작 중인데, 올해 11월 하순까지는 완납할 예정이다.

〈그림 25〉 방공가 및 방공단가

14) 방공·방첩데이 실시

1938년 11월 10일 국민정신작흥에 관한 조서환발기념일(詔書渙發記念日) 및 올해 8월 15일 조선방공협회 창립 1주년 기념일을 정하여 전 조선에서 일제히 방공·방첩데이를 실시하였다. 동(同) 데이에 실시한 여러 행사의 상황은 별표와 같다.

〈그림 26〉「(위) 방공 · 방첩데이 당일 경성부 내 각 방공단원의 가두행진(총독부 정문 앞) / (아래) 경상남도 밀양지부의 방공 · 방첩데이 당일 가두행진」

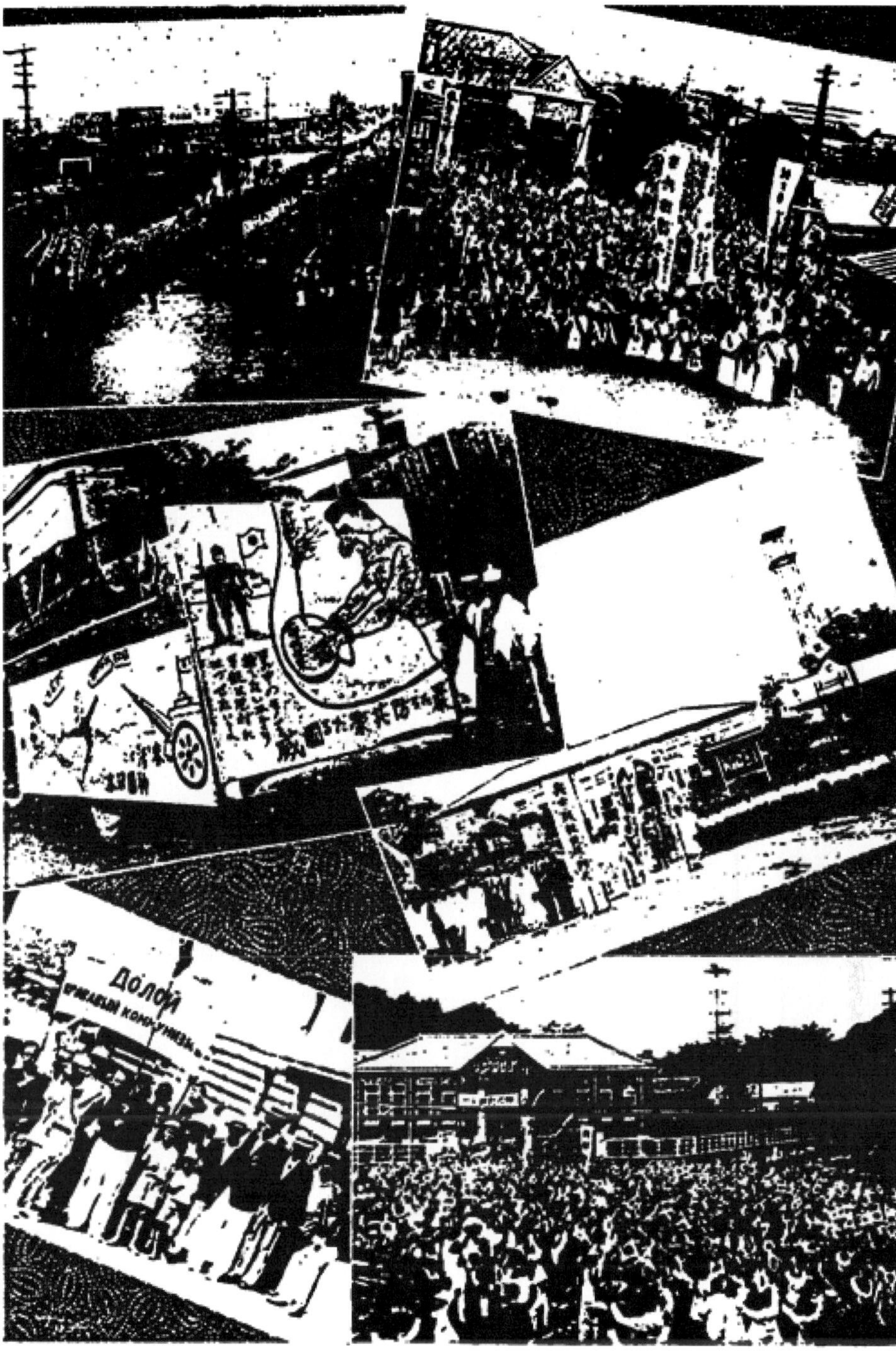

〈그림 27〉 전라북도 부안지부의 방공·방첩데이 당일 가두행진 / 함경남도 함흥지부의 방공·방첩데이 당일 가두행진 / 함경남도 고원지부의 방공·방첩데이 당일 가두행진 / 황해도 송화지부의 방공 · 방첩데이 당일 가두행진 / 방공데이에 참가한 백계 러시아인 / 방공데이 당일 시내 행진에 참가한 야타이(屋臺)(이상 모두 원문의 설명-편역자)

15) 방공협회 창립 1주년 기념식 거행

방공협회 창립 1주년 기념일인 올해 8월 15일을 기하여 협회 본부를 비롯해 전 조선의 각 도연합지부, 각 지부와 각 방공단에서는 소재지의 신궁(神宮), 신사(神社), 신사(神祠) 대전(大前)[113]에서 엄숙한 기념식을 거행하였다.

忠淸南道大田支部に於ける一周年記念式の狀況 （上） 五八

慶尙南道鎭海神社前に於ける一周年記念式の狀況 （下）

〈그림 28〉「(위) 충청남도 대전지부의 1주년 기념식 상황 / (아래) 경상남도 진해신사 앞 1주년 기념식 상황」

113 대전(大前, おおまえ): 신전(神前), 천황의 앞을 뜻하는 경어.

（上）平安北道中江支部の一周年記念式に於ける支部長の講演
（中）京畿道平澤支部に於ける記念式（下）昭和十四年八月十四
日協會本部主催の朝鮮防共協會創立一周年記念日當夜京城府民館に於ける三橋會長の挨拶

五九

〈그림 29〉「(위) 평안북도 중강지부의 1주년 기념식에서 지부장 강연 / (가운데) 경기도 평택지부의 기념식 / (아래) 1939년 8월 14일 협회 본부 주최 조선방공협회 창립 1주년 기념일 당일 저녁 경성부민관에서 미쓰하시(三橋) 회장 인사」

16) '방공의 저녁' 개최

협회 본부에서는 올해 8월 14일 오후 7시부터 경성부민관에서 '방공의 저녁'을 개최, 회장의 인사, 기타(喜多) 참모의 방첩에 관한 강연 외에 방공만자이(防共漫才), 방공영화 상영을 하여, 참석자에게 커다랗고 많은 감명을 주었다.

17) 팔굉(八紘)의 기주(基柱)[114] 기증

기원 2,600년 기념사업으로 미야자키현(宮崎縣) 봉축회(奉祝會)에서 계획한 팔굉의 기주 건립 재료 일부로 협회 본부 및 각 도연합지부 모두 각 1개씩의 석재(石材)를 기증했다.

18) 내지시찰단(內地視察團) 편성

일본정신의 앙양을 도모하기 위해 이세황태신궁(伊勢皇太神宮)[115], 기타 신궁과 신사에 참배하도록 하는 것이 가장 효과적임에 비추어, 사상전향자 방공단원으로 내지시찰단을 편성하여 신궁에 참배하도록 했다. 이 외에도 선진 도시와 농촌의 상황 등을 시찰하도록 하였는데, 그 효과가 커서 본 계획은 앞으로도 계속 실시할 예정이다.

19) 기타

각 도연합지부, 각 지부에서는 협회 본부의 계획 이외에 각지의 사정에 따라 가장 적절한 계획을 수립하여 방공·방첩 사상의 고취와 일본정신의 앙양에 노력하고 있다. 그 주된 행사를 들어보면 강연회, 소인연극(素人演劇)[116], 선전탑 건설, 단원의 근로봉사 작업 등이다. 그 실시 상황은 [별지]와 같다.

---

114 기주(基柱): 기본이 되는 기둥.

115 고타이진구(皇太神宮): 미에현(三重縣) 이세(伊勢) 신앙의 중심이 되는 신사.

116 소인연극(素人演劇): 전문가가 아닌 사람이 연출한 연극. 흔히 소인극(素人劇)이라 함.

〈그림 30〉「충청남도 대전지부의 선전탑」

〈그림 31〉「강원도 삼척 방공단의 선전탑」

〈그림 32〉「전라북도 전주지부 주최 방공 장식 창」

[별지 1] 방공 · 방첩데이 실시 상황표(1938년 11월 10일)

도명	강연회		강연회		가미시바이		가두행진 참가 인원	삐라 배포 수
	횟수	집합 인원	횟수	집합 인원	횟수	집합 인원		
경기도	23	33,330	17	5,043	-	-	12,000	85,000
충청북도	9	6,522	9	1,402	9	3,880	14,783	10,800
충청남도	298	37,956	428	39,765	150	10,055	36,152	35,400
전라북도	291	67,338	213	20,001	7	1,661	25,314	15,130
전라남도	122	28,101	195	13,584	5	1,210	17,473	42,400
경상북도	74	18,204	128	19,196	3	1,020	2,770	33,400
경상남도	29	6,989	35	3,779	-	-	5,569	26,800
황해도	19	4,853	28	1,223	16	2,650	18,327	19,100
평안남도	32	10,239	45	2,716	2	230	2,014	9,250
평안북도	71	25,350	58	6,330	-	-	21,028	62,353
강원도	158	57,278	169	8,399	31	7,828	33,214	42,615
함경남도	146	44,324	94	10,668	34	8,472	23,012	23,090
함경북도	127	21,809	217	25,009	17	1,628	8,604	21,557
합계	1,399	362,293	1,636	157,115	274	38,634	220,260	426,895

[별지 2] 방공 · 방첩데이 실시 상황표(1)(1939년 8월 15일)

도명	기념식 상황		근로봉사 작업		강연회		좌담회	
	시행 개소 수	참가 인원	횟수	참가 인원	횟수	집합 인원	횟수	집합 인원
경기도	183	50,961	79	14,324	114	28,058	116	18,090
충청북도	30	13,054	12	1,657	22	4,784	78	7,101
충청남도	110	33,387	204	25,530	259	49,761	408	30,608
전라북도	84	42,603	49	11,745	69	45,034	813	78,333
전라남도	22	93,993	295	10,709	299	58,338	509	37,863
경상북도	134	22,599	101	7,052	337	26,437	-	-
경상남도	25	14,986	25	10,619	31	12,019	144	12,784
황해도	39	24,511	-	-	25	26,268	25	3,303
평안남도	25	24,318	25	8,860	44	15,924	33	4,907

평안북도	112	30,039	76	9,135	26	14,115	270	16,824
강원도	175	60,162	150	23,460	71	31,146	222	20,340
함경남도	69	31,670	62	8,183	66	22,851	316	26,424
함경북도	74	22,298	75	9,327	143	33,282	249	38,091
합계	1,082	464,581	1,153	140,601	1,506	368,017	3,183	294,668

방공 · 방첩데이 실시 상황표(2)(1939년 8월 15일)[117]

도별	가미시바이		영화 연극		가두행진		삐라 배포 수	포스터 배포 수	좌익 출판물 소각 수
	횟수	집합 인원	횟수	집합 인원	개소 수	참가 인원			
경기도	29	4,565	19	16,227	183	50,961	67,600	3,080	
충청북도	18	2,570	23	23,800	30	13,054	27,600	2,960	
충청남도	163	18,800	-	-	110	33,380	63,380	3,000	23
전라북도	206	25,227	41	14,805	15	70,660	60,478	11,183	151
전라남도	198	20,749	18	19,137	289	90,309	88,096	6,792	43
경상북도	96	8,850	5	9,600	43	12,572	31,810	3,260	5
경상남도	113	11,150	9	6,930	25	14,986	35,300	3,160	
황해도	-	-	20	31,050	18	19,240	26,000	3,000	
평안북도	27	6,530	12	9,970	25	16,780	27,600	3,120	154
평안남도	106	8,435	14	13,178	20	13,051	99,380	2,620	46
강원도	188	21,030	38	29,443	115	45,416	66,350	3,158	32
함경남도	-	-	70	39,101	62	35,663	27,600	3,080	
함경북도	-	-	4	4,500	20	15,237	37,500	3,080	
합계	1,144	127,905	273	217,741	955	431,309	658,694	51,493	454

117 합계 두 번째의 밑줄은 계산이 일치하지 않는 부분이다. 전체 합산하면 127,906명인데, 일단 원문대로 두었다. 합계 431,309 밑줄은 원문은 431,109로 되어 있는데 오기로 보여 수정했다.

(1) 방공 · 방첩 좌담회 실시 상황표(1939년 9월 말 현재)[118]

도명	실시 횟수			집회 인원			합계	
	방공	방첩	계	방공	방첩	계	횟수	집합 인원
경기도	2,098	1,587	3,685	196,675	151,176	347,851	3,685	347,851
충청북도	898	-	898	58,172	-	58,173	898	58,173
충청남도	1,333	538	1,871	91,165	38,826	129,991	1,871	129,991
전라북도	-	-	9,792	-	-	515,652	9,792	515,652
전라남도	2,600	2,178	4,778	102,199	99,548	201,747	4,778	201,747
경상북도	2,781	1,634	4,415	154,338	81,647	235,985	4,415	235,985
경상남도	1,201	648	1,840	76,025	28,083	104,108	1,840	104,108
황해도	1,328	556	1,911	68,405	16,024	83,142	1,911	83,142
평안북도	1,740	1,552	3,292	100,595	88,801	189,396	3,292	189,396
평안남도	3,065	2,900	5,965	111,466	102,596	214,062	5,965	214,062
강원도	2,474	2,278	4,751	93,881	76,981	170,862	4,752	170,862
함경남도	4,221	2,571	6,782	710,023	500,311	1,210,334	6,782	1,210,334
함경북도	4,783	3,332	8,115	205,507	161,609	367,116	8,115	367,116
합계	28,522	19,774	58,095	1,868,451	1,345,602	4,328,419	58,096	3,828,419

(2) 방공 · 방첩 강연회 실시 상황표(1939년 9월 말 현재)[119]

도명	개최 횟수			청강 인원			합계	
	방공	방첩	계	방공	방첩	계	횟수	인원
경기도	519	430	949	103,352	69,485	172,837	949	172,837
충청북도	82	9	91	20,686	5,450	26,136	91	26,136
충청남도	846	489	1,314	91,510	33,333	147,923	1,335	147,923
전라북도	-	-	1,731	-	-	313,144	1,731	213,144
전라남도	1,430	1,110	2,540	99,848	71,450	171,298	2,540	171,298

118 합계 네 번째와 여섯 번째의 밑줄은 계산이 일치하지 않는 부분이다. 전체 합산하면 네 번째는 1,968,451명, 여섯 번째는 3,828,419명인데, 일단 원문대로 두었다.

119 합계 다섯 번째와 여섯 번째의 밑줄은 계산이 일치하지 않는 부분이다. 전체 합산하면 다섯 번째는 579,644명, 여섯 번째는 1,788,896명인데, 일단 원문대로 두었다.

경상북도	364	296	663	38,870	22,947	61,817	662	61,817
경상남도	237	67	304	31,119	8,219	39,338	204	39,338
황해도	230	71	301	60,052	18,699	78,751	301	78,752
평안북도	301	218	519	119,733	103,190	222,923	519	222,923
평안남도	117	105	222	26,514	21,352	47,866	222	47,866
강원도	690	631	1,321	88,437	75,425	163,862	1,321	163,862
함경남도	846	685	1,531	109,948	85,632	195,580	1,531	195,580
함경북도	615	523	1,138	82,959	64,462	147,421	1,138	147,421
합계	6,277	4,634	12,624	873,028	569,644	1,688,896	12,544	1,688,897

(3) 영화 · 연극 개최 상황표(1939년 9월 말 현재)[120]

도명			경기도	충청북도	충청남도	전라북도	전라남도	경상북도	경상남도	황해도	평안북도	평안남도	강원도	함경남도	함경북도	합계
개최 횟수	영화	방공	31	2	4	-	92	6	8	10	10	21	87	129	51	451
		방첩	11	-	16	-	55	3	22	2	8	21	84	126	32	380
		계	42	2	20	38	147	9	30	12	18	42	171	255	83	869
	연극	방공	43	27	4	-	38	13	3	33	23	7	88	31	34	344
		방첩	5	-	5	-	32		7	45	18	1	88	31	22	254
		계	48	27	9	36	70	13	10	75	41	8	176	62	56	631
집합 인원	영화	방공	29,540	856	1,860	-	22,792	4,915	5,625	14,082	12,670	35,412	77,106	153,414	39,375	396,747
		방첩	11,855	-	28,750	-	16,277	1,835	20,506	3,650	6,830	34,756	63,674	153,064	25,412	366,609
		계	41,895	856	30,430	50,024	39,069	6,750	26,122	17,733	19,500	70,168	140,780	306,418	64,787	814,632
	연극	방공	29,628	48,070	6,595	-	38,110	13,850	2,310	3,613	12,133	4,800	56,680	32,393	18,867	267,049
		방첩	7,215	-	6,554	-	18,850	-	5,690	32,518	10,259	1,000	50,575	32,393	10,737	175,791
		계	36,843	48,070	13,149	63,125	56,960	13,850	8,000	64,131	22,392	5,800	107,255	64,786	29,604	533,965
합계	영화	횟수	42	2	20	38	147	9	30	12	18	42	171	255	83	869
		인원	41,895	856	30,430	50,024	39,069	6,750	26,123	17,733	19,500	70,168	140,780	306,418	64,787	814,533
	연극	횟수	48	27	9	36	70	13	10	75	41	8	176	62	56	631
		인원	36,843	48,070	13,149	63,125	56,960	13,850	8,000	64,131	22,392	5,800	107,255	64,786	29,604	533,965

120 합계 일곱 번째와 아홉 번째의 밑줄은 계산이 일치하지 않는 부분이다. 전체 합산하면 일곱 번째는 397,647명, 아홉 번째는 814,532명인데, 일단 원문대로 두었다. 지면 관계상 이 표는 가로 세로의 형태를 원문과 반대로 기입하였다.

(4) 포스터 · 선전 삐라의 배포 상황표(1939년 9월 말 현재)[121]

도명	포스터 배포 수			선전 삐라 배포 수			합계	
	방공	방첩	계	방공	방첩	계	포스터	선전 삐라
경기도	37,915	11,778	49,693	224,411	74,598	299,009	49,693	299,009
충청북도	4,682	2,597	7,279	33,389	20,700	54,089	7,279	54,079
충청남도	2,468	1,827	4,295	44,703	28,105	72,818	4,295	72,818
전라북도	15,659	14,212	29,871	68,642	66,346	134,988	29,871	134,988
전라남도	6,082	5,107	11,189	139,126	100,323	239,449	11,189	239,449
경상북도	6,150	6,271	12,421	80,837	70,985	151,822	12,421	151,822
경상남도	7,750	6,580	14,330	107,203	71,254	718,457	14,330	178,457
황해도	17,256	2,964	20,220	410,721	57,712	467,433	20,220	467,433
평안북도	3,417	3,097	6,514	69,311	57,208	126,519	6,514	126,519
평안남도	5,320	4,680	10,000	56,250	50,870	107,120	10,000	107,120
강원도	15,219	16,793	32,012	80,919	68,338	147,257	32,012	149,257
함경남도	7,347	5,931	13,078	67,541	57,060	34,601	13,078	124,601
함경북도	22,127	22,531	44,658	682,296	66,388	134,684	44,658	134,684
합계	151,392	104,368	255,460	2,065,349	789,887	2,688,246	255,560	2,240,236

(5) 방공단 근로봉사 작업표(1939년 9월 말 현재)

도명	방공단(부) 수	근로봉사 출역단(부) 수	출역 횟수	출역 인원	비고
경기도	307	231	372	51,016	
충청북도	36	28	32	1,137	
충청남도	25	51	75	16,092	계산이 합치하지 않은 것은 명향회면지부(明鄕會面支部)의 출역을 계상한 것에 따름
전라북도	69	61	83	16,597	
전라남도	331	312	4,088	98,912	
경상북도	86	75	171	10,210	

121 합계 세 번째의 밑줄은 계산이 일치하지 않는 부분이다. 전체 합산하면 255,560명인데, 일단 원문대로 두었다.

경상남도	119	144	151	1,716	
황해도	86	62	108	3,638	
평안북도	102	103	281	31,831	
평안남도	336	85	173	16,350	
강원도	147	181	401	23,527	
함경남도	531	484	2,117	101,545	
함경북도	731	659	3,764	194,489	
합계	2,906	2,476	11,816	567,060	

(6) 방공 · 방첩 가미시바이 실시 상황표(1939년 9월 말 현재)

도명	실시 횟수			집합 인원			합계	
	방공	방첩	계	방공	방첩	계	횟수	인원
경기도	2,009	1,094	3,103	193,385	98,880	292,265	3,103	292,265
충청북도	514	79	593	23,064	12,710	35,774	593	35,774
충청남도	600	578	1,185	43,377	38,418	82,695	1,185	82,695
전라북도	1,486	1,113	2,599	97,097	78,248	175,345	2,595	175,345
전라남도	942	1,024	1,966	531,393	59,764	111,157	1,966	111,157
경상북도	504	329	833	41,228	22,961	64,189	833	64,189
경상남도	1,021	744	1,765	90,218	53,342	143,560	1,765	143,560
황해도	732	2,104	2,826	33,898	94,761	128,659	2,826	128,659
평안북도	1,238	1,327	2,565	82,043	96,640	178,708	2,565	178,708
평안남도	464	459	923	27,529	23,224	50,753	923	50,753
강원도	2,457	2,564	5,021	120,363	116,446	238,809	5,021	238,809
함경남도	1,560	1,136	2,696	139,369	168,310	307,679	2,696	307,679
함경북도	1,077	1,119	2,196	40,066	44,464	84,530	2,196	84,530
합계	14,604	13,670	28,270	1,463,030	908,168	1,894,123	28,266	1,894,123

* 위의 표에서 밑줄 친 부분은 실제 합계가 맞지 않은 부분이다. 이 자료는 선명하게 표기되어 있기 때문에, 일단 여기서는 원문에 기록된 숫자를 그대로 두었다. 밑줄 친 부분의 오류를 차례로 수정해보면, 충청남도의 실시 횟수 계는 1,178이며, 집합 인원 계는 81,795이다. 전라남도는 집합 인원 계가 591,157이며, 황해도는 실시 횟수 계가 2,836이다. 평안북도의 집합 인원 계는 178,683이며, 강원도의 집합 인원 계는 236,809이다. 그리고 전국적으로 합산한 실시 횟수 합계는 28,274이며, 집합 인원은 합계는 2,371,198이다.

<자료 6>

「조선방공협회 경기도연합지부 결성식 거행에 관한 건」[122]

(경기도경찰부장, 1938. 9. 19.)

경고특비(京高特秘) 제2196호

1938년(昭和 13) 9월 19일

경기도경찰부장(京畿道警察部長)

경무국장(警務局長)	귀하(殿)
경성지방법원 검사정(檢事正)	귀하
각 도경찰부장	귀하
관하 각 경찰서장	귀하

조선방공협회(朝鮮防共協會) 경기도연합지부 결성식 거행에 관한 건

반도 방공진(防共陣)의 완벽을 기하고자 지난번 본부(本府)[123]에서 조직된 조선방공협회의 본도(本道) 활동 중추인 경기도연합지부 결성에 대해서는 그 사업의 중요성에 비추어 특히 신중을 기하면서 계획을 추진하여, 점차 평의원 전형(銓衡), 기타 준비를 완료하였다. 예정대로

122 京畿道警察部長, 「(京高特秘 第2196號) 朝鮮防共協會京畿道聯合支部ノ結成式擧行ニ關スル件」, 1938. 9. 19, 『思想ニ關スル情報 10』(국사편찬위원회).

123 조선총독부를 말함.

9월 16일 도청 제1 회의실에서 미쓰하시(三橋) 조선방공협회장[귀관(貴官)]의 임석(臨席)하에 본도 연합지부장 이하 모든 역원(役員)과 도청 직원 등 합계 300명이 참석하여 엄숙한 결성식을 거행하였는데, 그 상황은 다음과 같다. 본부 연합지부 조직에 대해 유식계급과 공산·민족주의자 등은 모두 별기(別記)와 같이 시국상 정말로 적절한 시설로서 그 효과가 많이 기대된다고 하고 있다.

이에 대해 위의 보고를 통보(통달)한다.

- 기(記) -

조선방공협회 경기도연합지부 결성식 상황

1. 일시: 1938년 9월 16일 오후 1시부터 오후 4시까지
2. 장소: 경기도청 제1 회의실
3. 개최 상황
   1) 개회사[나카무라(中村) 연합지부 상임이사]
   2) 국가봉창(國歌奉唱)
   3) 조선방공협회 취지 설명[고(高)[124] 연합지부 부지부장]
   4) 경기도연합지부 결성 경과 보고(고 연합지부 부지부장)
   5) 조선방공협회 규약 발표
      (나카무라 연합지부 상무간사가 인쇄물로 이를 대신하는 취지를 말함)
   6) 역원의 촉탁
      나카무라 상무간사가 총재 정무총감 각하로부터 촉탁된 각 역원의 성명을 보고함.
      특히 민간 측 평의원 57명에 대해서는 연합지부장이 촉탁 사령서(辭令書)를 총대(總代)

124 고 야스히코(高安彦, 1896~1977): 조선총독부 관료. 1922년 조선으로 건너와 조선총독부 경시(警視), 전라북도 경찰부장, 평양북도 경찰부장, 경기도 경찰부장, 평안북도지사, 평안남도지사, 경기도지사 등을 역임하였다. 일본으로 건너간 뒤에는 야마구치시장(1944) 등을 역임하였다.

이시하라(石原) 평의원에게 일괄 전달함.

7) 연합지부장[간자(甘蔗)[125] 지사(知事)] 식사(式辭)

8) 조선방공협회장(미쓰하시 국장 각하) 고사(告辭)

9) 내빈 축사

가. 다마나(玉名) 경성지방법원 검사정

나. 다하라(田原) 경성헌병대장

다. 한상룡[韓相龍, 도회(道會) 부의장, 중추원(中樞院) 참의(參議)]

10) 「황국신민의 서사」 제송(齊誦)

연합지부장의 주창(主唱)하에 전원 기립하여 제송함.

11) 만세봉창(萬世奉唱)

미쓰하시 조선방공협회장 발성(發聲)하에 전원 기립하여 천황 폐하 만세를 봉창함.

12) 폐식(閉式)

나카무라 상무간사가 폐식의 이야기를 마치고 도청 현관 앞에서 참석자 일동 기념 촬영을 함.

13) 조선신궁(朝鮮神宮)에 봉고(奉告) 참배

결성식 종료 후 역원 대표 약 100명이 조선신궁에 봉고 참배를 하고, 연합지부장 일동을 대표하여 다마구시(玉串)[126]를 봉전(奉奠)함.

---

125 간자 요시쿠니(甘蔗義邦, 1891~?): 조선총독부 관료. 1918년 조선으로 건너와 평안남도 재무부장, 강원도 경찰부장, 조선총독부 비서관, 경무국 위생과장, 함경남도 내무부장, 강원도 내무부장, 평양 세무감독국장, 경성부윤을 거쳐 경기도지사를 지냈다. 1940년 퇴관 후에도 조선방송협회장 등을 역임하였다.

126 다마구시(玉串): 비쭈기나무 가지에 베 또는 종이오리를 달아서 신전에 공물로 바치는 것.

경기도연합지부 조직에 대한 부민(部民)의 감상

- 동아일보사장 백관수(白寬洙)

현하 비상시에 소련 혹은 코민테른의 적화(赤化)를 방지해야 한다. 이에 관민일치(官民一致)의 방공협회를 조직한 것은 실로 시의적절한 것으로서, 우리는 쌍수를 들어 찬성함과 동시에 방공활동은 우리에게 부과된 당연한 의무이다. 구체적인 기구 등에 관해서는 알 수 없으나 각 경찰서에는 지부를, 지부 아래에는 각 방공단을 조직한다는 취지이다. 본회(本會) 조직 후 우리는 일반 민중에게 성전(聖戰)의 의의를 충분히 인식하도록 함과 동시에 황국신민으로서 더욱 총후(銃後)의 적성(赤誠)을 피력해야 할 것이다.

- 윤치호(尹致昊)

일전에 본부(本府)에서 방공협회를 조직하고 9월 16일 경기도연합지부를 조직하였다. 이것은 비상시국하에서 공산주의 사상의 근절을 기함과 함께 소련 적화의 마수를 철저히 방지함을 목적으로 한 것으로서, 국민정신총동원의 대단히 시의적절한 시책이라 할 것이다.

지금이야말로 시국의 장기화에 따라 총후의 국민은 더욱 적성보국(赤誠報國)을 요하는 때로서, 그 기능을 가장 고도로 발휘하기를 기대해 마지않는다.

- 민족공산주의자 여운형(呂運亨)

적국의 무력 침략에 대해서는 무력으로 반격하는 것과 마찬가지로, 공산주의 사상의 침입에 대해서는 사상으로써 대응하여 방지하는 것이 당연한 방책이다. 현하의 비상시를 맞이하여 관민일치로 불온사상의 침입을 방지해야 한다. 이번 교육계·종교계 등 각 부문을 망라한 조선방공협회를 결성하기에 이르렀는데, 가장 시의적절한 대책이라고 사료한다. 서양에서는 이미 국내 사상 문제의 위기를 고려하여 청년을 중심으로 불온사상을 방지하는 방공협회와 같은 단체가 조직되어 있는데, 이는 주로 교육을 받은 무직자(無職者)의 사상선도에 노력하고 있다.

- 정요(政要) 송진우(宋鎭禹)

방공협회의 설립에 대해 우리는 쌍수를 들어 찬성한다. 점차로 국제관계는 복잡다기해지고 특히 체코를 둘러싼 분쟁 문제는 일촉즉발의 정황에 있다. 오늘날 밖으로 독일·이탈리아와 공동전선을 펼치고, 안으로 민간의 사상이 공고함을 망라하여 적극적으로 방공·방첩에 임하는 것은 현 시국하에서 가장 긴요하여 빠트릴 수 없는 것이다. 일반 민중 역시 총후보국(銃後報國)의 일단으로서 사상국방(思想國防)에 힘써야 하는 당연한 의무를 부담하는 것이다.

- 공산주의자 최무신(崔茂信)

사상 국난의 때에 특히 미증유의 시기를 맞이하여 방공사상을 함양하고 방공운동을 강화해야 하는 것은 절대적으로 필요하다. 이에 조선방공협회의 세포조직으로 경기도연합지부를 결성한 것에 대해 우리는 만강(滿腔)의 축의(祝意)를 표함과 함께 그 건전한 발전과 위대한 성과를 거두기를 희망한다. 우리는 과거의 사상을 청산한 일본 국민으로서 국민의 임무를 완전히 완수할 굳은 결심을 하였다.

- 유식자 서춘(徐椿)

내지(內地) 방면에서는 학문적으로 상당히 깊이 마르크스주의를 연구한 사람이 많다. 따라서 뿌리 깊은 조직이 있어도 현재는 시세가 불리하여 잠시 잠복해 있는 정황인 관계상, 방공운동이 필요한 것은 물론이다. 그러나 조선에서는 내지와 같이 깊이 연구한 뿌리 깊은 조직이 없으므로 시세가 불리해지자 전향(轉向)의 대유행이 왔다. 그러나 저들은 만약 장래에 시세가 자신에게 유리하다고 생각할 때는 또 반대로 급선회할 우려가 있다. 이런 의미에서 조선에서도 방공운동을 펼칠 이러한 기관을 조직한 것은 실로 현명한 대책이라 할 수 있다.

<자료 7>

조선방공협회 관련《조선일보》기사[127]

(1938. 8~1940. 8)

공산사상 박멸코자 조선방공협회 조직
방공사상 보급
일본정신을 앙양
미쓰하시(三橋) 경무국장 담(談)

1938. 8. 31. 석간 1면 4단

총독부 경무국(警務局)에서는 지나사변 발발 이래 국제정세가 혼돈하여 예측을 불허하며 사변의 전도(前途)를 미리 추측하기는[128] 어려워서, 시국(時局)은 날로 중대화하므로 거국일치(擧國一致) 국책(國策)에 순응하고자 조선방공협회(朝鮮防共協會)를 조직하여 30일 그 규약, 취의서(趣意書), 미쓰하시(三橋) 경무국장 담화 등을 정식으로 발표하였다.

본 협회는 일·독·이(日獨伊) 방공협정(防共協定) 정신에 기초하여 공산주의 사상 및 그 운동의 오류를 주시시켜서 그 박멸, 방위(防衛)를 기하는 기관으로, 사무소를 경무국 내에 두고 각 도경찰부에서 연합지부를 설치하며, 각 경찰서 내에는 지부를 두기로 하였다. 협회의 총재는 정무총감(政務總監), 고문은 조선총독, 조선군(朝鮮軍) 사령관, 진해요항부(鎭海要港部) 사령관을 추대하며, 회장에는 경무국장이 임명되었는데, 이에 대하여 미쓰하시 경무국장은 다음과 같이 말한다.

---

127 여기서는 朝鮮防共協會(1938. 8)와 朝鮮防空協會(1937. 7)의 관련 기사를 모두 포함했음을 밝혀둔다. 두 기관의 목적과 성격은 다르지만 전시체제기에 조선인에 대한 여론통제 기구로 기능했던 면은 동일하므로, 신문기사에서는 朝鮮防空協會도 포함하여 살펴보기로 한다. 기사 원문에 기초하여 한자 표기를 병행함으로써 구분하였다.

128 원문은 '逆賭'. 사물의 결말을 미리 추측하는 것을 말함.

근대전쟁은 이른바 국력전(國力戰)이요, 일국(一國)의 무력은 물론 정치·경제·외교·사상 등 온갖 방면의 총역량을 총동원(總動員)하여 이에 충당하지 않으면 안 된다. 특히 무기 없는 전쟁인 사상전(思想戰)은 무력전에 선행하며, 혹은 이와 병행하며 혹은 그 종말 후에도 계속되는 것이니, 총후국민(銃後國民)으로서 가장 주의하지 않으면 안 된다. 바꿔 말하면 국민 한 사람 한 사람이 사상전 장리(場裡)에서의 유력한 전사(戰士)로서 상대방의 후방교란(後方攪亂)을 위한 사상 선전에 대응하여 총후국민으로서 결속을 견고히 하여 이를 담당하지 않으면 안 되는 것이다. 저 구주대전(歐洲大戰) 시의 독일은 무력전에는 승리하였으나 사상전에 패하였다. 그 때문에 독일은 마침내 연합국 측에 굴복하지 않을 수 없게 되었다고 한다. 이같이 사상전은 근대 전쟁에 있어서 극히 중요한 역할을 하고 있는 것이다. 한때 전국적으로 만연된 공산주의 운동은 오늘날에는 소련의 별동대(別働隊)인 코민테른의 세계 적화(赤化)의 한 방책이며, 또 소련의 제국주의적 야망 달성을 위한 사상전략의 한 수단인 것이 완전히 폭로되어 노동자·농민을 위한 사회개조 등은 도저히 불가능한 것이며, 한편 우리 국체와는 빙탄불상용(氷炭不相容)[129]의 사상인 것은 지금 다시 여러 말을 늘어놓을(呶呶) 필요도 없다.

조선에서의 공산주의운동은 수년 전까지는 상당히 활발하여 건전한 국민사상 함양에 적지 않은 장애를 초래하였고, 혹은 다수의 청소년으로 하여금 그 전도를 그릇되게 하는 등 여러 가지 폐해를 재래(齎來)[130]하였던 것인데, 이 같은 끈기(根氣) 있는 공산주의운동도 만주사변(滿洲事變)을 계기로 1932년(昭和 7)경부터 점차 쇠미의 추세를 밟더니 지난여름 발발한 지나사변에 따르는 일반 국민의 애국열(愛國熱)의 앙양으로 인하여 날로 위미부진(萎微不振) 상태에 빠지고 있는 것은 참으로 기뻐할 현상이다. 그러나 일면 아직도 조선 내의 주의자(主義者) 중에는 의연히 미몽(迷夢)에서 각성하지 못한 자도 절대 없다고는 하기 어려우며, 특히 1935년(昭和 10) 코민테른 제7회 세계대회에서 결정된 이른바 인민전선운동(人民戰線運動)에 대하여도 상당히 주의를 요하는 것이 있으며, 기타 여러 가지 상세(狀勢)로 보아 이 운동의 추향에 관해서는 반드시 낙관을 불허하는 바가 있을 뿐만 아니라, 시국이 시국인 만큼 철저히 그 방지

129 빙탄불상용(氷炭不相容): 얼음과 숯불은 서로 용납하지 못한다는 것으로, 성질이 서로 상반되어 결코 용납하거나 화합할 수 없는 상황을 말함.

130 재래(齎來): 어떠한 결과를 가져옴.

와 박멸의 필요를 만감(滿感)하는 바이다. 당국에서는 이와 같은 실정에 비추어 이번 방공국책(防共國策)에 순응하여 관민일치(官民一致)의 강력한 조직 아래 방공사상의 보급 철저를 기하고, 이른바 국민방공(國民防共)의 실(實)을 거두는 동시에 국체를 명징(明徵)하여 일본정신의 앙양을 도모하기 위하여 조선방공협회의 조직을 기도하고 앞서부터 준비 중이던바, 최근 그 조직이 완료되었으므로 머지않아 각도(道) 관계 주무자(主務者)를 회동하게 하고 지방조직과 구체적 활동 방법 등을 협의한 후 실행에 착수코자 하는 바로, 차제에 언론기관은 물론 널리 관민 여러분의 협력을 바라는 바이다. 그리고 조선방공협회 취지서 및 규약은 별지(別紙)와 같은바, 그 개요는 다음과 같다.

- 조직

총독부 내에 본부를 두고 총재, 고문, 회장, 평의원, 간사 및 주사 등을 각각 추재(推載) 혹은 의촉(依囑)하여 각도에 연합지부를 치계(置計)하고, 또 필요에 따라 각 경찰서에 지부를 설치하고, 지부 아래에 지방 실정에 따라 방공단(防共團, 명칭은 실정에 따라 적절히 붙임), 방공부(防共部)를 조직하고, 이들 일련의 각 기관이 유기적 연계 아래 이른바 국민방공의 실을 거두기로 함.

- 방공사상의 선전 방법

가. 기관지의 발행

　본부에서 정례적으로 기관지를 발행하여 각 방면에 배포함.

나. 방공단원을 지도 훈련함.

다. 강연회, 좌담회, 방공주간(防共週間) 또는 방공데이 등을 개최하는 동시에 팸플릿, 삐라, 포스터 등을 작성 배포함.

라. 관계 방면과 연락하여 이른바 주의자의 선도를 도모함.

마. 방공상 필요한 사항을 조사 연구함.

그리고 조만간 평의원회를 개최하고 그 기초의 확립을 도모하는 동시에, 최근 기회에 사상전 전람회를 개최하고자 목하 준비 중이다.

조선방공협회(朝鮮防共協會) 조직

1938. 8. 31. 조간 1면 1단

1.

1936년(昭和 11) 11월 11일 일·독(日獨) 방공협정의 성립을 본 후 1년을 지나 작년 11월에는 다시 이 협정에 이탈리아가 참가하게 되었다. 그래서 '갖지 못한 나라'로서 공통된 입장에 있는 일·독·이 3국은 구아(歐亞)를 연락하는 적화(赤化)의 방지, 공산주의 배격에 공동전선을 펴게 되었는데, 저간 그 실행 방침도 결정되어 일간 방공전임관(防共專任官)의 주재를 보게 되었으며, 또한 국내적으로도 내무성(內務省)에서는 이 선(線)에 따라서 여러 가지 입법을 실시하여 만전을 기하고 있는 터이거니와, 조선총독부에서도 지나사변 발발 이래 국제정세가 매우 험악하여 자칫하면 혼돈한 상태를 초래할 분려(忿慮)도 없지 아니함에 비추어(鑑計), 특히 적화사상(赤化思想) 대책에 대하여는 심심한 연구를 거듭해오던 바인데, 금 30일로서 드디어 조선방공협회의 조직을 발표하였다. 근래 조선에는 공산주의자로서 과거의 오류를 깨닫고 표연(飄然)히 전향(轉向)한 자의 수가 적지 않으나, 그러나 왕년의 맹렬하던 여진(餘震)이 아직 완전히 근절된 것이라고 단언하기는 어려운 터인즉, 이와 같은 기관을 설치하여 만일에라도 아직 그 과오를 청산치 못한 자가 있다고 하면 그 반성을 촉구하여야 할 것이며, 그와 동시에 또한 외부로부터의 침입을 적극적으로 방지하지 않으면 안 될 것이다.

2.

그런데 이 방공협회의 의의는 현 시국하인 까닭에 한층 더 깊어지는 것이니, 현하의 시국을 살펴보면 지나사변도 결코 한구(漢口) 함락에 그치는 것이 아니겠고, 또 설령 무력항쟁이 여기서 그친다고 하더라도 전후(戰後)의 건설이 큰 과제로 등장할 것은 말할 것도 없으며, 이 밖에도 사위(四圍)의 사정을 살피면 제2, 제3의 사변(事變)이 있을 수 있는 가능성이 매우 충분한 것이다. 그런데 현대전(現代戰)이란 그 넓이에서나 깊이에서 과거의 전쟁이라는 범주와는 비교도 되지 않을 규모와 복잡성을 가지고 있음은 물론, 과거에는 그다지 큰 힘을 갖지 못하였던 이른바 사상전(思想戰)이라는 것이 여간 큰 역할을 하는 것이 아님은 구주대전(歐洲大戰)

이 우리에게 실례로써 알려준 사실이다. 독일 군대는 1917년 정신적으로 얼마나 붕괴하였으며 그 영향은 과연 어떠하였던가. 당시 프랑스군은 얼마나 위험한 상태에 빠졌던가. 적화사상은 언제든지 침입의 기회를 엿보고 있는 것이다.

3.

장기전(長期戰)하에서 만일에라도 이 사상이 침입하여 총후국민(銃後國民)을 교란하는 일이 있다고 하면, 이야말로 예측을 불허하는 험악한 상태에 빠질 것이다. 더구나 1935년(昭和 10) 코민테른 제7회 대회에서는 종래 적(敵)으로 취급하던 민주주의적 경향을 띤 여러 단체 및 인원을 전부 인민전선(人民戰線)이라는 명칭 아래 총합(總合)해가지고 그 전법(戰法)을 변경하고 전진(戰陣)을 확대한 이후에는 구주와 아세아를 구분할 것 없이 그 사상의 만연을 보게 되었다. 우리나라에서도 내외지(內外地)를 막론하고 그 영향이 적지 않았는데, 당국의 편응(遍應)한 조처도 있었거니와 지나사변이 발발하자 그 그림자를 감춘 것이다. 이후 다행히 이러한 종류의 사건의 발생이 있었다는 말은 듣지 못하였거니와, 그렇다고 결코 전연 근절된 것이라고 할 수는 없는 것임에, 이때에 한층 더 방침을 강구하여 미몽에 깨어나지 못한 자의 각성, 국외로부터의 침입을 방지하는 것은 장기전하인 까닭에 한층 더 절실히 요구되는 정책이라 할 것이다.

방공협회 지부 설치와 사상전 개최 협의
금일 경무국에서 관계관 회의

1938. 9. 2. 석간 2면 8단

총독부 경무국에서는 2일 오전 9시부터 총독부에 각도 고등과장, 외사과장, 기타 관계자를 참집하게 하여 방공협회(防共協會) 설치에 관한 협의회를 개최하고,

1) 각 지방 지부 및 방공면(防共面) 설치에 관한 건

2) 사상전(思想戰) 전람회에 관한 건

3) 사상전 강조주간(强調週間) 개최에 관한 건

4) 기타 방공시설의 원활한 운용에 관한 건

등 여러 문제를 중심으로 여러 가지를 협의하기로 하였다.

그리고 각 지방 지부와 방공단 설치에 관한 사무는 각도에 일임하고, 총독부로서는 한 걸음 더 나아가 강연회·좌담회 등을 개최하며 기관지를 매월 정기로 발행하는 등 구체 사업에 진출하기로 하였는데, 그 첫걸음으로는 오는 14일부터 1주일 동안 부내 미쓰코시(三越)에서 사상전람회를 개최하는 동시에 그 주간 동안을 사상전 강조주간으로 설시하고자 준비를 급히 하고 있다. 또 종합국력전(綜合國力戰)하의 사상전은 중요한 의의가 있는 것임에 비추어, 동 협회에서는 각 지방 지부와 방공단과 종횡으로 긴밀한 연락을 확보하는 것은 물론이요, 다시 국민정신총동원 각 연맹, 조선 내 각 교화단체, 시국대응사상보국연맹 등과도 종횡으로 적극적 협력을 구하여 유기적 제휴 아래 국민방공의 실적을 올릴 방침이다.

각도 고등외사과장 회의

1938. 9. 3. 석간 1면 9단

총독부 경무국에서는 2일 오전 9시부터 총독부 제3회의실에서 전 조선 각도(道) 고등과장과 외사과장 회의를 개최하였는데, 일전 성립된 조선방공협회(朝鮮防共協會)의 각도 지부 및 지부연합회 설치에 대하여 협의하였다. 그리고 오는 14일부터 1주간을 사상전 강조주간으로 정하고 부내(府內) 미쓰코시(三越)에서 사상전전람회(思想戰展覽會)를 개최하기로 하였다.

방공협회 지부 9월 하순까지 결성

1938. 9. 4. 석간 1면 11단

총독부에서는 이번에 방첩(防諜)의 철저를 기하기 위하여 조선방공협회(朝鮮防共協會)를 조직하여 각도에 연합지부 및 각 지부를 설치하기로 하였는데, 지난 2일 각도 고등·외사 양 과장회의 결과 각도의 연합지부는 대체로 9월 중순, 각 지부는 대체로 9월 하순경까지는 전 조선이 보조를 일치하여 적당한 방법으로 결성하기로 결정하였다.

사상전 전람회
미쓰코시(三越)에서 개최

1938. 9. 11. 조간 2면 4단

지난번에 창립된 조선방공협회(朝鮮防空協會)에서는 제1차 사업으로 오는 15일부터 24일까지 열흘 동안 부내 미쓰코시(三越) 백화점에서 〈사상전 전람회〉를 개최할 터이라 한다.

방공협회 경기도연합 결성식
명일(明日) 도청에서 성대히 거행

1938. 9. 16. 석간 2면 3단

지난 8월 15일에 조선방공협회가 성립되자 각도에서는 각기 자기 관내의 방공 공작의 중추기관으로서 도연맹지부의 결성 준비에 분망 중인데, 16일 그 가장 중요한 지체(肢體)의 하나인 경기도연맹지부가 결성식을 거행하기로 하였다. 식은 같은 날 오후 2시부터 도청 회의실에서 관민 유력자 100여 명이 참집하여 성대히 거행될 터인데, 결성식이 끝나면 곧 일동이 조선신궁에 참배한 후 결성된 뜻을 공고히 하리라 한다. 그리고 늦어도 이달 말일까지 도내 각 경찰의 관내를 단위로 해서 지부(支部)를 만들고, 그 아래에 관민 협력의 방공단, 방공부 등 다수 세포단체의 조직을 완료할 예정이라는데, 성전(聖戰)을 계기로 방공(防共)에 대한 새로운 중책을 짊어진 조선인 만큼, 국민총동원의 입장에서 이번 결성식은 국민방공진의 확충 강화에 다대한 기여가 있을 것으로 그 기대가 크다.

방공협회 경기도지부 금일 결성식 성황
폐식(閉式) 후 조선신궁(朝鮮神宮) 참배

1938. 9. 17. 석간 2면 7단

조선방공협회 경기도연합회지부 결성식은 16일 오후 2시부터 경기도청 제1회의실에서 미쓰하시(三橋) 협회장을 비롯한 관민 100여 명 출석하에 성대히 거행되었다. 식은 나카무라(中村) 경기도 고등과장의 개회사에 뒤를 이어 일동의 국가 합장이 있은 뒤 고(高) 경기도 방공협회장으로부터 방공협회 설립의 취지 설명이 있었고, 뒤이어 간자(甘蔗)[131] 연합회 지부장의 결성 보고, 조선방공협회 규약 발표, 역원 촉탁이 있은 뒤 간자 지부장의 식사, 미쓰하시 협회장의 고사, 내빈 대표 한상룡(韓相龍) 씨의 축사가 있은 뒤 「황국신민서사」 제창, 만세를 봉창한 후 동 3시에 원만히 끝마쳤다. 그리고 식후 일동은 조선신궁에 참배하여 황군의 무운장구를 기원하였다. (사진은 결성식 광경)

방공협회 지부

1938. 9. 19. 석간 3면 3단

【청주(淸州)】 충북도에서는 청주시 내 각 관공서장, 민간 유력자, 도청 내 각 과장을 초청하여 지난 17일 오후 1시부터 도지사실에서 조선방공협회 충북연합회 발회식 준비회를 개최하였다 한다.

131 간자 요시쿠니(甘蔗義邦, 1891~?)

방공협회의 지부
각 경찰서 관내 단위로
경기도 내의 발회 일정 결정

1938. 9. 24. 조간 3면 6단

지난 16일 결성식을 거행한 조선방공협회 경기도연합회의 활동 주체가 될 도내 각 경찰서 관내를 단위로 한 각 지부의 결성식은 아래와 같은 일정으로 거행되리라는데, 이 지부 결성이 끝나는 대로 다시 그 아래에 방공단, 방공부 등 여러 세포 단체를 포용하게 되리라 한다.

발회(發會) 일정 결정

27일 경성 본정서(本町署), 서대문서(西大門署)

28일 영등포서(永登浦署), 용산서(龍山署)

29일 종로서(鍾路署), 동대문서(東大門署)

23일 이천서(利川署), 평택서(平澤署, 振威郡)

26일 안성서(安城署), 양평서(楊平署)

27일 강화서(江華署), 용인서(龍仁署), 여주서(驪州署), 수서(水署)

28일 김포서(金浦署), 광주서(廣州署), 가평서(加平署), 포천서(抱川署), 장단서(長湍署)

29일 양주서(楊州署), 연천서(漣川署), 파주서(坡州署)

30일 개성서(開城署), 인천서(仁川署)

방공방첩망 완성
이제부터 활발한 활동

1938. 9. 27. 조간 2면 5단

조선방공협회는 총독부 보안과에 본부를 두고 착착 구체적 사업의 실시에 나아가고 있는데, 오는 10월 15일부터 열흘 동안 경성 미쓰코시(三越)백화점에서 사상전전람회를 열기로 하였다. 각 지방에서는 각도 연합지부를 조직하게 되어, 수해 때문에 늦게 되는 함남북을 빼고는 각도에 모두 조직되었다. 이와 같이 드디어 전 조선에 방공방첩의 유기적 조직이 완성되어 방공협회 본부에서는 서무, 방공방첩의 4부를 두고 시모무라(下村) 보안과장의 지휘 아래 활발한 활동을 시작하게 되었다.

방공협회 본정지부
27일 결성식 거행

1938. 9. 27. 조간 3면 5단

조선방공협회 경기도 본정지부(本町支部)의 결성식은 27일 오전 8시부터 조선신궁 앞 광장에서 열기로 되었는데, 지부장에는 본정경찰서 구로사와(黑澤) 서장이 취임할 터이라 한다.

조선방공협회
영등포지부 결성

1938. 9. 29. 조간 3면 3단

【영등포(永登浦)】 조선방공협회(朝鮮防共協會) 경기도 영등포지부 발회식은 28일 오전 9시부터 영등포경찰서 무덕관 내에서 거행되었는데, 당일에는 도 경찰부장을 위시하여 영등포서장, 시흥군수, 각 회사 공장 대표, 공직자 등 관민 100여 명이 참집하여 성대히 결성되었는데, 식후 일동은 영등포신사에 참배하여 황군의 무운장구를 기원하였다.

방공협회 지부 결성[132]

1938. 9. 29. 석간 7면 4단

【천안(天安)】 충남 천안군에서는 총독부와 도 당국의 뜻을 받아 공산주의 사상 박멸을 하는

132 원문은 成結.

동시에 일본정신을 선양(宣揚)할 목적으로 천안지부 결성식을 지난 26일 오후 1시부터 천안 경찰서 무도장에서 관민 다수 참석하에 거행하였다.

방공협회 강화지부
27일 결성식 거행

1938.9.30. 조간 3면 4단

【강화(江華)】 지나사변 발생 이래 민중의 사상전은 볼만한 사실이 많은 중 더욱 앞으로의 장기전을 대항하여 사상전을 건전화할 필요를 더욱 절실히 느끼게 되어 강화에서도 27일을 기하여 고(高)[133] 경기도 경찰부장 임석 아래 방공협회 강화지부 발회식을 거행하였다.

조선방공협회
인천지부 결성

1938.9.30. 조간 3면 6단

【인천(仁川)】 전시하에 있어서 조선방공협회의 설립을 보게 되자 각도마다 그 연합지부의 설치를 조직하기로 결정되자, 인천서에서도 인천지부를 설치하려고 지난 28일부터 부내 각 관계자에게 통첩을 발하고 오는 30일 오후 2시부터 인천공회당에서 결성식을 거행하고 역원 선임을 결정하리라 한다.

133 고 야스히코(高安彦).

방공협회 양주지부

1938. 10. 1. 조간 3면 2단

【양주(楊州)】 장기전에 처하여 총후국민의 방공(防共)의 실적을 적극적으로 방지하기 위하여 지난 26일 오후 1시부터 공회당에서 각 관공서 단체 및 각 사회단체가 집합하여 방공협회 경기도 양주지부(楊州支部) 발회식을 거행하였으며, 아울러 양주 방공단을 조직하였는데, 오는 29일 결성식을 거행하리라 하며, 역원은 다음과 같다.

단장(團長): 가지(鍛治三四史)

간사(幹事): 구메 가오루(久米薰), 야마모토 시게요시(山本重義), 주몬지 미노루(十文字稔), 이봉주(李鳳周), 사토 겐지(佐藤源治)

조선방공협회 장단지부(長湍支部) 결성

1938. 10. 1. 조간 3면 4단

【장단(長湍)】 장단경찰서에서는 이번에 공산주의 사상운동의 박멸 방위를 기하는 동시에 일본정신의 현양을 도모하고자 지난 28일 오전 9시 반경에 장단신사에서 관공서원, 방호단·청년단을 비롯하여 지방 유지 다수 참석하에 방공협회 장단지부와 장단면 방공단 결성식을 성대히 거행하였다는데, 당일 추천된 역원의 씨명은 다음과 같다 한다.

지부장: 히라야마 유타카(平山豊)

간사: 다마루 쓰요시(田丸剛), 히가키 게이자부로(檜垣惠三郎), 오진근(吳震根), 김현조(金顯祚)

평의원: 서세갑(徐世甲), 다마루 쓰요시, 사토 료키(佐藤良吉), 시바마 다케노리(柴間武則), 오키 가오루(冲馨), 나카무라 다다시(中村正), 이케다 야오카메(池田八百龜), 다마리부치 나가키(溜淵長喜), 이케다 가즈오(池田一雄), 정난교(鄭蘭教), 서병식(徐丙軾), 송기학(宋基學), 고바야시 마쓰타로(小林松太郎), 심원섭(沈元燮), 윤경섭(尹慶燮), 남상필(南相弼), 김영준(金榮準), 송한용(宋漢容)

〈장단면 방공단 역원〉

단장: 다마루 쓰요시

부단장: 최태운(崔泰云)

간사: 이도상(李道相), 나카니시 마사오(中西昌夫), 김주순(金珠洵)

고문: 오진근, 미토 다케오(三戶赳夫), 다이 다치바나(橘功), 이사카 시게오(伊坂茂夫), 기무라 긴이치(木村欣一), 미야케 도시로(三宅敏郞), 우에다 나오키치(井上直吉), 도야마 슌이치(富山俊一)

〈그림 33〉 방공협회 장단지부 결성식 광경

방공에 관한 표어
현상모집(懸賞募集)하기로 결정
당선된 표어는 미쓰코시(三越)에 진열

1938. 10. 1. 조간 3면 8단

조선방공협회 경기도연합지부에서는 250만 도민으로부터 국민 방공에 관한 표어를 현상모집하기로 하였다는데, 그 상세한 내용은 오는 10월 3일날 발표될 터이며, 당선된 표어는 10월 중순 조선방공협회 주최로 경성 미쓰코시(三越), 미나카이(三中井) 누상(樓上)에서 열리게 되는 방공사상전람회에 출품하여 일반의 공람에 제공할 터이다.

조선방공협회 수원지부 결성

1938. 10. 1. 조간 3면 10단

【수원(水原)】 조선방공협회(朝鮮防共協會) 경기도 수원지부 결성식은 27일 오후 3시 수원신사(水原神社)에서 거행된바, 당일 내빈 측으로 수원군수 허섭(許燮) 씨를 비롯하여 각 단체 대표 80여 명의 참석하에 제반 순서를 엄숙히 진행하였다.

지부장(支部長): 수원경찰서장 구로누마 리키야(黑沼力彌)

평의원(評議員): 유카와 마타오(湯川又夫) 외 13인

조선방공협회 김포지부 결성

1938. 10. 3. 석간 2면 3단

【김포(金浦)】 조선방공협회 경기도 김포지부(金浦支部) 결성식을 지난 28일 오전 11시부터 김포신사에서 경도 사회과장을 위시하여 관민 400여 명 참집하에 성대히 거행하였다.

개성 7개 단체도 방공 지부를 결성

1938. 10. 4. 조간 3면 3단

【개성(開城)】 이번 총독부에서는 공산주의 사상을 박멸하고 장기 항전에 사명을 다하기 위하여 조선방공협회(朝鮮防共協會)를 조직하고 각도에 지부를 설치함에 이르러, 개성에서도 경찰서·부청을 비롯하여 각 관공서가 총단결하여 애국운동을 전개하기 위해서 지난 9월 30일 오전 9시 개성신사 광장에서는 7개 단체의 개성지부 방공단 발단식이 있었고, 같은 날 오후 1시에는 조선방공협회 개성지부의 결성식이 성대히 거행되었다.

방공표어 모집
상세한 규정을 발표

1938. 10. 4. 석간 2면 1단

조선방공협회 경기도 연합지부에서는 국민방공의 관념을 함양 보급시키기 위하여 방공표어(防共標語)를 현상모집하기로 하였는데, 모집 규정은 다음과 같다.

1. 표어: 국민방공의 관념을 함양 보급시킴에 적절한 문구
2. 응모 자격자: 도내 거주민
3. 용지: 우편 엽서로 하되 주소, 성명, 연령, 직업(학생인 경우에는 학교명과 학년)을 명기할 것
4. 기일: 10월 14일까지 도착하도록 할 것
5. 성명: 경기도경찰부 고등경찰과 내 조선방공협회 경기도연합지부로 보낼 것
6. 심사원: 지부 역원 중에서 지부장이 위촉함
7. 발표: 10월 15일 석간
8. 상금: 1등 20원 1명, 2등 10원 2명, 3등 5원 3명, 4등 4원 4명, 5등 2원 5명
9. 당선 표어는 15일부터 미쓰코시(三越), 미나카이(三中井)에서 개최되는 사상전전람회에 출품함

강화되는 방공진(防共陣)
각지 방공지부 결성식 성대

1938. 10. 4. 석간 7면 4단

【정읍(井邑)】 전시체제하에 있는 국민의 사상을 건전히 하고 공산주의 사상 또는 운동을 철저히 박멸하고 방첩 사상을 보급시키기 위하여 지난 30일 오후 2시부터 정읍경찰서 연무장에서 조선방공협회 전북연합지부 정읍지부를 단원 400여 명이 참집하여 성대히 결성식을 거행하였으며, 도연합지부장 손영목(孫永穆) 지사의 고사(告辭)를 이코마(生駒) 도경찰부 경부의

대독과 정읍군수 주시헌(朱時憲) 씨의 축사와 축전 낭독으로 동 3시 반경 성대히 마쳤으며, 뒤이어 정읍신사 광장에서 결성식 봉고제를 마치고 산회하였는데, 지부 역원은 다음과 같다.

지부장: 도미타 신지로(富田信次郎)

상임간사: 세구치 히요시(瀨口日吉)

간사: 박홍규(朴興奎) 외 5명

평의원: 주시헌 외 22명, 정주방공단장(井州防共團長) 후쿠다 요시카즈(福田嘉一) 외 간사 15명, 정농방공부장(井農防共部長) 가이호쿠 마코토(海北誠) 외 간사 1명, 정주제1방공부장 기무라 신지로(木村信次郎) 외 간사 3명

【평양(平壤)】 조선방공협회 평남연합지부 평양지부 발회식은 30일 오전 5시 평양신사 경내에서 부내 각 관청·학교·회사·공장의 대표자 300여 명 참열하여 평양소방대의 브라스밴드 주악, 국가 합창으로 열려, 일동 신사참배를 한 후 국기게양, 황거요배, 무운장구 기원, 전몰장사에 대한 목도, 「황국신민서사」 제창, 다나카(田中) 지부장 식사, 이시다(石田) 연합지부장 고사에 뒤이어 축사, 선서 낭독, 지부 역원 전달, 양 폐하 만세 봉창, 평양지부 만세삼창으로 폐식하였는데, 역원은 다음과 같다.

▲ 지부장: 다나카 사타로(田中傳次郎)

▲ 간사: 시미즈카와 유타로(淸水川勇太郎), 나가세 이치죠(長瀨一助), 나카무라 노부오(中村信雄), 가지야마 비스케(梶山美助), 이케다 몬젠(池田門善), 모로오카 에이지(諸岡榮治), 이노우에 시게로(井上茲朗), 오무라 유조(大村勇藏), 가토 사이지로(加藤才治郎), 손창윤(孫昌潤), 최규봉(崔奎鳳)

▲ 평의원: 고바야시 시게루(小林繁), 다쿠오카 이치로(諸岡市朗), 지노 마사히로(茅野正大), 간자키 넨(神崎稔), 오이카와 구니하루(及川邦治), 우가와 이와키(宇川岩喜), 후지타니 쇼준(藤谷宗順), 이마이 가이치(今井嘉一), 노 다쓰히코(野勇彦), 아라키 지로(荒木次郎), 이기찬(李基燦), 지용은(池鎔殷), 마쓰오 로쿠로(松尾六郎), 요코다 도라노스케(橫田虎之助), 손수경(孫壽卿), 송석찬(宋錫燦), 니시다 도이치(西田藤一), 장순응(張淳應), 고영

한(高永翰), 노진설(蘆鎭卨), 차관모(車官模), 김정덕(金正德), 김광수(金光洙)

조선방공협회 인천지부 결성

1938. 10. 6. 조간 3면 8단

【인천(仁川)】 조선방공연합회 경기도 인천지부 결성식은 기보한 바와 같이 지난 30일 오후 2시부터 인천공회당에서 고(高)[134] 경기도연합회장 임석하에 관민 유지 600여 명의 출석하에 후타세(二瀨) 지부장의 고사가 있은 다음, 연합회장의 식사를 비롯하여 나가이(永井) 부윤의 축사와 요시다(吉田) 상의 회두, 나가타(永田) 판사의 축사로 성대한 결성식을 마치고 동 4시에 무사히 산회하였다.

방공표어
천오백을 돌파

1938. 10. 14. 조간 2면 7단

조선방공협회 경기도연합회 지부에서는 지부 설립을 기회로 국민방공의 완벽을 기하기 위하여 도내 일반으로부터 방공표어를 모집 중이던바, 14일의 마감 날을 앞두고 벌써 1,500에 달하였다. 응모자는 도내의 모든 계급을 망라하여 출정군인의 가족으로부터도 상당히 많이 응모하였고, 사상전향자가 옥중에서 응모한 것도 있다고 한다.

방공협(防共協) 진해지부

1938. 10. 15. 조간 3면 4단

【마산(馬山)】 일지사변의 발발 이래 1년유여 동안 우리 국민은 일치 협력하여 이 외환에 당하

---

134 고 야스히코(高安彦).

고 있는바, 백해무익한 공산주의를 구축 박멸하여 진정한 세계평화를 수립하고 일본정신을 발양하여 황위를 현양하기 위하여, 진해경찰서에서는 진해소학교 강당에서 조선방공협회 경상남도 진해지부 발회식을 지난 10월 10일 오후 3시에 거행하였다.

방공표어 산적(山積)
14일까지 이천삼백 돌파

1938. 10. 15. 석간 2면 7단

조선방공협회 경기도연합지부에서는 방공사상의 보급 철저에 도움이 되게 하고자 방공표어를 현상모집 중인데, 예상 이상으로 좋아 13일까지 벌써 2,300을 돌파하고 있다. 마감은 14일 오후 12시까지라는데, 지방 응모자의 편의를 돌보아서 설혹 14일까지 도착 못하더라도 14일부 소인(消印)이 찍혀 있는 것이면 받아줄 터라고 한다. 그리고 심사는 15일 오전 11시부터 도청에서 행할 터인데, 심사위원은 위원장 간자[135] 지사 이하 20여 명이다.

방공방첩
마크, 단가(團歌), 포스터, 표어 등
조선방공협회에서 현상모집

1938. 10. 16. 석간 2면 1단

조선방공협회(朝鮮防共協會)에서는 조선방공협회원인 것을 표시하며 방공방첩 선전에 사용하며 방공단 회합, 기타 여러 가지 경우에 지기(志氣)를 고무하기 위하여 합창하도록 하고자 동 협회의 마크, 포스터, 방공단가(防共團歌) 등 세 가지를 모집하기로 하였는데, 그 모집 요항은 다음과 같다.

135 간자 요시쿠니(甘蔗義邦).

조선방공협회 현상모집

1. 모집 종목

   1) 조선방공협회원 마크 도안(圖案)

   2) 방공단가의 작사

   3) 방공 및 방첩 포스터

   4) 방공 및 방첩 표어

2. 모집 규정

   1) 마크 도안, 방공단가 및 방공방첩 포스터는 1인 각 1종에 한함

   2) 방공방첩 표어는 1인 각 2종 이내로 함

   3) 응모 방법: 방공 및 방첩 표어는 관제엽서로 하고, 기타는 제1종 유봉서장(有封書狀)으로[136] 하되, 기재 용지는 자유롭게 함. 포스터 및 마크에는 간단한 설명을 붙일 것

   4) 마감(締切): 11월 10일

   5) 수신인(宛名): 조선총독부 경무국 보안과 내 조선방공협회 앞

3. 상금(賞金): 종목마다 다음과 같이 상금을 증정함

   1) 조선방공협회 회원 마크

      1등 50원 1명

      2등 30원 1명

   2) 방공단가의 작사

      1등 100원 1명

      2등 50원 1명

   3) 방공 및 방첩 포스터에 대하여

      1등 50원 2명

      2등 30원 4명

---

136 당시 제1종 우편물에 유봉서장(有封書狀)과 무봉서장(無封書狀)이 있었다. 유봉서장은 봉투가 있는 편지이다.

4) 방공 및 방첩 표어에 대하여

1등 30원 2명

2등 20원 4명

4. 당선 결정 방법: 방공협회 본부 역원 심사 후 결정함

5. 발표: 11월 30일 신문지에 발표함과 함께 각 당선자에게 통지함

6. 주의

1) 마크는 조선방공협회원(朝鮮防共協會員)인 것을 표시하는 것이므로 그 도안은 방공의 의의를 표현하고, 겸하여 일본정신을 표징하는 것을 우위로 함

2) 포스터 및 표어는 방공 및 방첩을 각별(各別)로 취급 또는 양자(兩者)를 포괄하는 것을 자유로 함

3) 방공단가는 적당한 자에게 작곡을 의뢰하여 방공단의 회합, 기타 경우에 지기(志氣)를 고무하기 위하여 합창시킬 터이므로, 그 작사는 방공정신을 고취하며 일본정신을 고양하기에 족한 고아(高雅)하고 용장(勇壯)한 것을 우위로 함. 또 가사 중 방첩의 의미를 포함함도 자유로 함

4) 응모자의 주소, 씨명을 명료하게 할 것

사상전(思想展) 금일 개막
미나미 총독, 오노 정무총감 오전 중에 참관
금일 미쓰코시 홀에서

1938. 10. 16. 석간 2면 1단

조선방공협회(朝鮮防空協會), 내각정보부 후원과 총독부 주최로 15일부터 부내 미쓰코시(三越) 갤러리에서 열린 사상전람회에는 이날 오전 9시에 개막되자 미나미(南) 총독, 오노(大野) 정무총감, 나카무라(中村) 군사령관 이하 총독부 각 국장 과장, 곤도(近藤), 아마야(天谷) 양 비서관 등 각 대관들이 입장하여 약 40분 동안 관람한 후 동 45분 미나미 총독, 오노 정무총감은 시오바라(鹽原) 학무국장, 김(金) 사회교육과장 등을 대동하고 석전제(釋奠祭)에 참례하기

위하여 경학원(經學院)으로 향하였다.

〈그림 34〉 전람회장의 미나미 총독과 오노 정무총감

방공표어 모집 이천팔백 돌파
금일 15명 당선자 발표

1938. 10. 16. 석간 2면 3단

조선방공협회 경기도연합지부에서는 방공사상의 보급 철저에 도움이 되게 하고자 방공표어를 현상모집 중이었던바, 응모 성적이 대단히 좋아 마감 날인 14일 밤까지 들어온 응모자가 2,835명이 되었다 한다. 그래서 15일 아침 도청 회의실에서 간자(甘蔗) 지사를 위원장으로 20여 명의 심사원이 모여서 심사회를 열고 15명의 입상자를 추렸는데, 당선된 표어와 당선자 씨명은 아래와 같다.

방공의용단 결성

1938. 10. 19. 조간 3면 7단

【능주(綾州)】 조선방공협회 능주방공의용단(綾州防共義勇團)의 결성식은 예정과 같이 지난 15일 오후 1시부터 능주소학교 교정에서 60여 명의 단원과 다수 내임한 내빈의 참집하에 능주주재소 부장 히라시마(平島) 씨 개회하에 막을 열었다.

개회 벽두에 황거요배, 국가 합창을 한 다음 묵도를 하고, 규약 제정, 역원 보고를 하였으며, 계속하여 식사, 고사, 축사, 「황국신민서사」 제창 등을 차례로 하고 만세삼창으로 폐회하였다.

신북의용단 결성

1938. 10. 22. 조간 3면 7단

【신북(新北)】 전남 영암군(靈岩郡) 신북면(新北面)에서는 당국의 지시에 의하여 조선방공협회(朝鮮防共協會) 영암지부(靈岩支部) 신북의용단(新北義勇團)의 결성을 급히 하고 있던바, 지난 18일 오전 10시 신북소학교 교정에서 관민 유지 다수와 30여 단원의 열석하에 엄숙한 결성식이 있었다는데, 당일 피선된 역원은 아래와 같다 한다.

명예단장: 류인구(柳寅龜)

부단장: 유재록(劉載祿)

간사: 이재의(李在儀), 김익길(金翼吉), 황미암(黃未岩)

고문: 다나베 스지(田邊壽次), 다노우에 세쓰오(田上節男), 정찬길(鄭贊吉), 유인철(柳寅哲), 이맹조(李孟祚)

방공표어 당선자 15명에 수상식 거행

1938. 10. 23. 조간 3면 5단

조선방공협회 경기도연합지부에서는 요전 현상모집한 방공표어의 당선자 15명에 대해서 22일 오후 2시 도청 제1회의실에서 각각 상품을 수여하였는데, 재감중(在監中)인 몸으로서 5등에 당선한 유병열(柳炳烈) 군에 대해서는 서대문형무소 간수장이 대리로 출두하여 상품을 받아 갔다.

방공(防共) 함흥지부 20일 성대 결성

1938. 10. 23. 석간 7면 5단

【함남지사발(咸南支社發)】 조선방공협회(朝鮮防共協會) 함경남도 함흥지부의 결성식은 22일 오후 1시 반부터 공회당(公會堂)에서 관민 200여 명의 열석으로 성대히 열렸다.

순서에 따라서 황거요배, 지부 결성 경과 보고, 내빈 축사 등이 있은 후 성수, 만세삼창으로 동 3시에 무사히 폐회하였다.

역원은 다음과 같다.

▲ 지부장: 함흥리(咸興里) 평산리장(平山里長)

▲ 간사: 함흥부(咸興府) 내무과장 외 7명

▲ 상임간사: 구와사코 무토(桑迫武藤)

▲ 평의원: 함흥부윤(咸興府尹), 함주군수 외 32명

사상전(思想展) 1일 연기

1938. 10. 25. 석간 2면 5단

총독부 주최의 조선방공협회(朝鮮防共協會) 후원으로 부내 미쓰코시(三越)에서 개최 중인 사상전람회는 개막 후 자못 비상한 인기를 끌어서 상당한 반향을 주고 있는데, 매일 입장자 쇄도하여 22일에는 2만 2,000인, 23일에는 4만 1,000인에 달한 성황이었으므로, 총독부에서는 일반 입장자를 위하여 25일까지이던 회기를 26일까지 다시 하루 동안을 연기하기로 하였다.

사상전전람회 대(大)성적 거두고 폐막

1938. 10. 29. 조간 2면 6단

총독부와 내각정보부와 조선방공협회 공동주최의 사상전전람회는 지난 15일부터 열흘 동안 부내 미쓰코시백화점에서 열었는데, 첫날부터 입추의 여지가 없으리만치 초만원을 이루어서 예정 기한을 3일 더 연기하여 예상 이상의 성적을 거두고 지난 26일 폐회하였는데, 그 입장자 총수가 32만 9,000명에 달하였다.

방공방첩 데이
10일, 조서환발기념일(詔書渙發記念日)을 택(卜)해
강연, 좌담, 가두행진

1938. 11. 8. 조간 2면 1단

조선방공협회에서는 요전 경성에서 사상전전람회를 열고, 또는 적색 소련을 폭로하는 전람회를 후원하여 그 취지의 철저와 목적 관철에 노력하여 오던바, 이번에 또 국민정신작흥운동과 협조하여 오는 10일 조서환발기념일을[138] 기해 제1회 방공방첩(防共防諜) 데이를 실시하고, 전 조선 일제히 다음과 같은 행사를 실행하여 방공방첩 사항의 보급 철저에 힘쓰기로 하였다.

138 조서환발(詔書渙發): '천황의 조서가 빛을 발한다'는 뜻으로, 주로 '국민정신작흥주간'에 그 기념일을 정하여 행사를 열었다.

◇ 방공방첩일 실시 행사

▲ 강연회

▲ 좌담회

▲ 미조직 지부의 조직

▲ 방공단원의 지도 훈련

▲ 방공방첩 선전 삐라의 배포

▲ 종이광대

▲ 영화

▲ 가두행진

▲ 라디오 방송

방공강연회

1938. 11. 9. 조간 3면 9단

경기도방공협회(京畿道防共協會) 용산지부(龍山支部)에서는 오는 10일 오후 6시 반부터 부내 용산소학교(龍山小學校) 강당에서 방공에 관한 강연과 영화회를 연다는데, 당일은 오카모토(岡本) 소장(少將)의 강연이 있다.

금일, 시국을 재인식
오전 9시에는 조서와 칙어 봉독식을 거행
국민정신작흥주간 제4일

1938. 11. 10. 조간 2면 1단

명 10일은 국민정신작흥주간 넷째 날로 조서환발기념일, 시국재인식일(時局再認識日)에 해당한다. 경성부에서는 이날 집집마다 국기를 달고 오전 9시의 사이렌에 맞춰 전 부민은 황군의 무운장구를 비는 1분간 묵도를 올리기로 하였다.

때를 같이하여 조선신궁에서 일반 부민 참열 아래 국민정신 작흥에 관한 조서(詔書)와 사변 1주년에 하사하옵신 칙어(勅語) 봉독식(奉讀式)을 하며, 총독부 앞뜰에서도 총독부, 경기도청, 체신국원 3,000여 명 참열 아래 봉독식을 엄숙히 거행하기로 하였으며, 미나미 총독은 장기 건설에 대처할 조선 관민의 각오를 촉하는 일장 훈시를 할 터이다. 중앙방송국에서는 제2방송 장치로 그 실황을 전 조선에 중계하여 봉독식을 의의 깊게 하기로 하였다.

이날 밤 7시부터는 경성부 주최로 부민관 대강당에서 시국 재인식 강연회와 영화회를 연다.

이날은 특히 조선방공협회에서 방공방첩일로 하여 그 취지를 철저히 보급하여 총후 단결을 굳게 하기로 하였다.

방공방첩 행사 동서(東署) 관내서도

1938. 11. 10. 조간 3면 1단

방공협회 동대문지부에서는 국민정신작흥주간 4일인 오늘, 즉 조서환발기념일을 기하여 특히 이날을 방공방첩데이로 정하고 일반에게 방공방첩 사상을 고취하고자 여러 가지 행사를 거행하기로 하였는데, 행사는 우선 오전 9시에 동대문경찰서 누상에서 거행될 조서 봉독식으로 막을 열고, 그 뒤를 이어 방공방첩 좌담회, 그리고 이것이 끝남을 기다려서 관하 각 방공단원 총동원으로 가두행진이 있겠고, 밤에는 제일극장에서 영화회를 여는 외에, 이와는 따로 관내 각처에서 아래와 같이 강연회를 열 터이다.

중앙불교전문학교(中央佛教專門學校) 오전 11시부터

경성부(京城府) 동부출장소(東部出張所) 오후 1시부터

경신학교(儆新學校) 동(同) 2시부터

정신여학교(貞信女學校) 동 3시부터

경성지방전매국(京城地方專賣局) 방공단(防共團) 오후 4시 30분부터

동광제사(東光製絲) 동 6시부터

종방(鐘紡)[139] 동대문공장 동 7시부터

태창직물(泰昌織物) 동 8시부터

국민정신작흥주간 제4일 시국재인식일
조서, 칙어 봉독식
조선신궁과 총독부에서 엄숙 거행
방공데이도 동일(同日) 실시

1938. 11. 11. 석간 2면 1단

국민정신작흥주간 넷째 날인 10일은 국민정신 작흥에 관한 조서환발기념일인 동시에 시국재인식일에 해당하므로 전 조선 각 관공서, 학교 등에서는 이날 아침 일제히 조서 봉독식을 거행한 다음, 장기전에 처할 훈화로 시국을 재인식, 총후 결의를 굳게 하였다. 이날 아침 9시 총독부에서는 정면 현관 앞뜰에서 청원, 체신국원, 경기도청원 4,000여 명이 참집하여 조서 봉독식을 엄숙히 집행하였다.

식은 국기게양, 국가합창으로 시작되어 이세신궁(伊勢神宮)과 황거요배하고, 이어 미나미 총독이 정신작흥에 관한 조서와 사변 1주년에 하사하옵신 칙어를 봉독한 다음, 어성지(御聖旨)를 받들어 장기 건설의 고난을 극복하지 않으면 안 된다는 훈시를 하였다. 총감 대리로 호즈미(穗積) 식산국장(殖産局長)이 주창이 되어 「황국신민서사」를 제창, 국기 강하로 엄숙한 가운데 식을 마쳤는데, 중앙방송국에서는 이날의 실황을 전 조선에 중계하여 한층 의의 깊게 하였다.

이날 경성부에서는 아침 9시 조선신궁 앞뜰에서 부민 다수 참열 아래 조서와 사변 1주년에 내리옵신 칙어 봉독식을 거행하였는데, 일반 부민은 이날 국기를 걸고 아침 9시 사이렌에 맞추어 황군의 무운장구를 비는 1분간 묵도를 올렸으며, 각 학교, 은행, 회사, 공장, 큰 상점에서도 각각 조서와 칙어 봉독식을 하고, 장기 건설에 관한 훈화를 하여 시국을 재인식하였다.

139 종방(鐘紡): 종연방적주식회사(鐘淵紡績株式會社).

〈그림 35〉 (위) 총독부 현관 앞 광장에서 거행된 조서 봉독식과 미나미 총독의 훈시 광경
(아래) 조선신궁에서 집행된 조서 · 칙어 봉독식장

조선방공협회에서는 특히 이날을 방공데이로 정하고 방공방첩에 관하여 대대적 선전으로 일반의 주의와 협력을 구하여 많은 수확을 거두었다.

본정서(本町署) 관내도 방공방첩 행사

1938. 11. 12. 조간 3면 5단

10일은 조서환발(詔書渙發)기념일이므로 조선방공협회 본정지부(本町支部)에서는 방공·방첩 데이로 정하고, 오전 8시 각 단장은 단원을 인솔하고 조선신궁에 참배, 9시 조선신궁 앞 광장의 조서 봉독식에 참열하며, 오후 7시부터 장곡천정 기독교청년회관에서 본정지부 주최로 좌담회를 개최하되, 녹기연맹(綠旗聯盟) 야마사토(山里) 이사와 경성신문사 다카기(高木) 씨 등의 강담이 있을 터이며, 특히 군부에서 방공방첩의 실제에 대하여 강연을 할 터이다.

방공방첩일에 영등포 강연회

1938. 11. 13. 조간 3면 1단

【영등포(永登浦)】 10일은 마침 조서환발기념일이오, 또한 방공·방첩데이인바, 방공협회 영등포지부에서는 강연회를 오후 7시 영등포소학교 신축 강당에서 개최하였다. 정각 전부터 각 공장, 회사원, 관공리를 비롯하여 남녀 학생의 청중은 담천[140]임에도 속속 쇄도, 흑석정(黑石町) 중앙보육학교 여학생은 2리가 넘는 원로임에도 불구하고 총동원 내청, 요새에 드문 초만원을 이루었다. 먼저 사상전향자 권충일(權忠一), 다음 경성보호관찰소(京城保護觀察所) 구리타(栗田) 보호사(保護司)가 연속 등단하여 방공의 목적을 천명하고, 적색 정체의 내부 수사, 공산주의의 오무를 적발함으로써 만당의 청중으로 하여금 참된 반성과 각성을 주었으며, 나중에 신카이(新海) 영등포서장으로부터 방첩에 관한 힘 있는 강설까지 있어서, 일반은 많은 감명을 받고 동 10시 대성황리에 폐회되었다.

그리고 동 지부에서는 금회의 방공데이를 당하여 3일 동안 영등포 연예관을 이용하여 〈적(赤)의 협위(脅威)〉라는 방공영화와 막간에 방공방첩 표어를 영사할 뿐 아니라, 각 회사, 공장, 관공서, 기타 중요처에 방공표어를 대서(大書)한 자막(字幕)을 게양하는 등 방공사상 강화에 힘쓰고 있다.

방첩 강연 성황
10일 개성에서도

1938. 11. 15. 조간 3면 2단

【개성(開城)】 조선방공협회(朝鮮防共協會) 개성지부(開城支部)에서는 지난 10일 오전 1시 시국재인식일을 당하여 고려청년회관(高麗靑年會舘) 강당 내에서 방공강연회를 성대히 개최한 바 있었다. 이날 연사는 개성부 송(宋) 부윤(府尹)을 비롯하여 미와(三輪) 개성서장(開城署長), 개성공

140 담천(曇天): 구름이 끼어서 흐린 날씨.

립상업학교(開城公立商業學校) 다키(瀧) 교장 등 제씨로서 다음과 같은 연제로 암중 활약하는 스파이에게 매수당하거나 무의식 중 유언비어로 나라에 누를 끼치지 않도록 단단히 입조심을 하라고 장시간 동안 열변을 토한 바 있었는데, 이날 동 집회에는 각 요리점 기생, 음식점 등 일반 접객업자 또는 중학교 남녀 학생, 방호단, 청년단 등 무려 1,000여 명의 청중이 참집하여 장내는 입추의 여지가 없었다.

◇ 연사(演士)와 연제(演題)

방공방첩(防共防諜)에 대하여, 미와 개성서장

시국인식과 국민정신작흥, 송 부윤

청년학도에게 보냄, 다키 마사요시(瀧正善)

사상전전람회
지방에서도 개최키로

1938. 11. 20. 석간 2면 8단

사변은 이제 장기 건설전에 들어가서 총후 국민의 결속과 사상국방상의 강화, 충실은 더욱더 긴요해짐에 비추어 총독부에서는 이번 일반 국민의 주의를 환기하기 위하여 내각정보부와 조선방공협회의 후원을 얻어 청진(清津), 함흥(咸興), 광주(光州), 대구(大邱), 부산(釜山), 평양(平壤)의 여섯 도시에서 5일간 예정으로 사상전전람회를 순회 개최하기로 하였다.

방공방첩 표어 모집 심의

1938. 11. 28. 석간 2면 5단

총독부 경무국 안에 있는 조선방공협회(朝鮮防共協會)에서는 방공방첩 사상을 선전하기 위하여 방공방첩 포스터, 표어, 방공단가, 방공협회 마크를 널리 모집하고 있었는데, 지난 20일 그 모집을 마감지은 후 26일 오후 1시부터 총독부 제2 회의실에서 응모 총계 6,735점에 대한 심사회를 열었다. 금후 계속하여 심사를 한 후 추후로 그 결정된 것을 발표하리라고 한다.

방공협회 현상
표어, 포스터, 마크 등
작일 당선자 결정 발표

1938. 12. 1. 조간 2면 2단

조선방공협회(朝鮮防共協會)에서는 모집된 포스터, 마크, 표어(標語), 단가(團歌) 등 7,398건에 대하여 신중히 심사한 결과, 30일에 다음과 같이 당선자를 발표하였다. 단가는 다음에 발표할 터라 한다.

▲ 포스터 - 방공부(防共部)

1등(상금 50원): 구마모토시(熊本市) 야마사키정(山崎町) 8, 나가타(永田) 집(方), 후지모토 다다시(藤本正)

2등(상금 30원): 효고현(兵庫縣) 니시노미야시(西宮市) 마쓰시타정(松下町) 18, 효도 요조(兵藤要三) / 경성부(京城府) 약초정(若草町) 156, 나카오 류사쿠(中尾龍作)

가작(佳作): 시즈오카현(靜岡縣) 하마마쓰시(濱松市) 덴류시(天龍子)

▲ 포스터 - 방첩부(防諜部)

1등(상금 50원): 경성부(京城府) 약초정(若草町) 51, 마쓰코(增戶) 집(房), 오카다 기요시(岡田清志)

2등(상금 30원): 도치기현(栃木縣) 가미쓰가군(上都賀郡) 아시오정(足尾町) 중, 아카이시 사카에(赤石榮) / 구마모토시(熊本市) 구사바정(草葉町) 15, 도모에다 오타로(友枝翁太郎)

가작: 나고야시(名古屋市), 사카키바라 요시오(榊原義夫)

▲ 방공협회 마크

1등(상금 50원): 평양(平壤) 사이토부대(齊藤部隊) 사카구치대(坂口隊), 마시야마 다다시(增山正)

2등(상금 30원): 도쿄시(東京市) 요도바시구(淀橋區) 도쓰카정(戶塚町) 1-523, 이시다 즈즈쿠(石田續)

가작: 교토시(京都市) 다나카정(田中町), 원(元) 함남 홍남(興南) 석전경길(石田敬吉)

▲ 표어 - 방공부

1등(상금 30원): 경기도 개성상업학교(開城商業學校) 임광웅(林廣雄)

2등(상금 20원): 도요나카시(豊中市) 아사다(麻田) 1-1158, 다나카 시사부로(田中四三郞) / 전북 김제군(金堤郡) 부량면(扶梁面) 경찰관주재소(警察官駐在所), 오카야마 마사오(岡山政雄)

가작: 고베시(神戶市), 사이토 아키라(齊藤明) / 효고현 ■島千代子 / 함남 ■■ 이수익(李壽翼)

▲ 표어 - 방첩부

1등(상금 30원): 오사카시(大阪市) 다이쇼구(大正區) 다이쇼도리(大正通) 2정목 89, 鈴木■■

2등(상금 20원): 경성부 ■■정 135, 山■召■

가작: 시즈오카현 ■■■, 伊藤■子 / 후쿠시마현(福島縣), 小■久作

▲ 표어 - 방공방첩부

가작: 평화는 방공보다 ■■는 ■■에서 - 아이치현(愛知縣), 榮谷■■

사상전(思想展)
각지에서 대인기

1938. 12. 10. 석간 2면 6단

총독부 주최, 내각정보부·군부·방공협회 후원의 순회 사상전람회는 11월 23일부터 27일까지 청진에서의 개최를 비롯하여 3일부터 7일까지 함흥에서 개최하였는바, 모두 예기 이상의 인기를 집중하고, 청진에서는 입장 인원 십수만, 함흥에서는 20만이라는 호성적으로, 입장자 중에는 멀리 국경 방면의 단체가 오는 등 대성황을 보였다. 그리고 다음 개최지는 광주(光州, 17일부터 21일까지), 대구, 부산, 평양 등 각 도시로 그 성과는 자못 기대된다고 한다.

방공방첩 좌담회

1939. 1. 20. 조간 3면 6단

【양주(楊州)】 양주방공협회(楊州防共協會) 주최로 지난 18일 군 회의실에서 방공방첩(防共防諜)에 대한 좌담회와 〈간첩(間諜)의 최후, 아- 충용 최후의 최 통역생, 방공의 화(花)〉라는 종이광대로 수백 군중에게 깊은 감명을 주고 오후 6시경 성황리에 산회하였다.

방공방첩 사상선전

1939. 4. 24. 석간 3면 5단

【평남지사발(平南支社發)】 평안남도방공협회(平南防共協會)에서는 도민에게 방공방첩 사상을 한층 철저히 인식시키기 위하여 그런 내용을 실은 영화를 가지고 다음과 같이 도내 각처를 순회 공개하게 되었다.

▲ 26일 성천(成川) ▲ 27일 양덕(陽德) ▲ 28일 순천(順川) ▲ 29일 안주(安州) ▲ 30일 평원(平原) ▲ 5월 1일 용강(龍岡) ▲ 2일 중화(中和)

방공강연회 성황

1939. 5. 11. 조간 3면 8단

【장단(長湍)】 조선방공협회 장단지부는 결성한 이래 방공좌담회와 동 강연회를 개최하여 상당한 성적을 거양하고 있으나, 한층 방공의 강화 철저를 도모하고자 지난 9일 오후 1시부터 장단동 소학교 강당에서 사상보국조선연맹 간사 권충일(權忠一) 씨의 방공강연회를 군내 각 관공서 직원을 비롯하여 일반 유지, 중견청년 등 수백 명이 참집하여 개최하였는데, 강사 권

중일 씨가 등단하여 장시간에 걸쳐서 열변을 토하여 일반 청중에게 다대한 감동을 주었고, 계속하여 종이광대를 상연한 후 동 3시에 폐회하였다.

방공강연과 활동사진

1939. 5. 16. 조간 3면 2단

【양평(楊平)】 조선방공협회 양평지부는 결성 이래 방공에 대한 좌담회와 강연회를 수차 개최하여 상당한 성적을 내고 있으나, 한층 더 방공에 대한 인식을 철저히 하고자 지난 5월 13일 오후 4시부터 양평서 소학교 강당에서 연사로 사상보국조선연맹 간사 박덕현(朴德鉉) 씨를 초청하여 군내 각 관공서 직원, 기타 일반 유지, 중견청년 등을 다수 집합하여 방공강연회를 개최하였다. 호시자키(星崎) 지부장의 개회사로 전기 박덕현 씨가 등단하여 「사상국방과 내선일체」라는 연제로 장시간 동안 열변을 토하여 일반 청중에게 다대한 감동을 주었다. 밤에는 역시 방공에 대한 것과 기타 시국에 적합한 영화대회로 대성황을 이루었다.

방공협회 경기지부 일소(日蘇) 관계 강연 개최

1939. 5. 24. 석간 2면 7단

조선방공협회 경기도연합회지부에서는 도쿄에 있는 일소통신사(日蘇通信社) 사장 곤도 요시하루(近藤義晴)[141] 씨를 초빙하여 23일 오전 9시부터 경기도청 제1 회의실에서 최근의 일소관계에 대한 강연회를 열었는데, 청중은 도청원, 경찰서, 헌병대 관계자 등 1,500명이 모여 대성황을 이루고 동 10시에 폐회하였다.

141 곤도 요시하루(近藤義晴, 1886~?): 만주 하얼빈에 본사를 둔 러시아통신사 사장. 만주국 협화회 하얼빈 사무국장.

이화고녀(梨花高女)에 방공방첩 전람회 창립기념 겸하여 개최

1939. 5. 31. 조간 2면 7단

부내 정동정(貞洞町)에 있는 이화고등여학교에서는 창립 53주년을 기념하기 위하여 31일과 6월 1일의 양일간 그 학교에서 방공방첩 전람회를 연다. 이 전람회는 예년 열리는 학예품 전람회에 시국 색채를 낸 것인데, 조선방공협회 경기도연맹 서대문지부 후원으로 여학생들이 만든 방공방첩에 관한 포스터 수백 장을 비롯하여 기타 여러 가지 작품 외에 경무국 보안과, 경기도경찰부 특고과·외사과, 서대문경찰서 고등계와 외사계, 조선군 보도부와 병기부, 총독부 문서과 등에서 원조 출품을 하게 되어 여학교 주최 전람회로서는 일찍이 보지 못한 성황을 이룰 것으로 예상된다. 또한 회장을 일반에게 공개하는 것은 오전 9시부터 오후 6시 반까지인데, 둘째 날인 6월 1일에는 오후 7시부터 정동 예배당에서 '어머니의 저녁'을 열어 음악, 영화, 연극, 강연 등을 하게 되는데, 이곳은 20세 이상 여자에 한하여 입장을 허락하기로 하였다.

방공방첩극(防共防諜劇) 성황

1939. 6. 25. 조간 3면 7단

【김제(金堤)】 방공협회 김제지부(金堤支部)에서는 방공방첩을 일반에게 철저히 인식시키고자 전주(全州)에서 소인연극단 일행을 초청하여 지난 23일 김제극장에서 열었는데, 오후 1시와 밤 7시의 두 번에 나누어 대성황을 이루었다 한다.

시국인식 영화대회

1939. 7. 7. 조간 3면 6단

【양평(楊平)】 사변 2주년을 맞이하여 일반 민중에게 더욱 시국을 인식시키고자 지난 7월 3일 오후 7시 반부터 양평서 소학교 교정에서 방공협회(防共協會) 양평지부와 양평군사후원연맹(楊平軍事後援聯盟) 주최로 영화대회를 개최하였는데, 시국에 적당한 사진이 많이 있었고, 관람자가 수천 명으로 대성황을 이루었다.

총독부 방공영화 내월 중순에 봉절(封切)

1939. 7. 12. 조간 4면 6단

조선총독부 내 방공협회(防空協會)에서는 이번에 방공사상을 더욱 철저하게 일반에게 보급시키기 위하여 방공영화를 제작하기로 결정하고, 조선국책영화사(朝鮮國策映畵社)에 위촉하여 이미 착수한 지 오래라 하며, 스튜디오는 교토(京都) 도호(東寶) 스튜디오를 빌려 쓰기로 하였고, 오는 8월 11일경이면 완성될 예정으로서, 감독은 교토 합동영화사(合同映畵社)의 나카가와 시로(中川紫朗) 씨이고, 카메라맨은 다나카 쥬조(田中十三) 씨이며, 주연 배우는 다카쓰 오이코(高津愛子), 가쓰가 아야코(春日綾子) 등으로서, 오는 8월 15일 조선방공협회기념일(朝鮮防空記念日)에 경성에서 봉설할 예정이라 한다.

방공단가(防共團歌)

1939. 7. 12. 석간 2면 10단

조선방공협회에서는 저간 방공단가(防共團歌)를 모집하여 이미 당선된 것의 발표를 하였는데, 이 작곡을 제일고녀 오바(大場) 선생에게 의뢰하였던바, 요즈음 완성이 되었으므로 7일 데

이치쿠(帝蓄) 경성지점에서 오케관현단에 의하여 취입을 마쳤다. 곡보는 방공가와 방공단가의 두 곡으로, 일본정신의 앙양, 공산주의 섬멸의 기백이 넘쳐흐르게 하여, 단원의 지기(志氣)를 진작시킬 것으로, 8월 15일까지 배급할 수 있도록 하려고 노력 중이다.

방공방첩주(防共防諜週) 실시
영화, 강연, 좌익 서적 소각 등
함북도에서 계획 중

1939. 7. 25. 조간 3면 7단

【함북지사발(咸北支社發)】 함북도에서는 오는 8월 14일부터 1주일간을 두고 함북도에서는 방공방첩주간(防共防諜週間)을 실시하여 방공협회 창립의 1주년 기념에 대하기로 하였다 한다. 그동안에는 영화, 강연, 라디오방송, 가두행진, 사상 보급, 좌익 출판물의 소각, 우량 단체와 개인의 표창 등을 비롯하여 여러 가지 여기에 관련된 행사를 거행하기로 하였다 한다.

방공방첩데이

1939. 8. 2. 조간 3면 7단

【강릉(江陵)】 오는 8월 15일 조선방공협회 창립 1주년 기념일을 맞이하는 강릉방공협회지부에서는 미리부터 이 행사 준비에 망살[142] 중으로, 먼저 이제까지 미조직 지대로 있던 망상(望祥), 옥계(玉溪), 성덕(城德) 등 각 면에 방공단을 결성하는 외에, 다음의 일정으로 기념행사가 있겠다고 하며, 특히 당일 15일에는 강릉공회당 앞 광장에서 현상(懸賞) 웅변회도 개최되리라는바, 희망 연사는 오는 13일까지 연설의 요지를 원고지에다 청서, 강릉경찰서에 제출하여 주기를 바란다고 한다.

142 망살(忙殺) : 매우 분주하다는 뜻으로서 '망쇄하다'의 어근이다. '망쇄'라고 발음한다. 여기서는 원문대로 두었다.

14일 준비일(準備日): 강연, 영화회

15일 기념일(記念日): 기념식, 근로봉사 작업, 강연 및 좌담회, 가두행진, 좌익 출판물의 소기(燒棄), 삐라·포스터 배포, 영화관 이용 막간연설(幕間演說)

방공방첩 행사
괴산지부서 결정

1939. 8. 3. 석간 7면 4단

【괴산(槐山)】 8월 15일 방공·방첩데이를 중심하여 방공협회 괴산지부(槐山支部)에서는 지난달 31일 오후 5시에 괴산공회당에서 역원회를 열고, 1주년 기념행사에 대하여 토의 결정하였다는데, 결정 사항은 전 군민에게 방공방첩에 대한 만화와 표어를 오는 10일까지 모집할 것, 방공협회 괴산지부 주최, 각 신문지국 후원으로 방공방첩에 대한 신파연극을 하되, 괴산읍 각 요릿집의 기생을 총동원시켜 1주일 동안 연습을 시킨 후 오는 14일 밤 일반에게 공개할 것, 15일 오전 8시에는 괴산신사에서 기념식을 거행한 후 계속하여 공회당에서 좌담회를 열기로 하였다. 신파 연극에 대하여는 일반에게 무료 공개키로 하였으나, 장내 정돈비로 10전씩을 받기로 하였는데, 일반의 많은 후원을 바란다고 한다. 그런데 장소가 협착한 관계로 미안하지마는 15세 이상 남녀에 한하여 입장을 허가하기로 하였으며, 방공방첩에 대한 만화와 표어는 엄중 심사하여 당선된 분에게 상품을 수여키로 하였으므로 기한 내에 많이 보내주기를 바란다고 한다.

묵호, 옥계 양처(兩處) 방공단을 결성

1939. 8. 3. 석간 7면 9단

【강릉(江陵)】 조선방공협회 강릉지부에서는 이번 강릉군 내 묵호(墨湖), 옥계(玉溪) 두 곳에다 그 세포단체 방공단을 결성하고자 미리부터 만반 준비에 분망 중이던바, 지난 29일 가이(甲斐)

동 지부장은 모리모토(森本) 강릉서 고등계 주임과 요시다(吉田) 강릉방공단장을 대동하고 먼저 묵호에 출장하여 그곳 방공단을 조직하고, 그다음 날인 30일에는 옥계로 출장하여 그곳 방공단을 조직하였다 한다.

소인극과 강연회
수원 방공기념행사 준비

1939. 8. 9. 조간 3면 7단

【수원(水原)】 이달 15일은 방공기념일이므로 방공협회 수원지부에서는 갖가지의 재미있는 프로를 작성하여 당일 거행한다는데, 당일 수원극장(水原劇場)에서는 방첩에 대한 소인극(素人劇)과 강연회가 있을 것이고, 시민과 각 학교 아동은 방공표어의 기행렬이 있어 방공사상을 일반 민중에게 철저히 선전하리라 한다.

영어(囹圄)의 전향자
방공협회에 사업비 헌금

1939. 8. 10. 조간 2면 8단

형무소에 수감 중인 전향자들로부터 감격의 헌금이 들어왔다. — 사상범으로서 지금 서대문형무소에서 복역 중인 김성도(金成道) 외 5명은 오는 15일로 1주년을 맞이하는 방공협회 기념 사업비로 써달라고 24원을 9일 서대문서에 기탁하였다.

방공방첩협회 1주년 기념행사

1939. 8. 10. 조간 3면 7단

【평강(平康)】 조선방공협회 창립 1주년 기념을 맞이하는 방공협회 평강지부(平康支部)에서는 당일을 방공방첩일로 정하고 방공방첩사상의 보급 철저를 기하여 다음(左記) 행사를 실시하기로 결정하였다고 한다.

1. 방공협회 창립 1주년 기념식 거행: 오전 8시 반 평강신사(平康神祠) 광장
2. 가두 선전 행진의 실시
3. 근로봉사 작업의 실시
4. 소인연극(素人演劇)의 실시
5. 강연 및 좌담회
6. 가미시바이(紙芝居)
7. 선전문, 포스터의 배부
8. 게시판 및 입간판(立看板)의 이용
9. 좌익 출판물의 일제 단속(取締)

주정환(朱政煥) 씨 특지(特志)

1939. 8. 10. 석간 2면 3단

부내 봉래정(蓬萊町) 4정목 76번지 지주 주정환(朱政煥, 48) 씨는 9일 아침 서대문서를 찾아와서, 오는 15일은 조선방공협회 창립 1주년 기념일이므로 그 기념사업에 써달라고 현금 100원을 기부해왔다.

영화, 강연회 개최 방공일(防共日) 행사 결정

1939. 8. 11. 조간 3면 3단

【충북지사발(忠北支社發)】 방공방첩협회 충북지부에서는 오는 8월 15일 방공협회 1주년기념일을 당하여 관하 각군에 있는 지부를 동원하여 방공 1주년 기념행사를 실시하여 일반의 인식을 재강조하기로 하였는데, 대체로 다음과 같은 행사를 실시하기로 하였다 한다.

1. 강연, 영사(映寫), 연극 등 개최
2. 기념식—국기게양, 궁성요배, 국가합창, 황군무운장구기원(皇軍武運長久祈願) 및 전몰장병에 대한 묵도(默禱)
3. 근로봉사 작업
4. 선전 삐라, 포스터의 첩부(貼付)
5. 가두행진
6. 좌담회 개최

방공기념행사

1939. 8. 13. 조간 3면 3단

【양주(楊州)】 오는 15일 방공협회(防共協會) 설립 1주년을 맞이하는 양주지부에서는 당일을 뜻있게 보내기 위하여 오는 14, 15 양일 간 여러 가지 행사를 행하기로 하였다. 더욱이 방공방첩(防共防諜)에 대한 연극이 있을 터인데, 극계에 명성이 높은 명사며 지방 내선인의 합력으로 방금 맹렬한 연습을 하고 있는데 일반의 많은 관람을 바라며, 행사는 다음과 같다.

14일: 오후 6시부터 강연회 연사(演師), 방공단(防共團) 간사, 계속 좌담회, 오후 8시부터 연극 방공방첩, 장소: 군(郡) 회의실

15일: 오후 1시 신명신사(神明神祠) 참배, 근로봉사, 가두행진 선전, 방공단·청년단(靑年團) 각 단체 총출동

기념식과 강연회
경기도 방공기념식 준비

1939. 8. 13. 조간 3면 6단

경기도방공협회 연합지부에서는 오는 15일 협회 창립 1주년을 기념하기 위하여 다음과 같은 여러 가지 행사를 거행하여 이날을 뜻있게 맞이하는 동시에 일반의 인식을 다시 한 번 새롭게 하기로 하였다. 즉 이날 오전 8시 30분부터 조선신궁 광장에서 미쓰하시(三橋) 경무국장, 간자(甘蔗) 경기도연합지부장, 이하 5,000명의 회원이 모여서 기념식을 거행할 터인데, 이것이 끝나면 방공기(防共旗)를 선두로 적마(赤魔) 응징의 모형 인형을 실은 트럭을 앞세우고 보무당당히 일동은 시중을 시위 행진하여 총독부 광장에 와서 방공만세를 삼창한 후 도청 앞에 와서 해산한다.

그리고 밤에는 8시부터 부민관에서 방공강연, 방공영화, 방공음악회 등을 열어 마음껏 기세를 올릴 터이다.

방공협회 기념일
전 조선 일제히 거행

1939. 8. 13. 석간 2면 8단

전시체제 아래 조선의 방공사상의 완벽을 기하여 결성된 조선방공협회(朝鮮防共協會)에서는 오는 15일로서 동 협회 설립 1주년에 해당하므로 이를 기회로 협회의 결속도 한층 더 강고히 하고 또한 기구를 확충하기 위하여 전 조선 일제히 1주년 기념식을 거행하기로 하였다. 경기도연합지부에서는 이날 오전 8시 반부터 조선신궁 광장에서 기념식을 엄숙하게 집행한다.

전 조선 각종 행사로 방공정신 철저 보급
15일의 기념할 방공데이

1939. 8. 14. 석간 2면 3단

시국이 중대함에 비추어 일·독·이(日獨伊) 방공협정의 취지에 의하여 공산주의를 단호 배격하는 동시에 일본정신 앙양을 목적으로 작년 8월 15일에 조직된 조선방공협회(朝鮮防共協會)는 오는 15일로서 만 1주년을 맞이하므로 총독부에서는 이것을 기념하고자 매년 이날을 방공데이로 정하여 여러 가지 행사를 실시하기로 하였다. 금년 이날은 전 조선 도시 촌락을 물론하고 방공기념식 거행, 방공좌담회 개최, 또 이에 대한 가두행진, 영화회 등 각종 행사를 실시하여 14, 15 양일 간은 전 조선이 방공 일색으로 방공방첩의 보급 철저를 도모하기로 하였

〈그림 36〉 광화문통의 방공선전탑

다. 그리하여 조선방공협회 본부에서는 14일 오후 7시부터 경성부민관에서 '방공의 저녁'을 개최하기로 하였는데, 이날 밤 행사는 다음과 같은 순서에 의하여 거행한다.

1. 기타(喜多) 조선군 참모의 강연
2. 방공영화 〈방공의 □〉(전 6권) 봉절(封切)
3. 방공단가(防共團歌) 발표
4. 방공방첩만재(防共防諜漫才)

(사설) 방공의 기념

1939. 8. 15. 조간 1면 1단

1.

제국은 그 국시(國是)가 절대로 공산주의와 상용(相容)되지 않으므로 솔선 독·이(獨伊)와 방공협정을 체결하여 공산주의의 적색국가인 소련을 방위하고, 적색사상의 침투를 막아냄(防遏)에 노력하여 오던 중 지나사변을 계기로 하여 시국은 더욱 중대화하고 용공항일(容共抗日)의 장(蔣) 정권을 철저 궤멸케 하는 데에는 방공의 철벽(鐵壁)을 굳게 하는 동시에 일본정신의 앙양을 일반 국민 간에 철저케 하여야 하게 되었다. 그래서 이 목적을 달성하기 위하여 작년의 금일에 조선방공협회(朝鮮防共協會)가 조직되었다. 이번에 총독부에서는 매년 이날을 기념일로 정하고 각종의 기념행사를 실행하여서 방공사상의 보급과 방공정신의 철저를 도모하기로 하였다. 그러므로 오늘은 곧 방공데이다.

2.

공산주의는 현대의 자본주의적 정치조직, 경제조직 내지 사회조직을 근본적으로 파괴하는 것을 목적하는 것으로 적색 소련은 이 주의를 실행하는 체함으로써 세계혁명을 표방하여 세계 인류를 그 유린(蹂躪)과 감제(箝制)하에 집어넣으려고 하는 말하기도 포학무쌍(暴虐無雙)한 흉계(凶計)를 품은 나라이다. 또 코민테른은 이 흉계를 실행하는 독아(毒牙)로 활동하고 있는 것이다. 그러므로 이런 종류의 마계(魔計)의 차단은 곧 국민의 안녕과 복지를 증장(增長)케 하는 소이(所以)가 되는 것이다. 뿐만 아니라 나가서 이와 같은 적색주의(赤色主義)를 타파하고 적마(赤魔)의 침투를 청소하여서 인류의 행복에 공헌하는 것은 우리의 의무다. 이날을 맞아 전 조선이 방공타적(防共打赤)의 일색(一色)으로 기념하는 것은 가장 의의가 큰 것이 있다고 할 것이다.

방공협회 1주 기념
영화음악회 개최
금야(今夜), 부민관에 무료 공개

1939. 8. 15. 조간 2면 2단

15일 조선방공협회 창립 1주년을 당하여 경기도경찰부 고등과에 사무소를 가진 경기도연합지부에서는 기념의 뜻을 일반에 선전하기 위하여 15일 오후 7시부터 부내 부민관(府民舘)에서 연극·음악·영화회를 열고 무료 공개로서 일반의 관람을 환영하기로 하였다.

작야(昨夜) 기념강연
방공협회 주최로

1939. 8. 15. 조간 2면 2단

조선방공협회에서는 14일 조선방공협회 창립 1주년 기념일을 당하여 기념행사로서 오후 7시부터 부내 부민관에서 '방공의 저녁'을 열었다. 1,000여 명 관중이 모인 가운데 우선 협회장인 미쓰하시(三橋) 경무국장의 개회사와 국가 합창이 있은 다음, 전몰장병 추모와 출정군인의 무운장구를 빌기 위하여 1분간 묵도를 바치고, 기타(喜多) 참모의 강연과 신작 방공단가 발표, 방공방첩 만재(漫才)와 방공영화로서 대성황리에 오후 10시 반 끝마쳤다.

이천 방공방첩일

1939. 8. 15. 조간 3면 7단

【이천(伊川)】 강원도 이천경찰서에서는 15일이 조선방공협회 창립 1주년에 해당하므로 이날을 더욱더 의의 있게 하는 동시에 방공방첩에 대한 사상의 보급을 철저히 하고자 다음과 같이 제반 행사를 실시한다고 한다.

방공영화음악회
작야(昨夜), 부민관에 초만원 성황

1939. 8. 16. 조간 2면 7단

조선방공협회 창립 1주년 기념사업으로 동 협회 경기도연합지부 주최의 영화음악회는 예정과 같이 15일 오후 7시부터 부민관에서 열렸는데, 초만원의 대성황을 이루었다.

〈그림 37〉 부민관에서 열린 방공영화음악회

시국강연회 개최

1939. 8. 16. 조간 3면 5단

【춘천(春川)】 방공협회 강원도지부 주최로 시국에 대한 강연회를 지난 14일 오후 8시부터 춘천읍 공회당에서 개최하였는데, 강사는 김두정(金斗禎), 남상효(南相孝) 양씨라 한다.

방공협회 창립 1주년 기념식 금(今) 조선신궁 앞에서 성대한 식전 거행 가두엔 일대 축하행렬

1939. 8. 16. 석간 2면 3단

조선방공협회 창립 1주년 기념일인 15일 전 조선 각지에서 이날을 기념하는 여러 가지의 행사가 거행되었거니와, 이날 경성에서는 경기도연합지부의 주최로 부내 여섯 군데의 방공지부와 각 지부 관하에 있는 학교, 청년단 등 각종 방공단체를 총동원하여 조선신궁 앞 광장에서 일대 기념식전이 거행되었다. 식전을 마치자 곧 가두행진에 들어갔는데, 식전에 참열한 6,000의 방공부대는 악대를 앞세우고 보무당당한 시가행진을 거행, 첫 가을 상량한 이날의 장안을 방공 일색으로 완전히 덮어버렸다.

아침 8시 반 먼저 기념식전이 조선신궁 앞에서 거행되었는데, 오전 8시 반 미쓰하시(三橋) 방공협회장, 간자(甘蔗) 경기도 연합지부장 이하 부내 여섯 지부장을 비롯해, 연합지부원, 지부 역원, 기타 각 단(團) 부원 약 6,000여 명의 정렬을 기다려서 나카무라(中村) 경기도 고등과장의 개회사로 식은 막을 열었는데, 순서에 따라 슈바츠(修祓)[143], 다마구시호텐(玉串奉奠)[144]이 있은 후, 일동은 궁성을 요배하고 나서 국가 봉창, 황군의 무운장구 기원, 전몰 영령에 대한

143 슈바츠(修祓): 신도(神道)에서 재액을 제거하고 심신을 깨끗이 하는 의식.
144 다마구시호텐(玉串奉奠): 신전에 나뭇가지를 바치는 의식.

〈그림 38〉 (위) 신궁의 기념식
(아래) 총독부 현관 앞으로 집합하는 시가 행렬 부대

묵도가 있었고, 이것이 끝나자 간자 경기도연합지부장의 식사가 있었고, 이화고녀(梨花高女)에 대한 공적 표창이 있은 후 아베(安倍) 소장의 서사 낭독, 고 경찰부장의 선창으로 황국신민 제창, 최후로 미쓰하시 방공협회장의 발성으로 만세를 삼창한 후 오전 9시에 식은 마쳤다.

기념식을 마친 후 가두행진에 들어갔는데, 각 소속 단으로부터 제출한 가지각색의 적마 퇴치의 표어와 희화(戯畵)가 보는 사람의 눈을 황홀케 하는 가운데 '적마 황복'의 큰 인형을 실은 트럭부대를 선두로 악대에 발을 맞추어 6,000여 방공부대의 대행진이 있었는데, 행진은 먼저 신궁 광장에서 남대문으로 나와서 다시 광화문을 거쳐 총독부에 이르러서 〈우미유카바〉(바다로 가면)[145]의 주악 아래 가타(賀田) 상공회의소 회두의 발성으로 또 한 번 「황국신민의 서사」를 제송한 후, 한상룡(韓相龍) 씨의 선창으로 천황폐하 만세를 봉창한 후, 일동은 다시

145 우미유카바(海行かば, 바다로 가면): 1937년 일본 국민의 전의(戰意)를 고취시키기 위해 작곡된 군가(軍歌). 가사는 『만엽집(萬葉集)』 18권의 장가(長歌)에서 따온 것이다.

광화문통으로 돌아나와 경기도청 앞에서 만세를 삼창한 후 해산하였으니, 때는 오전 11시 정각이었다. 그리고 밤에는 부민관에서 방공강연회, 방공영화 상연회가 있겠고, 따로 또 라디오 방송 등 각종 행사가 계속하여 있을 터이다.

방공방첩의 철벽(鐵壁)
강연으로 극(劇)으로 철저 강조
개성의 기념행사

1939. 8. 16. 석간 7면 1단

【개성(開城)】 조선방공협회 개성지부에서는 15일 동회 창립 1주년을 맞이하여 이날을 기념하고 한층 방공사상의 보급, 방첩의 완벽을 다하기 위하여 지난 14일, 15일 양일을 '방공방첩데이'로 정해가지고 강연, 연극, 근로 작업 등 여러 가지 기념행사를 다음과 같이 성대히 거행한 바 있었다.

8월 14일(제1일)

1. 근로봉사 작업

오전 7시 30분 각 정·부민(町府民) 1,000여 명이 개성신사(開城神社) 경내(境內)에서 1시간 참도(參道) 청소 작업

2. 강연 및 연극

오후 1시 고려청년회관(高麗青年會舘) 내에서는 약 700명 부민이 참집한 가운데 다음 4씨가 방공방첩에 대한 강연을 하였다.

▲ 부윤(府尹) 송문화(宋文華)

▲ 부의원(府議員) 가나이 요네이치(金井米一)

▲ 변호사 공진태(孔鎭泰)

▲ 인정식(印貞植)

동 3시부터는 〈방공의 화(華)〉라는 소인극(素人劇)이 민병휘(閔丙徽) 씨 연출로 상연

8월 15일(제2일)

◇ 기념식 거행

오전 7시 30분 개성부(開城府) 신사(神社) 대전(大前)에서 관민(官民) 1,000여 명이 모여 기념식을 거행

◇ 식후(式後) 가두행진

3. 좌담회

오후 7시부터 개성지부 평의원, 간사 및 지부 소재지 전향자(轉向者) 등이 참가하여 개성서(開城署) 내에서 방공에 대한 좌담회를 개최하였다.

〈그림 39〉〈방공의 화〉란 연극 한 장면

방공방첩협회 창립
1주년 기념행사 성황

1939. 8. 17. 조간 3면 1단

【장단(長湍)】 방공협회 장단지부에서는 협회 창립 1주년 기념일에 제하여 15일 오전 10시에 장단신사에서 관민, 유지, 방공단원 다수 참집하에 기념식을 성대히 거행한 후 방공단원의

근로봉사 작업을 실시하고, 계속하여 오후 1시부터 장단 연무장에서 방공방첩의 강연과 지주 이원하(李元夏)의 종이연극을 실연하여 총후 방공방첩 정신과 사상을 철저케 하다.

【강화(江華)】 방공협회 창립 1주년 기념회합은 강화에서도 성대히 거행하였다는바, 당일 오전 10시에 강화 신명신사에서 무운장구를 거듭 기원하고, 이어서 강화경찰서 연무장에서 1주년 기념에 대한 행사가 있었는데, 당일에는 윤달용(尹達鏞) 씨의 일본정신과 방공에 대한 강연이 있었던바, 장내에는 입추의 여지가 없는 성황이었다.

【양주(楊州)】 방공협회 창립 1주년 기념일을 맞이하는 양주지부에서는 14일 오후 6시부터 군 회의실에서 이노우에(井上) 지부장의 의의 깊은 강연에 계속하여 연극으로 옮겼다. 이백수(李白水) 씨 지휘의 〈방공방첩(防共防諜)〉이라는 연극으로 만장의 갈채를 받았는데, 장 내외에 넘치는 관중은 무려 1,000여 명에 달하여 대성황리에 막을 내렸다.

〈그림 40〉 (상) 장단신사에서 방공방첩 기념식
(중) 강화에서 방공방첩에 관한 강연회 광경
(하) 하는 의정부에서 방공방첩연극

'방공' 1주년 기념

1939. 8. 17. 조간 3면 6단

【춘천(春川)】 지난 14일은 조선방공협회 강원도지부에서 결성한 1주년 기념일에 해당하여 기념행사를 성대히 거행하였는데, 각 정 단체 방공단원 500명과 유지 등 다수 모여 오전 9시 공회당에서 기념식을 행하고 단기를 선두로 시가행진과 강원신사에서 봉고제 또는 영화대회도 개최하였다 한다.

방공방첩 일색!
각지에서 기념행사 성대 거행

1939. 8. 17. 석간 3면 2단

평양(平壤)

【평남지사발(平南支社發)】 방공협회를 창립한 지 1주년을 맞이하여 방공협회 평남연합지부와 평양·선교·대동 3지부 주최로 15일 오전 8시부터 평양신사 대전에서 4,000여 명이 참집하여 다니시게(谷重) 간사의 개식사를 비롯해 신사참배, 국기게양, 궁성요배, 국가합창, 황군의 무운장구 기원과 전몰장사의 영령에 대한 1분간 묵도를 올린 후, ■■ 지부장의 선창에 의하여 「황국신민서사」를 제창하고, 평안남도연합지부장 이시다(石田) 지사의 식사와 선서 낭독, 만세삼창으로 엄숙히 식을 마치고, 악대를 선두로 방공방첩의 표어를 쓴 깃발을 날리며 가두행진을 하여 서기산(瑞氣山) 충혼비(忠魂碑) 앞에 이르러 만세삼창으로 해산하였다.

이날 공중에서는 방공방첩의 선전 삐라를 비행기로 산포하였으며, 오후 7시 30분부터는 신공회당에서 방공방첩 강연이 있었으며, 또 방공가(防共歌)와 방공단가를 발표하였다.

함흥(咸興)

【함남지사발(咸南支社發)】 조선방공협회 창립 1주년 기념일인 동시 방공방첩일인 15일 오후 1시

반 함흥신사 대전에서 관민, 초중등 생도 등 5,000여 명의 참집으로 성대한 기념식을 거행하였다.

식은 예에 의하여 국기게양, 황거요배, 묵도 등을 엄숙히 지낸 뒤 방공협회 함흥지부장인 이치야마(市山) 서장의 식사, 사사카와(笹川) 지사 함남도협회 지부장의 고사가 있은 뒤, 내빈으로 사카이(酒井) 검사정, 다카하시(高橋) 헌병대장의 축사가 있었다. 이다음에는 좌익 출판물을 불살라버린 뒤 모리모토(森本) 함흥 여단장의 선창으로 성수만세를 세 번 불렀다.

식을 마친 뒤에는 참열한 사람들이 각각 표어를 쓴 기치를 들고서 시내 행진을 하여 함남도청 정문에 가서 우렁찬 만세를 삼창하고 기세를 높인 뒤에 행사를 마쳤다.

〈그림 41〉「위」로부터 함흥, 광주, 평양의 방공기념식 광경」

청주(淸州)

【충북지사발(忠北支社發)】 충북도방공협회 지부에서는 지난 15일 방공협회 창립 1주년 기념일을 당하여 조선방공협회 촉탁 박득현(朴得鉉) 씨를 초빙하여 당일 오전 10시부터 도청 제1회의실에서 방공방첩에 관한 강연회를 개최하였는바, 대성황을 이루었다 한다.

광주(光州)

【전남지사발(全南支社發)】 방공협회(防共協會)가 조직된 지 1주년인 15일 오전 9시에 광주신사 앞 광장에 부내 각 단체, 학교 생도, 관민 무려 1만여 명이 참열하여 제반 식순에 따라 스에(須江) 광주경찰서장의 식사가 있은 후 신카이(新貝) 지사의 고사, 축사, 선언문 낭독 등으로 성대히 방공 1주년 기념식을 마치고, 이어서 시가행진을 하였다.

대전(大田)

【충남지사발(忠南支社發)】 방공방첩 보국을 철저히 하기 위하여 창립된 조선방공방첩협회의 1주년 기념일인 15일 오전 8시부터 동 협회 대전지부에서는 도청 제1회의실에서 마쓰모토(松本) 대전지방법원장과 미야이(宮井) 검사정을 비롯하여 관민, 유지 참집 아래 성대한 기념식을 거행하였다.

해주(海州)

【황해지사발(黃海支社發)】 15일이 조선방공협회가 결성된 지 만 1주년에 해당하므로 동 협회 황해도연맹 및 해주지부에서는 이날을 기념하기 위하여 그날 오전 9시부터 해주신사에서 기념식을 성대히 거행하였는데, 식장에는 각 관공서 직원이 총출동하고, 부내 25 방공단원이 회집하였으며, 식을 마친 후 방공의식을 강조시키기 위하여 2시간 동안 근로봉사를 하였고, 해주지부에서는 오가와(小川) 고등계 주임이 선두에 나서서 선전 포스터, 삐라 등 4,000여 장을 배부 산포하여 부내는 방공 선전으로 한 이채를 보였다.

방공 기념식

1939. 8. 18. 석간 7면 5단

【성진(城津)】 15일 조선방공 기념일을 당하여 성진지부에서는 성진서(城津署) 관내의 자위단 간부 1,000여 명을 소집하고 다수 관민 참석한 가운데 오후 2시부터 읍사무소 앞 광장에서 각종 기념식전을 거행한 다음 자위단원 1,000여 명은 악대를 선두로 시내를 행진하며 방공 방첩 선전을 하였다.

방공 강연 성황

1939. 8. 18. 석간 7면 6단

【이천(伊川)】 강원도 이천군 읍내 조선방공협회 이천지부 주최로 조선방공협회 창립 1주년 기념인 지난 15일에 일반 군민에게 방공방첩에 대한 사상을 보급시키고자 동일 오전 8시에 관민 학생 700여 명이 이천신사에 모여 기원제를 거행하고 오후 4시부터 이천공회당 내에서 방공방첩에 대한 대강연회를 개최하고 이천경찰서 다나카(田中) 고등계 주임의 개회사와 연사의 소개를 한 다음, 본사 이천지국장 김호병(金昊炳) 씨가 등단하여 「동아흥륭(東亞興隆)과 우리의 각오」라는 연제로 열변을 토하였고, 윤준병(尹俊炳) 씨가 「방공방첩의 진의(眞義)」라는 연제와 이토 로잔(伊藤盧山) 씨의 「영·미·프·소(英米佛蘇)는 지나의 적이냐? 아니냐?」 하는 연제로 열변을 토하여 500여 명 청중에게 많은 감상을 주고 오후 7시경에 성황리에 폐회하였다고 한다.

양주군에서도 방공관전행진(防共官傳行進)

1939. 8. 18. 조간 3면 2단

【양주(楊州)】 방공협회(防共協會) 1주년 기념식은 15일 오후 1시부터 의정부 신명신사에서 거

행하였는데, 황군의 무운장구, 영령에게 1분간 묵도, 이노우에(井上) 지부장의 식사, 선언 낭독, 만세삼창으로 식을 마치고, 폐품의 수습, 신사 경내의 청소 작업, 계속하여 각종 표어의 기와 악대를 선두로 시내 행진으로 오후 3시 역전 광장에서 해산하였다.

수원방공협회 1주년 기념식

1939. 8. 18. 조간 3면 7단

【수원(水原)】 전조선방공협회에서는 지난 15일 창립 1주년 기념식을 거행한바, 방공협회 수원지부에서는 동 지부와 국민정신사상보국연맹 수원분회와 공동주최로 15일 상오 8시 수원 신사에는 방공방첩에 관한 슬로건 깃발 아래에서 방공 각 분단과 각 사회에서 400~500명의 참가인으로서 성대히 기념행사를 마친 후, 수원소학교 넓은 교정에는 수천의 학동과 단체원들의 휘날리는 일·독·이(日獨伊) 국기 속에 수원 삼일학교(三一學校) 나팔대의 행진 나팔을 위시하여 시가를 행진한 후 상오 11시경 서문 안 신풍소학교 교정에서 조선방공협회 만세삼창으로 해산하였고, 수원경우회 방공단에서는 13일부터 16일까지 폐품을 모집하여 국방에 헌금키로 하고 오늘은 또 수레를 끌고 시내를 행진하였으니, 일반 시민은 감격하여 협력하는 충의가 감사한 바이라 한다.

방공데이 연극 성황

1939. 8. 19. 조간 3면 5단

【영월(寧越)】 지난 15일 방공데이에 영월방공협회지부에서 연극을 영월공회당에서 개최하였는데, 집합 인원이 많았다. 그런데 이 연극은 방방곡곡에 철저 주지를 위하여 지방 순회를 개시하였다 한다.

강릉 방공방첩일

1939. 8. 20. 조간 3면 8단

【강릉(江陵)】 조선방공협회 창립 1주년 기념일인 15일 방공방첩일(防共防諜日)에 있어 강릉 동 협회지부 주최의 기념행사는 동 기념식을 거행하고 약 1시간 동안의 가두 시위행진이 있은 다음, 동일 오후 3시부터 된 강릉극장에서의 방공방첩에 대한 변론대회가 다음과 같이 제씨로부터 열렸으며, 동 변론대회의 뒤를 이어 또한 뉴스의 상영이 있어 자못 기세를 올린 바가 있었다.

김흥기(金興起), 소메야 노부요시(染矢信好), 염근수(廉根壽), 김석호(金奭鎬), 정재윤(鄭在允), 하야시 도요지로(林豊次郎)

혜산진 방공기념

1939. 8. 20. 석간 7면 5단

【혜산진(惠山鎭)】 방공협회를 창립한 지 만 1주년을 당하여 혜산진에서도 14일 오후 6시부터 시내 명치회관에서 경찰서장과 헌병분대장의 강연이 있었고, 이어서 방공좌담회까지 있어 자못 성황리에 동 오후 10시에 산회하고, 익일 15일은 오전 8시 반부터 팔번신사에 500~600명의 참가자로서 기념식을 거행하였다.

홍원 방공기념 성황

1939. 8. 20. 석간 7면 5단

【홍원(洪原)】 조선방공협회 창립 1주년 기념사업으로 14일에는 지부 간부와 단원들의 강연

이 있었으며, 15일에는 조조부터 신사참배와 기념식, 가두행진, 근로봉사 등이 있은 다음 밤에는 방공방첩에 대한 소인극과 연예대회가 있었는데, 예기 이상의 대성황을 이루었다고 하는데 소인극은 다음 세 가지였다고 한다.

1. 〈환희(歡喜)의 봄〉 1막(幕)
2. 〈스파이〉 동(同)
3. 〈공상연구실(空想研究室)〉 1경(景)

방공표어 당선 발표

1939. 8. 20. 석간 7면 6단

【북청(北青)】 방공협회 북청지부에서는 일반에게 방공방첩 사상을 철저히 인식시키기 위하여 이에 대한 표어를 모집하였는데, 아래와 같이 당선되었다.

1등: "방공일색(防共一色) 밝은 황군(皇軍)", 북청읍내(北青邑內) 어윤용(魚允龍)

방공방첩 소인극 수원에서 대성황

1939. 8. 24. 조간 3면 5단

【수원(水原)】 기보와 같이 모든 준비상 수원방공협회지부에서 지난 21, 22일 양일 밤에 방공방첩에 대한 소인극을 수원극장에서 개연한바, 장내는 찌는 더위도 잊고 아래위층 900여 인의 전무후무한 대인파 중에서 홍은표(洪銀杓) 작의 〈밝아오는 고향〉 전 3막 5장과 기쿠치 간(菊池寬) 작의 〈환향(還鄕)의 부(父)〉 전 1막극을 상영하여 모든 더위를 웃음과 즐거움으로 씻고 무사히 산회하였다.

방공방첩주간 성황리에 종료

1939. 8. 25. 석간 7면 5단

【함북지사발(咸北支社發)】 방공협회 청진지부와 헌병분견대의 공동주최로 열렸던 방공방첩주간(防共防諜週間)의 모든 행사는 20일로서 원만히 마치게 되었다. 그리고 공로자로 다음과 같은 표창식을 거행하였다.

신악동(新岳洞) 우편소장(郵便所長) 조동운(趙東雲) 씨
공락관(共樂舘) 경영주(經營主) 장채극(張彩極) 씨

방공방첩 영화회

1939. 9. 18. 석간 3면 5단

【인제(麟蹄)】 장기 전시체제 밑에 일반 주민에게 시국인식과 방공방첩에 대한 인식을 거듭 강화시키기 위하여 조선방공협회 강원도 인제지부에서는 군내 각 면에 순회영화를 개최하기로 하고, 조선교육영화연구회에서 영화 기사를 고빙하여 다음 일정에 의하여 영화회를 개최 중이다.

▲ 인제읍내(麟蹄邑內) 9월 14일

▲ 서영면(瑞永面) 15일

▲ 북면(北面) 16일

▲ 용대리(龍垈里) 17일

▲ 남면(南面) 18일

▲ 기린면(麒麟面), 내면(內面) 미정(未定)

헌납금 감사장 수여

1939. 10. 20. 석간 2면 9단

【여수(麗水)】 지난번 여수읍(麗水邑) 서정(西町) 김영준(金英俊), 이우헌(李又憲), 김수인(金守仁) 씨 세 분으로부터 방공협회(防共協會)에 다량의 금품을 헌납한 일이 있었는데, 요즈음 신카이(新貝) 지사의 감사장을 받았다고 한다.

수원 초유의 현상웅변대회
본사 지국 후원으로

1939. 11. 8. 조간 3면 9단

【수원(水原)】 전선사상보국연맹(全鮮思想報國聯盟) 수원분회(水原分會)와 조선방공협회(朝鮮防共協會) 수원지부 주최와 본사 수원지국과 수원읍 후원하에 정신작흥주간 제5일인 11일 토요 하오 7시 정각에 수원읍 공회당(公會堂)에서 수원 초유의 현상웅변대회(懸賞雄辯大會)를 개최하는바, 참가 자격은 일반 남녀로 하였다. 뜻있는 일반 청소년은 이런 기회를 잃지 말지며, 웅변에 대한 제목은 방공과 방첩에 관하여 자유로 등단할 수 있는바, 대웅변을 토하고자 하는 분은 11월 10일 금요 정오까지 대강의 원고를 작성하여 제출하면 할 수 있는 것이다. 상세한 규정은 별반에 기재하고 당야의 심판은 구로니와 가쿠이치(黑岩覺一), 구로누마 리키야(黑沼力彌), 신현익(申鉉益), 아오야기 고로(青柳伍郎), 최경환(崔景煥) 제씨가 하기로 하였다.

(광고) 수원
수원현상웅변대회

1939. 11. 8. 조간 3면 9단

제목: 방공방첩에 관하여

주최: 조선방공협회(朝鮮防共協會) 수원지부

전조선사상보국연맹 수원분회

후원: 수원읍(水原邑), 조선일보사 수원지국

시일: 11월 11일 하오 7시 정각

장소: 수원읍 공회당에서

신청기일: 11월 10일 정오까지

참가자격: 일반 남녀(매인 15분간)

대성황으로 종막(終幕)한 현상웅변대회 본사 수원지국 후원하

1939. 11. 14. 조간 3면 3단

【수원(水原)】 국민정신작흥주간 제5일인 시국인식일(時局認識日)에 조선방공협회(朝鮮防共協會) 수원지부와 전선사상보국연맹 수원분회의 공동주최와 본사 수원지국과 수원읍 후원의 수원 현상웅변대회는 예정과 같이 11일 하오 7시 30분부터 수원읍 공회당에서 요시오카(吉岡) 주임 사회하에 정중한 식이 끝나고 즉시 변사들의 설전(舌戰)이 열렸는바, 멀리 경성서 온 유현국(劉賢國) 군의 「흥아의 요체(要締)」라는 제로, 양감(陽甘) 박승극(朴勝極) 군 등단하여 「흥아와 방공」이란 제로, 수원 이동안(李同安) 군의 「방공에 대한 반도청년의 각오」란 제로, 오산(烏山) 변기재(邊基在) 군의 「방공과 정신작흥」이란 제목하에 모든 열변을 토하여 하오 9시 30분경 산회한바, 당일 현상에는 평균히 균등 상을 분배하였다.

방공협회 안주지부 금 1일 총회 개최

1939. 12. 1. 조간 3면 13단

【안주(安州)】 평남 안주경찰서 무도장에서 12월 1일 오후 2시부터 조선방공협회 안주지부

총회를 하라다(原田) 평남경찰부장 임석하에 역원 100여 명 집합으로 성대히 거행하리라는 바, 당일 토의할 중요 사항은 다음과 같다고 한다.

1. 보국단(報國團) 결성 8개소: 삼화광(三和鑛), 운곡광(雲谷鑛), 운용광(雲龍鑛), 명치광(明治鑛), 삼업조합(三業組合), 연호면(燕湖面), 대니면(大尼面), 어업조합(漁業組合)
2. 보국부(報國部) 결성 8개소: 중학교(中學校), 농학교(農學校), 중앙교회(中央敎會), 동교회(東敎會), 천주교(天主敎), 신안주교회(新安州敎會), 입석교회(立石敎會), 천도교(天道敎)
3. 단부수(團部數) 16개소: 단원 수 1,235명

방첩 전람회

1939. 12. 6. 조간 2면 10단

총독부에서는 조선방공협회와 공동주최로 군사령부, 헌병대사령부의 후원 아래 오는 12일부터 18일까지 1주일 동안 부내 미나카이(三中井) 갤러리에서 국민방첩전람회(國民防諜展覽會)를 열고, 내무성 지도 아래 제작될 방첩사상 보급 작품을 비롯하여 총독부와 방공협회에서 여러 가지 출품이 있을 터인데, 일반에게 무료로 공개하리라 한다.

한해(旱害) 구제의 소인극대회
본사 수원지국 후원으로

1939. 12. 7. 조간 3면 1단

【수원(水原)】 기보한 바와 같이 미증유의 대한재로 인하여 인고와 단련의 모든 시련을 받는 이재민을 위하여 사회 전반이 정성을 다하여 인보상조의 고결한 정신을 발휘하는 바로, 수원에서도 일반 관민이 총동원하여 이때를 게을리할 수 없다는 열성 아래에서 수원체육회(水原體育會) 주최와 본사 수원지국 국민정신총동원 수원분회, 전선사상보국연맹 수원분회, 방

공협회 수원지부 등 4단체의 후원하에 한해구제(旱害救濟) 소인연극대회(素人演劇大會)를 오는 16(토), 17(일) 양일 간 수원극장에서 열기로 하였다. 당일 상연할 극본은 모두 인기를 끄는 사회극, 가정극인바, 야마모토 유조(山本有三) 씨의 〈눈먼 동생〉 1막 3장, 모리엘 원작 〈맴도는 남편〉 1막 3장, 김송(金松) 작 〈호반의 비가〉 2막, 이성희(李聖姬) 작 〈아씨의 미용술〉 2막 등 프로를 가지고 매일 밤 교환하리라는바, 요사이 수원체육회 관내에서는 매일 밤 극 연습과 모든 준비에 간부 청년 일동은 침식을 잊고 밤낮을 헤아리지 않고 끓는 정성을 다한다.

간첩 생활의 표리(表裏)
국민방첩전(國民防諜展) – 작일(昨日)부터 개막

1939.12.13. 조간 2면 1단

어제 12일부터 미나카이(三中井) 백화점에서 열린 조선총독부와 조선방공협회 공동주최 국민방첩전람회는 조선서 처음 보는 것일뿐더러 시국에 적합한 행사이니만치 첫날부터 그 인기는 대단하다. 5층 갤러리와 6층 대홀을 가득 채운 방첩에 관한 진열품은 그 수집 범위의 넓은 것과 아울러 누가 보든지 손쉽게 이해할 수 있을 만치 자세하고 조리있는 설명과 통계는 더한층 관중의 관심과 흥미를 끄는 성싶었다. 세계 각국 스파이망의 교묘한 세포조직이며 관중의 흥미와 이해를 돕게 하기 위하여 디오라마[146] 식으로 꾸며놓은 스파이의 일상생활과 그의 활동, 그들이 앞잡이를 고를 때의 악착같은 수단, 그리고 그림으로 표시한 그들이 사용하는 무서운 위력을 가진 최신식 무기 등은 스파이란 얼마나 무서운 존재인가를 관중에게 인식시키기에 충분하다. 제1차 구주대전에 있어서 연합국을 공포의 구렁에 빠지게 한 독일의 수많은 스파이들의 당장 눈앞에 보는 듯한 활동의 모형은 보는 사람으로 하여금 새삼스럽게 스파이에 대한 전율을 느끼게 한다.

---

146 디오라마(diorama): 축소 모형을 설치해 역사적 사건이나 풍경 등을 만들거나 배치한 것. 근대 이후 귀족들이 테이블 위에 인형들을 올려놓고 전투 장면 등을 재현해놓은 데서 유래함.

〈그림 42〉 전람회장의 일부 진열

내지 신궁 순배 단원 전형 완료

1940. 2. 2. 석간 2면 2단

빛나는 황기 2,600년을 당하여 강원신궁과 미야자키신궁(宮崎紳宮)에서 광고(曠古)의[147] 식전을 거행하기로 하였는데, 조선방공협회 경기도연합지부에서 단원을 동 신궁과 각지 신궁 신사에 순배케 하는 동시에 내지 각 도시의 총후 실태를 시찰하여 국민정신의 진작과 시국인식의 철저를 도모하고자 미리부터 단원을 전형 중이던바, 요즈음 에나이 데쓰오(繪內鐵夫) 씨 외에 38명의 인선을 마쳤으므로, 일행은 경기도경찰부 보 데라모토 쇼(寺本章) 씨 인솔 아래 오는 2월 11일 오전 9시 경성역을 떠나는 열차로 내지로 가서 25일 오전 7시 6분에 도착하는 열차로 돌아오기로 하였다.

147 광고(曠古): 전례 없음.

방공극 개연(開演)
원산방공협회

1940. 2. 3. 조간 3면 7단

【원산(元山)】 청소년의 사상 정화와 근로정신의 함양을 위하여 이번에 조선방공협회 원산지부에서는 2월 3일 주야 2회에 걸쳐 부내 유락관에서 경성방공극단을 초청하여 방공극을 열기로 하였다.

기생도 방공!
청진권번(淸津券番)에 방공단

1940. 2. 5. 석간 3면 4단

【함북지사발(咸北支社發)】 청진권번에서는 시국하 화류계 인의 지위를 최대한도로 발휘하고자 방공방첩의 만전을 하고자 소속 기생 170명을 망라하여 방공협회의 세포단체인 방공단을 요즈음에 조직하였다.

순회방첩전 대전서도 개최

1940. 2. 9. 조간 3면 9단

【충남지사발(忠南支社發)】 총독부와 방공협회의 공동주최인 순회방첩전람회는 대전서도 개최하기로 결정되어, 오는 22일부터 1주일 동안에 걸쳐 부내 미나카이(三中井)에서 개최할 터이다.

조선 방공(防空)의 밤
경성 등 5처에서

1940. 3. 2. 조간 2면 11단

조선방공협회에서는 경방 사상의 고취와 방공지식의 보급을 도모하기 위하여 빅터 전속 가수 도쿠야마 다마키(德山璉) 씨와 동 가수 다키타 기쿠에(瀧田菊江) 양을 초빙하여 3월 31일 경성을 시작으로 전 조선 주요 도시에서 '조선 방공의 밤'을 개최하기로 하였다. 이 모임에는 양 가수의 가요곡(歌謠曲) 외에 경방단가(警防團歌)에 맞춘 신무용 발표, 방공영화 등 풍부한 프로로서 민중에게 방공·방화 관념을 환기할 터인데, 그 개최 예정지는 다음과 같다.

경성(京城) 부민관(府民舘) 주야 2회 3월 30일

함흥(咸興) 야간 1회 4월 1일

청진(淸津) 동(同) 2일

평양(平壤) 동 5일

부산(釜山) 동 6일

이상과 같은데, 일행은 각지 육군병원도 방문하여 위문 연주할 터이다.

방공단 강습회

1940. 3. 9. 조간 3면 5단

【홍원(洪原)】 방공협회 홍원지부에서는 오는 3월 10일부터 20일 간 다음과 같이 방공단원 강습회를 개최한다고 한다.

경운면(景雲面) 좌상리(左上里) 50명

용원면(龍源面) 중동리(中洞里) 50명

운학면(雲鶴面) 산양리(山陽里) 50명

방공영화회 개최

1940. 3. 22. 석간 3면 2단

【선천(宣川)】 조선방공협회(朝鮮防共協會) 평북연합회 주최, 동 선천지부 후원으로 오는 22일 오후 7시부터 선천회관(宣川會舘)에서 방공사상 보급의 철저를 기하기 위하여 방공영화대회를 개최하기로 한다는바, 상영 제목은 아래와 같으며 입장료는 20전이다.

전발성(全發聲)

조선어판(朝鮮語版) 〈방공(防共)의 맹서〉

전발성(全發聲)

국어판(國語版)[148] 〈세기(世紀)의 합창〉

경방단가(警防團歌) 발표 연주
유행가수 초빙, 주요 도시 순연(巡演)

1940. 3. 27. 조간 2면 2단

경방단의 정신을 일반에 선전하고자 조선방공협회(朝鮮防空協會) 주최로 내지의 유행가수 도쿠야마 다마키(德山璉), 다키타 기쿠에(瀧田菊江) 양씨를 초빙하여 경방단의 심볼인 경방단가의 발표 연주회를 경성, 기타 각 중요 도시에서 하기로 하였다.

148 일본어판을 말함.

▲ 경성 3월 30일

▲ 청진 4월 2일

▲ 함흥 4월 3일

▲ 평양 4월 5일

▲ 대구 4월 6일

▲ 부산 4월 7일

'방공(防空)의 밤'에 도쿠야마 다마키(德山璉) 등 내연(來演)

1940. 3. 29. 조간 4면 6단

조선방공협회(朝鮮防空協會) 주최 '방공의 밤'은 오는 30일 낮 2시와 밤 7시 두 차례로 시내 부민관에서 열릴 터인데, 그날은 특히 도쿄(東京)로부터 도쿠야마 다마키(德山璉), 다키타 기쿠에(瀧田菊江) 두 가수가 와서 출연하리라 하며, 그밖에 손영옥(孫英玉) 유행가도 있으리라 한다.

경방단가 발표=연주회 개최

1940. 3. 31. 조간 2면 8단

조선방공협회(朝鮮防空協會)에서는 경방단 정신의 심볼인 경방단가(警防團歌)를 일반에게 선전하고자 30일 오후 1시 반과 오후 7시의 두 번 부민관에서 경방단가 발표 연주회를 개최하였는데 성황이었다.

〈그림 43〉 경방단가 발표 연구회

방공(防空) 간담회

1940. 4. 19. 석간 2면 6단

조선방공협회(朝鮮防空協會)에서는 수도 경성의 민간 방공진을 강화하는 데는 관계 관민이 긴밀한 연락을 취할 필요가 있다고 하여 20일 오후 1시부터 부민관 대강당에 부내 각 경방단 간부, 가정방호조합 지도자, 각 정 총대 등 250명이 모여 총독부와 조선군에서도 관계관이 출석하여 방공(防空) 간담회를 열기로 하였다.

방공(防空) 간담회 성황

1940. 4. 21. 석간 2면 8단

조선방공협회(朝鮮防空協會)에서는 조선의 수도 경성의 철벽같은 민간 방공진을 정비하고자 20일 오후 2시부터 부민관 중강당에서 부내 방공단 간부 등 300여 명을 모아 방공(防空) 간담회를 열었는데, 총독부에서는 미쓰하시(三橋) 국장 이하 관계관, 조선군에서는 야마구치(山口) 참모 이하가 출석하여 성황이었다.

〈그림 44〉 방공 간담회장

방첩전람회 성황
사리원에서 2일간 개최

1940. 5. 3. 조간 3면 11단

【사리원(沙里院)】 조선방공협회(朝鮮防共協會) 황해도연합지부에서는 방공방첩 사상을 철저히 보급시키기 위하여 국민방첩전람회를 개최하려고 계획하던 중, 조선방공협회의 주최로 지난 25일부터 29일까지 5일간 사리원공회당(沙里院公會堂)에서 개최한바, 현하 전시하의 시국인식에 관심이 깊은 본도 관민은 홍수 밀리듯이 모여들어 제1일에 7,500여 명, 제2일에 1만 300여 명을 돌파하였다. 이대로 가면 마감 날까지에는 관람자 수가 6~7만 명에 달하리라는바, 거리거리에 가두 장식이며 방공방첩의 영화며 봉산향토예술보존회의 가면무용(탈춤) 등이 있어서 방공방첩 사상 보급에 일대 효과를 얻으리라 한다.

등화관제 요구작품 일반에게 현상모집

1940. 5. 4. 석간 2면 10단

국민방공에서 가장 중요한 등화관제(燈火管制) 시설을 어떻게 하는 것이 가장 현명한 것인가를 연구하는 가운데 그 효과를 거두게 하고자 조선방공협회(朝鮮防空協會)에서는 등화관제 요구작품(要具作品)을 일반에 현상모집하기로 하였는데, 어떤 훌륭한 것이 발명될는지 홍미를 끄는 바이다. 작품은 일반 주택과 상점에서 쓰는 옥내등의 차광구(遮光具)와 은폐구(隱蔽具), 공장에서 쓸 은폐구의 고안 또는 그 모형의 세 가지로서, 모두 폐물 이용으로 쉽게 얻을 수 있는 재료와 만드는 법이 간단하고 질긴 것이라야 된다. 마감은 7월 15일, 심사 발표는 8월 15일 각 신문을 통하여 할 터이고, 상금은 각 종목 모두 1등 1명 100원, 2등 3명 50원, 3등 5명 30원이다.

제2회 사상전 전람회 5월 하순부터 6 도시에서 개최

1940. 5. 4. 석간 2면 8단

조선방공협회에서는 오는 5월 하순 경성을 비롯하여 전 조선 주요 도시에서 제2회 사상전 전람회를 열기로 하였다. 이번의 동 전람회에는 내각정보부가 내지 각지에서 공개한 사상전 자료 외에 조선방공협회 특작 디오라마, 기타 귀중한 자료가 상당히 다수하게 진열될 터이며, 일정은 다음과 같다.

▲ 경성(京城) 5월 22~31일

▲ 함흥(咸興) 6월 11~17일

▲ 청진(淸津) 6월 30일~7월 6일

▲ 평양(平壤) 7월 20~26일

▲ 대구(大邱) 8월 6~12일

▲ 부산(釜山) 8월 21~30일

국민방첩전람회

1940. 5. 17. 조간 3면 7단

【홍남(興南)】 본부와 전조선방공협회 주최, 조선군사령부·조선헌병사령부 후원으로 국민방

첩전람회를 개최하게 되었다는데, 홍남은 6월 1일부터 5일까지 닷새 동안 홍남소학교(興南小學校)를 회장으로 정하였다 한다.

사상전(思想展) 대성황
금일 오노(大野) 정무총감 임장(臨場) 경탄

1940. 5. 24. 석간 2면 5단

사상전이 국가 총력전의 전 국면을 좌우할 만큼 중요하다는 것을 일반 국민에게 인식시키기 위하여 조선방공협회(朝鮮防空協會)에서는 두 번째로 사상전전람회를 부내에 있는 미쓰코시(三越)백화점에서 지난 21일부터 개최하여 31일까지 계속하기로 하였는데, 진열품이 모두 사상전의 내용을 충분히 표현할 뿐만 아니라, 그 출품 점수도 풍부하여 매일같이 대성황을 이루고 있다. 23일 오전 9시에는 오노(大野) 정무총감이 동 전람회장에 가서 사상전의 위력을 관람하고 동 9시 반경에 돌아갔다.

〈그림 45〉 사상전에 구경 온 오노 정무총감

호평의 사상전(思想展) 입장자 25만

1940. 5. 29. 석간 2면 7단

지난 22일부터 미쓰코시백화점에서 열린 조선방공협회(朝鮮防空協會) 주최 제2회 사상전전(思想戰展)은 첫날부터 굉장한 인기를 끌어 26일까지 25만 명의 입장자가 있었는데, 오노(大野) 정무총감, 나카무라(中村) 군사령관을 비롯하여 야마모토(山本) 군의부장(軍醫部長), 구라시게(倉茂) 보도부장, 다가미(田上) 제20사단 보도부장 등 장성과 총독부 각 국·과장과 저명인사의 참관이 많아 대성황을 이루고 있다. 마감은 31일까지인데, 주최 측에서는 일반이 많이 참관하여 사상전의 중요성을 인식하기 바라고 있다.

개성방공협회(開城防共協會)에 500원을 기부

1940. 6. 9. 조간 3면 2단

【개성(開聲)】 부내 동본정(東本町) 한창균(韓昌鈞) 씨는 전번 방공방첩연예회(防空防諜演藝會)에 감격한 바 있어, 지난 7일 방공협회 개성지부에 그 기금으로 500원을 자진 기부하였다.

호평의 사상전전(思想戰展) 각 도청 소재지에도 순회 개최

1940. 6. 28. 조간 2면 7단

복잡기괴한 국제정세에 갖추어 방공방첩 사상은 한층 강화할 필요가 있는데, 조선방공협회(朝鮮防共協會)에서는 기원 2,600년 기념사업으로 내각정보부와 총독부의 후원을 얻어가지고 경성·평양·함흥·청진·대구·부산에서 제2회 사상전전(思想戰展)을 순회 개최하여 좋은 평판을 받는 중인데, 예정 개회지에서 빠진 각 도청 소재지에서 소규모로도 좋으니 꼭 전람회를 개최하여 달라는 요망이 많으므로, 다음과 같이 소규모의 전람회를 열기로 하였다.

대전(大田) 7월 4일, 10일

전주(全州) 7월 17일, 23일

광주(光州) 8월 2일, 8월 8일

청주(淸州) 8월 20일, 26일

춘천(春川) 9월 7일, 30일

해주(海州) 9월 26일, 10월 2일

신의주(新義州) 10월 15일, 21일

어린이들에게도 방공사상(防空思想) 보급
방공독본(防空讀本)을 편찬 무료로 배부

1940. 6. 29. 조간 2면 7단

조선방공협회(朝鮮防空協會)에서는 속히 아동에게 방공 지식을 보급하여 다음 대의 방공 용사를 양성하는 동시에 아동을 통하여 각 가정에서도 방공 지식의 보급을 도모하고자 『아동의 방공』이라고 제목한 그림책 방공독본을 편찬하여, 18만 부를 조선 내 방호 지역의 소학 4년생 이상 아동에게 무료 배부하였다. 학무국에서도 방공협회의 이 사업에 협찬하여 『아동의 방공』을 교재로 아동에게 방공교육을 실시하여 만일 공습을 당하더라도 당황하지 않도록 바른 방공 지식의 보급과 아동에게 적당한 훈련을 행하기로 하였다.

〈그림 46〉 그림책 『아동의 방공』 표지

방공(防共)·방첩 전람회
첫날(初日) 6,500명

1940. 7. 4. 조간 3면 7단

【함남지사발】 조선방공협회 주최의 방공·방첩 전람회는 그 내용이 이제까지 보지 못하던 호화스럽고 또 풍부한 것으로서, 30일 첫날부터 곧 선풍적 인기를 모으게 되어, 이날에만 6,500명의 관람자가 밀려와서 대혼잡을 이루었다. 기간은 1주일 동안으로 매일 오전 9시부터 오후 7시까지로 반드시 한번은 구경할 필요가 있다고 한다.

"지구전(持久戰) 승패의 건(鍵)은 사상전(思想戰)에 있다!"
다케우치(竹內) 충남경찰부장 담(談) 발표

1940. 7. 6. 조간 3면 11단

【충남지사발】 4일부터 10일까지 1주일 동안에 걸쳐 대전공회당에서 사상전람회를 개최하기

로 하였다는 것은 기보한 바거니와, 이에 대하여 다케우치 충남경찰부장은 다음과 같은 담화를 발표하였다.

"지구전 종국 승패의 열쇠는 사상전의 승패에 달렸다"고 하나, 일반이 사상전에 대한 큰 관심을 가진 사람이 극히 적다고 생각한다. 대전에서는 4일부터 10일까지 조선방공협회와 충청남도연합지부 주최, 총독부, 도, 대전부의 후원으로 개최하게 되었다. 충남연합지부에서는 먼저 방첩 전람회를 개최하고 일반에 공개하였으므로 이번에는 방첩 관계의 것은 제외하고, 사상전이란 무언가, 근대전의 화형인 사상전의 현상, 사상전의 역사적 추이 상황, 반도에 뻗치는 사상전의 마수, 신동아 건설은 어떻게 진전되고 있는가, 제2차 구주대전은 무엇을 말하는가, 국민정신총동원연맹운동과 사상전의 관계 등에 대하여 다수의 귀중한 자료를 수집하여 이에 의해서 일반의 인식을 한층 깊게 하여 비상 시간 극복에 매진토록 한 것이다. (이하 생략)

전 도민(道民)이 국방전사로 사상전(思想戰)에 협력하라
사상전(思想展)에 대한 전북경찰부장 담(談)

1940. 7. 18. 조간 3면 4단

【전북지사발(全北支社發)】 조선방공협회 전북지부에서는 근대전은 사상전의 역할이[149] 중요한 것을 일반 도민에게 재인식시켜 방공방첩의 완벽을 기하기 위하여 오는 17일부터 1주일간 도 회의실에서 본도로서는 첫 시험인 사상전 전람회를 개최한다 함은 기보하였거니와, 회기가 임박함에 따라 각 방면의 인기는 아연 불능하며 큰 성과가 예기되는데, 이에 대하여 센다(千田) 경찰부장은 다음과 같이 말하였다.

오는 7월 7일부터 1주일간에 걸쳐 조선방공협회 및 동 전라북도연합회지부 및 동 전주지부 주최로 광휘 있는 황기 2,600년 봉축 사상전 전람회를 개최하게 된 것은 시국하 진실로 의의

149 원문은 "근대전은 사상전은 사상전의 역할이"로 되어 있는데, 오기로 보여 수정함.

있는 일로서, 관계 관민 각위의 열렬한 후원에 대하여 충심 감사의 뜻을 표하는 바이다. 말할 것도 없이 본 사상전(思想展) 개최의 목적은 방공방첩 사상의 보급 철저와 일본정신 앙양에 있다. 환언하면 지금 사변 3주년을 맞아 흥아 신질서의 건설이 착착 실현되고 구주 전란의 일대 진전과 아울러 정히 세계적 전환기에 재회한 비상 중대 시국하에 있어서 도민이 다 같이 총후 사상국방 전사로서의 인식과 각오를 새로이 하여 협력의 사상 정신을 더욱 강화함에 불외하다. 따라서 이의 내용은 먼저 사상전이라는 것은 어떠한 것인가의 근본 이념부터 시작하여 다음으로 근대 사상전과 반도의 실정, 또 신동아 건설의 위대성, 구주 전란하 사상전의 현실적 태양(態樣)에 이르러 이에 대할 국민의 각오로서 결론짓고자 하는 것으로, 절실히 사상전의 중요성을 감득시킬 수 있도록 전시하게 되었다. 뿐만 아니라 조선방공협회 설립 이래 관하 14 지부, 73개 방공단(團)의 제 활동은 물론, 내지·화태[150]·만주·북지 각지의 방공실천운동의 대략도 시찰하기에 족한 자료도 아울러 전시하고, 최대의 효과를 기양하도록 목하 착착 준비를 실행하고 있다. 때는 마침 성하이며 또한 농번기이나 사상의 취의를 잘 인식하여 서로 참관 체득해서 각자의 입장에서 총후 사상국방 전사인 기개를 한층 공고히 하여 본회 개최 목적 달성에 지원과 협력을 하여주기를 바라는 바이다. 운운.

방공(防共) 목포지부 변론대회

1940. 7. 23. 조간 3면 3단

【목포(木浦)】 조선방공협회 목포지부 주최의 제1회 변론대회는 오는 26일 오후 7시부터 산수소학교 강당에서 개최하게 되었는데, 출연 변사는 방금 속속 목포서 고등계로 제출 중이다. 당일은 열변의 성황을 예상하고 있는바, 지금까지 결정한 변사는 다음과 같다 한다.

연제(演題)

「감사보은(感謝報恩)의 생활」, 조면(朝棉) 도쿠야마 고이치로(德山洪一郎)

150 화태(樺太): 사할린.

「시국저축(時局貯蓄)」, 우국(郵局) 오쓰카 마쓰오(大塚益夫)

「지나사변 3주년에 제(際)하여」, 남북면(南北棉) 우사미 사토루(宇佐美哲)

「신일본정신(新日本精神)」, 군청(郡廳) 가와히가시 구니히라(河東國平)

「국민적 대행동을 요함」, 농담(農談) 미세 가즈오(三瀨和男)

「아규(我叫)」, 세서(稅署) 요시모토 마사노리(吉本正則)

「연대책임감」, 세서(稅署) 이양섭(李陽燮)

「성전(聖戰) 유래와 오인(吾人) 각오」, 합전(合電) 슈도 아타카(首藤恰)

「청년의 각오」, 일화(日華) 하라구치 후지오(原口藤夫)

「애국심에 소(訴)함」, 식은(殖銀) 나카무라 마코토(中村誠)

「방공(防共)의 재검토」, 금요(金曜) 다쿠보 리키치(田久保利吉)

「시국을 생각하고」, 부청(府廳) 도시카와 세이세이(利川世淸)

제2회 사상전전(思想戰展) 청진서 대성황

1940. 7. 27. 조간 3면 8단

【함북지사발(咸北支社發)】 조선방공협회(朝鮮防空協會) 주최와 내각정보부, 함경북도 등의 후원으로 열리게 된 주요 지방 순회 사상전전람회는 지난 21일부터 청진고등심상소학교와 공회당의 두 곳을 회장으로 열렸다. 이 때문에 방공협회에서는 미와(三輪) 주사(主事)가 출장하여 만전을 다하고 있는데, 제1회에 비겨 제2회인 이번 전람회는 내용·외관이 상당히 충실해져 관중에 다대한 교훈을 주고 있다. 특히 이번에는 구주대전의 생생한 재료가 드러난 만큼, 방첩이 얼마나 필요한 것과 사상전의 얼마나 중대한가를 알리는 데 다대한 효과를 주게 되었다는 전람회는 27일까지 열리는데, 국제도시인 청진 부민은 여기에서 많은 교훈과 체험을 얻기를 요망하고 있다.

사상전 전람회 광주(光州)에서 개최

1940. 8. 5. 석간 3면 6단

【전남지사발】 조선방공협회 전남도연합지부 주최의 제2회 사상전 전람회는 2일부터 8일까지 전남도 상공장려관에서 개최하게 되어, 매일 수천 명씩의 내관자로 대성황을 보이고 있다.

조선방공협회(朝鮮防共協會) 창립 2주년 기념 좌담회 개최 러시아통 구로다 오토키치(黑田乙吉) 씨 초빙

1940. 8. 7. 조간 2면 8단

1938년[151] 8월 15일에 공산주의운동 박멸과 일본정신의 앙양을 목적으로 창립된 조선방공협회에서는 그 후 방공단 수 3,500, 단원 수 25만 명을 얻어 착착 소기의 목적 달성에 일로매진하고 있는바, 오는 15일이 바로 창립해서 만 2주년 기념일이 되므로 동회에서는 기념사업의 하나로서 소비에트통으로 유명한 《도쿄니치니치(東京日日)》 편집고문 참사 구로다 오토키치(黑田乙吉)[152] 씨를 초청하여 오는 14일 오후 3시부터 시내 장곡천정 조선호텔에서 방공좌담회를 개최하기로 하였다.

방공협회(防共協會) 창립기념행사 좌담회·강연회 개최

1940. 8. 10. 조간 2면 1단

151 원문은 "소화 십팔년"(1943년)으로 오기되어 바로잡음.

152 구로다 오토키치(黑田乙吉, 1888~1971): 신문기자, 러시아 평론가. 1917년 모스크바 특파원으로서 러시아혁명 과정을 보도함. 전후에는 소련문제연구회 전무이사로 근무함.

오는 15일로서 창립 2주년 기념일을 맞이하는 조선방공협회에서는 사상국방을 강화하고자 14일 오후 3시부터 조선호텔에서 좌담회, 그날 밤 7시부터 부민관에서 경기도연합지부·동민회(同民會) 공동주최로 강연회를 개최하고, 각도 지부에서도 적당한 행사를 하기로 하였다.

III

'조선군' 보도부

해제

전시체제기의 특성상 조선인 여론통제의 중추 기관으로 기능했던 또 다른 조직이 바로 '조선군(朝鮮軍)'[153] 보도부(報道部)[154]이다. 1938년 10월 조선군사령부(朝鮮軍司令部) 내에 설치된 보도부는 침략전쟁에 대한 조선인의 지지와 협력을 이끌어내기 위한 조직이었다. 특히 전시하에서는 '조선군' 당국이 직접 보도·선전 요강 등을 작성하여 각 기관에 배포하거나 일반에 대해 직접적인 조사와 통제를 가하기도 하였다.

'조선군' 보도부는 1937년 10월 20일부로 조선군사령부 참모부 내에 설치된 신문반(新聞班)을 그 전신으로 한다. 신문반은 중일전쟁 이후 소련과 중국의 선전전(宣傳戰)에 맞서 조선인의 사상과 여론을 통제하기 위한 조직으로서, 1938년 1월 보도반(報道班)으로 명칭이 바뀌어 적극적으로 '여론의 일원화'를 도모하였다. 같은 해 9월 일본 육군성(陸軍省) 내 보도 관계 기관의 증강 방침과 궤를 같이하여, 그해 10월에 조선에서도 조선군사령부 직속 기관으로 보도부가 설치된 것이다.[155] 그리고 1940년 8월 조직 개편을 단행한 뒤 1945년 일제 패망 때까지 '조선군' 보도부를 통한 대민(對民) 여론통제는 확대 강화되어갔다. 이 책에서는 이와 같이 보도부가 설치되고 조직이 확대 개편되는 과정을 살펴볼 수 있는 자료들, 그리고 '조선군' 보도부가 주관한 여론·선전정책의 구체상을 파악하기 위한 자료들을 다음과 같이 수록하였다.

153 '조선군'이란, 일제강점기에 한반도에 주둔했던 일본군(日本軍)을 말한다. 1918년 조선주차군(朝鮮駐箚軍)이 개편되어 성립한 '조선군'은 함북 나남의 제19사단과 용산의 제20사단이 있었는데, 전시체제기 들어 조선의 내정에서도 그 영향력이 강화되었다. 일제 침략전쟁의 확대에 따라 1942년 이후 제30사단(1943), 제49사단(1944) 등이 새로 창설되었다.

154 여기서 '조선군' 보도부는 조선군사령부 보도부를 가리킨다. 이 외에 각 사단사령부에도 보도부가 설치되었다.

155 '조선군' 보도부의 창설 배경과 과정 등에 대한 자세한 내용은 曺健, 「중일전쟁기(1937~1940) '朝鮮軍司令部 報道部'의 설치와 조직구성」(『韓日民族問題硏究』 19, 2010) 참조.

〈자료 8〉「7월 31일부 육군성령 제24호에 따른 의견」(1937. 8. 10.)

〈자료 9〉「조선군 보도부 업무 편성 등에 관한 규정 보고의 건」(1938. 10. 31.)

〈자료 10〉「조선군 보도회의에 주임자 파견 의뢰의 건 조회」(1939. 1. 16.)

〈자료 11〉「투항 소련병 선전 이용 상황에 관한 건」(1938. 11. 14.)

〈자료 12〉「투항 소련병을 이용한 선전 효과 개황 보고의 건」(1939. 2. 17.)

〈자료 13〉「투항 소련병과 사상범 수형자의 좌담회 효과 개황의 건 보고」(1939. 10. 19.)

〈자료 14〉「조선군 보도선전요강(안)」(1940. 8. 1.)

〈자료 15〉「조선군 보도선전 업무규정(안)」(1940. 8. 1.)

〈자료 16〉「1940년도 조선군 보도선전계획(안)」(1940. 8. 10.)

〈자료 17〉「조선군 보도부 사무규정」(1940. 8. 10)

〈자료 18〉「조선군 연락회동석상 군 보도부장 설명 요지」(1940. 8.)

〈자료 19〉《조선일보》의 주요 관련 기사(1938. 4. 14~1940. 7. 3.)

〈자료 8〉부터 〈자료 13〉까지는 모두 일본 방위성(防衛省) 방위연구소(防衛研究所)에 소장된 구 육군성 『밀대일기(密大日記)』 등의 자료로서, 일본국립공문서관 아시아역사자료센터(온라인)를 통해 조사한 것들이다. 〈자료 8〉은 조선군사령부 내에 신문반이 설치되기 이전인 1937년 7~8월에 '조선군'에서 민중에 대한 선전공작의 필요성을 역설한 것이다. 〈자료 9〉는 1938년 10월 설치된 보도부의 업무 편성 등에 관한 규정으로 각 인물별로 구체적인 업무의 분장을 설명하고 있다. 〈자료 10〉은 조선군 보도연락회의 개최 상황을 보여주는 자료다.

〈자료 11〉, 〈자료 12〉, 〈자료 13〉은 모두 장고봉(張鼓峰) 사건 당시 투항해온 소련군 하사관 샤모프와 병사 데시야트킨을 이용하여 조선 내에서 여론·선전 공작을 실시한 상황을 구체적으로 보여준다. 그 목적은 "소련 내부 사정을 해부 폭로하고 공소(恐蘇) 내지 친소(親蘇) 관념을 불식하여 다가올 새로운 사태하의 총후(銃後)의 완벽을 기하려는" 것이며,[156] 구체적인 실시요령은 "일반 국민에게는 '소련을 두려워하지 말 것'이라는 관념을 주는 한편, '소련을 업신여기지 말 것'이라는 경고를 내리고, 조선 내 공산주의자에게는 '공산주의가 현실에서 인류의 복지가 되지 못하는' 이유를 설명하여 각성을 촉구하며, 사상전향자에게는 '전향(轉向)을 확고히 할 것'을 주안점으로" 삼는다고 밝히고 있다.[157] 각지의 보호관찰소와 형무소 등을 매개로 실시한 좌담회 개최 상황을 잘 파악할 수 있는데, 특히 각 좌담회별로 전체적인 반향을 소개함과 아울러 개인별 감상 등도 수록하고 있어서 흥미로운 자료라 할 수 있다.

〈자료 14〉부터 〈자료 18〉은 모두 『일제하 전시체제기 정책사료총서』 제61권(민족문제연구소 편, 2005)에 수록된 자료로서, 1940년 8월 한글 신문의 폐간과 더불어 '조선군' 보도부에서 조직 개편을 단행한 상황을 보여준다. 〈자료 16〉에서 조선군 보도·선전 계획안의 제2항 일반요령을 보면, "사변 제4주년을 맞이해 민심의 이완에 대해서는, 특히 국제 상황이 갑자기 바뀌는 시기의 진상과 동아에서 제국의 국제적 지위가 약진하는 중대 기로라는 것을 인식시키며, 또한 장기간에 걸친 견인(堅忍)한 노력이 필요한 이유를 철저히 이해시키도록 한다. 단, 반도 민중의 시국인식을 깊게 하여 분기(奮起)하도록 하기 위해, 쓸데없이 제국의 열세(劣勢)를 강조하여 그 신뢰에 염려와 동요를 불러일으키는 것과 같은 것은 엄격히 경계할 필요가 있다"라고 기본적인 방향을 지시하고 있다.

이 자료들을 통해 새로 출범한 '조선군' 보도부의 보도선전 요강과 업무 규정, 사무 규정 등을 비롯해 1940년도의 구체적인 보도선전 계획과 내용을 확인할 수 있다. 아울러 이를 설

156 朝鮮軍參謀長 北野憲造, 「(朝參密 第131號) 投降ソ聯兵ヲ利用シタル宣傳效果概況報告ノ件」, 1939. 2. 17, 『密大日記 第6冊(昭和14年)』, 陸軍省, 1939(防衛省 防衛硏究所 소장; 일본국립공문서관 아시아역사자료센터).

157 朝鮮軍參謀長 北野憲造, 「(朝報密 第13號) 投降ソ聯兵宣傳利用狀況ニ關スル件」, 1938. 11. 14, 『密大日記 第16冊(昭和13年)』, 陸軍省, 1938(防衛省 防衛硏究所 소장; 일본국립공문서관 아시아역사자료센터).

명하기 위해 개최된 '조선군' 연락회동 석상에서 보도부장이 이 각각의 자료들, 즉 개편된 보도부 사업의 요점과 특징을 정리하여 밝힌 자료도 함께 수록하였다. 이 외에 '조선군' 보도부의 여론통제 관련 세부 활동 상황을 이해할 수 있도록 〈자료 19〉를 배치하였다.

<자료 8>

「7월 31일부 육군성령 제24호에 따른 의견」[158]

(조선군 참모장, 1937. 8. 10.)

조참밀(朝參密) 제438호

7월 31일부 육군성령(陸軍省令) 제24호에 따른 의견

1937년(昭和 12) 8월 10일 조선군(朝鮮軍) 참모장 구노 세이치(久納誠一)[159]

육군차관 우메즈 요시지로(梅津美治郎)[160] 귀하(殿)

위 제목의 건에 관해서는 본 10일 전보를 보냈는데, 그 이유를 다음과 같이 자세히 아룁니다.

- 다음(左記) -

158 朝鮮軍參謀長 久納誠一, 「(朝參密 第438號) 7月31日附陸軍省令第34號ニ係ル意見」, 1937. 8. 10, 『密大日記 第5冊(昭和12年)』, 陸軍省, 1937(防衛省 防衛研究所 소장; 일본국립공문서관 아시아역사자료센터).

159 구노 세이치(久納誠一, 1887~1962): 일본육군(1905~1941), 최종 계급은 육군 중장. 육군 소장(1935), '조선군' 참모장, 육군 중장(1938), 제18사단장, 제22군 사령관 등을 역임했다.

160 우메즈 요시지로(梅津美治郎, 1882~1949): 일본육군(1903~1945), 최종 계급은 육군 대장. 제2사단장(1935), 육군 차관(1936), 제1군 사령관(1938), 관동군 사령관(1939), 관동군 총사령관(1942), 참모총장(1944) 등을 역임했다. 1945년 9월 2일 항복문서 조인식에 참석했다. 극동국제군사재판(도쿄재판)에서 종신형의 판결을 받고 복역 중 사망했다. 1978년 야스쿠니신사(靖國神社)에 합사되었다.

이번 북지사변(北支事變)의 발발을 당하여 우리 군은 조선 민중에 대한 선전공작의 호기(好機)가 될 것을 생각하여, 체계적인 선전 계획에 따라 국방 선전과 민심 지도, 그중에서도 시국에 대한 정확한 인식, 불온한 사상의 제거 등에 전력을 다해온바, 총독부 측은 이번에 공포한 7월 31일부 육군성령과 판정 요령에 대해 매우 협의로 소극적인 견해를 가지고 우리 군의 발표 기사까지 구속하기에 이르렀다. 무릇 반도 민심의 사상적 선도에 관해 조선 방위상의 견지에서 절대 책임을 지고 있는 우리 군이 반도에서 육군 최고기관이라는 입장에서 성령(省令)이 명하는 정신에 솔선하여 적극적인 선전공작을 실시함은 군의 당연한 직무의 범위로서, 적어도 성령의 자구(字句)에 대한 견해 차이로 반도 민심의 지도에 지장이 생기는 것과 같은 것은 정말로 깊이 우려해 마지않는 바이다. 즉, 당국에서는 조선의 특이성에 기초하여 현하의 사상적 호조건하에서 적극적인 선전공작을 실시하려는 우리 군의 기도에 대하여 재선(在鮮) 육군 최고기관으로서의 지도적 지위를 적극 옹호하고 그 활동력을 보전하도록, 앞서 전보(電報)한 취지에 따라 관계 방면에 시달하는 방안을 배려하고자 한다. 이는 실로 군부가 조선에서의 지도력을 확대 강화하기 위한 까닭임을 감안하여 논의[161]해주기를 바라는 바이다.

만약 군에 대하여 이러한 종류의 권한을 부여함으로써 고려되는 방첩상의 과오와 실태(失態)에 대해서는 군이 처음부터 그 책임을 지려고 하는 것이다.

8월 10일, 조선군 참모장

육군차관 앞(宛)

전(電) 389호

7월 31일부로 공포한 육군성령 제24호에 의한 단서(但書)에 관해서는, 우리 군에 대해 육지보전(陸支普電) 26의 지시가 있었음에도 불구하고 총독부 측은 사사건건 미리 육군대신의 허가를 받으려는 것으로 해석되는데, 군사령부의 발표 기사까지 금지하기에 이르러 지도상 지장이 적지 않다. 이에 조선에서는 그 권한을 군사령관에 위임할 수 있도록 배려해주시기 바란다. 상세한 것은 글로 대신함.

---

161 논의: 원문은 '전의(詮議)'로 내용을 분명히 밝히기 위하여 사리를 따져서 논의해 결정함을 뜻함.

<자료 9>

「조선군 보도부 업무 편성 등에 관한 규정 보고의 건」[162]

(조선군 참모장, 1938. 10. 31.)

조보밀(朝報密) 제5호

조선군(朝鮮軍) 보도부(報道部) 업무 편성 등에 관한 규정 보고의 건

1938년(昭和 13) 10월 31일, 조선군 참모장 기타노 겐조(北野憲造)[163]

육군차관 도조 히데키(東條英機)[164] 귀하(殿)

위 제목의 건을 별지(別紙)와 같이 보고함.

[정보부에도 별도로 송부되었음(인)]

1938년 10월 7일

162 朝鮮軍參謀長 北野憲造, 「(朝報密 第5號) 朝鮮軍報道部業務編成等ニ關スル規程報告ノ件」, 1938. 10. 31, 『密大日記 第1冊(昭和13年)』, 陸軍省, 1938(防衛省 防衛研究所 소장; 일본국립공문서관 아시아역사자료센터).

163 기타노 겐조(北野憲造, 1889~1960): 일본육군(1910~1945), 최고 계급은 육군 중장. 육군 소장(1937), 조선군 참모장(1938), 지나주둔헌병대 사령관, 육군 중장(1939), 제4사단장(1940), 제19군사령관(1942), 제12방면군 겸 동부군관구 사령관(1945) 등을 역임했다.

164 도조 히데키(東條英機, 1884~1948): 육군대장, 내각총리대신 등을 지낸 군인·정치가. A급 전범. 육군대신, 참모총장 등을 역임했으며, 일제 패망 후 극동국제군사재판에서 A급 전범으로 기소되어 사형 판결을 받고 교수형에 처해졌다.

「조선군 보도부 업무 편성 등에 관한 규정」

조선군사령부

1. 부장(部長)은 조선군 사령관에 예속되며, 다음 업무에 복무한다.
   보도선전 계획에 관한 사항
   보도선전 실시에 관한 사항
   군부 내외 보도선전 기관과의 연락 지도에 관한 사항
   검열 단속(取締)에 관한 사항
   여론(輿論)의 관찰에 관한 사항
2. 편성은 다음과 같다.
   부장 사령부 소속 소장[少將(大佐)]
   부원 참모 1(겸임)
   사령부 소속 좌위관(佐尉官) 4(2인은 겸임)
   (육군 통역관을 포함함)
   촉탁(囑託) 2(1인은 겸임)
   서기(書記) 약간
3. 보도부의 경비는 별도로 정한 바에 의한다.
4. 앞의 각항 외는 조선군사령부 조례(條例)에 근거하는 것으로 한다.

부칙(附則)

본 규정은 10월 13일부터 시행한다.

조선군 보도부 업무 분담임(分擔任) 구분표

	씨명	업무	서기
부장 가쓰오(勝尾) 소장	(겸) 쓰치야(土屋) 참모	- 선전에 관한 계획 - 전반적인 발표의 통제 및 지도	이와모토(岩本)
	(겸) 마에다(前田) 소좌	- 일반 정보의 수집 및 전달, 부내(部內) 선전기관과의 연락 및 지도 - 국방단체의 선전 업무에 관한 지도	미나미(南)
	가야카와(茅川) 소좌	- 검열 단속에 관한 사항 - 일문(邦字) 신문, 잡지의 지도 - 일문 신문 발표안의 제작, 발표 - 영화, 방송, 행사(催物) 등의 지도 - 여론의 관찰 - 관계 관청, 부외(部外) 기관과의 연락 및 지도 - 일반 단체의 선전 업무에 관한 지도	이쿠시마(生島)
	정(鄭) 소좌	- 조선인 단체 및 여론에 관한 조사 및 지도 - 언문 신문, 잡지의 지도 - 언문 발표안의 제작 및 발표 - 서무	하사(下士)
	(겸) 오카다(岡田) 통역관	- 소련 정보 수집 및 전달 - 사진 및 정보도(情報圖)의 제작, 배포	미나미
	다카이(高井) 촉탁	- 러시아어지(露字紙)의 관찰, 대소(對蘇) 방송 - 대소 선전문의 제작 및 발표 - 출판물 도서의 수집, 정리, 보관 - 선전 자료의 제작 배포	
	(겸) 히라이(平井) 촉탁	- 영화의 보관, 배포, 영사, 기재(器材)의 입수 보관 - 애국부(愛國部) 관계 선전 자료의 수집 및 제작	
비고	1. 본 표는 업무 분담을 대략 정한 것으로서, 여기에 구애받지 말고 상호 간에 연계를 긴밀히 하여 원활한 업무의 촉진을 도모함 2. (겸)은 보도 업무와 다른 업무의 겸무(兼務)를 나타냄 3. 업무상 특히 참모부와 밀접히 연계를 유지함		

조선군 보도부 서기 업무 담임 구분표	
시바타(柴田) 군조(軍曹)[165]	1. 부내(部內) 일반 서무 1) 서류의 접수 및 정리 보관 2) 간행물의 접수 및 정리 보관 3) 부내 회람 서류의 처치 4) 서류의 발송 5) 우편물에 관한 사항 6) 소모품에 관한 사항 7) 비치물품(備付品)의 감수(監守) 8) 명령 회보(會報)의 정리 9) 화재 단속에 관한 사항 10) 부내의 숙사(宿舍)에 관한 사항 11) 일보(日報)에 관한 사항 12) 보도부 일기 기입에 관한 사항 13) 승선·승차증(자동차 포함)에 관한 사항 14) 실내 일반의 정비, 통제, 방첩에 관한 사항 15) 부내 관계 연락 세부에 관한 사항
이쿠시마 필생(筆生)[166]	1) 신문 발표 및 게재 금지에 관한 사항 2) 일문(邦字) 신문, 잡지의 점검 및 반향 조사 3) 선전 기록에 관한 사항 및 정리 4) 신문의 접수 및 정리, 기타 신문에 관한 일체의 사항 5) 용성구락부(龍星俱樂部)[167]에 관한 사항 6) 방송 행사, 가미시바이(紙芝居)에[168] 관한 서류의 정리 7) 부외 관계 연락 세부 사항
(겸) 이와모토 통역생	1) 러시아어(露字) 신문의 구입 및 전대(傳對)에 관한 사항 2) 소련 정보 서류 3) 외사(外事) 정보 서류
(겸) 미나미 고원(雇員)	1) 사변 관계 정보 서류 전달에 관한 사항 2) 경무국, 헌병대, 기타 일체 국내 정보 서류 전달에 관한 사항 3) 정보에 관계된 요도(要圖)의 제작
비고	1. 업무는 일상 부분을 규정한 것이며, 상호 협력하여 담당하는 것으로 함 2. 이상 외에 부원의 명에 따라 각각의 업무를 행함 3. (겸)은 다른 업무와의 겸임을 나타냄

165 군조(軍曹): 일본군 하사관급 계급의 하나. 오장의 위, 조장의 아래로, 오늘날의 중사(中士)에 해당한다.

166 필생(筆生): 필사를 업으로 하는 사람. 메이지(明治) 시대 정부 기관의 서기·비서.

167 용성구락부(龍星俱樂部): 중일전쟁기에 '조선군' 출입 기자들로 구성된 조직으로 보인다.

168 가미시바이(紙芝居): 종이연극, 그림연극. 하나의 이야기를 여러 장의 그림으로 구성하여 한 장씩 설명하면서 구경시킨다. 1931년경부터 어린이를 상대로 사탕 장사가 판매의 수단으로 거리에서 공연하기 시작했다고 한다. 오늘날에는 시청각 교재로도 사용되고 있다.

<자료 10>

「조선군 보도회의에 주임자 파견 의뢰의 건 조회」[169]

(조선군 참모장, 1939. 1. 16.)

조참밀(朝參密) 제30호

조선군 보도회의에 주임자(主任者) 파견 의뢰의 건 조회

1939년(昭和 14) 1월 16일 조선군 참모장 기타노 겐조(北野憲造)

육군차관 야마와키 마사타카(山脇正隆)[170] 귀하(殿)

오는 2월 27, 28일 양일간 우리 군(當軍)에서 조선군, 제19사단, 제20사단의 보도연락회의 개최와 관련하여 지도 및 연락을 위해 귀성(貴省)에서 주임자를 파견해주실 것을 위와 같이 조회한다.

덧붙여 회의 요령은 별지(別紙)와 같으니 참고하기 바란다.

[연락 없음(인)]

---

169 朝鮮軍參謀長 北野憲造, 「(朝參密 第30號) 朝鮮軍報道會議ニ主任者派遣依頼ノ件照會」, 1939. 1. 16, 『密大日記 第4冊(昭和14年)』, 陸軍省, 1939(防衛省 防衛硏究所 소장; 일본국립공문서관 아시아역사자료센터).

170 야마와키 마사타카(山脇正隆, 1886~1974): 일본 육군. 육군 중장(1937), , 육군 차관(1938), 제3사단장(1939), 주몽군(住蒙軍) 사령관(1939), 육군대학 교장(1941), 보르네오수비군 사령관(1942), 육군 대장(1944), 제37군 사령관(1944) 등을 역임했다. 현지에서 전범 용의자로 지명되어 군사재판에 회부되었다가 무죄로 풀려났다. 1951년 해제되어 귀국한 뒤 1963년부터 가이코샤(偕行社) 회장 등을 역임하였다.

[별지(別紙)]

「조선군, 제19사단, 제20사단 보도연락회의 개최 요령」

1. 목적

3월 10일 전후 실시하는 국방사상 보급 및 선전에 관한 협의(打合) 및 일반 보도 업무에 관한 중요 사항의 검토를 목적으로 한다.

2. 주재자: 조선군 참모장

3. 회기(會期): 1939년 2월 27일, 28일, 3월 1일(예비)

4. 회장(會場): 조선군사령부

5. 회동자

(가) 제19사단: 보도부 장교, 주임 참모, 사령부 소속 좌관(佐官)[171], 배속 장교

(나) 제20사단: 보도부 장교, 주임 참모, 사령부 소속 좌관, 배속 장교

(다) 조선헌병대사령부(朝憲司): 고급 부원, 주임 장교

(라) 각 요새사령부 주임 장교

(마) 조선군: 보도부 장교, 막료(幕僚) 및 각 부 장교

(바) 조선군 나진(羅津) 파견 기관장

비고: 1. 회의 일정 등 세부에 관해서는 추후 송부함

2. 출석자 관·씨명(官氏名)은 2월 10일까지 통보해주시기 바람

171 좌관(佐官): 우리 군의 영관급 장교. 대좌(大佐)·중좌(中佐)·소좌(少佐)의 총칭.

<자료 11>

「투항 소련병 선전 이용 상황에 관한 건」[172]

(조선군 참모장, 1938. 11. 14.)

조보밀(朝報密) 제13호

투항 소련병 선전 이용 상황에 관한 건

1938년(昭和 13) 11월 14일, 조선군 참모장 기타노 겐조(北野憲造)

육군차관 도조 히데키(東條英機) 귀하(殿)

위 제목의 건은 별책(別冊)과 같이 보고함

172 朝鮮軍參謀長 北野憲造, 「(朝報密 第13號) 投降ソ聯兵宣傳利用狀況ニ關スル件」, 1938. 11. 14, 『密大日記 第16冊(昭和13年)』, 陸軍省, 1938(防衛省 防衛研究所 소장; 일본국립공문서관 아시아역사자료센터).

1938년 1월 14일

「투항 소련병 선전 이용 상황」

조선군 보도부

- 목차 -

1. 요지(要旨)

지나사변의 배후와 관련하여, 그리고 지나사변 후에 초래된 것으로서, 국민의 소련에 대한 관심이 깊어진 오늘날, 소련의 내부 정세를 검토 폭로하여 국민이 소련을 두려워하는 관념을 불식시키고 총후(銃後)[174]의 완벽을 기하는 것은 매우 긴요한 일에 속한다.

군 보도부(報道部)로서는 이와 같은 견지에 따라 부원(部員) 군 촉탁(러시아어 통역) 다카이 구니히코(高井邦彦)에게 명하여, 이번 장고봉(張鼓峰) 사건[175] 때 우리나라로 투항해온 적군(赤軍) 하사관 샤모프(24세), 병사 데시야트킨(22세)을 이용하여 신문 자료 제공, 라디오 방송, 좌담회 등을 실시하였다.

실시 요령은 일반 국민에게는 '소련을 두려워하지 말 것'이라는 관념을 주는 한편, '소련을 업신여기지 말 것'이라는 경고를 내리고, 조선 내 공산주의자에게는 '공산주의가 현실에서 인

---

173 원문에는 실시 상황의 4항인 것처럼 번호가 매겨져 있으나 오류로 보여 바로잡았다.

174 총후(銃後): 전쟁터에서 후방 또는 후방의 국민.

175 장고봉(張鼓峰) 사건: 1938년 7월 29일부터 8월 11일 사이 소련과 만주국 및 조선의 국경인 두만강 근처 장고봉에서 일어난 소-일 양군 간의 충돌 사건으로서 국경 분쟁이다. 하산호 전투(Хасанские бои, Battle of Lake Khasan)라고도 한다.

류의 복지가 되지 못하는' 이유를 설명하여 각성을 촉구하며, 사상전향자에게는 '전향(轉向)을 확고히 할 것'을 주안점으로 삼았다.

2. 실시 상황

1) 신문 자료 제공

내용	월일	신문 채택 상황	비고
외국인 기자와의 회견기(會見記)	8.15.	선내(鮮內) 각 신문, 내지(內地)[176] 《오사카마아이니치(大每)》, 《오사카아사히(大朝)》, 《오사카아사히(朝日)》, 《요미우리(讀賣)》	AP 제임스, 화이트, 로이텔, 모리스, 돌턴, 독일 아르게츠아이턴 지(紙), 요한, 네벨
대소(對蘇) 방송 내용	8.30.	동상(同上)	
군 출입 기자와의 회견기	9.10.	동상	샤모프, 데시야트킨이 청진방송국에서 방송한 것
기타 잡보	9.22.	동상	샤모프가 경성중앙방송국에서 방송한 것, 번역 첨부

2) 라디오 방송

① 대소(對蘇) 방송(청진방송국)

8월 27, 28, 29일 3회에 걸쳐 청진국 전파를 이용하여 샤모프, 데시야트킨 두 사람이 서로 번갈아가며 실시하였다.

② 선내(鮮內) 방송(경성중앙방송국)

9월 22일 오후 7시 40분부터 경성중앙방송국 제1(10kw), 제2(50kw) 장치를 이용하여 동시 방송을 했다. 제1에서는 일본어, 제2에서는 조선어 번역을 덧붙였다. 방송은 샤모프가 담당했다.

---

176 내지(內地): 일본 본토를 말함. 당시 일본은 행정법상으로 일본 본토를 '내지', 그 외의 식민지 지역 등을 '외지(外地)'로 구분하여 사용하였으며, 이에 준하여 '내지인', '외지인'이라고 불렀다. 이는 공식적으로 또 법적으로 자신들은 서양의 '식민지'와는 다르다는 것을 표방하면서, 내부적으로 차별을 두는 것이라 할 수 있다.

3) 좌담회

① 일·소(日蘇) 통신사 좌담회: 9월 17일 경성에서 실시, 기사는 『월간 러시아』 11월호에 게재되었다.

② 법무 관계자 좌담회: 9월 22일 조선군 군법회의 우에무라(上村) 법무관을 중심으로 개최, 재경성(在京城) 검사단(檢事團) 7명이 참가했다.

③ 사상전향자 및 재감(在監) 주의자(主義者)[177]와 전향자에 대해서는 다음 표와 같이 실시하였다. 좌담회의 통역은 모두 다카이(高井) 촉탁이 담당하였다.

장소	월일	시간	청중	비고
경성보호관찰소	10. 5.	4시간 반	전선(全鮮) 보호관찰소장, 경성판·검사단, 사상보국연맹원, 기타 약 250명	소련 노농(勞農) 생활 샤모프 데시야트킨

▷ 좌담회 내용은 《경성일보》, 《조선신문》에 연재하는 외에 《문예춘추》 제16권 제20호(11월 10일 발행)에 게재되었다.

함흥형무소	10. 12.	1시간	수형자 전향자, 준전향자 400명	소련 사정 다카이 촉탁
		1시간	동상(同上)	소련 노농 생활 샤모프 데시야트킨
		1시간	수형자, 비전향자 300명	소련 사정 다카이 촉탁
		1시간	동상	소련 노농 생활 샤모프 데시야트킨
함흥보호관찰소	10. 12.	2시간	사상보국연맹원(전향자), 유력자 300명	소련 사정 다카이 촉탁
		3시간	동상	소련 노농 생활 샤모프 데시야트킨

177 당시 일본 측 자료에서 '주의자'란 대체로 '공산주의자'를 가리킨다.

▷ 본 기사는《북선일보》외 북선(北鮮) 각지(各紙)에 상세히 게재되었다.

청진보호관찰소	10.13.	2시간	사상보국연맹원(전향자) 및 부내(府內) 유력자 250명	소련 사정 다카이 촉탁
		1시간 반	동상(同上)	소련 노농 생활 샤모프 데시야트킨
		1시간	수형자(사상범) 96명	소련 사정 다카이 촉탁
		1시간 반	동상	소련 노농 생활 샤모프 데시야트킨

▷ 본 기사는《오사카아사히(大朝)》,《오사카마이니치(大每)》북선판(北鮮版) 및《북선시사(北鮮時事)》에 게재되었다.

3. 반향

1) 신문 자료

두 사람의 진술에 따라 소련 적군(赤軍) 군기(軍紀)의 이완 상태가 폭로되었다. 황군(皇軍)의 정신력이 적군의 기계력(機械力)을 압도한 사실을 예증(例證)할 수 있었던 것은 의외의 수확으로서 선전 효과가 대단히 높고, 국민에게 '소련군을 두려워하지 말 것'이라는 관념을 충분히 심어줄 수 있었다.

2) 좌담회

사상 방면에 대한 효과가 특히 심대한 것을 파악할 수 있었다. 기전향자(旣轉向者) 중에는 '공산 치하 소련의 실상'을 알고 사상 청산에 대한 올바른 신념을 얻었다고 표명하는 경향도 많았다. 비전향자(非轉向者) 중에는 '공산주의에 의해 가장 은혜를 입는 노동자·농민계급 출신'인 두 사람의 거짓 없는 고백을 듣고 이상한 느낌을 받아 전향의 기운을 농후하게 만들어 낸 것 같다.

일례를 들어보면, 함흥형무소 수용자 가운데 가장 세력이 있고 완고하게 전향을 받아들이지 않던 어느 수형자에게 이론이 실제로 맞지 않는 이유를 설명하였다.

예를 들면, 그가 농업기계화로 소련 농민의 생활은 개선되고 있다고 말하는 것에 대해, 농업기계화는 농민을 촌락에서 몰아냈을 뿐만 아니라 쫓겨나지 않은 농민도 수입이 줄고 있는 실상 등을 상세히 설명하였다. 그는 완전히 이해했다며 만족의 뜻을 표하고, 회견 후 감방을 방문한 형무소원에게 같은 내용의 소감을 뱉어냈다.

원래 조선인 공산주의자는 편협한 이론에 갇혀 현실을 파악하지 못하는 경향이 있다. 본 좌담회는 이러한 약점을 보완하는 데 중점을 두었기 때문에 기대한 바 이상의 성과를 거두었다. 따라서 반향 또한 적지 않은 것 같으며, 보호감찰소, 특히 형무소에서 많은 감사를 받았다.

<자료 12>

「투항 소련병을 이용한 선전 효과 개황 보고의 건」[178]

(조선군 참모장, 1939. 2. 17.)

조참밀(朝參密) 제131호

투항 소련병을 이용한 선전 효과 개황 보고의 건

1939년(昭和 14) 2월 17일, 조선군 참모장 기타노 겐조(北野憲造)

육군차관 야마와키 마사타카(山脇正隆) 귀하(殿)

위 제목의 건은 별책(別冊)과 같이 보고함.

178 朝鮮軍參謀長 北野憲造, 「(朝參密 第131號) 投降ソ聯兵ヲ利用シタル宣傳效果槪況報告ノ件」, 1939. 2. 17, 『密大日記 第6冊(昭和14年)』, 陸軍省, 1939(防衛省 防衛硏究所 소장; 일본국립공문서관 아시아역사자료센터).

1939년 2월 16일

「투항 소련병을 이용한 선전 효과 개황」

조선군 보도부

- 목차 -

1. 요지

당부(當部)에서는 1938년(昭和 13) 11월 14일 자 『투항 소련병 선전 이용 상황』에서 보고한 바와 같이, 장고봉(張鼓峰) 사건 때 우리 쪽으로 투항해온 적군(赤軍) 하사관 샤모프(24세), 병사 데시야트킨(22세)을 이용해 신문 자료 제공, 라디오 방송, 좌담회 등을 실시하여 상당한 효과를 거두었다. 그중에서도 특히 사상관계 방면과의 좌담회에서 현저한 실적을 거둘 수 있었다.

그 목적한 바는 소련 내부사정을 해부 폭로하고 공소(恐蘇) 내지 친소(親蘇) 관념을 불식하여 다가올 새로운 사태하의 총후(銃後)의 완벽을 기하려는 데 있다. 특히 선내(鮮內) 공산주의자에게는 '공산주의가 현실에서 인류의 복지가 되지 못하는' 이유를 설명하고 각성을 촉진하고, 기전향자(既轉向者)에게는 '전향을 확고히 할 것'을 주안점으로 하며, 실시함에 있어서는 '편협한 이론에 갇혀서 현실을 살펴보지 않는' 경향이 많은 조선인 공산주의자의 약점을 막는 데 중점을 두었기 때문에 의외의 반향을 불러일으켰다. 비전향자(非轉向者)에게는 전향의 기운을 농후하게 양성하며, 기전향자에게는 전향이 옳았다는 이유를 인식시키는 등 기대 이상의 효과를 거둘 수 있었다.

본 보고는 그 효과의 개황을 수록한 것이다.

〈주의〉 사상 방면 좌담회 가운데 형무소 참가자 중에는 국어[179] 능력이 불충분한 사람 내지는 완전히 결여된 사람도 있다. 감상을 집계하는 부분에서 '감상이 없는 자'라는 것은 대개 이러한 종류의 참가자의 회답으로 사료된다.

2. 조선총독부 법무국장 서간(사본) [생략]

3. 이용 전말(顚末) 및 효과 개황

좌담회 개최 상황

1. 일시: 1938년 10월 5일 밤
   장소: 경성보호관찰소
   주최: 시국대응전선사상보국연맹(時局對應全鮮思想報國聯盟)
   참회자(參會者): 보호관찰소 직원
   연맹 역원(役員)
   연맹 지부원(보호관찰 대상자)
   방청자: 재판소, 검사국, 경찰소(警察所) 등 직원
   기타 관민 다수
   이상 참집자(參集者) 합계 약 200명

2. 일시: 같은 달 12일 오전 10시부터 정오까지
   장소: 함흥형무소
   주최: 함흥형무소
   후원: 시국대응전선사상보국연맹

179 일본어를 말함.

참회자: 동(同) 형무소 직원

동 형무소 사상범 재감자 중 전향자(수형자 72명, 형사피고인 168명)

3. 일시: 같은 날 오후 1시부터 오후 3시까지

장소 / 주최 / 후원: 앞항과 같음

참회자: 동 형무소 직원

동 형무소 사상범 재감자 중 비전향자 및 준전향자(수형자 77명, 형사피고인 4명)

4. 일시: 같은 날 오후 7시 30분부터 오후 10시 50분까지

장소: 함흥보호관찰소

주최: 시국대응전선사상보국연맹

참회자: 위 보호관찰소 직원

위 연맹 함흥지부 역원

동 지부원(보호관찰 대상자)

방청자: 도지사, 재판소 및 검사국 간부 직원, 기타 관민 다수

5. 일시: 같은 달 13일 오전 9시부터 오후 1시까지

장소: 청진보호관찰소

주최: 시국대응전선사상보국연맹

참회자: 위 보호관찰소 직원

위 연맹 지부원

동 지부원(보호관찰 대상자)

방청자: 도지사, 법원장, 검사정(檢事正) 이하 다수

6. 일시: 같은 날 오후 2시부터 오후 4시까지

장소: 청진형무소

주최: 청진형무소

후원: 시국대응전선사상보국연맹

참회자: 동 형무소 직원

동 형무소 사상범 재감자 중 형사피고인 96명

함흥형무소 좌담회 참회(參會) 재감자의 감상문 요지 집계

	수형자	피고인
1. 본 좌담회를 어떻게 생각하는가		
가. 시국상 의의가 깊다고 느낀 자	32	28
나. 감사하다고 느낀 자	46	133
다. 형무소 정책의 하나라고 느낀 자	-	2
라. 감상 없음	71	9
2. 소비에트의 내정(內情)을 듣고 가장 크게 느낀 점은 무엇인가		
가. 스탈린 정권의 폭로를 느낀 자	35	35
나. 공산주의의 모순을 느낀 자	19	33
다. 공산주의의 실현은 도리어 노농 계급의 생활을 불안하게 한다고 느낀 자	16	12
라. 실업자가 없는 것을 기쁘게 느낀 자	-	15
마. 의무교육 4년제가 있는 것을 부럽게 느낀 자	3	21
바. 일반 민중이 종교적 신앙을 가지고 있다고 느낀 자	1	3
사. 감상 없음	75	53
3. 소비에트의 장래는 어떻게 될 것이라 생각하는가		
가. 몰락에 빠질 것이라고 느낀 자	30	58
나. 공산주의 사회의 건설은 불가능하다고 느낀 자	5	23
다. 스탈린 정권은 붕괴하지 않을 거라고 느낀 자	1	4

라. 장래의 일은 알 수 없다고 한 자	31	66
마. 감상 없음	82	21

4. 소비에트에 대한 생각에서 바뀐 점은 없는가

가. 전향한 오늘날 최초의 생각에 변함이 없는 자	53	33
나. 가공적이기보다 실제적 인식을 얻었다는 자	20	63
다. 의연하게 이상국가(理想國家)라는 자	2	1
라. 감상 없음	74	75

5. 본 좌담회에 출석하여 특히 얻었다고 생각한 점은 무엇인가

가. 이론과 실제의 불일치를 느낀 자	44	35
나. 공산주의 사회 조직의 모순과 결함을 발견한 자	26	64
다. 실업자가 없는 것이 좋다고 느낀 자	-	8
라. 다른 인종을 보고 놀라움을 느낀 자	-	1
마. 감상 없음	79	64

6. 본 좌담회에 출석하여 장래 재고하여 바로잡아야 한다고 생각한 점은 없는가

가. 이미 사상전향을 한 이상 별로 변함이 없다는 자	37	7
나. 소련에 대한 과대평가를 시정하고 조국 일본의 인식을 깊이 해야 한다는 자	29	53
다. 건실한 황국신민이 되겠다고 느낀 자	-	24
라. 유물사관에서 유물론(唯物論)으로 전환할 필요를 느낀 자	6	30
마. 감상 없음	77	58

7. 소련의 내정을 듣고 특히 황국신민으로서 기쁨을 느끼지는 않았는가

가. 평화와 행복을 느끼고 기뻐한 자	75	136
나. 감상 없음	74	36

8. 연해주(沿海州) 조선 동포의 강제이주 이야기를 듣고 어떻게 생각했는가

가. 의분(義憤)을 느낀 자	72	138
나. 소련으로서는 당연한 조치라고 느낀 자	-	8
다. 감상 없음	77	26

9. 소련 노동자·농민의 빈궁한 상태를 듣고 어떻게 생각했는가

가. 공산주의 사회에서는 농민·노동자의 행복은 있을 수 없다고 느낀 자	13	41
나. 친밀감이 있다고 느낀 자	47	87
다. 혁명이 일어날 것이라고 느낀 자	4	9
라. 탈주병의 말은 믿을 수 없다며 노농계급자의 생활이 빈궁하지 않다는 자	2	6
마. 이상적 사회가 생길 수 있을 것이라는 자	-	1
바. 장래 황국신민으로서의 의무를 다하겠다고 느낀 자	-	15
사. 감상 없음	83	13

10. 기타

가. 일소전(日蘇戰)이 일어날 것이라고 느낀 자	-	4
나. 러시아가 빨리 망하기를 바란다고 느낀 자	-	2
다. 감상 없음	149	166

청진형무소 좌담회 참회 재감자의 감상문 요지 집계

- 소비에트 국정(國情)을 듣고 공산주의 사회가 결함이 많음을 알았다. 또한 황국신민임을 기뻐하는 부류 75명
- 사상, 이상이 근본적으로 달라서 투항병의 담화는 믿을 수 없다 2명

- 오늘날까지 보고 듣거나 신문 잡지 및 경험과는 너무 차이가 나는 담화라 믿을 수 없다 2명
- 불평불만에서 자본국가를 타도하여 자유의 해방 사회주의국가를 건설한다면 이와 같은 일은 없다 2명
- 자신들이 희망하는 것은 소비에트국이 아니라 농민 생활의 향상에 있음을 의외로 느꼈다 2명
- 공산당원 탈주자답지 않아서 이 담화는 믿을 수 없다 1명
- 공산주의 사회 건설의 과도기이므로 불평불만을 면할 수 없다. 또한 프롤레타리아 국가 건설에는 이와 같은 숙청(肅淸) 소탕은 있을 수 있다. 너무 과장된 이야기다. 1명
- 일본 정부의 선전정책이 덧붙여져 있다고 생각할 때 괴뢰라는 느낌이 들어 고통스러웠다 1명
- 지금까지 소비에트 국정을 충분히 알지 못했으므로 반신반의하며 들었다 1명
- 형무소에 오래 있어서 사회의 사정에 어두웠기 때문에 반신반의하며 들었다 1명
- 소비에트국은 이번 지나사변에 군사적 원조를 하며 자급자족하고 있는데 기아(饑餓)에 빠진 자가 있다는 것에 대해 반신반의하며 들었다 1명
- 스탈린이 독재정치를 하고 착취 방책을 취하고 있는 상태가 사실이라면 서로 신중한 연구가 필요하다 1명
- 일개 점원으로서 국가의 정치·경제·산업·오락에 형무소 내정까지 안다. 우리도 이와 같이 연구해야 한다 1명
- 자국 내 비상시 전선에서 탈주하여 자국 내정을 말하는 것은 비겁하다. 스파이로 의심되면 하루빨리 국외로 내보내는 것이 상책이다 1명
- 기타 4명

계 96명

청진형무소 좌담회 불참회(不參會) 사상범 재감자에 대해 본 좌담회의 내용을 문서로 알린 후 거둔 감상문 요지 집계

훌륭한 사회인 또는 사람, 황국신민이 되겠다고 맹세한 부류	49명
일본은 세계의 문명국이니, 황국신민임을 기쁘게 감사하는 부류	45명
소련의 실정을 듣고 반성, 후회 개심(改心) 등을 맹세한 부류	32명
지금까지 듣던 것과 완전히 달라졌다는 등의 부류	29명
공산주의의 나쁜 점을 자각하고, 사상전향을 더욱 굳게 한 부류	29명
소련의 비참한 상황을 생각하고, 국민의 고통을 생각하는 부류	28명
소련병의 이야기를 듣고 황군에 감사, 폐하에 충의, 총후의 방비를 맹세한 부류	27명
소련은 오래 지속되지 않고 파멸할 것이라고 생각하는 부류	23명
소련은 일본제국보다 열등하고 나쁘고 더러운 나라라고 생각하는 부류	20명
훌륭한 마음이 되어 집안(家)과 부모를 위해 일하여 효양(孝養)을 하겠다는 부류	18명
제국 및 황실의 흥륭, 번영을 희망하여 동양의 맹주 구제는 일본제국만이 할 수 있다는 부류	11명
자신이 지금까지 들었던 것과 다르며, 지나(支那) 원조, 자급자족, 탈주병, 눈으로 확인하지 않은 것 등을 이유로 의심을 갖는 부류	31명
소련은 불평불만, 물자 결핍 등이 없으며, 만약 있다 하더라도 국제관계가 급격히 전환하고 있다는 등의 이유로 부정하는 부류	27명
스파이 또는 빵을 위해, 혹은 혹자로부터의 이러저러한 말을 하는 부류	12명
소련병 2명은 좋은 사람이라고 알고 있다거나, 혹은 소련이 이와 같은 것을 한다면 더욱더 잘 생각해봐야 한다거나, 또는 더욱 생각 중인 부류	5명
아무것도 느끼지 못하거나, 또는 공정한 사회가 되면 그것으로 좋다거나, 또는 병기(病氣) 외에 어떤 것도 생각하지 않는 부류	7명

<자료 13>

「투항 소련병과 사상범 수형자의 좌담회 효과 개황의 건 보고」[180]

(조선군 참모장, 1939. 10. 19.)

조보보(朝報普) 제181호

투항 소련병과 사상범 수형자의 좌담회 효과 개황의 건 보고

1939년(昭和 14) 10월 19일, 조선군 참모장 가토 린페이(加藤鑰平)[181]

육군차관 야마와키 마사타카(山脇正隆)

위 제목의 건은 별책(別册)과 같이 보고함.

1939년 10월 16일

---

180 朝鮮軍參謀長 加藤鑰平, 「(朝報普 第181號) 投降蘇聯兵ト思想犯受刑者ノ座談會效果概況ノ件報告」, 1939. 10. 19, 『陸支密大日記(密)』 第69號-2, 陸軍省, 1939(防衛省 防衛研究所 소장; 일본국립공문서관 아시아역사자료센터).

181 가토 린페이(加藤鑰平, 1891~1974): 일본육군. 조선군 참모장(1939), 육군 중장(1942), 제8방면군 참모장(1942) 등을 역임했다. 일제 패망 후 BC급 전범 용의자로 체포되어 18년의 유죄판결을 받았으나, 1954년 12월 가석방되었다.

『투항 소련병과 사상범 수형자의 좌담회 효과 개황 보고(감상문)』

조선군 보도부

좌담회 실시: 1938년(昭和 13) 10월 13일
실시 장소: 청진형무소
참가 수형자: 96명
·· ·· ·· ·· ··
실시 담당자: 보도부원 다카이(高井) 촉탁

우리 보도부(報道部)에서는 1938년 11월 14일 자 「투항 소련병 선전 이용 상황」 및 1939년 2월 16일 자 「투항 소련병을 이용한 선전 효과 개황」에서 보고한 바와 같이, 장고봉(張鼓峰) 사건 때 우리 쪽에 투항해온 적군(赤軍) 하사관 샤모프, 병사 데시야트킨을 이용하여 수형 중인 사상범과 무릎을 맞대고 '소련 사정 좌담회'를 실시하였다.

그 목적한 바는 소련의 내정(內情)을 해부 폭로하여 공소(恐蘇)·친소(親蘇) 관념을 불식시키며, 특히 비전향자(非轉向者)에게는 '공산주의가 소련의 실례로 보아 결코 인류의 복지가 되지 못하는' 이유를 설명하여 각성을 촉진하고, 기전향자(旣轉向者)에게는 '전향을 확고히 함'에 있다. 실시함에 있어서는 '편협한 이론에 갇혀서 현실을 돌아보지 않는' 조선인 공산주의자의 약점을 막는 데 중점을 두었기 때문에 현저한 효과를 거둘 수 있었다.

이에 수록한 감상문은 좌담회에 참가한 청진형무소 수용 사상범 수형자로부터 얻은 것의 일부로서, 좌담회의 효과를 엿볼 수 있는 자료라고 믿는다.

또한 본 감상문은 원문(原文)으로서 감히 옳고 그름 등은 피하였다.

감상문

김덕활(金德活)

김태갑(金太甲)

김원향(金元鄕)

현일송(玄一松)

마태동(馬太東)

김인호(金仁琥)

최갑송(崔甲松)

김남철(金南哲)

김원학(金元鶴)

박병팔(朴柄八)

이홍학(李鴻鵠)

김덕활(金德活)

저는 예심(豫審)에서 2~3년간의 과거를 잘 생각해보니 황국신민으로서 용납할 수 없는 일을 했다고 후회하고 있던 도중에, 의외로 1938년 10월 13일 장고봉 전선에서 기회를 틈타 탈주한 소련 병사 2인을 교회당(敎誨堂)에서 마주하여 소련의 정세를 직접 듣게 되었습니다. 그리고 저는 여러 조목(條目) 가운데 가장 중요하게 생각한 것은, 세계에서 가장 이상적인 생활이라고 외치던 스탈린 정부가 표면에서는 일반 국민을 사랑해도 이면에서는 실로 혹독한 독재정권을 하급 각 기관에서 행하도록 했기 때문에, 적색 게페우[182] 장관들도 스탈린의 가혹한 지배를 벗어나 자유평등의 이상적인 사회를 건설하려고 사상 전환을 했다는 것입니다. 이것을 발견한 스탈린은 곧바로 그들을 검속하여 총살한 일이 있습니다. 또한 이 예를 보고 류시코프[183] 대장이 자신의 목숨도 장래에 위험해질 것이라고 생각하여 스스로 생명을 지키려고 스탈린 정부를 탈주하여 만주에 와서 일본의 보호를 받았으며, 일반 국민들도 식사나 노동시간에 자유가 없고 기타 여러 가지 일에 대하여 불평불만이 고조됨에 따라 자신들은 소련 정부를 탈주하지 않으면 안 된다고 결심하던 도중에 장고봉 등의 전선에서 기회를 틈타 탈주한 사람이 200명이라는 것을 듣고서, 저는 2~3일간 이에 대해 생각해보았습니다. 다음으

182 게페우(GPU): 구소련의 비밀경찰인 국가정치보안부. 1922년 체카를 개편한 것으로서 반혁명 인사를 찾아내고 처벌하는 일을 하였다. 1934년에 내무인민위원회로 바뀌었다.

183 겐리흐 류시코프(1900~?): 소련의 관료. 스탈린의 총애를 받았으며, 소련 극동지역 비밀경찰(NKVD)의 총책임자로서 고려인 강제 이주를 주도했으나, 이후 스탈린에 의해 숙청의 위기에 이르자 1938년 6월 '만주국'으로 망명하였다. 이후 일본의 첩보활동을 도왔으며, 1947년 7월 관동군 특별고문으로 파견되었다가 실종되었다.

로 소련 국민은 불평 불만족을 호소하며 자국 내의 파란(破亂)을 희망하고 있으며, 또한 이것이 날로 증대하여 소련의 국운이 점점 약해져서 위기에 몰락하는 것이 멀지 않았다고 깨달았습니다. 그리고 저는 무엇보다도 동양 민족이라면 누구든 이상적인 생활을 하려 한다면, 극동의 모든 파란을 일소하여 평화를 유지하려고 고통을 무릅쓰고 악전고투하고 있는 대일본제국을 연상(聯想)하지 않으면 안 된다고 생각했습니다. 그래서 만약 도덕(道德)이 넓은 황국을 배척하는 자는 영원히 죽는 길을 구하는 것과 다름없음을 깨달으며, 새삼스레 과거를 회고해보고 진실로 눈물겨운 후회를 했습니다. 여러분도 알다시피 저는 장래에도 황국의 지도하에 실시될 자력갱생을 밤낮으로 한결같이 힘써서 진정으로 격렬한 적성(赤誠)으로[184] 황국을 지키면서 인간다운 생활을 하기로 결심하였습니다.

천황 폐하 만세.

김태갑(金太甲)

감상을 적으려니 …. 쓸데없는 일이지만 순서로 먼저 저의 이전 사상 상태를 적겠습니다. 저는 검속 이전에는 사상은 좋아도 객관적 상황으로 보아 실현될 수 없는 것으로 간주해 변절하였고, 본 형무소 수용 후에는 첫째, 사적(史的) 고찰에 의해, 둘째, 문화 전통으로 보아, 셋째, 생업보국(生業報國)의 점에서 보아, 기타 등등에서 이론적으로 사상전향을 하였습니다. 더욱이 지난 5월 류시코프 대장의 국경 탈주 사건과 그 고백서(告白書), 그리고 소련 최고 지도 간부의 피의 숙청 기사로 소련 내정을 대략 짐작하였습니다. 그런데 그저께 소련 탈주병과의 좌담회를 통해 소련 국민의 생활 상태를 대략 알 수 있었습니다. 소련의 물자 상태는 레닌그라드와 모스크바의 물자를 모아도 청진(清津)의 물자보다 적다고. 이는 이야기가 너무 극단을 달리는 듯합니다만, 그러나 근거 있는 이야기입니다. 소련에서 물자가 대단히 적은 것은 사실입니다. 농민의 생활 상태는 뒤에 앉아 있었기 때문에 듣지 못했지만 노동자의 생활 상태 또한 200루블의 수입으로, 조선의 현 노동자 생활과 비교해봐도 특별히 큰 차이가 없으며, 저들이 말하는 이야기 중에는 과거 제정(帝政) 시대의 노동 수입보다 적어졌다고 울며 호소하기도 합니다. 조금 더 유복한 생활을 하려는 생각에서 공산사회가 되었는데, 도리어 수

184 적성(赤誠): 진실에서 우러나오는 참된 정성.

입이 적어졌다면 좋아할 일이 아닙니다. 국경 경비대가 급료를 많이 받을 수 있다고 하는 것이 탈주를 막기 위한 것이라는데, 이는 조금 생각해봐야 합니다. 실제로 조선에서도 국경 경비대는 더 많은 급료를 받고 있습니다. 그러나 그 취지가 탈주 국민의 방위에 있다는 것으로, 진짜 이상적인 생활 상태라면 국민 가운데 탈주자는 없을 것입니다. 전국에서 1,000만의 강제 노동자와 수용인 가운데 60%가 아사(餓死)하였습니다. 한 하사관이 하사를 졸업하여 나머지 일도 상세히 아는 듯해도 역시 근본은 인정할 수밖에 없습니다. 그는 또 일본국(日本國)에는 도둑이 있느냐고 말합니다. 청진에서 가게 앞에 물건을 진열해놓아도 용케도 도둑질을 하지 않는다고. 이것으로 소련의 치안을 알 수 있습니다. 또 형무소라는 것은 응징을 목적으로 생긴 기관으로서 수용인을 아사시키는 것은 대단히 무도하고 잔학하다고. 소련 국민은 전쟁 발발을 염원한다고. 국가가 전쟁하면 국민은 물질적으로, 정신적으로 통제가 더해져서 생활 상태는 불행하다고 하지만, 소련 국민은 그 불행을 알고도 어째서 전쟁 발발을 염원하는 것인가. 류시코프의 고백서에 "나는 어떻게 해서든 스탈린의 기만정책을 폭로하여 전 러시아 민중을 도탄의 생활로부터 구할 수 있다면 목숨도 아깝지 않다"라고. 그렇다면 러시아 국민은 지금 무엇을 생각하고 있는가. 우리가 공산사회를 동경한 것도 보다 나은 생활의 안정을 구하고, 사회악(社會惡)을 잘 제거하여 명랑한 사회로 만들기 위한 것입니다. 하지만 목숨을 다 바쳐 건설한 사회가 국민은 생활 곤란을 견디기 어렵고, 조국을 적대시하여 총검 아래에 몸을 던져 탈주하고, 사회는 17인에 1인의 범죄자가 나온다면, 이는 사회제도의 모순에서 비롯된 결과입니다. 우리는 이러한 사상에 대한 재검토를 깊이 고려하지 않으면 안 됩니다.

이상 대략입니다만, 감상은 이와 같습니다.

김원향(金元鄕)

저는 이전에 사상전향을 한 것은 사실입니다. 하지만 지금까지 사상을 전향한 것에서 근본적으로 공산주의 내막에서 불리한 점을 지적할 수 없고, 친족을 사랑하는 관념을 모두 다 잊기는 어려웠습니다. 또한 두 가지 문제가 된 것은, 저 자신이 지금처럼 감금되어 인간다운 생활을 할 수 없고 밤낮으로 괴로운 일을 당하는 것입니다. 이른바 "영무사이가빈(寧無事而家貧)

막유사이가부(莫有事而家富)"[185]였습니다. 그러나 그저께 좌담회에서 소련 적군(赤軍) 병사분들이 소련의 내정과 국민 생활 상태를 일일이 말한 것에서 놀랐습니다. 왜냐하면 제가 사회에서 운동할 당시 지도자로부터 들었던 선전과 완전히 다른 것을 말씀하셨기 때문입니다.

그래서 저는 현재의 공산주의자는 하부조직에서 활약하는 자에게 거짓을 말하여 맹목적으로 전선에 참가하도록 했다는 것을 확실히 알게 되었습니다. 또한 공산사회가 만일 실현된다고 해도 자유롭지 않을 것임을 명확히 알 수 있었기 때문에, 현 대일본제국의 정치만큼 좋은 나라는 더더욱 없을 것이라 생각합니다. 어쨌든 석방된다면 황국의 일개 시민이 되어 국가를 위해 충의(忠義)를 다하고자 합니다.

현일송(玄一松)

오랫동안 쓸쓸한 감방에서 단순한 생활을 하였습니다. 그런데 의외로 옛날 동지들과 함께 강연을 듣게 되어서 그 감상은 실로 뭐라고 표현하기 어렵습니다. 저는 일찍이 공산주의에 대해 상세한 연구도 해보지 않았고 누구라도 확신이 있는 것을 듣고 본 적도 없는 공산주의 공명자(共鳴者)로서, 일찍이 조국처럼 믿었던 러시아의 청년으로부터 오늘날 파멸에 빠진 러시아의 실상을 직접 들을 수 있었던 것은 실로 다행이라 생각합니다. 노동자·농민의 생활 곤란을 비롯해 정치적으로 모든 분쟁이 쌓여 있는 러시아의 실상을 듣고서, 예심 중에 생각했던 "이해(利害)에만, 물질에만 의존하는 사회는 영원히 행복해질 수 없으며 존속할 수도 없다"는 원리에 대한 자신감이 더욱 깊어졌습니다. 새삼스러운 말 같지만 일본제국의 신민(臣民)으로서의 고마움을 느끼지 않을 수 없습니다.

장래 더욱 안정된 마음을 지니고 타고난 본래의 임무에 대해 몸과 마음을 다하여 노력할 것을 굳게 생각하고 있습니다.

마태동(馬太東)

10월 13일 점심 식사를 마칠 무렵 부장님이 와서 학교를 졸업한 사람을 조사하고 갔다. 그

185 『명심보감』「존심편(存心編)」에 나오는 구절로, "비록 가난해도 아무 변고 없이 살면 우환 속에서 부유하게 사는 것보다 더 낫다."는 의미이다.

후 무슨 일일까 하며 신경과민으로 온갖 생각이 머리에 떠오르고 가슴이 두근거렸다. 2시간이 지났을 무렵 호출되었는데, 똑같이 호출된 사람들과 함께 이끌려 공장 같은 곳으로 갔다. 실내에는 아무런 장식도 없이 바닥에 돗자리가 깔려 있고 주변에는 책상과 의자만 있는 초라한 방으로서, 뭐라 말할 수 없는 기분에 차 있었다. 잠시 소장님 이하 직원분과 그 외에 태어나서 처음 본 사람이 계셨다. 보자마자 그 본 적 없는 사람들은 신문 등에서 본 장고봉 사건에서 도주한 러시아 병사가 아닐까 하고 직감했다. 아니나 다를까 소장님의 개회사로 러시아 병사라는 것을 확실히 알았다. 소장님의 소개로 두 사람 외에 모임에 참가한 한 사람은 17년간 소련을 연구해온 일인자임을 알았고, 통역관이라고 말씀하셨다. 통역관의 말씀으로 소련에서 농민·노동자의 생활을 대강 알고 나서 좌담회에 들어갔다. 사회에서 자신이 직접 본 일을 듣고도 믿기 어려울 터인데, 하물며 사회와 충분히 통신할 수 없는 옥중에서랴. 이 속에서 듣기도 하고 보기도 한 일 가운데 어떤 것은 반신반의(半信半疑)한 적도 있었다. 반신반의했던 장고봉 사건으로 도주했다는 것도, 눈앞에서 두 사람을 보자 나 자신의 마음이 얄팍하고 수치스럽다고 느꼈다. 세상에서는 백문(百聞)이 불여일견(不如一見)이라고 하지만, 이 안에서 들은 것은 백문백견(百聞百見)과 같다고 믿었다. 러시아 병사가 말하는 것은 이해할 수 없어도 그 태도와 말투는 진심으로 느껴졌다. 무산자(無產者)의 행복을 기하고 자유를 인정하는 것을 기초로 한 공산주의 사회가 도리어 무산자의 고혈을 착취하고 죄 없는 사람을 학살하는 것은 인류사회에서 용납할 수 없는 존재이다. 이것을 보니, 일본에서 삶을 찾아 안주한 우리는 행복하다. 분에 넘치는 행복의 나라에 살면서 진정한 일본인이 되지 않는 것을 부끄럽게 생각한다. 공산 사상은 서둘러 버리고, 좌담회에서도 끊임없이 생각을 거듭해도, 또 나는 진정한 충·애국(忠愛國) 사상이 결여되어 있다. 겉으로는 일본 신민이면서 내심으로 그렇지 않은 것은 위선자이다. 나는 수양에 수양을 거듭하여 인식을 더욱 새롭게 해서 부끄럼 없는 제국 신민이 되고자 한다.

김인호(金仁琥)

1938년 10월 13일 오후 교회실(教誨室)에서 소장님을 비롯한 여러 역인(役人) 분들이 정렬하여 있는 가운데 우리는 앉아서 소장님의 훈시를 듣고, 이어 소련인이 내부 정세를 소개하는 것을 듣게 되었습니다.

먼저 첫째로 소련인을 보고 그 사람들은 어떻게 해서 우리나라에 왔을까에 대해 연상해보고 있던 중에 그들이 자기 본국의 인상에 대해 거리낌 없이 구체적으로 또 단적으로 피력하는 것에 감격했습니다. 다음으로 감상을 말씀드리겠습니다.

소비에트 러시아는 세계적으로 공산주의의 공동생활이야말로 이상적인 생활이라고 자랑해왔습니다. 저 청년들이 머리끝까지 불평이 차올라 괴로워하다가 탈주했다는 것을 생각해보았습니다. 그것은 물론 근본정신의 본능에서부터 벗어난 피상적인 물질적 가면(假面) 사상이라서 그럴 것이라고 생각합니다. 그것이 근본정신의 가슴속에서부터 울려오는 욕구의 사상이라면 그렇게 되었을 리가 없으며, 그것은 본능을 벗어난 외면(外面) 사상이기 때문에 그럴 것이라고 생각했습니다. 동지 여러분. 우리가 우러러 믿었던 공산주의가 어째서 이렇게 좌절하여 잘못된 길을 초래했을까. 일반 군중이 우리에게 비방을 했는데, 그것은 인간의 본능에서부터 울려오는 욕구성이 아니기 때문에 그렇다고 생각합니다. 동지 여러분, 우리는 과거에 무의식적으로 또 기계적으로 동요되었던 것을 반성하고 청산하여 유일한 정의의 길을 이행하고 수행합시다. 여러분 앞에서 지도하자는 것이 아닙니다. 공산주의야말로 우리가 앞서 밟아나가야 할 길이 아니라 함정이라는 것을 절실히 깨달았습니다. 여러분, 쓸데없는 과거를 청산하고 우리 정의의 길을 수행하여 발휘합시다. 저는 대일본제국의 한 사람의 신민임을 각오하였습니다. 지금부터 한결같은 마음으로 오로지 마음을 기울이고 싶은 것은 저도 일개 국민이 되어 국민의 의무를 다하는 것으로서, 자력갱생하여 생활할 희망을 철저히 기대하고 있습니다. 거듭 반복해서 말씀드리려는 것은 여러분도 알고 있다시피 소련은 공산주의 국가로 존재함을 명확히 알고 있을 것입니다. 저는 러시아가 그 운명대로 진행해갈 것인지 여부에 대해 생각해보았습니다. 그것은 인간이 본능에서 욕구하는 근본정신이 없기 때문에 목표에서 차질이 생길 것이라고 생각합니다. 동지 여러분, 유일한 정의의 길을 완수하여 우리의 가치를 발휘합시다.

천황 폐하 만세.

최갑송(崔甲松)

저는 좌담회에 참가한 것을 무엇보다 행복하게 생각하고 있습니다. 저는 일찍이 마을의 어떤 사람의 권유로 공산주의에 공명하여 오랫동안 활동했습니다만, 실은 공산주의의 진리도 잘 알지 못했던 것 같습니다. 제가 활동할 당시 우리에 대한 지도에서 조국 러시아의 노동자·농민의 생활 상태에 대해 있는 일 없는 일을 자주 말하는 것을 들었습니다. 좌담회를 통해 실로 러시아에서 20년간 활동하고 연구한 러시아인의 본심을 들어보면, 대단히 차이가 있는 것 같습니다. 먼저 노동자·농민의 생활 상태를 들어보면, 우리를 지도한 자들은 조금의 차별과 불평이 없이 생활한다고 말했었는데, 이 러시아인의 상황을 들어보면 가장 고통스러운 생활을 하는 것이 러시아 농민이며 노동자는 8시간의 노동을 해도 생활이 유지되지 않아서 시간 외 노동으로 2~3시간 정도 더 해야 한다고 말하는 것을 들었을 때, 우리를 지도한 자들이 거짓말만 했고 공산주의 선전에만 광분했다는 느낌이 들었습니다. 그리고 다음으로 러시아 형무소의 죄수 일에 대해 러시아의 죄수는 너무나 가혹한 강제 부역에 시달리거나 또는 병사(病死)나 아사(餓死)에, 특히 정치범(政治犯)은 60% 이상이나 총살된다는 것을 들었을 때, 우리가 러시아에 있었다면 이미 총살당했을 텐데 지금은 어떠한 고생도 없이 살고 있다는 사실을 생각하니, 어떻든 대일본제국 천황 폐하의 덕분임을 마음 깊이 생각하며 또한 감사해 마지않습니다. 지면 관계상 그날 러시아 청년이 말한 것을 하나하나 적고 싶습니다만, 우리의 조국이라던 러시아 국내는 실로 커다란 모순에 빠져 있다는 것을 잘 알았습니다. 이 러시아의 두 병사가 전선에서 싸우는 것보다도 더 고통스러운 쏟아지는 적의 탄환과 보초병을 몰래 뚫고 온 것을 보더라도, 러시아의 모순을 체험했다고 한 것은 적어도 믿을 수 있을 것입니다. 또한 숙정(肅正) 공작으로 국가의 요인을 총살하고 노동자·농민은 극도의 희망[186]에 빠져 확실히 내란이 일어날 것이라고 생각합니다. 조국이라고 하던 러시아는 이렇습니다. 스페인 인민전선의 패전(敗戰), 공산당의 책동에 의한 항일 장(蔣)[187] 정권도 가까운 시일 내에 지방정권화될 것 같은 것만 봐도, 공산주의는 여기에 잘 들어맞지 않는다는 것을 확실히 깨달았습니다. 동시에 저는 전선에서 고생하는 장병과 더불어 총후(銃後)를 지키며 황국신민의 일원으로서 살아갈 것을 깊이 느끼고 있습니다.

186 노동자·농민이 '헛된' 희망에 빠져있다는 의미로 짐작된다.

187 중국국민당 장개석(蔣介石) 정권을 말함.

김남철(金南哲)

저는 어제 의외의 강연회에 참석하게 되어 더할 나위 없는 기쁨과 감격에 마지않았습니다. 그것은 뜻밖에도 러시아인과의 면회였습니다. 오랫동안 독재정치의 주권자인 스탈린 수하에서 참을 수 없는 압박에 불평불만을 가지고 있던 사람으로, 지난 장고봉 사건을 이용하여 우리 군에 투항한 사람이었습니다. 그래서 러시아의 모든 정치·경제·문화에 대해 하나하나 잘 들었습니다. 그리고 저는 무엇보다도 첫 번째로 투항자 2인을 비롯하여 현재 러시아에서 정치적 압박과 경제적 착취에 눈물겹게 생활하고 있는 1억 6,000만 대중의 입장을 생각하며 가슴이 뛰었습니다. 그것은 제가 이전에 저 스탈린을 숭배하고 러시아 공산주의 사회를 신망하던 자의 한 사람이었기 때문입니다. 실로 저는 그 러시아인의 한 마디 한 마디에 가슴의 두근거림이 더욱더 높아져서, 갑자기 저 스탈린이 눈앞에 나타난 것 같은 기분이 들어서 마음으로 타도 스탈린을 두세 번 외쳤습니다. 자유·평등·박애를 ■■하는 저 스탈린, 죄 없는 인명을 많이 죽인 저 스탈린, 정권은 영원히 가질 수 있을까. 아니, 이제는 스탈린의 정권보다도 스탈린의 생명이 위험하지 않을까. 그것은 1억 이상의 대중이 지금 지하에서 스탈린 타도 운동에 100%로 활동하고 있기 때문이다. 이로써 현재 대일본국민인 우리의 생활을 생각해보지 않을 수 없다. 그러면 말할 것조차 없이 황국신민이라는 고마움에 자연이 머리가 숙여질 수밖에 없다. 실제로 사회에 있을 때는 일본의 정치적 압박과 경제적 착취로 참을 수 없다는 선전을 받아들여 어떻게든 무조건적으로 이를 시인했습니다. 하지만 이제 와서 생각해보면 지금까지 '괴로움(苦)'이라는 맛을 맛보지 않았다는 것을 확실히 알게 되었습니다.

오늘날 감사한 황국신민이 날마다 부르짖는 '괴로움'이란 대체 무엇을 말하는 것인지 의문이 듭니다. 저 러시아 인민의 생활을 되돌아보지 않고서는 진정한 괴로움(苦)을 황국신민은 알 수 없다고 생각했습니다.

그것에 대해서 저는 9,000만의 황국신민에게 빨리 이 러시아의 사정을 알리고 싶다는 생각으로 가슴이 가득 찼습니다. 이어서 현재 지나(支那) 대륙에서 일신(一身)과 일가(一家)를 돌아보지 않고 싸우고 있는 병사들의 고마움을 생각하며 진심으로 무운장구(武運長久)를 기원했습니다. 끝까지 천황을 중심으로 공존공영(共存共榮)하는 사회를 영원히 지켜야만 한다고 생각하면서, 대일본제국 만세를 진심으로 삼창(三唱)했습니다.

김원학(金元鶴)

공산주의의 진상을 적당히 은폐하는 선전에 편승하여 편벽되고도 맹목적으로 이 주의(主義)를 취하여 결국 이와 같은 처지에 놓여 대단히 괴로워하고 있던 나에게, 당일의 좌담회는 후회하며 한탄하고 있던 나의 의식을 더욱 명료하게 확실히 한 절호의 계기였다.

일찍이 소련연방 사람을 만난 적은 없었다. 그 나라 사람들이야말로 훌륭한 체격에 잘난 체를 하며 야무질 것이라고 생각했는데, 상상한 것과는 크게 달랐다. 오직 눈에 띈 것은 눈이 희고 머리카락이 황색이며 코가 오뚝한 데다 전신이 가냘퍼서 간신히 얼굴을 받치기도 하고 손가락이 코에 삐기도 할 것 같았다. 이것이 소련 병대의 자세인가? 눈을 돌려 양쪽 관리분들과 수용인을 보았다. 확실히 체격상으로는 열세라는 것을 깨달았다. 옛말에 건전한 신체에 건전한 정신이 깃든다고 했는데, 저들이 정말로 훌륭한 주의 아래 훌륭한 정신생활을 했는지 의심스러웠다. 이는 피상적인 느낌이다. 실제로 소장님이 직접 그들과 이야기함으로써 소연방(蘇聯邦) 사람의 입으로 그 나라의 실상을 들려주니, 너무나 이상을 배신당한 것같이 느껴졌다. 아니, 과거의 일을 생각하면 전쟁을 하지 않을 수 없었다. 그는 말했다. 1억 이상의 노동자가 집단농장 혹은 공동노동소(共同勞動所)에서 소나 말처럼 하루에 16시간의 심한 강제노동에 종사하면서 겨우 600그램의 빵을 받아 배를 움켜쥐고 굶주려 울고 있다. 제멋대로 노동자·농민의 고혈을 짜내서 스탈린의 호화로운 생활을 만족시키거나, 선전으로만 가득 찬 일반 교육도 노동자·농민을 위한 것이 아니다. 오락기구도 주요 도시에만 있는데, 소도시와 농촌에서는 가끔 오는 활동사진도 모두 기만적인 것에 지나지 않는다. 국방경비도 같은 나라의 도주자 때문이어서, 그곳으로 가는 경비원은 급료를 특별히 후하게 받는다. 외국을 부러워해서 도망치는 것을 걱정하고 있다니, 얼마나 교활한 일인가. 연해주 방면에 있는 선농(鮮農)을 우랄 방면의 오지로 이주시켜 학대하니, 불평이 높아져서 반혁명(反革命)이 걱정되어 이 땅이 일본으로 넘어가기를 희망하고 있다는 동포의 참혹함에 어느새 가슴이 아파짐을 느꼈다.

박병팔(朴柄八)

저는 그저께 생각지 않은 강연회에 참석하는 일이 생겨서 무한이 기뻤습니다. 그것은 특히 러시아인과의 면회였으므로 나에게는 더없이 좋은 회합이었습니다. 말할 것조차 없이 저 자신은 과거에 아무것도 모르면서 두 사람이 하는 말을 오직 무조건으로 시인하여, 스스로 잘 생각해보지도 않고 실행하려고 여러 가지 활동을 했습니다. 그래서 저로서는 과거의 잘못과 장래에 가야 할 길에 대해 오랫동안 생각해왔는데, 특히 이번 기회에 감격에 마지않는 것이 있었습니다. 그것은 첫째로 러시아 일반 국민의 생활이 의외로 곤란한 상태라는 것입니다. 이와 같은 것을 듣고 정말로 그렇겠다고 생각했습니다. 저 러시아인이 훌륭한 군인이면서도 우리 군에 투항한 것만 생각해봐도 스탈린의 정책이 러시아 인민의 적이라는 것은 말할 것조차 없다고 생각합니다. 실로 저 스탈린의 입으로 자유·평등을 외치며 독재정권을 유지하려고 죄 없는 인민을 죽이는 공산당의 짓거리가 전부 눈앞에서 보이는 듯하여 빨리 그를 타도하고 싶어졌습니다. 동시에 저 러시아의 일반 민중이 안타깝게 생각되어 하루라도 빨리 구하고 싶다는 마음이 솟아올랐습니다. 반대로 저는 황국신민의 행복과 안락을 절실히 느끼며 더욱 더 지난날의 잘못을 뉘우치고, 장차 국민의 의무의 중대성을 깨달았습니다. 한편 저와 같이 잘못된 방향으로 나아가는 국민에게 빨리 파괴적인 사상으로부터 몸을 돌려서 다리를 쭉 펴고 잘 수 있는 황국신민의 고마움에 눈을 뜰 수 있도록, 저 러시아 민중의 정치적 압박과 경제적 착취 현상을 알리고 싶다고 생각했습니다. 이어서 현재의 국가와 사회를 위하여 일신일가(一身一家)를 돌아보지 않고 지나 대륙에 나가 분전(奮戰)하는 병사의 고마움을 생각하며, 진심으로 무운장구를 기원하고 대일본제국 만세를 삼창했습니다.

이홍학(李鴻鶴)

저는 북선(北鮮) 동해안에 있는 한 어촌의 일개 어민입니다. 어렸을 때 아버지와 사별하고 병약한 편모의 손에서 자랐습니다. 모친은 이미 늙었고 본래부터 집은 가난했기 때문에 제 몸을 움직여 일하지 않으면 안 되는 처지였습니다. 그래서 작은 배를 가지고 육지가 아닌 바다를 생명선(生命線)으로 삼아 하루를 먹고살았습니다. 그러던 중 어느 날 좋지 않은 지인의 선동으로 어민운동(漁民運動)에 참여하였다가 몇 개월 뒤에 검색을 당했습니다. 형무소에 들어가 '《도(道)》, 신문, 라디오'와 기타 수양서(修養書) 종류들로 과거의 무지와 우매함을 알아갔습니다. 어느 날은 한밤중에 양손을 가슴에 얹고 절실히 여러 일들을 생각하며 회한과 자책의 눈물로 베갯머리를 적시면서 몇 달을 보냈고, 해가 바뀌어 어느새 옥중생활도 2년이 되었습니다. 10월 14일입니다. 우리를 담임하고 있던 담당님과 부장님이 오셔서 이 방에 보통학교를 졸업한 사람이 있는지 물으셨습니다. 없었기 때문에 우리는 "없습니다"라고 말씀드리

자, "그런가"라고 하며 다시 "이 가운데 누가 일본어를 대강이라도 아는 사람이 있는가"라고 말해서, 제가 "(362호)"라고 대답했습니다. 무슨 일이길래 이렇게 할까 걱정하고 있던 중에 곧바로 각 방의 문이 열리고 제 감방에까지 이르렀던 것입니다. (362호)인 저는 담당님의 지도로 새로운 공장에 갔습니다. 형무소 직원과 여러 선생 등이 서둘러 우리의 열(列)과 앉음새를 봐주는 사이에 견장(肩章)을 보고 저는 소장님인가 하고 생각했습니다만 확실히는 모릅니다. 저는 소장님이 어떤 견장을 달고 계시는지는 한 번도 본 적이 없습니다. 그리하여 그 뒤로 신사 한 사람과 또 그 뒤에 두 눈이 움푹 패어 있고 두발이 노랗고 살갗이 흰 청년 두 사람이 왔습니다. 저는 깜짝 놀랐습니다. 여하튼 신문과 《도(道)》 등에서는 몇 번 서양인을 본 적이 있습니다만, 진짜로 사람을 직접 본 것은 처음이었습니다. 그곳에서 소장님이 오늘의 좌담회는 소련에서 도주한 청년들로부터 직접 소련의 국내정세를 잘 듣도록 하기 위함이라고 하셨습니다. 불우하게도 저는 맨 뒤쪽에 앉아서 참가했는데, 일본어도 충분히 이해하지는 못하므로 귀를 세우고 들으려 했습니다. 소장님과 그 청년의 문답에 의하면, 정치 관계, 재판 관계, 스탈린 숙정 공작, 기타 농민 문제(15건 이상)의 문답이 있었습니다. 저는 그곳에서 "아, 그렇습니까 … 아, 그렇습니까"를 듣는 것만으로도 몸이 떨려서 그냥 앉아 있을 수조차 없었습니다. 그래도 듣고 싶었습니다만 이미 시간이 허락되지 않았습니다. 그래도 "저는 그저 말없이 한마디로 스탈린의 마수와 악정으로 고통받는 생활을 저렇게나 한 것인가. 하지만 지금은 도망쳐 여기에 왔으니 이제 안심하세요"라고 말했습니다. 저는 과거의 미몽과 의심을 더욱 잘 풀 수 있었습니다. 그날 밤 저는 누워서, 어째서 이렇게 되었는가, 나는 어떻게 해서 이런 운동을 했는가라고 하면서, 지금이야말로 전 동아(東亞)가 여명기이고 머지않아 동아에는 히노마루가 나부낄 것이다라고 생각했습니다. 저의 과거를 후회하고 있던 중에 불현듯 머릿속에 떠오른 것은 어머니였습니다. '어째서' 부친이 별세한 뒤에 불초의 이 자식을 죽도록 애지중지해 오신 것일까 ……. 오랜 세월에 걸쳐 길러낸 내가 아닌가. "오늘 밤도 울고 있을 것이다", "어머니, 울지 마세요", "지금 저는 이곳에 들어오고 나서 여러 가지 수양서책으로 과거의 잘못된 마음의 녹을 닦아내고 있습니다. 그러므로 누구하나 저주할 곳도 없고, 죽을 필요도 없습니다. 그저 저 자신부터 탓할 뿐입니다. 저는 지금이 바로 시험기입니다. 기쁘게 있습니다" 마지막으로 과거를 반성하고 다시는 반복하지 않을 것을 마음속으로 맹세하며 붓을 놓습니다.

<자료 14>

「조선군 보도선전 요강(안)」[188]

(조선군사령부, 1940. 8. 1)

조선군(朝鮮軍) 보도선전 요강(報道宣傳要綱)(안)

1940년(昭和 15) 8월 1일

조선군사령부(朝鮮軍司令部) 제작

- 목차 -

188 朝鮮郡司令部 調製, 「朝鮮軍報道宣傳要綱(案)」, 1940. 8. 1, 『日帝下 戰時體制期 政策史料叢書』 제61권(民族問題研究所 編, 2005), 158~170쪽.

본 요강은 조선군이 담임하는 보도선전에 관해 영구히 속할 대강적(大綱的) 계획을 정하는 것으로 한다. 다만, 사무 처리에 따르는 규정적 사항은 「조선군 보도선전 업무규정」에 의거한다.

제1. 방침

군이 행하는 보도선전은 조선 내 군·관·민으로 하여금 충량(忠良)한 신민(臣民)으로서 국책에 순응하고 일치 협력하여 각각 그 사명에 매진하도록 함으로써 반도(半島)의 총력을 더욱 발휘하여 국방의 완벽을 기하는 데 있다.

제2. 일반 요령

2-1. 군내의 통일

1) 보도선전의 방침, 기타 구체적인 대책에 대해서는 군사령부가 정한 바에 기초해 각 부대는 모두 항상 통일된 견해를 견지하고 긴밀한 연락을 확보하여 일치 결속한 통일된 대책을 강구하도록 한다. 이를 위해 각 부대는 항상 군사령부에서 정한 바에 기초하여, 또 중앙부의 지도방침에 준거하여 조선군으로서 추구해야 할 목표를 철저히 한다는 취지에 힘쓰고, 이와 다른 의견은 사견(私見)이라 할지라도 그 발표를 경계할 필요가 있다.
2) 선전을 하는 쪽에서는 군이 먼저 스스로 솔선수범하여 노력할 것을 요한다. 이를 위해 부외(部外)에 선전하기에 앞서 그 취지를 철저히 하여 전군(全軍)의 신념과 진지한 실천을 기하도록 한다.

2-2. 정보 자료

1) 보도선전에 관해 필요한 정보 수집 자료는 군의 목적을 가장 유효하게 달성할 수 있도록 각 부대가 긴밀하게 협력하여 수집에 관한 계획을 정하고, 그 ■■를 명확히 하여 이후 보도선전의 중점과 수단의 발견에 힘쓴다. 특히 정세의 변화, 여론의 전기(轉機)를 간파하고 기회를 잘 포착하여 철저한 보도선전을 시행함에 유감이 없도록 한다.
2) 보도선전에 관한 정보 자료를 수집하는 방안으로는, 항상 헌병을 비롯한 관계 부외의 관민과 긴밀한 연락을 유지하여 군의 보도선전에 대한 협력에 유감이 없도록 한다.

2-3. 실시의 요령

1) 군이 보도선전을 통하여 조선에 대해 시종일관 요망해야 할 내용은, 대체로 작전에 대한 조선의 유형무형상의 병참기지적 능력을 최고도로 충실히 발휘할 수 있도록 선택하는 데 있다. 특히 조선에서 관민(官民)[189]의 각종 총책(總策)은 모두 이러한 요구의 노선에 따르도록 한다.

2) 선전을 하는 방안으로는, 그 목적을 달성하기 위해 필요한 분위기를 조성해가다가 기회를 포착하여 그 중점으로 지향해간다. 간명하고 철저하게 반복적으로 실행하여 그 목적을 관철하기 위해 노력할 필요가 있다.

3) 보도선전을 하는 방안으로는, 조선의 일원적인 행정기능을 유감없이 이용하도록 노력한다. 이를 위해 총독부를 필두로 전선(全鮮)을 통일하여 각종 부외(部外)의 기관 또는 단체 등을 통해 그 목적의 유효한 달성을 도모한다. 특히 보도선전의 내용이 행정과 밀접한 관계를 갖는 것에 있어서는 가능한 한 행정기관이 이를 일임하도록 주의할 필요가 있다.

4) 선전을 하는 방안으로는, 특히 충분한 이해를 가지고 적극적으로 하며, 또 실행력이 있는 각층의 관민에게 나아가 접근하여 협력을 확보하도록 노력한다. 이와 함께 시정(是正)이 필요한 유력한 단체 등에 대해서는 모든 방법으로 전향(轉向)을 꾀하며, 만약 부득이한 경우에는 이를 억압하여 군의 주장에 굴복시키는 것이 필요하다.

5) 보도선전의 대책에 관해서는, 그 사항에 비추어 적절히 선택하는 방법으로 하여 이에 적합하도록 한다. 다만 반도 민중의 특성상 주요한 사항에 관해서는, 다수가 지도적 계급 또는 지식계급에 중점을 지향할 필요가 있는 경우가 많다.

6) 보도선전은 대상에 따라 그 방법을 시의적절하게 해야 한다고 할지라도, 반도 민중에 대한 보도선전상 특히 고려할 필요가 있는 일반적인 사항은 대개 다음과 같다,

① 특히 확고부동한 방침으로 전군(全軍)이 일치협력하고, 또 계시적(啓示的)으로 행할 필요가 있을 경우 강제도 고려한다.

② 내용은 특별히 조리일관(條理一貫), 언동일치(言動一致)를 천명하여 이해하기 쉽게 하며,

---

189 원문에는 '官氏'로 되어 있으나 '官民'의 오기로 보여 수정함.

나아가 대중을 대할 때는 특히 간단하고 평이하게 인과(因果)를 명료하게 하는 것이 필요하다.

③ 먼저 황국신민(皇國臣民)으로서의 교양에 힘쓴다. 함부로 권리를 주장하는 것을 경계함과 동시에 황국신민이 되도록 하기 위한 대책을 강구한다. 실천에 임해서는 모든 수단을 강구하는 것이 필요하다.

④ 국가에 대한 신뢰의 강화에 노력한다. 따라서 보도선전상 피해가 되는 모든 언동을 특히 경계한다.

7) 중요한 보도선전은 동시에 내지(內地) 및 만주국(滿洲國) 등에서도 행하는 것이 필요하다. 특히 조선의 황토화(皇土化)에 대해서는 먼저 내지인에게 이해와 신념을 가질 수 있도록 실천과 원조에 노력할 필요가 있다.

이를 위해 군은 중앙부(中央部)를 비롯하여 관동군(關東軍) 등과 긴밀히 연락을 유지하도록 한다.

8) 보도선전을 할 때는 특히 군사상 또는 국방상의 비밀을 폭로하지 않도록 주의한다.

9) 보도선전을 하는 방안으로는, 항상 이에 종사하는 자의 교육훈련에 힘써 보도선전 능력의 향상에 노력하도록 한다.

2-4. 보도선전 실시의 검토

1) 실시한 보도선전의 결과에 대해서는 항상 관련 정보의 수집에 힘쓴다. 특히 그 효과와 영향의 여하에 주의하며, 이후 대책에 유감이 없도록 하는 것이 필요하다.

2) 상대국 또는 제3국, 기타 반전(反戰)·반군(反軍) 또는 반국가주의 단체 등이 행하는 각종 보도선전, 그 밖에 특별히 반도 민중 사이에 많이 발생한 각종 유언(流言)에 관해서는 정보 수집에 노력하는 것 외에 언제나 엄중한 검열과 단속(取締)을 행함과 동시에, 사소한 징후에도 주의하여 이를 미연에 사찰(查察)하고 각 방면과의 연락을 긴밀하게 한다. 특히 그 약점을 간파하여 파멸을 도모하는 것이 필요하다.

제3. 보도선전의 수단

1. 보도선전의 구체적인 수단에 대해서는 그 목적에 비추어보아 각종 방법, 즉 신문, 잡지, 팸플릿, 표어, 포스터, 회화, 사진, 영화, 가미시바이(紙芝居), 강연, 좌담회, 방송, 행사 등을 적절히 이용해야 한다. 그렇다 하더라도 시기의 상황과 보도선전의 내용 및 대상 등에 비추어 가장 효과적으로 목적을 달성할 수 있는 방법을 선택하고, 실시해야 할 시기, 정도, 범위 등에 대해서도 주도적인 고려를 추가하도록 한다.

2. 대외 선전에 관해서는, 특히 각종 기회를 이용하여 신문, 라디오, 행사, 국민운동 등을 통해 일반 또는 출정군(出征軍)과 연계하는 것 외에, 위문시찰자(慰問視察者), 재선화교(在鮮華僑) 외국인과 관계 또는 교섭이 있는 자 등으로 직접 외국 또는 외국인에게 행하여 성전(聖戰) 목적의 달성을 위해 유효한 선전을 실시하도록 한다.

제4. 보도선전 사항

1. 보도선전 내용은 군사령부의 방침에 기초하여 조리가 일관하고 주장이 선명하도록 한다. 특히 선전에 관해서는 민중의 감정에 호소할 수 있도록 선택한다.

2. 선전 사항은 국방상의 요구를 가장 유효하게 달성할 수 있도록 선택함과 동시에, 보도 사항은 선전을 비롯해 기타 국방상 필요한 사항의 보도 효과를 최대화시키는 관점에서 선택해야 한다. 그렇다 해도 반도에서 일반에게 필요한 것은 대개 다음과 같다.

1) 일반 국방 관계 사항

(가) 황국의 국체와 천업회홍적(天業恢弘的)[190] 사명을 명징(明徵)하고, 특히 반도 민중이 황

---

190 천업회홍(天業恢弘): 『일본서기(日本書紀)』에 나오는 건국 정신의 하나. 하늘의 업을 널리하여 지상을 빛나게 한다는 의미로서, 이상의 실현을 의미한다.

국신민의 본분을 체득하게 한다.

(나) 동아 신질서의 건설, 동아 경제권의 확립 목적과 대책을 철저하게 이해시킨다.

(다) 홍아(興亞)의 성업(聖業)은 오로지 국민의 굽히지 않는 단결력, 특히 내선일체(內鮮一體)의 성과를 거둠으로써 달성하며 또 위대한 성과를 향유할 수 있게 된다는 것을 인식하도록 함과 함께 단결을 위해 채택해야 할 국민의 신조(信條)를 명시한다.

(라) 성업의 달성은 국가 총력을 가장 유효하게 발휘하는 것에 기대해야 한다는 것을 인식시키고, 국민의 전시경제에 대한 전면적인 협력을 장려하고 또 훈련한다.

2) 군사상 필요한 사항

(가) 군사사상을 보급하고 국군에 대한 신뢰와 친애하는 생각을 강화하여 유사시에 군의 행동을 원조하거나 협력할 수 있도록 교육 훈련한다.

(나) 군비(軍備) 충실 및 군수(軍需) 동원 능력 향상이 필요한 까닭을 인식시켜 널리 관민이 병참기지적 실질의 발휘에 노력하게 한다.

(다) 출정군에 대한 국민의 감사지원에 노력하도록 함과 동시에 출정 유가족의 원호, ■■군에 대한 원조 등의 협력에 만전을 기한다.

3) 대외관계 사항

(가) 국제정세의 변전(變轉)에 대한 국민의 인식을 밝히고 전시 시국에 대한 국방상의 요구, 우리 외교정책의 대강(大綱)을 알려서 최대한 국민의 협력을 얻도록 한다.

(나) 우호 국가에 대한 국민의 태도, 적성(敵性) 국가, 특히 장(蔣) 정권에 대한 국민의 각오를 명확히 하여 국방상 국민으로서 해야 할 책무의 완수에 노력한다.

(다) 외국, 특히 열강의 전략을 알리거나 그 업적을 인식시켜 국민의 분기를 촉구하며 필승의 신념을 견지하도록 한다.

(라) 외국, 특히 상대국에 대해서는 우리나라의 총력을 강화해 국민의 결속과 견고한 결의를 알려 사기를 저지함과 함께, 이간(離間), 기타 필요한 시책을 강구하여 국시(國是)의 관철을 용이하게 한다.

<자료 15>

「조선군 보도선전 업무규정(안)」[191]

(조선군사령부, 1940. 8. 1.)

조선군(朝鮮軍) 보도선전 업무규정(報道宣傳業務規定)(안)

1940년(昭和 15) 8월 1일

조선군사령부(朝鮮軍司令部)

- 목차 -

제1. 총칙

- 본 규정은 조선군 내 정보선전 업무 처리 요령을 규정한 것이다. 단, 보도선전에 관한 준

191 朝鮮軍司令部, 「朝鮮軍報道宣傳業務規程(案)」, 1940. 8. 1, 『日帝下 戰時體制期 政策史料叢書』 제61권(民族問題研究所 編, 2005), 194~201쪽.

비 및 실시 요령에 대해서는 「조선군 보도선전 요강」 또는 「연도 조선군 보도선전 계획」에 근거한다.

제2. 업무의 담당

1. 군사령부 및 각 부대 업무 처리의 담임은 별도로 정한 경우 외에는 다음(左記)에 근거한다.

- 다음(左記) -

1) 군 보도부(報道部)

(가) 조선 전반에 대한 보도선전의 기획 및 실시에 관한 사항

(나) 각 부대 업무의 통할(統割)에 관한 사항

(다) 대외 보도선전에 관한 사항 및 대외 보도선전기관에 관한 사항

단, 군사령부보다 오히려 각 부대의 업무와 매우 긴요한 관계에 있는 국(局), 그 부외(部外) 기관 또는 단체 등을 통해 각 부대에서 행하는 것이 적당하다고 할 경우는 이를 제한하지 않는다.

(라) 군수공장 정신동원 지도에 관한 사항

(마) 신문, 라디오의 지도 가운데 군부를 대표하는 경우 및 양 사단[192]과 관계된 발표에 관한 사항

2) 사단 보도부

(가) 사단 관구(管區)에서 주로 부대를 대상으로 하는 보도선전에 관한 사항

(나) 사단 관구 내에서 재향군인회, 국방부인회, 학교교련, 청년훈련 등 사단이 직접 지도하고 있는 부외(部外) 기관 또는 단체 등을 통해서 행하는 보도선전에 관한 사항

192 당시 조선 내에 주둔한 일본군 상주사단인 제19사단(나남)과 제20사단(용산)을 말함.

3) 기타 군 직할 부대

부대 고유의 업무상 또는 군 전반의 필요에 기초하여 관계가 있는 보도선전에 관한 사항

2. 군사령부 및 각 부대 업무 처리의 담임은 전호(前號)와 같다 하더라도, 구체적인 문제에 대해 분명하지 않은 것이 있을 때 또는 담임 부대에 여력이 없어서 다른 부대에서 담임하는 것이 적당하다고 인정될 경우, 상호 적극적인 연락으로 군이 기획한 보도선전의 목적을 가장 유효하게 달성할 수 있도록 분담해 실시하는 것으로 한다.

3. 군 보도부장은 사단 보도부의 업무 통제상 필요한 세부에 관한 사항에 대해서는 사단 보도부장을 감독할 수 있다.

제3. 계획의 입안

- 군사령부는 「조선군 보도선전 요강」(이하 요강으로 약칭함)에 기초하여 연도 개시 1개월 전까지 「연도 조선군 보도선전 계획」(이하 연도계획이라 약칭함)을 정하고, 이를 각 부대에 시달한다.
- 사단사령부는 전호(前號)의 계획에 기초해 연도 보도선전 계획을 수립하여 연도 개시 10일 전까지 3통을 군사령부에 제출하는 것으로 한다.

  군 보도부도 역시 전항(前項)에 준하여 연도 보도선전 실시계획을 제작하는 것으로 한다.
- 군사령부는 내외 정세에 따라 때맞춰 보도선전에 관한 방침을 정하고, 이를 각 부대에 시달한다.

제4. 연락, 통보, 보고

- 군사령부는 주된 담임과 관계된 보도선전에 관한 정보 및 자료를 수집 정리하여 적시(適時)에 각 부대에 통보한다.
- 각 부대는 보도·선전 업무 실시의 상황 외에 주로 그 담임한 바에 따라, 보도선전에 의한

정보 자료를 필요로 하는 기획이나 의견과 함께 월보(月報) 및 연보(年報)를 다음 달 15일 및 연도 종료 후 1개월 이내에 군사령부에 보고하며, 그 밖에 필요한 사항을 관계 부대에 통보하는 것으로 한다. 단, 때에 따라 필요한 사항이 있을 때는 그때마다 곧바로 보고 통보하는 것으로 한다.

- 원활한 군내(軍內) 업무를 기하기 위해 매년 대략 1회 또는 특히 필요한 경우 임시로 군사령부에 보도선전의 주임자를 집합시켜 연락 회동한다.
- 각 부대는 담임한 업무의 수행상 필요한 부외(部外) 기관 또는 단체 등에 대해 항상 긴밀한 연락을 유지한다. 단, 총독부를 비롯한 각종의 중추 기관 또는 단체 등과의 연락이나 특히 중요한 보도선전에 관한 사항으로 조선 전반에 영향이 있는 건에 대해서는, 필요한 기관 또는 단체 등과의 연락은 통상 군사령부가 맡는 것으로 한다. 따라서 각 부대에서 이들 기관 또는 단체에 연락이 필요할 때는 통상 군사령부를 통해서 행하도록 한다.

제5. 경비

- 보도선전에 관한 경비는 연도 초에 각 부대에 배당한다.
- 각 부대는 배당받은 경비를 토대로 연도 경비 사용 계획을 입안한다. 또 연도 종료 후 사용 상황을 하나의 표로 만들어 각 2부를 군사령부에 제출하는 것으로 한다.

<자료 16>

「1940년도 조선군 보도선전 계획(안)」[193]

(조선군사령부, 1940. 8. 10.)

1940년도 조선군(朝鮮軍) 보도선전 계획(안)

1940년(昭和 15) 8월 10일

조선군사령부(朝鮮軍司令部)

- 목차 -

제1. 방침

제2. 일반 요령

제3. 보도선전의 수단 방법

제4. 보도선전 사항

1. 일반 국방 관계 사항

2. 군사상 필요한 사항

3. 대외 관계 사항

193 朝鮮軍司令部, 「昭和十五年度朝鮮軍報道宣傳計畫(案)」, 1940. 8. 10, 『日帝下 戰時體制期 政策史料叢書』 제61권(民族問題硏究所 編, 2005), 171~193쪽.

본 계획은 1940년도의 보도선전을 위한 조선군 「보도선전 요강」(이하 요강이라 칭함)에 기초하며, 그 밖에 특히 필요하다고 인식하는 사항에 대해 계획한 것이다.

상황에 따라 적절하게 본 계획에 기초하여 필요한 사항에 관해 보도선전의 요령(要領)을 계획하도록 한다.

제1. 방침

국제정세의 중대한 전기(轉機)와 사변(事變) 제4주년을 맞이해 민심의 이완을 감안하여 군비(軍備)의 충실, 생산력의 확충, 동아 신질서의 건설을 강행하기 위해 솔선하여 조선에서의 국방국가 태세를 확립하고, 국민 각층의 긴장과 인식과 자신감을 강화하여 군·관·민이 일체 협력과 부동(不動)의 결의로써 예의(銳意)하여 그 임무에 매진하도록 한다.

제2. 일반 요령

1. 조선에서 국방국가 태세를 계획할 수 있도록 군이 먼저 국방상의 견지에 기초하여 태세에 대해 명확한 요망(要望)을 파악하고, 그 구현에 대해 추진력을 가지고 임하며, 온갖 수단을 다하여 달성에 매진하도록 한다.

2. 사변 제4주년을 맞이해 민심의 이완에 대해서는, 특히 국제 상황이 갑자기 바뀌는 시기의 진상(眞相)과 동아에서 제국의 국제적 지위가 약진하는 중대 기로라는 것을 인식시키며, 또한 장기간에 걸친 견인(堅忍)한 노력이 필요한 이유를 철저히 이해시키도록 한다. 단, 반도 민중의 시국인식을 깊게 하여 분기(奮起)하도록 하기 위해, 쓸데없이 제국의 열세를 강조하여 그 신뢰에 염려와 동요를 불러일으키는 것과 같은 것은 엄격히 경계할 필요가 있다.

3. 국방국가 태세의 확립에 대한 군의 요망, 기타 대책 등에 대해서는 그 영향의 중대함에 비추어 중앙부(中央部)와 기타의 연락을 긴밀하게 하고 주도면밀하게 검토한다. 아울러

개개의 사항에 대해서도 그 정신을 명확히 하며, 이에 대한 구체적인 의견을 확립한다. 동시에 군내(軍內)에서의 사상 통일에 노력하여 한 사람이라도 다른 의견을 가진 자가 없도록 철저한 이해를 도모하도록 한다.

4. 국가 내외의 중대한 시기를 맞이하여 국민의 결속이 가장 중요하다는 점에 비추어 국민이 명확한 목표를 파악하도록 한다. 아울러 일치단결이 성업(聖業)의 달성을 위한 유일한 기초임을 인식시키고, 보도선전을 통해 이것이 철저하도록 노력한다. 동시에 각종 시책이 다 이것으로 귀일(歸一)되도록 할 필요가 있다.

5. 현하 특히 복잡미묘한 국제정세의 변전(變轉)에 비추어 대외문제, 특히 동아에서 열강 세력의 실상과 지나사변(支那事變)에 대한 국민의 인식을 선도함과 함께, 아울러 제국의 움직이지 않는 대외적 국시(國是)와 실력에 대한 신뢰와 확신을 갖게 한다. 대외관계에서 발생한 국방 문제에 대해 적극적으로 협력하도록 노력하며, 동시에 적시에 적절한 대외선전을 실시하여 물심양면으로 조선의 실력을 천명하고 국책의 수행을 용이하게 한다.

제3. 보도선전의 수단 방법

1. 선전을 위해 부외(部外)를 이용할 때는, 특히 올해의 목표, 즉 국방국가 태세 확립의 실천에 매진하기 위해 적절하고 또 견실한 단체를 적극적으로 지도 편달하여 원조하게끔 노력한다.

2. 국민의 분기는 시국에 대한 진실한 인식에서 시작된다는 점에 비추어, 단체 등의 특질에 따라 지장이 없는 범위에서 최대한 국가 내외의 정세와 군의 의사를 명확히 설명하고 보여주는 데에 힘쓴다.
단, 주요한 비밀 사항에 대해서는 그 누설에 관해 엄격한 경계가 필요하다.

3. 보도선전 수단에 대해서는 「요강」 제3에 근거해야 하지만, 특히 그 효과성에 유의하여

강연으로만 흐를 것이 아니라 각종 유효한 방법을 적절하게 혼용하며, 게다가 형식에 빠지지 말고 정신의 체득과 실천에 힘쓰도록 한다.

제4. 보도선전 사항

1. 군사상, 기타 국방상 올해에 보도선전해야 할 주요한 사항에 대해서는 「요강」 제4에 근거해야 하지만, 특히 중점을 두고 지향해야 할 구체적인 사항은 대개 다음과 같다.

1) 일반 국방 관계

(가) 국민의 시국인식과 동아 신질서 건설에 대한 결의 및 실천, 동아 신질서 건설의 목표와 대책 및 그 성과를 확인시킨다. 특히 금년 이래 노력의 필요와 은인(隱忍), 장기간에 걸친 계속적인 노력에 의해 비로소 그 목적과 위대한 효과를 거둘 수 있다는 점을 이해시키고, 그 목적 달성을 위한 숙의(熟意) 및 왕성한 실행을 요구한다.

(나) 거국일체(擧國一體)를 목표로 한 국민단결 사상의 진작과 훈련, 성업의 달성은 국체의 본의에 기초한 국민단결력의 집중적 발휘에 의해 비로소 기대한 바를 얻을 수 있다. 단결은 실로 국민의 결속에 대한 앙망(仰望)에서 나온다. 지도자에 대한 신뢰와 복종, 지도자의 탁월한 식견과 철저한 지도, 공정멸사(公正滅私)와 적극적인 노력에 기대해야 한다는 것을 체득하여 실천하도록 한다.

(다) 조선에서 국방국가 태세의 확립

국방국가 태세의 확립에 대해서는 먼저 조선에서 일원적 행정의 특색, 특히 명확하고 기민한 통합적 기획 운영 능력을 더욱 강화시킨다. 이와 함께 민간, 그중에서도 특히 생산·배급·운수업자 등을 조직하여 계획적인 경제통제 실시의 태세를 확립한다. 이 외에도 전 국민 모두의 생산·소비 절약, 대용회수(代用回收), 저축 등 국가총동원에 대한 적극적인 협력이 매우 중요하다는 것을 인식시키며, 동시에 그 실시에 노력하도록 한다.

(라) 국방산업의 획기적 확충

현하 우리나라 자원의 정세에 비추어 조선에서의 각종 자원, 특히 중요한 국방자원 또는 중요한 수입자원, 기타 생활 필요물자의 생산에 대해 최대한의 능력을 발휘하도록 하는 것이 필요하다는 것을 인식시키며, 전 국민이 이에 협력하게 한다.

이를 위해 특히 생산업자의 헌신적인 노력을 요망하며, 관민의 적극적인 지원을 권장한다.

(마) 조선 민중의 황국신민화

반도인의 황국신민화에 대해 군은 특히 솔선하여 그 대책의 철저화에 힘쓰며, 내선일체의 지도이념을 명확히 하여 널리 관민이 이에 협력하도록 한다. 즉 국어(國語)[194]의 보급, 보통교육의 철저, 소질(素質)과 소양(素養)의 향상, 내지인의 지도 등 황민화를 위해 필요한 모든 수단을 강구할 것을 요망한다. 이와 함께 특히 반도인에 대해서는 내지인과 제휴하여 상호 신뢰로 나아가 협력 결합하여 황국신민의 본령(本領) 발휘에 매진하도록 하며, 권리 또는 이익만을 요구하는 것은 잘못임을 이해시킨다.

(바) 물자의 합리적 통제 운용의 강화

군비(軍備)의 충실, 생산력의 확충은 오로지 사용 가능한 물자를 가장 유효하게 이용함으로써 그 목적을 달성할 수 있다. 따라서 관민의 일치협력에 기초한 물자 배급의 명확한 통제는 현하의 긴요한 일임을 인식시킨다. 각 부문마다 배급의 철저를 위한 통제기구를 확립하여 국방상 필요한 방면으로 물자가 유동(流動)될 수 있도록 하며, 암거래의 절멸을 도모할 것을 요망한다.

(사) 물자의 절약, 대용 회수

물자의 가장 적절한 이용을 기하기 위해 국민에게 물자에 관해 적확하고 심각한 이해를 제공하고, 생산의 증가와 맞물려 물자 절약, 대용품 사용, 폐품 또는 불용품(不用品) 회수의 중요성을 인식시키고, 또 이에 협력하게 한다.

(아) 식량의 증산 및 절약과 저장(貯藏)

국방상 식량이 중요한 이유와 한해·수해 대책 준비의 필요를 인식시키고, 조선에서 식량의 증산, 금후의 저장 및 적절한 식량 절약의 계속적인 여행(勵行)이 필요함을 고조하여 관민이 그 실행에 노력하게 한다.

---

194 일본어를 말함.

(자) 수출의 진흥, 특히 대지(對支) 및 제3국 무역의 촉진

제3국 수출의 진흥에 의한 외자(外資) 획득이 제국의 수입력을 증가시켜 전력(戰力)이 증강하는 중요한 사항이라는 것과 지나(支那)의 치안유지 및 대륙 건설상 지나에 대한 물자의 생산과 수출이 현재 대단히 중요하다는 것을 인식시켜, 이에 대한 국민의 협력을 권장한다.

(차) 물자의 안정 및 통화팽창의 저지와 저축의 장려

물가안정이 중요한 이유를 이해시켜, 물자배급의 적확화에 의한 암거래의 근절과 소비 절약에 의한 낭비 방지에 협력하도록 한다. 더불어 통화에 대한 국민의 인식을 심화시키고, 저축 장려에 의한 통화팽창의 저지에 노력하도록 한다.

(카) 관민의 과학 연구 진흥

획기적인 군비의 충실 및 비약적인 산업의 확충은 실로 과학을 최고도로 활용하여야 비로소 기대할 수 있다. 이를 위해 기술 진영의 충실, 과학 연구의 강화는 현재의 급무임을 인식시키고, 기술자의 양성 및 중용(重用), 과학 연구 시설의 확충 등에 대해 관민이 노력할 필요가 있다는 것을 강조하고 그 실현을 도모한다.

(타) 노무력의 향상과 통제 운용의 강화

국방산업 확충의 원동력은 실로 사람에게 있다. 특히 풍부한 반도 노무자를 가장 적절하게 필요한 산업에 배치하고 기술을 향상시키고 작업 정신을 진작하여 훈련하는 것이 당면한 급무임을 인식시키고, 또 이에 관한 시설의 강화를 도모하도록 한다. 특히 금후 공장의 정신동원 지도를 더욱더 강화하며, 부외(部外)에서 그 실행을 장려하고 지도한다.

(파) 기술자의 양성과 통제

금후 날로 수요가 늘어날 기술자를 풍부하게 정비하는 것은 단지 반도 국방산업의 배양 확충에 필요할 뿐만 아니라, 동아 신질서 건설을 위해서도 빠트릴 수 없는 조건이라는 점을 인식시킨다. 또한 그 시설의 확충에 노력함과 함께 기술자에 대한 민중의 지망(志望)을 장려한다.

(하) 교육의 쇄신

금후 국방국가 태세를 확립하여 운용하고 동아의 여러 국가를 결합 지도하여 동아

신질서 태세를 확립하기 위하여, 현재의 학교 교육에 근본적 쇄신을 추가하여 신동아 건설을 주안점으로 삼는 국방·정치·경제·문화 등에 대한 소양을 부여한다. 특히 능력과 자질이 있는 지도자를 양성하는 데 노력한다.

(거) 조선의 교통 능력 충비(充備)와 발양(發揚)

산업의 확충, 물자의 통제는 각종 교통력[철도, 선박, 항만의 주운(舟運), 자동차 운송, 기타 소규모 운송 등]의 적절한 사용 및 그 능력의 확충에 기대할 필요가 있다. 이 점이 매우 중대하다는 것을 인식시키고, 그 시설의 증강과 종합적 통제의 강화에 협력하도록 한다.

(너) 조선에서 위생시설의 촉진

조선에서 위생 사상 보급 및 시설 촉진을 도모한다. 특히 악성 전염병(惡疫) 발생의 근절에 노력하도록 한다.

2) 군사상 필요한 사항

(가) 대지(對支) 작전의 실정(實情)

현재 실시하고 있는 지나에 대한 작전 실황을 적절히 알려서 국민의 긴장을 촉구하며, 아울러 군에 대한 후원 협력에 부족함이 없도록 한다. 특히 국방헌금, 휼병금(恤兵金)의 공출(供出), 군사원호 등에 대해서는 사변 초기에 비해 손색이 없도록 지도한다.

(나) 근대 군사(軍事)의 추세

최근 우수한 군의 장비 및 활동의 실정을 명확히 하여 우리나라 군비의 충실, 기타 군사상 필요한 사항에 대한 협력에 노력하도록 한다.

(다) 군수동원 능력의 강화

군수동원이 필요한 이유를 이해시켜 반도에서 군수동원 능력의 강화에 대한 군의 요망을 실현하는 데 협력하도록 한다.

(라) 군 요원의 훈련

군 전력의 근간은 실로 인적자원에 있음을 인식시킨다. 견실한 정신과 강건한 육체를 갖춘 청년의 훈련에 힘쓰며, 우수한 지원병(志願兵)을 비롯해 군사 노무자 등의 양성을 도모하도록 한다.

(마) 선내(鮮內) 마사(馬事) 사상의 보급 및 마산(馬産)의 장려

마(馬) 자원이 군사상 대단히 필요한 이유를 알려 마사 사상의 보급을 도모한다. 아울러 마의 사용을 장려하여 마산의 진흥에 노력한다.

(바) 선내 방공경비(防空警備)의 강화

유사시에 반도가 받게 될 상공(上空) 및 지상으로부터의 공격, 평·전시(平戰時) 첩보·모략 등에 대한 국민의 의무를 알려서, 이에 협력하게 함과 동시에 필요한 시설에도 유감이 없도록 한다.

3) 대외관계 사항

(가) 제국의 대외적 시책은 일·만·지(日滿支)의 결합을 근간으로 하여 남방의 여러 나라를 포함한 대동아의 공영(共榮)과 자급권(自給圈)을 수립하는 것이다. 이를 위해 중점을 지나사변의 완수에 두고, 이를 철저히 달성하기 위해 필요한 각종 대책에 대해 국민의 적극적인 협력을 권장한다.

(나) 열강의 기도와 실력

동아를 둘러싼 소련·미국·영국 등의 기도와 그 전력을 분명히 하여 우리 국민의 각오를 촉구함으로써 국가 총력의 충실에 협력하도록 한다. 이때 특히 지나사변을 둘러싼 열강의 움직임과 독일·영국 쟁패의 실정을 알려서 국민의 협력에 유감이 없도록 한다.

(다) 장(蔣) 정권의 실정

장 정권의 실력, 특히 그 약점을 알려서 국민의 전의(戰意)를 진작시키고, 국책에 대한 협력에 유감이 없도록 한다.

(라) 구주 제2차 대전의 추이

구주 제2차 대전의 상황, 특히 중요한 사항에 대해 국민의 인식을 심화하고 국제관계의 추이, 열강의 국방 강화 등에 관한 이해를 심화시켜, 제국이 나아가야 할 진로를 명확히 함으로써 국민의 각오와 협력을 강조한다.

(마) 우호 국가에 대한 국민의 자각

우호 국가, 특히 만주국을 비롯해 지나 중앙정부, 독일, 이탈리아 등에 관한 국민의 이해를 심화시켜 이들 국가에 대한 국민의 태도 및 대책에 유감이 없도록 한다. 아울러 이들 국가에 대해서도 역시 제국과의 협력에 노력하도록 필요한 조치를 강구한다. 특히 만주에 대해 내선일체의 주지(主旨) 철저에 노력한다.

<자료 17>

「조선군 보도부 사무규정」[195]

(조선군 보도부, 1940. 8. 10.)

조선군(朝鮮軍) 보도부(報道部) 사무규정

1940년(昭和 15) 8월 10일

조선군 보도부

조보밀(朝報密) 제79호

「조선군 보도부 사무규정」을 본책(本册)과 같이 정한다.

1940년 8월 10일

조선군 보도부장 구라시게 슈조(倉茂周藏)[196]

195 朝鮮軍 報道部, 「朝鮮軍報道部事務規定」, 1940. 8. 10, 『日帝下 戰時體制期 政策史料叢書』 제61권(民族問題研究所 編, 2005), 202~220쪽.

196 구라시게 슈조(倉茂周藏): 일본육군 소장. 조선군 보도부장(1940.3~1943.8), 국민총력조선연맹 심사위원, 대일본부인회 조선본부 사무총장 등을 역임하였다.

-「조선군 보도부 사무규정」 목차 -

조선군 보도부 사무규정

1. 총칙

제1조 본 규정은 「군사령부령」, 「조선군사령부 내무규정」, 「조선군 보도부 업무규정」 등에 기초하여 보도부 업무의 처리 요령을 규정한 것이다.

제2조 군수공장 정신동원 지도관의 사무처리 요령은 본 규정에 의거한 것 외에 군수공장 정신동원 지도관 복무요령에 의거한다.

2. 사무 분장[197]

제3조 부원과 서기의 업무 분장은 [부표(附票) 제1]과 같다.

제4조 담당 업무 가운데 참모부 업무 관련 사항은 미리 주임 참모와 협의하여 실시한다.

제5조 부원과 서기는 상호 간에 연락을 긴밀하게 하여 담임한 사항 가운데 관계가 있는 것은 연대를 요구하거나 열람하게 하여 업무의 원활과 확실을 도모한다.

197 위 목차에는 '보도부 업무 분장'으로 되어 있다.

제6조 부원으로서 강연, 영화, 행사, 기타 중요한 사항을 실시한 경우는 그 결과 개요를 부장에게 보고하고, 서무 서기에게 통보한다.

3. 경비

제7조 참모는 보도선전에 관하여 특히 영달(令達) 받은 경비의 연간 사용계획을 입안하여 부장의 결재를 받고 참모장의 승인을 받는다. 또 경비 사용에 관해서도 동일하다.

단, 서무 부원은 각 부대에 대한 영달 및 부내(部內)의 경비 사무에 관한 사항을 맡는다.

4. 문서의 취급

제8조 도착한 문서는 서무 부원이 수령해 와서 수수부부(輸受付簿)에 필요한 바를 기입하고 각 주임자에게 배포한다.

제9조 각 주임자는 배포된 문서에 대해 필요한 것을 기안하여 연대책임자의 연대증인(連帶證印)을 구하고, 필요하면 관계 여러 관리에게 회람한 후 부장에게 제출하여 그 지시를 받는다.

군사령관 또는 참모장의 결의가 필요한 문서가 있으면, 각 주임자는 고급 참모의 연대를 요구하고, 부장을 거쳐 참모장 또는 군사령관의 결재를 받는다.

제10조 군사령관 또는 참모장, 부장의 결재를 받은 서류로 군 참모장의 이름으로 발송해야 할 것은 주임 서기가 정서(淨書)하고 필요한 바를 기입하도록 한다. 주임자는 이것을 안문(案文)과 대조 비교한 후 상란(上欄) 밖의 우측 아래쪽에 도장을 찍어 고급 부관에게 제출하여, 직인(職印) 또는 청인(廳印)의 날인을 받아 발송 수속을 한다.

제11조 보도부장의 결재를 받은 서류로 군 보도부 보도부장 명의로 발송할 것은 전항(前項)에 준하여 주임자가 발송의 처리를 완료하고, 서무 부원이 발송 수속을 한다.

단, 중요한 것은 장교가 직접 정서와 그 밖의 취급을 하도록 한다.

제12조 서무를 맡은 서기는 참모부로부터 열람 서류를 수령했을 때는 회람 후 참모장에게 신속하고 확실하게 반납한다.

제13조 각 주임자는 분담 업무를 서류별로 철하여 그 보관을 책임진다.

5. 장부 및 번호

제14조 보도부에 ■해야 할 장부 취급 구분과 보존기한 등은 [부표 제2]와 같다.

제15조 보도부에서 발송한 서류와 전보에 관용(冠用)해야 하는 발수번호(發輸番號)의 종류는 다음과 같다.

조보밀(朝報密): 비밀에 속하는 사항

조보보(朝報普): 비밀에 속하지 않는 사항

6. 회보 또는 회의

제16조 1. 부내(部內) 회보

매주 월요일 부장 통재(統裁)하에 부원의 업무, 기타에 관해 행한다.

2. 일반 명령 회보 때를 이용한 회보 ■■■■를 행한다.

각부(各部)와 연계하여 긴밀히 할 사항이 있을 때는 서무 부원은 일반 명령 회보 때(매주 토요일에는 특히 각부 서무 장교가 회동함) 선전 업무, 기타에 관해서 행한다.

제17조 군내(軍內) 보도선전 업무의 원활을 기하기 위해 매년 대개 1회, 또는 긴급을 요할 경우 임시로 각 부대의 보도 주임자를 집합하여 연락회의를 개최한다.

7. 신문 발표

제18조 발표는 통상 다음(左記)과 같이 인쇄 또는 구술로 한다.

- 다음 -

매주 화요일: 참모부 담임으로 하며, 부관부(副官部)의 필요에 따라 추가한다.

매주 목요일: 각부 담임으로 한다.

금요일: 보도부장 정례 회견으로 한다.

시간은 오전 11시부터 약 30분간을 기준(例)으로 한다.

또한 오전 10시 30분부터 보도부에서 시국인식, 기타 경이(輕易)한 발표 자료를 교부하여 지도한다.

제19조 발표와 지도의 요령(要領)은 미리[가급적 전주(前週)] 보도부를 거쳐 참모장의 승인을

받는다.

제20조 보도부 이외의 담임자 회견 시에는 선전 주임의 부원은 반드시 입회하여 제한 사항의 철저 등 통일된 지도를 담당한다.

제21조 신문 발표 구분은 다음과 같이 정한다.

(가) 조선군사령부 또는 군 보도부 발표

조선군의 책임으로 발표하는 것

(나) 조선군 당국 담화(談)

조선군의 태도와 의견을 발표하는 것. 당국 담화(談)는 군사령관 담화, 참모장 담화, 보도부장 담화 등의 형식으로 발표한다.

(다) 발표 자료

당부(當部)가 입수한 정보이나 조선군 책임으로 발표할 정도의 정확도가 없는 것, 혹은 군의 명칭을 비밀로 감추는 것이 유리한 경우

(라) 관측 기사 자료

당국(堂局) 담화(談) 또는 발표가 불리할 경우, 기자가 당국의 의향을 첨부하는 것과 같은 방법으로 자료를 제공하는 것

8. 보고, 통보

제22조 보고와 통보의 종류 및 제출 기간은 [부표 제3]과 같다.

보고는 군참모장 명의로 육군차관, 참모차장, 군무국장에게, 통보는 군 보도부장 명의로 부내 각 부, 사단의 보도부장, 요새 사령관, 헌병대 사령관, 육군성 정보부장, 관동군 신문반장, 필요시 재지(在支) 각 방면군(方面軍) 보도부장에게

제23조 보도부 선전상 필요한 정보 또는 자료는 적시(適時), 신문 발표 기사는 그때마다 보도부 명의로 부내 각 부, 사단 보도부, 요새사령부, 헌병대 사령부, 육군성 정보부, 필요시 관동군 신문반, 재지 방면군 보도부에 통보한다.

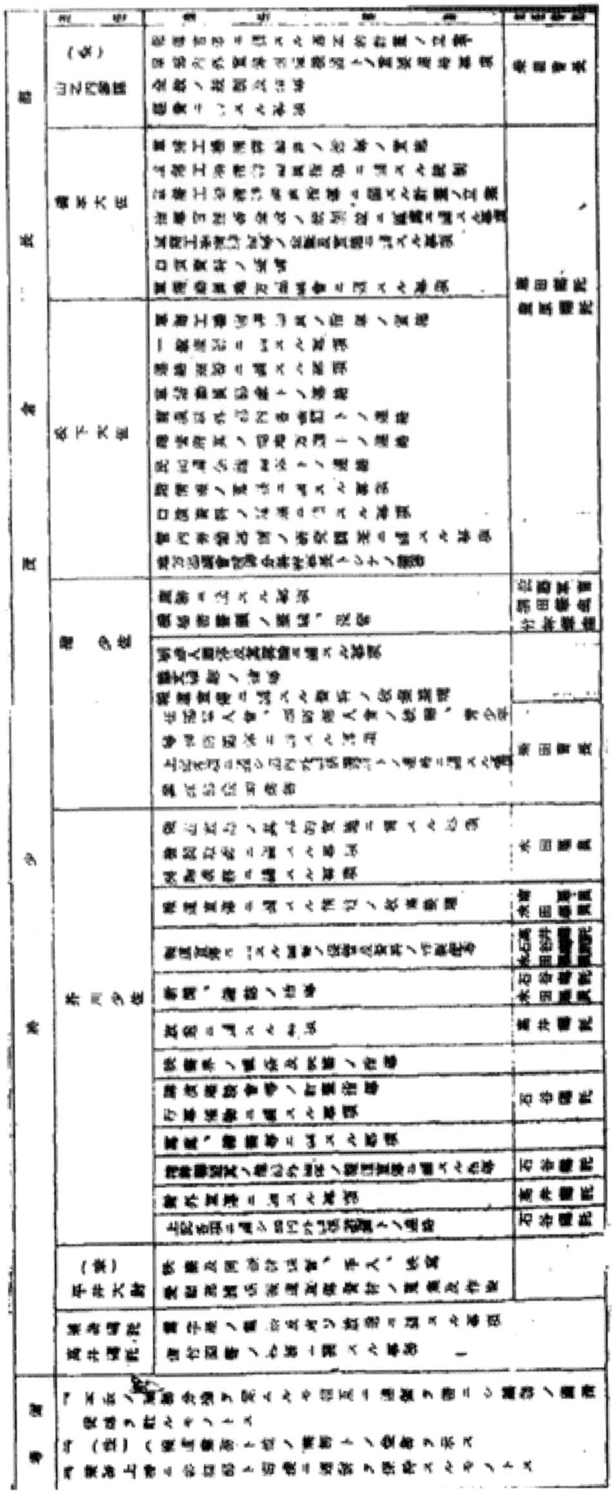

〈그림 47〉 업무분장표 총 2쪽

([부표 제1]로 추정)

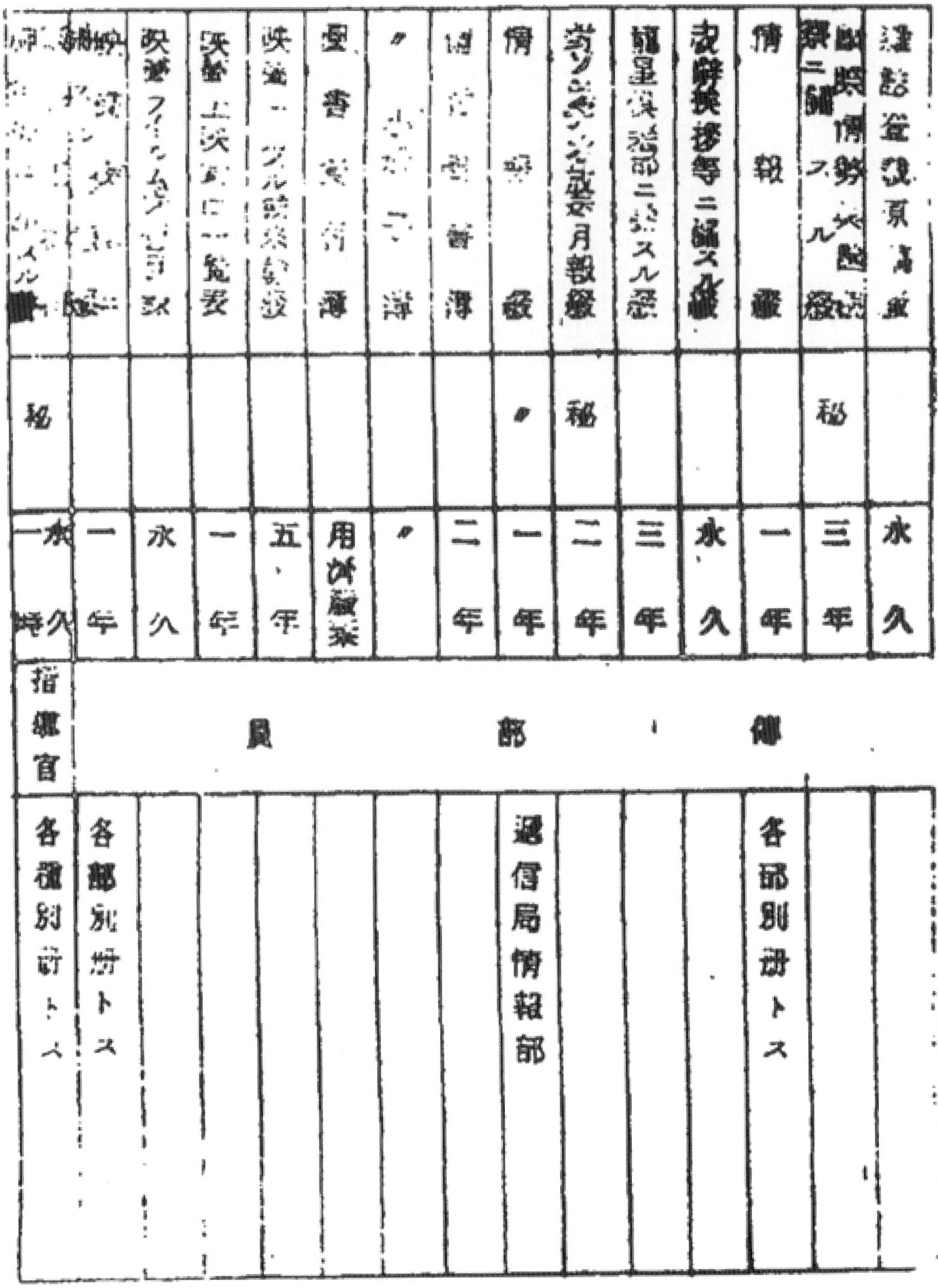

連絡會議事項綴	國民情勢ノ動向ニ關スル綴	情報綴	[illegible]等ニ關スル綴	[illegible]ニ關スル綴	[illegible]月報綴	情報綴	[illegible]簿	〃 [illegible]簿	圖書[illegible]簿	映画ニ[illegible]綴	映画上映[illegible]一覧表	映画フィルム[illegible]綴	[illegible]綴	[illegible]ル綴
	秘				秘	〃								秘
永久	三年	一年	永久	三年	二年	一年	二年	〃	用済廃棄	五年	一年	永久	一年	一時 永久
情報部員														指導官
		各部別冊トス				遞信局情報部							各部別冊トス	各種別冊トス

〈그림 48〉 장부의 구분과 보존 기관([부표 제2]로 추정)

附表第三

報告通報期日一覧表

種類	提出期日	摘要
新聞、雜誌發見記事	其都度	
朝鮮人輿論視察	六月、十二月十日	
業務月報	翌月中旬	
對「ソ」ラジオ放送實況概況	翌月五日	
部外團体指導概況	翌月十五日	
朝鮮人團体指導概要	六月、十二月二十日	
報道部業務年數	一月二十日	

〈그림 49〉 [부표 제3] 보고의 종류 및 제출 기간

<자료 18>

「조선군 연락회동석상 군 보도부장 설명 요지」[198]

(조선군사령부, 1940. 8.)

조선군(朝鮮軍) 연락회동석상(連絡會同席上) 군 보도부장 설명 요지

1940년(昭和 15) 8월

조선군참모부(朝鮮軍參謀部)

명(命)에 따라 보도부의 업무에 속하는 한두 가지 설명을 말씀드려 참고 자료로 삼고자 합니다.

이번 개편에 따라 중앙부(中央部)의 방침, 관계 법규, 종래의 경험과 정세의 추이 등에 근거하여 종래의 정보선전에 관한 통첩 또는 계획 등을 통합하고, 「조선군 보도선전 요강」, 「조선군 보도업무규정」 및 「1940년도 보도선전 계획」의 세 가지를 제정하여 업무의 통일, 업무 실시의 원활을 기하게 되었습니다.

각각의 특색 및 요점은 다음과 같습니다.

1. 「조선군 보도선전요강」

군이 담임하는 다소 영구적인 사항에 대해 방침과 일반 요령, 보도선전의 수단 및 주요 사

198 朝鮮軍司令部, 「朝鮮軍連絡會同席上 軍報道部長說明要旨」, 1940. 8, 『日帝下 戰時體制期 政策史料叢書』 제61권(民族問題硏究所 編, 2005), 221~225쪽.

항을 정하였습니다. 특히 전반적으로 본 업무의 특성에 비추어 군의 규정에 기초해 각 부대의 일치 결속을 높여서 군내(軍內)의 통일에 가장 중요성을 두었습니다. 아울러 선전 실시 방법에서 우선 부내(部內)에서 취지의 철저를 도모하고 군의 솔선수범을 강조시키고 있음은 주목할 만한 것이라고 생각합니다.

2. 「조선군 보도업무 규정」

업무 처리에 관한 영구적인 사항을 규정하고 있습니다.

본 규정에서는 군사령부, 사단 및 직할부대, 각 보도기관 업무의 담임을 명시하고 있습니다.

즉, 군 보도부의 전반적인 기획 및 각 기관의 업무 통할, 대외 선전, 총독부와 기타의 전선적(全鮮的) 기능을 ■■하고, 일반 선전의 실시를 담당하고 있는 사단 보도부는 그 담임 관구(管區) 내에서 부대 및 제 단체를 통해 하도록 규정하여, 종래 자칫하면 혼잡하고 중복되는 폐가 있었던 점을 명료하게 했습니다. 또한 군 보도부장은 사단 보도 업무의 세부를 새롭게 추가하여 조처하였습니다.

또한 업무상 매우 중요한 부외(部外)와의 연락에 대해 규정함으로써, 총독부를 비롯한 각종 중추 기관과의 연락은 통상 군사령부가 담임하도록 한 것입니다.

3. 「1940년도 계획」

현하 시국과 앞으로의 추이에 관해서 대체로 전망하여, 방침, 주요 기관 선전 사항, 실시 방법 등을 기획하고, 또한 각 과목(課目)에 대해 예정 실시계획을 각각 입안했습니다. 당연히 정세 변화에 따라 개정 증보해야 할 점이 있다고 생각합니다.

또한 참고를 위해 「조선군 보도부 사무규정」을 분배해두었습니다만, 그 세부에 대해서는 부(部)의 간담(懇談) 때 말씀드리겠습니다.

말할 것도 없이, 현하의 시국은 보도선전에서 가장 활발한 움직임을 필요로 하는 시점을 맞이하고 있습니다. 따라서 국제정세의 세기적 전환기와 사변 4년째 들어선 민심의 이완에 비추어 군은 커다란 결의로써 솔선하여 반도에서 급속히 국방국가 태세를 확립할 수 있도록 총독부에 요망합니다. 군·관·민이 일체가 되어 열심히 이에 노력하여 여론을 작흥하고 진작함으로써 민심을 한꺼번에 변화시켜보고자 합니다.

이를 위해서는 관계 장교 이하가 충분한 연구와 훈련을 함과 함께 일관된 주의(主義)의 요점에 노력을 집중해야 합니다. 또한 헛된 선전에 빠지지 말고 실시한 결과를 점검하여 이후 시책에 도움이 되도록, 먼저 보도 관계 각 기관이 가장 긴밀한 연락하에 일치단결, 군내의 통일과 실천을 기하는 것이 본래의 요무(要務)라고 확신하는 바입니다. 이리하여 성전(聖戰) 완수에서 반도의 책무를 달성하는 데 유감이 없도록 하는 한편, 장래의 대전(大戰)을 위해 사상전(思想戰)에 대한 준비를 갖추는 것이 현하의 급무라고 생각하는 바입니다.

<자료 19>

'조선군' 보도부 관련 《조선일보》 기사

(1938. 4~1940. 7)

조선군(朝鮮軍) 보도반(報道班) 주최 시국인식 좌담회 내선(內鮮) 사상가 30여 명 출석

1938. 4. 14. 석간 1면 9단

조선군 보도반 주최로 12일 오후 3시부터 조선호텔에서 시국인식에 관한 좌담회를 개최하였다. 참석자는 총독부로부터 이사카(井坂) 문서과장, 야규(柳生) 사회과장, 기타 관계 과장, 재판소로부터 야마시타(山下) 판사, 기타 사상 관계 법관, 민간 측으로부터는 가다(賀田) 경성상공회의소(京城商工會議所) 회두(會頭),[199] 경성청년단연구회장(京城青年團研究會長) 마에다 노보루(前田昇), 시라이시(白石) 저축은행 두취(頭取),[200] 시부야(澁谷) 조선무역협회(朝鮮貿易協會) 부회장, 기타 내선 사상가 30여 명이었으며, 또 군(軍)으로서는 이와사키(岩崎)·고마쓰(小松) 양 참모, 아쿠타가와(芥川)·정(鄭) 양 보도반원이 출석하였다. 아쿠타가와 소좌의 사회로 회(會)를 진행하였는데, 최초로 고마쓰 참모로부터 「소련 일반에 대하여」, 또 이와시키 참모로부터 「시국의 금후(今後)에 대하여」 각기 강연이 있고 나서 좌담회로 옮겨 여러 가지 유익한 이야기가 서로 있었다. 그리하여 오는 26일부터 실시하기로 된 '총후보국강조주간(銃後報國强調週間)'을 앞두고 시국인식을 더 철저히 하기로 되었다. 오후 6시에 원만히 폐회하였다 한다.

---

199 회두(會頭): 모임을 대표하는 사람. 회장.
200 두취(頭取): 은행장(銀行長)의 옛 이름.

조선군 보도부(報道部) 기구를 강화 정비

1938. 10. 5. 조간 1면 11단

조선군 보도부에서는 신임 가쓰오(勝尾) 부장을 맞이하여 보도진(報道陣)의 강화 확충에 매진하기로 하였는데, 부실(部室)도 협애하기 때문에 구(舊) 애국부(愛國部) 자리로 이전하고 인원도 하사관 1명을 증원(增員)하여 기구를 정비한 뒤 장기전(長期戰)하의 보도 수행에 주력하기로 하였다.

조선군 보도반, 보도부로 독립

1938. 10. 13. 석간 2면 8단

조선군사령부에서는 지나사변이 생긴 뒤 조선반도가 선전으로 세계적으로 유명한 소비에트 러시아와 지나의 중간에 있는 것과 기타 특수성을 보아서 작년 가을 10월에 신문반을 신설하고 다시 금년 1월에 보도반으로 고쳐서 총후 민심의 지도와 여론 환기에 많은 노력을 하여왔는데, 내외 시국의 중대성과 사변의 장기성을 보아서 보도반의 업무도 또다시 증대되었으므로 한구 공략을 앞에 두고 13일부터 종래의 보도반을 고쳐 독립된 보도부로 확대 강화하기로 하였다. 새로 편성한 보도부는 가쓰오(勝尾) 소장(少將)을 ■■여 쓰지야(土屋) 중좌, 아쿠타가와(芥川)·정(鄭)·마에다(前田) 세 소좌, 히라이(平井) 대위(大尉), 오카다(岡田) 통역관, 다카이(高井) 촉탁, 기타로서 진용을 정비하였다.

군부(軍部) 간담회

1938. 10. 27. 조간 2면 1단

조선군 보도부에서는 오는 29일, 30일 이틀 동안 이번에 신임한 19사단과 용산사단에 배속된 우메무라(梅村) 소장과 오카다(岡田) 소장 이하 국방 사상 보급 업무의 각 전임 장교를 청하여 간담회를 열기로 하였다. 회의는 한구 공략 이후의 여론지도와 국민정신총동원 강화 등 전시에 있어서 중요한 안건에 대하여 토의하기로 할 터인데, 그 성과는 기대되는 바이다. 그리고 회의의 제1일인 29일 오후에는 총독부 측 각 관계관도 출석하여 참으로 군민일치의 연합담회를 열기로 하였다 한다.

조선군 관하(管下)
보도부 회의 개최

1938. 10. 31. 석간 1면 10단

조선군사령부 관하 보도부 회의는 29일 오전 10시부터 군사령부 회의실에서 개최, 나남사단(羅南師團)으로부터 우메무라(梅村) 소장(少將), 용산사단(龍山師團)으로부터 오카모토(岡本) 소장 이하 군 보도 관계자 13명이 열석(列席)하고, 나카무라(中村) 군사령관의 훈시(訓示)가 있은 뒤 회의에 들어간바, 회의는 31일에도 속행(續行)될 예정이며, 29일 제1일의 오후에는 총독부 정보 관계자도 출석, 공동 간담(懇談)을 하고 무한(武漢) 함락 후의 신정세에 대처하여 보도진의 완벽을 기하기로 하였다.

조선군 보도부
정신총동원에 호응해 각지로 강연대(講演隊) 파견

1938. 11. 5. 석간 2면 1단

조선군 보도부와 용산사단 보도부에서는 총독부의 국민정신총동원운동에 호응하여 일반 민중에게 시국인식을 더 깊이 가지게 하기 위하여 4일부터 열흘 동안 관내 각도에 다음과 같은 순서로 순회강연대를 파견하기로 하였다.

▲조선군사령부 ▲전남 아이코(愛甲) 소좌(4일, 7일) ▲경북 쓰지야(土屋) 소좌(6일, 8일) ▲경남 나카오(中尾) 소좌(7일, 9일) ▲황해 오바타(小幡) 소좌(4일, 6일) ▲평남 가쓰오(勝尾) 소장(少將)(8일, 9일) ▲강원도 히라이(平井) 대위(大尉)(5일, 7일) ▲경성 부근 기타노(北野) 참모장, 후타미(二見) 고급참모, 아쿠타가와(芥川) 소좌, 도미나가(富永) 대위 ▲용산사단사령부(龍山師團司令部) ▲평북 오카모토(岡本) 소장(12일), 이시가키(石垣) 대좌(大佐)(7일, 9일) ▲남[201] 아라키(荒木) 대좌(13일, 17일) ▲경기 우스이(臼井) 대좌(3일, 4일), 요코다(横田) 대좌(8일, 11일, 12일), 쓰카모토(塚本) 대좌(9일) ▲충북 오카모토 소장, 다케다(武田) 중좌(7일, 8일, 11일, 12일) ▲충남 이사(伊佐) 대좌(7일, 10일), 오카모토 소장(7일)

전선보도전(戰線報道展) 미나카이(三中井)에서 개최

1938. 12. 6. 석간 2면 5단

조선군 보도부 후원으로 부내 본정 미나카이에서 열리는 〈빛나는 전선보도전〉은 7일부터 15일까지 동 백화점 6층에서 열린다.

조선 청장년과 시국에 대한 각오 조선군 보도부 정훈(鄭勳)

1938. 12. 15. 조간 1면 5단

종래 불합리 불공정한 압박적 기구 아래 간신히 세계의 평화가 유지되고 있던 것이 금일에야 정의(正義)와 인도(人道)에 의한 참다운 질서에 의하여 세계평화가 확립되려 하고 있다.

금일 우리나라가 지나대륙(支那大陸)에서 행하고 있는 성전(聖戰)은 실로 그 동향의 하나이

201 원본에 한 글자가 누락된 것으로 보임. 함남으로 추정됨.

며 또 가장 위대한 것이다.

즉 지나대륙이 서양의 급혈(汲血)에 의하여 그 영양(榮養)을 탈취당하고 그 위에 사지는 절단되어 두수(頭首)가 그 위치를 달리하는 위기에 도래하였으나, 지나 자신은 서양에 의하여 초사회생(超死回生)의 술(術)이 시행될 수 있다는 미맹(迷盲)에 빠져서 마침내 동양평화는 누란(累卵)의 위기에 깃들고 나아가서는 세계평화도 열강의 지나대륙 쟁탈전에 의하여 장차 붕괴되려 함에 이르러서, 우리나라는 이 선린(善隣)의 위급을 구하고 동양평화를 확립하여 세계평화에 공헌하려는 대의(大義)에 따라 부득이 정의의 검(劍)을 발(拔)하고, 이로써 동양에 진정한 질서를 수립하여 영구히 지나대륙을 동양인 행복의 대지(大地)로 만들고 저 유혈(流血) 포골(曝骨)의 진지한 노력과 희생을 떨쳐내고 있다. 이 위대하고 또 숭고한 목적 아래 국가의 총력을 경주하는 금일의 시국이란 미증유의 것으로 건국 2,600년 중 금일처럼 국가 국민의 긴장과 노력의 다대함을 요한 때는 없었다. 이 시국 중에도 불구하고 반도 2,300만 동포가 평상과 하등 변화가 없는 안락한 생활을 계속하고 있음은 진실로 미안한 마음에 감사의 눈물이 나는 것이 자연지사(自然之事)라고 사려(思慮)된다.

그리고 반도 동포의 임무는 물론 총후에 있어서 긴장 노력함에 그치는 것이다. 단순한 긴장 노력만으로는 국가에 대할 면목이 없다. 충성(忠誠)으로 일관하여 결코 내지(內地) 동포에 손색이 없는 심혼(心魂)을 바치는 위대한 긴장 노력이 아니면 안 된다고 생각한다.

금일의 시국은 실로 전 세계를 상대로 우리나라의 대의 확립을 결정할 중대한 때에 입각하고 있는바, 우리나라는 항상 혁혁한 어릉위하(御稜威下)에 어떠한 난관이라도 돌파하여 최후의 영광을 보지(保持)하고 있다. 그러나 편안히 앉아서 영광을 기다릴 것이 아니라 감연(敢然)히 분기(奮起)하여 적극적으로 한층 더 황모(皇謨)를 회홍(恢弘)하려 함에 당하여서는 총력을 경주하여 매진하지 않으면 안 된다.

그런데 왕왕 동포 중에 혁혁한 우리의 국위(國威)와 욱일승천(旭日昇天)의 세(勢)에 있는 흥륭일본(興隆日本)의 세계적 세력을 인식하지 못하고 기회주의 사상 아래 배타적 주의로 나아가 풍선구(風船球)와 같은 부동적(浮動的) 태도로서 칩거적 태도를 취하는 자 만약 한 사람이라도 존재할 때는 이야말로 비국민(非國民)으로서 단연 매장하여야 할 것이다. 또 모(某) 광산 졸부는 주택의 응접실에 10만 원을 던져 왕자(王者)를 능가하는 행동을 감히 하고, 혹은 20여 명의 첩(妾)을 상대로 색마적(色魔的) 행동을 속행하여 금전을 유수(流水)와 같이 소비한다는 말을 누차 들었던바, 이것이 과연 사실이라면 시국을 위하여 단연 탄압을 가하지 않으면 안 될 비국민적 태도라고 단언한다. 동포 제언(諸彦)이 숙고할 일이다.

나아가 반도 청장년 제군이 그 열(熱)과 의기와 그 힘으로써 항상 고맙다는 감사의 염(念)에 생활하고 시국 타개를 위하여 궐기하여 내지 동포에 손색이 없는 노력을 함은 각하(刻下)의 급무이다.

지나대륙의 성전은 신속한 전과(戰果)를 전개하고 북지(北支)·중지(中支)·남지(南支)는 일장기(日章旗)를 들고 평화래(平和來)를 칭하고 있으나 아직도 궁서(窮鼠)의 잔적(殘敵)은 영·프(英佛) 등의 힘을 신뢰하고 집요한 저항을 지속하며, 특히 적화(赤化) 세력에 조종되고 있는 항일배(抗日輩)는 여러 곳에서 암약하고 있다. 허용할 수 없는 항일의 완적(頑敵)으로, 하물며 소련(蘇聯)의 지원 아래 있는 항일세력을 섬멸적으로 격파하여 동양평화를 확립함에는 금후 아직 상당한 긴 세월을 요함은 물론으로, 우리나라는 장기지구(長期持久) 건설의 노력으로써 이에 대응할 뿐이다. 그러나 세계의 역사는 시시각각으로 새로운 페이지를 더하고 있다. 우리나라는 동양에 있어서 진정한 질서를 확립할 역사를 실천하고 있음과 동시에 구주에서는 독일·이탈리아의 맹방(盟邦)이 방공의 길에 따라 서로 연계하고 서로 제휴하여 구주의 신역사를 기록하고 있다. 구주의 맹우(盟友)와 보조를 같이하여 세계평화의 신역사를 창조함은 우리나라가 정신실천(挺身實踐)하고 있는 금일의 과제이다.

이 과제, 이 작업을 관철함에는 우리 국민, 나아가 청장년의 힘을 요함이 다대하다.

제군은 국가 백년의 대계를 위하여서는 일신의 욕망, 청춘의 향락 등을 포기하고 이 작업에 몰입할 진용(眞勇)이 없어서는 안 된다. 이 각오로써 청장년 제군이 결속하는 데에 자연이 시난(時難)은 극복되고 그에 따라 자연이 양양(洋洋)한 국운(國運)은 욱일(旭日)과 같이 찬연히 상승할 것이다.

실로 청장년은 이 의미에 있어서 선구임과 동시에 국운흥륭의 초석임을 자각하지 않으면 안 된다.

특히 금일의 시국에 이르러 이 자각을 가지지 않을 경우에는 호시탐탐한 외적(外敵), 나아가 적소(赤蘇)[202]의 독아(毒牙)는 일거(一擧)에 제군을 사로잡아 국운 쇠퇴의 화근(禍根)을 낳을

202 적소(赤蘇): '붉은 소련'이라는 의미. 소비에트 러시아를 가리킴.

뿐 아니라 황색인종은 또다시 백인종의 제압을 받게 될 것이다. 오인(吾人)은 크게 숙고하고 분기하여 노력하여야 한다고 생각한다.

군 정보회의에 아쿠타가와(芥川) 소좌 출석

1939. 1. 29. 조간 1면 10단

다음 달 15일부터 3일간 도쿄(東京) 육군성(陸軍省) 정보부(情報部)에서 전국의 군 정보 관계자를 소집, 정보회의를 개최하고 군의 기정(旣定) 방침에 기초하여 정보선전 등에 관한 협의를 할 터인데, 조선군으로부터는 보도부의 아쿠타가와 소좌가 출석할 터이다. 이 회의에 기초하여 조선군에서는 관하 정보회의를 2월 28일부터 2일간 군사령부에서 개최, 20사단 오카모토(岡本) 소장, 19사단 우메무라(梅村) 소장 이하 정보 관계자 24명 출석 협의할 예정이다.

시국강연회 성황

1939. 2. 8. 조간 3면 4단

【부천(富川)】 소사 남소학교 동창회 주최로 조선군사령부 보도부 보병소좌 정훈(鄭勳) 씨를 초빙하여 지난 5일 오후 1시 소학교 강당에서 관민 다수 참석하에 시국강연회를 개최하였던 바, 오후 3시 성황리에 산회하였다.

육군기념일 행사
군 보도부 '계획 내용'을 발표

1939. 2. 11. 조간 2면 1단

오는 3월 10일의 제34회 육군기념일을 앞두고 조선군사령부에서는 여러 가지 기념행사를 계획하고 있는데, 10일 조선군 보도부에서 발표한 계획 내용을 보면 일-러 전역[203]을 회고하여 장기전에 대한 결의를 더욱 굳게 하게 하기 위하여 총독부의 많은 후원을 받아서 군관민이 일체로 되어 기념행사를 실행하기로 하였는바, 그 실시할 요항은 아래와 같다.

▲방공연습(防空演習)과 전투연습을 하기로 할 터인데, 특별히 방공연습은 북조선 3도, 즉 19사단 관하에서는 대규모로 할 터이다. ▲상병(傷兵)과 출정군인의 유족과 가족을 위안하며 ▲집집마다 조기를 달고 ▲묵도와 위령(慰靈)을 하며 ▲강연과 좌담회를 개최하며 ▲라디오로 방송도 하고 ▲영화회와 전람회도 개최할 터이다.

또 경성에서는 총독부 앞과 종로와 장충단과 훈련원 등 각처에서 시가전의 연습을 하며 신궁 참배의 시가행진도 할 터이다. 그리고 공중에서는 선전 비행을 할 터이며 정오에는 만세를 삼창할 터이다.

9일, 10일, 11일의 사흘 동안은 각 병영(兵營)을 공개하여 병대 생활을 일반에게 알리도록 할 터이다.

군 보도회의

1939. 2. 18. 조간 2면 9단

조선군사령부에서는 오는 28일부터 3월 1일까지 이틀 동안에 군 관계의 보도회의를 열기로 하였다. 용산사단과 19사단의 보도부 관계자와 진해요항부(鎭海要港部)·영흥요새사령부(永興要塞司令部)·나진(羅津)요새사령부·기타 조선헌병사령부 등 각 관계자가 참석할 터이다.

203 1904~1905년에 일어난 러일전쟁을 말함.

기념출판 『장고봉(張鼓峯) 사건』 전국 각 방면에 반포(頒布)

1939. 3. 9. 조간 2면 1단

조선군 보도부에서는 장고봉 사건의 경과를 일반에게 알리는 동시에 용감히 싸우다가 죽은 용사들의 빛나는 이야기를 길이 남기기 위하여 『장고봉 사건』이라는 책을 요즘에 발행하였다. 그래서 이번 육군기념일을 기회 삼아 내지·조선 등 각 관계 방면에 반포하는 동시에 전몰 유족에게는 기념으로 증정하기로 하였다.

니시즈미(西住) 대위, 유품전람회 개최

1939. 3. 31. 석간 2면 4단

조선군 보도부의 후원으로 부내 본정 미나카이(三中井)백화점에서는 오는 1일부터 10일까지 열흘 동안 서주(徐州) 대회전(大會戰)에서 전사한 니시즈미(西住) 대위 관계 유품의 전람회를 개최하기로 하였다.

조선군 정(鄭) 소좌
함북 각지서 강연

1939. 4. 16. 석간 7면 8단

【함북지사발(咸北支社發)】 조선군 보도부 정(鄭) 소좌는 다카이(高井) 통역을 대동하고 14일에 내북하여 18일까지 5일 동안에 도내 중요지에서 강연회와 좌담회를 개최하기로 하였다 한다. 강연회를 열게 될 곳은 청진·나남·웅기(雄基)·서수라(西水羅)·경흥(慶興)·경원(慶源) 등지라 한다.

국방지식 보급 자매회(姊妹會) 개최
군 보도부의 주최로
13일 밤 연전(延專)에서

1939. 5. 11. 석간 2면 6단

지난번에 시행한 지원병 시험 때에 조사한 결과, 그 어머니의 허락을 겨우 얻은 사람은 반수밖에 안 되므로 조선군 보도부에서는 '국방지식의 보급은 먼저 어머니부터'라는 표어 아래 부내 각 전문·중등·소학교에 연락하여 자매회를 개최하고 강연과 좌담회 등을 열기로 하였다. 그래서 그제 1회로 13일 저녁 6시부터 부내 신촌(新村) 연희전문학교에서 가마(蒲)[204] 소좌의 출석으로 영화 및 강연회를 열기로 하였다. 이날 밤에 모일 여자는 약 6,000명가량 되리라 한다.

이화여전(梨花女專)에 방공강연회(防共講演會)

1939. 5. 25. 석간 2면 5단

이화여자전문학교에서는 23일 오후 3시에 조선군사령부 보도부 다카이(高井) 촉탁을 청하여 「소비에트 러시아와 공산주의 방지에 대해서」라는 제목으로 약 1시간 반 동안 강연회를 열었다.

204 가마 이사오(蒲勳, 1915~?): 본명은 정훈(鄭勳). 蒲勳은 일본식 이름으로 가마(蒲)라는 성을 가진 일본인에게 양자로 입적되었다. '일본제국'의 육군 중좌까지 지냈으며, 8·15 당시 건국동맹의 여운형(呂運亨)과 엔도 류사쿠(遠藤柳作) 정무총감 사이에 치안권 인계 합의를 타결시킨 사람이 정훈이었다는 주장도 있다. 이후 일본으로 '귀환'했다고 한다. 대통령소속 친일반민족행위진상규명위원회에서 2009년에 발간한 『친일반민족행위진상규명보고서』에 그의 친일반민족 행위가 등재되어 있으며, 민족문제연구소에서 간행한 『친일인명사전』에도 수록되어 있다.

반도부인의 결의(상)
조선군 보도부, 가마 이사오(蒲勳)

1939. 7. 9. 석간 4면 1단

지난번 세계대전 때 구미 각국에 있어서 전쟁을 위하여 또는 국가 장래를 위하여 특히 부인 교육에 주력한 사실은 이미 다 알고 있는 바입니다. 그중에서도 재래로 보수국이라고 인정받아오던 영국에서도 부인들은 사회 각 방면에서 매우 활동하였던 것입니다. 우리 일본 부인은 옛날부터 가정부인으로 현모양처로서 위대한 미덕을 남겨 왔습니다. 그래서 일단 비상시국이 되면 부인은 모두 가두나 직장에 나서서 가지가지 방면에서 활동하는 것은 매우 감격할 일입니다. 특히 출정군인의 가족들이 분투적 생활, 말하자면 남편 대신, 형제 대신으로 원기 있게 농업이나 산업에 종사하며 또는 군수품 기타 공장에서 열심히 노동하는 부인들의 씩씩한 모양을 대할 때 실로 눈물겹게 감격스럽습니다.

이리하여 일가의 생활을 지탱할 뿐 아니라 이로써 봉사 생활을 하게 되며, 따라서 출정한 남자들로 하여금 뒤 걱정이 없게 하며 국가를 위하여 그 한 몸을 아끼지 않습니다.

나는 가끔 전사(戰死)한 분의 고별식 같은 데서 상복을 입고 젊은 부인이 3~4명씩 되는 어린 아기와 함께 부군의 영전에 공손히 서 있는 것을 볼 때 저 어린아이들을 어머니의 손 하나로 키워간다는 고심을 양찰하고는 그 전도에 가로누워 있을 가지가지의 곤란을 생각하고는 마음속으로 '신이 도와주시기'를 빌어 마지않았습니다.

그 외에도 이 비상시에 있어서 가정생활을 단란하게 할 시간을 가지지 못한 남자들이니까 가정생활의 전 책임은 자연 여자가 짊어지게 되고 교육상·경제상 모든 문제의 책임을 아내가 남편을 대신하여 처리해가야 하게 되었습니다. 이렇게 복잡다단한 생활 속에서 자녀에게 진충보국하도록 교육시키는 책임과 의무에 대하여 아무런 불평이 없이 충실하게 일해온 것이 일본 부인입니다.

이것이 일본 국민성과 전통적 정신이 되어 일어나는 일본, 세계에 제일가는 일본이 된 중대한 요인입니다. 이 점을 반도 부인 여러분이 크게 배우고 분발하지 않으면 안 될 줄 압니다.

아시는 바와 같이 우리나라는 세계에 그 예가 없을 만큼 훌륭한 나라란 것은 황국신민으로서의 자랑입니다. 더군다나 일단 유사지추에 더한층 우리나라에 대한 감사하는 생각이 더 강해집니다. 이것은 이번 사변뿐 아니라 황국의 2,600년 역사상에 그러한 예가 적지 아니합니다.

반도 부인 여러분은 천황 폐하의 적자로 또는 비상시 일본 국민의 한 사람으로서 자기가 현재 행하고 있는 일이 과연 옳은가를 삼성(三省)할 필요가 있습니다. 우리는 대일본국 신민으로 황실을 중심으로 하여 나라는 생각을 없애고 신명을 오로지 천황께 바쳐 노력하고 서로 힘을 합하여 9천만 동포는 굳게 결합하여 신동양(新東洋)을 건설하려는 큰 신념을 가지고 이 길을 위하여 최후의 광명과 행복을 확보할 것을 믿고 죽는 길까지 나아가자는 갖은 신고를 저버리고 분투하고 노력하는 것이 아닙니까.

반도 부인 여러분의 노력은 신동양을 건설하는 이때 국민으로서의 책임을 다했는가를 생각하시기를 바랍니다. 또 어머니로서 장차 국가를 짊어지고 나갈 때 천황 폐하의 적자로 비상시 일본 국민으로서 훌륭히 일본 정신을 자녀에게 가르쳐주었습니까. 옛날부터 '자식 귀엽거든 여행시키'고 '간난은 옥을 이룬다'고 함과 같이 정말 자녀를 키우는 데는 정에만 끌리지 않는 참된 사랑에서 출발하지 않으면 안 됩니다.

반도부인의 결의(중)

조선군 보도부, 가마 이사오(蒲勳)

1939. 7. 11. 석간 4면 5단

자식은 부모 된 사람의 자식뿐 아니라 국가를 위해 목숨을 바치는 그러한 인물이 되지 않으면 안 될 것입니다.

위대한 인물, 진실한 사람을 만드는 데는 우선 어머니의 정당한 교육이 필요합니다.

자식을 교육하는 데 가장 중요한 조건은 '사랑'일 것입니다.

어머니의 사랑보다 더 큰 것은 절대로 없는데, 한 가지 중요한 것은 이 사랑을 어떻게 자식에게 쏟을까가 문제입니다.

그냥 덮어놓고 귀여워하고 사랑해서 아이가 좋아하는 대로만 따라가는 부모가 퍽이나 많은데, 이렇게 되면 자연 이 어머니의 교육엔 결함이 생깁니다.

"할머니의 응석받이로 자란 애는 팔아도 서푼짜리가 못 된다."

이 말은 너무 지나친 애무는 도리어 아이의 버릇을 그르친다는 것입니다.

그러므로 어려서 너무 온정적으로 기르지 말고 자라서 어떠한 방면에라도 나설 만큼 견실한 사람이 되게 해야 합니다.

예로부터 입신출세하고 혁혁한 무운을 세운 사람들은 다 어려서부터 일본정신과 단련된 육체를 가진 사람들이었습니다.

돈 있는 집 자식이 호사만 하고 정신과 육체를 건전하게 단련할 기회가 없기 때문에 나중엔 타락하여 아무 쓸데없는 인물이 되고 맙니다.

그러므로 어머니의 교육은 자식에게 최후의 한 정신은 '죽음이다' 하는 것을 가르치지 않으면 안 됩니다.

"무슨 일에나 죽기까지 하라."

이것이 최대의 교육이요, 자기 자녀로 하여금 큰 인물을 이루게 하는 근본입니다.

"어버이를 잊지 않고"

"자식을 잊지 않고"

"나라를 잊지 않고"

"신(神)을 잊지 않고"

"나를 잊지 않고"

이것이 대일본의 정신이고 길입니다.

이러한 의미에서 청년훈련이나 병역(兵役)은 국민으로서 자녀에게 죽음을 초월해서 자기의 본분에 이르는 가장 좋은 단련이 될 것입니다.

이미 아시는 바와 같이 우리나라의 군대는 강하기가 세계에 비교가 없는데, 이것은 천황폐하께옵서 직접 통제하옵시는 것입니다.

그러므로 이러한 군대의 일원으로 세계의 황도를 넓히기 위해선 한목숨을 바치는 것을 당연한 일로 아는 것이 군대의 정신입니다.

그러므로 병역은 우리 국민의 의무요, 또 권리인 줄 알고 국민 전체가 군대가 되지 않으면 안 될 것입니다.

일본의 남자로 나서 병역에 복종하는 것은 이 이상의 명예는 없습니다.

작년 반도의 「육군특별지원병령」이 시행되었을 때 반도 동포도 제국 군인으로서 국가를 지키는 병역에 참여케 된 것은 국가를 위하여 반도 동포를 위하여 경축하지 않을 수 없습니다.

본 제도는 완전한 「병역법」의 적용은 아니지만 지원에 의해서 한번 병역에 복무하면 그담엔 모든 것이 일반 중병과 대우가 꼭 같게 됩니다. 그래서 몸과 맘을 함께 국가에 바치면 그 사람의 노력과 충의 여하에 따라서 사관도 될 수 있고 장교도 될 수 있는데, 그래서 여러 방면에서 많은 지원병이 나오리라고 생각했는데, 사실이 기대에 어그러졌습니다.

반도부인의 결의(하)

조선군 보도부, 가마 이사오(蒲勳)

1939. 7. 12. 석간 4면 2단

특히 부자인(人) 집 자제나 중류 이상 가정의 자제들이 지원병으로 나서지 않는 것은 무슨 까닭일까요.

그 이유를 생각건대 재래 조선의 관념은 문(文)을 숭상하고 무(武)를 천대하던 까닭이 아닌가도 합니다.

그리고 너무 평안하게만 자라서 개인주의와 자유사상에만 젖어서 그렇지 않은가 합니다.

그런데 이러한 것은 시대의 인식을 잘못하고 황국신민으로서 도저히 말이 되지 않는 것입니다.

천황 폐하의 앞에서 명예의 전사를 할 각오가 없는 이상 반도 동포는 7천만 내지 동포와 어깨를 걸고 나설 수는 없을 것입니다.

금일 대일본 국민은 세계를 상대로 동양의 평화와 새로운 행복과 건설을 위하여 생명을 천황 폐하께 바치지 않으면 안 될 것입니다.

반도 동포는 충후의 열성은 있으나 결사적으로 싸우는 내지 동포에 비하면 아직도 부족한 감이 없지 않습니다.

최근 군수 경기로 여러분은 비교적 호경기를 지냅니다.

이것은 모두 충용무쌍한 우리 황군이 연전연승하는 덕택이 아니고 무엇이겠습니까.

그 은혜를 조금이라도 알고 조금이라도 갚으려면 누구나 황군이 되어서 일본정신을 발휘하는 것입니다.

그다음은 청년훈련입니다. 청년훈련은 몸과 정신을 단련해서 국가를 위해 죽기까지 노력하는 데 의의가 있는 것입니다.

청년의 훈련을 마치고 병역에 복종치 않으면 한 사람의 완전한 청년이 되었다고 할 수 없습니다.

지난번 지원병 검사에서 청년훈련을 받은 사람은 그 동작이나 언어 태도가 참으로 훌륭했었다고 합니다.

그러므로 여러분의 자녀를 참으로 훌륭한 사람을 만들어 국가에 바치려면 우선 청년훈련소에 넣을 것입니다.

현금 내지엔 전쟁에 나가지 않은 병대도 전쟁 이전보다 더 많습니다.

이만 싸움에 약해질 우리나라가 아닙니다. 일청·일러 전쟁에 다 이긴 우리나라가 이번에도 기어이 승리할 것입니다.

그런데 전쟁도 이제부터입니다. 비록 세계 열국이 다 대항한대도 국민 전체가 병대인 우리에게 승리가 올 것은 물론입니다. 무슨 일에든지 안일한 것은 금물입니다. 언제나 죽음까지 각오하고 나서지 않으면 안 됩니다.

반도 동포가 황국신민이 되는 길은 간단합니다. 즉 스스로 천황 폐하를 위하여 목숨을 바친다면 곧 일본정신을 체득 실천하는 것입니다.

내 아들을 사랑하고 장래에 행복과 광명을 생각한다면 일본정신을 가지고 병영으로 보내주십시오.

이것이 어머니의 참된 사랑이요, 반도 동포의 행복입니다.

그리고 또 내가 여러분께 말씀드리는 정신입니다.

장고봉 사건 기념강연

1939. 8. 11. 조간 2면 3단

장고봉 사건 1주년 기념의 10일 밤 7시부터 경성부 주최로 부민관에서는 조선군 참모 기타(喜多) 소좌와 보도부 아쿠타가와(芥川) 소좌의 뜻깊은 강연회가 있어 만장의 청중은 깊은 감명을 받았었다. 강연이 끝난 후 관동군 제공의 영화 〈장고봉 사건〉, 〈노몬한 사건〉, 〈적색의 협위〉 등을 상연하였다.

〈그림 50〉 장고봉 사건 기념 강연회장

중부조선지구(中部朝鮮地區) 일대에 실전적(實戰的) 방공훈련(防空訓練) 실시 군관민(軍官民) 삼위일체로 공전(空前)의 대규모 내월(來月) 초순, 6일간 훈련

1939. 8. 17. 석간 2면 1단

【조선군보도부발표(朝鮮軍報道部發表)】 조선군에서 오는 9월 4일부터 9일까지 엿새 동안 중부조선지구 일대에 일찍이 보지 못한 대규모의 방공훈련을 실시하기로 하였다.

이것을 실시하기 위하여 조선군에서는 진즉부터 조선총독부와 진해요항부와 협의 중이었는데 드디어 실시하기로 확정하고, 15일에 조선군사령부에서 기타노(北野) 참모장의 사회로 조선군 진해요항부, 총독부, 기타 각도 관계자 30여 명이 모여서 협의를 마치고 연습 준비에 착수하기로 하였다.

이번 방공훈련의 주요점은 종래와 같이 그저 요란스럽게 떠드는 연습을 하는 것이 아니고 참으로 실제 전쟁을 하는 것과 같은 차림으로 군대 방공훈련에 응하여 국민 방공훈련도 하여서 군관민이 삼위일체가 되어 효과 많은 훈련을 하려는 것이다.

▲훈련 기일은 제1기는 9월 4일 오전 8시부터 6일 오후 12시에 이르기까지 사흘 동안이며, 제2기는 9월 7일 오전 0시부터 9일 정오에 이르기까지 사흘 동안이다.

▲훈련 지역은 경기도·평안남도·황해도·전라북도·충청남북도의 전부와 강원도·함경남도의 대부분과 동해·서해 해상의 대부분이다.

▲통감(統監)은 군 통감은 조선군 사령관이며, 국민방공 통감은 조선총독부 정무총감이다.

국민방공(國民防空)의 효과는 침착한 태도에 조선군 야마구치(山口) 참모 담(談)

1939. 8. 17. 석간 2면 1단

이번 방공훈련 실시에 대하여 조선군 참모 야마구치 중좌는 기자단에게 다음과 같이 이야기하고 국민의 방공훈련에 대한 인식을 철저히 하게 하여 달라는 부탁을 하였다.

1년 전에 일어난 장고봉 사건이나 지난번의 노몬한 사건을 보더라도 방공훈련을 철저히 할 필요가 있는 것이다. 이로부터 방공훈련은 진실한 태도로 하지 않으면 안 된다. 가정 방공훈련은 너무 지나치게 하면 경방단의 조수같이 될 염려가 있으니 부인들은 될 수 있는 대로 각기 자기 집을 잘 지키도록 주의를 하는 것이 좋다. 국방부인도 집 밖으로 나다니는 일이 너무 많은데 이것도 최소한도로 폐가 되지 않도록 할 일이다.

공중습격 훈련에 대한 정지는 너무 장황하면 도리어 폐해가 있으므로 20분 내외가 적당하다. 이것은 다른 외국에서도 대개 이만한 정도로 실시하고 있다. 총독부에서는 이번 국민 방공훈련에는 1분간 정지를 하기로 하였다 한다. 노몬한에서나 지나 전투에서나 기술은 크게 차이가 없으나 정신훈련에 이편이 훨씬 우수하였다. 그러므로 방공훈련도 정신적 훈련이 극히 중요하다. 요컨대 "가장 좋은 방공은 침착한 데 있다"는 표어를 걸고 싶다.

기본훈련과 실전훈련
군민일치 방공(防空)에 만전
국제정국(國際政局)도 다단한 이때 굳은 각오로
명일 중선지구(中鮮地區) 방공훈련(防空訓練) 개시

1939. 9. 4. 석간 2면 1단

【조선군보도부발표(朝鮮軍報道部發表)】 군방공(軍防空)과 국민방공(國民防空)의 종합훈련은 지난 1933년에 한 번 실시한 일이 있었지만, 「방공법(防空法)」이 생긴 뒤로는 이번이 처음이다. 4일, 5일, 6일은 기본훈련을 하고 7일, 8일, 9일은 실전훈련을 할 터이다. 군방공에 맞춰서 국민방공도 설비를 충분히 하여 조금도 실수가 없도록 하지 않으면 안 된다. 어느 때에 조선 공중이 적국 비행기가 덮쳐 올런지 알 수 없는 형편이다. 더욱이 요즘 서양 구라파 천지에 전쟁이 벌어지고 있는 터이므로 한층 더 조선의 방공은 충실히 하여야 된다. 이번 방공훈련에 이편 비행기와 적국 비행기의 분간은 다음과 같은 표준으로 하면 좋다.

▲ 적군 비행기: 폭격기는 모두 적군 비행기이다. 다만 평안남도에서는 비행기 꼬리에 펄펄 날리는 헝겊 조각을 붙인 폭격기만을 적군 비행기로 본다. 폭격기는 단엽중형기(單葉中型機)로서 발동기 한 개가 달려 있는 것이다.

▲ 우군 비행기(友軍機): 전투기는 모두 우군 비행기이다. 다만 평안남도에서는 꼬리에 펄펄 날리는 헝겊 조각을 붙이지 않은 폭격기도 또한 우군 비행기이다. 전투기는 발동기 한 개가 달린 복엽소형기(複葉小型機)이다. 그리고 군용기는 날개 밑에 국기와 같이 붉게 둥근 해를 그렸으므로 여객 비행기와 구분하여 알 수 있다.

공중에서 실황 방송
가두서도 방송

1939.9.4. 석간 2면 7단

【조선군보도부발표(朝鮮軍報道部發表)】 방공훈련을 하는 동안에 방송국에서는 군 사령부 안 혹은 종로 네거리 등 이곳저곳으로 자리를 옮겨가면서 방공훈련의 실제 상황을 방송하며 5일과 7일 이틀은 비행기에서 등화관제 상황과 그 밖의 훈련 상황을 방송할 터이다. 비행기에서 방송을 하게 되는 것은 이번에 처음으로 있는 일이다.

홀연! '적기(敵機)' 3대 습래(襲來)
중부조선(中部朝鮮) 공습경보
금(今) 4일 8시부터 군방공에 즉응, 국민방공훈련 실시
굳게 지키라 '우리의 하늘'을

1939.9.5. 석간 2면 1단

【조선군보도부검열제(朝鮮軍報道部檢閱濟)】 조선에 「방공법(防空法)」이 실시된 뒤 처음으로 실시되는 중선지구(中鮮地區)의 방공훈련은 드디어 4일부터 군방공(軍防空)에 즉응하여 국민방공도 함께 시작되었다. 3일에 통보된 바와 같이 중부조선지구는 적군 비행기의 공중습격을 받게 될 정세에 있었는데, 이 상황에 따라서 조선군사령부를 비롯하여 방위(防衛) 각 부대는 3일 밤부터 각기 준비를 완전히 하고 기다리고 있었는데, 4일 오전 8시에 갑자기 군사령부로부터 중조선지구 일대에 경계경보가 내리고 또 이어서 진해요항사령부로부터는 일본해(日本海)·황해(黃海)[205] 일대의 바다 위에 역시 경계경보가 내렸다.

그래서 각 방위부대는 눈과 귀의 동작을 예민히 하고서 국민방공의 각 기관으로부터 연속하여 들어오는 보고를 듣고 방공활동을 개시하였다. 그런데 때는 오전 8시 30분쯤이었다. 별

---

205 동해(東海)와 서해(西海).

안간에 이번에는 무서운 공습경보가 내렸다. 각 방위부대는 한층 더 긴장하였다. 눈과 눈은 모두 공중으로만 쏠리고 있었다. 그러던 즈음에 오전 8시 45분에 적국 비행기 3대는 평양 방면으로부터 드디어 경성 상공에 나타났다. 그러나 이편의 방공진지가 워낙 견고한 것을 보고 서남방으로 향하여 그냥 자취를 감추어버렸다. 그러다가 다시 오전 10시에 서남방으로부터 날아와서 경성시가를 노려보았으나 행동하기 용이치 않음을 알아챘음인지 아무 일 없이 해주(海州) 방면으로 도망하여 버렸다. 그리고 이날 오전 나카무라(中村) 조선군사령관은 등청하는 길로 여러 가지 보고를 받고서 막료를 따라 군사령부의 방공 상태를 시찰하였다.

작일(昨日)로 기본훈련 완료
금효(今曉)부터 종합훈련
'적기(敵機)' 내습(來襲)엔 침착히 대처하라

1939. 9. 7. 조간 2면 1단

조선군 보도부 발표: 7일 오전 0시부터 방공 본훈련에 들어간다. 그리하여 금후 비행기는 이미 표시한 것 이외에 소형복엽기(小型複葉機)로서 발동기 한 개를 장비(裝備)한 것도 적(敵)의 비행기로 한다. 다만 날개 밑에 해를 그리지 않은 것이다.

중선지구의 방공훈련의 전기(前期) 3일간 기본훈련은 6일 밤으로 드디어 마치고 7일 오전 0시부터 이제는 정말로 실제 전쟁과 같은 종합훈련에 들었다. 공중에는 적군의 폭격기가 나타나면 우군(友軍)의 전투기는 이를 맞이하여 격퇴하게 되며 또 지상부대로부터는 적기에 대하여 고사포를 쏘아서 물리치게 될 터이다. 적기가 중선지구의 상공을 덮쳐올 때마다 소이탄(燒夷彈)과 가스탄(瓦斯彈)을 떨어뜨려서 더욱이 경성·인천·개성 같은 중요 도시에는 화재를 일으키며 가스 중독자도 나게 될 터이다. 이럴 때마다 각 방호단은 맹렬히 활동하여 혹은 모래와 물로서 불을 끄며 혹은 가스 중독자를 치료소로 운반하여다가 구호하게 될 터이다. 폭탄이 떨어지더라도 너무 정신을 잃고 혼동을 일으켜서는 안 된다. 될 수 있는 대로 침착한 태도로서 적당히 피난하도록 하여야 한다. 방금 서양 구라파의 독일 베를린이나 프랑스의 파리나 폴란드의 바르샤바나 영국의 런던 등 큰 도시에는 비행기가 날마다 서로 날아가서 자꾸 폭탄을 던지고 있다. 그래도 그곳 시민들은 평소부터 방공훈련이 잘 되어 있기 때문에 별안간에 이번에 큰 전란이 일어나서도 각기 질서를 지키고 민활히 행동하고 있는 모양이다. 조선의 각 도시에 사는 민중들도 이 기회에 방공훈련의 취지를 철저히 알고 질서 있게 규율에 어기지 않도록 잘 훈련하지 않으면, 별안간에 어떤 공중습격을 당하는 날에는 참으로 말할 수 없는 비참한 경우에 이르게 될 터이다. 러시아 블라디보스토크로부터 경성까지에는 겨우 2시간 만에 비행기가 날아와서 넉넉히 공중습격을 할 수 있다는 것을 명심하여야 할 일이다.

공습경보가 있거든 불빛이 조금도 밖으로 새지 않도록 가리고 있을 일이며 길 가던 사람은 반드시 1분 동안 멈추고 서 있어야 한다는 원칙을 꼭 기억하여야 한다.

1분간 통행 정지는 대체로 불이행 경향
집 비우고 활동사진 구경 가는 것은 경계할 일!
군 보도부 방공훈련(防空訓練) 종합 관평(觀評)

1939. 9. 7. 석간 2면 1단

【조선군보도부당국담(朝鮮軍報道部當局談)】 전시체제 아래 이번에 실시한 방공훈련은 각 방면의 적극적 협력으로 드디어 지난 4일 아침부터 활동을 개시하였는데, 이번 훈련은 때가 마침 구라파에서 큰 전쟁이 일어난 때이어서 각 방면이 모두 이상한 긴장으로 진행하고 있다. 그리고 그 성적도 일반적으로 보아서 대개 좋은 성적을 내고 있음은 참으로 기쁜 일이다.

그런데 여태까지 각 방면에서 듣고 본 바를 종합하여 보건대, 아직 일부에는 방공훈련 본래의 취지를 그릇 안 사람이 가끔 보이는 것은 유감이다. 공습경보의 령이 내리고 있는 중에 오락적인 음악이 가정에서나 혹은 음식점에서 새어 나오며 혹은 훈련을 기회로 하여 불 끄고 영화관, 기타 오락기관에 피하여 가는 일이 많은 것은 방공훈련의 근본정신을 그르친 일로 가장 경계하여야 할 일이다. 또 훈련에서는 각 가정을 비워두지 말고 적어도 한 사람은 자기의 가정을 충분히 지키지 않으면 안 된다. 그런데 부인이 집 밖에 나가서 가정방호조합에서 활동하는 것을 가끔 정도에 지나치는 일이 있음을 듣게 되는데, 부인은 무엇보다 자기의 가정의 관제 설비, 기타를 완전히 하는 것이 먼저 해결할 문제인 것을 명심하기를 바란다.

이번 훈련은 「방공법」이 제정되어 국민방공의 체계가 정돈된 이래 처음 있는 일이며, 방공에 상관의 뜻이 잘 알려지지 않는 관계도 있으나 총독부로부터 이번 훈련에서 특히 힘써 말한 '1분간 정지'는 거의 여행되어 있지 않아 경보를 듣는 것이 방공의 제일보이며, 더욱이 공습경보를 들은 경우에 일반 통행자는 1분간 통행을 정지한다. 자기는 어떻게 할까, 공습이 있을 때에 자기의 할 행동을 생각하여 준비한다는 것은 공습 아래 있는 국민훈련으로서 꼭 실행하여 주기를 바란다.

또 총독부 방호과장의 강평(講評)에도 있는 것과 같이 경계관제 아래 있더라도 생업을 계속하는 것이 그 본뜻이다. 생업을 유감없이 하여가는 것은 가장 중요한 일이므로 이 점을 특히 유의하도록 바라는 바이다.

이 점은 각기 자각을 기다려야 할 것은 물론이지마는 직접 민중을 지도하는 기관에서 실현을 도모하도록 지도 설비에 더욱 힘쓰기를 바라는 바이다. 예를 들자면 훈련 지도자는 공중을 나는 적군 우군의 비행기 행동에는 가장 잘 주의하여서 함부로 규정의 지도방침에 구속되지 말고 좋은 기회를 붙잡아서 실제 비행기의 활동에 응하여서 정항을 지시하고 또는 이에 대한 적당한 동작을 하는 것이 훈련을 실제 전쟁같이 하게 하는 것이다. 그렇지 않으면 모처럼 하는 훈련이 소용없게 되어버린다.

이제 훈련도 전반의 부분훈련으로부터 참으로 실제 전쟁과 같은 종합훈련으로 들어가려 한다. 아무쪼록 서로 잘 협력하여서 가장 많은 성과를 내기를 바라는 바이다.

적기(敵機) 3대 홀연 비래(飛來)
경성부청(京城府廳)을 폭쇄(爆碎)!
한강 인도교, 경성·용산 양역(兩驛)에도 투탄(投彈)
고사포부대 맹격(猛擊)으로 둔주(遁走)
상정(想定)
방공(防空) 본 훈련 제1일

1939. 9. 8. 석간 2면 1단

조선군 보도부 발표: 중선지구 종합 방공훈련의 첫날인 7일 이른 아침 6시 반에 경성부 내에는 첫 공습경보가 있어서 70만 부민의 맑은 정신을 갑자기 긴장시켰으나 적군 비행기는 마침내 나타나지 않습니다. 그래서 겨우 5분 만에 경보는 해제되었다. 그다음에 얼마 안 되어 오전 6시 43분에 또 공습경보의 사이렌이 요란히 울렸는데, 이번에는 드디어 오전 7시 6분쯤에 적군 비행기 3대가 서북쪽으로부터 날아와서 한강 인도교 위에 폭탄을 던지고 다시 용산역과 경성역에도 폭탄을 던져서 상당한 손해를 입혔다. 그리고 다시 경성부청을 폭격하여 커다란 부청 건물은 산산이 부서져서 처참한 광경을 이루었다. 이때에 각 진지로부터 고사포부대가 맹렬히 활동하여 적군 비행기는 서북쪽으로 달아나버렸다. 세 번째로 다시 오전 10시 19분에 공습경보가 있었는데, 적군 비행기는 우군의 방호진지(防護陣地)가 워낙 견고함을 알고 마침내 자태를 나타내지 못하였다. 그리하여 오전 11시 15분에 경보는 해제되었다.

충령(忠靈)을 현창(顯彰)하자

1939. 9. 17. 조간 1면 9단

【조선군보도부발표(朝鮮軍報道部發表)】 때는 바야흐로 청상(淸爽)한 가을을 맞이하여 만주사변(滿洲事變) 8주년 기념일을 앞두고 반도의 산야(山野)는 흥아(興亞)의 의기(意氣)에 불타는 일·만·지(日滿支) 5,000여 명의 청년을 맞이하여 흥아보국(興亞報國)의 의기가 새로운데, 우리는 성전의 진(眞) 의의를 발휘하기 위하여는 먼저 호국의 영령에 경앙의 적성(赤誠)을 드리지 않으면 안 된다.

이 의미에서 충령을 현창하여 영구히 호국의 성단(聖壇)을 회전지(會戰地)는 물론 전국 방방곡곡에 설치하고자 한다. 충령 현창의 사업은 국민의 제일의 정신운동이라고 할 수 있다. 지난번 사변 2주년 기념일에 설립된 재단법인 충령현창회(忠靈顯彰會)는 전 국민의 협력 찬조를 바랄 바이라 생각한다. 우리 조선에서도 장고봉사건기념탑(張皷峰事件記念塔)의 설립을 비롯하여 대구·광주(光州)·기타 각 방면 유지(有志)에 의하여 여러 종(種)의 계획 및 거출을 하고 군관계(軍官界)는 '1일 전사(戰死)'의 의미로서 갹금(醵金)하고 있는데, 관계 방면에서는 조선 내 각지에 충령 현창의 사업을 일으킴은 물론, 조선의 실정에 즉응한 제반의 적극적 계획을 하고 있으므로 반도 2,300만 대중을 한 뭉치로 한 이 일대(一大) 애국정신운동의 전개는 근간 구체화하게 될 것이다.

조선군 보도부장 경질
후임은 시모야마 겐페이(下山源平) 소장

1939. 12. 2. 조간 1면 9단

【조선군 발표】 가쓰오 노부히코(勝尾信彦)[206] 소장은 조선군 보도부장을 사임, 귀환하기로 하고, 그 후임에 진해만요새사령관(鎭海灣要塞司令官) 시모야마 겐페이 소장이 임명되었다.

시모야마 소장 약력

전 조선군 보도부장 가쓰오 소장의 후임으로서 신임된 진해만요새사령관 시모야마 겐페이 소장은 시즈오카현(靜岡縣) 출생, 육사(陸士) 제22기 출신으로 대위·소좌 시대를 통하여 조선군 참모를 지낸 이로 금년 4월 ○○으로부터 진해만요새사령관에 전임(轉任), 금일에 이르렀는데, 이번 군 보도부장에 영전(榮轉), 착임(着任)은 이번 달 중순이 될 예정이다.

가쓰오 전 보도부장 담(談)

보도부장을 사임한 가쓰오 소장은 도쿄로 돌아가기로 되어 2일 오후 9시 27분 용산역 발(發) 열차로 가족 동반 청진(淸津)으로부터 니가타(新潟)를 둘러 도동(渡東)[207]하기로 하였다. 1일 오전 11시 군 출입 기자단과 최후의 회견을 하고 재임 중의 감상을 다음과 같이 말하였다.

세월은 빨라 벌써 1년 3개월이 되었다. 조선은 두 번째의 봉공(奉公)으로 군·관·민 각 방면에 지기(知己)가 많아 재미있게 일을 하였다. 천재(淺才)로 별일도 못하였으나 사변 진전과 내선

---

206 원문에는 勝尾彦으로 잘못 기재되어 있는데, 勝尾信彦(1883~1947)이 맞음.
207 도동(渡東): 도쿄로 건너감.

일체의 적극적 구현 방책에는 군으로서 할 만한 일이 많았다. 그 사이 대과(大過) 없이 지내온 것은 관계 제씨의 후정(厚情)의 사물(賜物)로서 깊이 감격하는 바이다. 금후는 한 야인(野人)으로서 국가를 위하여 무엇이든 하고자 한다. 전에 하고 있던 소년항공협회(少年航空協會)의 일을 계속할 작정이다.

지원병제(志願兵制) 인식 강조
부내(府內) 각 중학교별로 군 보도부에서 강연회 개최

1939. 12. 14. 석간 2면 2단

명년에는 육군특별지원병 3,000명을 모집하기로 되었으므로 조선군 보도부에서는 가마(蒲)·아쿠타가와(芥川)·기타(喜多) 소좌 등 보도부원이 총출동하여 지원병에 대한 인식을 철저히 가지게 하고자 오는 15일부터 명년 1월 그믐까지에 부내 18개 공사립 중등학교에서 강연회를 열기로 하였다.

여태까지의 지원병 모집의 성적을 보면 상당한 교육을 받은 사람으로부터 지원한 수효는 별로 많지 못하였으므로 명년부터는 금년의 5배나 모집하게 되었음에 따라 일반 중등학교 생도들에게 그 인식을 깊이 가지게 하여서 중등학교 이상의 교육을 받은 장정으로부터 지원자가 많이 있기를 바라는 것이다. 그 강연 일정은 다음과 같다.

▲경복중학교(慶福中學校) 12월 15일 ▲경성농업학교(京城農業學校) 12월 16일 ▲동성상업학교(東星商業學校) 12월 18일 ▲협성실업학교(協成實業學校) 12월 19일 ▲중앙중학교(中央中學校) 12월 20일 ▲중동학교(中東學校) 12월 21일 ▲경신학교(儆新學校) 12월 22일 ▲배재중학교(培材中學校) 명년 1월 17일 ▲경기중학교(京畿中學校) 1월 18일 ▲양정중학교(養正中學校) 1월 19일 ▲성남중학교(城南中學校) 1월 20일 ▲대동상업학교(大東商業學校) 1월 21일 ▲휘문중학교(徽文中學校) 1월 23일 ▲경기상업학교(京畿商業學校) 1월 25일 ▲선린상업학교(善隣商業學校) 1월 26일 ▲한성상업학교(漢城商業學校) 1월 27일 ▲보성중학교(普成中學校) 1월 29일 ▲직업학교(職業學校) 미정

충령현창운동(忠靈顯彰運動) 활발
금년은 대대적으로 전개할 방침

1940. 1. 9. 조간 2면 1단

내지에서는 작년부터 전국에 뻗어서 '충령현창' 사업을 일으키고 있으며, 또 조선에서도 경상북도에서는 대구에 소충관(昭忠舘)이 이미 완성되었고, 김천(金泉)에도 건설 중이며 함북 홍의(洪儀)에는 표충탑(表忠塔)을 건설 중이어서 오는 3~4월쯤에는 준공하기로 되었는데, 조선군과 총독부에서는 지난 연말부터 이 사업을 크게 일으키고자 의논을 하고 있는 중이다. 이 사업은 지나사변을 중심으로 만주사변은 물론 장고봉 사건, 일청·일러 전쟁 때에 죽은 충혼들까지도 모두 합쳐서 표창할 방침이며, 또한 내선일체로 전쟁에 가서 죽은 조선인 군속·통역 등도 모두 함께 '현창'하게 될 터이다. 금년부터 전 조선에 이 사업을 일으킬 운동을 시작할 터이므로 조선군 보도부 아쿠타가와(芥川) 소좌는 9일 저녁 6시 25분부터 약 20분 동안 이 사업의 취지에 대하여 방송 강연을 하기로 하였다.

군수공장 노동자에 국민정신을 주입
조선군 당국 적극 진출

1940. 1. 20. 석간 1면 9단

【조선군 보도부 발표】 이번에 조선군에서는 조선의 군수공장 정신총동원의 철저를 기하여 군 보도부를 확대 강화하여 지도반(指導班) 수명을 배치하기로 하였다. 그리하여 군수총동원협의회(軍需總動員協議會)를 비롯하여 널리 관민과 협력하고 또 군수공장 종업자의 정신을 지도하여 내선일체를 기초로 한 협력 결합의 정신과 황국봉공(皇國奉公)의 지성(至誠)으로 나오는 엄정한 작업정신을 함양 발휘시켜서 국민정신총동원의 철저에 협력함과 동시에 군수공업 생산능력의 강화에 투자하기로 하였다. 사무 개시는 오는 22일에 할 예정이다.

성전(聖戰) 목적 관철엔 국민의 긴장이 필요
시모야마(下山) 조선군 보도부장 초임담(初任談)

1940. 2. 1. 석간 1면 6단

저번에 진해요새(鎭海要塞) 사령관으로부터 조선군 보도부장으로 전임한 시모야마 겐페이(下山源平) 소장은 31일 오전 10시 반부터 약 한 시간 동안 조선군사령부에서 조선군 담당 기자단과 회견하고 다음과 같은 여러 가지 시국에 대한 이야기를 한 뒤에 기자단에 대하여 앞으로의 협력을 요청하였다.

진즉 도임(到任)하였으나 그동안 신양(身恙)[208]으로 여러분과 만나지 못하고 이제 처음으로 만나게 된다. 지나사변도 이제 4년째 들었으며 또 구주에는 전란이 계속되고 있어서 이에 따라 민중의 생활에 영향도 많다. 지나사변은 황군용사의 분투로 많은 전과(戰果)를 내어서 지나사변 처리도 착착 진행되어가는 중인데, 일전에는 드디어 지나에서는 왕(汪) 정권 성립에 대한 예비회의가 있었고 또 우리 일본에서도 장차 경하스러운 기원 2,600년의 기념성전(記念盛典)이 있기로 되었다. 그런데 국내정세를 한번 살펴보면 지나사변이 생긴 지 처음 1~2년간은 전차 안에서나 길거리에서나 천인침(千人針)을 손에 들고 다니는 부인이 많았고 병원 같은 데도 전상병(戰傷兵)을 위문하는 사람이 많았으며 제일선 장병에게 보내는 위문대(慰問袋)도 많았는데, 최근에는 그런 일이 별로 없다. 이에 외국과 통상(通商) 단절 관계 국제문제도 있고 지나사변도 아직 계속되고 있어서 이곳에서 장개석군(蔣介石軍)의 동계공세(冬季攻勢)에 대한 반격전(反擊戰)을 맹렬히 하고 있으므로 국민은 한 걸음 더 나아가서 긴장하지 않으면 안 될 일이다. 그렇지만 실제로는 도쿄·교토(京都)·오사카(大阪)는 물론 경성에서도 백화점에는 언제든지 만원의 성황을 이루고 있다. 그러나 다른 한편에서는 그날 먹을거리가 없어서 절절매는 사람도 많다. 또 물자가 점점 부족할 줄로 추측하고 돈 있는 사람들은 자꾸 사서 모았으며, 이에 따라 간악한 상인들도 암중 활약하고 있다. 말하자면 인심이 더 악화되어 있는 현상이다. 이런 요철(凸凹) 현상은 어떤 사람이 정치당국을 담당하게 되더라도 철저한 통제를 하기는 어

208 신양(身恙): 질병.

려울 것이다.

지나사변 처리의 첫 단계로서 왕 정권은 성립되지만 이것을 성장 발달시켜가는 데는 상당한 힘이 들게 될 터이며, 따라서 여러 외국과의 마찰도 생기게 될 터이다. 또 장개석 정권에서는 더욱 공고한 단결력으로 장기항전(長期抗戰)을 계속할 터이므로, 사변 처리가 간단히 될 줄로 알아서는 큰 오해이다. 육군성(陸軍省)에서나 정부에서 시국인식 팸플릿을 배부하는 것보다도 또는 라디오로 선전하는 것보다도 신문을 통하여 국민에게 인식을 보급시키는 것이 가장 효과가 많은 것은 요즘에 와서 모두가 더욱이 절실히 느끼는 바이다. 신문기자 여러분은 앞으로 군 보도부와 한층 긴밀한 협력을 취하여 협력 활약하여 주기를 간절히 바라는 바이다.

군 보도부 중심 보도연락회의 29일 개최

1940. 2. 29. 석간 2면 5단

조선군에서는 보도부를 중심으로 하여 제19사단·제20사단·헌병사령부·총독부 등의 관계관의 출석을 청하여 29일 오전 9시부터 군사령부에서 보도연락회의를 열기로 하였다.

요즘 국내정세와 국제정세가 복잡다단하고 시국이 점점 중대해져 감으로 사상전의 중요성이 점점 더하게 되었으므로 조선의 실정에 비추어 이에 대한 중요 선전 사항을 검토하고 또 오는 3월 10일에 육군기념일과 기원 2,600년을 중심으로 하여 국방 사상 보급에 관한 여러 가지 의논을 하게 될 터이다.

조선군 보도부장 구라시게(倉茂) 소장 착임

1940. 3. 24. 석간 1면 9단

신임 조선군 보도부장 구라시게 슈조(倉茂周藏) 소장은 23일 오후 2시 20분 경성역 착(着),

열차로 제20사단 보도부장 다가미(田上) 소장 이하 군 보도부 관계자와 신문사 관계자 등 다수의 출영(出迎)으로 착임하였다.

소장은 경성역 앞 귀빈실에서 조선군 담당 기자단과 회견하고 다음과 같은 간단한 착임 인사말을 하였다.

> 나는 조선에 대해서는 아주 백지이다. 그러므로 이로부터 신문기자 여러분의 원조를 받아야만 잘 활동하여갈 수 있을 터이다. 힘껏 공부하면 젊은 사람들에게 지지 않으리만큼 해나갈 자신이 있다.
>
> 작금의 신문을 통하여 잘 아는 바와 같이 지나(支那)에는 신(新)중앙정권이 성립하게 되었으므로 참으로 기쁜 일이다. 우리로서도 어떻게 해서든지 이 새 정권을 잘 결실시키도록 후원할 책임이 있다고 생각한다.
>
> 조선은 군사상 매우 중요한 곳이므로 앞으로 여러 가지 일을 해나가는 데 각 방면의 협력을 더욱이 받지 않으면 안 될 일이 많을 줄로 생각한다. 귀 신문을 통하여 잘 전해주기를 바란다.

〈그림 51〉 경성역에 도착한 구라시게 소장

"공부됨 직한 건 알려달라!"
신임 조선군 보도부장 구라시게(倉茂) 소장 기자단과 회견

1940. 3. 27. 석간 2면 4단

일전에 신임한 조선군 보도부장 구라시게 소장은 26일 오전 10시 반에 조선군사령부에서 조선군 담당 기자단과 처음으로 정식으로 만나보고, 대개 다음과 같은 이야기를 하였다.

나는 1911년(明治 44) 시절에 평양에 주찰한 일이 있었다. 그때는 아직 젊은 소위였었다. 그리고 그 뒤 1922~1923년(大正 11, 12) 쯤에 러시아 출병 당시에 원산에 와서 러시아 피난병을 잠깐 동안 돌보아준 일이 있다. 그러므로 조선의 사정은 전연 모르는 터이다. 앞으로 잘 공부하려 한다. 더욱이 조선은 미나미 총독이 말한 바와 같이 병참기지로서 중요한 곳이므로 여러 가지로 책임이 무거운 줄로 생각한다. 그런즉 여러분은 무엇이든지 나에게 공부됨 직한 것은 얼마든지 들려주기를 바란다. 그리고 나는 행동을 자유로 하고 싶다. 여러분도 그리 알고 앞으로 상종해주기를 바란다. 또 나는 소위 대접하기 위하여 신문에 필요 없는 이름을 자주 내는 것을 싫어하는 성미다. 그리 알고 이 얘기를 들어주기를 바란다.

영화문화전적(映畵文化展績) 양호

1940. 4. 22. 석간 2면 9단

「조선영화령(朝鮮映畵令)」 공포(실시는 아직 않는다)를 기념하며 아울러 영화에 관한 지식을 보급시키고자 조선 내외 영화배급조합(映畵配給組合), 경성 흥행협회(興行協會), 조선 영화인협회(映畵人協會) 등의 연합 주최와 총독부, 조선군 보도부 후원으로 지난 3월 27일부터 4월 7일까지 11일 동안 미나카이(三中井)에서 「조선영화령」 공포 기념 영화문화전람회(映畵文化展覽會)를 개최하였었는데, 관람 인원 10만 7,300명에 달하여 대성황을 이루었다.

강건한 정신과 철구(鐵軀)로 황국이상(皇國理想)을 실현하라 칙어(勅語) 하사(下賜) 1주년 구라시게(倉茂) 군 보도부장 담(談)

1940. 5. 23. 석간 1면 3단

금월(今月) 22일은 황공하옵게도 천황 폐하께옵서 청소년 학도(學徒)에 대해서 우악(優渥)하옵신[209] 칙어를 하사하옵신 1주년 기념일에 해당하는데, 구라시게 조선군 보도부장은 다음과 같이 「청소년 학도에게 소(愬)함」이라는 담화를 발표하여 청소년 학도의 각오를 촉진하는 바 있었다.

〈그림 52〉 구라시게 보도부장

황공하옵게도 천황 폐하께옵서는 작년 봄 금월 금일 「육군현역장교배속령(陸軍現役將校配屬令)」 시행 15주년 기념일을 맞아 궁성어전(宮城御前)에 어친림(御親臨)하옵시와 친히 전국 학생 생도 대표의 분열식(分列式)을 대람(大覽)하옵시었다. 우리 반도에서도 학교 대표자 및 육군특별지원병(陸軍特別志願兵) 일동이 참열의 광영을 입은 실로 의의 깊은 날인데, 이 성대(聖代)의 일대 성사(盛事)를 맞아 천황 폐하께옵서는 차대(次代)를 담임할 청소년 학도에 대해서 우악하옵신 칙어를 하사하옵시와 그 향(嚮)할 바를 소시(昭示)하옵시었다. 이에 칙어 어하사(御下賜) 1주년의 기념일을 맞이하여 청소년 학도 제군과 함께 성려굉원(聖慮宏遠)한 황은(皇恩)의 두터우심을 감격하고 다시 새로운 바를 깨닫는 바이다.

생각건대 이번 사변 발발 이래 황군의 무위(武威)는 도처에서 혁혁한 위훈(偉勳)을 세우는 동시에 황국 일본의 대사명은 지금에 내외에 광피(光被)하고 신중앙정권의 성립은 신생 동아의 서광을 피안(彼岸)에 바라보게 되었다. 홍고(鴻古)에 대업인 성전의 송행(送行)은 전도 비상한 간난(艱難)을 각오해야만 한다. 그리고 성부(成否)의 중책은 오로지 금후에 있어서 국민의 노력 여하에 달려 있음을 생각할 때 혼신의 용분(勇奮) 또한 금할 바 없다. 우리는 다시 신태(新蛻)의 의기와 불퇴전(不退轉)의 각오로서 무력·경제·정치·사상의 총력을 전개하여 더욱 힘

209 우악(優渥): 은혜가 매우 넓고 두터움.

찬 파사제지(破邪題止)의 대성전에 돌입해야만 한다. 다음 세기를 관통하는 국가 총력의 장개전(長開戰)은 우리 조국의 대정신에 투철하여 정당한 동아, 신세계의 재건에 매진하는 때 비로소 수환(水還)한 승리, 유구한 평화를 영득(贏得)할 수 있다 하겠다. 대저 국가 흥륭의 기초는 국가의 자질 여하에 달렸고, 특히 장래 국가의 중추가 될 학생 생도의 강건한 정신과 철(鐵)과 같은 체구(體軀)가 그 요긴(要緊)이라 함은 더 말할 것도 없다.

명일의 흥륭 일본을 어깨에 짊어질 청소년 학도 제군은 잘 시국을 정시(正視)하고 조수(操守)를 굳게 하는 동시에 그 본분을 분변(分辨)하고 더욱 사풍(士風)을 진작하여 왕년 우리의 선배가 약관(若冠)으로 국가의 중책에 임하는 기백으로서 유신(維新)의 대업을 변리(燮理)하였음을 심사(深思)하고 문무겸수(文武兼修) 자분(自奮)하여 일세(一世)의 규범이 될 긍지로서 영원히 황국융창(皇國隆昌)의 기운을 의홍(依弘)하고 홍대(洪大)한 성은(聖恩)의 만분의 1이라도 봉보(奉報)하는 각오로써 당당히 황국의 이상 실현에 매진하기를 희망하여 마지않는다.

이에 신록이 양광(陽光)에 있는 청소년 학도 제군의 의기 더욱 헌앙(軒昻)한 이때 소회(所懷)의 일단을 말하여 감격의 사(辭)로 하는 바이다.

신문사진전람회
25일부터 7일간 조지야(丁子屋)에서

1940. 6. 25. 석간 2면 4단

경성에 본사 또는 지국을 둔 유력한 12개 신문사의 사진부원으로 조직된 조선사진반연맹에서는 총독부·조선군 보도부·경기도·경성부 후원으로 시내 조지야 백화점 4층 홀에서 봉축 2,600년과 사진술 도래 100년제를 기념하기 위하여 6월 25일부터 30일까지 신문사진 전람회를 개최하기로 하였다. 회장에는 입구 정면에 강원신궁의 대지라마마를 봉안하여 건국정신을 재인식하게 하고 다음에 신문사진 취지와 제작 공정 등 일목요연하게 하고 사진기구의 변천, 최근의 신문 사진 전송(電送) 실연 등 그 외에 뉴스 사진으로 각사의 신문 사진을 전람하기로 하여 과연 볼만한 것이 많을 터이다.

내외 사상(事象)을 심찰(深察) 신질서 건설에 매진하라 지나사변 3주년 기념일 앞두고 구라시게(倉茂) 보도부장 담(談)

1940. 6. 29. 석간 1면 6단

오는 7월 7일의 지나사변 3주년 기념일을 앞두고 구라시게 조선군 보도부장은 28일 오전에 신문기자단에게 다음과 같은 담화를 발표하여 일반 국민의 주의를 환기하였다.

이제 온 세계는 통틀어 세기(世紀)의 대전환기에 직면하고 있다. 수백 년에 걸쳐 동서양양을 지배한 착취적인 구질서는 몰락의 관두(關頭)에 섰고 신질서 건설은 힘찬 걸음을 개시하였다. 이 역사적 전환기에 이르러 사변 3주년을 앞으로 순일(旬日)[210] 후에 맞게 되는 우리의 감개는 실로 무량한 바가 있다. 이제 정전(征戰) 4년에 모든 간고(艱苦)를 겪고 광대한 전야(戰野)에 연전연승한 황군은 백수십도(百數十度)의 작열을 무릅쓰고 한수(漢水) 일대의 지구에서 경이적 전과(戰菓)를 거두고, 항일군(抗日軍)의 유일한 거점인 의창(宜昌)을 무찌르고 연일 중경(重慶)에 대하여 최후의 폭탄을 던지고 있다. 또 프랑스령 인도차이나와 상해(上海) 조계(租界)에 대하여 외교 교섭과 함께 적절한 신행동을 개시하여 전국(戰局)은 바야흐로 비약적 발전을 하고 있다.

안에 있어서는 거국대망(擧國待望)의 국내 정치체제노 방금 힘찬 약동을 개시하고 있다. 돌이켜보건대 우리 반도에서는 작년 미증유의 한재(旱災)를 돌파하고 총후보국(銃後報國)에 정진해온 국민의 의기는 우리가 경복하여 마지않는 바이다. 이제 내외의 정세는 중대하여서 숨이 막힐 만한 긴장리에 제회(際會)하였다. 이 역사적 전환기에 있어서 공연히 묵은 인식과 형식에 구속되는 것은 현상 유지가 아니고 넘어 퇴보와 후퇴를 하게 되는 것이다. 이제야말로 각자가 내외의 사상(事相)에 투철한 인식을 파악하고 엄숙한 자기완성으로서 그 업무에 정진하여 성업완수(聖業完遂)에 봉공(奉公)의 적성(赤誠)을 바쳐야 할 때이다. 사변기념일에 연습이나 모든 행사는 다만 견학적(見學的) 학분(學分)이나 떠들썩하는 것으로만 하여서는 안 된다. 국민 총

210 순일(旬日): 열흘, 10일간.

참가와 총후보국의 진미(眞味)가 있어야 한다. 요즈음 조선 안에 언론기관과 정신총동원연맹 등 모든 단체가 솔선하여 불타는 국민의 의기로서 시국재인식운동을 전개하고 있는 것은 참으로 감사하는 바이다. 7년 전의 만주사변은 근세 일본의 역사적 비약이었는데, 황국일본이 직면한 사태는 참으로 유사 이래의 중대 문제였다. 국민각위는 당면한 최대의 책무인 사변 완수를 중심으로 거국적 대결의를 앙양하여 동아의 맹주로서 새역사의 한 페이지를 지을 대진군도 개시하지 않으면 안 된다. 이야말로 대륙 전장에서 싸우고 있는 백만의 용사에게 보내는 두터운 감사이며 제일되는 위문인 것으로 확신한다.

군수공장 종업원의 정신동원대회
7일 사변기념일에 개최

1940. 7. 3. 석간 2면 4단

경성 부근 군수공장의 공동주최와 조선군·총독부·정신총동원연맹의 후원으로 오는 7일의 지나사변 3주년 기념일에 군수공장 정신동원대회를 열기로 하였다. 이날 오후 3시부터 오후 5시까지 용산 야포대 영정에서 열고 미나미 총독, 나카무라 군사령관, 가와지마 정신총동원연맹 총재의 시열(視閱)이 있은 뒤에 궁성요배와 국가봉창을 할 터이다. 그리하여 순서대로 대회를 진행하고 오후 4시에 병기(兵器) 견학을 하고 오후 5시에 해산하기로 하였다.

이날 경성 부근 각 군수공장 종업원은 거의 총출동하여 각기 대오를 지어가지고 오후 2시 반까지 대회장에 모이기로 하였으며, 또 해산한 뒤에는 항렬을 지어 각기 공장으로 돌아가기로 하였다. 이날 대회의 지도관은 조선군 보도부의 마쓰시타(松下) 대좌로 방금 만반의 준비를 하고 있다.

또 이날 평양에서도 전 군수공장원이 오전 8시 반부터 평양그라운드에 집합하여 조선군 보도부 마쓰모토(松本) 대좌의 지도로 역시 성대히 거행할 터이다.

IV

시국좌담회

해제

전시체제기에 일제 당국이 일반 행정조직이나 경찰조직, 각종 단체들을 이용하여 실시한 여론·선전정책에서 가장 중요한 것은 조선 민중의 '시국인식'을 '철저히' 하는 것이었다. 일제 당국으로서는 조선 민중이 '반전적 혹은 반국가적' 언동을 하지 않도록 하기 위해서는 먼저 자신들이 수행하는 전쟁의 의미와 정부의 시책들을 '올바르게' 이해시켜야 한다고 보았다. 이와 같은 일반 조선인의 여론 조성을 위해 가장 중요한 수단 가운데 하나가 바로 '시국좌담회'라는 명목으로 전국 각지의 경찰관주재소를 중심으로 추진된 관제 행사였다. 또한 당시 일제 당국은 조선 민중의 '불온 언동' 단속 면에서도 시국좌담회가 중요하다고 보았다.[211] 이처럼 조선인 여론통제에서 좌담회라는 방법의 효과가 크다고 판단한 일제 당국은 1939년 들어서는 시국좌담회와 병행하여 방공좌담회도 적극적으로 실시하였다.[212]

시국좌담회를 대대적으로 개최하기 시작한 것은 중일전쟁 직후인 1937년 9월부터였다. 일제 당국의 집계에 따르면 좌담회는 1937년 9월부터 1940년 1월까지 전국에서 개최 횟수 총 30만 8,751회, 참가 연인원 1,606만 402명에 달하여, 민중계몽상 좋은 결과를 보았다고 평가하였다. 구체적으로는 "시국에 대해 정확한 인식을 높이고, 유언비어를 감소시키고, 출정군인 환영, 유가족 위문, 국방헌금의 속출, 주의 인물의 사상전향, 기독교도의 신사참배 등 그 효과가 매우 크다."고 자평하였다.[213] 당시 일제 당국이 "고등경찰상 특히 주의를 요하는 질문이 있을 경우, 질문자의 주소·이름·직업·사상 경향 등을 내사하여 철저히 보고할 것"을 지시했듯이[214], 시국좌담회 결과를 조선 민중에 대한 사찰의 자료로 삼았음을 알 수 있다. 이러한

211 「流言蜚語,造言飛語,其ノ他不穩言動者取締狀況」, 京畿道警察部, 『治安情況』, 1938. 9.

212 「[治安狀況/高等/(1)-2] 時局座談會の指導方針に就て」, 朝鮮總督府 警務局 保安課, 『高等外史月報』 제2호, 1939. 8, 7쪽. 방공좌담회는 방공단과의 긴밀한 연계하에 진행되었으며, 소련의 내정을 폭로하거나 공산주의의 폐해를 강조하는 등을 내용으로 했다.

213 朝鮮總督府, 『施政30年史』, 1940, 490쪽.

214 慶尙北道警察部, 「高等警察に關する指示注意事項」, 1937. 11, 『諸會議綴』, 1937, 801쪽(국가기록원 소장 조

각종 좌담회에 조선 민중은 반(半)강제로 '동원'되었고, 이를 거부하면 '불순분자'나 '비(非)국민'으로 취급당했다. 시국좌담회와 관련하여 이 책에서 수록한 자료는 다음과 같다.

〈자료 20〉「시국좌담회 실시요항」(1937)[215]

〈자료 21〉「1937년 시국선전 사무보고」 중 좌담회 질의사항(1937)[216]

〈자료 22〉「민중계몽 경찰 시국좌담회의 상황」(1938)[217]

〈자료 23〉「시국좌담회의 지도방침에 대하여」(1939. 8.)[218]

〈자료 24〉「국경지방 방공공작 계획」(1938)

〈자료 25〉「국경지대의 방공공작에 관한 건」(1938년 5월 12일)

〈자료 26〉「국경지대의 방공공작에 관한 건」(1938년 6월 2일)

〈자료 27〉《조선일보》의 주요 관련 기사(1937. 8. 20.~1940. 8. 1.)

〈자료 20〉부터 〈자료 23〉까지는 일반적인 시국좌담회의 개최 요령과 지도 방침, 개최 상황 등을 설명한 것이다. 이 자료들을 통해 보면, 당시 경찰 당국은 종래의 강연회 형식이 아닌 좌담회 형식을 취할 것을 강조하면서 대상 인물에 따라 매우 평이하게 질의응답의 방식을 취하라고 요구하고 있다. 이를 통해 중일전쟁의 원인과 진행 과정, 당시 동양에서 일본의 위치

선총독부문서).

215 「時局座談會實施要項」, 「第73回 帝國議會說明資料(警務局)」, 1937, 한국역사연구회 편, 『일제하사회운동사자료총서』 제7권, 435~442쪽.

216 『昭和12年 時局宣傳事務報告』, 1937, 別紙 중에서 발췌.

217 「(七)民衆啓蒙警察時局座談會の狀況」, 『最近における朝鮮治安狀況』, 朝鮮總督府 警務局, 1938, 438~446쪽.

218 「[治安狀況/高等/(1)-2] 時局座談會の指導方針に就て」, 朝鮮總督府 警務局 保安課, 『高等外史月報』 제2호, 1939. 8, 7~9쪽.

나 구미 각국의 상황 등을 조선 민중에게 설명하도록 하는 한편, 직접 시국과 관련되는 일이라 할지라도 지방개량이나 생활개선 문제 등 구체적인 긴급 사항에 대해서는 '적당한 지도'를 행하라고 하였다. 또한 좌담회 개최가 일반 민중에게 경제적 부담을 주거나 가정생활에 지장을 초래하지 않도록 유의하고, 회합의 범위나 개최 시기, 소요 시간, 사용 언어 등에 대해서도 주의하라고 지시하였다. 아울러 대상층의 지식 정도나 생활 상태 등을 고려하여 점차적인 방법을 통해 적극적인 참여를 유도함으로써 기탄없이 의견을 토로하도록 해야 한다고 지시하기도 했다. 이러한 시국좌담회에서 조선인이 어떠한 내용을 질의했는지는 일제 당국이 정리한 〈자료 21〉이 압축적으로 보여주고 있다. 이 외에 시국좌담회를 통한 여론통제의 세부 상황을 이해할 수 있도록 〈자료 27〉을 배치하였다.

〈자료 20〉을 통해 보면, 당시 좌담회에서 주로 활용했던 자료는 ① 시보위원회(時報委員會)에서 발행한 시국선전 자료, ② 육군성(陸軍省) 신문반(新聞班) 또는 해군군사보급부(海軍軍事補給部)에서 발행한 자료, ③ 일본이나 조선의 관보(官報) 부록, ④ 총독부의 관계 각 과에서 발행한 시국 관계 각종 자료, ⑤ 총독부 보안과(保安課)에서 각도(各道)에 통첩한 자료, ⑥ 기타 자료 등이었다. 이 밖에도 "당장 이용하기에 좋다"고 판단하여 참고한 자료로는 『일지사변(日支事變)과 조선인의 지위』, 『시국의 중대화와 국민의 각오』(순회강연 자료), 『북지사변(北支事變)과 조선』(조선교화단체연합회 발행), 『농산어촌 총후(銃後)의 임무』(총독부 발행), 『시국독본(時局讀本)』(新民社) 등이 있었다.[219]

〈자료 24〉, 〈자료 25〉, 〈자료 26〉은 국경 지방에서 실시한 좌담회의 지도 방침과 실시 상황을 잘 보여주는 자료이다. 이 자료는 모두 국가기록원에 소장된 조선총독부문서 가운데 『경비관계철-국경의 부(警備關係綴-國境ノ部)』(警務課, 1938)에 수록된 「국경지방 방공공작(防共工作)

219 「第73回帝國議會說明資料(警務局)」, 1937, 『日帝下社會運動史資料叢書』 2, 437~439쪽.

에 관한 건」(함경남도경찰부장, 1938. 6. 2)과 이 문건의 첨부 문서들이다. 이 책에는 조선총독부 경무국 경무과에서 나온 첨부 문서 「국경지방 방공공작 계획」(1938)을 제일 앞에 〈자료 24〉로, 그다음에 1938년 5월 12일의 「국경지방 방공공작에 관한 건」을 〈자료 25〉로, 그리고 마지막에 본 문서인 〈자료 26〉 순으로 수록하였다.

조선 북부의 국경 근처 지대는 지리적 특수성상 사상통제 및 여론통제 면에서 특히 주목받는 '사상 악화지대'였다. 만주와 국경을 접하여 전투 소식에 민감하게 반응했던 국경 지역 거주 조선인에 대해서는 보다 강력한 선전 방책이 요구되었다. 이 지역은 '장고봉(張鼓峰) 사건', '혜산(惠山) 사건' 등에 직접 영향을 받고 있다는 판단 아래 경비를 위한 별도 기구를 구성하거나 신문·라디오, 각종 좌담회 등을 통해 주민에 대한 여론통제를 보다 치밀하게 행하였다. 특히 1930년대 후반은 김일성(金日成)을 중심으로 한 만주 항일무장투쟁 세력과의 교전(交戰)이 잦았던 시기였으므로 이에 대한 특별 치안 대책도 시급히 필요로 했다. 위의 자료들은 이러한 상황을 집중적으로 잘 보여준다.

〈자료 24〉를 보면, 국경시내 도경찰부 및 국경 5개 경찰서에 방공공작계(防共工作係)를 설치하여 집중적으로 좌담회를 실시했음을 알 수 있다. 그리고 '좌담회에서 강조해야 할 사항'으로서 몇 가지 문제에 대해 어떤 방식으로 조선인에게 선전할 것인가를 구체적으로 지시하였다. 이 가운데는 '조선의 독립 문제에 대하여', '공산주의 문제에 대하여', '일본의 패전(敗戰) 기도에 대하여', '김일성이라는 인물에 대하여' 등의 세부 항목을 설정하여 상세히 여론통제의 방향을 지시하고 있어서 주목된다. 〈자료 25〉와 〈자료 26〉은 '혜산 사건' 이후 국경지대 주민에 대한 좌담회 실시의 구체적인 상황을 잘 보여준다. 좌담회 이후에는 항상 영화회(映畵會)를 개최하여 그 효과를 높이려 했고, 대체로 한 번 좌담회를 실시하면 영화회까지 포함하여 당일 오후부터 밤늦은 11시경까지 무려 7~8시간을 지속했음을 알 수 있다. '부민(部民)의 감상'도 함께 수록하여 개개인이 느낀 좌담회와 영화회에 대한 감상과 의견도 확인할 수 있다.

<자료 20>

「시국좌담회 실시요항」[220]

(조선총독부 경무국, 1937)

『제73회 제국의회 설명자료(경무)』 중 시국좌담회(時局座談會) 실시요항(實施要項)

1. 목적

시국의 중대성에 비추어 일반 민중에게 정확한 인식을 파악하게 하는 것은 물론, 더 나아가 질의응답 등에 의해 제국의 실력을 믿고 의지하도록 하며, 제3국에 대한 회의적인 마음을 제거함으로써 진실로 비상시 국민으로서의 확고한 결의와 각오를 촉구한다. 아울러 좌담회를 통해 민심의 추향(趨向)을 자세히 관찰하여 비상시 치안에 만전을 기할 것을 목적으로 한다.

2. 개최 지도자

치안유지를 목적으로 하는 입장에서 원칙적으로 경찰서 또는 주재소(駐在所)를 지도 주체로 할 것. 다만, 경우에 따라서는 군(郡), 면(面), 학교, 기타가 협력하도록 하는 것도 가능함.

더욱이 지방 유력자 등의 협력과 참가는 지장 없도록 하며, 이 때문에 도리어 지도상 방해가 되는 일이 없도록 주의할 것.

220 「時局座談會實施要項」, 「第73回 帝國議會說明資料(警務局)」, 1937, 한국역사연구회 편, 『일제하사회운동사자료총서』 제7권, 435~442쪽.

3. 개최 방법

1) 구역

전 민중에 대하여 시국인식의 철저를 기할 것을 목적으로 하므로 리(里)·동(洞) 등은 가능한 한 소부락(小部落)을 단위로 하는 것이 이상적인데, 지방의 실상에 따라 적절히 안배할 것.

도읍지 등에서 사방 주변의 정세상 이미 민중의 시국인식이 충분하다고 인정되는 지역에서는 굳이 개최할 필요는 없다.

2) 시기

각도에서 구체적인 계획을 수립하고, 준비 정리와 순서 등은 가능한 한 빨리 반복하여 실시하는 것으로 한다.

3) 참집자(參集者)

소구역(小區域) 개최를 원칙으로 하므로 소집자를 구분할 필요는 없지만, 남녀 또는 청년, 노년 등으로 구분하여 질의응답 등을 철저하게 하도록 궁리[工夫]할 것.

4. 제의(提議) 사항

1) 철저한 시국인식을 위해 지나사변(支那事變)의 원인, 경과, 현상을 설명하여 알리고, 나아가 동양에서 제국의 지위, 구미 각국의 정치적 상황과 시국 관계 등을 해명할 것.
2) 위에 대한 질의를 활발히 하도록 하여 충분히 납득시킬 것.
3) 시국과 직접 관계없는 사항과 시국에 적응하는 듯한 지방 개량 또는 생활 개선 문제 등도 제출할 것.
4) 좌담 사이에 적절히 시국 경계상 필요한 경찰의 지도를 행할 것.
5) 기타

5. 주재소 직원의 시국 관계 교양에 대하여

앞의 제2항과 같이 주재소를 지도 주체로 하는 관계상, 주재소 수석(首席) 등의 교양에 대해서는 합당한 준비가 필요할 것이다. 이를 위하여 수석 교육 소집일 등을 이용하거나 또는 적절히 소집하여 서장(署長)과 간부의 지도 아래 시국좌담회를 개최하며, 다음 항의 자료로 주재소원의 시국인식을 철저히 하여 실수가 없도록 할 것.

6. 좌담회 자료

좌담회에 필요한 자료는 다음의 것들 가운데 편리하게 적절히 선택하도록 한다.

1) 시보위원회(時報委員會) 발행 시국선전 자료

2) 육군성(陸軍省) 신문반(新聞班) 또는 해군군사보급부(海軍軍事普及部) 발행 관계 자료

3) 내지(內地)[221] 및 조선의 관보(官報) 부록

4) 본부(本府)[222] 관계 각 과(各課) 발행 시국 관계 각종 자료

5) 본부 보안과(保安課)에서 각도로 보낸 통첩 관계 자료

6) 기타

또한 위의 것들 가운데 다음의 것은 곧바로 이용하기에 편리하다고 사료되므로 참고하기 바란다.

- 『일지사변(日支事變)과 조선인의 지위』
- 『일지사변에 대해 생각해야 할 소련의 이모저모』
- 『시국의 중대화와 국민의 각오』(순회강연 자료)
- 『북지사변(北支事變)과 조선』(조선교화단체연합회 발행)
- 『사회교화자료』 제19집

221 내지(內地): 일본 본토를 말함. 당시 일본은 행정법상으로 일본 본토를 '내지', 그 외의 식민지 지역 등을 '외지(外地)'로 구분하여 사용하였으며, 이에 준하여 '내지인', '외지인'이라고 불렀다. 이는 공식적으로 또 법적으로 자신들은 서양의 '식민지'와는 다르다는 것을 표방하면서, 내부적으로 차별을 두는 것이라 할 수 있다.

222 조선총독부를 말함.

「북지사변에 대한 국민의 각오, 최근 북지를 보고, 북지사변과 조선인」(사회교육과 발행)

- 『시사 해설』(조선교화단체연합회 발행)
- 『북지사변에 대한 해외 논평』(본부(本府) 발행)
- 『소·지(蘇支) 불가침 조약에 대하여, 부(附) 소련은 일어날 수 있는가』(조선군사후원연맹 발행)
- 『농산어촌(農山漁村) 총후(銃後)[223]의 임무』(본부(本府) 발행)
- 『시국 독본』(경성 신민사(新民社) 발행)

7. 개최상의 주의사항

1) 형식을 배제하고 어디까지나 실질 본위의 좌담회로 할 것
2) 강연, 해설 등은 평이한 어구를 사용하여 회중(會衆)의 누구라도 이해할 수 있도록 힘쓸 것
3) 질의를 환영하며 친절하게 해답을 주어 민중이 의심이 없도록 할 것
4) 철도 경계(警戒), 기타, 특히 번망(繁忙)한 지방에서는 억지로 개최하지는 말고, 적절히 한가한 때를 이용하여 실시할 것
5) 경찰서장 또는 서(署) 간부 등이 지방을 순시할 때는 미리 장소를 선정하여 적절히 개최하며, 아울러 주재소 주최의 경우 경찰부 및 서 간부가 수시로 임석하여 지도할 것
6) 회장(會場)의 설비 등은 가능한 한 간단하게 하여 부락민이 출석하는 데 번거롭다는 관념을 갖지 않도록 할 것

8. 보고

본건에 관한 구체적인 계획 수립 뒤에는 본부(本府)에 보고함과 함께, 개최 상황은 장소마다 별지(別紙) 양식에 따라 가능한 한 상세히 기록한 후 그 상황을 보고하도록 하며, 1주간마다 정리하여 계속 보고할 것(양식 생략)

223 총후(銃後): 전쟁터에서 후방 또는 후방의 국민.

라. 본부(本府) 관계 각과(各課)에서 발행한 시국 관계 각종 자료

마. 본부 보안과(保安課)에서 각도 앞으로 보낸 통첩 관계 자료

7. 개최상 주의사항

가. 형식을 배제하고 어디까지나 사실 본위의 좌담회로 할 것.

나. 강연 해설 등은 평이한 어구(語句)를 사용하고, 모인 사람 누구라도 이해할 수 있도록 노력할 것.

다. 질의를 환영하고, 친절하게 해답을 주어 민중으로 하여금 의심하지 않도록 할 것.

라. 철도 경계, 기타 특히 매우 바쁜 지방에서는 억지로 개최할 필요는 없다. 상황에 맞게 여가를 이용하여 실시할 것.

마. 경찰서장 또는 서(署) 간부가 지방을 순시할 때는 미리 장소를 선정하여 상황에 맞게 개최하며, 동시에 주재소 주최의 경우에는 경찰부와 서 간부가 수시로 임석(臨席)하여 지도할 것.

바. 회장(會場)의 설비 등은 가능한 한 간단하게 하여, 부락민이 출석에 대해 번거롭게 여기는 관념을 품지 않도록 할 것.

8. 보고

본건에 관한 구체적 계획을 수립한 후에는 본부(本府)에 보고한다. 아울러 개최 상황은 장소마다 별지 양식에 의거하여 가능한 한 상세히 기록한 뒤 그때마다 보고하도록 한다. 1주간 단위로 정리하여 보고할 것. (양식 생략)

<다음 2>

1. 민중에게 절대 경제적 부담을 지우지 말 것

농·산·어촌의 민중을 대상으로 한 결과 그 경제 상황을 고려하고, 모임의 형식에 얽매여 설비 접대 등의 비용을 일반으로부터 갹출하는 등의 일은 절대로 피할 것.

2. 개최 시기 및 시각에 대한 주의

본 회 참석을 위해 가사(家事)를 쉬는 것은 소극적인 경제 부담이 되는 것이므로 농번기는 가능한 개최를 삼가고, 기타 시기에도 가사에 지장이 없는 야간을 선택한다. 또한 지속시간이 지나치게 장시간이거나 혹은 한밤중까지 이르는 것은 다음 날의 노동력에 영향을 미칠 뿐만 아니라 참석자에게 권태를 초래한다. 이는 실적을 거론할 만한 이유가 되지 않으므로 이 점에 대해 충분히 주의할 것.

3. 평이하게 해설할 것

참석자의 지식 정도를 고려하여 전반적으로 이해할 수 있도록 평이한 어구로 해설을 해주고, 질문에 대해서 충분한 이해를 제공할 것.

4. 헌금, 기타 물질적인 부담을 종용하지 말 것

개최 중 진정으로 시국을 인식하여 자발적으로 헌금을 내는 것 등은 별개로 하더라도, 개최 중 국방헌금, 기타 물질적 부담을 종용하는 것은 회(會)의 취지를 왜곡시킬 우려가 있으므로 이 점에 주의할 것.

5. 집합은 가능한 한 작은 범위로 할 것

먼 거리에서의 왕복은 참석자를 귀찮게 할 뿐만 아니라, 참석자 과다에 빠져서 좌담회의 본질을 상실할 우려가 있다.

6. 집합을 강제하지 말고, 자발적으로 모일 수 있도록 노력할 것.

7. 참석자의 성별, 직업별, 연령별 등에 따라 특수좌담회 개최를 고려할 것

이상에서 미루어 알 수 있는 바와 같이 본 좌담회는 어디까지나 형식을 떠나 실질적으로 하는 것이다. 또한 민중의 풍속이나 습관 등도 고려하여 실생활을 기초로 계몽 지도에 힘을 기울인 결과 각지에서 모두 비상한 효과를 거두었고, 민중의 시국인식 지도상 다대한 효과를 거두었을 뿐만 아니라, 본회를 통하여 현하 시국에 대한 민심의 추향(趨向)을 밝혀내어 치안 대책상 얻는 바도 적지 않았다.

다시 말해서 본 좌담회를 개최한 초기에는 일반 민중이 그 취지를 충분히 이해하지 못하고 다소 경계하는 분위기가 없지 않았으나 회(回)를 거듭함에 따라 본 취지를 이해하며, 나아가 참석자로부터 열심히 계속 개최해달라고 신청하는 사람도 속출하여 각도는 모두 계속해서 실시 중이다. 이미 전 지역에 걸쳐 5회 내지 10회를 반복한 상황으로서 참석자는 날로 증가하는 경향을 보이고, 또 열심히 시국에 대한 질문도 하고 있어서 일반의 시국인식이 앙양되고 있는 중이다. 그 일례를 들면, 개최 당초에 참석자의 질문은 사변의 원인에 관한 것, 전황(戰況)에 관한 것, 기타 경제관계나 국제관계에 속한 것 등이 가장 많았지만, 최근에서는 사변의 원인이나 전황에 관한 것은 거의 그 자취를 감춘 반면, 점령지에서의 처분 문제, 사변에 대한 여러 외국의 동향, 제국의 경제적 지구력, 사변에 대한 전망 등에 관한 것이 가장 다수를 점하고 있다. 일반이 이미 제국의 공정한 태도와 지나 측의 폭려(暴戾)와 불신을 충분히 인식한 결과, 자연히 사변의 원인에 대한 의문은 해소되고 지나 측의 데마[226]에 미혹되지 않는다.

226 데마고기(demagogy)의 줄임말. 선동적인 악선전이나 헛소문.

제국 황군의 정예(精銳)를 계속 신뢰한 결과가 전황에 대한 의문을 해소시킨 것이다. 현재 가장 다수를 점하는 질문 내용을 보면, 모두 사변의 장기 지속을 각오하고 이를 전제로 한 의문으로서, 일반에게 시국이 올바르게 인식되고 있음을 설득력 있게 말해주는 것이라고 할 수 있다.

본 좌담회 개시 이래 1938년(昭和 13) 12월까지 각도의 실시 상황과 주요 질문사항은 별표와 같이 개최 횟수 13만 3,545회, 참가 연인원 763만 7,298명[227]이라는 다수에 달한다.

시국좌담회 개최 상황 조사(1937년 9월부터 1938년 12월까지)

도명	개최 횟수	참가 인원
경기도	13,351	1,112,210
충청북도	3,257	221,181
충청남도	7,371	393,709
전라북도	14,260	768,888
전라남도	20,908	938,091
경상북도	12,580	751,928
경상남도	8,854	640,400
황해도	9,954	440,960
평안남도	3,501	180,657
평안북도	7,968	519,967
강원도	7,254	298,325
함경남도	6,894	405,674
함경북도	17,393	965,408
계	133,545	7,637,298

227 참가 인원의 실제 합계는 763만 7,398명으로서 100명의 오차가 보인다. 계산 착오로 보이지만, 여기서는 원문대로 기입했음을 밝혀둔다.

시국좌담회의 주된 질문사항 조사(1937년 9월부터 1938년 12월까지)[228]

도별 질문사항	경기	충북	충남	전북	전남	경북	경남	황해	평남	평북	강원	함남	함북	계
국제관계	10,680	891	2,290	5,862	3,770	2,439	2,292	1,819	2,131	1,041	5,774	4,578	8,786	52,353
일·지군(日支軍) 의 행동과 전황	6,731	917	61	3,784	4,405	777	270	487	1,926	611	7,645	2,088	4,247	33,949
사변의 전망	2,673	55	1,419	2,701	4,698	2,556	2,126	1,772	-	1,486	2,269	1,455	2,034	25,244
물가등귀로 인한 생활 문제	4,309	580	904	2,069	3,874	1,407	1,058	1,106	538	866	2,097	375	2,084	21,267
지원병과 병역 관계	1,494	556	637	778	2,928	744	924	273	158	564	1,210	1,317	15	11,598
제국의 국력	1,451	-	477	685	1,671	433	316	33	356	267	865	1,854	1,441	9,849
사변 후 지나 문제	3,732	286	-	1,300	-	-	-	-	479	803	-	184	2,909	9,693
장(蔣) 정권과 신정권 관계	6,410	-	258	2,548	-	11	-	348	21	440	2,057	1,358	412	13,863
점령지의 조치	-	10	850	612	3,604	908	137	975	-	208	1,750	1,543	310	10,907
전비(戰費) 관계	2,076	260	424	364	1,188	-	555	642	399	177	771	-	646	7,502
일·지·소(日支蘇) 의 군비 문제	-	-	-	186	2,272	-	1,378	504	-	-	158	1,201	1,290	6,989
장개석의 동정	-	55	1,059	79	3,849	859	152	833	-	1,059	92	286	556	8,879
제3국의 지나 원조 문제	-	22	-	594	3,609	71	-	72	-	755	-	1,607	455	7,185
일반 시사 재정 경제 문제	-	1,478	375	566	188	108	483	472	388	437	199	2,229	1,316	8,239
기타	2,227	2,874	5,645	14,218	4,436	8,499	11,751	5,205	1,811	7,564	13,852	8,649	7,590	94,321
계	41,783	7,984	14,399	36,346	40,492	18,812	21,442	14,541	8,207	16,278	38,739	28,724	34,091	321,838

228 표의 밑줄 친 숫자는 원문에는 각각 6,089명과 1만 6,178명으로 기록되어 있다. 하지만 실제 가로와 세로를 합산해본 결과, 명백한 계산 오류로 보여 수정하였다.

<자료 23>

「시국좌담회의 지도방침에 대하여」[229]

(조선총독부 경무국 보안과, 1939. 8)

2. 시국좌담회(時局座談會)의 지도방침에 대하여

지나사변(支那事變)의 발발에 따른 민심의 불안을 일소(一掃)하여 전 민중에게 올바른 시국인식을 파악하도록 하며 총후(銃後) 국민의 결속을 공고히 하기 위하여, 1937년(昭和 12) 9월 이래 제일선에서 경찰관을 동원하여 일제히 경찰관을 주체로 하는 시국좌담회를 실시해왔다.

그런데 본 좌담회는 그 개시 당초부터 오로지 실질(實質)을 취지로 하여 형식을 폐하고, 또한 처음부터 끝까지 민중에 대한 경제적 부담과 가업(家業)의 장해(障害)를 피하는 것에 주의하여 계속 실시에 노력해온 결과, 일반 민중에게 대단한 호감을 얻었으며, 각지에서 민중 측으로부터 반복적인 실시 방안을 요망 받는 상황이 되었다. 본 좌담회는 시국인식의 계몽은 물론 경민일치(警民一致)를 촉진시키는 이상의 큰 효과를 거두어왔음을 의심 없이 확신하는 바이다.

이상과 같이 본 좌담회의 기왕의 실적과 현하 중대한 시국의 추향(趨向)에 비추어 일반 민심의 계몽 지도상 한층 더 실시의 필요를 통감하는 바이다. 올해 8월 초순에 개최된 도(道) 고등외사경찰과장 타합회에서도 그 구체적인 방법에 대하여 상세히 협의하였다. 한편 전선적(全鮮的)으로 통일 강화되고 있는 사상정화운동(思想淨化運動)의 실시에 임하여, 종래의 시국좌담회와 병행하여 방공좌담회(防共座談會)를 실시하기로 하였다. 이 시국 및 방공 양 좌담회에

229 「[治安狀況/高等/(1)-2] 時局座談會の指導方針に就て」, 朝鮮總督府 警務局 保安課, 1939. 8, 『高等外史月報』 제2호, 7~9쪽.

관해서는 각도에서 다음과 같은 각항(첨부 1)을 참작하여 지방의 실상에 즉응(卽應)하는 구체적인 계획을 수립하였다. 시국인식운동과 병행하여 방공사상의 철저한 보급을 위해 새로운 활동 목표를 향하여 한층 더 활발한 운동을 전개하게 되었다.

덧붙여 시국좌담회 개최 이래 올해 7월 말까지 약 2개년간의 개최 상황은 별표(첨부 2)와 같이 개최 횟수 197,400회, 참가 인원 10,759,563인[230]이라는 다수를 헤아리기에 이르렀다.

〈첨부 1〉

시국 및 방공 좌담회 지도 요강

1. 좌담회의 지도 목표

1) 시국좌담회

일반 민중에 대한 시국인식의 계몽운동은 시국 상태가 날로 그 필요를 통감하게 됨으로써 금후 더욱 종래의 시국좌담회를 한층 더 활용하여 철저를 도모할 것.

2) 방공좌담회

방공좌담회는 사상정화운동의 가장 유효한 방법으로 인식됨에 따라 본 운동을 집중 실시하는 지방에서는 종래의 시국좌담회 실시 외에 특히 방공좌담회를 개최하고, 사상분자의 지도 계몽에 힘쓸 것.

2. 좌담회의 지도자

1) 시국좌담회

종래와 같이 주재소(駐在所)가 수석 지도를 맡는 것이 원칙이지만, 좌담회의 대상에 따라 적

230 〈첨부 2〉의 집계 수치에 따른 것인데 이는 잘못 계산된 것으로 9,759,563명이 맞다.

절히 다음과 같은 자 가운데에서 이를 선택하는 것으로 한다. 또한 경찰관 이외의 지도자를 이용할 경우에는 경찰서 간부 또는 주재소 수석 등이 임석(臨席)하여 감독과 지도를 맡을 것.

(가) 경찰서 간부

(나) 군·면 학교, 기타 관공서의 장

(다) 지방 유력자

2) 방공좌담회

앞 호의 시국좌담회에서 지도자 외에 추가로 사상전향자의 이용을 고려할 것.

3. 좌담회의 대상

1) 시국좌담회

종래와 같이 부락을 중심으로 하여 일반 민중을 대상으로 하는 것 외에, 특별히 다음과 같은 특수 인물 또는 단체 등을 대상으로 하는 좌담회를 계획하여 실시할 것.

(가) 학생, 생도

(나) 청년, 부녀자

(다) 양반 유생(儒生)

(라) 종교 및 유사종교(類似宗敎) 단체, 기타 특수단체

(마) 기타 필요하다고 인정되는 자

2) 방공좌담회

주로 다음 각호(各號)의 사람을 대상으로 하지만, 필요에 따라 적절하게 전항(前項) 각호의 사람에 대해서도 고려할 것

(가) 주의자[231], 사상 사건 관계자

(나) 사상적 요경계(要警戒) 인물

---

231 당시 일본 측 자료에서 '주의자'란 대체로 '공산주의자'를 가리킨다.

(다) 기타 사상적으로 선도가 필요하다고 인정되는 자

4. 주의사항

1) 시국좌담회

(가) 집회는 강연회 식으로 흐르는 것을 피하고, 가능한 한 간담회의 형식을 취할 것

(나) 개최 시기 및 시각에 유의할 것

(다) 소요 시간이 너무 장시간에 걸쳐져 지루함에 빠지지 않도록 유의할 것

(라) 지도자의 교양에 힘쓸 것

(마) 도(道)에서 적절히 현지에 출장하여 지도 독려에 힘쓸 것

(바) 자료 수집과 작성에 힘쓸 것

2) 방공좌담회

전항 각호 외에 특히 다음 각호에 유의할 것

(가) 방공단(防共團)과 긴밀한 연계를 취할 것

(나) 소련의 내정(內情) 폭로, 공산주의의 폐해 등을 강조할 것

5. 보고

1) 개최 상황은 별지 양식에 따라 월보(月報)로 전월(全月) 분을 정리하여 다음 달 15일까지 보고할 것

2) 특이한 사항은 그때마다 상세히 보고할 것

3) 8월 말일까지의 분은 종래의 양식에 따라 보고하고, 이후 제1호의 방법으로 처리할 것

(양식 생략)

〈첨부 2〉 시국좌담회 개최 상황 조사(1939년 7월 하반기)

도명 \ 종별	횟수	인원
경기도	18,162	1,537,785
충청북도	4,948	339,029
충청남도	9,850	512,436
전라북도	21,044	1,068,314
전라남도	29,436	1,328,396
경상북도	14,471	856,032
경상남도	11,596	807,214
황해도	14,876	542,187
평안남도	7,475	324,230
평안북도	12,709	765,593
강원도	15,491	624,219
함경남도	10,211	604,065
함경북도	27,131	450,063
합계	197,400	10,759,563[232]

232 실제 전체 인원 합계는 9,759,563명으로 원문이 오기인 듯하나, 일단 원문대로 기입하였다.

<자료 24>

「국경지방 방공공작 계획」[233]

(조선총독부 경무국 경무과, 1938)

국경지방 방공공작(防共工作) 계획

◎ 국경지방 방공공작계(防共工作係) 근무 규정

제1조 국경지방 방공공작계(이하 방공계로 약함)는 국경지대 주민의 현상에 비추어 그 계몽 교화를 하고 이를 통해 시세(時勢)에 맞게 함으로써, 충량(忠良)하고 온건(溫健)한 국민다움과 함께 나아가 의용봉공(義勇奉公)과 자경(自警)의 마음을 함양하도록 하는 것을 임무로 한다.

제2조 방공계는 도경찰부(道警察部) 및 국경의 5개 경찰서에 둔다.

제3조 부(部) 및 서(署)에서 방공계원은 부 또는 서에서 근무하는 경찰 직원 중에서 경찰부장 또는 경찰서장이 지정한다.

제4조 각 방공계에는 각각 계장(係長)을 두고, 조선인 경시(警視), 경부(警部) 또는 경부보(警部補)로 이를 채운다.

제5조 부 및 서의 방공계는 이를 몇 개의 반(班)으로 나눌 수 있다.

233 「國境地方帶防共工作計畫」, 『警備關係綴-國境ノ部』, 警務課, 1938, 957~967쪽(국가기록원 소장 조선총독부 문서 중). 이 자료는 원래 〈자료 26〉의 첨부 문서로 추측되는데, 여기서는 분리해서 수록함.

제6조 서의 방공계는 독자적인 활동을 하는 것 외에 경찰부 방공계의 활동에 대해 협력 원조한다.

제7조 부 및 서의 방공계는 각 부락민 가운데 경찰에 이해가 있고 또 부민(部民)에게 신뢰가 있는 자를 연락계(連絡係)로 지정하여 부민과의 연락을 담당하도록 한다. 이 외에 부민의 선도, 동정의 찰지(察知)[234]를 담당한다.

제8조 방공계는 수시로 강연회, 좌담회, 선전문 살포, 영사회(映寫會)를 하는 것 외에 일반 부민으로부터 경찰 사항에 관한 상담을 담당한다.

제9조 방공계에 서무부를 두어 각각 근무일지의 기재 및 부민의 의견 수록, 경비의 경리를 담당한다.

제10조 방공계장은 행동 종류 후 지체 없이 그 상황을 각 소속 장관에게 보고하는 것 외에, 방공공작 중이더라도 중요하다고 인식한 사항은 그때마다 소속 장관에게 보고한다.

제11조 방공계원은 규율을 엄하게 하여 언동을 신중하게 함으로써 소재 경찰관 및 부락민의 모범이 되도록 한다.

제12조 강연회, 좌담회에서는 난해한 이론, 고상한 이상을 설명하는 것을 피하고, 부민의 실생활에 준거한 사항, 부민이 알고자 하는 사항, 부민으로서 당연히 알아두어야 할 사항 등에 대해 힘써 평이하고 간결하게 설명한다.

◎ 좌담회 개최 요항(要項)

1. 출석자의 범위

부락 유력자, 청소년, 일반 부민으로서 가능한 한 30명 전후로 할 것

2. 장소: 학교(서당 포함), 주재소

3. 준비: 차, 과자, 세계지도, 메가폰, 각 부락의 사상 동향, 선전 삐라

---

234 찰지(察知): 두루 살펴서 헤아려 앎.

4. 강조 사항: 별지(別紙)와 같음

5. 청취 사항

1) 시국인식의 정도

2) 노인 등으로부터 오늘날과 옛날의 비교

3) 경찰에 대한 희망

4) 일반행정에 대한 희망

6. 기타

1) 방공반원은 혜산 사건의 개략을 알 수 있도록 할 것

2) 좌담회 종료 후 영사회 개최 등 관중 일반을 향해 대중적 선전강화(宣傳講話)를 약 30 분간 할 것(요지는 좌담회 것에 준함)

◎ 좌담회에서 강조해야 할 사항

1. 이번에 당국에서 시국이 다사다단(多事多端)[235]함에도 불구하고 특히 이러한 회합을 기도하기에 이른 것은, 국경의 현상에 비추어 서로 무릎을 맞대고 손을 잡아 국경지방의 명랑화(明朗化)에 대해 의견을 교환하고 방책을 짜내어, 다시는 이번과 같은 불상(不祥) 사건이 야기되어 전도유망한 청소년 다수가 장래를 그르치는 일이 절대 없도록 기하기 위한 것.

2. 종래 국경 주민의 국경경비와 경찰 일반에 대한 절대적인 원조에 대하여 심심한 감사의 뜻을 표할 것.

3. 종래 국경 주민은 평지대의 주민에 비하여 충량 온건하여 불온한 사상 등에 현혹되지 않음으로써 당국에서도 이에 보답하기 위해 국경 주민의 생활 안정, 문화 향상, 교통 개발, 인재 등용 등에 관해 음으로 양으로 진력을 기울이고 있다는 것.

235 다사다단(多事多端): 일이 많고 매우 번거로운 상황.

4. 국경 주민이 지금 사물의 본질을 분별하는 능력을 발휘하고 시세를 꿰뚫어 보이[236] 시국에 선처(善處)하지 않는다면, 국경은 영구히 '사상 악화지대'라는 낙인이 찍혀 암흑의 처참한 지대가 될 수 있다는 것.

5. 이번 사건 관계자가 기도한 것은, 이를 단적으로 표현하면 조선의 독립, 공산주의의 실시, 일본의 패전 기도라는 세 가지 점인바, 이 기도는 모두 허무하고 황당한 선전으로 사복(私腹)을 채우는 재료로 삼는 직업적 강도 김일성(金日成) 일파의 혹세무민(惑世誣民)한 선전으로서 도저히 허용할 수 없으며, 또한 불가능하고 그릇된 시도임. 이하 상세한 설명은 하지 않음.

6. 조선의 독립 문제에 대하여

1) 조선의 위치, 기타 지리적 조건, 민족성 등에서 볼 때 유사 이래 일찍이 한 번도 완전히 독립한 적이 없다는 것.

2) 일본이 조선을 멸망시키지 않아도 한국은 그 말년에 이르러 외교와 내정(內情)이 난마(亂麻)와 같이 어지럽고 진퇴가 어려운 때였음은 당시 황제 및 시세(時勢)에서도 명확히 관찰된다. 우국애민(憂國愛民)의 인사가 숙고 끝에 가장 신뢰할 만한 일본에게 한국의 통치권을 영구히 양여(讓與)했던 것이다. 이 일은 1910년(明治 43) 8월 29일 일한병합에 관해 한국 황제가 하사한 다음 조칙에서도 명명백백하다.

"… 원래(由來) 적약(積弱)이 응어리를 이루고 피폐가 극에 달하여 만회할 가망이 없어서 ■■ 우려해도 선후의 방책이 아득하였다. 이에 이르러 심히 지연되고 주저하여 종국에는 수습할 수 없음에 이르러 … 이로써 짐(朕)은 염려스러워 내부를 살펴서 확연히 스스로 결단을 내려, 이에 한국의 통치권을 종전부터 가까이 여겨 신임하고 경외하는 이웃 나라인 대일본제국 천황 폐하에게 양여함으로써, 밖으로는 동양평화를 공고하게 하고 안으로는 힘들고 굶주린 민생을 보전(保全)하고자 한다.

236 원문은 "活眼ヲ開キ時勢カラ達觀シ"이다.

생각건대 너희 대소 신민은 국세(國勢)와 시의(時宜)를 깊이 살펴서 번거로운 소요를 일삼지 말고, 각기 업(業)을 평안히 하면서 일본제국의 문명과 신정(新政)에 복종함으로써 국복(國福)을 형수(亨受)하라.

짐의 오늘날의 이 거의는 너희 유중(有衆)[237]을 잊는 것이 아니다. 오로지 너희 유중을 구출하려는 뜻에서 나온 …."

3) 조선인은 멸망한 것이 아니라 일본이라는 문명 강국 속에 포함되어 영구히 안전하게 생(生)을 누리고 있다는 것.
4) 조선인 가운데 생활이 곤궁한 자가 있음은 일한병합 때문이 아니라, 조선인 자체가 시세에 어둡고 업(業)에 게을러서 하루하루 일시적 안락을 탐해왔기 때문이라는 것.
   또 조선인의 생활 곤궁은 지금 시작된 것이 아니라, 옛날에는 초근목피(草根木皮)만을 상식(常食)으로 했던 사실을 상기시킬 것.
5) 또한 빈핍은 조선만이 아니다. 김일성 일파가 가장 숭상하고 존경하는 러시아 및 지나에서의 빈핍 상황을 설명할 것.
6) 일한병합 이전 조선 관리의 당쟁, 빈재(貧財), 횡포(橫暴) 상황을 설명할 것.
7) 구미 여러 나라의 식민지 통치 상황(인구의 격감 정책, 화류병 전파, 아편 흡입 장려 정책, 문맹정책, 학살 상황, 남미에서 잉카제국 및 멕시코왕국을 자취도 없이 멸망시킨 것)과 내선(內鮮) 관계의 근본적 차이를 명확히 할 것.
8) 지방민이 당국을 원망하고 있는 초등학교(初等學校) 입학 문제에 관해서는 본부(本府)의 교육기관 확충 계획을 설명할 것.
9) 일본은 무력에서만 강대한 것이 아니다.

▷ 일본의 문화: 일본은 이미 메이지유신(明治維新) 때까지 국내의 대평(大平)과 맞물려, 일본 고유의 정신적 문화에다 지나의 유교, 인도의 불교를 참작하고 종합하여 심연(深然)한 문화를 만들어냈다. 메이지유신 이후에는 다시 서양의 문화를 능숙하게 소화하여, 지금이야말로 일본의 문화는 특히 그 정신적·실생활적 방면에서 세계 제일로 보인다.

237 유중(有衆): 국민. 군주가 인민을 부를 때 사용하는 용어.

▷ 일본의 산업: 아프리카[238]의 사막지방, 인도의 산간지대, 구미의 대도시 세계에 이르기까지 일본 상품이 진출하여 번영하지 않은 곳이 없다. 특히 일본의 방적품(紡績品)·잡화상품은 영국, 미국 등 큰 선진국을 압도하여 위협적으로 되고 있다는 것.

1년간 수출 총액 약 30여억 원의 큰 액수에 올라간 것.

어린이의 완구(玩具)만으로도 1년에 4,000만 원에 달한다는 것.

▷ 일본의 교육: 소학교는 의무교육[皆學]

중등학교	약 3,000교
전문학교	214교
대학	45교

기타 총계: 4만 6,000교

외국인이 일본의 문화, 풍속, 예술에 대해 찬미하는 상황을 설명할 것.

10) 이른바 민족자결주의는 인류의 영원한 평화를 주장하는 것이 아닐 뿐만 아니라 세계의 현상과 모순된다는 것.

각 민족이 분립·상쟁한다면 어떻게 인구 문제, 경제상의 상호의존 문제, 국방 문제를 해결할 수 있겠는가.

특히 구주에서 신흥 소국(小國)들의 현상을 보면 정치상·외교상·군사상으로 자립할 힘이 없이 단지 주위 여러 강국의 기색을 살피면서 이러지도 저러지도 못하는 어려운 상황에 처했다는 것.

11) 하물며 내선은 원래 같은 퉁구스계 민족으로서 옛날부터 서로 왕래하였고 다수가 서로 제휴하여 상부(相扶)하였다.

이러한 것은 언어·가무(歌舞) 등에서도 추정될 뿐만 아니라, 조선인 가운데 민족의식이 상당히 농후한 학자도 인정하고 있다는 것.

▷ 백제(百濟)와 야마토 조정(大和朝廷)[239]의 친교.

---

238 본문에는 '亞 利加'로 되어 있는데 '亞弗利加'로 추정됨

239 야마토 조정(大和朝廷): 4~7세기 일본에 성립한 통일 정권. 일본의 국가 형성에 즈음하여 그 중심을 이룬 중앙정부이다.

▷ 무사시국(武藏國)[240]에는 고마군(高麗郡) 고마신사(高麗神社), 야마나시현(山梨縣)에는 고마군(巨摩郡)이 있었는데, 모두 다 조선인의 이주지.

▷ 일본은 신라(新羅), 임나(任那), 백제를 도와 북방 만주의 고구려 침입을 격퇴했다는 것.

[만주국(滿洲國) 집안현(輯安縣)에 있는 고구려 호태왕비(好太王碑)[241]에 명문(明文)이 있음]

▷ 강원도의 소시모리(曾尸茂梨)[242] 사적(史蹟)은 스사노 노미코토(素盞嗚尊)가 왕래한 흔적.

12) 기왕에 그릇된 관념하에 조선의 독립운동에 분주한 조선인 유력자의 최근 동정을 설명할 것.

13) 만주 이민 문제에 대한 불평에 대해서는, 조선인만 만주로 가는 것이 아니라 내지인(內地人)도 많이 가고 있는 상황, 조선인의 위축되고 퇴영적인 상황의 타파를 설파할 것.

14) 일본 국체(國體)의 정화(精華), 팔굉일우(八紘一宇)[243]의 큰 이상을 설명하여 조선인이 일본이라는 국가의 한 분자가 되는 것은 광영이자 행복의 극치로서 내선일체로 일치하여 매진한다면 만사가 형통할 것이라고 설시(說示)할 것.

15) 이미 조선에서는 추상적으로 조선인이라는 것은 생각할 수 없다. 모두 일본인으로서의 보호 아래 교육, 훈련, 육성된 조선인이다. 조선인이 지육(智育)·덕육(德育)·체육(體育)에서 뭔가 뛰어난 점이 있다면, 그것은 모두 일본인으로서 육성된 결과라는 점을 분명히 할 것.

7. 공산주의 문제에 대하여

1) 공산주의 이론은 복잡하므로 보통학교도 졸업하지 않은 청소년이 간단히 이해할 수 있는 것이 아니라는 것.

---

240 무사시국(武藏國): 과거 일본의 지방행정 구분 가운데 하나. 지금의 도쿄도(東京都)·사이타마현(埼玉縣)·가나가와현(神奈川縣) 동부에 해당한다.

241 광개토대왕릉비를 말함.

242 소시모리(曾尸茂梨): '소의 머리'라는 뜻을 가진 고대 신라의 지명. 『일본서기(日本書紀)』에 따르면, 스사노 노미코토(素戔嗚尊)가 다카마가하라(高天原)에서 추방된 뒤 이곳으로 갔다고 한다. '蘇尸茂利'라고도 표기한다.

243 팔굉일우(八紘一宇): '천하를 한 집처럼 삼는 것', '전 세계를 한 집으로 삼는 것'을 뜻하는 어구. 『일본서기(日本書記)』의 "八紘(あめのした)を掩(おお)ひて宇(いえ)にせむ"에서 비롯되었다.

2) 공산주의는 가족제도를 부인하고, 사유재산을 인정하지 않으며, 인간 도덕과[244] 조상에 대한 제사를 배척하고, 남녀의 예의를 문란시키는바, 동양 도덕과는 절대로 서로 용납될 수 없는 그릇된 학설이다.

3) 소련에서 서민 생활의 어두운 면, 도망해온 자의 말, 식량 티켓제도, 수확물 몰수 상황을 폭로할 것.

4) 소련에서 조선인을 학대한 사정과 중앙아시아의 초원으로 대량이민을 강행한 사정.

5) 영국에서 노동당 내각의 실패, 독일과 이탈리아에서 공산주의의 박멸 상황, 스페인에서 좌익의 패퇴 상황, 미국에서 공산주의의 부진 상황.

6) 러시아에서도 공산주의는 점차 수정되어 자본주의에 가까워지고 있다.

7) 조선의 경제는 아직 원시적인 상황을 완전히 벗어나지 못했다. 앞으로 자본주의·자유주의에 의해 크게 자원을 개발하여 근대적인 산업을 발흥시킴으로써 현대문명의 혜택을 입을 필요가 있다는 것.

8) 내지(內地) 및 조선 평지대에서 근래의 전향 상황-사노 마나부(佐野學)[245]의 상신서(上申書), 대동민우회(大東民友會)[246]의 성명서, 기타를 인용할 것.

9) 조선에서 기왕의 공산주의자의 무정견(無定見), 무절조(無節操), 허영(虛榮), 파쟁(派爭), 난론(亂論)[함북의 살부회(殺父會), 살모(殺母) 사건] 등과 최근의 전향 상황.

8. 일본의 패전(敗戰) 기도에 대하여

1) 일본군은 국민개병(國民皆兵)으로서 천황 폐하에게 일신(一身)을 바쳐 절대로 생환을 기약하지 않으며, 외국군에 대해서는 문자 그대로 일기당천(一騎當千)[247]한다는 것.

2) 육군 현역은 약 25만인 데다 남자의 대다수는 재향군인(在鄕軍人)으로서 만일에 대비하고 있다. 해군도 맹훈련하여 절대 우세의 지위에 있다. 잠수함 같은 것은 세계에서 견줄

244 원문은 '人偏道德'으로 되어 있는데, 오기로 보여 수정하여 번역함.

245 사노 마나부(佐野學, 1892~1953): 일본의 사회주의 운동가이자 이론가. 쇼와(昭和) 초기에 일본공산당(2차) 중앙위원장 등을 지냈다. 옥중에서 전향 성명을 발표하여 큰 반향을 일으켰다.

246 대동민우회(大東民友會): 1936년 7월 전향자들을 중심으로 내선일체와 황국신민화 등을 목적으로 조직된 친일단체. 원문에는 '大同民友會'로 잘못 표기되어 있어서 수정하였다.

247 일기당천(一騎當千): 한 명의 기병(騎兵)이 천 명의 적을 당해낸다는 뜻.

데가 없으며, 일본의 비행기는 그 기술이나 담력에서 세계 제일이라는 것이 이번 사변에서도 증명되었다는 것.

3) 지나에서의 연전연승 상황을 설명할 것.

4) 소련은 두려워할 것이 못 된다.

소련에서 투하쳅스키[248] 이하 8명 장군의 총살, 요인(要人) 살해, 기타 내홍(內訌), 졸렬한 훈련, 만주국 및 북지(北支) 외몽고(外蒙)의 대소(對蘇) 중요성과 이것이 우리의 지배력 내에 있는 현상을 설명할 것.

5) 영국은 손을 쓸 엄두도 못 낸다.

지중해에서 영국·이탈리아의 갈등과 영국 해군의 동양 진출의 위험성.

싱가포르의 해군 근거지는 우리의 폭격권 내에 있고, 인도는 동양 인종으로 평소 영국에게 학대를 당해 일본에 호의를 가지고 있어 만일의 경우 인도의 반란 우려가 있다. 또한 영국·미국 등은 전쟁을 하면서까지 옹호할 만큼 중요한 권익을 가지고 있지 않다. 하물며 구주의 여러 나라는 구주대전(歐洲大戰)의 참상에 비추어 전쟁을 몹시 좋아하지 않는다.

6) 독일·이탈리아는 방공협정(防共協定)에 따라 우리나라의 편이 되었다. 최근 이탈리아와 독일은 각각 사실상 만주국을 승인하였다. 이탈리아 사절단의 최근 방문 상황.

7) 지나의 명랑화에 따른 조선의 비약적 발전, 산업과 무역의 발달, 이민 문제의 해결 등.

8) 사변에 대한 해외 여러 나라의 논평 가운데 일본에 유리한 것을 예시(例示)할 것.

9) 지나에서의 신정부 수립 상황과 일·지(日支) 제휴[249]의 전망에 대해 설명할 것.

10) 이번 사변의 동양인에 대한 사상적(공산주의 타도)·인종적(백색인종의 침략 방지)·경제적(영·미 자본의 착취 타파) 의의를 분명하게 할 것.

11) 평지대 조선인의 시국 협력과 총후의 적성 미담.

12) 지원병제도와 그 지원자 수가 다수라는 것. [혈서지원(血書志願)]

---

248 미하일 투하쳅스키(Михаил Миколаевич Тухачевский, 1893~1937): 소비에트연방의 군인, 원수(元帥). 10월 혁명 후 적군(赤軍)에 지원하여 군의 기계화 추진, 획기적인 전술 이론 등의 공로로 레닌상을 수상했으며, '붉은 나폴레옹'이라고도 불렸다. 1937년 반스탈린 쿠데타의 주모자로 지목되어 처형당했다. 1956년 흐루쇼프에 의해 복권되었다.

249 원문은 '擔携'로 오기된 듯하여 '提携'로 수정함.

9. 김일성(金日成)이라는 인물에 대하여

1) 그는 올해 겨우 27세의 젊은 나이로 겨우 보통학교 정도의 교육밖에 받지 않았다는 것.

2) 그는 오래도록 만주의 벽지(僻地)를 돌아다녀서 시세(時勢)에 대한 인식이 전혀 없다는 것.

3) 그는 조선을 사랑한다고 하면서 선내(鮮內)로 침입해 무고(無辜)한 백성이 차곡차곡 저축해놓은 금품을 강탈하여 사복(私腹)을 채우고 있다는 것.

4) 그의 실력이라 봤자 겨우 400~500 남짓의 잡비(雜匪)로서 일본 군경(軍警)에 비하면 문제가 되지 않아 도저히 일을 이룰 전망이 없다는 것.

5) 감히 살인, 강도의 참학한 행위를 하며, 그 행위가 국부적이라는 것.

6) 조선의 독립, 공산주의의 실현 등과 같은 황당무계한 언사를 지껄이며 도저히 불가능하고 불합리한 것을 기도하고 있는 것은 필경(畢竟)[250] 성견(誠見)과 역량(力量)의 결핍을 폭로하는 것으로서, 큰 인물은커녕 보통 사람만도 못한 과대망상의 미치광이라는 것.

10. 국경 경비의 증강, 만주국 치안 공작의 진척 상황과 김일성의 패멸(敗滅)이 눈앞에 닥쳤다는 것.

11. 경찰의 임무는 개개인의 자유 방종(放縱)을 제한함으로써 사회 전체의 질서를 유지하는데 있지만, 인간은 자유 방종을 좋아하는 본능이 있는 관계상, 어느 정도 이러한 임무를 이해하지 않으면 경찰을 오해하기 쉽다.

12. 경찰이 없던 시대인 옛날과 오늘날의 비교.

13. 경찰은 앞으로 특히 지방민의 적나라한 목소리를 듣고 싶어 하는 마음의 준비가 되어 있다. 이러한 현상에 대해 장차 일의 경중(敬重)이나 대소(大小)를 묻지 말고, 희망이나 의견 등이 있으면 본심을 숨기지 말고 적절한 방법으로 얘기해주기를 희망해둘 것.

---

250 원문은 '畢意'로 오기된 듯하여, '畢竟'으로 수정함.

◎ 도경찰부(道警察部) 방공계의 조직

계장: 한(韓) 경시

제1반	한 경시
	이마무라(今村) 경부보
	호리우치(掘內) 경부보
	김천호(金千戶) 부장
	미시로(三代) 부장
제2반	우시지마(牛島) 경부
	우에다(上田) 부장
	모리오(森尾) 경부보
	김순희(金瞬熙) 부장
	나카무라(中村) 부장
제3반	최(崔) 경부
	이치하라(市原) 경부
	나쓰메(夏目) 경부보
	노자와(野澤) 부장
	홍(洪) 순사

<자료 25>

「국경지대의 방공공작에 관한 건(1938년 5월 12일)」[251]

(함경남도경찰부장, 1938. 5. 12)

함남경비(咸南警秘) 제273호

1938년(昭和 13) 5월 12일

함경남도경찰부장(咸鏡南道警察部長)

조선총독부 경무국장 귀하(殿)

국경지대의 방공공작(防共工作)에 관한 건

지난번 관하 혜산서(惠山署)를 중심으로 검거된 중국공산당원의 조선 내 항일인빈전신 결성 및 일지사변(日支事變) 후방교란(後方攪亂) 사건으로 인한 국경지대 사상 악화의 실정에 비추어, 시국사건의 숙정(肅正) 공작을 실시하여 민심 안정과 치안 확보를 기하는 것은 대단히 절박하고 긴요한 사안이다. 따라서 이 방법을 깊이 연구한 결과 지난번 국경지방 방공공작계획을 수립했다는 것은 이미 보고한바, 그 첫 번째 착수로 4월 22일부터 같은 달 28일까지 당부(當部) 방공계장(防共係長) 한(韓) 경시(警視) 외 4명을 관하 혜산서 관내인 갑산군(甲山郡) 보천

251 咸鏡南道警察部長, 「國境地帶ノ防共工作ニ關スル件」, 1938. 5. 12, 『警備關係綴-國境ノ部』, 警務課, 1938, 968~979쪽(국가기록원 소장 조선총독부 문서 중). 이 자료는 원래 〈자료 26〉의 첨부 문서로 보이는데, 여기서는 분리하여 수록함.

면(普天面)[252] 보전리(保田里)·대진평리(大鎭坪里)·운흥리(雲興里), 같은 군 운흥면 대오시천리(大五是川里)·오산리(五山里)·오풍동(五風洞)의 5개 리(里)에 파견하여 방공좌담회(防共座談會)와 영화회(映畫會)를 개최하였다. 앞에서 기록한 사건 후에 일반 민중의 찰지(察知)와 함께 사상의 선도에 노력하였다. 그 실시 상황 및 부민(部民)의 감상 등은 다음과 같이 상당한 효과가 있다고 인정된다. 가까운 시일 내에 제2차 방공반(防共班)을 파견할 예정이다.

이와 같은 사실을 보고한다.

- 기(記) -

좌담회 영화 개최 상황		
좌담회	일시 장소	4월 22일 오후 4시부터 오후 6시까지 갑산군 보천면 보전리 공립보천소학교(公立普天小學校)
	집합 인원	38명
	영화 종류	이미 정한 좌담회 강조 사항에 의함
영화	일시 장소	4월 22일 오후 7시 반부터 오후 11시까지 갑산군 보천면 보전리 공립보천소학교
	집합 인원	1,000명
	영화 종류	1. 〈지나사변 뉴스〉 4권(卷)[253] 2. 〈바위를 깨트린 소나무(岩裂松)〉 4권 3. 〈신흥조선(新興朝鮮)〉 2권 4. 만화 1권
부민의 감상	1. 세계에서 일본의 지위, 조선인의 의무와 책임을 명확히 알 수 있었다(사상전과자). 2. 세계가 어떻게 될지, 일본이 어떻게 될지, 조선이 어떻게 될지를 처음으로 알고 놀랐다. 이 일을 일반 부민에게 전하겠다(구장, 유력자). 3. 남경(南京) 입성(入城), 기타 황군의 위풍당당한 상황을 보고 감격하였으며, 동시에 지나 군벌(支那軍閥)을 철저히 정복하지 않으면 안 된다고 느꼈다(일반). 4. 신흥(新興) 영화를 보고 훌륭한 조선이라는 것을 알았다(일반). 5. 좌담회 및 영화로 훌륭한 일본의 상황을 알 수 있었다. 이것을 아동에게 전하여 교육 자료로 삼겠다(서당 교사). 6. 이러한 개최를 자주 실시해주기 바란다(일반).	

252 보천면은 원래 갑산군 보혜면(普惠面)이었는데, 1934년 3월 군 행정조직 변경에 따라 혜산군(惠山郡) 보천면으로 분리되었다. 여기서는 원문에 갑산군으로 되어 있어서 그대로 두었다. 이하 동리 명칭도 원문 그대로 표기하였다.

253 여기서 '卷'은 영화 필름의 길이를 세는 단위이다.

희망	7. 이러한 개최를 산속 부락에서도 실시해주기 바란다(일반). 8. 혜산 사건은 청소년의 제국에 대한 인식 결여, 조선인이 나아가야 할 길을 알지 못한 것, 농촌 청소년을 지도해야 할 기관 및 중견청년(中堅青年)이 없는 것 등이 주된 원인이었다고 생각한다(사상전과자). 9. 청년의 지도에 힘써주기 바란다(사상전과자). 10. 우리 조선인은 공산주의에 편승하는 일 같은 것은 없어야 한다(유력자). 11. 뉴스영화에 지나인(支那人)이 나오지 않는 것이 이상했다.
비고	1. 실시 장소로부터 3리나 떨어진 부락에서 온 사람이 상당히 있었다. 2. 집합 인원이 약 2,000명이 있었는데, 상영 도중에 비가 와서 실내 상영으로 변경됨에 따라 약 1,000명밖에 수용할 수 없었음. 3.「황국신민의 서사」를 제창하게 함(아동).

좌담회 영화 개최 상황		
좌담회	일시 장소	4월 23일 오전 4시부터 오후 6시 반까지 갑산군 보천면 대진평리 공립대진평소학교(公立大鎭坪小學校)
	집합 인원	142명
	영화 종류	앞과 같음
영화	일시 장소	4월 23일 오후 8시부터 오후 11시까지 갑산군 보천면 대진평 경찰관주재소
	집합 인원	1,500명
	영화 종류	1. 〈지나사변 뉴스〉 3권 2. 〈바위를 깨트린 소나무〉 4권 3. 만화 1권 4. 〈총후의 조선〉 2권
부민의 감상	1. 내선일체, 지원병제도, 교육제도 개정, 기타 지나사변에 대해서는 신문 구독으로 대체는 알고 있지만, 이번 좌담회와 영화 등으로 귀와 눈으로 상세 상황을 보고 들을 수 있었던 것에 감사한다. 이러한 상황을 부락민에 전하여 지방 진흥에 힘쓸 각오이다. (중견청년, 구장) 2. 출정군대에 대하여 벽두(劈頭)의 성대한 환송 및 위문대(慰問袋)의 제작과 송부(送付) 등 일반 국민의 후원으로 군인은 모두 잊고 전쟁할 수 있게 되었다고 생각한다. 3. 전사한 신문기자의 장례에 대단한 분들이 다수 참석하셔서 정말로 성대한 식이 거행되었다. 이와 같은 모습은 일가(一家)의 명예 그 이상도 아니며, 또한 목숨을 내놓아도 아깝지 않다고 생각한다. 4. 〈바위를 깨트린 소나무〉 영화에 출연한 사람은 전부 흰옷을 착용하고 있다. 이것은 색복장려(色服奬勵) 현상에 비추어보아 이상하다고 느꼈다. (구장) - 본 영화는 농촌진흥운동 전에 촬영된 것으로 오해할 수 있을 것 같으니 주의 계몽해야 함. 5. 좌담회와 영화회는 자주 순회(巡廻)해주시기 바란다. (일반) 6. 공산주의는 절대 배척하지 않으면 안 된다. (서당 교사, 유력자 청년)	
비고		

<table>
<tr><th colspan="3">좌담회 영화 개최 상황</th></tr>
<tr><td rowspan="3">좌담회</td><td>일시 장소</td><td>4월 24일 오후 3시 반부터 오후 7시까지
갑산군 보천면 운흥리 공립보신소학교(公立保新小學校)</td></tr>
<tr><td>집합 인원</td><td>107명</td></tr>
<tr><td>영화 종류</td><td>앞과 같음</td></tr>
<tr><td rowspan="3">영화</td><td>일시 장소</td><td>4월 24일 오후 8시부터 오후 11시까지
갑산군 보천면 운흥리 주재소 앞 광장</td></tr>
<tr><td>집합 인원</td><td>3,500명</td></tr>
<tr><td>영화 종류</td><td>1. 〈지나사변 뉴스〉 2권
2. 〈총후의 조선〉 2권
3. 〈신흥조선〉 5권
4. 만화 1권</td></tr>
<tr><td>부민의 감상</td><td colspan="2">1. 세계가 어떻게 될지, 일본이 어떻게 될지, 조선이 어떻게 될지를 지도(地圖) 및 강연으로 처음 알게 되어, 일본을 강하게 하지 않으면 안 된다는 것은 정말로 느꼈다. (구장, 유력자)
2. 혜산 사건 관계자를 냈다는 것은 유감으로 생각한다. 우리도 충분히 감독할 각오이니, 경찰 당국에서도 청년들의 선도에 힘을 다해주시기 바란다(구장, 유력자).
3. 〈지나사변 뉴스〉 및 〈총후의 조선〉 영화로 전쟁에 대한 실감이 깊어졌다. 지나를 때려 부수고 일본이 승리해야 한다(청년).
4. ■■의 헌납 상황 및 전쟁 상황을 보고 비로소 전쟁은 남의 일이 아니라고 생각했다(일반).
5. 각 부락에 신문 구독을 권하여 일지(日支) 전쟁의 성행 및 일본의 현상을 부민에게 알리도록 노력하고 싶다(구장).
6. 좌담회와 영사회(映寫會)를 자주 개최하여 지도해주시기 바란다(일반).
7. 새로운 지식의 흡입 방법으로 신문 구독, 라디오 청취를 하고 싶으니, 당국에서 알선해 주시기 바란다.
8. 도만자(渡滿者)는 대부분 불량한 도배(徒輩)이므로 사상 악화로 비단(匪團)에 투신한 자가 많다고 생각한다.</td></tr>
<tr><td>비고</td><td colspan="2">1. 밤 1시 기온 영하 1도
2. 개최장(開催場)으로부터 3리나 떨어진 부락에서 영화 관람을 위해 모였다.</td></tr>
</table>

<table>
<tr><th colspan="3">좌담회 영화 개최 상황</th></tr>
<tr><td rowspan="3">좌담회</td><td>일시 장소</td><td>4월 25일 오후 2시 반부터 오후 5시까지
갑산군 운흥면 대오시천리 공립운흥소학교(公立雲興小學校)</td></tr>
<tr><td>집합 인원</td><td>260명</td></tr>
<tr><td>영화 종류</td><td>앞과 같음</td></tr>
</table>

영화	일시 장소	4월 25일 오후 8시부터 오후 9시까지 갑산군 운흥면 대오시천리 공립운흥소학교
	집합 인원	2,000명
	영화 종류	1. 〈지나사변 뉴스〉 2권 2. 〈총후의 조선〉 2권
부민의 감상		1. 지나사변은 신문에서 대체의 상황은 다 일고 있었지만, 강연과 영화를 보고 들어 더욱 그 인식이 깊어졌다. 2. 도회지에 비해 시골은 총후의 활동이 부족하다고 생각했다. 3. 화전(火田) 지대의 청년이 나쁜 사상에 물들지 않도록 감독하고 계십니다만, 당국에서도 강연과 좌담회 등으로 지도해주시기 바란다. 4. 이러한 개최를 앞으로도 실시해주시기 바란다.
비고		오후 9시 강우(降雨) 및 강설(降雪)로 영화가 중지됨

좌담회 영화 개최 상황		
좌담회	일시 장소	4월 26일 오후 2시부터 오후 5시까지 갑산군 운흥면 오산리 오풍동 영신서당(永信書堂)
	집합 인원	122명
	영화 종류	앞과 같음
영화	일시 장소	4월 26일 오후 8시부터 오후 10시까지 갑산군 운흥면 오산리 오풍동 영신서당
	집합 인원	1,000명
	영화 종류	1. 〈지나사변 뉴스〉 2권 2. 〈바위를 깨트린 소나무〉 4권 3. 〈총후의 조선〉 2권 4. 만화 1권
부민의 감상		1. 세계가 어떻게 될지, 일본은 어떻게 될지, 조선은 어떻게 될지를 처음으로 알았다. 2. 강연회, 좌담회 등을 앞으로 이따금 개최하여, 무지한 우리를 지도해주시기 바란다. 3. 혜산 사건으로 검거된 청년들을 관대히 처분해주시기 바란다. 4. 수가 많고 또 위풍당당한 일본군에게 지나병(支那兵)이 아무리 저항해도 이길 수는 없을 것이다. 5. 혜산 사건으로 검거된 청소년들은 정말로 선악의 분별을 모르고 관계했다고 생각한다. 6. 내선(內鮮) 관계는 종래에도 막연하게는 알고 있었지만, 이번 강연으로 내선일체의 원리가 충분히 이해되었다. 7. 어린이들이 하는 일이라고는 전혀 이해하지 못했다.
비고		1. 서당 아동에게 「황국신민의 서사」를 제창하게 함(영화 도중에).

부민(部民)의 감상

1. 갑산군 보천면 신흥리(新興里) 1구(區)

농업, 이규호(李奎鎬), 현 57세

나는 북청(北靑) 출신으로 지금부터 11년 전 이곳으로 이주해 왔습니다. 당시에는 무지하고 순박해서 나쁜 사람의 선동으로, 세상의 대세를 알지 못하고 무지했기 때문에, 오늘날 이와 같은 사건이 발생하도록 한 것에 대해서는 그 사람들 부형(父兄)만의 책임이 아니라 그 지방 주민 모두의 수치입니다. 경찰관을 마주하면 부끄러워 얼굴이 붉어지는 것을 금할 수 없는 상태입니다.

나쁜 사람들 사이에서 조선 독립이나 공산주의가 주창되었는데, 그 공산주의도 절대 받아들여야 할 주의가 아니며, 조선 독립이 된다고 하더라도 사방의 정세로 보아, 또 조선의 내정(內情)으로 보아 절대 독립국으로서 유지될 수 없습니다. 일한병합(日韓併合)으로 29년이 지난 사이, 병합 당시에 비해 오늘날의 문명은 몰라볼 정도로 진보하였습니다. 독립 관념도 병합 당시는 치열했어도 오늘날에는 점차 병합의 이상을 인식해왔다고 생각합니다. 병합 직전인, 정확히 제가 19세 때였습니다. 경성(京城)에 가서 보았는데, 러시아인, 영국인, 미국인 등이 와 있었습니다. 경성의 전차도 처음에는 러시아인이 부설한 것이었는데, 러시아인이 조선 정부의 힘이 약한 틈을 타 야심을 부렸으나 다행스럽게도 이왕전하(李王殿下)가 조선의 자력으로는 장래가 염려되어 병합하였습니다. 당시에는 불평하는 자가 많았습니다만, 현재는 세계의 대세로서 도저히 독립해서 자급자족하는 것은 절대로 불가능함을 알았습니다. 이번 사건 관계자를 법률이 허락하는 범위 내에서 석방해주신다면, 앞으로는 엄중한 감독을 할 각오이오니, 가능한 한 조처해주시기 바랍니다.

2. 주소: 갑산군 보천면 보전리

조선총독부 농사시험장(農事試驗場) 북선지장(北鮮支場)

고원(雇員), 장형성(張衡成), 현 22세

(가) 나는 관공서(役所)에서 근무하고 있고, 또 신문도 구독하고 있으므로 상당한 상식을 가지고 있는 정도입니다. 그런데 과거 어느 내지인(內地人)으로부터 "너는 노예 같은 놈이다"라고 듣고, "나라 없는 조선인이기 때문에"라며 일본의 정치 그 자체를 거부하는 마음이 들었습니다. 그러나 한(韓) 경시가 "그것은 일본의 정치가 나쁜 것이 아니다. 조선인 가운데 아직도[254] 나쁜 인간이 많이 있지 않은가"라고 말해서 도리어 부끄러운 마음마저 들었습니다.

(나) "조선은 일본에게 도둑질당한 것이다."라고 나는 생각해왔습니다. 그런데 "1전(錢)을 도둑질당해도 크게 싸움하는 조선인이 삼천리 강산이라는 조선 전체를 도둑질당해"라는 것이라면 대소동이 일어날 것은 당연했는데, 병합 당시의 그런 전쟁이 있었는가를 말하자 한국 황제의 병합에 대한 칙어를 설명해주었을 때 '과연'이라며 납득할 수 있었습니다.

(다) 국경지대의 농민은 전부가 무학(無學)으로 세상을 잘 모른다고 할 수 있어서, 주민은 나쁜 선전을 믿어 조선의 독립을 생각하고 있는 사람이든지, 아니면 아무 생각 없이 빈둥거리고 있는 인간이 대부분입니다. 나는 국경의 청소년을 망하게 하는 것도 선전이라면 구하는 것도 선전이라는 것을 좌담회에 출석하여 절실히 느꼈습니다.

(라) 보전(保田) 사건[255]은 사전(事前)에 아무도 알지 못한 것이 사실인 듯합니다. 그러나 사후(事後)에는 일반 주민 사이에서 김일성(金日成)은 공산대학(共産大學)[256]을 나온 큰 인물로 부하도 많이 있고, 조선의 독립을 기도하며, 빈민들을 돕기 위해서 활동하고 있는 위대한 사람이다, 그 증거로는 무엇이든 가져가면 상당한 대금을 지불하며 결코 나쁜 일을 하지 않는다는 등의 거짓말을 하여, 크게 신뢰하고 있었던 모양입니다. 그러나 이번 좌담회나 일전의 서장님 말씀과 영화를 통해 이것저것 알게 된 것 같습니다.

---

254 원문에는 '木夕木夕'로 되어 있으나, '未夕未夕'의 오기로 보임.

255 보전(保田) 사건: 1937년 6월 김일성을 중심으로 한 동북항일연군(東北抗日聯軍) 제2군 제6사 부대가 함남 보천보(普天堡)를 습격하여 일제를 몰아낸 '보천보 전투'를 말한다. 그 중심 부락이 보전(保田)이었다.

256 러시아의 모스크바에 있는 동방노력자공산대학을 가리키는 듯한데, 김일성이 이 대학을 나왔다는 것은 사실이 아니다.

(마) 영화는 정말로 선명하여 모두 대단히 즐거웠습니다. 3리나 떨어진 먼 곳에 머무르면서도 다수가 온 것을 보고 인기의 정도를 알 수 있었습니다.

(바) 사변 뉴스에서는 모두 "일본군은 많고 강하다. 그런데 지나병은 조금도 보이지 않지 않은가" 등의 질문도 있었던 것 같습니다. 영사(映寫) 전 또는 중도에 상세히 설명해주시기 바랍니다.

(사) 군함(軍艦)의 활동 모습을 보고 싶다고 모두 말했습니다.

(아) 일본 내지는 물론 반도의 모든 시설문화, 모든 계급의 활동 상황을 보여주시기 바랍니다.

(자) 상영 중 소학교 생도의 힘찬 「황국신민의 서사」 제창에 일동은 물론 모두가 감격한 것 같았습니다. 생각건대 일반은 매우 계발되고 또 즐거운 한때를 보내어 감격스러워하고 있었습니다. 다만 중도에 비 때문에 전부 볼 수 없었던 것은 유감이었습니다. 경찰분의 친절함에 감사하는 마음은 모두 가졌습니다. 앞으로도 재삼 개최해주시기 바란다고 하는 것은 부민 전체의 목소리였습니다.

3. 주소: 갑산군 보천면 보전리

사상전과자(思想前科者), 김병직(金秉職)

좌담회 및 영사회에 참여하여 특히 놀라고 특히 느꼈던 것은 지금까지 제국에 대한 인식 부족과 망동(盲動)·망상(盲想)으로, 이는 실로 부끄럽기 짝이 없습니다. 이전에도 어느 정도까지는 인식하고 또 생각도 해보았지만, 이번에야말로 우리 제국의 시정방침과 실력을 똑똑히 알 수 있었습니다. 조선은 일본제국을 떠나서는 독립생활이 불가능한 이유를 뼈에 사무치도록 알게 되었습니다. 불행히도 지난해 혜산 사건이 일어났고, 국경에 거주하고 있는 우리에게 불행한 일임은 말할 필요도 없습니다. 그 정도로 무모한 환상을 품고 무도한 행동을 한다는 것은 꿈에도 생각하지 못했던 것입니다. 생각건대 제국에 대한 인식 부족과 조선인의 입장, 나아가야 할 길을 그르친 것, 더구나 농촌 청소년을 선도해야 할 확고부동한 중견청년(中堅靑年)이 지방에는 없기 때문일 것입니다. 과거의 일은 후회막급이지만, 앞으로 절대로 이러한 불상(不詳) 사건이 야기되지 않도록 마음으로부터 간절히 빌어 마지않는 바입니다. 인도

(印度)에 대한 영국인의 많은 악정(惡政)을 듣고, 우리 조선인은 이에 비하면 행복하다고 생각하지 않으면 안 됩니다. 활동사진으로 남경(南京) 입성식(入城式)에서 황군의 위무(威武), 포악한 지나군벌을 정복하여 동양평화의 근간인 신정권 수립을 보고, 일반 관중은 감개무량하여 손에 땀이 날 정도로 감탄하였습니다. 약진하는 조선의 현재 사정을 보고 남녀노소 모두 제국을 신뢰하며, 일반 관중은 감격에 빠졌습니다. 날씨가 고르지 않아 일부 사람들에게서 불만도 있었습니다만, 그것은 장소 관계로 어쩔 수 없는 것입니다. 좌담회에서 한 경시의 말씀은 일반 민중을 감격하게 했습니다. 일반적인 희망으로는 1년에 2회 정도 이러한 계획을 간절히 바란다는 것과 청년단(青年團)을 조직하여 당국의 지도를 받으며 농촌 청년을 선도해주시길 바란다는 것이었습니다.

우리는 반도 청년으로서 시국을 인식하는 바가 부족한데, 경찰부에서 시국에 대한 좌담회와 영화를 보여주셔서, 북지(北支)에 계신 황군의 위용에 감사함과 함께 앞으로 우리의 총후의 중책에도 깊이 감명하였습니다.

4. 주소: 갑산군 보천면 신흥리 운흥동

상촌(上村) 촌장(村長), 유맹용(劉盟鏞)

지난가을에 있었던 공산당 사건 검거 때 우리 마을에서 의외의 사람이 등장한 것은 정말로 청천벽력이었습니다. 이후 각종 회합에서 경찰이 이러한 종류의 사건과 관련하여 관내 부민의 선도에 힘쓰셔서, 이렇게까지 이 사건이 중대하고 더구나 경찰 당국이 심려하시는 사건인가라며 진실로 경찰에게 죄송스럽게 여겼습니다. 마을 사람[里民] 일동이 반성과 노력을 경주하여 재차 이러한 예를 야기하지 않도록 각오하고 있던 바입니다. 이번에 본도(本道) 경찰부에서 한 경시님이 특별히 시간을 내시어 우리를 위해 유익한 고설(高說)과 앞으로 나아가야 할 길을 지시해주신 것에 대해 충심(衷心)으로 감사함과 함께 저도 앞으로 촌장의 지위에서 책임이 가중되고 배가된 느낌입니다. 지금 생각해보면, 지난가을 사건 관계자로 검거된 사람들은 진정한 공산주의자로서 이 주의를 충분히 이해하여 가맹(加盟)한 것이 아니라, 단지 태만하게 이른바 부화뇌동적으로 결국 유혹에 빠져버려 앞길의 확연한 분별이 없었다고 생각하는 바입니다. 이 주의에 대해서는 저도 자세히 알지 못합니다. 그러나 저희의 일상생활에서 방해물이며, 근면역행(勤勉力行)하는 사람은 찬성할 수 있는 주의가 아니라는 것은 지난번 온수석(首席)의 설명이나 각종 회동에서 경찰이 이야기해서 알 수 있었습니다. 저뿐만 아니라 마을 사람 일동도, 이 정도로 성의를 다해주셨으니 우리가 일치하여 각성해야 함은 진실로 변명의 여지가 없는 일입니다. 이는 최근의 농경(農耕) 준비와 함께 2대 관심사입니다.

5. 주소: 갑산군 보천면 신흥리

농업, 이진순(李鎭淳), 현 35세

저는 공산주의라는 단어는 들었습니다만, 그 의미는 몰랐습니다. 어제 와주신 한 경시님으로부터 들었기 때문에 이제 겨우 의심이 풀렸고, 진실로 위험한 주의라는 것을 알았습니다. 지금 생각해보니 어제의 말씀이야말로 우리가 나아가야 할 나침반이고, 지켜야 할 금칙(金則)이라고 생각합니다. 조금 있으면 우리와 같이 화전(火田)을 벗 삼아서, 경찰관 이외에서는 이러한 심전개발(心田開發)[257]상의 자질을 얻을 수 없는 자로서는 매우 살벌(殺伐)한 심경으로 치닫겠지만, 요컨대 이는 확고한 신념이 결핍되어 있는 결과라고 믿습니다. 세간에 이른바 '가문보다는 교육'[258]이라는 속담이 있듯이, 인간은 태어남보다도 이후의 수양과 환경[境遇]의 지배에 따라 굳건하거나 부드러운 사상도 뒤바뀔 수 있다고 생각합니다. 그러나 지금은 좌우(左右)할 수 없는 화전민이지만, 그래도 움직일 수 없는 신념으로 세상의 대세를 통찰해보면, 이곳을 굳건히 다져서 발을 딛고 살벌함보다는 인정미가 풍부한 정서로 전환하는 것이라고 생각합니다. 관공서(役所)의 사정도 있으니 이러한 행사는 자주 할 수는 없을 것이라고 생각합니다만, 가능한 한 전체 마을 사람에게 두루 미칠 수 있도록 해주시기를 바라는 마음입니다. 작년 가을 이래의 사건 관계자를 내기 전에 이러한 강연을 실시해주셨다면 10명의 마을 사람을 무사히 구제할 수 있었다고 믿고 있습니다. 따라서 역시 무지(無智)는 계몽해야만 하는 것입니다.

---

257 심전개발(心田開發): 1930년대에 조선총독부가 조선인을 충량한 황국신민으로 만들기 위해 입안한 정신계몽 운동의 하나.

258 원문은 "氏ヨリ育チ"인데, 태어난 가문이나 신분보다는 자라난 환경이나 교육이 인간의 형성에 더 영향을 준다는 의미이다.

6. 주소: 갑산군 보천면 신흥리 1구

전 서당 교사, 강응죽(姜應竹)

백문이 불여일견이라는 옛 속담대로 평소에는 세계의 정세를 아는 척해도 실은 정확하지 않은 것입니다. 이번의 자세한 설명으로 확실해졌습니다. 신문 등을 부락에서 공동으로 구독하여 세정(世情)을 아는 것이 급선무라고 생각한다고 말하셨습니다. 조속히 신문을 공동 구독할 심산입니다. 앞으로는 온갖 방법으로 시국의 인식에 노력함으로써 일반 청소년의 손을 잡고 이끌어 지도하여, 오래 걸리더라도 다시는 사상 사건 등이 일어나지 않게 할 각오입니다.

국경지대의 주민도 같은 제국의 신민이면서, 평지대 주민에 비하여 총후의 열성이 희박한 느낌이 있음은 진실로 유감입니다. 또한 조선인 운운 때문에 당국이 수고를 하는 것은 수치라고 생각합니다.

직무에 근면하게 조선인도 내지인도 모두 보조를 맞추어 나아가야 합니다. 운운.

<자료 26>

「국경지대의 방공공작에 관한 건(1938년 6월 2일)」[259]

(함경남도경찰부장, 1938. 6. 2.)

함남경비(咸南警秘) 제273호

1938년(昭和 13) 6월 2일

함경남도경찰부장(咸鏡南道警察部長)

조선총독부 경무국장 귀하(殿)

국경지대의 방공공작(防共工作)에 관한 건

[5월 12일부(附) 본호(本號)에 대하여]

이른바 혜산(惠山) 사건 검거 후 국경지대의 방공공작에 관해서는, 4월 하순 당부(當部)의 방공반(防共班)을 혜산서(惠山署) 관내에 파견하여 제1회 방공좌담회(防共座談會)와 영화회를 실시한 것은 대호(對號)하여 이미 보고한 바이다. 또한 5월 11일부터 같은 달 21일까지 당부 방공반장 한(韓) 경시(警視) 이하 4명을 관하의 혜산·호인(好仁)·삼수(三水)·신갈파(新乫坡)의 4개 서(署) 관내로 출장하도록 했다. 각각 관할 경찰서와 협력하여 모두 9개소에서 제2회 방공좌담회 및 영화회를 개최하여 부민(部民)의 계몽 선전에 노력하였다. 이미 제1회 개최 상황과 그

259 咸鏡南道警察部長, 「國境地帶ノ防共工作ニ關スル件(對五月十二日附本號)」, 『警備關係綴-國境ノ部』, 警務課, 1938, 943~956쪽(국가기록원 소장 조선총독부 문서 중).

후 국경 각서(各署)에서 개별적으로 개최된 방공좌담회의 상황은 점차 국경지방민 일반에게 주지된 결과, 이번 회는 제1회의 상황에 비해 그 성적이 한층 양호해졌다고 인정되는 바이다. 그 실시 상황 및 이에 대한 부민의 감상 등은 다음과 같다. 이에 보고한다.

본건 실시에 대한 「국경지방 방공공작 계획서」 및 선전 인쇄물은 별지와 같이 추송(追送)한다.

<table>
<tr><th colspan="3">좌담회 영화 개최 상황</th></tr>
<tr><td rowspan="3">좌담회</td><td>일시 장소</td><td>1938년 5월 12일(오후 4시부터 오후 6시 20분까지)
호인경찰서(好仁警察署) 연무장(演武場)</td></tr>
<tr><td>집합 인원</td><td>남녀 100명
계 100명(내역: 관공리 20명, 상업 25명, 농업 30명, 노동 25명)</td></tr>
<tr><td>지도 사항</td><td>1. 국경지대의 명랑화
2. 국경 주민의 국경 경비 및 경찰 원조
3. 조선 독립의 불가능성과 일한병합의 진상 및 전망
4. 공산주의자 및 공산주의 실체
5. 공비(共匪) 김일성의 인품에 대하여</td></tr>
<tr><td rowspan="3">영화회</td><td>일시 장소</td><td>1938년 5월 12일(오후 8시부터 오후 10시 30분까지)
호인 보성소학교(堡城小學校) 교정</td></tr>
<tr><td>집합 인원</td><td>600명(내역: 남 300명, 여 200명, 어린이 100명)</td></tr>
<tr><td>지도 사항</td><td>1. 〈총후의 조선〉
2. 〈바위를 깨트린 소나무(岩裂ク松)〉
3. 〈오사카마이니치(大阪毎日) 세계 뉴스〉
4. 만화</td></tr>
<tr><td>부민의 감상</td><td colspan="2">1. 좌담회
1) 일한병합의 진정한 의미를 충분히 알 수 있어, 조선이 러시아나 지나에 합병되지 않고 일본에 합병된 것이 행복이라고 생각했다.
2) 경찰관의 노력을 충분히 알 수 있어서 실로 고맙게 생각한다.
3) 우리는 경찰의 지도에 따라 자제나 청소년을 감독하여, 우리 부락에서는 결코 불상(不祥) 사건이 일어나지 않도록 노력해야 한다.
4) 우리는 경찰관과 제휴 협력하여 공산주의운동의 차단에 노력해야 한다.
2. 영화회
1) 활동사진은 처음 보았다.
2) 말로는 들었어도 실제 전쟁의 상황 등 사진을 보고 처음 알았다.
3) 병사분들의 고심을 잘 알 수 있어서 감사함을 느꼈다.
4) 우리는 산속에 살고 있어서 아무것도 몰랐는데, 각지에서 총후 국민의 활동상을 보고 우리도 더욱 활동해야 한다고 생각한다.</td></tr>
<tr><td>비고</td><td colspan="2">1. 달이 환해서 사진이 좀 선명하지 못했고 한기(寒氣)가 상당해서 2시간 반으로 영화회를 일단락지었다.</td></tr>
</table>

<table>
<tr><th colspan="3">좌담회 영화회 개최 상황</th></tr>
<tr><td rowspan="3">좌담회</td><td>일시 장소</td><td>1938년 5월 13일(오후 2시부터 오후 4시 반까지)
영성공립소학교(嶺城公立小學校) 강당</td></tr>
<tr><td>집합 인원</td><td>130명[내역: 농업 110명(이 중 10명은 불온 책동 사건 관계 청년), 상업 20명]</td></tr>
<tr><td>지도 사항</td><td>앞과 같음</td></tr>
<tr><td rowspan="3">영화회</td><td>일시 장소</td><td>1938년 5월 13일(오후 8시 20분부터 오후 11시 30분까지)
영성공립소학교 교정</td></tr>
<tr><td>집합 인원</td><td>700명(남 300명, 여 200명, 어린이 200명)</td></tr>
<tr><td>영화 종류</td><td>1. 〈만화(漫畫)〉
2. 〈총후의 조선〉
3. 〈바위를 깨트린 소나무〉
4. 〈오사카마이니치 세계 뉴스〉
5. 만화
6. 만화
7. 〈나라현(奈良縣) 다와라촌(田原村)〉</td></tr>
<tr><td>부민의 감상</td><td colspan="2">1. 좌담회
1) 경찰관의 노고에 대하여 우리도 자경단(自警團)을 조직하여 돕지 않으면 안 된다.
2) 우리 조선인은 결코 불행하지 않았다. 일한병합은 우리를 행복하게 하기 위한 것임을 느꼈다.
3) 김일성이라는 인물은 결코 상상한 것과 같은 인물은 아니며, 단순한 비적(匪賊)에 지나지 않음을 알았다.
2. 영화회
1) 지나사변에서 일본이 대승하고 있음을 확실히 알았다.
2) 종래 신문 등으로 어느 정도 알고는 있었지만, 사진으로 진정한 시국 상황과 반도의 현황을 알게 되었다.
3) 공비의 역선전에 편승하지 않도록 경계심을 가져야 한다.</td></tr>
<tr><td>비고</td><td colspan="2">1. 전날의 상황을 참작하여 영사막(映寫幕)에 검은 천을 붙여 달빛 아래서도 사진이 상당히 선명해졌다.
2. 영화회 도중에 한(韓) 경시의 인사성 강연(약 10분)과 내지시찰단원 김병연(金秉連) 순사의 내지(內地) 시찰담(약 15분)을 했다.</td></tr>
</table>

<table>
<tr><th colspan="3">좌담회 영화회 개최 상황</th></tr>
<tr><td rowspan="3">좌담회</td><td>일시 장소</td><td>1938년 5월 14일(오후 2시부터 오후 5시까지)
신파공립팔번소학교(新坡公立八幡小學校) 강당</td></tr>
<tr><td>집합 인원</td><td>204명(내역: 남 183명, 여 21명 / 농업 72명, 상업 67명, 관공리 20명, 생도 45명)</td></tr>
<tr><td>지도 사항</td><td>앞과 같음</td></tr>
</table>

영화회	일시 장소	1938년 5월 14일(오후 8시부터 오후 11시 10분까지) 신갈파 읍내 시장
	집합 인원	2,000명
	영화 종류	앞과 같음
부민의 감상	1. 국경지대 주민은 결국 단순 무식하여 공비의 황당무계한 선전에 편승하게 되므로 준엄한 탄압검거주의를 병행하며, 오늘날과 같은 지도를 앞으로도 계속 실시하기 바랐다. 2. 조선인이 나가야 할 길을 충분히 납득했다. 3. 경찰 관헌과 협력 제휴하여 이른바 관민일체(官民一體)가 되어 부락에서 공산주의의 침입 방지에 노력해야만 한다는 것을 통감했다.	
비고	1. 영화회 관중 가운데 용의(容疑) 언동자(言動者) 1명 발견	

영화회 좌담회 개최 상황		
좌담회	일시 장소	1938년 5월 15일(오후 2시부터 오후 6시까지) 나난보간이학교(羅暖堡簡易學校) 강당
	집합 인원	150명(남 100명, 여 50명)
	지도 사항	앞과 같음
영화회	일시 장소	1938년 5월 15일(오후 8시부터 오후 11시까지) 나난보간이학교 교정
	집합 인원	600명(내역: 남 350명, 여 100명, 생도 150명)
	영화 종류	앞과 같음, 영화 도중에 노풍(盧豐) 경부보(警部補)의 인사성 강연과 내지시찰단원 홍종률(洪鍾律) 순사의 시찰담[260]을 함
부민의 감상	1. 이번과 같은 이야기는 처음 들었는데, 우리 무학자도 잘 알 수 있도록 평이한 말로 세계의 대세, 조선인이 갈 길 등을 알게 되었다고 생각한다. 2. 남경(南京) 입성식(入城式) 사진을 보고 정말로 일본이 이겼다는 것을 알고 안심했다. 3. 위문대(慰問袋) 제작, 금비녀 헌납, 건초(乾草) 납입, 비행기 헌납식 상황 등을 보고, 우리 시골에 살고 있는 사람들은 너무 무관심했음을 통감하였다. 4. 오늘날의 사건에 대하여 우리 관내에서 한 사람의 관계자도 없었지만, 앞으로도 함께 더욱더 청소년의 지도에 노력하여 관내의 평화를 지속해야 한다.	
비고		

260 원문은 '視察團'으로 되어 있는데, 오기로 보여 수정함.

좌담회 영화회 개최 상황		
좌담회	일시 장소	1938년 5월 16일(오후 3시부터 오후 6시까지) 금수소학교(襟水小學校) 강당
	집합 인원	264명(내역: 남 84명, 여 18명, 생도 162명)
	지도 사항	앞과 같음
영화회	일시 장소	1938년 5월 16일(오후 8시부터 오후 11시까지) 금수소학교 교정
	집합 인원	810명(내역: 남 450명, 여 150명, 생도 210명)
	영화 종류	앞과 같음
부민의 감상	1. 중국공산당 사건 내용을 처음 알았는데, 실로 괘씸한 것이다. 이렇게 극악한 불령도배(不逞徒輩)가 나온 것은 우리 국경지대 주민으로서 할 말이 없는 것이다. 2. 자제(子弟)에 대한 감독은 우리 부형(父兄)의 의무이다. 3. 조선이 일본과 병합한 것은 실로 행복이었다. 4. 영국의 인도에 대한 정책을 생각할 때 조선의 행복을 한층 더 통감할 수 있었다. 5. 일한병합의 취지에 얼마간의 의심을 가지고 있었는데, 잘 알았다. 6. 사변 뉴스에는 일본군뿐으로, 지나군은 조금도 보이지 않았다.	
비고		

좌담회 영화회 개최 상황		
좌담회	일시 장소	1938년 5월 17일(오후 2시 20분부터 오후 5시 30분까지) 삼수면(三水面) 중평장리(中坪場里) 공회당(公會堂)
	집합 인원	210명(남 135명, 생도 75명)
	지도 사항	앞과 같음
영화회	일시 장소	1938년 5월 17일(오후 8시 10분부터 오후 11시 5분까지) 삼수경찰서 서정(署庭)
	집합 인원	1,810명(내역: 남 1,100명, 여 480명, 생도 230명)
	영화 종류	앞과 같음, 영화 도중에 한(韓) 경시의 인사성 강연(약 15분), 내지시찰단원 용현승(龍鉉承) 순사의 시찰담(약 20분)이 있었다.
부민의 감상	1. 김일성의 정체가 판명되어 종래 우리가 생각하고 있던 정도의 인물이라는 것을 알았다. 2. 조선 독립, 공산주의 등은 결국 그들이 먹고살기 위한 선전 재료에 지나지 않는다. 지금 세상에서 실현될 리가 없다. 3. 공산주의가 얼마가 두려운 것인지를 알았다. 4. 영화에 의해 장기전(長期戰)하에 있는 일본의 모습을 명확히 인식하였다.	

<table>
<tr><td></td><td>5. 일한병합은 동양 평화를 위해 필요하다. 또한 이로 인해 반도 2천만 민중이 행복해졌음을 깨달았다.
6. 우리는 동양의 맹주인 일본 국민임을 자각하고, 시세를 달관하여 동양평화 건설에 매진해야 한다.
7. 가장 느낀 점은 나라현 다와라촌에서 부인의 활동이다. 조선 부인은 종래부터 남편에게 의지할 뿐이어서 가정에서 식사나 재봉 이외에는 아무것도 하지 않았는데, 내지에서 부인의 활동상을 보고 마음으로부터 생각하게 하는 바가 있었다. 지금부터는 크게 활동하여 옥외노동이든 무엇이든지 해야 한다고 생각했다.</td></tr>
<tr><td>비고</td><td></td></tr>
</table>

<table>
<tr><th colspan="3">좌담회 영화회 개최 상황</th></tr>
<tr><td rowspan="3">좌담회</td><td>일시 장소</td><td>1938년 5월 18일(오후 3시부터 오후 6시 40분까지)
통수심상소학교(桶水尋常小學校)(삼수군 별동면)</td></tr>
<tr><td>집합 인원</td><td>104명(내역: 상업 5명, 농업 70명, 노동 21명, 관공리 8명)</td></tr>
<tr><td>지도 사항</td><td>앞과 같음</td></tr>
<tr><td rowspan="3">영화회</td><td>일시 장소</td><td>1938년 5월 18일(오후 8시부터 오후 11시 20분까지)
통수소학교 교정</td></tr>
<tr><td>집합 인원</td><td>800명(내역: 남 500명, 여 200명, 어린이 100명)</td></tr>
<tr><td>영화 종류</td><td>1. 만화
2. 만화
3. 〈총후의 조선〉
4. 〈바위를 깨트린 소나무〉
5. 〈나라현 다와라촌〉
6. 〈오사카아사히(大阪朝日) 세계 뉴스〉
영화 도중 한(韓) 경시의 인사성 강연(약 20분), 내지시찰단원 유종석(劉鐘錫) 순사가 시찰담(약 20분)을 했다.</td></tr>
<tr><td>부민의 감상</td><td colspan="2">1. 이야기와 사진으로 우리의 총후의 임무가 촉진되었음을 자각하였다.
2. 남선(南鮮) 지방에 지지 않도록 총후의 노력을 해야 한다.
3. 황군 장병의 분전(奮戰) 상황, 신고(辛苦)의 모습을 알았다.
4. 결국 지금까지 우리는 '우물 안 개구리'였다. 지금부터는 한 사람의 불량도배(不良徒輩)도 나오지 않도록 서로 자각하여 경계해가야 한다.
5. 지금까지의 명예 회복을 위해 다른 부락 이상으로 노력하지 않으면 안 된다.</td></tr>
<tr><td>비고</td><td colspan="2">1. 혜산(惠山) 사건에 다수 관계자를 낸 광생(光生)·선소리(船所里) 두 부락을 목표로 지도계몽에 힘썼다.</td></tr>
</table>

좌담회 영화회 개최 상황		
좌담회	일시 장소	1938년 5월 19일(오후 1시부터 오후 4시까지) 운총심상소학교(雲寵尋常小學校)(갑산군 운흥면 운총리)
	집합 인원	130명(내역: 농업 95명, 상업 4명, 노동 28명, 관공리 3명)
	지도 사항	앞과 같음
영화회	일시 장소	1938년 5월 19일(오후 8시부터 오후 11시 10분까지)
	집합 인원	900명(내역: 남 500명, 여 200명, 어린이 200명)
	영화 종류	1. 만화 2. 〈오사카아사히 세계 뉴스〉 3. 〈총후의 조선〉 4. 〈오사카아사히 뉴스〉 5. 〈바위를 깨트린 소나무〉 6. 〈나라현 다와라촌〉 7. 〈오사카아사히 뉴스〉
부민의 감상	1. 일본이 세계에서 가장 강한 나라이고 훌륭한 나라임을 듣고 안심했다. 2. 일본과 병합한 것은 조선의 행복이었음을 알았다. 3. 우리는 시골에 살고 있지만 다른 지방 사람들에게 지지 않도록 일본을 위해 진력하지 않으면 안 된다. 4. 사진을 보고 일본이 이기고 있다는 것을 알아서 안심했다.	
비고	1. 장마 중임에도 열심히 관람했다.	

좌담회 영화회 개최 상황		
좌담회	일시 장소	1938년 5월 20일(오후 2시부터 오후 5시 30분까지) 심포리(深浦里) 사립학교(갑산군 운흥면 심포리)
	집합 인원	189명(내역: 농업 137명, 상업 7명, 노동 28명, 관공리 11명, 생도 34명)
	지도 사항	앞과 같음
영화회	일시 장소	1938년 5월 20일(오후 7시 40분부터 오후 11시까지) 사립학교 교정
	집합 인원	1,500명(내역: 남 1,000명, 여 300명, 어린이 200명)
	영화 종류	1. 만화 2. 〈오사카아사히 세계 뉴스〉 3. 〈총후의 조선〉 4. 〈오사카아사히 세계 뉴스〉 5. 〈나라현 다와라촌〉 6. 〈바위를 깨트린 소나무〉 7. 〈오사카아사히 세계 뉴스〉

부민의 감상	1. 지나사변의 이야기는 듣고 있었지만, 사진을 보고 잘 알게 되었다. 2. 다와라촌의 사진을 보고 느낀 것은 조선에서도 부인이 더욱더 일하지 않으면 안 된다고 하는 것이었다. 3. 우리는 아무것도 몰랐지만, 공산주의라는 것은 너무나 나쁜 것이고 얼마나 공포스러운 것인지를 비로소 알 수 있었다. 4. 같은 조선인들이 헌금이나 건초의 납입, 출정 병사의 전송 등에 열심히 노력하고 있음을 보고 감격했다.
비고	

부민(部民)의 감상

1. 삼수군 신파면(新坡面) 보리(堡里)

훈도(訓導), 박화일(朴華日)

어제의 시국좌담회 및 영화는 다수의 관중에게 깊은 감명을 주었습니다.

좌담회에서 한동석(韓東錫) 경시의 세계무역상 우리나라의 지위, 세계 각국의 영토 분할 상황 및 지나의 아편전쟁, 영국의 인도 경영 및 기타 교육, 소련의 실력과 사상전(思想戰)에서 동서양의 교란과 사상 내용이 도덕에 반하는 것임을 듣고 대단히 놀랐으며, 우리는 진정으로 행복하다는 것을 통감했습니다.

특히 부락의 무학자 대부분은 전쟁이라는 단어를 듣는 것만으로도 깊은 관심을 가진 것 같았습니다. 좌담회에서 이야기를 듣고 영화에서 본 사실과 같이, 남경(南京) 입성식(入城式), 총후(銃後)의 적성(赤誠), 예를 들면, 위문대(慰問袋) 제작, 금비녀 헌납 상황, 건초, 비행기 헌납식, 아마(亞麻) 재배, 출정군인의 송영(送迎) 상황을 볼 때마다 감명이 깊어졌습니다. 또한 공산당 사건에 대해서는, 현재까지 관내에서 한 사람의 범죄자도 없었던 것은 주재소 직원의 노력 덕분이라고 감사했습니다. 나는 이런 평화로운 마을에서 교편을 잡고 있는 것이 영광이라고 생각하며, 사회교화, 소년의 지도에 미력한 힘을 다할 각오입니다. 운운.

2. 지방 청년 불온(不穩) 책동 사건 관계자

농업, 이기혁(李基焟)

이번에 멀리 함흥(咸興)에서 저희는 늘 산속의 농민을 걱정하고 있었는데, 진정한 시국 상황과 반도의 현황에 대한 각오와 관련하여 좌담과 영화회를 관람하고 배청(拜聽)하게 되었습니다. 이전에 신문지 등에 의해 어느 정도 인식을 하고 있었지만, 이번 행사로 완전히 생생하게 느끼게 되었습니다.

이를 통해 전지(全支)를 석권한 지나사변과 그 귀추(歸趨)의 대략을 모두 알 수 있었습니다. 현 정세하에서는 실로 거국일치하여 국민 모두가 시국의 중대성을 감안하여 견인불발(堅忍不拔)의 지조를 견지함으로써 앞으로 다가올 어떠한 어려움도 견뎌내야 할 것입니다.

제2막 영사(映寫) 중에서 10세 전후의 소년(어느 나라 사람인지는 불분명)이 항일이라는 큰 문자를 기재한 책을 읽고 있는 것은 산속의 농민, 노인이나 어린아이에게는 오해를 불러일으킬 우려가 있을 수도 있다고 사료됩니다.

3. 갑산군 운흥면(雲興面) 심포리(深浦里)

환성운송점(丸星運送店) 주임, 한하석(韓河錫)

우리는 이번 사건 관계자가 선인(鮮人)으로 공산비(共産匪)라는 것을 들어서 알고 있었다. 특히 당시 심포리(深浦里)·백암리(白岩里)에서 십수 명의 사건 관계자가 나온 것은 청천벽력이어서 놀랍고도 한심하기 이를 데 없는 바이다. 이번 본도(本道) 경찰부의 한(韓) 경시, 혜산서의 최(崔) 경부(警部) 일행이 사상정화와 시국인식을 위한 좌담회와 활동사진을 개최하여 잠들어 있는 국경지방민을 계몽 선도해주신 당국의 노력과 고심에 대해 지방민 일동이 대단히 감동하였다. 새삼스럽게 미몽(迷夢)에서 깨어나 제정신이 들었다. 특히 피의자 가족은 공산주의를 용납할 수 없다는 것을 알고, 이구동성으로 관계자의 어리석음을 한탄하고 있는 상황이다. 대일본제국은 목하 전시체제하에서 이러한 난국을 타개하기 위하여 군사(師)를 전지(全支)로 보내고, 아울러 공산주의의 배격에 힘쓰고 있다. 오늘날 저들이 조선의 독립을 헛되이 꿈꾸고 공산화를 외치며 치안을 교란하려는 것은 용서할 수 없는 바이다. 가차 없는 처분을 바람과 동시에 앞으로 다시는 이러한 불상사가 야기되지 않도록 마음으로부터 기도하고 있다. 운운.

4. 갑산군 운흥면 심포리

혜산아편조합(惠山阿片組合) **심포지점장 장치남**(張致南)

이번에 예기치 않게 경찰부에서 파견된 한(韓) 경시의 좌담회와 활동사진 영사회에 의해 우리 지방민이 대일본제국의 위용과 현하의 정세를 깊게 인식할 수 있도록 해주신 것은 이루 말할 수 없이 감사한 일입니다. 좌담회에서 지난가을 이래의 대검거와 공산주의가 어떠한 것인가를 알게 되었습니다. 저들이 조선의 독립을 꿈꾸고 공산화를 부르짖어 치안을 방해한 것은 대단히 유감이며 또한 가소로운 일입니다.

앞으로 이러한 분자는 한시라도 빨리 섬멸하고 청소하여 주시길 바랍니다.

특히 영사(映寫)에서 보았다시피, 불볕더위에 뼈를 태우고 추운 바람에 살이 찢어지고 진창에 무릎이 빠지는 등 수많은 고통과 결핍을 견디면서 우리 제국을 위해 신명(身命)을 걸고 싸워주신 우리 장병[將士]이 있다는 것을, 꿈에서라도 잊어서는 안 된다는 것은 누구라도 생각할 것입니다.

신문에 따르면 서주(徐州) 함락도 오늘 내일로 임박하였는데, 함락 후 장(蔣)[261] 정권의 동향이야말로 볼거리이겠습니다만, 저 일류(一流)의 강자는 장기 항일을 외치는 것이겠지요. 우리는 앞으로도 제일선에서 활약해주시는 우리 장병의 몸을 생각하면서, 대일본제국의 일원임을 자각하고 총후의 임무에 매진할 각오입니다. 운운.

---

261 중국국민당 장개석(蔣介石) 정권을 말함.

5. 삼수군 금수면(襟水面) 성내리(城內里)

면서기(面書記), 김종환(金鍾環), 현 32세

나는 생각해보니, 이 지방의 연령 60세 이상인 자는 거의 일한병합의 취지에 어느 정도 의심을 품고 있었다고 생각합니다. 그러나 이번 좌담회에서 한 경시로부터 한국 황제의 병합에 대한 칙어의 설명을 통해서 충분히 납득되었습니다.

또한 영화는 선명하여 모두 크게 기뻐했습니다. 3리(里) 이상의 관흥면(館興面) 방면에서 머물고 있으면서도 다수가 온 것을 보고, 또한 그 심정을 엿볼 수 있습니다. 사변 뉴스에서 전체 일본군은 많고 강하지만, 지나 병사는 조금도 보이지 않는 것이 아닌가 하고 의문도 있었던 듯합니다. 상영 중 소학교 생도의 힘찬 「황국신민의 서사」 제창에 일동은 뭐랄까 감격한 모양이었습니다. 요컨대 일반은 정말 계발되고 또 즐거운 한때를 보내어 감격했습니다. 경찰에게 모두 감사하고 친절하다는 마음을 갖고 있습니다. 앞으로도 자주 개최해주셨으면 하는 것은 부민(部民) 전체의 목소리입니다. 운운.

6. 삼수 중평장공립심상소학교(仲坪場公立尋常小學校)

6학년 최문수(崔文秀)

5월 17일 오후 2시 공회당에서 함경남도의 한 경시님으로부터 강연을 들었습니다. 그 가운데 느낀 바가 많습니다만 가장 감동스러운 것은, 만주에 건너가 사는 사람은 일하는 것을 싫어하여 다른 사람들 것을 빼앗아 먹으려 하여 사람들에게 강도 소리를 듣는데, 자신들은 공산당으로서 조선을 독립시키겠다고 하면서 인민이 열심히 일한 먹거리를 빼앗아 언제나 인민을 곤란하게 할 뿐이라고 합니다. 그 이야기를 들으면서 내 마음이 크게 변화하며 매섭게 살점이 떨어져 나가는 듯한 느낌이 들었습니다. 또 하나는 저 동양평화를 위해 지나(支那)와 사이좋게 지내려 하는데 지나는 도리어 반항하므로, 근본적으로 깜짝 놀랄 만한 말을 듣고서 나는 대단히 기쁘게 생각했습니다. 그 가운데 내선일체라는 말을 듣고 나는 진심으로 감격의 눈물을 흘렸습니다.

<자료 27>

시국좌담회 관련《조선일보》기사

(1937. 8~1940. 8)

시국좌담회

1937. 8. 20. 석간 8면 11단

【풍천】 황해도 송하경찰서에서는 비상시국의 인식을 철저히 하고자 8일 황해도경찰부장이 해서 지방 순시차 송화까지 오게 된 기회에 군내 각계 유지를 송화서에 회합을 청하여 시국좌담회를 개최키로 하였다는데, 지방 유지는 다수 참석해 주기 바란다 한다.

강(姜) 지사(知事) 참석하에 신천 시국좌담회

1937. 9. 4. 석간 8면 4단

【신천(信川)】 지난 1일 오후 1시에 본도 강(姜)[262] 지사가 신천에 와서 공회당에서 신문기자 등을 비롯하여 각계 유지들이 모여 시국좌담회를 개최하였다 하며, 특히 지사는 유림(儒林)에 대한 재인식을 강조하였다고 한다.

---

262 강필성(姜弼成, 1885~1939): 함남 원산 출신. 풍산군수, 중추원 참의, 황해도지사 등을 역임. 1904년 러일전쟁 당시 일본육군 통역으로 근무하면서 전쟁에 협력하였으며, 그 공로로 일본으로부터 훈포상과 은사금을 받고 관리로 근무하였다. 1914년 이래 풍산군수, 정평군수, 안변군수 등으로 10년간 근무하고 조선총독의 자문기구인 조선총독부 중추원 참의로 임명되었으며, 1932년 이래 총독부 참여관 및 도사무관, 도지사 등을 역임하며 일제의 침략전쟁에 협력하였다. 그의 이러한 행위는 2009년 「일제강점하 반민족행위 진상규명에 관한 특별법」에 의거한 친일반민족행위로 최종 결정되었다.

장연 관민 유지들 시국좌담회 성황

1937. 9. 6. 석간 3면 4단

【장연(長淵)】 북지사변은 그 사태가 확대하여 지나사변이라고 명칭을 변경케 된 금일에 장연군에서는 시국의 재인식을 필요로 지난 3일 일반 유지 제씨와 관공서원 총 회집을 하고 시국좌담회를 개최하였다는데, 당일에 황해도 미카미(三上) 지방과장도 동 좌담회에 임석하여 시국강연을 하였는데, 강연의 요지는 지나사변에 대한 비판으로서 일반에게 많은 충동과 인식을 주었고, 뒤이어 군인에게 위문품 발송 문제를 필두로 시국에 대한 감상 등 제반 문제를 토의하고 성황리에 산회하였다 한다.

개성 각계 유지 시국좌담 개최

1937. 9. 7. 석간 8면 9단

【개성(開城)】 지나사변은 불확대주의에서 급기야 응징주의로 심각해가는 이때 관민일치로 일층 시국에 대한 적확한 인식을 갖고 총후 성원을 다하기 위하여 지난 4일 오후 1시 개성부 사회관(社會舘)에서는 각계 유력자 100여 명이 모여 시국좌담회를 권(權)[263] 부윤(府尹)의 사회하에 개최하였는데, 피차에 격의 없는 좌담으로 시국에 대한 현 정세와 물가 등귀의 동향 등을 설명하다가 무사히 산회하였다.

263 권중식(權重植, 1892~1943): 경북 달성 출신. 일본식 이름은 야마모토 시게오(山本重夫) 및 산본승우(山本昇佑). 1915년 군 서기를 시작으로 관료에 입문하여 구례군수, 삭주군수 등을 역임했으며, 1936년 개성부윤으로 부임했다가 중일전쟁 이후인 1937년 11월 만주국 간도성 실업과장으로 근무하였다. 1940년대에 평남방공위원회 위원 등으로 활동하다가 1942년 조선총독부 중추원 참의가 되었다. 이러한 행위는 2009년 「일제강점하 반민족행위 진상규명에 관한 특별법」에 의거한 친일반민족행위로 최종 결정되었다.

시국인식 철저에 경무국 적극 진출
2만 경찰관을 총동원
시시(時時) 좌담회를 개최

1937. 9. 19. 조간 2면 4단

시국에 대한 관민 총동원의 정신운동에 대하여는 경무국에서도 적극적 진출하기로 하여 각 도경찰부장을 통하여 전 조선 2만의 경찰관이 각 주재소를 중심으로 읍면 직원과 농촌진흥단체 관계자와 협력 제휴하여 시국인식에 관한 좌담회를 개최하며, 기타 기회 있는 대로 민중에게 시국에 대한 인식을 철저케 하도록 경무국장으로부터 각도 경찰부장에게 일전에 통첩을 발하였다.

천안 시국좌담회

1937. 10. 5. 조간 4면 11단

【천안(天安)】 이 비상시를 당하여 천안경찰서에서는 일반 인민에게 시국의 인식을 주기 위하여 지난 1일부터 서장 이하 각 직원들이 천안군 내 각 리(里)를 순회하며 한 동리도 빼지 않고 좌담회를 하는 중이라 한다.

소래 시국인식 좌담회 개최

1937. 10. 6. 석간 7면 7단

【소래(蘇來)】 소래경찰관주재소(蘇萊警察官駐在所)에서는 본서와 연락하여 일반 인민에게 시국인식을 철저히 하기 위하여 아래와 같이 각 부락을 순회하여 좌담회를 개최하기로 하였다는데, 다수 참석하기를 바란다 하며, 일시와 집회 장소는 다음과 같다.

10월 4일 신천리(新川里) 사천진흥회관(蛇川振興會舘)

6일 방산리(芳山里) 구장(區長) 집

7일 방산리(芳山里) 종동동(宗同洞) 회장 집

8일 포리(浦里) 회장 집

9일 미산리(米山里) 정(丁) 회장 집

11일 은행리(銀杏里) 조(曺) 회장 집

12일 안현리(鞍峴里) 구장 집

13일 장락동(長樂洞) 이(李) 회장 집

15일 매화리(梅花里) 진흥회장(振興會場)

16일 도창리(道倉里) 박(朴) 회장 집

18일 금이리(錦李里) 신(申) 회장 집

19일 무지리(茂芝里) 장(張) 회장 집

20일 과임리(果林里) 김(金) 회장 집

21일 동각암(同角岩) 이(李) 회장 집

23일 옥길리(玉吉里) 야스다(安田) 회장 집

24일 옥연리(玉連里) 남(南) 회장 집

26일 계수리(桂壽里) 도쿠이시(德石) 회장 집

27일 동계일(同桂日) 박(朴) 회장 집

29일 대야리(大也里) 상대야집회소(上大也集會所)

시국인식 강조
이천 각 부락 좌담회

1937. 10. 12. 석간 7면 3단

【이천】 강원도 이천경찰서에서는 지나사변 발발 이후 8만 군민에게 비상시국에 당면하여 만전을 다하도록 서장 이하 직원 전부 총동원으로 시국인식의 강조, 유언비어의 단속과 더

욱이 규칙 위반이 되지 않도록 12분의 주의 환기를 하여 총후에 국민된 의무를 다하도록 철저한 방법으로 나가던 중, 이번 특히 이천군 내 91개 리에서 본서는 물론 각 주재소원도 전부 출동하여 부락 좌담회를 개최하기로 하였다 한다.

순회 시국좌담회

1937. 10. 12. 석간 7면 5단

【통천(通川)】 통천경찰서장 하라오카(原岡) 씨는 북지사변 돌발 이후 시국에 대하여 국민에게 시국인식을 철저히 하고자 산간벽지에까지 간접 직접으로 많은 노력을 하여오던바, 이번에 더욱 시국과 농촌진흥에 만전을 다하고자 경찰서원 및 주재소원을 총동원하여 군·면 직원의 후원을 얻어 각 면·각 리·각 동별로 시국좌담회를 지난 5일부터 개최한바, 회의 골자는 시국과 농촌진흥, 그 외에 대하여 무엇이든지 자유롭고 명확히 대답하여 농민과의 친선을 도모하는 나머지에 시국인식을 철저히 알리게 하는 것이 근본정신이라고 한다.

양평군 시국좌담회

1937. 10. 20. 석간 7면 1단

【양평(楊平)】 양평경찰서에서는 현하 시국 중대성에 비추어 사변 돌발 이래 일반 민중에게 대하여 정확한 인식을 갖도록 여러 가지 방법으로 지도하여 오던바, 이것을 일반 농촌 방방곡곡에까지 철저한 인식을 주고자 지난 10월 10일부터 본서 관내는 물론 군내 각 주재소를 통하여 각 리별 혹은 부락별로 나누어 매번 직원, 기타 기회를 이용하여 시국좌담회를 개최하여 실시 중인데, 제1회를 마치자면 약 1개월을 요한다 하며, 1회가 끝나면 다시 반복하여 시국이 안정될 때까지 계속 실행할 모양이라 한다.

취야 청년 시국좌담회

1937. 10. 22. 조간 4면 3단

【취야(翠野)】 비상시국에 대처할 국민정신을 강조키 위하여 지난 19일 오후 8시부터 시내 면사무소에서 청년 70여 명이 회합하여 시국좌담회를 개최하고 「황국신민의 서사」 각 한 장씩을 분배한 후 좌담을 하고 동 9시 30분 폐회하였다 한다.

감격한 청중 헌금
시국좌담회에서

1937. 10. 22. 석간 7면 3단

【개성(開城)】 지난 16일 개성부의 중면(中面) 대룡리(大龍里) 율곶동(栗串洞)에서 개최한 '시국좌담회'의 석상에서는 총후 국민의 중대한 것을 각오한 장봉환(張鳳煥) 외 40명의 회원은 즉석에서 4원 76전을 국방헌금으로 바치었다 한다.

시국인식 좌담회
청주군 각 면에서 개최

1937. 10. 24. 석간 7면 4단

【청주(淸州)】 비상시국을 일반에게 인식시키고자 조선총독부를 비롯하여 각 지방 관청에서도 총활동 중임은 주지하는 바이나, 지금까지 경찰 당국은 이를 적극적으로 원조할 뿐이었는데, 충북 청주서에서는 다음 일정[日割]과 장소에서 좌담회를 개최하리라고 한다.

강서면(江西面) 10월 23일 다무라(田村) 경부보(警部補)

북일면(北一面) 동(同) 27일 오시카와(押川) 경부(警部)

미원면(米院面) 동 28일 다무라 경부보

강내면(江內面) 10월 21일 오시카와 경부

북이면(北二面) 11월 8일 미우라(三浦) 서장(署長)

오창면(梧倉面) 10월 27일 이(李) 경부

남일면(南一面) 동 28일 니시자와(西澤) 경부

남이면(南二面) 동 29일 미우라 서장

부강면(芙江面) 10월 24일 니시자와 경부

가덕면(加德面) 동 25일 이 경부

강외면(江外面) 동 28일 다마키(玉置) 경부보

옥산면(玉山面) 동 24일 미우라 서장

낭성면(琅城面) 동 30일 다마키 경부보

문의면(文義面) 11월 2일 다무라 경부보

강연 듣고 감격 헌금
개풍 시국좌담회서

1937.10.27. 석간 7면 3단

【개성(開城)】 개풍군(開豐郡) 상도면(上道面) 심인리(三仁里) 까치골(鵲谷洞)에 사는 김윤일(金允一)과 동면 동리 선산동(仙山洞)에 사는 김동한(金東漢) 양씨는 저번에 개최된 시국좌담회에서 이번 지나사변에 애국 지정에 넘치는 황군의 무용담을 듣고 크게 감격한바 있어 다음과 같이 국방헌금을 하였다 한다. 김윤일 3원. 김동한 8원 75전.

『시사문답(時事問答)』을 발행
농촌의 시국인식 좌담회 자료로

1937. 10. 28. 석간 2면 7단

학무국에서는 그전에 강사를 전 조선 각지에 파견하여 시국 강연을 하였는데, 그때에는 강사 100명이 전 조선의 중요한 부·읍·면 500여 곳에서 우선 민중에게 시국의 인식을 시키는 데 성공하였으나 이것은 일방적 강연이니만치 민중의 의문에 대하여 만족한 대답을 하지 못한 경험이 있어 이번에는 이 민중의 시국인식을 한층 더 원만 철저하게 하기 위하여 교화단체연합회(教化團體聯合會)가 발간한 『시사문답』이라는 팸플릿 1만 부를 전 조선 각 읍·면과 주재소에 배부하게 되었다. 이리하여 지방의 중견인물과 학교 직원, 청년단원을 중심으로 하여 촌락 집회소의 좌담회 자료에 쓰기로 하였는데, 그 내용은 사변의 본질과 지나의 제 문제, 국제관계, 국민의 각오와 경제 문제에 걸쳐서 쉽게 해설한 것이라고 한다.

시국인식 좌담회

1937. 11. 4. 석간 2면 10단

【상주(尙州)】 경북 상주군 군내 공성면(功城面)에서는 비상시국을 일반에게 인식시키고자 하여 면사무소·주재소·학교 등의 직원들과 유지 2~3인이 한 곳도 빠지지 않고 매일 돌아다니면서 시국인식에 대한 좌담을 하고 있는 중이라고 한다.

시국좌담회 참석자 38만 4,000여 인
전 조선 주재소 중심으로 개최

1937. 11. 9. 석간 2면 5단

경무국에서는 시국인식운동에 적극적으로 협력하여 전 조선에 산재하는 주재소의 수석순사를 중심으로, 특히 조선 사람을 주장으로 한 시국인식 좌담회를 열고 있던바, 8일까지의 조사를 보면 좌담회 개최 횟수는 4,902회에 달하고 좌담회 참가자는 38만 4,700인을 돌파하는 성황을 이루었다. 이것으로 시국을 인식하고 즉석에서 국방헌금, 황군 위문금 등을 낸 곳이 57건, 마량[264]을 자진 기부한 사람이 다수였다 한다.

삼거리 시국좌담회

1937. 11. 18. 석간 7면 6단

【이천(伊川)】 강원도 이천군 산내면(山內面) 삼거리(三巨里)에서 지난 14일 밤에 산내주재소원이 출장하여 시국좌담회를 개최한바, 출석하였던 산내 삼거리민들은 총후의 적성을 다하여 그 자리에서 국방헌금으로 1원 95전을 모아 주재소원에게 맡겨 헌납 수속을 하였다는데, 좌담회에서 그와 같이 헌금한 것은 처음이라고 한다.

조선문(朝鮮文) 팸플릿 각 방면서 호평

1937. 11. 22. 석간 2면 9단

총독부에서 요전에 〈사변과 조선인의 각오〉라고 제목한 조선문 팸플릿을 인쇄하여 널리 내외 각지의 조선인에 배부하여 시국인식의 철저에 다대한 효과를 나타내고 있는바, 특히 내지의 그 반향은 자못 커서 증쇄(增刷) 주문까지 왔으며, 아오모리현(青森縣) 지사(知事)는 조선문뿐 아니라 국어(國語)[265]로 한 것이라도 더 배부하여주기를 바란다는 신입이 들어왔는데, 20일에는 미에현(三重縣) 지사로부터도 동현 관하 가메야마서(龜山署)에서 관내 재주 조선인의 좌담회를 열고 그것을 배부한 결과, 감격한 조선인은 즉석에서 황군 위문금을 지출하여 그

264 마량(馬糧): 말을 먹이는 꼴이나 곡식.
265 일본어를 말함.

전달을 의뢰하였다는 호소식이 있다.

시흥군 내 각 면에서 전황(戰況) 영화회 개최
시국인식은 눈으로부터

1937. 11. 28. 석간 7면 4단

【영등포(永登浦)】 시흥군(始興郡)에서는 지나사변 발발 이래 시흥군 주최로 각 방면의 명사를 초빙하여 순회강연회를 몇 번이나 개최하였고, 영등포서(永登浦署)에서도 본서와 각 주재소 직원을 총동원시켜 가지고 각 부락마다 시국좌담회 등을 개최하였으므로 일반의 시국인식이 철저할 뿐 아니라 생업보국의 실적을 거양하고자 거군 관민일치의 활동을 하고 있는 터인데, 특히 군과 경찰서에서는 강연으로는 암만 하여도 황군 장사가 얼마나 국가를 위하여 악전고투하고 있는지를 잘 알 수 없을 것이므로 신카이(新海) 서장(署長)의 알선으로 다음과 같은 일정으로 지나사변 전황 영화회를 개최하기로 하였다고 한다.

11월 25일 신동면(新東面)

11월 26일 과천면(果川面)

11월 27일 수암면(秀岩面)

11월 28일 군자면(君子面)

11월 29일 남면(南面)

11월 30일 서이면(西二面)

12월 1일 동면(東面)

12월 2일 서면(西面)

수안 종교 교역자(敎役者) 시국좌담회 개최

1937. 12. 8. 조간 4면 4단

【수안(遂安)】 지난 11월 30일 오후 1시에 수안경찰서에서는 동군 내에 있는 각 종교 교역자를 초청하여 동서 내에서 시국좌담회를 개최하였는데, 관공서 측으론 가와사키(川崎) 서장(署長) 이하 김순조(金淳祚) 군수, 사회과 류 주임 등이었고, 종교가 측으론 기독교·천주교·천도교 각 교역자 30여 명이 출석하여, 제1차로 가와사키 서장은 시국에 대한 인식으로, 김순조 군수는 생업보국(生業報國)에 대한 문제로 각각 강화가 있었고, 다음 좌담회에 들어가서 동방요배(東邦遙拜), 신사참배, 국기게양, 「황국신민서사」 이상 네 가지 문제로 피차 간곡한 좌담이 있었다 한다.

시국좌담회 참가 인원 150만 명 돌파
전 조선 2,000여 주재소가 주최

1937. 12. 11. 석간 2면 6단

지나사변 발발 이래 총독부 방침에 의하여 전 조선 각 주재소 중심으로 실시 중인 시국인식 좌담회는 지방 주민의 시국인식 철저에 의하여 비상한 호성적을 보이고 있다.

지난 7일 현재 총독부 조사에 의하면 각 주재소 중심으로 개최한 시국인식 좌담회 횟수는 2만 131회에 집회 인원 155만 8,355인에 달하였는데, 함경북도(咸北)의 것은 아직 보고가 도착되지 않았다. 전 조선 2,512개소의 경찰관주재소와 출장소 경찰관의 비상한 노력과 열성으로 총후를 지키는 조선 민중의 시국인식은 자못 철저하여 훌륭한 결과를 보이고 있다.

시국좌담회 개최
장연서장 초대로

1937. 12. 19. 조간 4면 7단

【장연(長淵)】 일지사변도 수도 남경의 함락으로 일단락을 고하고 앞으로 장기 항전 제2 계단을 밟는 이때에 장연 고로키(興梠) 경찰서장은 지난 16일 오후 5시에 사택으로 읍내 각 신문 지국장을 초대하여 시국좌담회를 개최하였는바, 일반 문제를 흉금을 헤치고 토의한 후 남경 함락 축하연까지 있어서 오후 10시경에 화기애애한 중에 산회하였다 한다.

이천 판교면민 열성 애국헌금이 답지
13일 하루에 3건

1937. 12. 19. 석간 7면 1단

【이천(伊川)】 날이 갈수록 총후에 있는 일반 국민들의 적성은 자못 고조되어 가지가지의 애국 미담이 뒤를 이어 있는데, 특히 이천군 판교면(板橋面) 주재소(駐在所)에서는 일반 면민에게 시국에 대한 인식을 철저히 하고자 각 부락을 순회하면서 시국좌담회를 개최하여 그 효과가 많은 중 판교면 내에서 이번에 다음과 같은 애국미담이 있다는데, 과연 시국에 대한 반영이 여실하다는 증거가 될 것으로, 일반 관계 당국에서는 감사하여 마지않는다고 한다.

1. 판교면 하송리(下松里) 애국부인회에서는 회장 한계상(韓桂相) 여사 이외 38명이 절미저축을 장려하여 그 판매대금 2원을 지난 13일에 판교주재소에 가지고 와서 애국헌금으로 부탁하였으며,
2. 판교면 군지리(君至里) 최학렬(崔學烈), 최학희(崔學熙) 외 9명은 일지사변 발생 이후 금주 금연을 단행하여 모은바 현금 7원을 지난 13일에 판교주재소에 애국헌금으로 보내달라고 기탁하였으며,

3. 판교면 용천리(龍川里) 김병선(金炳善) 외 18명은 일지사변 이후 절주 절연을 실행하여 현금 11원 40전을 지난 13일에 판교주재소에 애국헌금으로 기탁하였다는데, 이와 같이 하루 사이에 세 건의 애국미담이 있다는 것은 실로 감격을 마지않는다고 한다.

영덕읍 교회에서 시국인식 좌담회

1938. 1. 17. 석간 4면 4단

【영덕(盈德)】 경북 영덕군(盈德郡) 읍내(邑內) 화개동(華開洞) 장로교회에서는 지나사변 이후로 국방헌금, 출정군 위문 무운장구 기도회 등 총후 의무를 다하여 오던바, 지난 14일 오후 8시부터 동 예배당 내에서 다음과 같이 각층 대표급 남녀 교인 150여 명 참석리에 시국인식 좌담회를 강우근(姜佑根) 목사 개회사로 열고, 경찰 당국에서 참석한 조(趙) 사법주임(司法主任)의 지나사변 발단 동기 및 전황 전망 등 기타 다음 제씨의 좌담이 있은 후 동 10시경에 폐회하였다고 한다.

조용태(趙鏞泰) 사법주임, 여태현(呂泰鉉) 형사(刑事), 면협의원(面協議員) 강호근(姜浩根), 구세의원장(救世醫院長) 백행근(白行謹)[266]

본보(本報) 영덕지국장(盈德支局長) 주병호(朱秉豪), 강우근(姜佑根)·강병철(姜炳哲) 양 목사, 노태식(盧台植) 장로, 홍남옥(洪南玉) 여전도사(女傳道師) 외 교인 일동

266 백행근(白行謹): 1925년 의사 면허를 취득하였다. 그해에 세브란스의학전문학교를 우수한 성적으로 졸업하고 학교부속병원에서 1년간 내과를 연구하였다. 이후 신의주 청산의원(靑山醫院), 안동 성소의원(聖蘇醫院) 및 풍산의원(豐山醫院) 등에서 근무하였다. 1929년 12월부터 영덕에 정착하여 구세의원을 개업하여 명성을 얻었다. 무료 진료 등 자선사업을 많이 한 인물로 알려져 있다(《조선일보》 1931. 9. 16.). 1933년에도 내의(內衣) 24벌을 빈민에게 나눠주었다는 기사가 보도되는(《중앙일보》 및 《조선중앙일보》 1933. 3. 30.) 등 1940년대까지 기부금 등의 기사가 눈에 띈다.

각 종교단체 시국인식 현저
기독교와 천도교에서

1938. 1. 18. 조간 2면 9단

평남(平南) 용강군(龍岡郡) 해운면(海雲面) 용반리(龍磻里) 장로파(長老派) 교회에서는 작년 세말경 1주간 연합 사경회(査經會)를 개최하였는데, 회기 중 매일 「황국신민서사」를 제창하여 국민 관념을 강조한 바가 있었다.

함북(咸北) 종성군(鍾城郡) 내 기독교도는 12월 5일 교도들만이 시국좌담회를 열고,

1. 매월 6일의 애국일, 기타 기회 있는 경우에는 신사참배할 것
2. 예배일, 기타 교회에 집합하는 때는 황거요배(皇居遙拜)를 행할 것
3. 각 교회 내에 국기게양탑을 건설할 것
4. 축제일, 기타 일 있는 경우에는 반드시 국기를 게양할 것

등을 협의 결정한 후 그 실시에 착수하여 시국인식운동에 적극적 진출하기로 하였다.

천도교(天道教) 중앙종리원(中央宗理院) 현법사(玄法師) 최린(崔麟) 씨는 지난 12월 24일 인일(人日)[267] 기념식 당일에 교회 간부에 대하여 시국을 설명한 후 각 지방 대표 700명은 조선신궁에 참배하고 황군 무운장구를 기원하였다. 그리고 당일의 점심을 절약하여 일금 64원 90전을 황군 위문금으로 헌금하였다.

또 천도교 중앙교회 교주 박인호(朴寅浩) 씨는 간부 이종린(李鍾麟) 씨를 통하여 지난 12월 24일 교회당 각 지방 수뇌자 80여 명을 초집하고, 현하 비상시국에 대한 조선의 처지를 설명한 후 양력 과세와 색복 장려를 역설한바 있었다.

267 인일(人日): 인날. 천도교에서 제3 교조(教祖) 손병희(孫秉熙)가 제2교조 최시형(崔時亨)에게서 도통을 받은 날.

사상범 중에 전향자가 40명
전 조선 각 보호관찰소의 활동
국방헌금 신청도 답지

1938. 1. 23. 조간 2면 4단

경성을 비롯하여 각 사상범보호관찰소에서는 사변 발생 이후 작년 8월경부터 피보호자의 시국인식 철저에 노력하여 관찰소를 중심으로 시국좌담회를 열었는데, 그 결과 시국에 눈떠서 새로 전향한 사람이 40명에 달하고 국방헌금도 속속 신청되어 지난 15일까지 179명이 284원을 헌금하였다.

완주군 관내에서 시국인식 강조

1938. 2. 6. 조간 4면 6단

【전주(全州)】 완주군(完州郡)에서는 지나사변이 돌발하자 일반 군민에게 시국에 대한 인식을 주지시켜오던바, 이번에 또다시 심각한 인식을 주려고 오는 15일 관내 면장(面長)과 초등학교장을 소집하고, 총독훈시의 5대 강령[268]의 철저한 주지를 전달함과 동시에 각 면사무소 소재지에 있어서는 소방조·수방단·청년단·부인단원들을 석당한 장소에 소집한 후 좌담회를 개최하도록 지시를 하였다는데, 좌담회의 지시 사항은 다음과 같다고 한다.

- 시국인식의 강화 철저에 관한 건
- 국민정신총동원주간(國民精神總動員週間)의 실시에 관한 건
- 군사부조(軍事扶助), 군사후원(軍事後援)의 철저에 관한 건
- 총독훈시(總督訓示) 5대 정강의 철저에 관한 건

268 미나미 총독훈시 5대 강령(정강)은 '국체명징(國體明徵), 선만일여(鮮滿一如), 교학진흥(敎學振興), 농공병진(農工併進), 서정쇄신(庶政刷新)'을 말한다.

- 국기보급(國旗普及)에 관한 건
- 대마봉재(大麻奉齋)에 관한 건
- 춘궁기(春窮期)에 처한 궁민구제(窮民救濟)에 대한 대책에 관한 건

종교 관계자 좌담회

1938. 2. 10. 조간 4면 10단

【평양(平壤)】 평양서에서는 8일 오후 1시부터 평양서 3층 누상(樓上)에서 부내 장로파·감리파(監理派)·천도교 등 각 종교 관계의 유력자 42명을 초대하고 시국 극복과 정신 총동원에 대한 협의를 한 바 있었는데, 다나카(田中) 서장의 개회 인사가 있었고 회합에 대한 설명이 있은 다음 각 관계자들로부터 의견의 청취를 한 바 있었다.

시국이 시국인 만큼 회집한 각 관계자는 열성으로 응수하여 큰 효과를 얻었으며, 금후 이 좌담회의 조건을 기초로 여러 가지 새로운 종교 인식이 전개될 것으로 보인다.

시국인식 좌담회

1938. 2. 14. 석간 2면 8단

【덕양(德陽)】 여수경찰서(麗水警察署)에서는 시국의 중대함을 일반 민중에 인식시키기 위하여 이토이(絲井) 경무주임이 직접 마을마다 출장하여 좌담회를 개최하는데, 제1회 좌담회는 10일에 전부 마치고 또 제2차로 앞으로 계속하리라 한다.

소래 시국좌담회

1938. 3. 12. 석간 7면 7단

【소래(蘇萊)】 소래경찰관주재소(蘇萊警察官駐在所)에서는 지난 15일부터 금월 8일까지 제3회 시국인식 좌담회를 개최하였다는데, 내선일체, 총후국민 의무 등을 철저 인식키 위하여 면내 전반 인민에게 강연을 하였다고 한다.

종합선전주간 협의회
작일(昨日) 민간 측 각 방면 인사 80명을 초치(招致)하여
총독부에서 실시 방법 등 결정

1938. 4. 2. 조간 2면 1단

기보=총독부에서는 시국항구화(時局恒久化)의 사태에 대처하는 견인지구(堅忍持久) 정신을 더욱 강화하여 장기전(長期戰) 중에 다소 해이해지는 듯한 민심에 대하여 이때 다시 시국 재인식을 철저히 할 필요가 있으며, 또는 종래의 시국선전이 순전히 관청 내지 이에 속한 선전에 불과하였으나 이번에는 각종 기관, 각종 단체를 연락하여 민중 선전망을 조직하여 종합선전 효과를 나타내도록 하고자 종합선전주간(綜合宣傳週間)(가칭)을 오는 29일부터 1주간 실시하고자 1일 오후 2시 반부터 총독부 제1식당에 부내 각 신문·통신기관의 대표자를 위시하여 각 은행·회사, 각 종교단체 대표자, 기타 관민 80명을 초치하고, 좌장 아베(安部) 소장(少將) 통제하에 전후 10개 항목의 실행 사항, 기타 여러 가지에 대하여 실행 방법, 기타를 협의한 후 5시경에 산회하였다.

◇ 실시 물품 및 방법

1. 지(紙), 목면(木綿) 및 연료(燃料) 절약 방법 및 저축 장려(勵行)의 철저를 도모하기 위하여 삐라를 제작 배포

2. 포스터 제작 배포

3. 관공서·학교·회사·은행·공장 등에서 강연·강화(講話)의 실시

4. 각종 단체에서 좌담회, 기타 적절한 방법에 의하여 철저를 투(鬪)함

5. 자원애호전람회(資源愛護展覽會) 혹은 절약전시회(節約展示會) 등의 개최(경성부에서는 4월 말부터 5월 초에 걸쳐 전람회 개최 예정)

6. 가정에 대한 철저

7. 전차·기차·자동차 등의 승물(乘物), 기타 다수가 집합할 장소를 이용하여 선전

8. 신문·잡지·방송에 의하여 선전

9. 본 운동을 실시 준비키 위하여 중앙·지방에서 관계 관공서 및 관계 단체와의 간담 타합회(打合會)를 열고 구체적 방법을 정함

민간 측 실행위원 선정

그리고 다시 민간 측으로 실행위원을 좌장 아베 소장으로부터 다음과 같이 자백 결정한 후, 총독부 내 정 위원 간사 중(각 과장, 사무관)에 선출할 실행위원은 추후에 총독부 당국에서 결정하기로 하였다.

애국부인회(愛國婦人會) 주사(主事) 요시나가 데이(吉永貞)

조선저축은행(朝鮮貯銀) 상무(常務) 시로이시 진키치(白石甚吉)

조선금융조합연합회(朝鮮金組聯合會) 금융부장(金融部長) 혼다 히데오(本田秀夫)

경성부 상공회의소(商議) 회두(會頭) 가다 나오지(賀田直治)

경성부 총무부장 마쓰시마 기요시(松島清)

경성연합청년단장(京城聯合青年團長) 마에다 노보루(前田昇)

경성교화단체연합회(京城教化團體聯合會) 이사(理事) 고에즈카 쇼타(肥塚正太)

녹기연맹(綠旗聯盟) 쓰다 사카에(津田榮)

시중회(時中會) 이사 최린(崔麟)

감리회파(監理會派) 양주삼(梁柱三)

경성흥업조합장(京城興業組合長) 와케지마 후지로(分島周次郎)

춘추회(春秋會) 간사 미타라이 다쓰오(御手洗辰雄)

동상(同上) 이상협(李相協)

방송협회 방송부장 무타 요시노부(牟田義信)

재향군인경성연합회장(在鄕軍人京城聯合會長) 아베 소장

〈그림 53〉 회의 광경

시국좌담회

1938. 4. 27. 석간 4면 7단

【춘천(春川)】 춘천경찰서(春川署)에서는 지난 23일 오후 3시 반부터 춘천금조[269] 2층에서 춘천 관내 각 기독교 계통 종교가들 십수 명을 초빙하여 시국좌담을 개최하였는데, 소득한 바 적지 않다고 한다.

269 춘천금융조합.

기독교 간부 좌담회 개최

1938. 4. 28. 석간 2면 4단

26일부터 시작되는 총후보국주간을 앞두고 부내 서대문서 고등계에서는 25일 오후 1시부터 관내에 사는 다음과 같은 예수교 지도자를 모아 시국인식 좌담회를 열고 벽두 하네(羽根)[270] 서장(署長)이 비상시국에 처한 예수교도의 취할 태도에 대하여 일장의 훈시를 한 다음, 슈토(首藤) 고등주임이 방침을 설명하고 여러 가지로 토의한 결과,

> 전시체제 아래 처한 기독교도로서는 마땅히 일본주의적 입장에 입각하여 시국을 인식하여 모든 총후의 적성을 다할 것이다.

라는 뜻의 선언을 결의하여 실행하는 동시에 전 조선 기독교도에게 같은 취지를 선전 주지케 하기로 하고, 동 3시 반 폐회하였다.

감리회총리원본부(監理會總理院本部) 유형기(柳瀅基)
동양선교회본부(東洋宣教會本部) 최석모(崔錫模)
성공회본부(聖公會本部) 임학(林鶴)
일본기독교회(日本基督教會) 고사카 요시조(幸坂義三)
여자절제회(女子節制會) 장정심(張貞心)
구세군사관학교(救世軍士官學校) 이완용(李完龍)
감리회 석교예배당(石橋禮拜堂) 박연서(朴淵瑞)
독립문 성결교회(聖潔教會) 김응조(金應祚)

270 하네 효조(羽根兵三, ?~1942): 시가현(佐賀縣) 출신. 1910년대부터 줄곧 조선총독부 경찰 관료로 근무. 경기도경찰부 경무과장 재직 중이던 1942년 8월 26일 향년 52세로 사망(《每日新報》, 1942. 8. 28.).

감리회 만리현교회(萬里峴敎會) 김유순(金裕淳)

천주교회(天主敎會) 위주희(委周熙)

천연정(天然町) 성결교회 김명현(金明顯)

감리교 정동제일예배당(貞洞第一禮拜堂) 김종우(金鍾宇)

구세군 제5영(營) 김용섭(金龍涉)

동(同) 제2영 임석길(任錫吉)

감리교회신학교(監理敎會神學校) 김종만(金鍾萬)

고물상 좌담회

1938. 5. 23. 석간 3면 2단

【여수(麗水)】 지난 18일 오후 1시에 여수경찰서장실에서 고물상(古物商) 좌담회를 개최하고 애국부인회 임원의 참석과 아울러, 서장이 의장에 취하여 현하 장기전(長期戰)의 시국이 더욱 다사다난한 때에 있어 국민의 근검저축, 생업보국(生業報國)에 노력할 바를 강조하고, 이제 각 가정에서 버리던 각종 고물이 재가공(再加工) 또는 개조(改造)함으로써 적지 않은 자원(資源)이 되니 이는 무엇보다도 가정주부들이 특히 시국인식에 대한 각오하에서 폐물을 수집할 것을 역설하였는바, 각 회합자 측에서도 절실히 느껴 여러 가지의 의견을 교환한 후 동 3시경에 폐회하였다.

경민일치(警民一致) 좌담회

1938. 5. 31. 석간 7면 7단

【해주(海州)】 황해도경찰부에서는 비상시국하에 있어 총후 치안의 완벽을 꾀하기 위하여는 일반 민중의 경찰에 대한 이해를 깊게 하여 경민일치 협력의 실적을 올리는 것이 당면의 과제라 하여, 우선 제일착으로 관내 각 경찰서에 그 관내 좌담회를 열기로 하여 지난 28일 각

서에 그 통첩을 발행하였다.

이 좌담회는 온갖 방면으로부터 경찰에 대한 희망 혹은 의견을 들어 자기비판의 참고 자료로 삼으며, 또한 경찰 사무 및 그 시설 사항에 대하여 상세히 설명하여 민중의 이해와 협력을 얻어 경민일치의 성과를 얻으려는 것으로, 각 방면의 기대를 끌고 있다.

구로누마(黑沼) 서장 열변 감동
국방헌금 답지

1938. 6. 12. 조간 3면 5단

【수원(水原)】 구로누마 수원경찰서장은 이 비상시국의 인식을 일반 민중에게 철저히 주입하고자 매일 침식을 잊다시피 하고 군내 각 면, 각 리를 순회하면서 일반 민중을 모아서 좌담회를 개최하고 총후보국에 대한 사상을 주입하여오던 중, 지난 9일은 수원군 삼괴시장(三槐市場)에 나가서 좌담회를 개최하고 어떻게나 민중을 감복시켰는지 좌담회에 열석했던 민중은 각각 주머니를 기울여 혹은 국방헌금, 혹은 휼병 위문금을 헌납하므로 방금 조암주재소에서는 헌납 수속을 수원경찰서에 의뢰하여 왔으므로 경찰서에서는 개인별로 헌납 수속을 하는 중이라 한다.

가정방호(家庭防護) 강연

1938. 6. 23. 조간 3면 5단

【인천(仁川)】 인천부연합청년단(仁川府聯合靑年團)에서는 오는 25일부터 27일까지 3일간 가정방호의 인식을 철저히 시키기 위하여 시국좌담회를 개최한다는데, 장소와 연사는 다음과 같다.

25일 창영소학교(昌榮小學校)

26일 공회당(公會堂)

27일 송현소학교(松峴小學校)

연사(演士) 니노세 가즈시(二瀨一二) 씨, 김성률(金聲律) 씨, 박영섭(朴英涉) 씨

소래경찰관주재소 제4회 시국좌담회

1938. 7. 19. 조간 3면 2단

【소래(蘇萊)】 소래경찰관주재소(蘇萊駐在所)에서는 현하 비상시에 있어 총후 국민의 의무와 근로보국에 대한 여러 가지 시국인식을 철저히 시키기 위하여 나카노(中野) 부장은 이(李)·공(孔) 양 순사와 12일부터 제4회로 관내 각 부락에 순회강연을 한다는데, 8월 19일까지 시일이 걸린다고 한다.

시국인식 좌담회

1938. 7. 27. 석간 2면 8단

【연길(延吉)】 지나사변은 드디어 장기화되고 만·소 국경에는 검은 구름이 떠돌며 사태는 바야흐로 급박해감에 따라 국민은 이에 대처할 각오가 있어야 될 것이라 하여, 당지 유지 최윤주(崔允周), 손정용(孫定龍) 외 제씨의 발기로 지난 19일 오전 10시부터 연길공회당(延吉公會堂)에서 시국인식 강조 좌담회를 개최하였는바, 회석에는 당지 조선인 유지 50여 명이 참석하였고, 정각이 됨에 좌장 최윤주 씨로부터 의미심장한 개회사가 있은 후 정신작흥, 소비절약, 폐물 이용 등 여러 가지 문제를 걸고 장시간 논의가 있고, 즉석에서 시국대처실행위원회(時局對處實行委員會)를 조직하여 30여 명의 남녀 위원을 선거하며 동시에 전 시를 10구(區)로 나누어

소위원회를 조직하여 전 시민을 독려하여 각호에서 필요한 물품을 헌납하도록 하였는바, 당지 재류 동포들은 ■일부터 서로 앞을 다투어 가정에서 사용하고 있는 놋그릇을 모아 헌납하는 동시에, 한편으로 매 호에서는 밥을 지을 때마다 한 사람 분에서 한 술씩 떠내어 그것을 모아 성전미(聖戰米)로 헌납하는 등 전 시민은 열성을 다하고 있다.

내지 전향 대표 초청 시국좌담회 개최

1938. 7. 29. 석간 7면 6단

【평남지사발(平南支社發)】 평양보호관찰소(平壤保護觀察所)에서는 지난번 경성에서 열린 전선사상보국연맹 결성식에 참석하였던 내지 전향자 대표, 동 갱신회(更新會) 사상부 주사 고바야시 모리토(小林杜人), 최무혁(崔武赫) 양씨를 초청하여 26일 오후 9시부터 평양사법구락부(平壤司法俱樂部)에서 좌담회를 열었는데, 평양 측의 사상 관계자가 다수 출석하여 밤 늦도록 여러 가지 시국 문제를 논의하였다.

양평군민의 열성 국방헌금이 답지

1938. 8. 5. 조간 3면 10단

【양평(楊平)】 최근 양평군 각처에서는 경찰서 주최 시국인식 좌담회와 기타 강연·강화를 듣고 현하 시국을 충분히 인식하고 근로보국 취지에 의하여 작업 혹은 소비절약으로 얻은 돈을 전부 국방헌금으로 보내달라고 지난 7월 말일까지 양평경찰서에 기탁한 것이 다음과 같다.

금(金) 170원 30전, 중앙선(中央線) 제7공구(工區) 마쓰모토구미(松本組) 대표자 가네다 고지(金

田光司) 외 105명

금 77원 50전, 지제면(砥堤面) 지평리(砥平里) 방우신(方祐甡) 외 87명

금 3원 55전, 지제면 송현리(松峴里) 근로보국단(勤勞報國團)

금 5원, 지제면 지평리 김영렬(金榮烈) 외 24명

금 4원 61전, 청운면(靑雲面) 여물리(余勿里) 허환(許煥) 외 18명

금 1원 2전, 청운면 비룡리(飛龍里) 방동인(方東寅) 외 12명

금 2원 10전, 동면(同面) 다대리(多大里) 조병식(曺秉植) 외 24명

금 11원, 옥천면(玉泉面) 용천리(龍川里) 이남호(李南鎬) 외 11명

금 5원 50전, 동면(同面) 아신리(我新里) 조학봉(趙學奉) 외 5명

금 3원, 강하면(江下面) 운심리(雲沁里) 정희진(丁喜鎭)

금 3원 21전, 양평기독교회(楊平基督教會) 신도 일동

금 3원 10전, 양속공립심상소학교(楊東公立尋常小學校) 아동 일동

진남포 기독교도 신사참배를 결의

1938. 8. 6. 석간 7면 9단

【진남포(鎭南浦)】 진남포경찰서에서는 관내에 있는 수천 기독교인들이 시국을 깊이 인식하는 동시에 종래 기독교인들이 오인하고 있던 신사참배 문제 등 인식을 철저히 가지게 하기 위하여 백방으로 노력하던 중, 얼마 전부터 시국인식대를 조직하여 가지고 진남포부 내를 비롯하여 다미(多美), 오신(吾新) 양 면에 출장하여 기독교 교역자를 중심으로 시국인식 좌담회를 개최하였던바, 지난 3일 오전 11시 동서 관내 열한 곳 장로교회 목사 오씨 외 교역자 1,900명이 전 교도 2,921명의 연서로 시국을 깊이 인식하는 동시에 종래 기독교에서 신사참배를 오인하고 있던바, 이번에 기독교 신자로서도 신사참배는 당연히 행하여야 할 것을 깨달았으므로 금후 우리는 종교보국으로 대동단결하여 나가겠다는 굳은 결의의 서문을 진남포경찰서에 지참하였다는바, 이렇듯 2,000여 명 신도가 일시에 연서하여 굳은 결의를 하게 되었음은 처음 보는 일이라고 한다.

"비상시국하에 말조심을 하여라"
개성서(開城署)도 순회방첩좌담회

1938. 8. 24. 조간 3면 2단

【개성(開城)】 시국의 중대성에 비추어 총후 국민은 누구나 말조심을 해야 한다는 의미에서 개성서 고등계에서는 지난 15일 부내 음식점과 요리점, 식당 예·창기, 여관업자 등 일반 접객업자 400여 명을 고려청년회관(高麗靑年會館)에 초청하여 요코야마(橫山) 고등계(高等係) 주임(主任)이 방첩좌담회를 개최한 바 있었거니와, 이어서 개성서 관내인 개풍군 각지로 순회하며 오는 24일까지 동 좌담회를 개최하여 방첩 사상에 철저를 기하리라 한다.

시국좌담회 무려 1만 회
경기도 관내 시국인식 상황
도시보다 농촌이 철저

1938. 10. 7. 조간 2면 5단

경기도경찰부에서는 사변 이래 관하 각 서로 하여금 시국좌담회를 열어 일반에게 시국인식을 철저히 하기에 힘써왔는데, 9월 말일까지 좌담회를 연 횟수는 무려 1만 회에 출석한 인원이 85만 명을 돌파하여 많은 효과를 거두었다. 그런데 시국인식은 도시보다도 농촌이 더욱 철저한 점이 많은 사실에 비추어, 이때까지 농촌을 중심으로 하여온 좌담회를 앞으로는 도시에서도 빈번히 열어 도회인의 인식을 철저히 하도록 하기로 하였다.

경민일치(警民一致) 시국좌담회 과거 1년간 근 10만 회
참가 인원은 실로 570만 인

1938. 10. 11. 석간 2면 6단

사변하 전 조선에 확고불발한 민심을 기른 각 경찰관주재소 중심 시국좌담회는 사변 이래 1개년간 농산어촌 각 부락까지 이 모임을 보아 경민일체 시국인식을 철저히 하여 여러 가지 총후 활동의 실적을 보였는데, 금년 8월 말까지 과거 1년간 전 조선 각 주재소의 시국좌담회의 실적을 경무국에서 걷어 모은 결과, 개최 횟수는 9만 5,980회, 참가 인원 577만 1,818인이라는 놀랄 만한 수효에 달하였으며, 각도별 상황은 다음과 같다.

경기(京畿) 9,902회, 825,080인
충북(忠北) 2,854회, 194,373인[271]
충남(忠南) 5,963회, 312,917인
전북(全北) 10,836회, 599,861인
전남(全南) 16,220회, 618,553인
경북(慶北) 9,633회, 644,488인
경남(慶南) 5,601회, 537,238인
황해(黃海) 4,883회, 232,618인
평남(平南) 2,567회, 143,510인
평북(平北) 5,012회, 251,867인
강원(江原) 84,477회,[272] 183,954인
함남(咸南) 5,118회, 253,816인
함북(咸北) 12,916회, 723,534인
계(計) 95,980회, 5,776,816인[273]

방공방첩 좌담회
영근면 회의실서

1938. 11. 19. 조간 3면 3단

【전곡(全谷)】 영근면(嶺斤面)에서는 비상시국을 당하여 일반 면민에게 시국의 인식을 재차 철

271 원문에는 충북 이하는 '회'와 '인'이 생략되어 있지만, 편의상 기입하였다.
272 오기로 보이는데, 일단 원문대로 기입하였다. 4,477회 정도일 것으로 추정된다.
273 각도별 수치를 합한 총계와 이 합계가 일치하지는 않으나, 원문대로 기입하였다.

저히 강화시킬 것은 물론이요, 방공과 방첩에 대한 인식을 한층 더 철저히 고취시켜 끊임없는 국방 사상을 조장시키고자, 지난 10일 오후 8시부터 면 회의실에서 야마시타(山下) 경무주임(警務主任) 임석하에 방공방첩(防共防諜)에 대한 좌담회를 개최하였던바, 관민 유지 다수 참석하에 좌담회를 재미스럽게 마치고 동 11시 반에 각각 산회하였다.

함남도 내 시국좌담 6,800여 회

1939. 1. 22. 석간 7면 2단

【함남지사발(咸南支社發)】 지나사변이 발발한 이래 함남도 내 각지에서는 시국인식에 관한 여러 가지 회합을 하여 그 효과를 나타내고 있는데, 도경찰부의 보고를 보면 사변 발발 이래 시국좌담회를 개최한 횟수는 6,894회로서 그 좌담회에 참가한 인원은 40만 5,674명의 다수가 된다고 한다.

좌담회 300여 회
연인원 4만여 명 동원
수원 조암(朝岩) 관내의 집계

1939. 2. 9. 조간 3면 6단

【삼괴(三槐)】 수원군 조암주재소에서는 일반 민중에게 현하 중대 시국을 인식시키고자 각 리, 각 부락별로 시국좌담회를 개최해왔는데, 지난 12월 말까지의 통계를 보면 좌담회 집회 수 291회에 참가 인원이 4만 887인, 좌담회 석상에서 헌금이 2,909원 43전이라 하며, 현재 연두에도 각 리에서 개최 중이라 한다.

시국좌담회
양양서장이 순회

1939. 3. 7. 석간 7면 6단

【양양(襄陽)】 양양경찰서장 도미타(富田) 씨는 각 면을 순회하면서 좌담회를 개최하고 재인식에 대한 주지를 철저히 한다고 한다.

방공강연회(防共講演會)와 좌담회도 성황

1939. 5. 18. 조간 3면 3단

【수원(水原)】 수원경찰서 고등계 주최의 방공강연과 활동사진대회를 수원극장에서 15일 하오 3시 고등계 주임 사회하에 개최하였다. 강연에는 차재정(車載貞) 씨의 열변으로 긴장한 일반은 감탄하였고, 사진에도 열중하여 현하 동아 시국의 어떠한 것을 적실히 교시하였다. 또 극장에서 폐회하는 즉시로 동 5시경에 경성전기 수원지점 누상에서 좌담회로 옮겨서 주객이 환희 중에 러시아 공산주의에 대한 담화와 물질 만능의 공산주의에서 파멸을 받는 인간들을 구하자는 의미의 담화를 교환하다가 하오 8시에 회를 마쳤다.

유학생을 초청
좌담회를 개최

1939. 9. 2. 조간 3면 3단

【영등포(永登浦)】 31일 부내 영등포경찰서 고등계에서는 관내에 있는 내지 각 대학 재학생 9명을 초집해 가지고 오카무라(岡村) 고등계 주임이 좌장이 되어 시국에 관한 좌담회와 내선일체에 관한 종종의 격의 없는 의견을 교환하였다.

이원 방공단(防共團) 좌담회

1939. 9. 23. 조간 3면 7단

【이원(利原)】 함남 이원 방공단에서는 지난 15일 오후 8시에 연무장에 단원 일동이 집합하여 고등주임 쓰다(津田) 부장의 사회하에 시국에 대한 좌담회를 하였다 한다.

사상정화 좌담회

1940. 2. 3. 조간 3면 7단

【정평(定平)】 정평경찰서에서는 사상정화를 목표로 시국인식과 방공운동의 철저를 기하려고 지난 1월 중순부터 3월 말일 안으로 관내 22개소 방공단을 1단에 11회씩 도합 242회의 좌담회를 열기로 하고, 방금 진행 중이라 한다.

총후 생활개선의 부인좌담회 개최

1940. 3. 19. 조간 3면 3단

【장단(長湍)】 장단군에서는 시국 추이에 반하여 전시 경제정책의 강화에 순응하여 이에 선처할 총후부인의 자각을 촉하여 생활개선의 실을 들고, 또 애국반의 활동 기준의 취지 철저와 지원병제도의 취지 보급을 도모하여 내선일체가 되어 성업익찬에 매진하여 성전의 완수를 기하고자 지난 14일 오후 1시부터 장단군청 회의실에서 군내의 내선 유식부인을 망라하여 총후 생활개선 부인좌담회를 성대히 개최하고 격의 없는 의견을 교환하여 자못 의미 있는 가운데 폐회하였다는데, 당일 좌담회의 요항은 다음과 같다. (사진은 좌담회장)

〈그림 54〉 좌담회장 모습

1. 생활개선과 총후부인(銃後婦人)의 진로

1) 절미(節米), 혼식(混食), 대용식(代用食)에 대하여

가. 절미의 방법

나. 절미 실시 경험

다. 혼식의 상황

라. 혼식에 대한 일반의 관념

2) 물자의 절약과 폐품(廢品) 이용, 대용품 사용에 대하여

가. 물자 절약의 방법

나. 물자 절약의 상황

다. 폐품의 완전한 수집 방법

라. 대용품 사용 방법

3) 주부와 저축

가. 저축 실시의 방법

나. 저축의 목적 및 그 상황

다. 저축 장려상의 의견

2. 지원병제도(志願兵制度)의 보급

가. 지원병제도에 대한 감상

나. 지원병 모집상의 의견

3. 씨(氏)의 제도에 대하여

씨 제도에 대한 감상

생활개선 좌담회 뚝도부인회(纛島婦人會)의 주최로

1940. 3. 29. 조간 3면 7단

【뚝도(纛島)】 시외 고양군 뚝도면에 있는 부인회(纛島婦人會)에서는 지난 21일 오후 1시부터 뚝도 경동소학교(京東小學校) 강당에서 회원 약 200여 명의 참집과 경기도 사회과 촉탁 스에야마 요세이(末山養正) 씨를 비롯하여 가도와키(門脇) 고양군 내무과장과 군 시학을 비롯하여 고양군 내의 각 공립 소학교장들의 참석하에 대성황으로 생활개선 부인좌담회를 다나카(田中) 경동소학교장의 사회로 개최하고 다음의 각항을 상의하였다. 그리고 스에야마 경기도 촉탁으로부터 지원병제도에 대한 것과 창씨제도에 대하여 설명이 있은 후 오후 4시 반 좌담회는 무사히 폐회되었다 하며, 당일의 의안은 다음과 같다.

1. 생활개선과 총후부인이 진행할 일
2. 절미, 혼식, 대용식에 대하여
3. 물자의 절약과 폐물 이용, 대용품 사용에 대하여
4. 주부와 저축
5. 지원병제도에 대하여
6. 창씨제도에 대하여
7. 감상 발표

창씨제정(創氏制定) 좌담회

1940. 4. 11. 조간 3면 10단

【광혜원(廣惠院)】 지난 5일 충북 진천군 만승소학교(萬升小學校)에서는 창씨제정 좌담회를 개최한바, 당 일본군경찰서 마장(馬場) 서장 임석하 관민 다수 참집 밑에 대성황이었는데, 창씨제도 취지를 아직 철저히 모르는 관계인지 씨를 제정하는 인사가 적으므로 당일은 격의 없는 의견을 교환하고 산회하였는데, 속속 창씨하여 제출하기를 바란다고 한다.

유도진흥(儒道振興) 강연회

1940. 4. 17. 조간 3면 8단

【양주(楊州)】 춘기 석전대제를 마치고 오후 1시부터 유양심상소학교에서 대제에 참열한 직원 50여 명을 모아놓고 유도진흥에 관한 강연을 가천 군수가 열변을 토하였고, 계속하여 시국에 대한 좌담회를 개최하여 많은 인식을 주고 오후 4시 산회하였다.

시국 관계 좌담회
횟수만도 1만 900회

1940. 5. 18. 조간 3면 6단

【함남지사발(咸南支社發)】 농촌의 시국인식을 깨우쳐주려는 교화시설은 해마다 강화되어가고 있는데, 작년 중의 실적을 보면 활동사진 또는 좌담회를 개최한 것이 1만 921회에 동원된 사람은 실로 150만 6,390명의 다수가 된다. 그중에서 국민정신작흥 좌담회만 5,173회에 50만 8,387명이나 된다.

시국인식 강화(講話)

1940. 5. 22. 조간 3면 1단

【김포(金浦)】 김포경찰서에서는 일반 군민에게 시국에 대한 인식을 더한층 강화시키기 위하여 지난 12일부터 동서 도모나가(朝長) 경무주임이 관하 각 면으로 출장하여 시국에 대한 좌담회를 개최 중이던바, 지난 18일 오후 8시부터는 동서 무도장에서 좌담회를 개최하고 도모나가 경무주임으로부터 시국에 대한 강화가 있었다 한다.

춘궁극복(春窮克復) 좌담회 장단경찰서에서 개최

1940. 5. 22. 조간 3면 7단

【장단(長湍)】 장단경찰서에서는 시국하의 장기전에 대처할 인식을 새롭게 하는 동시에 이재민의 춘궁 극복의 중요성을 강요하고자 지난 16일 오후 8시부터 장단면 동장리 주산동 진흥리에서 야마자와 경무주임 사회하에 춘궁극복 좌담회를 개최하였다고 한다.

창씨 좌담회 소래면 주최로

1940. 5. 22. 조간 3면 3단

【소래(蘇萊)】 부천군 소래면에서는 창씨제도 실시 이래 일반에게 창씨에 대한 취지를 철저히 설명한 결과, 지난 18일까지 200여 명이 창씨하였다. 소래면 당국에서는 면 직원을 면내 각 부락에 파견하여 창씨에 대한 좌담회를 열고 창씨에 대한 수속 등을 친절히 교시하여준다는데, 일정은 21일부터 3일간이라고 한다.

경제통제 좌담회

1940. 5. 23. 조간 3면 6단

【경주(慶州)】 시국하 각반 경제기구의 통제를 강화하여 일반 민수물자의 수급과 저물가 정책 수행상에 참고하고자 경주읍 주최로 5월 19일 오후 1시부터 읍 회의실에서 경제좌담회를 열고, 본도 상공제2과장 백봉제(白■濟) 씨와 경제관의 임석, 지방 관계과 배석으로 읍과 인근 면의 주요 상공업자를 초집하여 각 부문의 대표자로부터 격의 없는 의견과 희망, 실제 상황 등을 청취한바, 모두 지방적 특수 입장에서 열심히 진술하고 임석관도 친절히 응수하여 극히 의의 있고 원만하게 오후 4시 반쯤 산회하였다.

물가(物價) 좌담회 개최

1940. 6. 11. 조간 3면 11단

【소사(素砂)】 지난 8일 오후 1시부터 소사면 공회당에서 상업가 100여 명을 집합하고 인천서원 사토(佐藤) 씨 하에 물가 좌담회를 열고, 먼저 시국하 상업가에 대한 요지를 말하고 이어서 좌담회에 들어 일답 문의를 하고 동 3시 폐회하였다.

부인시국좌담회(婦人時局座談會)

1940. 6. 25. 조간 3면 2단

【김포(金浦)】 김포경찰서에서는 일반 부녀자에게 시국에 대한 인식을 더욱 굳게 하기 위하여 지난 22일 오후 2시부터 동서 무도장에서 가정부인 100여 명을 모아가지고, 도모나가(朝長) 경무주임 사회로 시국좌담회를 개최하고, 소비절약과 저축장려, 절미운동 시국에 대한 강연이 있었다 한다.

창씨 좌담회 개비(開備)
남원읍 주최로

1940. 6. 27. 조간 3면 3단

【남원(南原)】 조선인의 창씨제가 실시된 이래 남원읍에는 창씨계출자가 지난 23일 현재로 141호에 달한다는바, 창씨계출 기한도 얼마 남지 아니한 이때 타 지방에 비하여 성적이 좋지 못한 상태이므로 동읍에서는 지난 23일 오전 11시부터 관민 다수를 읍 회의실에 소집하여 창씨 좌담회를 개최하고 본도로부터 구사모토(草本) 참여관과 전주지방법원 이토(伊藤) 원장도 임석하여 일반에게 창씨 취지를 철저히 설명하는 동시에 시급히 창씨할 것을 종용하고 동일 오후 1시경에 산회하였다 한다.

'암거래(闇取引)' 절멸의 부민좌담회(府民座談會) 개최
7월 6일, 부민관에서

1940. 6. 27. 석간 2면 9단

경성부에서는 부내 각 경찰서와 공동주최로 오는 7월 1일부터 7일까지 1주일 동안 통제경제강조주간을 실시하여 전 부민에게 '암거래의 절멸을 기약하라'고 절규하기로 하였다. 그런데 경성부에서는 그 주간 중인 6일 오후 1시부터는 부민관에서 부민좌담회를 열기로 하였다.

좌담회에는 관청, 회사, 생산업자, 배급업자, 판매업자, 소비자를 망라한 대규모의 회합으로 부민은 누구든지 그 좌담회에 출석할 수 있는 것이다. 그리고 회의 진행상 희망자는 그날의 요망 사항, 의견, 주소, 성명을 명기하여 6월 말일까지 부 시국총동원과에 신청하기를 바란다.

시국좌담회 성황

1940. 7. 31. 조간 3면 5단

【김포(金浦)】 김포경찰서에서는 일반으로 하여금 시국에 대한 인식을 한층 더 굳게 하기 위하여 지난 28일 오후 8시부터 동서 무도장에서 도모나가(朝長) 경무주임의 사회로 시국좌담회가 열렸는데, 먼저 궁성요배와 1분간 묵도 등 시국 행사가 끝난 후 신임 서장으로부터 시국에 대한 이야기가 있은 다음 통제경제에 대한 설명이 끝난 후 권등(權藤)[274] 군수의 발성으로 '성수 만세'를 봉찬한 후 11시 30분에 폐회하였는데, 참석자가 100여 명에 달하여 자못 성황을 이루었다.

경제 좌담회 개최

1940. 8. 1. 조간 3면 4단

【평강(平康)】 평강경찰서에서는 지난 28일 오후 8시 평강회관에서 경제 좌담회를 개최하고, 사토(佐藤) 서장으로부터 현하 국제정세에 비춰 시국의 중대성 및 그 대응책을 열변하여 청중에게 시국인식을 강조한 후 오후 10시부터 경제 좌담회로 옮겨 기탄없는 질문과 답변으로 동 12시가 지나서야 폐회하였다 한다.

---

274 권갑중(權甲重): 창씨명 권등갑중(權藤甲重). 조선총독부 관료. 1930년대 이래 경기도 용인군수, 김포군수 등을 지냈으며, 8·15 이후 중앙물가행정처 감찰관장을 역임했다. 1949년 5월 20일 반민특위에 체포되었다.

V

여론 동향 조사

해제

전시체제기의 조선인 여론통제는 철저히 일제의 전쟁 수행에 필요한 범위 내에서 행해졌다. 조선인에게 허용된 유일한 사상은 '천황제 이데올로기'에 입각한 독특한 일본식 군국주의 논리였다. 그럼에도 불구하고 실제로 조선인에게는 자발적으로 그러한 협력 논리나 주장을 펴는 것조차 통제와 감시를 가하였다. 일부 친일 협력을 했던 인사들의 행동조차 일단은 요주의(要注意)·요시찰(要視察) 대상으로 보는 식의 대응을 했던 것이 그 단적인 예이다. 예를 들어 지원병제나 징병제를 조선에도 빨리 실시하자고 청원을 올리면서 '제국의 진정한 신민'이 되겠다고 맹세하는 것조차 일단은 경계와 감시의 대상이 되었다.

따라서 전시체제기에 일제 당국은 자신들의 침략전쟁 수행 과정, 그리고 이에 조응하여 실시한 각종 황민화(皇民化) 정책들을 실제로 조선인이 어떻게 받아들이고 있는지를 파악하는 데 혈안이 되어 있었다. 아래 자료들은 각각의 정세나 정책의 변화를 조선인 일반이 어떻게 보고 있는지를 '시의적절'하게 파악한 자료, 다시 말해서 일제 당국의 각종 여론 동향 조사를 모은 것이다. 이를 시기순으로 살펴봄으로써 조선인 여론의 일단을 파악할 수 있을 것이다.

〈자료 28〉「지나사변에 대한 주의자의 동정에 관한 조사」(1937. 12.)[275]

〈자료 29〉「지원병제도 실시 및 교육령 개정에 따른 영향」(1938)[276]

〈자료 30〉「지원병제도 실시 발표에 관한 반향」(1938. 1~4.)[277]

〈자료 31〉「장고봉 사건에 대한 재경 조선인의 동정에 관한 건(제2~8보)」(1938. 8.)[278]

---

275 「支那事變に對する主義者の動靜に關する調査」, 『思想彙報』 제13호, 高等法院 檢事局 思想部, 1937. 12.

276 「(八)志願兵制度實施竝教育令改正に伴ふ影響」, 朝鮮総督府 警務局 編, 『最近に於ける朝鮮治安狀況-昭和十三年』(巖南堂書店, 1966), 447~459쪽.

277 「志願兵制度實施方發表に關する反響」, 內務省 警報局 保安課, 『特高外事月報』 1938년 1월분~4월분.

278 「長鼓峯事件に對する在京朝鮮人の動靜に關する件」, 法務局 刑事系, 『警視廳情報』, 1938·39년도(국가기록원 소장 조선총독부문서).

〈자료 32〉「씨 창설에 대한 언동 조사」(1940. 3.)[279]

〈자료 33〉「최근 농촌 민중의 동향」(1940. 7.)[280]

〈자료 34〉「의무교육제도 실시 공표에 따른 민중의 반향」(1940. 9.)[281]

〈자료 35〉「국제정세의 급변에 대한 부민의 언동에 관한 건」(1941. 1. 27.)[282]

〈자료 36〉「조선에 대한 징병제 시행의 각의 결정 공표에 관한 반향 조사」(1942. 6)[283]

〈자료 37〉「조선 동포 처우개선 발표에 따른 반향에 관한 건」(1945. 1. 21)[284]

이 중 전쟁 상황 변화에 대한 조선인의 여론 동향을 파악한 자료는 〈자료 28〉, 〈자료 31〉, 〈자료 35〉이다. 〈자료 28〉은 1937년 7월 중일전쟁의 개시에 대해 조선인 '주의자', 즉 민족주의자, 공산주의자, 무정부주의자가 어떻게 인식하고 있었는지를 파악함으로써 이들의 사상 전향 자료로 삼고자 한 것이다. 경성지검(京城地檢)을 필두로 공주지검, 함흥지검, 청진지검, 평양지검신의주지검, 해주지검, 대구지검, 부산지검, 광주지검, 전주지검 관내의 순으로 위 주의자군의 동향을 정리하고 있다. 〈자료 31〉은 소련과의 국경분쟁인 장고봉 사건이 일본 도쿄에 거주하던 조선인에게 어떻게 받아들여졌는지를 각계각층의 인물들에게 상세히 조사한 것이다. 본적과 주소, 직업과 실명을 모두 밝히고 조사했다는 한계는 있지만, 이 사건에 대한 여

279 「氏創設に對する言動調」,『高等外事月報』 제8호, 1940. 3, 朝鮮總督府 警務局 保安課, 26~30쪽.

280 「最近に於ける農村民衆の動向」,『高等外事月報』 제12호, 1940. 7, 朝鮮總督府 警務局 保安課, 22~26쪽.

281 「義務教育制度實施公表に伴ふ民衆の反響」,『高等外事月報』 제14호, 1940. 9, 朝鮮總督府 警務局 保安課, 14~15쪽.

282 京畿道警察部長,「國際情勢ノ急變ニ對スル部民ノ言動ニ關スル件」, 1941. 1. 27,『思想ニ關スル情報(13)』(국사편찬위원회 한국사데이터베이스).

283 「朝鮮に對する徵兵制施行の閣議決定公表に關する反響調査」,『思想月報』 제95호, 1942. 6, 司法省 刑事局, 1~27쪽.

284 內務省 管理局長 竹內德治,「朝鮮同抱處遇改善發表ニ伴フ反響ニ關スル件」, 1945. 1. 21,『(朝鮮總督府 昭和20年) 公文雜纂』(일본국립공문서관 소장, 3A 15 29-4-4).

론의 동향을 파악할 수 있다. 〈자료 35〉는 일·독·이 삼국동맹 체결과 세계대전으로의 확대 속에서 아시아·태평양지역에서 미-일 혹은 미-소 전쟁이 임박했다는 여론이 팽배하던 시기에 조선 내 일본인 및 조선인 '유력자'의 입장을 조사한 것이다. 몇몇 경제인과 문필가를 대상으로 했으며, 조선인 유력자로는 '특요(特要) 조봉암(曺奉岩)'이 포함되어 있다.

이 외의 자료들은 모두 전시체제기에 새로 실시된 통치정책과 관련된 여론 동향 조사 자료이다. 〈자료 29〉와 〈자료 30〉은 지원병제도 실시, 「교육령(教育令)」 개정 발표 등의 사안에 대한 조선인의 반향(反響)을 정리한 것이다. 특히 〈자료 30〉은 조선인뿐만 아니라 일본 내의 일본인, 대만인의 입장도 정리하고, 일본 내 각지 재일조선인단체의 움직임도 상세히 정리하고 있다. 〈자료 32〉는 창씨개명 정책에 대한 조선인의 여론을 찬성과 반대, 그리고 유언비어(流言蜚語)로 나누어 지역별로 조사한 것이다. 〈자료 33〉은 시국좌담회를 통해 조사한 농촌 민중의 여론에 대해, 일제 경찰이 항목별 여론 동향 자료로 재정리한 것이다. 이에 대해 일제 당국은 "시국에 관한 것은 극히 적어서 대부분은 농사에 관한 것, 식량에 관한 것, 혹은 물자 수급 및 물가 문제에 관한 것 등"이라면서 "농촌의 민중은 시국에 대해서는 거의 관심이 없으며 생활에 당면한 문제에 몰두"하고 있는 것처럼 보인다고 했다.

전시체제기 일제 당국은 "원래 조선에서 의무교육제 시행, 참정권 부여, 징병제 실시 등의 중대 현안은 우리 민족 정책의 기본적 방향에 따라 결정된다. 동시에 그 실시 시기 여하는 서로 관련되어 매우 중대"하다고 보고 있었다.[285] 〈자료 34〉는 1940년 8월 21일 정무총감과 학무국장이 담화 형식으로 발표한 '조선인 초등학교 의무교육제'에 대한 일본인과 조선인 측의 감상을 조사한 것이다. 1945년 일제 패망 때까지 조선인에게 의무교육이 실시되지는 않았지만, 실제로 조선인 의무교육제 실시는 징병제 시행과 맞물려 지속적으로 논의된 사안이었다.

285 「朝鮮に對する徵兵制施行の閣議決定公表に關する反響調査」, 『思想月報』 제95호, 1942. 6, 2~3쪽.

〈자료 36〉은 1942년 5월 9일 일본의 내각정보국에서 1944년부터 조선인에게 징병제를 실시하겠다고 발표한 뒤 이에 대한 각계의 반향을 조사한 것이다. 일본인과 조선인, 재일조선인과 조선 내 일본인, 대만인, 중국인의 의향까지 모두 조사하였으며, 김희선(金熙善)이 고이소(小磯) 조선총독에게 보낸 「조선 통치에 관한 염원서」도 수록하였다. 이 자료를 보면 기존에 일본인 사이에 존재하던 시기상조론부터 징병제와 의무교육제를 관련시켜 이해하던 상황을 잘 알 수 있다. 〈자료 37〉은 '조선 동포 처우개선'이라는 명목으로 발표한 조선인에 대한 참정권 부여와 관련된 내용이다. 이 역시 시기상조론 등의 여론이 있었지만, 이로 인해 이른바 '조선귀족'의 제국의회 귀족원(貴族院) 진출이 가능해졌다.

<자료 28>

「지나사변에 대한 주의자의 동정에 관한 조사」[286]

(고등법원 검사국 사상부, 1937. 12.)

- 내용 -

1. 개요
2. 민족주의계 분자
3. 공산주의계 분자
4. 무정부주의계 분자

1. 개요

이번 사변 발생 후 각 주의 분자의 동향을 살펴보면, 과거 조선공산당과 기타 사상 사건에 관계하며 실천운동으로 광분하던 자들 중에 솔선수범하여 출정 병사의 환송, 국방비 헌금, 시국인식을 위한 강연을 비롯하여 총후(銃後)[287] 지원에 진심을 다하는 이들이 상당수 있다. 또 시국에 대해서도 언론을 통해 제국(帝國)의 태도에 전폭적인 찬동의 뜻을 표명하고 적극적으로 지원하는 자세를 보여주는 이들이 있다. 이러한 일부 주의 분자의 동향은 이전에 보지 못한 바람직한 현상을 보여준다. 만주사변 당시 그들이 주의 사상의 선전·선동에 이를 악용

286 「支那事變に對する主義者の動靜に關する調査」, 『思想彙報』 제13호, 高等法院 檢事局 思想部, 1937. 12.
287 총후(銃後): 전장의 후방 또는 후방의 국민.

했다는 사실을 상기해보면, 그야말로 완전한 격세지감을 느끼지 않을 수 없다. 생각건대 이러한 현상은 이번 사변에서 제국의 의연한 태도와 황군의 압도적인 전승으로 인해 현저히 시국에 대한 인식이 깊어지고, 자기 세력 내지 타국의 미약한 힘에 의지할 수밖에 없음을 통감한 것이다. 또 점차 끓어오르는 국가 관념과 함께 지니고 있던 불온사상을 개혁하기에 이르렀기 때문에 그들의 사상에 끼친 바람직한 영향이 적지 않았다고 여겨진다.

그럼에도 주의 분자들 사이에는 사변에 대하여 지극히 냉담한 태도를 취하며 국제관계의 추이를 주시하고, 혹자는 사변이 도화선이 되는 제2차 세계대전을 예상하거나 혹자는 반일(反日)·반전(反戰)의 태도로 나서기도 한다. 또 총후의 적성(赤誠)[288]에 대해서도 자세히 검토해 보면, 그저 경찰 당국의 시선을 속이기 위해 도시와 농촌에 팽배한 일반 민중의 애국적 정열에 이끌려 나오거나 혹은 영합하는 것에 지나지 않는 자도 있다. 표면적인 평정이든 애국적인 언동이든 일부 소수를 제외하고 곧이곧대로 믿기는 어렵다.

요컨대 주의 분자의 일부 중에 이번 사변을 계기로 과거의 오류를 청산하고 완전히 전향하거나 전향을 확보(確保)하는 자가 있다고 하더라도, 대부분은 제국의 힘이 두려워 굴복하거나 경계(警戒)의 중압에 위축되고, 또 일반 반도인의 거국적인 애국 열정에 견제당하여 준동할 여지가 없어서 단지 일시 중지한 것은 아닌지 하는 의구심이 들기 때문에 섣불리 낙관할 수는 없다.

다음은 각지 지방법원 검사정(檢事正)의 보고에 의한 관내 각 주의 분자의 동정(11월 20일 현재)을 기록한 것이다.

2. 민족주의계 분자

○ 경성지검(京城地檢) 관내

관내의 민족주의계 분자는 약 262명으로 그 가운데 전향자가 약 55명, 비전향자가 약 168명이며, 나머지는 동향이 분명하지 않다.

---

288 적성(赤誠): 진실에서 우러나오는 참된 정성.

전향의 이유는, 조선은 과거 독립국의 역사가 없으므로 어떤 국가의 속국이 되는 것이 조선의 운명이다. 그렇다면 어느 나라의 속국이 되는 것이 조선 민족에게 행복을 가져다줄 것인가. 이번 사변, 특히 통주사건(通州事件)[289] 때 지나군(支那軍)은 비전투원인 제국 신민(그중에는 다수의 조선인도 포함)을 학살하였다. 그럼에도 제국에 재류 중인 지나인에 대하여 일본인은 무엇을 하였는가. 일본인은 그들을 애정으로 대하고 아무런 위해를 가하지 않았다. 이러한 국민성을 비교할 때 조선인은 일본제국의 일원이 되는 것이 지나와 합병하는 것보다 훨씬 행복함을 확인할 수 있다. 뿐만 아니라 일본제국의 장래가 전도양양하여 만주, 지나로 활동 시야를 넓힌 일이 조선인에게는 장래의 희망을 선사하고 전향을 촉구한 듯하다. 그리하여 이번 사변으로 인해 민족주의계 분자의 전향이 다른 주의계 분자의 전향보다 적극적이고 자신의 전향 성명을 내외에 당당히 발표하는 자가 많았다. 전향자 중에 국방헌금을 낸 자가 10명, 시국 강연을 한 자가 2명, 방호단(防護團) 등에 가입한 자가 2명, 출정 병사 환송 및 가족 위문 12명, 감시초소 후원 1명, 그 외 1명이다(단, 위 숫자는 경기도 관내만을 조사한 것임).

비전향자 중에 조선 내에 있는 자들은 이번 사변을 내심 침략주의로 간주하지만, 표면적으로 반대 의사를 표시하거나 후방을 교란시키는 자는 거의 없다. 단지 기독교인이자 민족주의계 분자로 짐작되는 자들은 미국인 선교사에게 이번 일본의 출병이 세계 침략을 목적으로 한다며 일단을 드러냈으며, 나아가 미국을 침략할지도 알 수 없으므로 미국은 지나 편에서 일본과 일전(一戰)을 해야 한다는 취지의 통신문을 보냈다. 또 이번 사변으로 인해 민족주의계 분자의 전향자가 속출할 것을 염려하여 민족주의계 분자의 우두머리이자 전향을 발표한 윤치호(尹致昊)에 대하여 배신자로 매도하고 협박문을 보내 그를 저지하려는 이들이 있다. 또 지나에 거주하는 불령(不逞) 조선인 단체에 가입하여 후방을 교란시킬 목적으로 조선에 들어온 이들이 있다. 현재 이 단체에 가입하고 관내에 들어온 자가 4명 있는데, 그중 3명은 지나에 체류하는 것에 위험을 느껴 조선으로 돌아왔다. 단 1명은 적국(敵國) 지나를 이롭게 할 목적으로 간첩이 되어 조선에 들어왔지만, 곧바로 검거되었다.

289 통주사건(通州事件): 1937년 중일전쟁 이후 중국 하북성(河北省) 통주(通州)에서 일어난 기동정권(冀東政權) 보안대의 일본인 살해 사건.

○ **공주지검(公州地檢) 관내**

민족주의계 분자를 살펴보아 관내의 민족주의 분자 40명에 대해서 조사한 바에 의하면,

1) 제국의 위대한 실력을 신뢰하고 제국에 불평불만을 품는 일이 전혀 무익함을 자각하여 내선일체를 바라는 제국 신민으로서 총후의 국민임을 기뻐한다. 스스로 나서 국위선양, 황군필승, 무운장구의 기원제에 참가할 뿐 아니라, 출정군인의 송별, 국방, 병사 위로, 가족 위문, 헌금, 방호단·군사후원연맹 가입 등에 적극적으로 적성을 다하고, 사상전향을 하려는 자가 24명.
2) 민족주의가 불가함을 대체로 자각하나 애국운동에는 적극적이지 않고 그밖에 추종하고 참가하는 자가 11명.
3) 사변에 대해 아무런 관심이 없고 사상적인 변화를 보이지 않는 자가 5명

이 있다. 그 가운데는 구한말과 현재를 비교하여 구한말의 혼란에 비해 일본은 현재 타국과 싸우고 있지만 신민은 생업에 종사하며 아무런 불안이 없는 감사한 정치이다, 우리 조선인은 이러한 은혜에 보답하기 위하여 총후에서 분투하지 않으면 안 된다고 언급한다. 또 총후의 국민에 만족하지 않고 나아가 병역의무를 희망한다, 지방에 거주하는 내지인(內地人)[290]은 조선인에 대하여 더욱 사랑하는 마음을 가지고 우월감을 버린다면 조선인은 보다 행복해질 것이라고 말하기도 한다.

○ **함흥지검(咸興地檢) 관내**

민족주의운동은 1919년(大正 8) 이른바 독립만세사건 이후 한때 민족해방운동이 활발해지고 일부에는 조선 독립을 꿈꾸는 이들도 있었지만, 그 후 거세게 침투한 공산주의운동의 대두로 1932년(昭和 7)부터는 공산주의에 투합하게 되자 민족주의운동은 자취를 감추게 되었고 민족공산주의운동으로 전환하였다. 현재 민족주의계 분자라고 할 만한 부분은 천도교(天

290 내지인(內地人): 일본인. 당시 일본은 행정법상으로 일본 땅을 '내지(內地)', 그 외의 식민지 지역 등을 '외지(外地)'로 구분하여 사용하였으며, 이에 준하여 '내지인', '외지인'이라고 불렀다. 이는 일제가 공식적으로, 또 법적으로 자신들은 서양의 '식민지'와는 다르다는 것을 표방하면서, 내부적으로 차별을 두는 것이라 할 수 있다.

道教), 예수교, 시천교(侍天教) 등의 종교단체에 속하는 자, 그리고 유림에 속하는 자들뿐이다. 일반 민중이 민족운동에 전념하는 경우는 지극히 적으니 이들 세력은 일반의 지원이 없이 위축되어 있어, 앞에서 언급한 종교계의 민족운동이 가까스로 신념을 유지하며 조선 독립을 꿈꾸거나 혹은 조선인 해방을 염원하고 있으므로 이러한 동향에 대해 상당히 주의 깊게 살펴야 할 필요가 있다. 이번 사변 발발 이래 북지(北支)와 상해(上海)에서 황군의 활약이 뛰어나 내외로 국위를 선양하는 제국의 실력에 감복하고, 또 여러 열강이 사변에 개입하며 여러모로 암약하는 것은 모두 자국의 권익을 옹호하기 위한 술책으로 진정으로 지나를 지원하기 위함이 아니라는 것을 알게 되었다. 그들은 하나같이 조선 민족 장래의 복리가 일본의 강대한 국력과 일본정신의 선양과 비호에 의거하지 않으면 확보 증진할 수 없다는 자각을 촉진시키기에 이른다. 이렇게 언동이 현저히 변화하게 되었고 현재 일반 민중은 일본을 맹주로 동아의 영원한 평화가 비로소 확립될 것이며 그것이 진정한 내선일체의 핵심이라는 여론에 영합하고 있다. 시국인식, 전승 기원, 헌금, 시국강연회, 출정군인의 환송 등 총후에서 진심을 다하게 되었고 이러한 동향은 호전되고 있다. 대부분이 불온한 언동을 하는 일 없이 대체로 냉정을 유지하고 있다고 하더라도 진짜 이면(裏面)을 통찰해보면, 마음 깊이 잠재하는 민족의식은 한꺼번에 쉽게 벗어날 수는 없으므로 때에 따라 나타나는 경향을 상당히 감추고 있으므로 이런 동정에 대해서는 주의 깊게 살필 필요가 있다.

○ 청진지검(清津地檢) 관내

사변 발생 이래 비상한 관심을 가지고 시국의 추이를 관망하고 있다. 통주(通州)와 상해(上海), 그 밖의 지나 각지에서 일어난 일본인 학살 사건과 지나군의 비인도적 행위는 안타까우나, 이것이 주의계 분자를 책동하여 사상을 전향시켜 내선일체가 되어 악랄한 지나를 응징해야 한다며 적극적인 애국운동에 나서 일반 도민을 지도하고 제국의 대업을 믿고 생업에 매진하고 있다. 하지만 아직 일부에 조선의 독립을 꿈꾸는 자가 있으니 전쟁 국면의 추이가 곧바로 그들의 행동에 반영될 것으로 보인다.

○ 평양지검(平壤地檢) 관내

민족주의계 분자는 그간 각종 민족운동에 관여하여 반도 민족의식의 고조를 위해 노력해왔지만, 만주국의 독립, 제국의 국제연맹 탈퇴 등으로 동양에서 제국의 지위가 높아져서 주의계 분자는 한층 제국의 진가를 인식함과 동시에 전통적으로 꿈꿔온 조선 독립이 불가능하다는 것을 알게 되었고, 현재 정국하에서 민족주의가 불리함을 깨닫게 되었다. 때마침 지나사변 발발로 일반 민중의 사상도 국가 관념이 왕성해지고 애국정신에 기초한 내선일체를 이루었다. 특히 반도 동포로서 황군에 종군하여 활약하는 실정 등에 비추어 제국주의적 인식에서 한 단계 박차를 가하여 제국의 군사행동을 지원하는 등 시국인식이 점점 높아졌다. 시국인식 간담회, 국방헌금, 황군 위문금, 출정가족 위문, 출정장병 환·송영 등 여러 방면에 걸쳐 적극적인 행동을 솔선하며 총후의 국민으로서 자각하고 활동한다. 사상을 전향하려는 자가 많지만, 일부 완고하여 아직 민족주의의 미몽에서 깨어나지 못하고 관망하며 침묵을 지키는 태도로 사상전향에 이르지 않는 자가 있다. 비록 시찰을 느슨하게 하더라도 국민의 애국적 사상에 압도되어 결국 시국을 인식하고 전향하게 될 것이다.

○ 신의주지검(新義州地檢) 관내

관내 거주자 318명, 내지(內地) 거주자 26명, 국외 거주자 276명의 민족주의계 분자는 도내 주의계 분자 중 대부분을 차지한다. 이를 분류하면 기독교 신도를 중심으로 하는 구미 의존, 그리고 유자(儒者)·유생(儒生)을 중심으로 한 숭화배일(崇華排日) 사상에 의한 민족자결주의계 분자로 나뉜다. 첨예한 분자는 거의 일한합병 및 만세소요 전후에 만주로 건너가 무장 도적이 되거나 중국으로 가서 각종 불령단(不逞團)을 조직하여 격렬한 선전문 혹은 동지의 밀파로 조선 내에 거주하는 주의계 분자와 연락을 취하여 기회가 있으면 소기의 목적을 달성하려고 책동한다. 만주사변 발발 당시 궐기하여 암약했던 여러 외국도 우리 제국이 채택한 엄연한 대외방침에 그들이 간섭할 여지가 없다 하고, 만주국의 성립 및 이에 따르는 치안 숙정 공작, 철저한 이주 조선 농민 보호시설에 의해 우리 제국의 대륙정책의 진의를 이해하기에 이르렀다. 그리하여 조선 내 주의계 분자는 마침내 미몽에서 깨어나 사상의 대전환을 보여준다. 때마침 지난해 독일에서 개최된 올림픽 대회에서 손기정(孫基禎) 선수가 우승했다는 보도가 전해지자, 그가 본도(道) 출신자라는 관계로 일부 주의계 분자 중에 조선인은 약소민족이 아니며 세계 열강으로 손색이 없다고 일반 대중에게 호소하거나 청소년 단체를 이용하여 경제와 체력 방면에 실력을 키워 다가오는 기회를 준비해야 한다고 책동하는 움직임이 있었다. 하지만 이번 사변이 발발하고 당국의 부단한 지도가 적절하게 이루어지자, 대적할 적군이 없는 황군의 실력을 눈으로 확인함과 동시에 일본의 충실한 국력을 신뢰하게 되었다. 시국에 대해 깊이 인식하고 거국일치로 지나에 대한 응징을 호소하며 국방헌금, 군대 환송에 적극적으로 힘을 다하고, 나아가 황군의 무운장구, 전승축하, 기념제, 그리고 강연회, 좌담회 등에 솔선하여 참가하고 있다. 그간 특이한 언동은 보이지 않는다.

나아가 관하의 선천(宣川) 지방은 종래 기독교 신도를 중심으로 배일(排日) 구미 의존의 민족자결주의계 분자가 다수 있었다. 데라우치(寺內) 총독 암살미수, 선천경찰서 폭탄 투척 사건[291]을 비롯하여 만세소요 당시에는 본도가 중심적인 책동 지역의 느낌이 있었다. 그동안 수많은 크고 작은 불상 사건이 발생했지만, 만주사변을 계기로 구미의존 풍조가 일변하여 표면적인 운동보다 실력양성운동으로 전환하고 있다. 때마침 올봄 이 지방 유력자를 체포한 동우회 사건과 여기에서 파생된 기독교 신도의 불온 사건에 대대적인 탄압을 가하는 한편 선도공작을 펼쳤으며, 이번 전쟁 발발을 계기로 한층 선도에 박차를 가하였다. 그들이 품고 있던 사상의 오류를 자각함과 동시에 황국신민으로서 시국에 대처하고자 '선천애국(宣川愛國)'이라는 임시단체를 조직하고 종래의 불상 사건의 중심이 되어 책동하던 의식분자들도 솔선하여 이에 참가하거나 위원이 되어 출정황군 송별을 위한 활동을 하였다. 또 열성적으로 국방헌금 운동을 일으키기 위해 처음에 고사기관총(高射機關銃) 헌납을 목표로 진행한 이 운동도 마침내 군용기 선천호(宣川號) 헌납으로 계획이 변경될 정도로 성황을 이루어서, 11월 18일 헌납식을 거행하기에 이르렀다. 게다가 종래 기독교 신도이기 때문에 신사참배 불참을 견지해온 그들은 황군의 무운장구 혹은 전승 축하 기념제에 돌연 참석하거나, 또는 신도 예배회 이외의 당국 주최나 공식회합에 출석을 꺼리던 풍조가 있었는데 시국강연회, 좌담회 개최 때 회장이 넘치도록 참가자가 모였다. 또 영변(寧邊)·태천(泰川)·박천(博川) 지방은 종래 유자·유생을 중심으로 숭화배일의 보수적인 사상을 지닌 자가 많고, 청림교(靑林敎) 사건, 백의정부(白衣政府) 사건, 공자교(孔子敎) 사건, 그 밖의 크고 작은 사건이 빈발하였는데, 본도에서는 여러 차례 검

291 선천경찰서 폭탄 투척 사건: 선천경찰서 투탄 의거. 미국 국회의원단 일행이 조선을 통과한다는 소식에 광복군총영에서 선천으로 특파한 박치의(朴治毅) 등이 1920년 9월 1일 선천경찰서 폭파를 시도하고 경고문과 격문을 살포한 사건. 그해 9월 7일 체포된 박치의는 사형을 언도받았고, 1921년 7월 2일 평양형무소에서 사형이 집행되어 순국하였다.

거와 선도 공작으로 점차 사상이 온건해지고 마침내 이번 사변이 발발하자 그 원인이 유교 도덕이 피폐한 지나의 불법과 부당함에서 기인하였음을 인식하게 되었다. 종래의 숭화(崇華) 사상이 크게 변하여 단호하게 지나를 응징하자고 부르짖고, 영변군 내에서 공자교 사건 관계자가 솔선하여 원래 공자교 소유였던 재산 일체를 국방자재비로 헌금하는 외에도 시국강연 및 애국운동에 참가하고 있다.

그러나 본도 건너편에 있는 만주국의 안동(安東)·통화(通和) 두 성(省)에 준동하는 도적들의 대부분이 이곳 출신일 뿐 아니라, 지나에 거주하는 각종 불령단(不逞團) 관계자 중 급진적인 분자 또한 이곳 출신이 대부분이다. 이번 사변을 계기로 중한합작(中韓合作), 반만항일(反滿抗日)을 슬로건으로 내걸고 만주 및 남북지(南北支) 전선에서 직접 적군으로 참가하여 과감한 투쟁을 하는 한편, 조선 내 주의계 분자와 연락하여 후방교란을 일으키려고 획책한다는 정보가 빈번하다. 국제정세의 추이 여하에 따라 도내 주의계 분자의 동향 또한 표변할 우려가 있으므로 엄중하게 사찰하여 단속에 힘쓰고 있다.

○ 해주지검(海州地檢) 관내

사변 발생 이래 민족주의계 분자의 동향은 대체로 온건해졌으며 황군의 과감한 활동에 대해 경탄하고 있다. 이러한 상찬(賞讚)의 목소리는 제국에 대한 신뢰로 변하였다. 그들의 언사를 종합해보면, "일본의 발전은 조선 민족의 행복을 증진하는 것이 된다"는 관찰 아래 있는 것이 대부분이다.

그러므로 기존에 예수교 간부로서 민족적 편견이 깊고 신사참배에 반발하는 태도를 지니고 있던 자도 자진하여 신사에 참배하고 출정군인의 무운장구를 기원하는 등 표면적으로는 놀라운 전향을 보여준 자가 있음은 특기할 만한 사항이다. 하지만 일부에서 아직도 애국적 행동에 나서지 않고 소극적인 태도를 보이는 것은 유감스런 바이다.

현재 민족주의계 분자의 동향을 총체적으로 보면, 민족주의계 분자 32명 중 애국적 태도를 보이는 자는 16명 이내, 특별히 사변을 계기로 확실히 전향자가 된 경우는 3명이며, 특히 계몽이 필요하다고 인정되는 자는 10명에 달하는 상황이다.

○ 대구지검(大邱地檢) 관내

관내 민족주의계 분자는 최근 총독정치가 철저해짐에 따라 특히 농산어촌에 대한 갱생시설 혹은 '1면(面) 1교(校)'[292]를 목표로 한 교육 보급 등 반도 동포에 대한 일시동인(一視同仁)의 혜택이 두드러지게 되었다. 한편, 만주국 건국에 뒤이어 만선일여(滿鮮一如)의 시정방침이 고조되자 점차 제국의 성의(誠意)와 제국 국력의 강대함을 이해한 듯 몇 해 동안 숨을 죽이고 노골적인 표현운동이 나타나지 않고 평온한 상태에 있다. 이번 사변 발발 이래 충성스럽고 용감한 황군의 위력에 경탄함과 동시에, 지나 측이 조선 민족을 매우 적대시하고 통주의 사건과 같이 수많은 반도 동포를 학살한 참사가 발생한 것에 반해, 황군은 재만주·재지(在支) 조선인의 보호에 여념이 없다는 것을 보고 듣게 되어, 지나에 대한 적개심과 황군에 대한 신뢰를 가지게 되었다. 지난번 제국 국내, 특히 반도 전토(全土)에서 위아래가 일치하여 내선일여(內鮮一如), 국방헌금, 응소 장병의 환송, 부상 병사의 위문, 무운장구 기원제, 전승 축하를 위한 총후의 결속이 더욱 견고해졌다. 작금에는 학자나 위정자가 호소하는 내선동시동원(內鮮同視同源)의 목소리와 시국과 관련해 매일 신문지상에 소개되고 있는 내선일체의 눈물 어린 협력 미담과 가화(佳話)는 헤아릴 수 없을 정도이다. 민족주의계 분자 중에도 종래의 주의 주장을 ■■■■■■■■■[293] 언동에 나서 시국에 대해 한결같은 인식을 가진 것으로 보인다. 이를 만주사변 당시와 비교해보면 그 변화는 참으로 경이로울 정도다. 그러나 완고하고 고루한 양반계급, 예수교 신도 중에는 지금도 과거의 태도를 고치지 않고 기회가 있을 때마다 민족적·반전적인 언동을 하는 자가 적지 않다. 그 주요한 것을 적기해보면, 관내 민족주의계 분자 사이에서 중심을 이루고 있는 대구부(大邱府) ■정(町) 거주 서상일(徐相日)은 "이번 사변에 대해 조선 민족운동의 거두인 평안남도 거주 최린(崔麟), 경성부 거주 윤치호(尹致昊)를 비롯한 유력 인물들이 시국인식, 내선일체에 대해 자발적으로 또는 당국의 권유로 여러 차례 강연하고, 종래의 사상을 전향하여 나아가 일본제국주의의 큰 이상을 강조한 결과 민족주의계 분자를 비롯한 일반 조선인에게 효과가 컸음을 인정한다. 그러나 국민의 정치적 사상 추이는 시세에 따라 좌우되므로 오늘날 반도 동포가 내지 동포에 비해 손색이 없는 국민정신

---

292 한 개 면에 하나의 학교를 설립한다는 방침으로서, 1922년 2월 공포한 제2차 「조선교육령」부터 '1군(郡) 1교'에서 '1면 1교'로 전환되었다.

293 이하 3행 판독불가

을 발휘하고 있다고 하더라도, 향후 자연스러운 대세가 어떻게 변화할지 아닌지에 대해서는 사상적 원리에 입각해서 예단할 수는 없다"고 말하였다. 예수교의 영수인 칠곡군(漆谷郡) 거주 이종락(李鍾樂)은 "지나사변에 대해 아무런 감흥과 흥분을 느끼지 못한다. 일본은 스스로 정당하다고 주장하고 지나는 일본을 침략국으로 비난하니 국가와 국가 간의 전쟁도 인간 사이의 싸움과 전혀 다르지 않다. 어느 쪽이 이기든 지든 우리가 알 바 아니다. 교전국의 국민이 서로 피해를 입는 것이고, 특히 패전한 국민이야말로 훨씬 더 비참한 지경에 빠질 것이다. 우리는 박애와 인류 행복을 기원하는 위에서 전쟁을 혐오하며 평화를 기원하는 바이다"라고 말하였는데, 이러한 동향에는 극히 주의를 요한다. 요컨대 이번 사변 발발 이래 일부를 제외하고는 조선 독립의 이념과 민족적 편견 등이 그들 마음속에 점차 사라지고 전향의 기운이 농후해진 것은 매우 바람직한 현상이라고 할 수 있다. 그러나 자세히 살펴보면 다년간 뿌리 깊게 키워온 이러한 사상과 편견이 가슴속에서 하루아침에 사라질 수는 없다. 따라서 대부분은 아직 명확한 국민적 자각에 도달했다고 판단할 수 없으며, 단지 표면적인 동향이 좋은 모습을 보이고 있다고 해서 곧바로 낙관할 수는 없다. 생각건대 이번 기회에 더욱 그들을 이끌고 선도하여 국난의 극복과 조만간 다가올 전후(戰後)의 경영 등에 그들을 함께 동고동락하게 만드는 일은 향후 민족사상을 근절시킬 수 있는 좋은 방책이 되리라 믿는다.

이상과 같은 상황을 보면 관내의 민족주의계 분자는 일부를 제외하고 대체로 전향의 과정에 있다고 볼 수 있다.

○ 부산지검(釜山地檢) 관내

일한병합 이래 집요한 책동을 계속 이어오며 당국의 시정방침에 온갖 망언을 해왔지만, 만주사변 후 국내 정세에 따라 우리 제국의 국력을 인식하게 되었고, 이제야 조선 독립을 몽상하는 것조차 어렵다는 것을 자각하고 주의적 색채에도 약간의 동요가 일어나고 있다. 때마침 이번 지나사변이 발발하여 동아에서 우리 제국의 사명, 지나 항일정책의 전모, 재소(在蘇) 동포에 대한 소련의 압박과 학대, 지나에 대한 원조 등의 진상을 알게 되어, 일본이 일어나는 것도 불가피함을 알게 되었다. 일본의 승리는 결정적이어서 이에 따른 조선 민족의 재기도 필연적인 운명이며 시세 또한 그러하다. 현재 개최 중인 9개국 조약국 회의도 일본을 제재하기에는 무력하여 기댈 수 없으니, 시국의 추이를 관망하면서 현 시국하에서 어떠한 불온한 책동도 하지 않고 침묵을 지키는 상태이다.

○ 광주지검(光州地檢) 관내

1933년(昭和 8) 4월 광주에서 민족주의계 분자와 그런 경향이 농후한 일부 인사들에 의한 계유구락부(癸酉俱樂部) 조직을 비롯하여 1934년(昭和 9) 8월 영광(靈光)에서 갑술구락부(甲戌俱樂部)의 결성, 1936년(昭和 11) 2월 목포(木浦)에서 변호사 박찬일(朴燦一) 일파의 신생구락부(新生俱樂部) 조직, 권영례(權寧禮, 도의원, 부의원)·차남진(車南鎭, 도의원, 부의원)·박준규(朴準圭, 정계)·서병인(徐炳寅, 노동계) 일파의 목포협회(木浦協會) 조직 등을 보면, 모두 강령에 조선인의 문화 향상과 회원 상호 간의 친목을 내걸고 있지만, 진의는 대체로 정치 수단을 통한 조선 민중의 지위 향상, 이익 옹호를 목적으로 하고 있으므로, 그들의 성격에 대해서는 상당히 유의할 필요가 있다. 게다가 이들 민족주의운동은 마침내 잠행하여 표면적으로는 진정되었다. 지난해 8월 올림픽 대회에서 손(孫)·남(南)[294] 두 선수의 마라톤 제패에 대해서는 조선인의 역량을 말해주는 것이라거나 또는 조선인은 결코 약소민족이 아니라고 호언장담하는 자가 속출하였다. 광주부(光州府) 명치정(明治町)의 광산업자 최남주(崔南周)가 조선일보사를 통하여 손·남 양 선수에게 장려금으로 금 1,000원을 제공하였으며, 광주부 호남정(湖南町)의 중추원 참의 현준호(玄俊鎬)는 남승룡(南昇龍) 선수의 학자금을 제공했다는 설이 있다. 한편 공산주의운동의 대두에 따라 한때 침묵하고 수세적인 태도를 취하고 있던 유림(儒林), 양반 등의 노년층은 실로 무시할 수 없어서 그 수는 9,811명, 그 뜻을 이어받은 자도 무려 1만 483명에 이르러, 합계 2만 294명으로 다수로 도내 각지에 복잡하게 얽혀 있다. 그동안 한국의 선제(先帝)와 그 밖의 옛 성현, 선유(先儒)의 사당이나 사우(祠宇) 등을 건립하거나 이들의 문집을 간행하는 등 향당(鄕黨)의 유생 양반의 민족적 의식을 추모하고 고양하는 데 기여하고 있다. 얼마간 호전되는 조짐이 있다 할지라도 뿌리 깊은 민족적 편견을 끝내 청산하고 전향하기를 기대하기는 어려운 상황이다. 그렇지만 이번 사변이 발발하자 당국의 시국인식운동이 철저해짐에 따라 점차 시국에 대한 인식도 정확하게 되어 국방헌금이나 황군 위문과 같은 활동이 나타나게 되었다. 하등 불온 언동 등을 일삼는 자는 없어 현재 호전되고 있어서, 그들의 불온 계획 등은 대부분 기우에 지나지 않으리라 생각한다. 다만, 조선인의 시국인식 및 애국정신은 내지인에게도 전혀 뒤지지 않으니 신속히 병역제도를 마련하여 내선인 모두에게 차별제도를 철폐할 것이라

294 손기정(孫基禎)과 남승룡(南昇龍).

는 등을 자세히 검토할 때에는 종래 그들의 실력양성운동에 비추어 언제든 사태 악화가 기도될 수도 있으니 충분히 검토하고 예의주시해야 한다.

○ **전주지검**(全州地檢) **관내**

사변을 통해 일반 반도민의 애국열은 놀라울 정도로 왕성해져서, 조선 독립이 불가능하다는 것을 확신하고 종래의 잘못된 관념을 포기하는 경우가 많다. 대체로 시국에 관해서 정확한 판단을 하여 출정병사의 환영, 국방헌금 등 총후의 적성을 다하고 있다. 그런데 그중에는 불온한 언동을 적극적인 행동으로 옮기지는 않아도 의연히 종래의 그릇된 사상을 고집하며 특히 무관심한 태도를 가장하는 자도 적지 않다.

3. 공산주의계 분자

○ **경성지검 관내**

관내에 공산주의계 분자는 약 518명으로, 이 중 전향자는 약 131명, 비전향자는 약 295명, 그 밖의 동향은 알 수 없다.

전향의 이유는 러시아의 현상을 보고 공산주의의 실시가 불가능하다고 의문을 가지고 있던 중 이번 사변으로 일본제국이 거국일치하여 코민테른 배격을 굳게 결의했음을 알게 되었고, 공산주의는 일본제국에서 도저히 실현될 수 없을 뿐만 아니라 이를 실시하려 한다면 어떠한 철퇴가 내려질지도 모른다고 하여 전향한 자, 또는 전향을 확보한 자가 많은 것으로 보인다. 그래서 이들 전향자는 이번 사변을 성전(聖戰)이자 동양의 영원한 평화공작을 위한 전쟁으로 여겨, 지나에 대한 응징을 주장한다. 전향자 중 국방헌금을 낸 자 33명, 시국 강연을 한 자 2명, 방호단(防護團)에 가입한 자 5명, 출정군인 환송과 가족 위문을 한 자 37명, 감시초(監視哨) 응원 3명, 그 밖의 총후를 지킨 자 9명이다(다만, 이 숫자는 경기도 관내만 조사한 것임).

비전향자는 이번 전쟁이 일본제국주의와 코민테른의 결전을 위한 서막이라거나 혹은 일본제국의 침략주의가 드러난 것이라고 말하고 있다. 그들은 일본이 국제 위기에 빠지기를 기대하면서도, 제국 국민의 거국일치의 태도와 실력을 두려워하여 은밀하게 반전주의 사상을 지속하면서, 또 후방교란을 목적으로 하면서, 정관적(靜觀的) 태도를 취하면서 아무런 활동도 하지 않고 있다. 오직 자기 일신의 이익과 욕심으로 러시아를 위한 스파이가 된 자가 1명 있다.

○ 공주지검 관내

공산주의계 분자 25명에 대해 살펴보면,

1) 이번 사변으로 제국의 위력은 열국(列國)에 공포를 주었으며 게다가 국내가 안정되어 날로 황위(皇威)가 선양되고 있다. 소련을 찬양하지 않고 총후의 애국운동에 적극 참가한 자는 16명
2) 그 밖에 추종하여 참가한 자 3명
3) 사변에 대해 무관심한 자 4명
4) 도리어 이번 사변을 일본군이 유발한 것이라며 제국주의의 출현이라고 곡해하고 황군위문 및 국방헌금 등에 극히 냉담하며 일찍이 시국 관련 여러 행사에는 한 번도 출석하지 않은 자 1명
5) "사변의 결과 북지(北支)의 권익을 획득하게 되면 현재의 일본 경제조직과 사상에 일대 전환을 초래하는 것이 아닌가"라며 대화 중에 감상을 드러내고, 일지사변은 도리어 자기 사상의 실현으로 나아가는 것이라는 잘못된 견해를 가졌다고 의심되는 자 1명

○ 함흥지검 관내

관내의 극좌 사상운동은 지금까지 철저하게 검거 탄압하여 일반 민중의 생활 안정과 사상 선도, 자력갱생운동에 전력을 다한 결과, 종전과 같은 대중적인 테러 행위와 불온 행동 사건은 단절되었다. 사상전향을 맹세한 자는 상당한 수에 이르지만 여러 해에 걸쳐 배양된 뿌리 깊은 공산주의운동은 쉽게 근절되지 않는다. 아직 일부 불량자는 끈질기게 지하운동을 지속하는 상황이다. 이번 지나사변을 계기로 동향을 살펴보니, 일부는 관헌에 밀착하여 총후의 임무로 국방헌금과 사회봉사 등의 여러 미담이 있다. 나머지 대부분은 입을 다물고 있어 함부로 망언을 하지는 않아도, 지나사변을 스페인 사변과 결부시켜 좌익 동란을 일으킬 우려가 있다고 비관적인 언사를 하는 자가 있다. 또 낙토(樂土)가 되어야 할 동양에서 전쟁하게 된

것은 참으로 유감스럽다며 은밀하게 반전적인 언사를 하는 자나 조언비어(造言飛語)를 퍼뜨리는 자도 있다. 일부 무리는 전쟁의 과정을 관심 있게 주시하다 기회가 있으면 적화(赤化)의 선전 자료로 이용하여 좌익으로 유도 획득하고 공산화 재건운동을 도모하는 자가 있다. 이상과 같은 것이 예상되므로 특히 주의하고 주도면밀한 사찰과 경계를 하고 있다.

○ 청진지검 관내

사변의 추이에 대해 절대적인 관심을 가지고 있으며, 황군의 압도적인 전쟁 승리에 매우 경탄하여 점차 황군을 믿고 의지하는 관념이 높아졌다. 적극 국방의회(國防議會)[295]에 입회(入會)하거나 시국 관련 여러 집회에 출석하거나, 또는 국방헌금과 그 밖의 헌금을 하는 자가 많다. 그러나 아직 꺼림칙한 침묵을 지키고 있거나 반일·반전의 언동을 하는 자도 상당히 많은데, 갑자기 일본과 소련의 개전 등의 사태를 접하니 크게 동요하지 않을 수 없다. 그러한 귀추 모두 우려를 금할 수 없다.

○ 평양지검 관내

공산주의계 분자는 여러 차례 검거로 인해 일찍이 실천에 나선 자도 대부분 직업을 구해 생활 안정을 얻고자 하는 경향이다. 1934년(昭和 9) 5월 공산당 수괴 김용범(金鏞範)과 관련한 적색노동조합 사건의 검거를 마지막으로 공산주의계 분자는 점차 몰락 상태에 있다. 지나사변이 발발하자 지나에 대한 소련의 적극적인 원조 행위와 지나 공산군의 활약에 상당한 관심이 있었지만, 황군의 압도적 우세로 인해 제국의 실력을 인식하고 제국의 정책에 공감하며 제국의 군사행동을 찬미하는 자가 있다. 그러나 민족주의계 분자와 같이 적극적인 행동에 나서는 자는 적어서 대체로 정관적 태도를 유지하고 있으며, 대부분 전향했다고는 볼 수 없다.

---

295 국방의회(國防議會): 1930년대 '국방사상 보급과 충실', '일본정신 작흥', '동양평화 영원' 등을 표방하며 조직된 군국주의적 성격의 외곽단체. 1931년 9월 만주침략 이후 일본 내에서 재향군인을 중심으로 조직된 것이 조선 내에서도 1932년 초 부산국방의회를 시작으로 1934년경까지 각지에서 조직되어, 1934년 4월 15일에는 중앙조직으로 조선국방의회연합회까지 결성되었다.

○ 신의주지검 관내

관내 거주자 107명, 내지 거주자 18명, 국외 거주자 44명으로, 조선 전체에서 가장 많다. 1925년(大正 14)에 검거한 이른바 제1차 조선공산당 사건 이래 도내의 공산주의운동은 돌연 지하로 숨어들었다. 새로운 것을 좋아하는 청년 학생 무리는 이러한 종류의 신흥 사상운동에 공명하여 다양한 조직을 계획하거나 새로운 전술로 각 부문에 걸친 계급투쟁을 전개하였다. 특히 1927년(昭和 2) 이래 신간회(新幹會) 혹은 농민조합과 관련한 작은 사건들이 발생했을 뿐만 아니라, 지리적으로 소련이나 만주 또는 지나 상해 방면에서 잠입한 주의계 분자들에 의한 조선 내 공작의 발판이 되는 특이성이 나타났다. 1931년(昭和 6)부터 1933년까지 공산주의운동은 실로 내외 주의계 분자 등의 합작으로 이루어졌다. 그리고 이에 앞서 본도 출신 재만(在滿) 공산주의계 분자도 중국공산주의운동 노선에 합류하거나 혹은 동변도(東邊道)하에 있는 공산비(共産匪)와 합류하는 등 집요하게 흉포한 운동을 지속하는 한편, 도내 주의계 분자와 호응하고 있기 때문에 잠시도 방심할 수 없다. 이 또한 민족주의계 분자와 마찬가지로 만주사변을 계기로 국외 주의계 분자가 오지로 이동함에 따라 연락이 끊어졌지만, 반면 내지와 조선 내 유력 투사들이 연달아 전향 성명을 발표하자 이에 자극을 받아 점차 보유한 사상이 오류임을 깨닫고 언동이 온건해졌다. 이 당시 1935년(昭和 10) 7월 모스크바에서 개최된 제7회 코민테른 대회에서 채택된 노선 변경을 국외 주의계 분자의 연락으로 알게 되어 약간 준동의 조짐이 없지는 않았지만, 엄중한 사찰과 단속으로 평정을 되찾았다. 때마침 이번 사변이 발발하자 당국이 적절한 지도 선전을 한 결과, 대체로 시국에 대한 인식이 깊어져 우리 제국의 대륙정책 수행에 대한 필요성을 시인하고 지금까지의 망설이던 태도를 완전히 바꾸었다. 내선일체, 거국일치, 지나 응징이라는 민론(民論)의 추이에 따라 국방헌금, 시국인식 강연회, 좌담회, 그 외의 행사에 참가하여 황국신민으로 각성하고 있다. 이 사이에 불온 언동을 지껄이거나 그밖에 불법을 획책하는 일은 보이지 않는다.

그렇지만 이번 사변을 계기로 어부지리를 얻으려는 구미 열국의 책동은 물론, 특히 코민테른과 같은 소·지(蘇支) 불가침 조약의 이율배반을 계기로 좋은 기회가 왔다고 여겨, 중국 및 일본 공산당에 지령을 내려 반전투쟁과 후방교란의 전술로 우리 제국을 패전으로 몰아가고 동양 적화의 목적을 달성하려는 획책이 있다. 특히 이번 사변을 계기로 공산주의계 분자의 동정에 대한 시찰은 급박하게 행할 수 없어 예의주시하며 사찰과 단속을 계속하는 중이다.

○ 해주지검 관내

공산주의계 분자의 동향은 민족주의계 분자와 특별히 다르지 않다. 모두 황군의 고생에 감사하며 하루라도 빨리 전승(戰勝)하기를 진심으로 기원하는 상황으로, 특히 애국적인 태도를 보이는 주의계 분자는 50명 중 24명으로 많으며, 또 전향이 확실하다고 보이는 자도 4명이다. 하지만 일부에서는 일본과 지나 어느 쪽이 승리해도 영향이 없다는 소극적인 태도를 보이는 자가 18명이 있어서, 한층 주의와 계몽이 필요하다.

○ 대구지검 관내

관내의 공산주의는 몇 해 전까지 매우 치열했고 수많은 사상 사건이 발생하여 검거가 있었지만, 당국의 준엄한 탄압으로 세력을 넓히지 못하고 점차 몰락하게 되었다. 1936년(昭和 11) 이병일(李秉一) 등의 김천비밀결사 사건[현재 당청(當廳)에서 공판 계류 중] 검거를 마지막으로 이 진영은 완전히 소탕된 것으로 보인다. 그래서 최근 이들 주의계 분자는 현재의 사회 상황으로 보아, 어차피 자신들의 주의 사상이 시대에 맞지 않음을 자각하고 사회의 일원으로서 성실하게 직업에 종사하려는 경향이 두드러지고 있다. 특히 지나사변 발발 이래 우리 국력의 강대함과 파병의 목적이 지나 응징과 함께 코민테른의 적화사상 격멸에 있음을 알게 되었다. 나아가 시국의 진전에 따라 거국일치, 내선일체, 총후의 결속이 더욱 강화된 실상을 목도하게 되자, 올바른 시국의 인식을 환기시키지 않을 수 없게 되었다. 아울러 자신들이 품고 있던 실천이 도저히 불가능함을 자각하고 대부분 분명히 깨닫는 상황에 도달하게 되었다. 일부는 국방헌금, 출정군인의 환영과 환송, 전승기원제 등에 자발적으로 참가하고, 일부는 방호단원으로 활약하거나 말과 식량 매수에 관해 부락민을 계몽하는 자도 있어서, 일반 부민(部民)과 마찬가지로 총후의 국민으로서 책무를 다하고 있다. 그러므로 이들은 시국에 대해 대체로 올바른 인식을 하고 있으며 총후의 국민으로서 각오도 가지고 있어서, 일반 부민에 비해 전혀 손색이 없다. 이번 사변을 계기로 한층 국민적 자각을 심화시켜 진정한 내선일체를 이루고 시대적 난관을 극복하여 황국신민의 의무를 다하는 것이 영광스럽다며, "온몸으로 총후의 적성을 표현할 기회를 달라"고 하고 있다. 대구부(大邱府) 내의 공산주의계 분자 사사키 다카시(佐々木隆)는 올해 7월 14일 소집에 응했으나, 신체검사 결과 소집면제가 되자 그날 금 50원을 국방비로 헌금하였다. 영주군(榮州郡)의 공산주의계 분자 김동필(金東弼), 김진식(金晋植)

두 사람은 거주 동리에서 소집에 응한 야마시타 가즈노리(山下一則)에게 축하의 깃발을 보내 그 행동을 치하했다. 청도군(淸道郡) 내 이호우(李鎬雨)는 아무 개인적 친분도 없는 출정병사의 출발을 역에서 기꺼이 환송하며 전별(餞別)[296]을 주어 치하하고, 철도경비원에게 위문품을 보냈다. 또 군위군(軍威郡) 내 공산주의계 분자 이목(李穆)은 군용 마량(馬糧)을 대구로 운반할 때 자가용 자동차로 무료 운반을 하는 등과 같은 것은 그 대표적인 사례이다. 그리고 시국에 대한 언동을 살펴보면, 예천군(醴泉郡) 내 공산주의계 분자 김상기(金相起)는 "일본과 동일한 입장에 있는 독일과 손을 잡는 것이 당연한 귀결이다. 세계 여론이 일본에 점차 불리해진 오늘날 독일 언론계가 일본을 지지하는 태도로 나오는 것은 믿음직할 따름이며, 제3국을 신경 쓰지 말고 한 길로 직진해야 한다"라고 했다. 대구부 내 공산주의계 분자 최성면(崔性冕)은 "국내의 모든 기구가 전시체제 아래 놓여 있는 전쟁은 이긴다. 정의를 위해 하는 성전(聖戰)이다. 우리 국민은 반드시 승리한다는 굳은 신념으로 총후의 강화에 더욱 박차를 가해야 한다. 조선인 동포로서 특별히 느낀 것은 이번 사변을 계기로 조선인도 일본제국 신민의 일원이라는 의식이 한층 심화되었고, 특히 과거의 사상범이 의식적으로 '일본'이라는 분위기 속에서 갱생하게 되었다는 점이다. 나 역시 그러한 한 사람으로 영광스럽게 여긴다."라고 했다. 대구부 내 공산주의계 분자 이삼문(李三文)은 "일본은 제3국의 관계를 고려하지 말고 전체 일본의 힘으로 포악한 지나를 응징하고 동양 평화의 기초를 마련해야 한다. 하루빨리 전쟁이 끝나 북지의 하늘에 일장기가 영구히 휘날리고, 맑은 향기가 충만하기를 진심으로 기다린다"라고 했다. 대구부 내 공산주의계 분자 박태흠(朴台欽)은 "이번 전쟁으로 나는 일본민족의 진정한 모습을 보았다. 주의계 분자가 말하는 단결의 힘은 이번 사변에서 전 국민이 일치단결하는 것과 전혀 다르다. 프롤레타리아운동에서 말하는 단결은 너무 빈약하여 국가적·국민적인 것이 아니고 편협한 것임을 알게 되었다. 나 자신도 과거를 청산하고 총후에서 전력을 다하고 있다"라고 했다. 칠곡군(漆谷郡) 왜관면(倭館面) 내 공산주의계 분자 정칠성(鄭七星)은 "나의 잘못된 신념으로 경거망동한 과거가 부끄러워 황군 환송을 위해 역에 나가고 황군의 무운장구를 비는 기원제에 나가도 대중을 만날 염치가 없어 마음이 괴롭다"라고 했다. 영덕군(盈德郡) 내 공산주의계 분자 이기석(李基錫)은 "이번에 국방헌금 3원을 냈는데 이것은 황군의 활약에 대

296 전별(餞別): 멀리 가는 사람에게 금품을 주는 것.

한 감격과 한편으로 만약 일본이 승리하지 못하면 조선인의 장래는 어떻게 될까를 생각하여 헌금했다"라고 했다. 이처럼 모두 시국을 바르게 인식하고 시국에 적절한 언동을 하고 있다. 하지만 일부 이른바 비전향자들은 시국에 대해 냉담하고 그저 무관심을 가장하거나 이기적인 견해로 시국에 대한 제국의 입장을 왜곡한다. 살펴보면, 지나에서 소비에트의 책동이 주효하고, 또 최근의 국제 동향이 제국에 불리하게 돌아가자 그들의 활동이 어떤 방법으로든 유리하게 전개될 것을 희망한다. 이들은 연이은 황군의 압도적 승리, 내선(內鮮) 모두의 열성 넘치는 총후의 적성, 확고부동한 제국의 결의, 제국의 강대한 실력 등에 대해 시기와 반감을 품지만, 그 위력 앞에 굴복하는 수밖에 없으니 적극적인 활동을 할 시기가 아니라고 여기며 침묵을 지키거나 일본 국민의 신념을 보이지 않는 언동을 하는 자들이 있다. 앞으로 한층 주의와 경계가 요구된다고 생각되는데, 대체로 이번 사변의 진전과 함께 전향의 길로 들어선 것은 사실이다. 최근 황군이 북지에서, 남지에서 현저히 급속도로 대첩(大捷)을 전개하여 제압하고, 한편으로는 일본·독일·이탈리아의 방공협정(防共協定)이 성립되어서, 마침내 좌익분자가 준동할 여지가 없어진 것은 확실하다. 따라서 자신의 신념을 버리지 않고 고집하고 있는 관내 주의계 분자도 이를 계기로 정도(正道)로 복귀하여 황국신민으로서 속히 성인(聖仁)을 우러러 받들도록 선도하는 노력이 필요하다. 아무튼 관내는 현재 소강상태를 유지하고 있으며, 점차 호조의 경향으로 나아가고 있는 상황이다.

○ 부산지검 관내

도내에 공산주의를 신봉하는 순수한 공산분자라고 칭할 만한 자는 없다. 대부분 민족주의적 색채가 농후한 자들인데, 과거 사상운동 상황에 비추어봐도 분명하다. 이들 주의계 분자는 이번 지나사변 발생 이래 아무런 동정 없이 침묵을 지키고 있다. 기존에는 제국의 대륙정책에 대해 호전적이고 제국주의 침략정책이라고 항상 비난하고 공격하는 태도를 보여왔지만, 최근에는 국제정세와 국내 사회정세의 추이 변화로 인해 어떤 것도 할 수 없다. 또한 9개국 조약국 회의에서 소련의 철수 등 이러한 종류의 주의파에 비관적인 재료만 있는 오늘날, 반도 민중에 의한 시국적인 애국운동에 견제당하여 완전히 침묵하고 있다. 현재 준동과 모의를 획책하는 무리가 거의 없는 듯 보이지만, 제7회 코민테른대회 당시의 지령과 전술에 의한 당원 획득의 결의 등이 있으므로 시국과 관련한 이들 무리의 동정에 대해서는 엄밀한 사찰을 통하여 불온 책동의 여지가 없도록 주의하고 있다.

○ 광주지검 관내

본도의 공산주의운동은 2부(府) 1도(島) 21군(郡) 중에 화순(和順), 함평(咸平), 고흥(高興) 3개 군에 불과하다. 1936년(昭和 11) 말까지 본도에서 검거하여 처벌한 자는 607명, 기소유예 처분 705명으로 합계 1,321명이다. 이러한 운동망은 도내 전 지역에 확대되어, 1932년, 1933년, 1934년 당시 본도의 사상운동이 최고조에 달하여 본도에서 주의운동의 전성시대였는데, 당국의 엄중한 단속과 적극적인 선도 공작으로 점차 효과를 보고 있다. 만주사변을 계기로 제국 국운의 진전에 각성하고 또 일본공산당의 수괴 사노(佐野), 나베야마(鍋山) 등의 사상전향은 큰 충격을 안겨주었다. 또 농어촌·산촌의 진흥, 자력갱생운동에 따른 도내 산업, 교육과 기타 문화 방면에서 비약적인 발전에 감격한 그들은 점차 사상전향을 표명하기에 이르렀다. 한때 우려할 만한 상황이었지만 도 당국의 지도와 알선으로 1936년(昭和 11) 말 현재 전향자가 754명, 전향의 경향을 보이는 자가 849명으로, 합계 1,603명에 이르는 등 민심은 점차 호전되고 있다. 하지만 사변이 발발하자 대부분 시국을 관망하면서 의사 표명을 보류하고 있다. 영국·미국·프랑스·소련의 지나 측 원조를 우려하고, 또 전쟁의 지연으로 인한 경제적 파탄을 걱정하는 등 전쟁 종결의 국면에 대해 비관적인 언사를 늘어놓는 자도 있다. 이런 동향에 주의할 필요가 있어서 예의주시하며 내사 중인데, 전쟁의 확대 및 황군의 연전연승에 따라 동양에서의 제국의 지위를 자각하고 지나 측의 신뢰할 수 없는 불법행위를 비난하며 영원한 동양 평화를 확보하기 위해 소련과 지나 양국을 철저하게 응징해야 한다고 주장한다. 일부는 거국일치로 총후의 수비를 굳건히 하여 반드시 승리하지 않으면 안 된다고 소리 높여 주장한다. 이처럼 점차 국민의식이 고양되고 제국에 대한 신뢰도 현저하게 높아져 적극 관공서의 시책에 협력하고 있다. 또 총후 활동에 헌신하는 등 언동이 매우 애국적으로 바뀌었고 표면적으로도 평정을 유지하고 있다. 그렇지만 전쟁 지연에 따른 국제정세의 추이와 국민 생활의 궁핍을 보자면 그들이 언제 불온한 행동에 나설지 알 수 없다. 특히 코민테른이 일본공산당에 보낸 지령을 볼 때 이들 주의계 분자의 동정에 대해 엄밀한 사찰과 경계를 할 필요가 있어 예의주시하며 진의를 파악하려고 노력 중이다.

○ 전주지검 관내

제국의 의연함과 황군의 위력이 위대하므로 명백하게 시국을 인식하고 공산주의가 도저히 받아들일 수 없다는 것을 자각하여 사변 이래 전향하는 자가 많아졌다. 그중에는 솔선하여 출정병사를 환송하고 국방헌금을 하는 등 총후의 열성을 드러낼 뿐만 아니라, 부민에게 사변에 대한 바른 인식의 환기에 노력하거나 국방헌금을 내도록 부민을 유도하는 자 등이 있어서, 대체로 좋은 경향이라고 생각한다. 개중에 특히 무관심을 가장하여 극히 냉담한 태도를 보이거나 "일·지 간만의 전쟁이라면 이길지 몰라도 제3국이 개입하면 전쟁의 결과는 의문스럽다." 등을 지껄이는 자가 있어서, 아직 완전히 낙관할 수만은 없는 상황이다.

4. 무정부주의계 분자

○ 경성지검 관내

관내에서 무정부주의계 분자는 약 23명으로, 그 가운데 전향한 자 약 5명, 비전향자 약 10명, 나머지는 그 동향이 불분명하다. 전향의 원인은, 인류사회에서 무정부주의 사회의 실현이 불가능하다는 것을 알고 약진하는 일본의 모습을 직시하며, 일본의 발전과 번영이야말로 조선민족에게 행복을 가져다준다고 자각했기 때문이다. 전향자 중 시국 강연을 한 자 1명, 출정병 환송을 한 자 1명이다.

○ 공주지검 관내

무정부주의계 분자 9명에 대해 살펴보면,

1) 제일선 장병의 충용(忠勇)함은 비길 데가 없어서 황실의 존엄함에 의지하거나, 또는 정의로운 일본의 강력함을 인식하여 솔선 또는 다른 사람을 추종하여 애국운동에 참가하고 총후의 협력을 한 자 7명
2) 사변에 대해 무관심을 가장하여 시국 관계 집회 등에 출석하지 않는 자 2명

○ 함흥지검 관내

관내 무정부주의계 분자는 당국의 탄압과 공산주의, 민족주의에 압도되어 쇠퇴하였고, 지도자는 사상전향을 했거나 이주하여 그림자를 감추었다. 아직 무정부주의계 분자로 보이는 자가 잔존해 있더라도 모두 전쟁에 대해 관심이 없으며 별다른 동향을 보이지 않는다.

○ 청진지검 관내

민족주의계 분자보다 한층 전향자가 많아 모두 당국의 방침에 따라 난폭한 지나를 응징하자고 주장하고, 솔선하여 애국운동에 분주하며 생업에 힘쓰고 있다. 현재까지 어떠한 반군적 혹은 반일적인 언동을 하는 자는 없다.

○ 평양지검 관내

무정부주의계 분자는 소수(약 12~13명)로서 1931년(昭和 6) 이래 거의 몰락한 상태이다. 이번 지나사변으로 인한 시국의 반영에 따라 제국주의를 인식하게 되었고, 대부분 전향하여 거국일치, 애국적 행동을 하는 자가 많다.

○ 신의주지검 관내

관내 거주자 2명, 내지 거주자 1명으로 본도의 무정부주의계 분자는 모두 3명인데, 모두 내지 및 지나에서 무정부 공산주의운동에 종사한 자들이다. 본도 내에서는 물론, 다른 곳에서도 이 운동을 하는 자는 없고, 전쟁 이래 어떠한 특이한 점도 보이지 않는다. 이번 사변을 계기로 재지(在支) 주의계 분자의 활발한 활동 상황에 비추어 그 동정과 서신 왕래 관계에 예의주시하고 내사 중이다.

○ 해주지검 관내

무정부주의계 분자가 2명 있지만 모두 소극적인 태도이며 계몽이 필요하다.

○ 대구지검 관내

관내의 무정부주의계 분자는 다른 주의계 분자에 비해 지극히 소수이며 현재 거의 활동이 없다. 이번 사변 발생 이래 무정부주의계 분자 신준원(申駿遠)은, 이번 전쟁이 동아의 평화와 인류의 행복을 확립하는 대성전(大聖戰)이라고 했지만, 이른바 제국주의 침략전쟁에 다름없다라고 말하며 반전적인 불온 언동을 일삼았다. 이에 구류 25일에 처해졌다가 올해 8월 12일 석방되자, 일반의 애국적 행동에 감격하여 국방비를 헌금하였고 매우 근신하는 태도가 되었다. 이 밖에는 주의계 분자의 동향에서 특이한 점이 없으며 극히 평정의 상태이다.

○ 부산지검 관내

도내 무정부주의계 분자는 매우 적다. 현재 아무런 책동이 없으며 시국에 대해서도 침묵하여 특이한 사항은 없다.

○ 광주지검 관내

아나키스트계 용의(容疑) 인물이 13명 있지만, 아무런 특기할 만한 움직임은 없다.

○ 전주지검 관내

시국을 바르게 인식하여 총후의 국민임에 반하는 듯한 언동은 없다.

<자료 29>

「지원병제도 실시 및 교육령 개정에 따른 영향」[297]

(조선총독부 경무국, 1938)

1. 지원병제도의 반향

1) 사변촉진운동의 개황

가) 도쿄부(東京府) 시모무사시초(下武蔵町) 기치조지(吉祥寺) 1889에 소재한 진종본파(真宗本派) 조선교회의 중심인물 이원석(李元錫), 한종석(韓鐘錫), 한상철(韓相哲), 조홍(曺弘)의 4명은 조선에 징병령 시행의 전제로 지원병제도의 즉시 시행 방법에 관한 청원서를 작성하여 중의원(衆議院)에 제출하였다. 1937년(昭和 12) 8월 재경 조선인 유지 간담회를 개최하여 미리 작성한 청원서에 참석자의 서명 날인을 한 후, 결의문을 작성한 이원석 외 7명의 대표자는 이것을 휴대하고 중의원에 출두하였다. 박춘금(朴春琴), 모리야 에이후(守屋榮夫) 대의사(代議士)의 소개로 의장을 면회하고 이를 제출했는데, 일부 문구를 수정할 필요가 있다는 것으로 각하되었다. 그래서 대의사 7명이 협의한 후 앞서 언급한 이원석, 한종석, 한상철, 조홍 4명이 대표위원으로서 청원서에 족적(族籍)과 서명을 날인하여 다음 날인 4일 중의원에 제출하고 5일에는 귀족원에 다시 제출하였는데, 6일 중의원 청원위원회에서 본 청원이 위원 채택되었다.

나) 벳부시(別府市)에 위치한 내선융화단체 공애회(共愛會) 회장 박재용(朴載庸, 당시 40세)은 이

297 「(八)志願兵制度實施竝教育令改正に伴ふ影響」, 朝鮮総督府 警務局 編, 『最近に於ける朝鮮治安狀況-昭和十三年』(巖南堂書店, 1966), 447~459쪽. 451~457쪽의 표는 생략함.

전부터 조선에 징병령이 시행되지 않음을 유감으로 여겼다. 이번 사변을 계기로 그 실시를 기대하면서, "우리 반도인은 어느 정도의 권리와 의무가 완전히 인정되었다 해도 3대 의무의 하나인 병역의 의무는 아직 시행되지 않아, 국가의 비상시에 피 끓는 청년이 제일선에 참가할 수 없음은 남자의 본심(本懷)이 아니다.", "바라건대 신속하게 반도인에게 징병령을 시행하여 황군의 일원으로 참가하도록 해야 한다. 만약 징병령을 시급히 시행하기 어렵다면 지원병제도를 조속히 채택하여야 할 것이다."라는 내용의 탄원서를 작성하여 각 현(縣)의 협화(協和) 단체에 호소하며 서명을 요청해놓고 있다. 7월 15일 일본에 있는 조선인 250명의 조인을 받아 의뢰장을 첨부하여 박춘금 대의사 앞으로 발송하고 조인 처리 중이다.

2) 실시 발표 후의 반향

1938년(昭和 13) 1월 16일 각 신문지상에 오는 4월부터 조선인 지원병제도 실시 예정이라는 취지가 게재되자 내지(內地)에 거주하는 조선인에게 적지 않은 감동을 주었는데, 각 방면의 의향을 종합하여 본 제도의 시행은 시의적절한 정부의 결단으로서 장래 내선융화(內鮮融化)의 결실을 거두는 큰 효과 가져올 것이라며 대체로 긍정적으로 받아들여지고 있다.

내지에 거주하는 조선인의 감상 및 반향은 다음과 같다.

가) 종합 감상: 내지 거주 조선인은 일반적으로 큰 만족과 감격으로 맞이하고 있다. 만주사변 후 특히 이번 지나사변에 반도인이 제국 국민으로서 총후 활동에 충성을 다하고 있음은 정부가 인정하는 바이다. 반도인의 숙원인 제국 군인으로서 국방의 제일선에 서서 충성을 다할 수 있도록 올해 4월부터 지원병제도를 실시하게 되니 반도인으로서 최고의 영광으로서, 새삼스레 끝이 없는 황은(皇恩)에 감격함과 동시에 미나미(南) 조선 총독의 노력과 정부의 영단에 대하여 진정으로 감사하는 바이다. 향후 한층 더 자계자숙(自戒自肅)[298]하여 제국 신민으로서 부끄럽지 않도록 마음가짐을 가져야 한다고 한다. 나아가 이 제도의 실시로 반도인도 명실공히 일본 신민이 되어 한층 떳떳해졌다고 느낀다.

---

298 자계자숙(自戒自肅): 자신의 행동을 스스로 삼가고 경계함.

그런데 이 제도는 2천만 조선 동포에 비하여 채용 인원이 400명 내외로 너무 적은 것이 매우 유감스럽다. 이 제도를 조선인에 대한 「병역법」 시행의 전제로 여기고 하루빨리 실시되기를 염원하는 이가 많다. 또한 이 제도와 관련하여 의무교육의 실시를 요망하거나 조선인의 내지 도항 제한의 철폐를 말하기도 하는데, 이러한 의향을 말하는 쪽은 기존 민족주의적 경향을 지닌 이들이 많다. 더구나 제도에 대한 의견에서 특히 주의해야 할 것은 조선인 학생의 동정인데, 그들 중 일부는 이 제도가 학생들에게 아무런 관계가 없으며 제도를 실시하더라도 자신들이 간부후보생의 자격이 없다고 하는 등 냉담하고 무관심한 언행을 하는 자가 있다.

나) 지원 신고자, 기타 상황: 지원병제도 실시에 관한 발표는 내지 거주 조선인에게 매우 충격을 주었다. 발표 후 헌병대, 경찰서, 시·구·정·촌(市區町村)의 사무소에 출두하여, 지원 수속의 교시, 수속 알선 방법에 대한 문의가 교토(京都)·오사카(大阪)·시가(滋賀)·기후(岐阜)·이시카와(石川)·돗토리(鳥取)·오카야마(岡山)·히로시마(廣島)·야마구치(山口)·와카야마(和歌山)·도쿠시마(德島)·에히메(愛媛)·후쿠오카(福岡)·오이타(大分)·사가(佐賀)의 부·현(府縣)에 속출하여, 그 수가 165명에 이르는 상황이다(2월 15일까지).

조선인 단체 등은 축하 제등 행렬 봉고제(奉告祭)를 집행하거나 관계 방면에 감사 전보를 치는 등 실시의 발표를 반기는 상황인데, 민족주의계 단체가 논의를 삼가고 무관심한 태도를 보이고 있는 점은 주목할 만하다.

3) 지원병 전형 시험 실시 상황

「육군특별지원령(陸軍特別支援令)」에 의한 육군병 지원자훈련소 생도 채용 시험은 5월 20일부터 25일까지 각 도청 소재지에서 지원병 적격자 1,378명 중 시험 당일 불참자 34명을 제외한 1,344명에 대해 도 전형위원에서 엄격한 시험의 결과, 합격 인원 480명을 결정하였다. 그 가운데 전기(前期) 입소자 240명에 대해서는 용산 가이코샤(偕行社)[299]에 소집, 6월 3일부터 5일까지 군에서 전형 시험을 실시하여 196명이 합격, 다시 6명을 보충하여 결국 202명을 합

299 가이코샤(偕行社): 구 일본육군 장교의 친목 및 상호부조 단체. 제2차 세계대전 후 잠시 중단되었다가 1950년대에 부활하여 공익재단법인으로 유지되고 있다.

격자로 결정하였다.

지원자훈련소 생도 채용 전형 상황 및 각도 전형 관련 예정자의 직업, 학력, 연령별 별표(別表)는 다음과 같다.[300]

2. 「교육령」 개정에 대한 부민(部民)의 특이 언동

「교육령(教育令)」의 개정은 지원병제도의 실시와 함께 미나미 총독의 영단으로 내선인(內鮮人) 지식인 사이에서 환영받고 있다. 하지만 일부는 그 내용에 대해 민족적인 감정으로 무작정 비난하는 자도 있다. 그 주된 언동은 다음과 같다.

1) 일반 유식자(有識者)의 감상

「교육령」의 개정은 당국의 영단이다(내선인 다수).

내선일체의 취지에 따라 내선인 교육제도의 차별 철폐를 몇 해 전부터 주장해왔는데, 미나미 총독 이하 위정 당국자가 지원병제도의 채택 및 교육제도의 개선 등 중대 시국에 즈음하여 혁신정책을 단행한 일은 매우 감격스럽다. 우리는 위정 당국의 영단에 협력하여 성과를 올리도록 노력할 것이다.

2) 일반 민중의 감상

가) 내선일체는 이로써 한층 더 촉진되었다(내선인 다수). 종래 각 위정 당국이 가장 중요시한 교육 문제와 병역 문제를 단번에 해결한 미나미 총독의 영단에 감사하지 않을 수 없다. 우리는 위정자의 노력에 대하여 내선일체로 협력하여 성과를 내도록 노력할 것이다.

300 원문에는 이하 6개의 표(「조선육군병지원자훈련소 생도 채용 전형 상황 조사」, 「훈련소 생도 예정자 직업별 조사(전기)」, 「훈련소 생도 예정자 직업별 조사(후기)」, 「훈련소 생도 예정자 학력 조사(전기)」, 「훈련소 생도 예정자 학력 조사(후기)」, 「훈련소 생도 예정자 연령 조사(전기)」, 「훈련소 생도 예정자 연령 조사(후기)」)가 수록되어 있는데, 여기서는 생략한다.

나) 명실공히 일본인이 된 기쁨을 느낀다(각지 조선인 소학교 아동). 이번 제도의 개정으로 종래의 학교 명칭도 바뀌었다. 우리는 명실공히 일본인 소학교 아동이 되었다. 이보다 더한 기쁨은 없다.

다) 말초적인 문제에 대한 반대적 감상

① 소학교라는 명칭에 대해 내지인 측을 제1로 하고 조선인 측을 제2로 한 것은 불합리하다. 학교의 역사, 학생 수 등에 의해 제1, 제2의 순서를 정하는 것이 마땅하다.(이러한 종류의 의견은 각 방면에서 상당히 많다).

② 중등학교의 조선어 폐지로 내지어(內地語)를 알지 못하는 학부모와의 통신에 불편을 느낀다. 급격하게 이러한 변혁을 하는 것은 위정 당국자가 조선인의 인정, 풍속을 이해하지 못한 결과로서, 충분한 고려가 요구된다.

<자료 30>

「지원병제도 실시 발표에 관한 반향」

(내무성 경보국 보안과, 1938. 1~4.)

[1938년 1월분]

2. 지원병제도 실시 발표에 관한 반향[301]

1) 개설

조선의 민도(民度), 민정(民情)이 진전됨에 따라 조선 동포의 「병역법(兵役法)」 시행, 의무교육제의 실시, 참정권 부여 등에 관한 요구는 해를 거듭할수록 고조되어 각각의 입장에 따라 신속하게 실시할 것을 요망하고 있다.

특히 「병역법」 시행과 관련해서는 만주사변 이후의 긴박한 국제정세에 자극받아 내선인의 구별 없이 일치하여 제국의 국방에 임하고자 하는 기운이 강력해졌다. 제국의회와 기타 주요 기관에 「병역법」 시행 또 그 전제로서의 지원병제도 시행을 청원하는 사례가 종종 있었는데, 이번 지나사변의 발발은 더욱 국방 제일선에 대한 참가 열기를 고양시키기에 이르렀다.

그런데 이번 달 15일 육군성(陸軍省)에서 별항(別項)과 같이 조선에 지원병제도를 시행한다는 취지를 발표하자, 오랫동안 기다리던 바였기에 일반 조선인은 기뻐하며 맞이하며 '일시동인(一視同仁)의 성지(聖旨)의 현현(顯現)', '내선일여(內鮮一如)의 결실을 앞으로 거둔다'라고 하고 있다. 이상의 발표에 대한 도쿄 거주 조선인의 반향 및 발표의 경위 등을 기록하면 다음과 같다.

---

301 「志願兵制度實施方發表に關する反響」, 內務省 警報局 保安課, 『特高外事月報』 1938년 1월분, 110~116쪽.

2) 반향(反響)

① 조선인의 의향

"조선인 동포의 병역의무 부담은 오래전부터 문제였지만 이번에 지원병제도를 실시하게 되어 진심으로 기쁘기 짝이 없다. …[302] 이번 지원병제도도 어떤 의미에서 시험이기에 채용된 청년은 우리의 마음을 이해하고 좋은 성적을 거둬주었으면 한다."는 등 대다수가 감격과 만족으로 받아들이고 있다. "우리도 공부하면 병사가 될 수 있다."라며, 조선인 아동의 취학률이 급등하는 지방도 있다. 그런데 일부에서 현재의 민도, 민정을 고려하지 않고 "우리가 바라는 바는 지원병제도가 아니라 의무제도다."라는 자가 상당수 있으며, "지원제가 가장 타당하다."고 보는 자는 겨우 1명에 불과하다. 거의 대부분 이 제도를 「병역법」 시행의 전제로 여기고 있으며, 그중에는

(가) "3대 의무 가운데 납세의 의무와 병역의 의무를 부과함에 따라 의무교육제를 시급히 실시하고, 아울러 조선 동포가 주장하는 일본 신민(臣民)으로서의 권리, 즉 호적 이전의 자유, 도항(渡航)의 자유, 언론·결사의 자유 등 일상생활에서 절실하게 느끼는 다양한 권리를 인정해야 한다."

(나) "지원병제도 실시 전에 참정권 부여를 희망한다."

등과 같은 편향된 의견을 보이거나, 혹은 농(隴)을 얻고 나니 촉(蜀)을 바란다는[303], 즉 끝없는 욕심을 가진 조선인의 나쁜 성격을 드러내는 경우도 상당히 있다. 또한,

(다) "현재의 정세에서는 상당수의 지원자가 있을 것으로 생각되지만 사변이 끝나면 열기가 식어 자연히 감소하지 않을까."

(라) "오늘날 지원하는 청년 제군은 애국심의 발로에서 출발한 것이 아니라 단순한 호기심에

302 줄임 표시는 원문 그대로임.

303 한(漢)의 광무제(光武帝)가 농 땅을 평정한 뒤 또다시 촉을 침략한 일을 두고 나온 '득롱망촉(得隴望蜀)'이라는 고사성어를 인용한 것임. 인간의 욕심이 끝이 없음을 비유하는 말.

이끌려 지원하는 자가 대부분일 것이다. 전 조선 13도에서 정원(定員)의 지원자가 있을지 의심스럽다."

라는 비관적인 말을 늘어놓고,

(마) "조선인을 군에 채용하는 것은 시기상조이다. 조선인 대부분은 아직 완전한 일본인이 되지 않아서, 아무튼 제국을 위해 조선인이 일해야 한다는 마음이 일지 않는다는 것이다."

라며 지원병제도의 실시가 시기상조라고도 한다. 유학생 방면에서는 "우리 학생은 현재 지원병제도가 실시되어도 간부 후보생이 될 자격이 없기 때문에 당장은 아무런 영향이 없다." 라며 무관심한 태도를 보이는 것은 주목할 만하다.

② 내지인의 의향

내지인(內地人) 역시 이 제도의 시행이 시의적절한 정부의 영단(英斷)이라고 찬성의 뜻을 나타내지만, 일부에서는

(가) "국민성을 달리하는 조선인이 과연 내지인과 마찬가지로 멸사봉공에 나설 것인지 의심스럽다. 또 인선(人選)을 잘못하지는 않을지, 재외 불령(不逞) 분자와 연락할 우려도 있다."

(나) "만약 내지인 병사가 차별적 행동을 한다면 모처럼의 제도가 역효과를 가져올 수 있으므로 충분한 준비와 주의가 필요하다."

등과 같이 사소한 우려를 표하는 자도 있다.

③ 대만인(臺灣人)의 의향

통치의 역사가 짧은 조선이 대만보다 먼저 지원병제도를 시행하는 것은 불공평하다고 불만을 토로하면서도, 조만간 대만에서도 실시할 것이라고 많은 사람이 기대하고 있다.

④ 기타

실시 발표 후 경찰서, 헌병대, 시·구·정·촌(市區町村) 사무소에 출두하여 지원 수속의 교시 또는 수속 알선 신청이 교토(京都)·오사카(大阪)·시가(滋賀)·기후(岐阜)·이시카와(石川)·돗토리(鳥取)·오카야마(岡山)·히로시마(廣島)·야마구치(山口)·와카야마(和歌山)·도쿠시마(德島)·에히메(愛媛)·고치(高知)·후쿠오카(福岡)·오이타(大分)·사가(佐賀)의 각 부·현(府縣)에 속출하여 그 수는 150명에 달한다. 그런데 그중에는 일시적인 충동이거나 혹은 매명적(賣名的) 행위로 인정되는 것도 있지만, 태반은 매우 진지하게 국방 제일선에 참가하기를 열망하고 있다. 그러나 그 교육 정도에 비추어 적격자는 극히 소수일 것이다.

또한 조선인 단체에서는 축하 제등행렬 실시, 봉고제(奉告制)를 집행하거나 관계 방면에 감사 전보를 치는 등 실시의 발표를 환영하고 있다. 그러나 민족주의계 단체는 시비(是非)의 논의를 삼가하며 애써 무관심한 태도를 보이고 있어, 주목할 만하다. 그 상황은 다음과 같다.

청·부·현명(廳府縣名)	단체명	운동 개황
홋카이도(北海道)	하코다테(函館) 신흥공제회(新興共濟會)	- 1월 18일 수상, 육·해·척 상(相), 조선총독부에 대하여 다음과 같이 감사 전보를 보냄. "조선에 병역 시행의 취지가 발표되어 내선융화로 감격을 참을 수 없어 감히 감사의 뜻을 표한다." - 같은 날 오후 7시 사무소 앞에 회원 120명이 집합하여 황궁요배를 한 후 축하 제등행렬을 거행함.
경시청	재단법인 상애회(相愛會)	- 1월 21일 오후 6시 혼조(本所), 후카가와구(深川區) 재주 조선인 400명을 동원하여 궁성 앞 광장에서 천황, 황후 양 폐하의 만세삼창을 한 후 척무성(拓務省), 육군성, 그 밖의 관계자를 방문하고 축하 제등행렬을 거행함.
	진종본파(眞宗本波) 조선협회(朝鮮協會)	- 1월 22일 진종본파 혼간지(本願寺) 쓰키지(築地) 별원(別院)에서 '조선 지원병제도 실시기념 축하회'를 개최, '육군대신 외 관계 당국에 대해 감사문 제출 건', 기타를 의결하고, 이원석(李元錫) 이하 33명은 메이지신궁, 야스구니신사를 참배함.
	조선청년단(朝鮮靑年團)	- 1월 23일 오전 10시 45분경 단장 김재영(金在永) 이하 15명은 궁성 광장에 집합하여 궁성요배 후 척무성, 육군성, 기타 관계자들을 방문하여 감사장을 제출함.

경시청	조선의용보국단(朝鮮義勇報國團)	- 홍순종(洪淳鐘) 당시 33세는 작년 8월 이래 이와사(岩佐) 육군 중장 등 명사의 원조 아래 '조선의용보국단' 결성 준비 중에 지원병제도 실시 발표가 있자, 1월 25일 자로 "지금 그 구체적인 첫째 목적 달성을 보고, 우선 우리도 결성을 해체하고 더욱 새로운 활동으로 시작하는 것이 지당하다."라는 내용의 단체 해체 성명서를 발표함.
교토(京都)	태양청년회(太陽青年會)	- 1월 17일 오후 8시 사무소에 회원 52명이 모여 회 깃발을 선두로 제등행렬을 거행하고 교토 고쇼(御所) 건례문(建禮門) 앞에서 황거 요배 후 천황 폐하 만세를 봉창하고 산회함.
효고(兵庫)	고베(神戶) 국방청년단(國防青年團)	- 1월 24일 육·해상이 조선총독 앞으로 감사장을 발송함.
	아마가사키(尼崎) 내선동애회(內鮮同愛會) / 아마가사키 내선국방청년회(內鮮國防青年團)	- 1월 26일 오후 7시 40분부터 아마가사키(尼崎) 거주 조선인 400명이 모여서 공동 축하회를 개최함.
아이치(愛知)	애국청년단(愛國青年團)	- 1월 20일 오후 8시부터 나고야시(名古屋市) 사회관에서 임시간부회를 개최하여 조선총독 앞으로 다음과 같은 감사 전보를 보냄. "조선 지원병제도 실시에 따른 각하의 절대적인 노력에 대하여 심심한 경의와 감사의 뜻을 표한다."
	애국선우종업원조합(愛國鮮友從業員組合)	- 1월 22일 조선총독 앞으로 다음과 같은 감사 전보를 보냄. "일본인의 한 사람으로서 대망의 지원병제도 시행을 축하한다."
오카야마(岡山)	내선협화회(內鮮協和會) 청년부	- 1월 22일 오후 7시부터 조선인 39명, 내지인 13명 출석 아래 축하회를 개최하고, 청년부원 32명이 약 30분간 부대 교련을 행하여 기세를 떨침.
	내선협화회	- 1월 17일 오후 7시부터 부회장 신홍석(申洪錫) 이하 120명은 마을 신사(村社)인 다마히메신사(玉姚女神社)에 참배, 황군의 무운장구, 부상 장병과 병사의 쾌유를 기원한 후 축하회를 개최함.
히로시마(廣島)	협화회 히가시지부(東支部)	- 1월 16일 육상(陸相), 조선총독 앞으로 다음과 같은 감사 전보를 보냄. "열망하는 우리 조선인의 육군 지원병제도 확립을 감사함과 동시에 황국민으로서의 본분에 매진할 것을 각오한다."
야마구치(山口)	도쿠야마협진회(德山協進會)	- 1월 31일 회원 15명은 회기(會旗), 국기를 앞세우고 도이시하치만궁(遠石八幡宮)에 참배하고, 지원병제도 실시 제전(祭典)을 집행함.
	도쿠야마공영회(德山共榮會)	- 1월 31일 회원 45명은 회기, 국기를 앞세우고 도이시하치만궁에 참배하고, 지원병제도 실지 제전을 집행함.
	돈다노동구제회(富田勞働救濟會)	- 1월 30일 회원 120명은 국기를 앞세우고 현 신사(縣社) 야마사키하치만궁(山崎八幡宮)에 참배하고, 지원병제도 실시 축하기념식을 거행함.

후쿠오카 (福岡)	와카마쓰친교회 (若松親交會) 청년단	- 1월 17일 오후 7시 사무소에서 긴급 역원회(役員會)를 개최한 끝에, "이러한 의의 있는 지원병제도 실시구역을 확대하여, 내지 재주 조선인 지원자는 전국 각 사단에 배속될 것 같다." 운운을 내용으로 하는 탄원서를 작성하여 육상 앞으로 발송함.
오이타 (大分)	오이타현 내선공애회(內鮮共愛會) 총본부	- 1월 26일 수상 이하 관계 방면에 "우리는 이번의 기쁨을 영원히 자손에게 전하고 천황 폐하께 충성을 맹서하며, 내선일여의 정신을 구현하고 반도 문화의 시설을 확충하여 더욱 제국의 발전에 필사의 노력을 경주하기를 기한다." 운운을 내용으로 하는 감사장을 발송함.
	오이타현 하 재주 반도인대회	- 1월 28일 오전 10시부터 오이타현 교육회관에서 오이타내선협화회(大分內鮮協和會) 이하 10개 단체 관계 조선인 446명 참집, 축하 및 시국대회를 개최하여, 선언 및 "지원병제도 실시에 비추어 각자 직분에 맞춰 업무에 서로 정성을 다하여, 내선일여의 현현(顯現)에 매진하고, 충효의용(忠孝義勇)의 아름다움을 떨치기를 기한다.", 기타 3항의 결의를 가결하고, 관계 방면에 감사 전보를 발송함.

3) 실시 발표의 경위

원래 「병역법」은 「호적법(戶籍法)」의 적용을 받아 내지에 본적이 있는 자에게만 적용되어온 관계상, 호적 이전을 인정받지 못한 조선인에 대해서는 원칙적으로 적용되지 않는다(「병역법」 제23조). 예외로 ① 중등학교 졸업 후 사관학교 등을 졸업한 자, ② 내지인과 결혼한 남자 또는 양자가 된 징병 적령자에게만 적용되는 것에 불과하다. 그래서 '병역법의 시행', '그 전제로서 지원병제를 시행하라'라는 것이 제67회, 제71회 제국의회(帝國議會) 등에서 박춘금(朴春琴) 대의사(代議士)에 의해 제창되었다. 그 밖에 조선인 유식자 등은 개인 또는 단체로 빠르게 실시할 것을 강조하고 중요 관계자에 청원하는 사례가 적지 않았지만, 아직 분위기가 무르익지 않아 실현까지는 이르지 못했다.

이처럼 실현이 곤란한 원인은 여러 가지였는데, 중요한 것은 조선의 민도(民度)와 민정(民情)이 아직 경지에 이르지 않았다는 점이다. 일찍이 군 당국은 일반 조선인의 열렬한 요망에 비추어 이러한 점을 분명히 하였다. 즉 "현재의 조선 실정을 보아 적령 청년이 2년 혹은 3년 징집될 경우, 남아있는 가족은 어떻게 생계를 유지할 것인가. 이미 일찍이 이 제도가 시행된 내지에서도 한 가정의 경제 상태에서 병역에 징집되는 것을 더욱 고통으로 여겨서, 자칫 징병 기피의 오욕을 겪는 자가 없지 않았다. 하물며 일반 민도가 낮은 조선에서는 말할 것도 없다.

조선에 병역제도를 시행하지 않는 이유는 민정에 대한 군 당국자의 깊은 배려에 바탕을 둔 것이다. 언어의 차이는 군대 교육을 하는 데 많은 지장을 초래하기 쉽다는 것은 부정할 수 없는 사실이다. 조선 장정을 위해 특별한 언어를 사용하고 특별한 교육을 실시하는 것은 도저히 불가능한 일이다." [1934년 8월 1일 조선의용단(朝鮮義勇團) 팸플릿 제1호 〈조선 동포에게 자각을 촉구한다〉, 조선헌병대 사령관 육군 소장 이와사 로쿠로(岩佐祿郞)]

또 지난 제67회 제국의회 때 박춘금 대의사가 제출한 것과 관련된 「조선 통치정책에 관한 질문 주의서」 중 "조선인에 대한 징병 의무를 부과할 의사는 없는가. 육군 대신의 소견은 어떠한가."에 대해서, 정부는 1936년 2월 29일 답변서에서 "제국의 국방에 내선인의 구별 없이 일치시켜야 한다는 취지는 크게 환영하는 바이다. 우리의 조선 통치 방침 역시 일시동인으로 차별을 두지 않는 바이지만, 제반 상황에서 내지와 같지 않은 조선에 대해 내지와 마찬가지로 병역제도를 실시하는 것은 아직은 시기상조라는 생각이다."라고 하였다. 이번 육군성 발표 또한 조선의 민도, 민정을 보아 「병역법」을 시행하는 것은 아직 시기상조라고 밝히고 있다.

그런데 민도와 민정의 진전 여부를 기준으로 인정되는 보통교육은 해마다 기관이 완비되고 또 보급되어, 대부분의 청소년이 점차 병역 복무 능력을 갖추기에 이르렀다. 게다가 조국 방위에 대한 일반의 사조(思潮)는 지나사변의 발전에 따라 더욱 확대되었고 총후의 열성도 대단하다. 이에 관계 당국은 조선 동포에게 국민의 의무를 다하게 함과 동시에 희망을 줄 수 있도록 마침내 지원병제도를 실시하기에 이르렀다.

4) 육군성 발표(1월 15일 오후 4시 30분)

조선의 민도와 민정이 진전됨에 따라 조선인에 대해서도 지원병제를 허가하고 이로써 황국신민으로 단련시켜 내선일체의 국방에 기여하는 것이 적당하다고 인정하였다. 지원병은 조선총독부에서 특별교육을 실시한 자를 선발 채용하고, 채용 후의 신분 취급 및 복역은 내지인 징집병과 같도록 현재 육군성과 척무성(拓務省)에서 입안하여 신중하게 심의 중이다.

[1938년 2월분]

4. 지원병제도 실시 발표에 관한 반향[304]

올해 1월 15일 조선에 지원병제도를 시행한다는 취지의 육군성 발표에 대한 반향에 관해서는 본지 1월호에 게재한 바 있다. 그 후 이 건에 대한 일반 조선인의 관심은 더욱 많아졌으며 지원서를 제출하는 사람, 지원 수속을 문의하는 사람 등이 줄을 섰고, 또 별표와 같이 축하회 제등행렬, 기타 각종 행사를 개최하여 환희와 감격을 표하는 상황이다. 그리고 정부에서는 이달 18일 오후 원내 각료회의에서 내지인 종군지원병제도와 함께 조선인 지원병제도에 관한 「육군특별지원병령(陸軍特別志願兵令)」을 결정하였다. 이러한 취지를 같은 날 오후 5시 육군성에서 발표했다. 「육군특별지원병령은 위로부터 재가를 거쳐 23일 칙령 제95호로 공포되어, 오는 4월 3일 진무천황제(神武天皇祭)를 시행할 예정이다. 병적(兵籍)에 편입된 조선인의 신분 취급에 관해서는 내지인과 아무런 차별이 없다. 이에 조선인도 명실상부한 제국 신민으로서 진충보국(盡忠報國)의 진심을 구현할 수 있게 되었다. 육군성이 발표한 조선인 지원병제도의 내용을 기록하면 다음과 같다.

1) 조선인도 육군 대신이 정하는 바에 따라 이를 현역 또는 제1 보충병역에 편입할 수 있다.
2) 현역 및 제1 보충병역 편입 후의 신분은 모두 「호적법」의 적용을 받는 내지인과 마찬가지로 하등의 차별을 두지 않는다.
3) 단, 지원병은 입영 전 조선총독부 육군특별지원병훈련소에 선발, 입소하여 언어·민정·습관 등에서 내지인과 차이가 없도록 준비교육을 실시하고, 법적으로 차별을 두지 않는 취지에 부합시킨다.
4) 올해 채용 인원은 우선 400명으로 한다.

304 「志願兵制度實施方發表に關する反響」, 內務省 警報局 保安課, 『特高外事月報』 1938년 2월분, 192~194쪽.

내지 재주 조선인의 지원병제도 시행에 대한 각 단체의 동정

청·부·현명 (廳府縣名)	단체, 기타	운동 상황
홋카이도 (北海道)	와카나이초(稚內町) 혼도리(本通) 미나미(南) 4정목(四丁目) 고물상 이위상(李謂相) 이하 8명	- 지원병제 시행에 감격하여 기행렬(旗行列)을 하기 위해 협의하여 이 비용을 국방헌금으로 하기로 결정하고, 1월 23일 일금 15원을 헌금함. - 1월 23일 호쿠몬신사(北門神社)에 참배, 술 1되와 일금 3원을 헌납하고, 지원병제도 실시에 대한 감사 및 황군의 무운장구를 기원함.
교토 (京都)	반도경우회 (半島京友會)	- 본 단체에서는 1월 22일 교토시 가미교구(上京區)에 위치한 니시진린보칸(西陣隣保館)에서 38명이 참석하여 축하회를 개최하고 미나미(南) 조선총독 앞으로 감사 전보를 발송함.
오사카 (大阪)	오사카시 스미요시구(住吉區) 아베노스지(阿部野筋) 6정목 47 선갑(鮮甲) 이선홍(李善共) 외 11명	- 이선홍은 오사카 조선인 유지 11명을 규합하여 1월 17일 오후 11시 22분 오사카역을 통과하여 서쪽으로 내려가던 중인 미나미 총독을 오사카역 앞에서 환송하고, 지원병제도 채용 실시에 관해 감사의 뜻을 표함.
	재단법인 계명회(啓明會)	- 이사 김병돈(金秉敦) 외 7명은 지원병제도 채용을 기원하기 위해 1월 27일 후시미(伏見) 모모야마릉(桃山御陵)에 참배함.
	가시하라경찰서(柏原警察署) 관내 재주 조선인 유지	- 조선인 유지(有志)들이 모여 지원병제도 채용 기념사업으로서, 밀집 부락 6곳의 각 중앙에 국기게양대를 설치하여 2월 1일부터 매일 아침 국기를 게양하기로 함.
	사노경찰서(佐野警察署) 관내 재주 조선인 유지	- 사노경찰서 관내에 거주하는 조선인 유지 50명은 지원병제도와 교육제도 실시를 기념하기 위해 2월 1일 사노초(佐野町) 가스가 신사(春日神社)에 참배, 미나미 총독 앞으로 감사 전보를 타전, 부내 전몰 용사의 무덤을 참배하고, 이날을 기해서 생활의 개선, 위생사상의 보급, 국기게양의 보급 선전 및 내선인 사이의 분쟁을 절멸시키기로 함.
효고(兵庫)	노우화합회 (勞友和合會)	- 2월 17일 고베시(神戸市) 하야시다구(林田區) 가와나카소학교(川中小學校)에서 감사 축하회를 개최하고, 고베연대구사령부 유기모토(行基) 중좌(中佐)의 시국강연을 청취, 시국인식을 심화. 참가자는 약 270명.
사이타마 (埼玉)	오미야 협친회 (大宮協親會)	- 2월 1일 회장 조용완(趙鏞完) 이하 4~5명은 히카와신사(氷川神社)에 참배하고, 지원병제 실시에 관한 감사 봉고제를 집행함.
이바라키 (茨城)	동아갱생회 (東亞更生會)	- 병역 적령회원(適令會員) 중 지원병 희망자 조사를 위해 2월 26일자로 회장 이름으로 각 회원에게 인쇄물을 발송함.
미에 (三重)	아사케 보국회 (朝明報國會)	- 조선 지원병제도에 감사하여 2월 3일 사무소에 회원 42명이 모여 기념좌담회를 개최하고, 그 자리에서 각자 갹출하여 일금 5원을 국방헌금함.

아이치 (愛知)	《조선신문(朝鮮新聞)》 나고야지사장 임용길(任龍吉) 외 16명	-《조선신문》 나고야지사장 임용길(任龍吉) 외 16명은 2월 22일 상경, 수상, 육·해·척상, 귀족원·중의원 의장을 방문하여 「조선 지원병제도 설정에 대한 감사의 말」을 전함.
나가노 (長野)	나가노 협화회 (長野協和會)	- 2월 14일 오후 8시부터 다케노야(竹野屋) 모밀국수집에 회원 23명이 모여 축하회를 개최함.
후쿠이 (福井)	신생회(新生會)	- 2월 7일 오후 2시부터 오바마경찰서(小浜警察署) 누상(樓上)에서 회원 35명이 모여 축하회를 개최함.
이시카와 (石川)	이시카와현(石川縣) 친목회	- 2월 1일 사무소에서 남녀 회원 33명이 모여 축하회를 개최하고, 미나미 총독에게 감사 전보를 타전함.
야마구치 (山口)	시모노세키(下關) 동화회(東和會)	- 2월 7일 오후 2시부터 동아회(東亞會)[313] 본부에서 회원 40명이 모여 축하회를 개최하고 지원병제도에 관한 감사 결의를 하며, 수상, 육·해 양상(兩相), 조선총독, 조선군사령관 앞으로 발송함.
	동화회(同和會) / 동화청년회(同和靑年會)	- 2월 11일 밤 회원 약 500명은 우베시(宇部市)에 있는 나카쓰세 신사(中津瀨神社)에 참배하고, '지원병제도 창설에 감격하며 한층 더 지성봉공(至誠奉公)의 실현을 기함' 외 2개 항의 결의와 선언을 결의하며, 7시 30분부터 제등행렬을 거행함.
오이타 (大分)	나카쓰(中津) 내선동화회(內鮮同和會)	- 2월 1일 나카쓰시(中津市) 공회당에서 정기총회와 지원병 시행 축하 시국대응 대회를 개최함. 참가자는 145명.
	히타(日田) 내선친화회(內鮮親和會)	- 1월 28일 오이타시(大分市)에서 개최된 반도인 지원병제도 실시 축하 및 시국 대회의 취지를 히타군(日田郡) 일반 조선인에게 전달할 목적으로, 2월 2일 히다군 내 재주 반도동포대회를 개최함. 참가자는 102명.
	오이타현 내선공애회 (內鮮共愛會)	- 1월 28일 오이타시에서 개최된 대회의 취지를 회원 일동에게 전하고 광대무변(廣大無邊)한 성은(聖恩)에 바칠 각오를 새롭게 하며, 2월 15일 벳부상공회의소(別府商工會議所) 누상에서 127명 참집, 벳부시 반도인 지원병제도 실시 축하 및 시국 대회를 개최함.
	나오이리군(直入郡) 내선공영회 (內鮮共榮會)	- 1월 28일 오이타시에서 거행된 대회에 자극받아, 2월 19일 조선인 111명 참집한 끝에, 상기(上記)한 새로운 단체 발회식을 겸하여 지원병제도 실시 경축대회를 다케다초(竹田町) 공회당에서 거행함.
	우사군(宇佐郡) 내선친목회	- 1월 28일 오이타시에서 거행된 대회에 자극받아, 2월 14일 욧카이치초(四日市町) 공회당에 126명이 참집하여, 상기한 단체 발회식을 겸하여 조선인 지원병제도 실시 축하회를 개최함.
사가 (佐賀)	사가현 내선협회 (內鮮協會)	- 기시마군·현(杵島郡縣) 운영 아리아케(有明) 간척공사에서 일하는 조선인은, 조선인 지원병제도 실시 및 「조선교육령」 개혁 등에 기뻐하고 감격하여, 축하회를 기념하여 2월 20일 상기한 단체를 결성함.

305 동화회(東和會)의 오기로 보이지만, 일단 원문대로 기재함.

[1938년 3월분]

2. 지원병제도 실시 발표에 관한 반향[306]

1) 올해 1월 15일 조선인의 지원병제도 실시에 관해 육군성에서 신중하게 심의 중이라는 발표가 있었다. 게다가 2월 18일 국무회의에서 이에 관한 「육군특별지원병령」을 결정, 상부의 재가를 거쳐서 2월 23일 칙령 제95호로 공포하고, 4월 3일 진무천황제(神武天皇祭)를 시행하게 되었다. 내지 재주 조선인은 경찰서와 기타 관계 관청에 지원서를 제출하거나 혹은 절차 문의로 줄을 서는 상황이다. 아직 지원 수속, 기타 제반 규정이 공포되지 않아 이들 지원자나 문의자에게 이러한 취지를 설명하고 있다. 이번에 아래와 같이 칙령 및 육군성령(陸軍省令)이 공포되었지만, 아직 절차나 기타 상세한 규칙은 공포되지 않았다. 하지만 육군성령 제5조에 의하면, 육군의 병역에 복무하기를 지원하는 자는 4월 30일까지 도착하도록 원서(양식 일정함)에 호적 초본을 첨부하여 본적지의 경찰서장에게 제출하도록 되어 있다.

- 아래 -

1938년(昭和 13) 3월 29일 칙령 제156호	조선총독부 육군특별지원병훈련소관제
1938년(昭和 13) 3월 30일 육군성령 제11호	육군특별지원병령 시행규칙

2) 지원병제도 실시에 대한 내지 재주 조선인의 이번 달 주된 동정은 다음 표와 같다.

306 「志願兵制度實施方發表に關する反響」, 內務省 警報局 保安課, 『特高外事月報』 1938년 3월분, 124~125쪽.

청·부·현명 (廳府縣名)	단체명	운동 개황
교토 (京都)	재교토 조선인 유지	- 교토시 우쿄구(右京區) 사이인(西院) 이고료초(井御料町)에 거주하는 김성룡(金成龍)을 중심으로, 재교토 조선인 유지 주최 아래 3월 10일 나카교구(中京區) 산조도리(三條通)에 있는 린보칸(隣保館)에서 '조선인 지원병제도 시행 감사 강연회 및 영화의 저녁'을 개최함.
히로시마 (廣島)	내선융화공조회 (內鮮融和共助會)	- 야마가타군(山縣郡) 야에초(八重町)에 소재한 이 단체에서는 3월 28일 무덕전(武德殿)에서 '조선인 지원병제도 시행 축하식'을 개최함.
오이타 (大分)	히가시구니사키(東國東) 내선친화회(內鮮親和會)	- 올해 1월 오이타시(大分市)에서 개최한 축하회와 대회에 자극받아, 히가시구니사키군 내 거주 조선인은 2월 18일 상기한 단체 발회식을 겸하여 지원병제도 실시 축하대회를 개최함.
	요코쿠(暘谷) 내선공제회 (內鮮共濟會)	- 히노데경찰서(日出警察署) 관내 거주 조선인 유지 약 70여 명은 3월 7일 상기한 단체 발회식을 겸하여 '특별지원병제도 확립 축하대회'를 개최함.
	쓰루사키(鶴崎) 내선애조회(內鮮愛助會)	- 상기한 단체 주최로 조선인 67명이 모여 3월 9일 '지원병제도 실시 축하 및 시국 대회'를 개최함.
	나가스(長州) 내선친선회 (內鮮親善會)	- 나가스경찰서 관내 거주 조선인 73명은 3월 14일 이 마을 실과여학교(實科女學校)에서 상기한 단체 발회식을 겸하여 '특별지원병제도 확립 축하대회'를 개최함.
	기즈키(杵築) 내선공조회 (內鮮共助會)	- 기즈키경찰서 관내 거주 조선인 31명은 3월 21일 이 마을 시로야마세이엔회관(城山青莚會館)에서 상기한 단체발회식과 '특별지원병제도 확립 축하대회'를 개최함.
	오노군(大野郡) 내선상애회(內鮮相愛會)	- 상기한 단체에서는 3월 26일 오노군 야에정 소재 미에농업학교(三重農業學校)에서 '특별지원병제도 확립 축하대회'를 개최함.

[1938년 4월분]

2. 지원병제도 실시 발표에 관한 반향[307]

1) 조선인 지원병제도 실시 발표에 관한 반향에 대해서는 본지(本誌)의 계속된 보도와 같이, 이번 사변 후 매우 순조롭게 발전하고 있는 내선융화에 더욱 박차를 가한 느낌이 있다. 그래서 일반 조선인은 실시 시기를 학수고대하고 있던 바인데, 마침내 〈별기(別記) 1〉과 같이 관련

307 「志願兵制度實施方發表に關する反響」, 內務省 警報局 保安課, 『特高外事月報』 1938년 4월분, 87~89쪽.

법규가 공포되고 4월 3일 진무천황제(神武天皇祭)의 좋은 시기를 정하여 시행하게 하였다. 이로써 내지 재주 조선인 중에서 특별지원하게 하고, 수속, 알선 방법 등의 신청이 있을 때 대체로 〈별기 2〉에 따라 처리하는 것이 적당하다고 생각한다.

〈별기 1〉

1938년 4월 2일 조선총독부령 제70호

「조선총독부 육군특별지원병훈련소 규정」

1938년 4월 2일 조선총독부령 제71호

「조선총독부 육군특별지원병훈련소 생도채용 규칙」

1938년 4월 2일 조선총독부 훈령 제15호

「조선총독부 육군특별지원병훈련소 생도채용 수속」

〈별기 2〉

1. 조선인으로서 육군에 특별지원하려는 자는 조선총독부 육군특별지원병훈련소 과정을 마쳐야 한다. 이로써 「생도채용 규칙」 제3조 소정의 서류를 매년 2월 10일까지(1938년 채용에 관해서는 이 제한이 없음) 본적지 경찰서에 직접 제출할 것.
2. 위의 것들 가운데 지원병 훈련 입소 원서 및 공의(公醫) 또는 관공립 병원 의사가 작성한 체격 검사표는 소정의 용지로 작성한 것에 첨부하여 직접 본적지 경찰서에 직접 청구할 것.
3. 위의 관계 서류 중 주소지 또는 본적의 부윤(府尹) 혹은 읍·면장이 작성해야 할 보증서는 본인 거주지 시·정·촌장에게서 수령할 것. (단, 재산 조사는 본적지의 부윤 또는 읍·면장의 작성을 요하는 경우가 많음)
4. 훈련소 입소 지원자는 본적지 관할 도지사가 시행하는 전형 시험을 받아야 함. 수험 및 입소를 위해 필요한 여비와 그 외의 경비는 자기 부담임에 대해 그 취지를 지시할 것.
5. 기타 시험 수속에 대한 상세한 것은 본적지 경찰서에 직접 조회할 것.
6. 결격자임이 명확한 경우 외에는 지원 수속을 저지할 수 없다는 것.

2) 지원병제도 실시에 대한 내지 재주 조선인의 이번 달 주된 동정은 다음 표와 같다.

청 · 부 · 현명 (廳府縣名)	단체명	운동 개황
효고 (兵庫)	니시노미야경찰서 (西宮警察署) 관하 재주 조선인	- 니시노미야경찰서 관하 재주 조선인은 국민정신 발양을 위해 170원을 투자하여 국기게양대를 설치하고 4월 5일 국기 게양식을 거행함. 이어서 지원병제도 실시 축하강연회를 개최함.
	고베(神戶) 국방청년단(國防靑年團)	- 조선인 단체 고베 국방청년단에서는 4월 3일 조선인 지원병제도 실시 축하회를 개최함.
히로시마 (廣島)	구레심화회(呉心和會)	- 구레시(呉市) 소재 구레심화회(呉心和會)에서는 4월 29일 구레시 고반초(伍番町) 소학교에서 조선인 지원병제도 실시 축하식을 거행함.
	후쿠야마(福山) 내선융화회(內鮮融和會)	- 후쿠야마 내선융화회에서는 이번 달 3일 회원 130여 명이 모여 노가미(野上)·노부히로(延廣) 양 하치만신사(八幡神社)에 참배하고, 조선인 지원병제도 실시 감사 기원 및 황군의 무운장구 기원제를 거행함. 조선총독 앞으로 감사 전보를 타전함.
	내선융화공조회 (內鮮融和共助會)	- 야마가타군(山縣郡) 야에초(八重町) 소재 내선융화공조회에서는 4월 28일 조선인 지원병제도 실시 축하회를 개최함.
오이타 (大分)	내선영친회(內鮮榮親會)	- 니시구니사키군(西國東郡) 재주 조선인은 시국에 자극받아, 3월 16일 상기한 단체 결성을 겸하여 지원병제도 실시 축하회를 개최함.
구마모토 (熊本)	다마나(玉名) 내선친화회(內鮮親和會)	- 다마나군(玉名郡) 다카세마치(高瀨町) 소재 다마나 내선친화회에서는 4월 3일 조선총독에게 지원병제도 실시를 축하하는 전보를 타전함.

<자료 31>

「장고봉 사건에 대한 재경 조선인의 동정에 관한 건(제2~8보)」[308]

(경시총감, 1938. 8.)

[제2보(1938.8.5.)]

「장고봉(張鼓峰) 사건에 대한 재경(在京) 조선인의 동정에 관한 건」

특내선(特內鮮) 제1989호

1938년(昭和 13) 8월 5일

경시총감(警視總監) 아베 겐키(安部源基)

내무대신 스에쓰구 노부마사(末次信正) 귀하(殿)

조선총독부 경무국장 귀하

도쿄형사지방재판소 검사정 귀하

도쿄 헌병대장 귀하

각 청·부·현(廳·府·縣) 장관 귀하

조선 각 도지사 귀하

308 「長鼓峯事件に對する在京朝鮮人の動靜に關する件」, 法務局 刑事系, 『警視廳情報』, 1938·39년도(국가기록원 소장 조선총독부문서).

장고봉 사건에 대한 재경 조선인의 동정에 관한 건(제2보)

표기 사건에 관한 재경(在京)[309] 조선인의 동정은 이미 보고한 바와 같이 평온함이 지속되는 가운데 특이한 언동은 보이지 않는다. 그러나 일부 조선인이 누설한 의향을 보면, 대부분 장(蔣)[310] 정권의 원조와 자국 내부의 통제에 이용하는 것으로서 우리나라의 국력과 국지(局地) 해결 방침으로 보아 불확대로 해결해야 하고, 만약 소련이 반성하지 않는다면 단호하게 응징해야 하며, 조선 내 폭격은 일반 조선인을 격분하게 만든다고 언급하고 있다. 이러한 의향은 아래의 기록과 같은데, 계속해서 동정을 주의하는 중이다.

위에 언급한 통보이다.

【별첨】

본적: 경기도 김포군(金浦郡) 하성면(霞城面) 전류(顚流) 34

주소: 도시마구(豊島區) 나가사키(長崎) 히가시초(東町) 1-910

장기준(張基俊)

이번에 소련기의 월경(越境) 폭격 사건은 소련과 지나(支那)의 원조 조약의 입장에서 일본 세력을 분산시켜 한구(漢口) 공략을 방어하려는 단순한 '짓궂은 장난'에 지나지 않는다. 특히 소련의 내정(內情)은 숙정 공작 이래 상당한 내란이 있었다. 게다가 게페우[311] 장관의 도주 사건 등이 연이어 일어난 상황에 대해 일본에서는 일지사변(日支事變) 발발 이래 소련 극동의 교란을 이미 간파하였고 소련·만주·조선 국경에 대한 충분한 대비책을 마련했기 때문에 일·소 전쟁은 일어나지 않을 것이라 생각한다.

---

309 여기서는 일본 도쿄 거주 조선인을 말함. 이하 동일.

310 중국의 장개석(蔣介石) 정권. 이하 같은 건에 대해서는 가독성을 높이기 위해 '장개석 정권'으로 번역했음을 밝혀둔다.

311 게페우(GPU): 구소련의 비밀경찰인 국가정치보안부. 1922년 체카를 개편한 것으로서 반혁명 인사를 찾아내고 처벌하는 일을 하였다. 1934년에 내무인민위원회로 바뀌었다.

본적: 경북 대구부(大邱府) 하서정(下西町) 5

주소: 도시마구(豊島區) 다카다(高田) 미나미초(南町) 2-472

서상한(徐相漢)

소련의 장고봉 사건 이래 연이은 월경 사건은 주의운동의 입장에서는 일본군의 한구 공략 세력을 무찌르기 위한 행동이며, 항간에 전해진 것처럼 전쟁 개시의 위험성은 없을 것이다. 혹시 전쟁이 발발하더라도 방공(防共) 강화의 명분으로 협약을 굳건히 한 독일·이탈리아 양국이 극동 정세에 관심이 있음은 물론, 나아가 전쟁에 참가하게 될 것이기 때문에 소련으로서도 본격적인 전쟁은 할 수 없을 것이라고 한다.

본적: 경상남도 대구부 신정(新町) 287

주소: 후카가와구(深川區) 이시지마초(石島町) 12

■서회(■西會) 부회장, 김기청(金基靑)

소련·만주 국경의 분쟁 사건이 최근 확대될 조짐이 있고 엊그제처럼 소련 비행기가 국경을 넘어와 조선의 고성(古城) 부근에 폭탄을 투하하고 철도를 파괴한 일이 있었는데, 이러한 행위는 참으로 언어도단이라고 생각한다. 이 문제에 대해 우리 도쿄 거주자 입장에서 보면 본도(本島)의 인심이 상당히 동요하고 있다고 생각되지만, 최근 상경한 사람에게 들어보아도 사건은 북부 조선(北鮮)의 일부라서 거의 강 건너 불구경처럼 냉정함을 유지하고 있다고 한다. 우리로서도 소·만 월경 사건은 오늘이 처음이 아니며, 북부 조선 거주의 문제도 여러 차례 있어온 것이라 놀랄 만한 일은 아니라고 생각한다. 첫째는 소련이 이달까지 피의 숙청과 지난번 월경해온 류시코프[312] 3등 대장의 내정 폭로를 보더라도, 가까운 시일에 일본과 전쟁할 의사는 전혀 없는 듯하다. 지나가 당시 세계에 자랑하던 견고한 토치카를 온몸으로 타파하여 세계인을 경악하게 했지만, 일본의 우세한 군대가 있어 마음이 든든하다. 도쿄에 함경

---

312 겐리흐 류시코프(1900~?): 소련의 관료. 스탈린의 총애를 받았으며, 소련 극동지역 비밀경찰(NKVD)의 총책임자로서 고려인 강제이주를 주도했으나, 이후 스탈린에 의해 숙청의 위기에 이르자 1938년 6월 '만주국'으로 망명하였다. 이후 일본의 첩보활동을 도왔으며, 1947년 7월 관동군 특별고문으로 파견되었다가 실종되었다. 이 자료에는 '리슈코프', '슈스코프' 등으로 잘못 기록되어 있는 곳이 많지만, 여기서는 모두 '류시코프'로 바로잡아 번역했음을 밝혀둔다.

북도 사람이 다수 있는데, 어제도 4~5명이 나에게 와서 여러 가지 이야기를 했지만, 누구 한 사람 걱정하지 않았다. 그리고 이번 문제로 인해 곧바로 일본과 소련의 전쟁이 일어날 것이라는 것은 섣부른 생각이지만, 외교적인 절충에 의해 진정으로 그들이 잘못을 뉘우친다면 일본도 이제 와서 전쟁할 마음은 없을 것이라 생각한다. 만약 반성하지 않고 이러한 사태를 반복한다면 일본으로서도 어떠한 장애가 있더라도 단호하게 응징하는 전쟁을 시작하게 될 것이다. 그때는 지금 이상으로 어떠한 고통도 참고 내선일체가 되어 외적(外敵)에 대항할 마음을 가질 필요가 있다. 아무튼 지나사변(支那事變)으로 드러난 조선 동포의 시국에 의한 총후(銃後)의 봉사와 헌금·헌납운동의 실태를 보더라도, 이번 사변이 가져온 동포에 대한 영향은 매우 컸다. 이것은 아무것도 아니다.

일본의 통치에 있는 반도인은 조국애(祖國愛)를 향해 각성하고 있다고 생각한다. 쉽게 말하자면 조선 민족은 오늘날 비로소 일본에 합병해서 다행으로 여길 것이라 생각한다.

따라서 앞으로는 불령(不逞) 사상을 지닌 자가 나올 우려는 절대로 없을 것이라고 단언해도 지나침은 없을 것이다.

본적: 함북 성진군(城津郡) 학남면(鶴南面) 호곡동(護谷洞) 225

주소: 오모리구(大森區) 유키가야(雪ヶ谷) 130

잡업(雜業), 선을(鮮乙), 김자진웅(金子辰雄) 즉 김순모(金舜模)

당시 34세

장고봉 사건이 계기가 되어 결국 일본과 소련 양 군대가 소련·만주 국경에서 충돌하여 소련 비행기가 조선 내로 들어왔다. 신문들은 큰일이 없는 듯 보도하지만, 실제 현지에서는 상당히 대규모의 전투행위가 계속되고 있는 것이 아닌가 생각한다.

원래 근본적으로 건국(建國) 정신이 상반되는 일본과 소련은 언젠가는 싸우게 될 운명에 놓여 있었다. 항간의 풍문일지 모르지만, 지난번 어느 비밀회의에서 정부는 조만간 소련과의 충돌이 불가피하므로 이번 지나사변을 기회로 전쟁할 것을 결의했다고 한다. 다른 한편 소련의 국내정세 때문에 사태의 추이를 지금 예단할 수는 없지만, 우리 자신의 생활을 중심으로 생각할 때 가능한 한 사건을 확대하지 않기를 희망한다. 하지만 우리가 좋든 싫든 관계없이 이를 계기로 결국 전투행위가 확대되고 사태는 일·소 전쟁으로 전개될지도 모른다.

만약 그렇게 될 경우, 조선인은 어떠한 태도를 취할 것인가. 일반인은 일본의 국책 노선에 대해 추이를 조용히 지켜보든지 혹은 오히려 일본에 협력하여 공동전선을 펼칠 것이라고 생각한다.

이번 사건이 명백히 소련군의 도발적인 불법 월경에서 기인하고 있음에도 불구하고 소련 측이 비행기로 조선 내까지 폭격한 것은 일반 조선인의 격분을 사고 있다. 한편으로 일반 조선인의 마음도 옛날과는 완전히 달라져서 일본의 진정한 모습을 확실히 인식하고 있기 때문이다. 또 의식 분자가 어떤 태도를 취할지는 지금 예단할 수 없다고 한다.

본적: 평안북도 의주군(義州郡) 고관면(古舘面) 관동(舘洞)

주소: 무코지마구(向島區) 아즈마초(吳嬬町) 히가시(東) 2-16

조선일보(朝鮮日報) 도쿄지국 기자, 김석택(金碩澤)

1909년(明治 42) 1월 21일생

소련은 국내 사정으로 사건을 확대할 의지가 없다고 생각한다. 따라서 전면적인 전쟁은 일어나지 않을 것으로 생각한다.

하지만 일본과 소련은 앞으로 언젠가는 전쟁할 운명에 있기 때문에, 우리 일본은 이번 기회에 철서히 소련을 공략해둘 필요가 있다. 연해주(沿海州) 정도를 점령하여 소련의 극동에 대한 야심을 봉쇄할 필요가 있다고 생각한다.

본적: 경기도 개성부(開城府) 고려정(高麗町) 288

주소: 고지마치구(麹町區) 구단(九段) 1-1

전 중앙일보(中央日報) 도쿄지국장, 임남산(林南山)

1902년 2월 12일생

일본과 소련의 충돌사건은 확대되지 않을 것이다. 첫째 소련이 일본과 전쟁할 의지가 있다면 장고봉과 같이 군사전략적으로 아무 가치도 없는 곳에서 문제를 일으키지는 않을 것이다.

어차피 일본군과 전쟁을 시작한다면 소·만 국경처럼 ■■■ 지역으로 적당한 좋은 곳이 얼마든지 있지 않은가.

그러므로 이번 문제는 단순히 한구 공략을 견제하기 위한 짓궂은 장난일 것이라고 생각한다.

또 이번 일·소 문제에 대해 조선인의 입장에서 생각해보면, 소련 공군이 조선을 폭격한 사실에 대해 조선인은 누구든 각자 갖고 있던 이데올로기를 초월하여 소련을 반대하는 마음으로 기울 것으로 본다. 운운.

본적: 경북 대구부 덕산정(德山町) 128

주소: 나카노구(中野區) 아라이초(新井町) 255 올림픽하우스

와세다대(早大) 경정학부(經政學部) 3년생, 정재우(鄭在宇)

이번 소련·만주 국경에서 일본과 소련의 충돌은 류시코프 대장의 탈주에 원인이 있다. 이후 소련국 측에서도 일본에 대한 전술을 변경할 것이며, 소련도 국내의 숙청 공작으로 더 이상 갑작스럽게 전선을 확대할 의향은 없을 것이다. 일본 정부 또한 불확대 방침을 취하고 있기 때문에 일지사변과 같이 확대되지는 않을 것이다. 더욱이 조선 지방으로서도 상당히 바람직한 방향이다. 운운.

본적: 황해도 해주(海州) 서변면(西邊面) 지동리(芝洞里)

주소: 혼고구(本郷區) 혼고(本郷) 4-43 네오아파트

메이지대생(明大生) 위원대표(을)

이홍식(李鴻植)

며칠 전부터 신문과 뉴스 등에서 왕성하게 일본과 소련이 험악해지고 있다고 전하고 있지만, 더 이상 확대되지는 않을 것이라고 한다. 대략적인 견해이지만 나도 그럴 것이라 생각한다. 일본과 소련 사이의 이러한 문제는, 지나사변에 대해 장개석(蔣介石)을 선동하여 군사적으로 이러저러하게 응원하고 있고 또 최근 문제가 된 소련의 류시코프라는 3등 대장이 만주국

(滿洲國)으로 도주하여 소련의 상황을 폭로한 것으로 보아, 쓸데없이 양국 간의 문제가 시끄러워진 것이다.

소련에는 블라디보스토크라는 중요한 곳이 있다. 이곳에는 작지만 정교한 잠수함이 많다고 한다. 게다가 만주국에 가까운 하바롭스크에는 대형 비행장이 있고 비행기도 무수히 많다. 혹시 본격적인 전쟁이 시작되면 일본군은 가장 먼저 이곳을 공격하게 될 것이다. 소련 측도 이를 각오하고 사수할 것이 명백하다. 만약 전쟁이 시작되면 두만강을 사이에 두고 서로 공격할 것이기 때문에 조선은 상당한 피해를 입을 것이라고 생각한다.

일본도 지금 지나사변에서 군대를 많이 사용했기 때문에, 당장 만주국의 각 부대를 늘리면 좋겠지만, 이번 기회에 조선인 군대도 만들 필요가 있다.

일본도 한구를 점령하고 있으면 장고봉 사건을 보다 적극적으로 해결할 수 있을 것이다. 게다가 지나사변이 없었다면 지난해의 '캄차카 섬 사변'[313] 때 우리 군대는 소련을 더 강하게 물리쳤을 것이다. 일본도 지금 매우 어려운 입장에 있고, 소련도 국내의 숙청으로 얽힌 여러 가지 문제나 구주의 독일과 이탈리아 사변을 지켜보느라 본격적으로 일본과 싸울 수 없는 상태이다. 운운.

본적: 전남 제주도 제주읍 이도리(二徒里) 1346

주직: 아라카와구(荒川區) 미가와시마(三河島) 5-818

잡업, 갑호(甲號), 송성철(宋性徹)[314]

이번 장고봉에서의 소련 병사 월경으로 인해 일본과 소련이 만주에서 분쟁 중인데, 이는 소련 병사의 불법 진격이 발단이 되었다. 어디까지나 소련의 도전적 태도에 대해 일본군은

---

313 캄차카 섬 사변: 1937년 6월 19일부터 7월 4일까지 벌어진 일본과 소련 간의 소규모 국경분쟁을 말한다. 원문은 'カンチャス島'로 되어 오기되어 있는데, 캄차카 섬(Kanchatzu Island)을 가리키는 것이다.

314 원문은 '宗性徹'로 오기되어 바로잡았다. 제주 출신의 송성철(1914년생)은 1932년 제주 해녀 항일투쟁을 지원하다가 옥고를 치르고 나온 뒤 일본으로 건너가 언론 활동을 했으며, 1939년 이래 도쿄에서 강창보(姜昌輔) 등과 함께 비밀결사 조선문제연구회(후에 조선문제시국연구회로 재조직)를 조직해 총책임으로 활동했던 인물이다(변은진, 『일제말 항일비밀결사운동 연구』, 선인, 2018, 195쪽). 1945년 일제 패망 후 재건된 일본공산당에서 간토(關東) 지방 담당으로 활동하였으며 중앙위원 후보에도 올랐다.

은연 자중하며 평화적 해결을 바라고 있는 듯하다.

나는 일상생활에 쫓겨 사는 데 시달려서 전쟁 등의 일은 아무 생각이 없다. 또 일지사변의 추이와 전망 등에 대해서도 아무것도 알지 못한다.

본적: 충북 진천군(鎭川郡) 문백면(文白面) 은탄리(銀灘里)

주소: 아라가와구(荒川區) 오구마치(尾久町) 1-986

선을(鮮乙), 양산(洋傘) 시아게(仕上) 공장주, 김병주(金柄柱)

이번 일본·소련 양 군의 충돌은 소련 병사의 불법 월경에서 기인한 것에 자극받아 전투행위에 나섰는데, 사태가 매우 심각해졌다. 그러나 현재 소련은 광범위한 숙청 공작이 이루어지고 있기 때문에 전면적인 일·소의 개전(開戰)이 되지는 않을 것이다. 이번 장고봉 사건은 요컨대 소련이 지나를 원조하는 계획적인 행동으로서 조만간 평화리에 해결될 것으로 보인다. 하지만 조선에 대한 폭격은 북부조선 즉 국경 주민에게는 적지 않은 공포였을 것으로 보인다. 운운.

본적: 함경남도 북청군(北青郡) 속후면(俗厚面) 광천리(廣川里)

주소: 시부야구(渋谷區) 센다가야(千駄ヶ谷) 4-812 구로사와(黒澤)

고물상 종업원, 김계엽(金桂曄)

1903년 2월 12일생

조선반도와 조선 민족의 안전은 오늘날 일본·만주 양국의 블록으로 확보되었다. 현재 조선 국경 근처인 만주 국경에서 소련 병사의 불법 월경이 간도(間島) 인근 지역 조선인에게 끼친 영향은 크다. 특히 간도에서 공비(共匪)의 책동을 야기할 우려가 있기 때문에 이번 기회에 단호하게 처치하기를 바란다. 일본·소련 간의 국교가 사건으로 인해 단절되고 전쟁을 하는 것은 일본이 현재 한구 공략 중이기에 가능한 피하는 것이 좋은 방책일 것이다. 우선 일지사변을 가급적 빨리 정리한 후에도 소련과 한판 붙을 힘이 충분하다고 생각한다. 소련 국내가 통일되지 않은 점 등을 보아 부디 일본·독일·이탈리아 방공협정(防共協定)에 의해 타인의 힘을 빌려서라도, 소련에 대해 일지사변에서 보여주었듯 충분한 힘을 발휘해주었으면 한다. 일본이 나서면 양국도 반드시 힘을 빌려줄 것이며 자금도 빌려줄 것이 틀림없다. 우리는 평화를 바라기 때문에 조선반도의 안전이 확보된다면 전쟁을 바라지 않는다. 운운.

본적: 경기도 경성부(京城府) 봉래정(蓬萊町) 4-532

주소: 세타가야구(世田谷區) 와카바야시초(若林町) 226

동아사업사(東亞事業社) 이사장, 김재효(金在孝)

1898년 11월 1일생

장고봉 부근에서 일본과 소련 양국이 충돌하여 소련 비행기가 만주국 및 조선에 월경하여 날아왔고, 일본군에 의해 5기가 격추되었다고 한다. 조선 국경은 엄중하게 지키고 있기 때문에 쳐들어온다면 반드시 상당한 타격을 입힐 수 있다. 또 장고봉의 전투에서 일본군의 피해는 가벼웠지만, 적은 상당한 피해를 입은 듯하다. 사건도 전면적인 충돌에는 이르지는 않았으며, 앞으로 다소간의 경합은 있을지라도 이대로 수습되지 않을까 생각한다. 우리도 앞으로 충분한 경계와 주의를 해야 하는데, 크게 불안을 느끼지 않는다.

본적: 경남 고성군(固城郡) 고성면(固城面) 우산리(牛山里) 308

주소: 세타가야구(世田谷區) 기타자와(北澤) 4-376, 사이토(齋藤) 댁

특요선갑(特要鮮甲), 주오대생(中大生), 정재영(鄭在暎)

1916년 2월 6일생

일본·소련 양군의 충돌은 늘 반복되었는데 국경선의 미확정으로 인해 일어나는 분쟁의 일종이다. 소련의 불법 월경은 1년에 50회 정도 있었지만 큰 사건으로 되지는 않았다고 생각한다. 소련도 국내정세 및 구주 방면과의 국제관계상 일본과 전쟁할 의지는 없을 것이다. 장고봉 사건도 작년의 '캄차카 섬(寒岔子島) 사건'과 마찬가지가 되지 않을까 생각한다. 운운.

본적: 경북 선산군(善山郡) 산동면(山東面) 봉산동(鳳山洞) 461

주소: 시나가와구(品川區) 오사키혼마치(大崎本町) 3-643

선을(鮮乙), 고물상, 김종억(金鐘億)

신문에서 소련 비행기가 함경북도 국경 부근을 폭격하였다고 하는데 사실이라고 생각되지 않는다. 그러나 사실이라면 심각한 일이다. 조선비행연대(朝鮮飛行聯隊) 외에 상당수 공군 또는 육군의 견고한 방비(防備)가 마련되어 있다고 하니, 앞으로 월경할 일은 없을 것이다. 소련은 이전부터 내우(內憂)가 있으며 최근 류시코프 대장의 망명으로 더욱 심각해지는 상태이기에, 일본과의 전쟁은 도저히 할 수 없을 것이다.

조선에 잠시 다녀온 사람의 말에 의하면 조선은 지나와 가까운 만큼 총후의 열기가 내지(內地) 이상으로 뜨겁다. 아침부터 신불(神佛)에 기원하고 현지 출정군인을 역에서 환송하거나 위문대(慰問袋)를 만드는 등 총후의 정신적 열기가 넘쳐난다고 한다. 아무리 소련이 도전적으로 나오더라도 일본의 적수는 되지 못한다. 여하튼 황군의 강력함은 놀라워서, 지나사변 발발 이래 모든 전투에서 큰 전과(戰果)를 거두었다. 오로지 감사할 따름이다. 나도 조금만 젊었더라면 지원했겠지만, 하는 수 없다. 전과 후에 두 차례(25엔) 국방헌금을 낸 적이 있다. 시국이 더욱 중요해짐에 따라 총후에 있는 자는 일치 협력하여 국난을 극복하지 않으면 안 된다. 우리가 매일 편하게 생활할 수 있는 것은 모두 강력한 군인 덕분이다. 130~140도의 화염 속에 식료품과 담배도 만족스럽게 배급받지 못하는, 제일선에서 분투하고 있는 군인을 생각하면 오로지 감사할 따름이다. 나 역시 조금이나마 헌금하려 한다. 운운.

이하 여백

[제3보(1938.8.6.)]

「장고봉 사건에 대한 재경 조선인의 동정에 관한 건」

특내선 제1997호

1938년(昭和 13) 8월 6일

경시총감 아베 겐키(安部源基)

내무대신 스에쓰구 노부마사(末次信正)	귀하
조선총독부 경무국장	귀하
동부방위사령관(東部防衛司令官)	귀하
도쿄형사지방재판소 검사정	귀하
도쿄헌병대장	귀하
각 청·부·현 장관	귀하
조선 각 도지사	귀하

장고봉 사건에 대한 재경 조선인의 동정에 관한 건(제3보)

표기 사건에 대한 재경 조선인의 동정은 이미 보고한 바와 같이 평온함이 지속되어 특이한 언동은 보이지 않는다. 다만 일부 조선인이 누설한 의향을 보면, 이번 사건은 일본이 한구를 공략한 것에 대해 소련의 내부 통제 문제가 있어 사건은 더 이상 확대해선 안 된다는 사람이 많은데, 계속해서 동정을 주의하는 중이다.

위에서 언급한 통보이다.

【별첨】

본적: 경상남도 함양군(咸陽郡) 안의면(安義面) 이전리(泥田里) 105

주소: 시바구(芝區) 미타(三田) 시로가네산고초(白金三光町) 108

선을(鮮乙), 하경상(河璟尙)

이번 사건은 실로 중대하며 자칫 잘못하면 중대 사건이 될 우려가 있다. 이 점에서 양국 정부는 신중한 태도로 확대하지 않을 방침을 취하고 있으므로, 결국은 하나의 지방적 분쟁으로 해결될 것으로 여겨진다. 하지만 나는 이번 사건을 통해서 우리 조선인으로서는 사건 그 자체의 중대성에서 큰 교훈을 얻었다고 생각한다. 그것은 북부조선 지방의 비무장 지대에 대한 폭격으로 소련군의 악랄 무도함이 계속되는데, 일본은 정정당당한 태도로 일본에 대한 인식을 드높이고 내선일체 관념을 한층 더 심화시켰다는 것이다.

피해 지역은 물론 전 조선 동포는 이러한 무도함에 분개하는 동시에, 내지인과 마찬가지로 이들 악귀에 대해 그저 망연하게 있을 수만은 없다. 일본이 패배한다면 조선도 망하게 될 것이라고 한다. 일본에 대한 절대적인 신뢰를 한층 더 강화해야 한다. 지나 사건 이래 조선의 청년들은 의욕이 넘치고 있다. 관념을 넘어서 현실의 필요에 따라 내선일체의 마음가짐은 이미 융화운동(融和運動) 등의 필요를 인정하지 않을 수 없다고 생각한다.

본적: 전라북도 김제군(金堤郡) 만경면(萬頃面) 화포리(火浦里)

주소: 시바구(芝區) 시로가네산코초(白金三光町) 240, 박(朴) 댁

선갑(鮮甲), 김상옥(金相玉)

이번 사건은 일단 확대되지 않을 것으로 생각한다. 지금 소련이 외국과 전쟁을 할 수 없는 정세에 놓여 있음을 신문 등을 통해 짐작할 수 있다. 만약 일본으로 향한다면 이를 계기로 내란이 일어날 것은 필연적이다. 또 소련이 패하거나 이기더라도 반스탈린 폭동은 피할 수 없다. 스탈린이 지금 사건을 이용해 자국 민중에게 쓸데없이 일본 침략을 명령하여 내부 분규와 소요를 외부로 향하게 한 것 같다. 러시아인이 하나의 고육책(苦肉策)으로 폭정에 대한 민중의 반감을 한꺼번에 통합하려고 하는 책략은 대단한 모험이다. 소련 정부로서는 철저한 교

전은 불가능하여 결국 지방적 사건으로 결론지어질 것이라고 생각한다.

본적: 충청북도 음성군(陰城郡) 감곡면(甘谷面) 오행리(梧杏里) 459

주소: 시바구(芝區) 시로가네산코초(白金三光町) 240

선을(鮮乙), 박봉원(朴鳳垣)

우리는 일상적인 신문 보도가 아니면 사건의 진상을 알 수가 없다. 이번 사건에 대해서는 일지사변 발발 당시만큼의 관심은 없다. 그 이유는 첫째, 현재 소련이 전쟁할 여력이 있는가 하는 문제이다. 지금 소련 내부에 반스탈린 세력이 왕성하여 만약 한번 극동의 군대를 일으킨다면 이것이 내부로 향하게 될 우려가 있다. 그 정도로 군대가 통제되지 않으며 불만은 상상 이상이기 때문이다. 이는 지난번 류시코프 대장이 도피하여 소련 내부 상황과 군비를 폭로한 일을 계기로 한 일본에 대한 일종의 위협이다. 둘째, 지나에 대한 원조 명분으로 한구 함락을 지연시켜 일본 군사력을 소모시킬 목적으로 벌인 계획적인 행동이다. 자칫 잘못하면 실로 중대 사건이 될 것이라 생각한다. 한편 이번 사건이 가령 지방적 사건으로 해결되더라도, 일본으로서는 이에 대한 방비와 준비를 한층 강화하여 장차 최악의 경우를 각오할 필요가 있다고 생각한다.

아무튼 우리는 일본 국책(國策)에 따라 장기전과 지구전을 각오하고 있는데, 이번 사건은 물론 지나사변도 신속하게 종식되기를 바라기 때문이다. 운운.

본적: 전북 익산군(益山郡) 왕궁면(王宮面) 광암리(廣岩里) 54

주소: 세타가야구(世田谷區) 기타자와(北澤) 5-781, 가토(加藤) 댁

선갑(鮮甲, 아나키스트계), 송영운(宋暎運)

이번 소련·만주 및 조선 국경에서 발발한 일본·소련 양군의 충돌 사건은 부득이한 일로서, 만약 이 분쟁이 확대되어 전쟁으로 치닫더라도 그다지 놀랄 필요는 없다. 분쟁이 확대된다면 조선은 간혹 공습을 당할 것도 각오해야 한다. 그렇게 되면 조선인도 다소 희생될 것이다. 하지만 일본군이 장개석과 싸우지 않고 소련연방과 싸우더라도 절대 패하지 않을 것으로 믿고

있다. 양국을 상대로 장기전이 되면 결과는 경제전(經濟戰)이 될 것이며 일본도 곤란해질 것이다. 하지만 일본과 소련 양군의 이번 충돌은 더 이상 확대될 것으로 여겨지지는 않는다. 다만 소련군이 눈앞에 다가온 한구 함락에 대하여 일본군을 견제하기 위한 것으로서, 일본에 대한 소련의 전투 개시를 위한 준비전(準備戰)이라고는 생각하지 않는다.

본적: 경북 의성군(義城郡) 춘산면(春山面) 영계동(氷溪洞) 633

주소: 메구로구(目黒區) 고마바초(駒場町) 779

선갑(鮮甲), 오우영(吳宇泳)

이번 일본과 소련 양군의 전투로 소련 비행기가 북부조선 국경 부근에 폭탄을 투하하여 다소 조선인 민가도 손해를 입었다고 신문이 보도하고 있지만, 이로 인해 조선 민중은 절대 동요하지 않을 것이다. 일본과 소련이 전쟁하게 되면 조선의 전 국토가 소련 비행기의 공습을 받을 것이라는 정도는 누구나 각오하고 있을 것이다. 최근 조선에서 도쿄로 들어온 사람들의 이야기를 들어보더라도 일지사변이 시작된 이래 조선인의 훈련은 눈부신 것이다.

첫째, 병사를 위한 국방헌금과 비행기 헌납을 비롯하여 각 지방에서 청년단(青年團)의 조직 훈련, 국방부인회(國防婦人會)의 활동 등 총후 국민으로서 내지에 전혀 뒤지지 않는다는 믿음직한 이야기를 가끔 듣고 있다. 아마 북부조선 국경은 말할 것도 없이 조선 전 국토에 폭탄이 떨어져도 민중은 절대로 동요하지 않을 것이다. 요즈음 등화관제와 같은 것도 사변 이래의 훈련으로 철저히 하고 있다.

본적: 경기도 개성부(開城府) 지정(池町) 468

주거: 스기나미구(杉並區) 고엔지(高圓寺) 5-857, 제2 헤이와소(平和莊) 내

조치대학(上智大學) 신문과생(新聞科生), 김재■(金在■)

당시 29세

이번 소련의 월경 사건은 앞서 소련 극동 게페우 장관 류시코프 대장의 탈출, 그리고 스탈린의 국내 숙청 공작 등에 의한 국내 분열의 위기를 저지하려는 일종의 외교 문제, 즉 국외로

위기를 전가시키려는 수단이다. 한편, 일지사변 전과의 확대와 함께 중국 정권의 요충지인 한구 공격을 방해하고자 한 데에서 기인한다. 이러한 기회를 이용하여 일본군은 일제히 일어나 가장 부족했던 연료 보충의 방책으로 북사할린(北樺太)을 점령하고, 초기의 목적 관철을 위해, 동양의 영원한 평화를 위해 극동의 맹주가 되기를 바란다.

본적: 평북 선천군(宣川郡) 선천읍(宣川邑) 천북동(川北洞) 46

주거: 스기나미구(杉並區) 고엔지(高圓寺) 6-75, 고엔(光園) 아파트 내

메이지대(明大) 신문과생, 박근성(朴根性)

당시 25세

이번 소련의 월경 문제는 소련·만주 양국의 국경 확보 때문에 충돌한 사건인데, 확대될 것으로 보이지는 않는다. 또 양국 정부도 확대할 것을 원하지 않는다. 어떻게든 일본군은 일지사변이 벌써 1년이 넘었고 수천만의 군비(軍費)를 소비하여, 앞으로 어떠한 전과를 확대해갈 것인지 나로서는 예상할 수 없다.

소련에서도 국내 통일, 숙청 공작 등의 와중에 있고, 농산물의 감소, 여러 생산능률의 감퇴 등 국내의 절박한 위기에 처해 있으므로 전쟁을 통해 국경을 확보할 계획은 없다고 생각한다. 일본군 역시 물자의 절약과 통제로 인해 국민 생활의 불안을 초래할 우려가 있다. 오늘날 원만히 외교적 문제로 해결되기를 바랄 뿐이다.

본적: 전남 광주군(光州郡) 광주읍(光州邑) 부동정(不動町) 110

주거: 요도바시구(淀橋區) 가시와기(柏木) 1-108, 이시즈카(石塚) 댁

지식계급(知識階級) 등록, 김삼봉(金三峰)

당시 35세

작년 일지사변 이래 국내 산업, 특히 군수산업의 활황으로 일반 노동자도 그 영향을 받아 취로일수(就勞日數)와 임금 등에서 전쟁 이전에 비해 매우 긍정적인 결과를 초래했다. 우리도, 등록인부(登錄人夫)도 2~3일에 한 번 정도 취로했었는데, 매일 취로할 수 있게 되었다. 오늘날

소련·만주 국경의 사건을 알고 매우 걱정하고 있다.

게다가 이번 사건이 확대되면, 국내 산업도 물자 등도 총동원체제 아래서 전 국력을 동원하여 전쟁에 참가해야만 한다.

소련에서도 일·지 사건으로 원조할 자재, 중국 공산화도 수포로 돌아가게 된다. 한구 공략으로 소련의 타격이 매우 크기 때문에 일본군 공략에 방해가 될 것이다. 이와 같은 상황에서 일본군도 국경 문제라는 국지적인 문제로 자중하고 있으므로 확대되지는 않을 것이라고 생각한다.

본적: 경성부(京城府) 권농정(勸農町) 171-6

주소: 교바시구(京橋區) 긴자니시(金座西) 8-2, 이즈모(出雲) 빌딩 내

매일신보(每日新報) 도쿄지국장, 정인익(鄭寅翼)

1902년 12월 11일생

이번 일본·만주·소련 국경에서 일본군과 소련군의 충돌사건은 더 이상 확대하지 않을 것으로 생각한다. 하지만 조선총독부 당국은 이 사건을 조선 내 각 신문에 보도하지 못하게 할 방침인 듯하다. 이런 종류의 문제에 대해 지나치게 비밀주의를 유지하는 것은 쓸데없이 민중의 상상을 불러일으켜 조선 민중에게 불안을 안겨주는 결과가 되니 바람직하지 않다.

지금 반도 민중은 황국정신을 자각하고 국가비상사태의 극복에 협력하고자 하는 신념이 팽배하게 일어나고 있다. 조선 내 각 정거장에서는 황군 출정에 대해 눈물을 흘리며 환송하고, 총후의 적성을 피력하는 것은 실로 반가운 일이다. 남에게 권유받거나 의리(義利)로 하는 수 없이 하는 것이 아니라 조선인을 위해서이다. 국가에 협력하는 유일한 길임을 깨닫고 있기 때문이다. 이제 일본의 패배는 조선 민중의 패배이자 조선의 몰락이다, 일본의 쾌승(快勝)은 조선인의 승리이며 조선의 흥륭(興隆)이다, 그러므로 어떻게든 일본이 이겨야 한다, 아니 일본이 승리하도록 끝까지 협력해야 한다는 것이 현재 조선 민중의 심경이다.

따라서 일본과 소련이 전쟁을 시작하여, 예컨대 조선이 소련군의 폭격을 받아 어떠한 피해를 입더라도, 일본의 깃발 색깔이 어떤지에 의해, 조선 민중이 황국에 협력한다는 정신에는 조금도 변함이 없을 것이다.

본적: 평안북도 정주군(定州郡) 곽산면(郭山面) 조산동(造山洞) 284

주소: 교바시구(京橋區) 도고시초(戸越町) 1-571, 가이메이칸(改明館) 내

선갑(鮮甲), 박득룡(朴得龍)

소련의 월경 사건은 일본에 대한 괴롭힘으로 결코 일본·소련 개전의 도화선이 되어서는 안 된다. 무한삼진(武漢三鎭)[315]이 함락되기 전의 일본 견제책이라고 생각한다. 하지만 일본으로서는 소련의 월경 행위를 단호히 배척하지 않으면 안 된다. 물론 국경 방면은 완벽한 방어와 수비가 되어 있지만, 북부조선 지방은 특히 식민지이므로 견고한 방비를 해주었으면 한다. 북부조선 방면의 사상전향자는 완전한 전향자라 할 수 없다는 점에서, 소련기의 폭격을 받았을 경우 상상할 수 없는 사건을 일으킬까 우려스럽다. 일반 조선인은 일지사변에 대해 전면적인 지원을 아끼지 말아야 한다. 예를 들어 만일 일본과 소련이 전쟁을 시작하더라도 총동원으로 전력을 다해 내지인과 함께 싸울 것이다. 이는 올해 지원병제도 실시에 의해 400명 모집에 3,000여 명이 응모한 사실이 잘 보여준다. 또 조선 전체의 헌금운동, 구체적으로는 조선인의 역전 환송을 봐도 조선인의 진심을 알 수 있다.

본적: 전남 나주군(羅州郡) 나주읍(羅州邑) 대정정(大正町) 39

주소: 요도바시구(淀橋區) 도쓰카마치 1-508, 와세다(早稲田) 아파트

선갑(鮮甲), 문두재(文斗載)

소련의 월경 사건은 일지사변에서 무한삼진 함락을 앞두고 분명히 일본을 견제하려는 방법에 지나지 않는다. 월경 사건 자체는 현재 일지사변에 상당한 파문을 일으켰는데, 이러한 점은 소련이 일찍이 겪어온 바이다. 또 소련이 나선다면 그 자체로 위기에 직면하게 될 것이다. 소련은 발칸 소국(小國)의 사상 동향을 항상 주시하고 있다. 직접 덮쳐올 위기를 가장 잘 느끼고 있기 때문이다. 또 소련 자체가 국내 숙청 때문에 통일에 고심하고 있는 중이고, 특히 극동 전선의 총사령관 블류헤르[316]도 마음 깊이 의구심을 품고 있다고 한다. 스탈린의 일·소

---

315 무한삼진(武漢三鎭): 중국의 양자강(揚子江)과 한수(漢水)가 만나는 지점을 둘러싼 무창(武昌)·한양(漢陽)·한구(漢口)의 3개 도시를 총칭하는 말로서, 전통적으로 군사적 요충지이다.

316 블류헤르(Vasilii Konstantinovich Blyukher, 1890~1938): 소비에트연방의 군사지도자. 극동공화국 총사령관 겸

개전이란 것은 전혀 생각지도 못한 일이다. 소련의 월경에 대해 단호하게 배격하고 완벽한 수비를 기해야 한다.

조선인도 동양의 일대 약진을 위해 일치협력하고 총동원하여 국난 타개를 위해 매진해야 할 때이다.

[제4보(1938.8.8.)]
「장고봉 사건에 대한 재경 조선인의 동정에 관한 건」

특내선 제2005호

1938년(昭和 13) 8월 8일

경시총감 아베 겐키(安部源基)

내무대신 스에쓰구 노부마사(末次信正)	귀하
조선총독부 경무국장	귀하
도쿄형사지방재판소 검사정	귀하
도쿄헌병대장	귀하
각 청·부·현 장관	귀하

육군대신, 극동군사령관. 1917년 10월혁명 당시 제51사단을 이끌었으며, 1938년 대숙청으로 사망하였다.

장고봉 사건에 대한 재경 조선인의 동정에 관한 건(제4보)

표기의 건에 관하여 이미 보고한 바와 같이 그 후 특이한 언동은 보이지 않는다. 다만 일부 조선인이 누설한 의향은 아래 서술한 대로여서 지난번 보도와 거의 같다. 소련은 지나에 대한 원조와 국내 통제로서 사변을 확대해서는 안 된다는 것이 대부분인데, 여전히 계속 동정을 주시하고 있다.

- 아래 -

동아일보 도쿄지국장		김승문(金勝文)
천정판(天井板)[317] 세출업(洗出業)		조용문(趙龍文)
고물상		임재룡(林在龍)
도쿄공장신문 주필		최봉대(崔奉大)
천도교 도쿄종리원장	특요선을(特要鮮乙)	최광룡(崔光龍)
쇼와(昭和) 고무 브로커	특요선갑(特要鮮甲)	이종락(李鐘洛)
백십자사(白十字舍) 주사(主事)	특요선갑	한현상(韓峴相)
약종상(藥種商)		정의건(鄭義乾)
일본산업조합 통신 사무원	특요선갑	김태욱(金台郁)
도쿄시 사회국 주사보(主事補)		김희명(金熙明)
닛산(日産) 도쿄항산업노동조합	교육부장	길영수(吉永洙)
무직(無職)	특요선을	최상덕(崔相德)

위에 언급한 통보이다.

317 천정판(天井板): 반자로 대는 널빤지, 즉 반자널의 북한어.

본적: 평안남도 덕천군(德川郡) 성양면(城陽面) 금성리(金城里) 440

주소: 교바시구(京橋區) 긴자니시(金座西) 5-6, 고교(興業) 빌딩 내

동아일보 도쿄지국장, 김승문(金勝文)

1901년 7월 1일생

지난날 장고봉에서 일본·소련 양군이 충돌한 후 소련 공군은 북부조선 국경지대를 공습 폭격하였다. 이러한 불신과 불법에 대해 시게미쓰(重光)[318] 대사가 리트비노프[319] 외무인민위원장과 외교 교섭 중이다. 내가 개인적으로 관찰해보면, 현재 소련은 전쟁 개시의 의지가 없다고 생각한다. 따라서 이 문제는 이 정도에서 해결될 것이다.

전단(戰端)을 여는 것은 양쪽 모두에게 손실이 아닐까. 특히 소련의 내부 사정에 비추어 일본에 전쟁을 도발할 용기는 도저히 일어나지 않을 것이라고 생각한다.

북부조선 지방의 공습 폭격 문제에 대해 조선 민중은 상당히 공포에 질려 있지만, 조선의 각 신문에서는 그다지 자세하게 게재하고 있지 않아서 내지에 살고 있는 조선인은 진상을 잘 모르는 듯하다. 그러나 상당히 공포에 떨고 있는 것은 사실이다. 사실 나의 부모님은 일러전쟁 당시 5~6세였던 나를 등에 업고 허둥지둥 대피한 적이 있었다. 이번 사건도 어떻게 될지 매우 걱정하며 어제 편지를 보내왔다. 신문의 경영은 지나사변 발발 이래 전과(戰果)가 확대됨에 따라 광고도 점차 전쟁 이전 상태로 회복하고 있다. 한구 함락을 학수고대하고 있는 바, 이번 일본·소련 문제로 엄청난 영향을 받았다.

---

318 시게미쓰 마모루(重光葵, 1887~1957): 일본의 외교관, 정치가. 태평양전쟁 전에 외무성에 들어가 소련·영국·중국 등의 대사를 역임하였다. 중일전쟁과 태평양전쟁 등에 대해 주로 반대 의사를 지녔으며, 상대적으로 태평양전쟁의 빠른 종결을 위해 노력한 인물이다. 도조 내각의 외무대신으로서 전후 극동국제군사재판에서 금고 7년형을 받았다. 1952년 사면된 후 중의원 선거에서 당선되면서 정치가로 활동하였다. 개진당(改進黨) 총재, 외무대신 등을 역임하면서 일·소 국교 정상화와 일본의 국제연합 가입을 이끌어냈다.

319 막심 리트비노프(Maxim Maksimovich Litvinov, 1876~1951): 소련의 외교관. 1902년 영국으로 망명하여 제2인터내셔널 회의에서 볼셰비키를 대표하여 활동하였다. 1918년경 귀국하여 외교관으로 활동했으며, 1933년 워싱턴에서 미·소 간 협정에 서명하였다. 집단안전보장 외교를 전개하면 '친서방정책'을 펼쳤으나, 1939년 독·소 불가침조약 체결을 앞두고 해임되었다. 1941년 미국 주재 대사 등으로 활동하다가 1946년 은퇴하였다.

본적: 전남 강진군(康津郡) 성전면(城田面) 577, 호주(戶主) 길문제(吉文弟)

주소: 도쿄시 후카가와구(深川區) 기바초(木場町) 3-4

천정판 세출업, 조의문(趙意文)

당시 38세

이번 러시아의 불법 월경 사건을 발단으로 일본과 소련 병사의 충돌이 일어났고, 자칫하면 일·소전쟁이 일어날 가능성이 충분하다. 어릴 적 일러전쟁이 일어났는데, 당시 러시아인은 앞뒤에 눈이 달려 4개의 눈을 가진 괴물이라며 무섭다고 생각했었다. 실상 당시 러시아인은 조선에 침입하여 무도한 폭행을 저질렀다. 이렇게 야만적이므로 만약 조선이 러시아에 병합되었다면 조선 민족은 멸망하였을 것이다. 또 지나에 병합되었더라도 같은 운명이 되었을 것이다. 일반 조선인이 현재 일본의 국책에 협력하고 있는 것은 일한병합이 조선인에게 행복을 가져다주었기 때문이다. 이러한 사실은 일부 조선의 공산주의운동자라 해도 납득할 것이다. 다만 그들은 공산주의의 추론적(推論的) 입장에서 반대했을 것이다.

조선은 일본에 병합되었기 때문에 일상에 안주하며 생활할 수 있는 것이다. 이번에 일본과 소련의 문제가 긴박해지고 그 결과 일·소전쟁이 일어난다면 어떻게 되겠는가. 예를 들어 조선인은 대부분 러시아 편이라고 선전하고 있는데, 전쟁이 격렬해졌을 때 조선인에게 어떤 큰 변화가 일어나지 않을까 하는 두려움을 가진 자도 있다.

조선인이 일본의 국책에 협력하고 있음을 무시하거나 오해하여 조선인을 위험분자라고 단정 지어 1923년(大正 12) 대지진 때와 같은 일이 다시 반복된다면, 이보다 중대한 사건은 없을 것이다. 일·소 사변 발생 이래 조선인은 만주사변이나 일지사변 등과 비교하여 매우 관심을 가지고 있다. 술자리에서 "이렇게 가만히 있을 수 없다"며 안타까워 탄식하는 자도 상당수 있다. 이들 사변을 종합하여 관찰해보면, 일본과 소련의 관계가 절박해져 직접 조선인에 대해 위와 같은 공포심을 일으킬 우려도 있다는 데서 기인하는 것이라고 생각한다. 우리가 일본을 위해 매진한다는 사실을 되돌아본다면, 결코 내지인과 하등 다르지 않다. 운운.

본적: 함남 단천군(端川郡) 이중면(利中面) 답동리(沓洞里) 583

주소: 간다구(神田區) 가마쿠라초(鎌倉町) 3, 일본산업조합통신

사무원, 특요선갑, 김태욱(金泰郁)

사건의 원인이라는 내용, 소비에트의 국내 숙청 공작에 대한 민중의 불평을, 전쟁을 통해 국외로 그 화살을 향하게 만들려는 의도라는 것은 상상하기 어렵지 않다. 또 지나사변 당시 장개석이 유리한 지위를 차지하게 되었다는 설도 또한 수긍이 간다. 또 보는 시각에 따라서는 국경 교란에 의해 자국 내 민중의 마음을 돌리고, 만주·조선 및 일본 국민에 대해서는 반대로 민중의 마음을 흐트러뜨려 일종의 반전적(反戰的) 효과를 거두려는 의도도 보인다. 최근 신문에서 보듯 소비에트는 실제로는 전쟁할 의지가 없다. 이것은 소련 내에서 숙청 공작의 동요가 심각한 것에서도 충분히 짐작할 수 있다. 우리나라가 소련을 강하다고 볼 필요는 없다. 어디까지나 강력한 공작을 진행하는 것은 필요할 것이다.

소련·만주의 국경 사건이 만주국인 및 조선인에게 끼친 영향은 현지를 벗어나서는 상상하기 어렵다. 원칙적인 문제로서 현재와 같은 비상시국도, 소련이 국내 사정 때문에 우리나라에 행한 도전적인 행위가 얼마나 나쁜 것인지 느끼고 있고 충분히 파악할 수 있으며, 소련에 대한 반감도 강하다고 생각한다. 우리나라와 소련은 역사적으로도 국정(國情) 자체도 전혀 다르다. 또 소련의 공산주의적 사회라는 것은 그저 민중을 도탄의 고통에 빠지게 하고 있는 것 같으며, 지금의 정세로는 세계적으로도 전혀 국정이 뛰어나지 않다. 우리나라의 현재 상황에서는 소련에 대해 분노와 불만이 크다.

그러나 내 개인의 생각으로는, 현재 문제의 중심은 지나사변에 대한 우리나라의 완전한 승리이다. 용공정책(容共政策)인 장개석 정권을 패망시키기 위해서는 대외적인 제반 관계에 가장 진중한 태도로 임해야 한다. 영국·미국·프랑스의 장개석에 대한 원조를 끊고 소련의 원조도 끊어야 하는 정치·군사적인 노력이 필요하다. 구체적으로 어떠한 형태를 취할 것인가는 현재 여러 사정을 종합하지 않고는 판단할 수 없다. 운운.

본적: 충청남도 논산군(論山郡) 논산면(論山面) 본정(本町) 111

주소: 시바구(芝區) 미타시고쿠마치(三田四國町) 5-4

도쿄시 사회국 주사보, 김희명(金熙明)

1903년 3월 18일생

며칠 전부터 신문이나 뉴스 등에 소련·만주 국경에서 월경하였다거나 하지 않았다거나 하는 이유로 일본·소련 양군이 충돌한 사건을 관찰해보면, 이 이상으로 확대되지는 않을 것으로 보인다.

저번에 소련에서 숙청 공작의 표적이 될까 두려워 탈출한 후 일본에 보호를 요청한 류시코프 대장의 소련 내분 폭로 등을 보아도, 소련이 이 이상으로 사건을 확대하게 되면 소련 자체가 붕괴하지 않을까 생각된다.

이는 단순한 우리 군의 한구 공략을 견제하고 우리나라를 괴롭히는 것이 아닐까 생각된다. 이렇게 소련의 공군이 조선을 폭격한 사실에 대해 조선인의 입장에서 생각해보면, 조선인 모두 각자 가지고 있는 마음을 초월하여 반소적(反蘇的)인 마음으로 기울었다고 생각한다. 조선인은 더욱 내선융화에 힘써 내선일체를 이루어 비상 국난인 일·소전쟁도 감행한다는 마음가짐과 각오로 각자 직장을 지켜야 할 것이다. 운운.

본적: 함남 영흥군(永興郡) 진평면(鎭坪面) 진당리(鎭堂里)

주소: 시바구(芝區) 네기시도리(根岸通り) 2-7, 배갑세(裵甲世) 댁

대일본산업노동단(大日本産業勞動團) 도쿄항만산업노동단 교육부장

부두 인부[沖人夫][324], 봉일웅(峯逸雄) 즉 길영수(吉永洙)

1911년 7월 5일생

신문에서 장고봉 부근에서 일본·소련 양군이 월경 문제로 충돌한 것을 알게 되었는데, 과거에도 몇 차례 일어난 문제로 전쟁으로 확대되지는 않을 것이다. 또 소련은 내분이 심각한

324 오키히토(沖人夫): 일반적으로 오키나카시(沖仲仕, stevedore)를 가리키는 말로서, 좁은 의미로는 육지에서 짐을 싣고 내리는 인부, 넓은 의미로는 항만노동자를 뜻한다.

시기이고 우리나라도 일지사변 중이므로, 소련과 교전할 각오는 필요하지만 가능하면 불확대 방침으로 갔으면 한다. 소련으로서도 우리 군대의 한구 공략에 대한 단순한 견제나 괴롭힘이 아닐까 생각한다.

이렇게 대외관계가 복잡화하고 있는 때 우리 총후 국민은 내선일체가 되었다. 우리 군의 산업노동단(産業勞動團)은 산업보국(産業報國)의 사명을 수행해야 한다. 전선의 장병들에게 힘이 되어야 한다. 운운.

본적: 경남 동래군(東萊郡) 사하면(沙下面) 괴정리(槐亭里) 900

주소: 아카사카구(赤坂區) 아오야마미나미초(青山南町) 2-65

무직, 선을(鮮乙), 최상덕(崔相德)

1. 장고봉은 일본·소련 양국에 전략적으로 가장 중요한 토지이다. 이 부근에는 원래 조선인 상당수가 논밭을 소유하고 거주하고 있었는데, 현재는 거주하며 농업에 종사하고 있는 조선인은 거의 없다.
2. 현재 소련의 군비는 매우 충실하므로 일본은 전력을 다해 소련에 대항하더라도 도달할 수 없다고 자칭하고 있다. 이런 관계상 일본 견제책으로 도전적 행위를 자행하지만, 원래는 전투할 의사가 없다고 생각한다. 또 더 이상 사태가 확대되는 일도 없을 것이다.

본적: 평북 구성군(龜城郡) 서산면(西山面) 대성동(大星洞) 716

주소: 도시마구(豊島區) 스가모(巢鴨) 2-52, 재단법인 자강회(自彊會) 내

재단법인 자강회 상무이사 겸 천도교 도쿄종리원장

특요선을, 최광룡(崔光龍)

소련 비행기가 조선 고성(古城) 부근을 공습하여 폭격한 것은 실로 있을 수 없는 일이다. 일본은 이에 대해 가능한 한 확대하지 않고 현지에서 해결하는 것이 바람직하다고 생각한다. 소련이 월경하여 파병이나 공중폭격하는 것에는 두 가지 견해가 있다고 생각한다. 그 하나는 소련이 국내에서 숙청 공작을 하고 있기 때문에 인민에 대해 위엄과 긴장을 보여주기 위한

것이다. 또 하나는 일본이 한구 공략에 전 병력을 분산시키자, 지나에 대해 원조하는 것이라고 볼 수 있다. 일본은 지금 될 수 있는 한 조심스럽게 소극적으로 대응하고 있지만, 한구 공략 후에도 월경과 공중폭격 행위를 감행할 때는 대대적으로 대처하지 않으면 안 된다.

일·만군(日滿軍)이 서로 손을 잡고 대응하면 지나보다 쉽게 물리칠 수 있을 것이다.

장고봉이 만주 국경이라고 알고 있으면서 군사상 일·만군의 소련에 대한 중요 지역이라고 보아 일·만군의 국경경비 활동을 저지하려는 것으로서, 일·소 전쟁을 적극적으로 바란다고는 생각되지 않는다. 운운.

[제5보(1938.8.9.)]

「장고봉 사건에 대한 재경 조선인의 동정에 관한 건」

특내선 제2013호

1938년(昭和 13) 8월 9일

경시총감 아베 겐키(安部源基)

내무대신 스에쓰구 노부마사(末次信正)	귀하
조선총독부 경무국장	귀하
도쿄형사지방재판소 검사정	귀하
도쿄헌병대장	귀하
각 청·부·현 장관	귀하

장고봉 사건에 대한 재경 조선인의 동정에 관한 건(제5보)

표기 사건에 대한 재경 조선인의 동정은 계속 평온하여 특이한 언동은 보이지 않는다. 일부 조선인이 누설한 의향은, 아래 기록과 같이 본 사건은 소련의 국내 숙정(肅正) 공작과 일본의 한구 공략에 대한 견제책으로서 확대해서는 안 된다거나, 또는 동양의 영원한 평화를 위해 소련을 단호하게 물리쳐야 한다는 등이 대부분이지만, 계속해서 동정을 살피고 있다.

- 아래 -

저술업(著述業)	특요선갑(特要鮮甲)	정연규(鄭然圭)
통신사(通信社) 외교원(外交員)	특요선갑	박해소(朴亥釗)
조선기독교 도쿄청결교회 목사		배신환(裵信煥)
대일본체육협회[325] 역원(役員)		이상백(李相伯)
필경(筆耕)	특요선을(特要鮮乙)	박춘식(朴春植)
대동협회(大同協會) 상무이사		이선영(李善榮)
아라가와구역소(荒川區役所) 고원	특(特)	김차성(金且性)
도쿄구정신문(東京區政新聞) 편집·발행인		김광순(金光順)
신흥회(新興會) 회장		최승준(崔承俊)
잡업(雜業)		김준기(金俊基)
양품상(洋品商)	특요선갑	조응연(趙應衍)
필경(筆耕)	특요선갑	강준섭(姜駿燮)
신문 배달	특요선갑	손안수(孫案秀)
고물상	특요선을	김소완산(金小完山)
우유 청매업(請賣業)	특요선갑	강상대(姜相大)
자전거상		안팔룡(安八龍)

325 원문은 '大日本體育敎會'로 되어 있는데, 오기로 보여 수정함.

덴마크공사관 고용인	특요선갑	은무엄(殷武嚴)
고물상(고학생)		김원길(金元吉)
고물상		조경희(趙京熙)
잡업	특요선을	이한수(李漢守)

위에 언급한 통보이다.

본적: 경기도 경성부 원동(苑洞) 24

주소: 나카노구(中野區) 고타키마치(小瀧町) 46

특요선갑, 저술업, 정연규(鄭然圭)

당시 39세

이번 일본과 소련 사이에 문제가 된 지점은 예전부터 만주·조선·러시아 3국의 교차점인데, 경계가 확실하지 않다. 이 부근의 주민조차 지역의 종달새(雲雀)를 삼국낭(三國娘)이라고 불렀을 정도이다. 만약 소련이 평화를 희망한다면 이러한 장소에 진지를 구축하는 것은 안 하는 게 좋다. 특히 지금 일본과 지나 사이에 사변이 일어나, 오늘까지 살펴보면 소련은 국경에서 일본군의 군비 상황을 정찰하고 조선 내에서 동란이 일어나도록 할 계획인 듯하다. 만약 전쟁이라도 일어나면 소련은 북부조선 지방의 철도 폭파를 감행하고 조선 내의 각종 산업지대를 공중폭격할 것이다. 하지만 일본군은 세계에 자랑하는 해군력으로 블라디보스토크와 북사할린(北樺太)을 점령할 것이다. 신문지상에는 소련 비행기가 북부조선 방면을 공습하였다고 보도하고 있는데, 피해 상황은 없다. 그러나 상당히 피해가 있었을 것으로 보인다. 백두산에는 상당수의 공산주의자가 광산노동자로 종사하며 상당한 무기를 소유하고 있으므로, 일본과 소련이 전쟁을 시작하게 되면 이런 불령분자를 조속히 제외시키지 않으면 조선 내에서 동란이 일어날지도 모른다.

본적: 경상남도 밀양군 밀양읍 내일동(內一洞) 140

주소: 나카노구(中野區) 쇼와도리(昭和通り) 1-14, 시미즈 시게조(清水繁藏) 댁

특요선갑, 통신사 외교, 박해소(朴亥釗)

당시 28세

일본 정부가 이번 소련 병사 월경 사건에 대해 정전(停戰) 교섭을 신청한 것은 결코 일본군의 약함을 보여준 것이 아니라, 정정당당하게 일본 정부의 왕도낙토(王道樂土) 건설 정신에서 나온 것이라는 점은 각국이 모두 인정하는 바이다.

이처럼 일본 정부의 당당한 중지 정책에 우리 반도인도 국민으로서 깊이 감사한다. 만약 전쟁이 시작되면 제일선으로 출동할 수는 없어도 총후 국민으로서 진충보국(盡忠報國)의 진심을 다하고자 한다.

본적: 경상남도 김해군 김해읍 현리(峴里)

주소: 도시마구(豊島區) 다카다혼초(高田本町) 1-1459

조선예수교 동양선교회 도쿄청결교회(東京清潔教會) 목사

배신환(裵信煥)

1898년 9월 16일생

나는 사교자(司教者)인데, 도쿄 조선인을 위해 종교로 봉사하는 일에 몰두하고 있어서 원래 정치나 국제 문제에 관심이 없었다. 그런데 지난번 장고봉이라는 곳에서 일본군과 소련군이 충돌하고 이어서 소련 공군이 조선 국경을 공중폭격하였다는 것을 신문지상에서 알게 되었다. 조선이 어떻게 될까 걱정되었는데, 우리 교회에 나오는 함경북도 나남(羅南)의 교회 목사의 아들에게 마을 형편이 어떤지 들어보니, 아직 아버지로부터 아무런 연락이 없어 전혀 모른다고 대답하였다. 우리 기독교인의 입장에서 보면 러시아라는 나라는 가까운 장래에 반드시 멸망할 나라이다. 바이블을 전문적으로 연구하면 알겠지만, 구역(舊譯) 성서(聖書)의 예언에 '로시'라는 나라(러시아의 일부)와 같이 신에게 반역하여 생긴 국가는 반드시 천벌을 받게 되어 있다. 특히 러시아혁명 후에는 종교를 부인하고 있지 않은가. 이런 나라가 언제까지 번영하게 될 것인가. 그러한 의미에서 이번 문제는 일본에 불리함을 초래할 일은 없을 것이라고 확

신한다. 운운.

본적: 경상북도 대구부(大邱府) 본정(本町) 2-11

주소: 도쿄시 아카사카구(赤坂區) 신자카마치(新坂町) 75, 구리타(栗田) 댁

대일본체육협회(大日本體育協會) 역원, 이상백(李相佰)

이번 소련군 월경 사건의 원인은 일지사변에 의한 한구 공략을 저지하려는 일종의 방해 공작에 지나지 않는다고 생각한다.

소련군의 만주·조선 월경 사건은 늘 일어나던 일이다. 이는 그 지역에서는 자주 일어나는 일로서 본국 정부의 명령을 받은 것 같지는 않다. 그러나 장고봉 사건은 일본과 소련 사이에 중대한 분쟁 원인을 초래하였다. 소련이 아무리 비행기로 폭격하거나 병사를 요소(要所)에 집결시켜 교전 태도를 드러내 보여도, 일본군과 교전하게 되면 곧바로 참혹하게 멸망하게 될 것이다. 아무튼 소련 병사는 일본 군대와 달리 조국애라는 정신이 추호도 없다. 오로지 이기주의 관념에만 사로잡혀 나라를 위해 목숨을 바친다는 정신이 없기 때문에 전쟁에 이길 방도가 없다. 특히 현재 소련은 국내의 숙청 공작에 여러 문제가 있어 전선을 확대할 의향이 없을 것이다. 그렇지만 당분간은 방심할 수 없다. 그제 신문을 보니 시게미쓰(重光) 외상과 평화적 해결 교섭이 있었던 것 같으므로, 이 이상 사건이 확대되지는 않을 것이다.

만약 소련 측이 반성하지 않고 이러한 사태를 또다시 반복한다면 단호하게 응징해야 할 것이다. 제일 먼저 연해주를 단번에 점령하지 않으면 안 된다.

이번 일지사변에 관해 조선인은 눈물 어린 헌금과 총후의 수호에 많은 사람이 전념하고 있다. 조선인 사이에서도 혹자는 처음부터 우리는 일본인이라고 하는 자가 있는데, 우리는 조선인인 이상 그 민족을 숨길 필요는 없다. 분명히 반도인으로서 국가에 크게 몸 바칠 각오를 하고 있다. 일본체육협회에서도 많은 친우가 출정하였으며, 그 보충 사무에도 몸을 사리지 않고 총후를 수호하고 있다.

본적: 충청남도 공주군(公州郡) 탄천면(灘川面) 송학리(松鶴里) 425

주소: 아사쿠사구(淺草區) 지카타이마도마치(地方今戸町) 134, 양순석(梁順石) 댁

선을(鮮乙), 필경(筆耕), 박춘식(朴春植)

당시 25세

이번 소련·만주 및 조선 국경에서 발발한 일본·소련 양국의 충돌사건은 자칫 잘못하면 참으로 중대한 사건이 될 수도 있다고 생각한다. 하지만 현재 상황으로는 대규모로 확대하지 않을 것이다.

소련은 잇달아 국내에서 극도의 숙정 공작에 몰두하고 있다. 이 때문에 스탈린에 대한 반감은 점점 심해지고 있다. 만약 일본과 소련이 전쟁을 시작하면 반스탈린파가 내란을 일으킴과 동시에, 방공협정(防共協定)에 의해 독일과 이탈리아가 배후를 칠 것이라고 생각한다. 소련으로서는 현재의 처지에서는 도저히 우리나라를 향해 창을 겨누지는 않을 것이다. 단지 한구함락을 눈앞에 두고 지나의 전쟁 상황을 유리하게 이끌기 위한 우리나라에 대한 견제이지, 전투 개시의 준비전(準備戰)이라고 생각하지는 않는다.

본적: 전북 남원군 남원면 죽락리(竹落里)

주소: 아다치구(足立區) 구리하라초(栗原町) 977

도쿄구정신문(東京區政新聞) 편집·발행인

김광순(金光順)

1908년 6월 4일생

이번 장고봉 사건은 스탈린의 군사와 정치의 불통일을 지방적으로 폭로한 것이다. 수차례에 걸친 그의 국내 숙정 공작이 국내를 분열시킨 위기인 것이다. 따라서 이를 어디론가 폭발시켜야만 하는데, 이번처럼 일지사변을 동기로 하여 일부 지방적으로 폭발한 것이라고 생각한다. 그러니까 스탈린의 진정한 의지가 아니다. 일본은 사변의 불확대주의로 외교 교섭에 의해 하루빨리 원만한 해결에 노력하고 있다. 소련은 군·정(軍政) 불통일로 인해 정치가도 이를 곧바로 정지시킬 수가 없는 것 같다. 그러나 우리 군의 반격에 꼼짝할 수 없는 상태이므로 무한(武漢) 함락과 함께 지방 사건으로 종식될 것이다. 운운.

본적: 전북 임실군 청웅면(靑雄面) 구고(九皐)

주소: 다키노가와구(瀧野川區) 니시가하라초(西ヶ原町) 35번지

조선인 단체 신흥회(新興會) 회장, 굴뚝청소청부(煙突掃除請負), 최승준(崔承俊)

1899년 7월 20일생

장고봉 사건으로 소련의 비행기가 조선 국경을 공습하여 폭탄을 상당수 투하하였지만, 크게 피해는 없었다고 신문에 쓰여 있다. 실제로도 신문 보도대로라 생각한다. 소련의 병기(兵器), 특히 비행기의 성능은 세계에서도 우수하다고 듣고 있어서 조선의 여러 장소까지 공습해온 것이 아닌가 생각한다. 군대가 약한지는 싸워보면 지나 군대와 마찬가지로 전혀 문제가 되지 않는다. 소련과는 전쟁이 일어나지 않고 이번 사건도 진정될 것이라고 생각한다. 하지만 조선인으로서는 이번 공습으로 긴장하고 있을 것이다. 만약 소련과 싸워서 일본이 지게 된다면, 조선인은 지금 소련의 일부 인민과 같이 노예, 아니 그 이상의 고통을 당할 것이 명백하기 때문이다. 어떻게 해서든 지나를 조속히 물리치지 않으면, 소련과의 관계가 더욱 복잡해지지 않을까 생각한다.

본적: 전북 김제군 봉남면(鳳南面) 신응리(新應里) 511

주소: 다키노가와구(瀧野川區) 다바타신마치(田端新町) 1-64

잡업[선권중매(線卷仲買)], 김준기(金俊基)

1911년 1월 4일생

장고봉 사건에서 소련 비행기가 국경을 넘어 조선을 공습 폭격했는데 피해가 없는 것 같아 다행이라고 생각한다. 하지만 소련은 진심으로 일본과 싸울 생각은 없는 듯하다. 왜냐하면 싸울 결심이라면 좀 더 조선 내로 들어와 폭격할 수 있지 않았을까. 일본은 지나와 싸우기 전부터 이러한 문제가 야기될 정도의 일은 없이 상당한 방비를 하고 있었기 때문에 적기(敵機)를 추락시켰을지도 모른다. 본 사건은 일본이 지금 한구를 점거하려 하기 때문에 지나를 지원하는 소련으로서는 황군(皇軍)의 한구 공략을 방해하기 위한 것이 원인이라고들 한다.

일본은 소련이 본 사건을 해결하지 않고 계속해서 공습 등을 행한다면, 철저히 대응할 생각이 아니며 또는 이러한 결의를 가지고 내지에서 등화관제를 하고 있는 것도 아니어서, 일

본도 상당히 고전할지 모른다. 소련이 지나를 지원하는 의미로 이러한 사건을 일으켰다고 한다면, 단번에 양국을 상대로 싸우는 편이 조속히 정리되리라 생각한다. 어떠한 국가라 하더라도 사변이 장기간 계속된다면 경제적으로 부자유를 초래할 것은 당연하다. 운운.

본적: 경남 상주군 낙동면(洛東面) 운평리(云坪里) 138

주소: 다키노가와구(瀧野川區) 니시가하라초(西ヶ原町) 643

선갑(鮮甲), 시장 경영(양품상), 조응연(趙應衍)

1902년 7월 5일생

장고봉 사건으로 소련 비행기가 국경을 넘어 조선을 공습 폭격하였다고 하지만, 피해는 대수롭지 않고 황군이 격퇴했다고 신문에서 읽었다. 원래 소련이 동아(東亞)에 주력하여 군비를 갖추고 있다는 것은 이미 주지의 사실이다. 이런 험악한 국경에 대해 일본이 방비를 방치할 리는 없다. 반드시 이에 대항할 수 있는 준비를 갖추고 있어야만 비로소 소련 비행기가 국경을 넘어 공습했을 때 곧바로 격추할 수가 있다.

이번 사건도 한구가 지금 황군에 의해 공락(攻落)되고 있는데, 이 일전(一戰)은 장개석 정권, 즉 지나의 붕괴를 결정하는 전쟁이라고 여러 외국에서는 보고 있다. 오늘날까지 지나를 원조해온 소련으로서는, (이 일전은-역자) 이번 한구전(漢口戰)에 대한 방해적 행위에 불과하다. 소련이 지금 전쟁하게 되면 반드시 국내에서 대립적인 분쟁을 야기할 우려가 있으므로, 결국 본 사건은 확대되지 않고 외교 교섭으로 종결될 것이라고 생각한다. 하지만 일본은 빨리 한구를 철저히 공격해야만 한다. 운운

본적: 함남 영흥군(永興郡) 인흥면(仁興面) 동원리(東原里) 102

주소: 우시고메구(牛込區) 와세다쓰루마키초(早稲田鶴巻町) 40, 나카니시(中西)댁

특요선갑, 강준섭(姜駿燮)

나는 2개월간 조선 각지를 여행하고 왔다. 그사이 현재의 조선 사정을 여기저기서 보고 들었다. 소련 비행기가 북부조선을 공습해온 것은 한구가 함락되기 전으로, 일본 병력을 분산

시키려는 의미가 있었던 것으로 여겨진다. 더구나 현재 일본·소련 양군이 대치하고 있는 주변으로 도주해온 류시코프 대장의 잠입 지점에서 크게 떨어지지 않는다는 관계로 미루어보면, 소련군은 일본에 대한 데모스트레이션을 군사행동으로 한 것이 아닌가 생각하고 있다. 일반 일본인 중에는 현재의 러시아에 대해 경솔한 인식을 가진 사람이 많다. 스탈린의 숙청 공작으로 소련은 불통일을 초래하지 않았나, 라며 국내적으로 커다란 모순에 도달해있다고 주장하는 사람도 많다. 한편 반대로도 생각해보아야 한다. 숙청 공작으로 혁명적 분자를 배제할 목적으로 저지른 것으로서, 스탈린 정권은 더욱 견고해지는 것이 아닌가, 라고도 생각할 수 있다. 조선 여행 중 여러 이야기를 들었다. 우리가 한 사업은 국민정신총동원, 시국인식 강화, 지나사변, 이동 전람회이다. 내가 경성에 도착했을 때 함남군사후원연맹(咸南軍事後援聯盟)의 와다(和田)라는 예비 대위가 와서, 사변 초기부터 조선인의 내선일체 사실을 듣고 감동하였다. 깊은 산골의 주재소에 순사로 응소(應召)했을 때 등, 내지인이 한 사람도 없는 벽지에서는 조선인이 입고 있던 자신의 흰옷을 깃발로 만들어 곧바로 응소 순사를 5~6리나 멀리 떨어진 역까지 환송하러 갔다는 말을 듣고 생각하게 되었다. 일본의 목적을 관철하기 위해서는 조선인이라든가, 내지인이라든가 하는 차별은 절대 불필요하다. 헌신적인 노력을 계속하지 않으면 안 된다고 생각하고 있다. 운운.

본적: 경상북도 달성군 수성면(壽城面) 신천동(新川洞) 72

주소: 메구로구(目黒區) 무카이하라마치(向原町) 205, 기무라 요시오(木村義雄) 댁

선갑, 손안수(孫案秀)

당시 32세

장고봉 부근은 기온이 홋카이도(北海道) 정도이며 바다 쪽은 어업이 성행하기 때문에 일본으로서는 수산(水産) 사업으로도 상당히 중요한 곳이다. 그 때문에 소련은 자주 월경 사건을 일으켰다. 오늘(7일) 정오 뉴스에서 방송한 것과 같이 사건이 복잡해지면, 일본으로서도 은인자중(隱忍自重)도 정도껏이니, 이럴 때는 당연히 응징해야 한다고 생각한다. 이러한 일로 조선도 현재 상태에서는 크게 동요할 것 없다고 생각한다.

본적: 전라북도 전주군 전주읍 완산정(完山町) 231

주소: 메구로구(目黑區) 히가시초(東町) 93

선을, 김소완산(金小完山)

당시 33세

현재 사건(장고봉 사건)이 있던 부근의 주민은 한마디로 말하면 견실한 사상을 가진 자가 많다. 자신의 신념은 끝까지 해낸다는 것으로, 내지로 말하자면 규슈(九州) 방면의 사람과 성격이 비슷하다는 생각이 든다. 그래서 이번처럼 소련으로부터 공중폭격을 당하면 특히 반발심이 든다. 일지사변 때 조선의 일부 사람은 지나의 군관학교(軍官學校)를 나와 지나군에 참가하였지만, 그들 중에 황군의 위력에 귀순한 자도 있었던 것 같다. 이에 장개석은 물론 소련에서도 상당히 놀라 지금 조선인 군대는 특히 주의하고 있다고 들었다. 지난해 소련이 국내에서 많은 조선인을 추방하거나 압박을 가한 결과로 여겨진다.

본적: 경상북도 문경군(聞慶郡) 영순면(永順面) 금림리(錦林里)

주소: 아라카와구(荒川區) 마치야(町屋) 1-932

선을, 강상대(姜相大)

당시 31세

이번 소련의 우리 일본에 대한 불법 공격은 명백히 도전적 행위이다. 두만강을 넘어 조선 영내(領內)에 폭격을 가한 것은 우리 조선 민족으로서는 동포의 생명과 산업의 희생이 컸다. 게다가 국경 방면 소련 영토의 동포를 불법 압박하고 살생한 일은 심하게 몰상식한 것으로 격분하지 않을 수 없다. 최근 류시코프 대장 사건으로 인한 소련 정부의 반동적 행위는 명백히 모순이다. 이번 기회에 우리는 직장에서 총후의 수비를 견고히 하여 일사보국(一死報國)의 마음으로 일선동체(日鮮同體)의 결실을 거두어야 할 것이다.

본적: 황해도 재령군(載寧郡) 삼강면(三江面) 금산리(金山里)

주소: 혼조구(本所區) 기쿠가와(菊川) 1-7

자전거상(自轉車商)[326], 안팔룡(安八龍)

1907년 7월 27일생

이번에 국경 방면의 장고봉을 소련군이 점거하여 진지를 구축한 사건은 당시 함북 방면의 지역주민에게 상당한 충격을 주었던 것 같다. 지난 1일 일본군이 이를 격퇴하였기에 매우 기뻐하고 있다. 원래 함북 방면의 주민, 특히 국경 가까운 방면의 주민은 합병 이전에 러시아의 감화를 받은 관계로 내지인보다 러시아인에게 호의적인 자가 많았다. 그래서 합병 후에도 상당 기간은 친러적이어서 러시아인과의 교제를 은근히 기뻐하는 자가 있었다고 들었다. 그런데 최근에는 이러한 경향이 완전히 없어졌으며 오히려 반소련적이라고 들었다. 그렇지만 이번 사건이 발생하고 2~3주 동안 일본군이 소련군과 대치하면서 소련군의 진지 구축을 방임하면서 내버려두고 있었기 때문에 지역주민으로서는 다소 불안감을 안고 있는 자가 있는 것 같다고 들었다. 그런데 이번에 일본군이 엄연히 일어나 격퇴하였기에 점차 일본군에 대한 신뢰감이 높아졌을 뿐만 아니라, 함북 방면 주민의 일본에 대한 인식이 매우 깊어졌다고 생각한다.

본적: 함북 성진군(城津郡) 학남면(鶴南面) 용태동(龍台洞)

주소: 오모리구(大森區) 유키가야초(雪ヶ谷町) 43

선을, 잡업, 이한수(李漢洙)

1906년 7월 22일생

일전에 장고봉 사건이 일어나 조선을 폭격하는 등 소련은 최근 일본을 향해 자주 도전적인 태도였다. 사건이 돌발하자 그때마다 일본은 외교 교섭으로 사건을 원만히 해결하려고 했지만 아무래도 철저하게 해결하지는 못했던 듯하다.

이번 사건도 소련국에서 일본에 대한 근본방침에 따라 도전한 것이 아니라, 현지 파견군의

326 원문에는 '自動車商'으로 되어 있는데, '自轉車商'으로 되어 있는 앞의 표기가 더 맞을 것으로 보아 수정함.

독단적인 행동이다. 소련이 원조하는 중국에서 지금 바로 한구가 우리 군에 함락될 운명이어서, 우리 군의 세력을 꺾기 위한 방해 공작에 지나지 않는다. 저 소련은 지금 당장 일본에 싸움을 걸어올 진의는 없다고 생각한다. 소련 내부가 스탈린의 숙정 공작으로 인해 반스탈린파가 다수 속출하여 내부의 통제를 어지럽히고 있어서, 대외적으로는 손을 쓸 수가 없는 것 같다. 우리 반도 동포는 이번 지나사변에서 지원병은 물론, 군부(軍夫) 지원, 헌금, 헌품(獻品) 등 정신적으로 물질적으로 황국 일본을 위해 노력하고 있다. 지난번 나는 조선을 여행하며 그 실상을 보고 감동을 받았다. 일한합병 이래 30년 만에 비로소 반도민(半島民)이 자각하여, 일본의 진정한 고마움과 강함을 알고 제국 신민으로서의 자랑스러움을 진실로 느끼고 있다. 운운.

본적: 경북 영천군(永川郡) 신녕면(新寧面) 왕산동(旺山洞) 105

주소: 이타바시구(板橋區) 이타바시초(板橋町) 4-1138

선갑, 덴마크공사관 고용인, 은무엄(殷武嚴)

장고봉 사건이 큰 화제를 일으키며 보도되어, 일본과 소련의 관계는 최근 특히 악화되었다. 이를 계기로 전쟁으로 발전하지는 않을까 하는 두려움을 가진 사람이 있을지 모르지만, 나는 확대되지 않을 것으로 생각한다. 소련과 만주 사이의 국경이 확정되지 않아 사건은 항상 반복되어왔다. 단지 이번에는 조선 내를 향해 공중 폭격하여 일부 북부조선 사람들에게는 큰 동요가 있었다고 생각한다. 미쓰비시(三菱) 계열의 군수공장 등이 있는 북부조선은 일본과 소련 사이에 전쟁이라도 난다면 첫 번째 목표가 되는 것은 당연하므로, 보는 견해에 따라서는 장래에 좋은 시사점을 주었다고 한다.

조선군사령부는 다른 사령부에 비해 대체로 실상을 키워서 과장되어 보이게 발표하는 경향이 있다. 전과(戰果) 여하는 실력이 반이고 나머지가 선전이라고 하는데, 오늘날에는 당연한 일일지도 모른다.

지금의 사건은 대체로 일본의 한구 공략에 대한 견제책이고, 국내의 숙정 공작에 몰두하고 있는 소련으로서는 전쟁할 의사는 없다고 본다. 또 일본으로서도 일지사변이 일단락되면 몰라도, 아무튼 지금은 시기가 아니라고 생각한다. 하지만 일본과 소련은 언젠가는 싸우지 않을 수 없는 운명에 있으므로 조만간 충돌이 불가피할 것이다.

아무튼 일지사변으로 각국이 일본의 경제력을 다시 본 것은 사실이다. 이탈리아가 에티오피아를 공략할 때 이탈리아의 자멸을 기다리던 영국은 실패했다. 그러나 현재의 일본은 당시 이탈리아의 절반 정도의 경제적 핍박도 없이 매우 여유롭다. 소문에 의하면 국경 부근 일본과 만주의 인적(人的) 군사시설은 소련 극동군(極東軍)의 2배가 된다고 한다. 또 블라디보스토크를 점령하고자 한다면 한꺼번에 확보할 준비가 되어 있기 때문에 소련도 쉽게 전쟁을 시작할 수 없을 것이다. 운운.

본적: 전북 정읍군(井邑郡) 고부면(古阜面) 입석리(立石里)

주소: 니혼바시구(日本橋區) 하코자키초(箱崎町) 2정목(丁目) 5

호세이대학(法政大學) 대학전문부생, 고물상, 김원길(金元吉)

생각건대 장고봉 사건은 일지사변의 노구교 사건보다 더욱 중대한 사건이다. 일본 정부와 소비에트 정부는 사건이 원만히 해결되기를 희망하고 있다.

이번 기회에 철저하게 응징하는 태도를 보여주었으면 한다.

조선인 중에는 아직도 우리는 나라가 없고 재산도 없다고 하는, 이른바 공산분자가 다소 있다. 이들 불량분자(不良分子)는 소비에트가 국경을 넘어 조선 내로 침입할 경우는 어떤 행동으로 나올지 모른다. 일본은 지금 지나와 전쟁하여 상당한 병력을 사용하고 있지만, 국경에서도 단호하게 소련을 응징하는 태도를 보여, 실력으로 이들 불량분자가 책동할 여지가 없도록 노력해주었으면 한다.

불행히도 일본과 소련이 전쟁하는 경우는 지나나 영국 등과 전쟁하는 것과는 전혀 취지가 다르다. 사상적으로 위험이 많기 때문에 앞으로 우리는 충분한 주의와 경계를 할 필요가 있다고 생각한다. 운운

본적: 황해도 연백군(延白郡) 은천면(銀川面) 구읍리(九邑里) 19

주소: 니혼바시구(日本橋區) 가기가라초(蛎殼町) 1-34

고물상, 야노 마고토(矢野誠) 즉 조경희(趙京熙)

우리는 전쟁을 조속히 그만두었으면 한다. 지금도 어려운데 일본과 소비에트가 전쟁하게 될 경우 국민은 매우 곤란해진다고 생각한다.

하지만 이번 장고봉 사건은 이보다 더 확대하지는 않을 것으로 믿고 있다.

신문 보도와 같이 이 문제는 일본군의 한구 공략에 대해 측면적인 방해로서, 진정으로 일본과 항전할 의지는 없다고 여겨진다.

그렇기 때문에 만주국을 위협하기보다는 조선을 위협하는 것이 효력이 있어서 조선만 폭격하고 있다.

아무튼 우리는 하루빨리 사건이 해결되기를 희망하고 있다. 운운.

본적: 전라북도 정읍군 정읍면 읍상리(邑上里)

주소: 니혼바시구(日本橋區) 가야바초(茅場町) 3-16

니시오합명회사(西尾合名會社) 점원, 이재환(李在煥)

국경 방면의 소련 비행기 월경에도 불구하고 우리 고향은 중부지역이어서 아무런 동요 없이 조용하다. 직접 폭격을 받은 지방이라 해도 큰 동요는 없다고 생각한다. 방비와 그 밖의 충분한 준비와 훈련이 있으므로 이 방면의 사람들이 피난했다는 말은 전혀 듣지 못하였다. 또 그럴 필요도 없을 것이다. 고향의 신문에는 월경 사건을 크게 다루면서 어느 지역 어느 곳에 왔다고 보도하고 있지만, 이에 비해서는 안정적인 듯하다. 운운.

본적: 경기 김포군 하성면(霞城面) 시암리(柿岩里) 199

주소: 아라카와구(荒川區) 미나미센주(南千住町) 1-9, 대동협회(大同協會) 내

대동협회 상무이사, 이선영(李善榮)

신문지상의 보도에 의하면, 장고봉 분쟁 사건도 점차 평정을 되찾고 있는 듯하다. 소련의

포격은 계속되고 있는데 우리는 향후 어떻게 진전될지 알 수 없다. 오로지 외교 절충에 의한 평화적 해결이 되도록 노력하고 있으며 한시바삐 원만히 해결하여 국경 지역 조선인의 불안을 해소해주었으면 한다. 대체로 지나인이나 러시아인도 우리나라와는 근본적으로 국민성이 다르기 때문에, 가령 이 사건을 계기로 일본과 소련의 전면적인 충돌 전투 행위로 이행되더라도 총후의 국민이 물심양면으로 진정으로 협력하면 안심할 수 있게 될 것이다. 나는 내지에 온 지 이제 24~25년이 되었다. 현재의 입장은 대동협회의 세와야쿠(世話役)[327]로서 여러 조선인의 통신 등 어려움을 살피고 있어서, 대체로 현재 조선의 사정도 알고 있다. 옛날에는 조선 독립운동 등으로 반항적인 태도를 취하는 자도 적지 않았지만, 최근에는 내선융화의 결실도 거두고 있다. 또 지원병제도의 실시 등 지나사변에서 보여준 조선인의 애국열은 매우 강한 것이었다. 현재 교바시(京橋) 다카시마야(高島屋) 포목점에서 개최하고 있는 애국 조선인 전람회에서 드러난 조선의 행동을 보더라도 그 일면을 엿볼 수 있다.

내 입으로 말씀드리기는 그렇지만, 현재만큼 국제정세가 광범위하게 절박하여 우리나라의 입장이 긴급사태에 직면해 있은 적은 다른 시대에는 없었다. 즉 일대 전환, 일대 비약을 하지 않으면 안 되는 시대를 맞이하고 있다. 우리는 국민적 시련이라는 중차대한 시대에 살고 있다. 동아 민족이 영원한 평화를 달성해야 할 의무가 있기 때문에 이 사업을 자손에게 남기지 말고 우리가 해결해야만 한다.

이번 장고봉 사건도 신문지상에 전하고 있듯이, 한구 공략을 목전에 두고 일본군 견제, 반스탈린파의 통일 수단, 류시코프 대장의 탈출로 인해 극동군의 화풀이 등에서 비롯된 소련의 불법 월경, 진지 구축 등에서 야기된 것이라고 생각한다. 이렇게 지리적으로 중대한 지점에서 문제를 야기할 정도로 간극이 벌어졌다는 것은 의문스럽다. 조선 국경 경비와 같이 국경선(國境線)에 따라 일본군의 엄중한 감시병을 배치하고 있다면, 굳이 외교 절충에 의한 혼춘계약(琿春界約)[328]이라든가, 역사나 자료의 수집 없이도 문제는 간단하여, 소련의 불법에 대해서도 보다 적극적으로 대응할 수 있을 것이다.

하지만 이런 점을 방치해두는 것에 대해서는, 서로 자극을 피하려는 의미도 있었을 것이다.

---

327 세와야쿠(世話役): 보살펴주는 사람, 단체나 회합에서 사무를 처리하고 운영을 맡아보는 사람.

328 혼춘계약(琿春界約): 1886년 청나라와 러시아가 각기 전권위원을 파견하여 협의한 결과 맺어진 협약으로서, 만주와 소련 국경선의 소재에 관한 유일한 조약적 근거이다.

아무튼 이 사건으로 조선인 전체는 어떤 의미에서는 지나사변의 의미 이상으로 심각한 바가 있으며, 적개심도 강할 것이라 생각한다.

본적: 경북 대구부 시장북통(市場北通り) 62

주소: 아라카와구(荒川區) 미나미센주마치(南千住町) 6-190

아라카와구역소(荒川區役所) 고원(雇員), 김차성(金且性)

장고봉 분쟁 사건에 의해 조선 내 비무장 지대의 폭격은 비인도적이기 짝이 없어서 완전한 언어도단이다. 종래 소련·만주 국경 방면의 분쟁 사건은 헤아릴 수 없이 많았지만, 이번 사건은 직접 국경을 접하고 있는 우리 조선인으로서, 아니 우리 제국 국민으로서 묵인할 수 없는 일이다. 본 사건의 원인과 경과에 대해서는 신문, 라디오 등이 아니고는 현재 아무것도 알 수 없다. 북부조선 방면의 민중에게 공포심을 준 것은, 가령 그다지 큰 피해는 없다고 하더라도 심각한 일이다. 사건의 진전이 어떻게 되든지 상관없이 황군의 실력을 믿고서 장래에 오래된 화근을 제거해야 할 것이다.

우리 같은 비전문가(素人)가 보더라도 동아 민족의 발전상 지리적 관계에서, 특히 각국 모두 항공기가 현저히 발달한 오늘날, 협소한 일본해(日本海)[329]를 사이에 두고 직접 경계를 접한 적마(赤魔) 소련과 서로 세력을 대치하는 것은, 하늘을 방어하는 데 매우 우려할 만한 사태이며 서로 대립적인 감정을 자극한다. 이대로 간다면 진정한 동양평화라는 목적을 달성하기는 어려울 것이다. 지금은 지나사변으로 막대한 경비가 소요된다. 게다가 소련과 교전이라도 하게 된다면 격렬한 장기전에 걸쳐져 경제적으로 매우 곤궁하게 될 것이므로, 이러한 때에 평화적으로 해결해야 한다. 인적으로는 조선인 지원병제도를 더욱 확대하고, 일본·만주·지나 삼국의 제휴로 산업개발에 노력하여 경제적으로 충실을 기해야 한다. 가까운 시기에 또다시 불법 행위를 감행한다면 그때는 곧바로 단호하게 응징해야 한다고 생각한다. 즉 시베리아 철도, 그 외에 블라디보스토크, 연해주 등을 통과하는 교통로를 북만주에서 차단함과 동시에, 한편으로는 일본의 우세한 해군력으로 압도하여 이 방면을 고립시켜 한꺼번에 블라디보스

329 동해(東海)를 말함.

토크를 공략한다. 더군다나 하바롭스크 이북 흑룡강(黑龍江)을 따라 니콜라옙스크의 선까지 확보할 수 있게 되면, 북사할린(北樺太) 석유 문제, 북양(北洋) 어업 문제 등은 자연 해소되며 국경 문제도 단절되어 진정한 동양평화를 초래할 것으로 생각한다. 이상은 나의 극단적인 생각일지도 모르지만, 현재와 장래의 국제정세를 판단할 때 굳이 불가능한 일은 아니라고 생각한다. 이상.

[제6보(1938.8.10.)]
「장고봉 사건에 대한 재경 조선인의 동정에 관한 건」

특내선 제2026호

1938년(昭和 13) 8월 10일

경시총감 아베 겐키(安部源基)

내무대신 스에쓰구 노부마사(末次信正) 귀하
조선총독부 경무국장 귀하
도쿄형사지방재판소 검사정 귀하
도쿄헌병대장 귀하
각 청·부·현 장관 귀하

장고봉 사건에 대한 재경 조선인의 동정에 관한 건(제6보)

표기 사건에 대한 재경 조선인의 동정은 조용하고 안정된 상태가 이어져 특이한 언동은 없다. 다만 일부 조선인이 발설한 의향은 아래와 같다. 소련기의 조선 내 폭격은 장개석 정권을 원조한 것으로 일본의 한구 공략의 견제책이며, 사건은 불확대로 해결해야 한다는 것, 일반 조선인이 본 사건의 발생으로 한층 시국인식을 심화시키고 더욱 총후의 활동을 해야 한다는 것 등이다. 계속해서 동정에 주의하고 있다.

- 아래 -

일심회(一心會) 공제회장(共濟會長)	선을(鮮乙)	김동석(金東錫)
극광영화제작소(極光映畵製作所) 직원		서병반(徐丙班)
신문 배달	선을	정산헌(鄭山憲)
와세다대생(早大生)		정응호(鄭應鎬)
인삼 행상(명륜갱생회장)		박용술(朴容述)
잡업(雜業)		현인석(玄仁石)
인쇄업	선갑(鮮甲)	김호영(金浩永)
주오대학(中央大學) 대학원생		윤태경(尹泰璟)
음식점주		조용문(趙龍文)
천정판 가공 직공		송하진(宋河珍)

위에 언급한 통보이다.

본적: 전남 나주군 영산면(榮山面) 관정리(官丁里) 321

주소: 시나가와구(品川區) 오이데라시타마치(大井寺下町) 1438

일심회 공제회장, 김동석(金東錫)

1901년 11월 9일생

이번 만주·소련 국경 사건은 모든 방면에서 보아 소련의 잘못은 더 말할 것도 없다.

일지사변이 발발한 지 1년 정도 지났는데, 황군은 연전연승하여 올해 3월 우리 반도인 중에서 약 400명의 군인이 채용되어 자랑스럽다. 일본은 동아의 맹주라는 지위에 있기에 중대한 책임이 있다. 동아 평화를 위해서는 소련에 대해 일대 결의로써 무력으로 철저하게 제압하여 동아의 영원한 평화를 얻어야 한다. 동시에 첫 번째 전투에서 목숨을 바친 장병에 대해 우리 일본인이라는 기쁨과 감사를 표하기 위해 우리 친목회는 올해 3월 중순 일금 30엔, 7월 중순에 일금 15엔을 육·해군성(陸海軍省)에 헌금하였다. 승리를 위해서는 준비와 인고(忍苦)가 필요하다. 운운.

본적: 경기도 안성군 안성읍 동리(東里) 312

주소: 스기나미구(杉並區) 오기쿠보(荻窪) 3-60, 세이코롯징(西郊ロッヂング)[330] 내

극광영화제작소 직원, 서병반(徐丙班)

당시 29세

소련의 장고봉 월경 사건을 발단으로 소련·만주 국경은 상당히 긴장감이 돈다. 조선도 거의 국경과 마찬가지로 일지사변 이래 긴장하고 있으며 한층 더 긴장이 증가해가고 있다. 신문 지상에 조선 내에 500발의 폭탄을 투하하였다는 발표가 있었는데, 소련·만주 사이에 사건이 생기면 가장 가까운 조선의 일이 된다. 앞으로 소련·만주의 분쟁이 계속되는 한 폭격도 피할 수 없다고 생각한다. 그러나 일지사변 이래 조선인의 긴장은 커져서 내지인보다 더하면 더했지 덜하지는 않은 이러한 때에 소련의 폭격을 받아도 놀라지는 않는다고 생각한다. 나는 올해 4월 영화 제작 때문에 상경하고 느낀 것인데, 카페나 댄스홀 등에 출입하는 자에 대해서는 철저하게 단속해야 할 것이다. 그리고 조선인과 내지인은 일치 협력하여 전쟁에 승리하기 위해 어떠한 어려움도 참고 견디는 것이 우리의 임무라고 생각한다. 운운.

---

330 세이코롯징(西郊ロッヂング): 1938년 건축된 도쿄의 유명한 서양풍 건축물로서, 현재는 역사적 건조물로 지정되어 있다. 1916년에 시작되었으나 1923년 관동대지진으로 인해 1931년 현재 지역으로 이전하였고 1938년 신관을 건축하였다.

본적: 충청북도 제천군(堤川郡) 청풍면(淸風面) 물암리(勿岩里) 52

주소: 스기나미구(杉並區) 오기쿠보(荻窪) 3-144

선을, 신문 배달, 정산헌(鄭山憲)

당시 29세

일지사변도 장기전에 돌입하여 점차 중대한 시국이 되었다. 나는 일지사변 개시 이래 지나를 치기 전에 먼저 소련을 물리쳐야 한다고 생각하고 있다. 지나에 보낸 병력 정도면 지금쯤은 완전히 소련을 '물리쳤을' 것이라 여겨진다. 일지사변이 장기전으로 돌입한 것도 소련의 지나 지원 때문이라고 해도 과언이 아니다. 한구 공략 전에 소련이 장고봉 사건을 야기하거나 조선 내 폭격 등 어느 하나 계획적이지 않은 것이 없다. 이러한 때 우리는 부자유를 견디며 이기기 위해 노력해야 한다. 나는 본가로 돌아갔는데 내지보다 조선 쪽이 더 긴장하고 있는 듯하다. 일지사변에서 무엇보다도 반가운 일은 일본과 조선의 관계가 한층 깊어졌다는 것이다. 운운.

본적: 평북 운산군(雲山郡) 운산면(雲山面) 용흥동(龍興洞)

주소: 무카이지마구(向島區) 데라시마마치(寺島町) 1-97, 우베(宇部) 댁

전 만주국(滿洲國) 거주자, 와세다생, 정응호(鄭應鎬)

1914년 8월 17일생

사건 발생지인 장고봉 부근은 조선인 부락이 산재하고 있다. 예컨대 국경선이 분명하지 않은데도 그곳에 도전적으로 진지를 구축하는 것은 말이 안 된다. 일본은 도저히 묵과할 수 없다. 그러나 정부가 불확대주의를 채택한 것은 현재 한구 공략을 앞두고 있으므로 동감한다. 집요한 도전은 한구 공략을 견제하는 책략이다. 이 사건에 대해 남부조선 지방 출신 조선인은 비교적 냉정하게 사건의 상황을 조용히 지켜보고 있다. 운운.

본적: 경북 군위군(軍威郡) 의흥면(義興面) 수서동(水西洞) 427

주소: 하치오지시(八王子市) 아사히초(旭町) 3

인삼 행상, 명륜갱생회장(明倫更生會長), 박용술(朴容述)

당시 43세

우리는 매일 신문과 그 밖의 라디오방송으로 아는 외에 그 진상 등은 알지 못한다. 이번 사건에 대해서는 불확대 방침을 취하고 있는 모양이다. 소련도 국내 사정 등으로 적극적으로 나설 수 없을 것이다. 장개석 정권 원조 계약 전에 한구 함락을 앞두고 있는 일본에 대해 방해를 하는 것으로 보인다. 또 비무장 지대인 함경북도 폭격은 농민에게 크고 작은 피해가 있었을 것이다. 어쨌거나 우리는 일본과 합병한 것을 진심으로 기뻐하고 있다. 만약 지나와 합병했다면 어떻게 되었을까 생각해보면, 일부 불평분자에게도 좋은 교훈이 되었을 것이다. 이 사변에서 무슨 일이 있더라도 우리는 이겨야 한다. 우리도 군대를 지원하여 채용해준다면 크게 분투하고 싶다. 운운.

본적: 함북 성진군(城津郡) 학중면(鶴中面) 희현동(嬉縣洞) 264

주소: 아라카와구(荒川區) 오구마치(尾久町) 3-2349

잡업, 현인석(玄仁石)

1906년 2월 18일생

이번 사건이 일본군의 한구 공격을 연장시킬 책략이라는 사실은 각 신문에서 보도하고 있다. 나는 어느 잡지의 토픽란을 보았는데, 스탈린이 의사의 진단을 받았을 때 7명의 닮은 얼굴을 가진 자가 있었다고 한다. 모두를 진단해도 의사가 스탈린 본인을 판명할 수 없었다고 할 정도니 얼마나 신변을 경계하고 있는지 알 수 있다. 아무래도 일본과 소련은 전쟁까지 가지는 않을 것이다. 함북 사람 중에는 종래 양반이면서 이주한 친일 집안이 13도 가운데 가장 많다고 생각하므로 일본군에 협력하고 있는 것으로 보인다. 운운.

본적: 경상남도 밀양군 하남면(下南面) 남전리(南田里)

주소: 간다구(神田區) 오가와마치(小川町) 3-10

선갑, 인쇄업, 김호영(金浩永)

당시 31세

이번 일·지전(日支戰)이나 스페인 내란, 독일·오스트리아 합병 등 이른바 '가진 나라'와 '못 가진 나라'의 대립이 격화, 민주주의 국가들과 방공(防共) 국가들의 상극 등의 사실을 직시할 때, 오늘날 우리가 처한 역사적 단계는 미증유의 폭풍 전야와도 같은 느낌이 든다. 이러한 국제적 정세하에서 소련은 수만 리에 걸친 국경을 보유하고 막대한 군비를 갖추었으며, 코민테른에 의한 국제적인 사상전(思想戰) 부대를 지니고 있다는 점에서 일거수일투족이 세계의 주목을 받고 있는 것 같다. 특히 극동에서의 동향은 우리와 접경 부면이 있으므로 우리의 최대 관심사 중의 하나이다.

이번 장고봉 사건이 일본과 소련 간의 풍운이 위급함을 알리는 것 같다는 견해가 있지만, 나는 이 사건이 국부적·지방적, 그리고 외교적 방법으로 해결될 것이라고 생각한다. 필시 소련은 전쟁으로까지 나아가지는 않을 것이라고 생각한다. 왜냐하면 현 상황에서 일본과 싸우면 결국 극동 시베리아를 잃게 되거나, 혹은 독일 때문에 일부 영토를 잃게 될 것이기 때문이다. 일본으로서는 어떻게든 일전(一戰)을 벌여야 할 운명이라면, 적이 전쟁 조건을 구비할 여유를 주지 말고 곧바로 '치는' 편이 좋다고 생각하지만, 군사전문가가 아니어서 잘 모르겠다. 장고봉 사건으로 소련 비행기가 월경하여 조선의 상공에서 폭탄을 투하한 것은 참으로 분개하고 참을 수 없다. 이렇게 된 이상 우리 조선인은 누구보다 먼저 자신의 고향을 지켜야만 한다고 생각한다.

그런데 이러한 사실을 내지에 거주하는 모든 조선인에게 알리기 위해 내각정보부에서 조선문(朝鮮文)으로 국제정보를 기록한 것을 발행하면 좋겠다고 생각한다. 운운.

본적: 평안남도 중화군(中和郡) 동두면(東頭面) 신봉리(新鳳里)

주소: 간다구(神田區) 사루가쿠초(猿樂町) 2-4-3, 조선기독교청년회관 내

주오대학 대학원생, 윤태경(尹泰璟)

당시 27세

지난 7월 11일 이래 장고봉과 사초봉(沙草峰)에서 일본·소련 양군의 충돌은 세상 사람들을 깜짝 놀라게 하였다. 만주사변 이래 국경 분쟁은 너무 많아서 헤아릴 수 없을 정도이다. 그런데 양군의 충돌 지점이 조선·만주 국경이고 규모도 비교적 컸다. 마치 황군이 지나에 전력(全力)을 쏟고 한구를 가까이에 두고 있는 때라는 점이 주목을 끈 원인이라고 생각한다. 소련은 국시(國是)로서 1척(尺)이라도 타국의 영토는 절대 침략하지 않는다고 하면서 불법 점거에다 또 조선에 공중폭격을 한 것은 실로 불법의 극치이다. 증오해야 할 행위이다. 피해가 적은 것이 불행 중 다행이다. 우리는 소련 비행기가 종종 월경하여 조선을 공중폭격해도 황군의 힘을 신뢰하여 전혀 동요하지 않았다. 그런데 이른바 불확대 방침에도 불구하고 북경노청조약(北京露清條約)[331]을 방패 삼아 장고봉을 자국령이라며 고수하고, 제국인의 혼춘조약(琿春條約)으로 만주국 영토가 되었다고 주장한다. 이 기회에 양국의 깊은 신뢰와 성의로 국경을 확정하고 장래에 화근이 남지 않도록 해야 한다. 그런데 오늘날 양국이 외교적 교섭으로 단번에 해결할 절호의 기회가 도래했다. 다행히 우가키(宇垣)는 대국적(大局的) 견지가 풍부한 큰 인물이니 마차(馬車)의 말처럼 돌진하여 나라를 그르칠 염려도 없다. 국면 타개에 열심히 노력을 아끼지 않는 외상(外相)에 의해 잘 해결될 것이라고 믿는다. 우리는 사건 불확대주의와 외교 교섭을 해야 한다고 해서, 결코 무력 응징주의를 배제하지 않는다. 군비를 갖춘 후에야 외교가 있다는 철칙은 전혀 변함이 없다. 오직 맡은 바 합당한 일을 처리하여 만반의 준비를 하고 부동의 방침이 확립될 때까지 대기하는 것이다. 우리 국민은 모두 중앙의 영단(英斷)을 신뢰하고 쓸데없이 폭음과 위협에 겁먹지 말고 대국민(大國民)다운 도량[襟度]을 지녀야 한다. 운운.

---

331 북경노청조약(北京露清條約): 1860년 베이징에서 청국이 영국·프랑스·러시아 등과 체결한 조약들, 즉 일명 베이징조약 가운데 그해 11월 러시아와 체결한 조약을 가리킨다. 청국과 영국·프랑스 간의 강화를 러시아가 알선한 것을 이유로 러시아의 요구를 받아들여 체결되었다. 1858년 애혼조약(愛琿條約)으로 국경이 확정될 때까지 청·러 양국이 공유한 우수리강 이동(以東)의 연해 지방을 러시아 영토로 정한다는 것, 국경에서 양 국민의 자유교역을 인정하고 세금을 면제하며, 쿠룽·카슈가르·장가구(張家口) 등을 무역지로 인정한 것 등이 그 내용이다.

본적: 전남 강진군(康津郡) 성전면(城田面) 수풍리(水豊里) 577

주소: 후카가와구(深川區) 기바(木場) 3초메 4-4

특수음식점, 조용문(趙龍文)

이번 일본·소련의 장고봉 사건은 소련 병사의 불법적인 월경에서 기인하여 지금 상황이 매우 중대해진 사건이다. 일본은 자중하며 소련의 불법적이고 도전적인 태도에 대해 평화적 해결을 희망하고 있지만, 지금 전투 행위를 속행하려고 해서 곤란하다. 소련 비행기는 조선 내까지 와서 북부조선의 비무장 지대를 폭격하였다. 조선의 상황은 잘 모르지만, 이로 인해 긴장이 한층 고조되었다. 이러한 폭격이야말로 조선인에게 큰 사건으로 교훈이 되었다고 생각한다. 도쿄에 거주하는 조선인을 보면, 작년 7월 노구교에서 시작된 지나사변 발발 당시에는 망연자실하며 사변에 대한 인식이 부족하였다. 그러나 지나사변의 진전과 함께 점차 인식이 확대되었다. 특히 이번 장고봉 사건으로 재경 일반 조선인은 마음이 바뀌어 누구라도 '이거 큰일'이라며 진지하게 생각하게 되었다.

말할 필요도 없이 일반 조선 동포의 시국(사변)에 대한 인식이 깊어졌음은 분명하다. 이번 기회에 조선 동포는 한층 총후 국민으로서 운동에 힘써야 한다.

종래 내선일체라든가 내선융화라든가 하는 사업을 하고는 있었지만, 그 실적이 그다지 좋지는 않았다고 생각한다.

그러나 지나사변에서 다시 이번 장고봉 사건에 이르러, 우리도 내지인과 같은 마음이 되어 의욕이 넘치게 되었다. 당연히 일본이 패하면 조선도 망한다는 현실의 문제를 굳게 인식하여 진정으로 내선의 융화가 맺어질 것이다.

그저 형식에 그치는 운동은 필요하지 않다. 운운.

본적: 전남 강진군(康津郡) 도암면(道岩面) 덕년리(德年里)[332] 634

주소: 후카가와구(深川區) 히라히사초(平久町) 1-9, 박이섭(朴二燮) 댁

천정판 가공 직공, 송하진(宋河珍)

이번 일본·소련 양군이 장고봉에서 충돌한 사건은 소련이 불법적으로 월경한 것이다. 지금 일본군 때문에 함락하려는 한구 공격에 대한 소련의 견제이자 계획적인 방해 행위이다. 이는 현재 소련이 국내적으로 모든 정세 때문에 일본군과 싸우지 않는다는 입장에 있기 때문이다.

지나사변에서도 일본제국이 이미 발표한 성명과 같이, 영토적 야심이 추호도 없으며 진정으로 동양의 영원한 평화를 바라고 있다.

이러한 동양평화의 확립을 위해 지나는 물론 소련까지도 철저히 응징하지 않으면 진정한 평화는 도저히 바랄 수 없다. 이번 사건은 그저 지방적인 사건으로 해결하더라도, 언젠가는 개전할 할 시기가 올 것이다. 운운.

[제7보(1938.8.11.)]

「장고봉 사건에 대한 재경 조선인의 동정에 관한 건」

특내선 제2030호

1938년(昭和 13) 8월 11일

경시총감 아베 겐키(安部源基)

내무대신 스에쓰구 노부마사(末次信正) 귀하

조선총독부 경무국장 귀하

도쿄형사지방재판소 검사정 귀하

332 원문은 '德斗里'로 오기됨.

도쿄헌병대장	귀하
각 청·부·현 장관	귀하

장고봉 사건에 대한 재경 조선인의 동정에 관한 건(제7보)

표기 사건에 대해 재경 조선인은 계속 평온하여 특이한 언동이 보이지 않는다. 그러나 일부 조선인이 보여준 의향은 아래 기록과 같다. 소련은 지나에 대한 원조와 국내 숙정 공작에 이용하려는 것으로서 사건 불확대로 해결하려는 것이 대부분이다. 하지만 하급 노동자의 일부에서는, 연일에 걸친 소련기의 조선 내 폭격은 점점 사태를 악화시키고 있어 소련과 일본의 개전(開戰)은 필연적이며, 개전 초기에 도쿄가 첫 번째로 공습을 받을 것이기에 야마나시현(山梨縣)과 그 외 산악 혹은 농촌지방으로 이주해야 한다는 등의 얘기를 하고 있다는 소문이다. 동정을 계속 주시하는 중이다.

- 아래 -

내수연마지(耐水研磨紙) 제조업	선을(鮮乙)	김고봉(金高峰)
우유 배달	선갑(鮮甲)	주명호(朱明浩)
상애회(相愛會) 규슈총본부 회장		한경태(韓敬泰)
애드버타이저 사무원		이조영(李祚永)
메이지대(明大) 전문부 법과 1년생		이완수(李完洙)
교하마일선친목상조회(京濱日鮮親睦相助會) 총무		김작지(金作之)
신문 배달	선을	최윤호(崔倫瑚)
상조회(相助會) 회장		이기춘(李起春)
조리-오모테 직인(草履表職)		이오봉(李五鳳)
구두 직인(靴職)		차정남(車正楠)

위에서 언급한 통보이다.

본적: 경기도 연천군(漣川郡) 북면(北面) 삭녕정리(朔寧丁里) 274

주소: 오지구(王子區) 호리후네초(堀船町) 1초메 208

선을(鮮乙), 내수연마지(耐水硏磨紙) 제조업, 김고봉(金高峰)

당시 35세

소련군이 월경한 것은 한구 공략에 대한 일본군 세력을 흩뜨릴 목적으로 일어난 것이 틀림없다. 소련의 현재 국내 정세로 보아 더 이상 진격해오지는 않을 것이다. 우리 정부도 외교 공작으로 평화적으로 해결하려고 노력하고 있다. 가까운 시일 내에 원만하게 해결하겠지만, 사태를 경시해서는 안 된다. 외교교섭과 실력행사도 모두 힘이다. 일지사변도 제3기 전쟁으로 돌입하여 장기 항전이 된 오늘날, 국민은 더욱 긴장하며 총후를 굳게 지킬 필요가 있다.

본적: 평안북도 용천군(龍川郡) 양서면(楊西面) 동망동(東望東) 153

주소: 오지구(王子區) 가미주초(上十條町) 1592, 시노자키 도모노조(篠崎友之亟) 댁

선갑(鮮甲), 우유 배달, 주명호(朱明浩)

당시 34세

이번 소련·만주의 국경 문제는 종래에 종종 일어나던 문제가 보다 큰 사건으로 일어난 것에 지나지 않는다. 소련도 극동 대처를 위한 근거지로 블라디보스토크 방어를 강화하였다. 이에 대해 우리나라도 방어력을 확충하고 있다. 소련은 상당한 공포와 위협을 받고 있으며, 언젠가는 일본의 방비를 제압할 기회를 엿보고 있었다. 이러한 가운데 일지사변이 발발하자 장개석 정권의 몰락이 시간문제가 되었다. 오늘날 장 정권을 원조할 방침으로 장고봉 문제를 일으켰다. 철도 폭격을 한 것은 만주국에서 내지로의 물자 운송을 방해할 목적으로서, 이번 사건은 일석이조(一石二鳥)의 책략에서 나온 것이다. 현재의 국내 정세로 보아 소련은 더 이상 확대하지는 않을 것이지만, 장차 일본과 소련은 반드시 충돌하게 될 운명이다. 이럴 경우 조선반도가 공격을 받을 것은 명백하기 때문에 국민 일반은, 누구보다도 특히 반도인은 상당한 각오가 필요하다. 현재 시행하고 있는 징병지원제도를 모든 병사로 확대하여 조선에 대한 방비 강화를 계획해주기 바란다.

본적: 경기도 경성부 죽첨정(竹添町) 3-41

주소: 오지구(王子區) 오지마치(王子町) 1270, 하미즈소(葉水莊) 내

상애회(相愛會) 규슈총본부(九州總本部) 회장, 한경태(韓敬泰)

당시 54세

장고봉 사건은 종래부터 반드시 일어날 운명이었는데, 일지사변을 계기로 발생하였다. 고성(古城)과 철도 폭격 등으로 인해 특히 반도인은 전율을 느끼고 있으므로 하루속히 해결하기를 기도한다. 게다가 불행하게도 전쟁이 시작되면, 반도인은 제일선에 서지는 못하지만, 그 총후의 수호는 물론 탄약과 식량 운반에 종사하며 후방부대로서 크게 활약할 각오가 되어 있다.

본적: 함경남도 북청군(北青郡) 북청면(北青面) 신북청리(新北青里)

주소: 아카사카구(赤坂區) 레이난자카마치(靈南坂町) 13, A. R. 카스트 댁

선을, 애드버타이저 사무원, 이조영(李祚永)

장고봉 사건은 소련이 장개석을 원조하는 정책이다. 이번 월경 사건은 조선인도 간파하지 못한 불법행위임은 말할 필요도 없다. 특히 조선 내 고성(古城)이 폭격당하여 상당한 피해를 입은 것에 대해 북부조선 주민의 공포심과 분노는 전 조선으로 확대되고 있다. 이 사건은 소련이 자신들이 강하다는 것을 보여주기 위한 공작으로서, 전쟁을 일으킬 의지가 있는 것은 아니다. 특히 현재 스탈린은 국내 숙청으로 분주하여 일본과의 전쟁을 바라지 않는다. 우리나라도 사건 불확대 방침을 취하고 있으므로 이대로 수습될 것이다. 포악한 소련의 행동에 대해서는 조금도 방심할 수 없다.

만약 앞으로 소련이 계속 불법적인 사건을 일으킨다면 단호히 싸워야 할 것이다. 전쟁이 일어난다면,

첫째, 조선이 전쟁터가 될 것이며 피해도 매우 클 것이다. 어쨌거나 소련과의 전쟁은 숙명적이기 때문에 우리나라도 일지사변 해결 후 서서히 응징에 나서야 할 것이다. 지금 여기에서 일·소전이 일어나더라도 우리나라로서는 곤란한 일이 없겠지만, 다수의 희생자가 나오는 것은 상상하지 않으면 안 된다.

둘째, 소련의 불법행위에 대하여 반도인 전체가 분노하는 것은 물론이며, 최대한 일본군을 원조한다. 특히 만주사변 이래 민족주의를 말하던 이들도 시대의 변천에 따라 애국주의를 강조하고, 일본이 문화적으로 경제적으로 발전하면 조선 역시 발전해갈 것이다. 운운.

본적: 충청남도 공주군(公州郡) 신상면(新上面) 유구리(維鳩里)

주소: 아카사카구(赤坂區) 오모테마치(表町) 1-9, 요시하라(吉原) 댁

메이지대(明大) 전문부(專門部) 1년생, 이완수(李完洙)

장고봉 사건은 소련의 불법 월경에서 일어난 것으로 우리 조선인은 특히 관심을 가지지 않을 수 없다. 왜냐하면 조선은 직접 소련과 국경을 접하고 있으며 앞으로 또 소련이 불법 월경을 하면 직접적인 영향이 있기 때문이다. 교활한 소련이기에 조금도 방심해서는 안 된다. 최근 소련의 국내 사정으로 보아 전쟁을 일으킬 수 있을 정도의 나라는 아니다. 또 지나를 지원하거나 종종 강한 척하지만, 이는 소련의 독특한 허세에 지나지 않는다. 그러나 우리는 항상 소련을 엄중 감시하고 경계해야 한다.

다음으로 조선은 옛날과 달리 특히 일지사변 이래 국가 관념이 강해졌다. 헌금이나 그 밖의 시설을 만들어 젊은이도 늙은이도 모두 애국행진곡을 노래하니, 우리 재경 조선인도 기뻐할 만한 현상이라고 생각한다. 운운.

본적: 경상남도 부산부(釜山府) 곡정(谷町) 2-170

주소: 오모리구(大森區) 오모리(大森) 6초메 2870

교하마일선친목상조회(京濱日鮮親睦相助會) 총무, 자전거상, 김작지(金作之)

1896년 9월 30일생

장고봉 사건 때문에 조선 내 폭격을 시작했다고 한다. 우리는 상세히는 알지 못하므로 뭐라 말할 수는 없지만, 큰일은 아닐 것이라 생각한다. 특히 세계에 자랑하는 일본군이 앞장서 있기 때문에, 일부 폭격이 있더라도 문제없다.

이번 사건은 소비에트 내부의 일로서, 극동이 어수선하니까 결국은 저들 동지끼리 전쟁을

하고 있는 것 같다는 생각이 든다. 그러므로 스탈린 몰락의 첫걸음임에 틀림없다. 일지사변 이래 조선인도 비상시를 인식하여 대범하게 대처할 것이다. 한편 일본은 1년여 동안 전쟁하고 있지만, 우리 생활에는 당장의 지장은 없다. 매우 고마운 일이다.

밖에서는 전쟁하고 있어도 내부에서는 일본이 가장 평화로운 나라라고 생각한다. 감사할 따름이다.

본적: 전남 광주군(光州郡) 광주읍(光州邑) 양림리(楊林里) 574

주소: 오모리구(大森區) 마고메히가시(馬込東) 2-1076

신문 배달인, 선을, 최윤호(崔倫瑚)

1912년 3월 1일생

소련·만주 국경에 있는 장고봉 부근에서 일본과 소련이 충돌하고 있지만, 국경 문제는 필연적으로 일어날 것이 일어났다고 생각한다. 서구에서도 국경 문제에 대한 싸움이 끊이지 않는다. 그래서 이번 사건이 일어났더라도 놀랄 정도는 아니다. 소련의 진의(眞意)는 어디에 있는가. 우리에게는 단정할 만한 지식이 없고 또 현지의 상황도 잘 알지 못하지만, 결국 소련은 일본과 개전할 의지는 없으며 단순히 일지사변에 대한 견제책이라고 생각하며 웃어넘길 정도라고 생각한다.

하지만 조선 내를 폭격한 것은 매우 분개할 일이다. 나는 전쟁을 좋아하지 않지만, 상대방이 어떻게 나오느냐에 따라 단호하게 대처하지 않으면 안 된다. 나도 나이가 젊다면 지원병이 되어 일본을 위해 크게 분투해보고 싶다.

본적: 경남 진주(晉州) 진주읍(晉州邑) 일출정(日出町) 137

주소: 오모리구(大森區) 마고메히가시(馬込東) 4-188

상조회(相助會) 회장, 이기춘(李起春)

1886년 8월 20일생

이번 사건과 멀리 떨어져 있어서 상세한 것은 알 수 없다. 다만 신문지상으로 보면 조선에도 폭탄을 투하하였다니, 참으로 괘씸한 일이다. 우리 남부조선 사람과는 달리, 사건이 일어난 북부조선 지방 사람들은 예로부터 완강한 성격을 가진 자가 많으므로 그 지방에서는 상당히 분노하고 있을 것이라고 생각한다.

조선인은 그들에게 학대받은 일이 과거에도 여러 차례 있었다. 소련 영토 내에 거주하는 조선인 공산당원은 괜찮았지만, 돈을 벌어서 조선으로 돌아가려는 자에게 특히 심했다. 살인 강도라도 되는 듯 그들은 대대적으로 추방당해야 했다.

그러나 소련의 내부 사정으로는 일본과 전쟁을 할 수 없으며 또 일본의 적도 아니기 때문에 소련만 대화가 된다면 이성적으로 사건이 해결될 것이다. 평화적으로 해결되어 일본의 주장이 통한다면 다행이다. 우리 회원도 일지사변 이래 금주(禁酒), 절주(節酒)하며 각자의 일에 열중하고, 일본인으로서 노력하고 있다.

본적: 충북 진천(鎭川) 덕산면(德山面) 구산리(九山里) 412

주소: 아사쿠사구(淺草區) 하나카와도(花川戶) 1-11-2

조리-오모테 직인(草履表職), 이오봉(李五鳳)

이번 장고봉 사건은 일지사변에서의 한구 공략에 대한 러시아의 견제책이라 여겨진다. 현재 러시아 국내에 숙정 사건이 일어나 상당한 내홍(內訌)이 있다고 하므로, 일본과 전쟁할 수는 없을 것이다. 게다가 이번 사건으로 생각할 수 있는 것은 만주국의 군비(軍備)이다. 특히 국경 경비(警備)는 늘 충돌하므로 소련에 대한 방비를 완전하게 해야 한다.

특히 소련의 공군이 조선 영토를 폭격한 것에 대해서는 조선 동포가 모두 각자 감정이 깊어지지 않을까 생각한다. 운운.

본적: 경성부 누상정(樓上町) 36

주소: 아사쿠사구(淺草區) 쇼텐초(聖天町) 64

구두 직인(靴職), 차정남(車正楠)

소련군의 장고봉 불법 월경 사건은 상당히 확대되었지만, 원래 소련과 만주의 국경 분쟁은 거의 1년 내내 있었기 때문에 러시아가 일본을 압박하는 수단이었을 것이다. 그런데 이번 사건은 상당히 장기화될 것이다. 요컨대 지나에 대한 원조 방법의 하나로서, 황군의 한구 공략을 앞둔 견제책으로 보인다. 그렇다면 러시아는 전쟁을 일으킬 의도가 없으며 지나 원조를 드러내는 시위적인 행동이 아닐까. 운운.

[제8보(1938.8.15.)]
「장고봉 사건에 대한 재경 조선인의 동정에 관한 건」

특내선 제2055호

1938년(昭和13) 8월 15일

경시총감 아베 겐키(安部源基)

내무대신 스에쓰구 노부마사(末次信正)	귀하
조선총독부 경무국장	귀하
도쿄형사지방재판소 검사정	귀하
도쿄헌병대장	귀하
각 청·부·현 장관	귀하

장고봉 사건에 대한 재경 조선인의 동정에 관한 건(제8보)

표기 사건에 대한 재경 조선인의 동정에 관해서는 상세한 보고와 같이 지극히 평온하여 특이한 언동 없이 경과하였다. 이번 정전협정(停戰協定) 성립에 관해서도 아무런 특이한 언동이 보이지 않았는데, 정전협정 성립에 대해 일부 조선인이 보여준 의향은 아래 기록한 바와 같다. 결국 본 협정이 성립한 것은 제국의 국위(國威) 덕분이므로 감사할 따름이며, 내선일체, 총후의 활동에 더욱 매진해야 할 것이다 등이다. 계속해서 동정을 주의하고 중이다.

위에 언급한 통보이다.

본적: 경상남도 창녕군(昌寧郡) 창녕면(昌寧面) 교상동(橋上洞) 62

주소: 가마타구(蒲田區) 나카가마타(仲蒲田) 1초메 12-1

특요선을(特要鮮乙), 하윤도(河允道)

소련은 내부 사정을 고려하더라도 사건을 더 이상 확대할 의지는 없는 듯하다. 하지만 일본과 소련은 조만간 교전하지 않으면 안 될 운명이기 때문에 일본은 이번 기회에 철저하게 응징할 필요가 있다. 류시코프 대장이 내부 사정을 폭로함으로써 극동군의 배치 준비 상황 등을 알 수 있었다. 또 이는 단순히 풍문에 지나지 않는다고 생각하는데, 소련에서는 예·후비(豫後備) 군인에게는 전혀 무기를 제공하지 않았다는 것이다. 만약 그들에게 무기를 제공하면 그 무기는 곧바로 스탈린에게 향하게 될 것이기 때문이다. 일·소 개전은 지금 말고는 없다고 생각한다. 조선에서 온 여러 친구와 이야기한 적이 있는데, 대체로 나와 같은 생각을 하고 있었다. 조선 내의 인심도 아주 평온한데, 이는 그들이 어디까지나 일본 군대의 강함을 믿고 있기 때문으로서, 나도 마땅히 함께 매우 기뻐하고 있다. 시게미쓰(重光)와 리트비노프의 제3차 회견으로 정전협정이 성립될 것 같다. 소련은 국경선이 상당히 길고 내부 사정도 사정이니만큼 장래의 성행(成行)에는 나도 큰 관심을 가지고 있다.

본적: 전라북도 금산군(錦山郡) 복수면(福壽面) 구례리(九禮里)

주소: 아라카와구(荒川區) 미나미센주초(南千住町) 6-138, 오만돌(吳晚乭) 댁

점원, 조익수(趙翼壽)

당시 25세

우리는 매일 일에 쫓겨 신문을 자세하게 읽을 여유가 없어서, 이번 사건에 대해 깊이 생각해보지 않았다. 하지만 우리 군이 용맹하고 과감한 행동과 적절한 외교 절충으로 정전협정이 이루어져 평화로 복귀하는 것은 국위(國威)가 그렇게 만든 것이다. 조선인으로서 이보다 더

행복한 일은 없다.

과거 1년 남짓 걸친 일지사변 및 이번 장고봉 사건을 통해, 생각건대 조선인 일반은 확실히 종래 마음 밑바닥에 다소 잠재하고 있던 민족의식이나 차별 취급으로 인한 이른바 편협한 불평불만의 기분을 청산하여 내지인과 마찬가지로 도량(襟度) 있게 생활해가고 있다는 사고가 농후해졌다고 생각한다.

물론 초비상시에 모두 전쟁의 목적 수행을 위해 동원되고 있을 때에 국내의 인심이 동일한 방향으로 통일되는 것은 자연스러운 일이다. 또 당연한 것이지만, 특히 우리 내선인(內鮮人)[333] 이상으로 본적지에 거주하는 조선인이 총후의 수호를 강화하고 있다는 점에 대해 진정으로 마음이 든든하다. 일본 군대가 조선을 통과할 때 20리나 30리 떨어진 벽지에서도 면장이 마을 주민을 인솔하여 환송하였다. 지난날 우리는 일본인이 아니니까 일본어를 배울 필요가 없다고 강경하게 반항했던 자도 솔선하여 참가하거나, 혹은 군마(軍馬)의 양식으로 헌납할 곡물을 건조하기 위해 자신들의 난방용이던 온돌을 사용하여 추운 야외에서 천막을 치고 취침하는 등 진심을 여실히 보여주고 있다. 요컨대 이러한 현상은, 물론 사변의 결과에 따른 것이겠지만, 조선인 일반이 과거는 물론 현재에도 지극히 극소 일부를 제외하고는 진정한 내선일여(內鮮一如)를 희망함과 동시에 성심껏 적극적인 행동에 나섰다는 것이다. 과거 조선 민족의 독립 혹은 일본의 정치에서 이탈하여 적절한 다른 나라와 병합하려 한 것은, 일본이 동아의 맹주로서 오늘날 조선인에게 행복을 가져다주지 않을 뿐 아니라 불행을 초래할 것이라고 믿었기 때문이었다. 정의로운 일본을 점점 신뢰하고 그렇게 함으로써 내선융화도 철저해져 서로 명랑하고 행복한 생활을 할 수 있을 것이다. 이러한 의미에서 이번 사변은 적절한 기회라고 여겨진다.

333 여기서는 내지에 있는 조선인을 가리키는 것으로 보임.

본적: 경상남도[334] 밀양군(密陽郡) 밀양읍(密陽邑) 교동리(校洞里)

주소: 혼고구(本郷區) 고마고메도자카초(駒込動坂町) 68, 후지노(藤野) 댁

선공을(鮮共乙), 손윤현(孫允鉉)

당시 41세

장고봉 사건을 발단으로 소련군은 조선 내 고성(古城) 및 일부 철도를 폭격하였다고 한다. 우리는 그 원인과 목적에 대해 알 수 없지만, 반도인은 소련에 상당한 적개심을 키워왔다. 현재 반도인은 소수 불령분자를 제외하고는 모두 현 통치로 인한 행복을 매우 반기고 있다. 특히 지식계급 방면에서는 지나사변에 대해서도 우리 일본을 위해 나아가 총후의 후원에 여러 가지로 애쓰는 모습인데, 동시에 이는 우리 반도인의 행복을 위한 것이라는 정도의 인식은 도민(島民)도 잘 알고 있다. 따라서 이번 소련의 불법행위를 한층 더 증오한다고 생각한다. 어제 있었던 보도에 의하면, 일본과 소련이 정전협정이 성립되었다고 들었다. 지난날 폭격에 의한 조선인의 공포를 일소하고 우리 정부의 위력으로 불안을 떨쳐냈음을 잘 알 수 있다. 앞으로 더욱더 우리 반도인은 현 통치의 은택(恩澤)을 깊이 감사할 것이다. 나는 원래 공산주의 관계자로서 취조를 받은 적이 있다. 그 당시에도 나 자신의 신념은 결코 그러한 사상이 아니었는데, 그때 주변 분위기로 그렇게 보여서 취조를 받은 것이었고, 결국 사실은 그렇지 않음이 판명되어 최종 석방되었다. 이에 대해 나는 조금도 불만이 없다. 오히려 취조 결과 내가 그러한 사상의 소유자가 아니라는 것이 석방으로 입증되었다고 생각한다. 나는 기꺼이 오늘날 업무에 유쾌하게 열심히 노력하고 있다.

나로서는 지나사변이나 소련의 불법행위 문제에 대한 반도인의 진정한 생각, 즉 대외적으로는 내지인과 동일한 의사와 마음가짐, 그리고 아울러 현 조선 통치를 매우 감사하고 있다는 마음을 널리 내지인에게도 알리고 싶다. 운운.

---

334 원문은 '平安南道'로 오기되어 있음.

<자료 32>

「씨 창설에 대한 언동 조사」[335]

(조선총독부 경무국 보안과, 1940. 3.)

1939년(昭和 14) 11월 10일 「조선민사령(朝鮮民事令)」 개정에 따라 조선인에 대해서도 내지인(內地人) 식의 창정(創定)[336]을 인정받아, 1940년 2월 11일부터 시행되었다. 본 제도는 내선일체(內鮮一體)를 강화하기 위한 일시동인(一視同仁)의 성스러운 취지에 바탕을 둔 인정(仁政)이며, 최근 조선인의 황국신민화가 두드러지게 구현되고 있는 때마침 획기적인 일대 선정(善政)으로서 구체적으로 내선일체 구현의 길을 개척한 것이다. 미리부터 이를 요망해온 의향으로서는 우리의 뜻을 이루었다며 매우 환영하고 있다. 2월 11일 신고가 시작되자 솔선하여 창씨개명의 수속을 이행하여, 같은 달 말까지 계출(屆出)[337]하여 수리(受理)된 호수(戶數)는 1만 9,633호, 그 가족 수는 13만 1,939명에 이른다. 한편 본 제도에 대해 아무런 관심이 없거나 그 취지를 오해하여 반대적인 언동을 함부로 지껄이는 자도 있다. 이미 본 제도가 발표되어 5개월이나 지난 오늘날 더욱 찬반양론이 시끄러워 이러한 자취가 끊이지 않고 있다. 이러한 오해 또는 반대 언동을 하는 자에 대해서는 조선인에 대한 은전적(恩典的) 제도인 이유를 설명하여 오해를 일소하고, 일반 민중의 계몽에 대해 각 관계 방면과 밀접한 연락을 유지하여 취지를 철저히 알리도록 노력하고 있는 상황이다. 본 제도에 대한 주요한 언동을 들어보면 다음과 같다.

---

335 「氏創設に對する言動調」, 『高等外事月報』 제8호, 1940.3, 朝鮮總督府 警務局 保安課, 26~30쪽.

336 창정(創定): 전에 없던 것을 처음으로 정하는 것. 창씨개명 당시 '씨 창정'이라는 표현으로 많이 사용되었다.

337 계출(屆出): 국민이 법령의 규정에 따라 행정 관청에 일정한 사실을 진술하고 신고하는 것. 당시 창씨개명을 하기 위해서는 반드시 「창씨계(創氏屆)」를 제출해야만 했다.

1. 찬성을 나타낸 언동

1) 강원도, 소학교 훈도(訓導)

이번「조선민사령」개정으로 인한 '씨(氏)'의 설립은「교육령(教育令)」개정과 지원병제도와 함께 실로 내선일체의 정화라고 말할 수 있다. 홍대무변(鴻大無邊)[338]한 성은(聖恩)에 대해 오직 황공스럽고 감격할 따름이다. 이와 동시에 총독 각하의 영단에 대해 심심한 감사의 뜻을 바치는 바이다.

2) 경상북도, 한 유식자(有識者)

창씨제도의 실시로 자연스럽게 내선인(內鮮人)의 결혼이 증가함에 따라 민족의식 등도 점차 소멸되어, 반도인(半島人)을 황국신민화(皇國臣民化)하는 데 예상 이상의 효과를 가져올 것으로 여겨진다.

3) 경상북도, 전 면장(面長)

본 제도가 충분히 운용되려면 먼저 민중의 지도적 처지에 있는 관공서의 관리가 솔선수범하지 않으면 도저히 안 된다. 6개월의 단기간에 충분하게 취지를 살려 철저히 해야 한다.

4) 경상북도, 주의자(主義者)

우리 사상보국연맹원(思想報國聯盟員)은 자신만이 황국신민이 되는 것뿐만 아니라 적극적으로 일반 민중을 이끌어 도와주지 않으면 안 된다. 이번에 반도인의 내지식 씨 설정에 대해서도 쓸데없이 주저하거나 망설임 없이 솔선하여 이를 단행해야 한다.

---

338 홍대무변(鴻大無邊): 크고 원대하여 끝이 없음.

5) 전라남도, 모 변호사

창씨제도는 지원병, 교학쇄신(教學刷新)과 함께 역사적인 큰 결단으로, 내선일체의 견지에서 기뻐하고 축하하지 않을 수 없다. 하지만 이를 실행하여 보편화하기까지는 상당한 세월이 필요할 것이다.

6) 전라남도, 주의자

이번 창씨제도는 반도 통치사상 불멸의 금자탑이라고도 볼 수 있는 것으로, 미나미(南) 총독의 크나큰 영단에 대하여 반도의 모든 동포는 감격하는 바이다. 하지만 그 수속이 번거로울 뿐만 아니라, 씨 설정 후 명의 변경 등 이에 상당한 경비를 필요로 하기 때문에, 당국이 예정한 것처럼 다수의 창씨자는 없을 것이다.

7) 평안북도, 예수교 장로

조선에서 창씨제도의 시행은 우리가 기다리고 바라던 바이다. 마침내 황국신민으로서 진정한 내선일체의 구현을 기할 수 있기를 바라며, 당국의 노고에 감사한다.

8) 경기도, 주의자

씨 설립제도에 대해 두 손을 들어 찬성을 표한다. 총독 정치에 감사한다.

2. 반대적 언동

1) 경상북도, 모 면장

조선인이 내지식 씨를 설립할 수 있게 된 것은 동조동근(同祖同根)의 양 민족을 통합시키는 데 있어 가장 필요한 조치라 하더라도, 다만 반도인의 내지 전적(轉籍)을 인정하지 않은 것은 유감이다.

2) 경상북도, 양반 유생(儒生)

우리 양반 유생은 지금이야 피폐해졌지만, 일찍이 조선 사회에서는 상류계급에 속했고 풍속·언어 등에서도 취할 점이 있어서 우월적 처지에 있었다. 금후 내지식으로 씨를 창정하면 양반과 상민의 신분적 구분이 되지 않고, 우리는 우월적 지위와 명성이 실추되어 사회의 혼란을 초래할 것이다.

3) 경상북도, 양반 유생

이번에 조선인도 내지인과 같은 씨명(氏名)을 갖게 되었지만, 우리는 그럴 필요가 있는지 모르겠다. 만약 창씨를 하면 훗날 누구의 자손인지 알 수 없게 되는 것이 아닌가. 규칙에 따라 강제적으로 한다면 할 수 없지만, 그렇지 않다면 고치는 것 등은 고려하지 않는다.

4) 전라북도, 전 평의원(評議員)

창씨제도는 내선일체 구현에 크게 이바지한다고 생각되지만, 호적부(戶籍簿)에 본관이 존속하는 것은 달갑지 않다. 따라서 이성양자(異姓養子)[339], 서양자(婿養子)[340], 연조(緣組)[341] 등은 여전히 이를 피해야 한다. 이렇게 해서는 아무런 의의가 없으며, 본 제도의 취지에도 부합하지 않을 것이다.

5) 진라북도, 모 금융조합 이사

조선인의 창씨에 의해 내지인으로 가장하는 조선인이 증가하게 되어, 도리어 내지인의 감정을 해치고 내선일체를 저해하는 결과가 될 것이다.

6) 전라남도, 모 신문지국장

양반 유생 등 이른바 구관(舊慣)을 굳게 지키고 있는 자가 본 제도를 하나의 웃음거리로 치부하고 있는 상황을 보더라도, 효과는 극히 적을 것이다.

---

339 이성양자(異姓養子): 부모의 성과 다른 양자, 즉 동성동본의 혈족이 아닌 양자.

340 서양자(婿養子): 사위를 삼을 목적으로 입양시키는 양자. 일종의 데릴사위.

341 연조(緣組, えんぐみ): 양자·양녀 따위를 맺는 일. 특히 양자 결연.

7) 충청남도, 농업 종사자

내선일체는 씨의 설정보다도 내지인의 차별대우를 근본에서부터 철폐하는 데 있다. 가령 본 제도를 시행한 후라고 하더라도 조선인은 내지에 본적을 두는 것은 불가능하므로 매우 어려운 문제이다. 게다가 당국은 겉으로 형식적인 개정을 하기보다는 실질적인 차별을 철폐하여 진정으로 일체가 되는 대책을 마련해야 한다.

8) 충청남도, 주의자

창씨를 해도 조선인은 조선인이다. 내선일체의 진정한 제도가 언제나 제정될지 알고 싶다.

9) 충청남도, 모 변호사

내지로 건너간 조선인은 현재 내지 이름을 사용하고, 내지에서 출생한 아들은 내지인이라고 생각한다. 소학교 입학 때 처음으로 자기가 조선인이라는 것을 알 정도이기 때문에, 창씨는 강제로 하지 말고 각자 자유에 맡겨야 한다.

10) 전라북도, 양반

내지식의 창씨는 유서 깊은 가문인 우리로서는 조상의 공로를 모독하는 것 같아 참기 어려운 고통이다.

11) 경기도, 사설 학술강습회 강사

창씨를 하는 것은 전과자(前科者)뿐이다. 우리는 전과가 없으므로 창씨할 필요가 없다.

12) 평안북도, 모 도의원(道議)

내선일체는 형식 여하에 의한 것이 아니라 마음에서부터 시작해야 하는 것이라면, 창씨제도와 같이 형식적인 데 구애받지 말고 하루빨리 의무교육제도를 실현하여 반도 민중을 지도해야 한다.

13) 경기도, 모 부회(府會) 의원

조선인이 창씨하더라도 내지인과 동일한 대우를 받을 리가 없기 때문에 변하는 것은 아무것도 없다. 혹시 동족동문(同族同門)이 창씨하더라도 나는 그럴 의사가 털끝만큼도 없다.

14) 경기도, 유생

씨의 설정은 당국의 방침이다. 그러므로 이를 실시하지 않을 때는 얼마나 배일적(排日的)으로 민족의식이 농후해질지, 경찰 당국의 오해를 초래할 우려가 있다.

15) 경기도, 양반

성을 대대로 자손에게 전하여 비로소 혈통을 온전하게 하는 것이다. 옛말에도 성을 갈면 노예보다 못하다는 말이 있다. 그래서 나는 목숨이 있는 한 성을 변경할 뜻이 없다.

16) 함경북도

우리와 같이 국어(國語)[342]를 모르는 자는 내지식 씨명으로 개정할 필요도 모르겠다.

17) 강원도, 모 상점 주인

정신적 결합에 의한 내선일체는 기대하지만, 씨 설정 등은 필요성을 인정하지 않는다. 진정한 내선일체화는 관리 차별대우 개선, 도항(渡航) 제한 철폐가 선결되어야 한다.

3. 유언비어(流言蜚語)

1) 경상북도 성주군(星州郡)

조선인도 씨를 설정할 수 있게 되었지만 이성(李姓)은 본관이 어디든 상관없이 바꾸지 않아도 좋다. 게다가 바꿀지 아닐지 취사(取捨)할 권리는 절대 자유이며, 아무런 간섭을 받지 않는다. 왜냐하면 왕년의 조선 국왕 이조(李朝)가 이성(李姓)이기 때문이다. 운운.

342 일본어를 말함.

2) 평안북도

씨 설정 기간 중에 계출하지 않은 자에게는 강제적으로 계출하도록 결정한다고 한다.

3) 함경남도

이번에 조선인에게 창씨를 인정한 최대 원인은 내지인과 같은 씨명(氏名)으로 하여 조선인에게 「징병령(徵兵令)」을 적용하려는 편법이라고 생각한다. 운운.

4) 함경남도

올봄에 조선인으로서 소학교에 입학하려는 자는 창씨를 하지 않으면 입학할 수 없다고 하는데, 만약 그것이 사실이라면 상당한 분란이 생길 것이다.

5) 경상남도

내지 재주 조선인은 이왕(李王) 전하의 씨 설정 후에 계출하려는 자가 현재 대기 중인데, 조선에서는 이러한 현상이 없는 것이 신기하다. 운운

6) 함경북도 재류 지나인 사이에 유포

이번 조선인의 씨제도는 조선을 실질적으로 일본 내지화하고, 나아가 만주를 병합하여 북지(北支)를 제2의 만주국으로 만들려는 전제이다. 운운.

<자료 33>

「최근 농촌 민중의 동향」[343]

(조선총독부 경무국 보안과, 1940. 7.)

최근 경기도와 경상남도 관할 내 전반에 걸쳐 실시된 시국좌담회에서 나타난 주된 질의사항을 종합하여 크게 구분해보면, 별지와 같이 시국에 관한 것은 극히 적어서 대부분은 농사에 관한 것, 식량에 관한 것, 혹은 물자 수급 및 물가 문제에 관한 것 등이 대부분을 차지하고 있는 정황이다. 이에 따르면 농촌의 민중은 시국에 대해서는 거의 관심이 없으며 생활에 당면한 문제에 몰두하고 있는 것처럼 보이는데, 처음부터 현 시국에서 그들의 욕구를 충족시키는 것은 매우 어렵다. 이미 물자 수급과 물가 등의 여러 문제, 특히 식량 부족을 외치고 있는 오늘날, 비료 문제와 같은 것은 단지 농촌 민중의 개인적인 이해관계에 그치지 않으므로 가급적 선처가 필요하다고 인정된다.

〈경기도〉

농사에 관한 것

1. 미곡 증산에는 비료 배급이 가장 필요한데, 앞으로 배급의 전망이 있는가.
2. 금융조합, 농회(農會), 상점 등에서 비료 배급이 공평하지 않은데, 이를 통할(統轄) 배급할 방법은 없는가.
3. 비료 대금은 가을에 지불했으면 한다.

343 「最近に於ける農村民衆の動向」, 『高等外事月報』 제12호, 1940.7, 朝鮮總督府 警務局 保安課, 22~26쪽.

4. 비료 배급을 원활히 했으면 한다.

5. 비료는 원하는 대로 배급되었으면 한다.

6. 비료가 부족해서 곤란한데, 어떻게 하면 좋은가.

7. 비료 배급을 충분하게 할 수는 없는가.

8. 미곡 증산을 독려 중인데, 비료 배급에 당국은 성산(成算)이 있는가.

9. 비료는 있는지 없는지, 혹은 배급은 할 수 있는가.

10. 비료는 고가(高價)니까 녹비(綠肥)[344]를 자유롭게 채취할 수 있도록 당국에 선처를 바란다.

11. 비료 부족으로 농민은 애태우고 있는데, 이에 대한 대책은 있는가.

12. 쌀 증산에 필요한 비료는 신청의 몇 할을 배급할 수 있는가.

13. 수리조합(水利組合)의 확장을 바란다.

14. 축우(畜牛) 사료가 부족하여 곤란하다.

15. 집단 못자리(苗代)가 지연될 경우는 어떻게 해야 하는가.

16. 못자리는 적당한 땅이 있어도 지주가 승낙하지 않는 경우가 있다고 생각하는데, 어찌 할까.

17. 강우(降雨)가 적어서 아직 못자리를 설치하지 못하고 있는데, 대책은 있는가.

18. 부업으로 하고 있는 꽃바구니[花籠]의 판로[販路]를 북지(北支), 만주 방면으로 확장하려는데, 어떠한가.

19. 못자리에 관개(灌漑)할 물의 분배 방법을 생각해보는 것이 어떠한가.

20. 농번기에는 근로보국(勤勞報國)의 출동을 중지할 수는 없는가.

식량에 관한 것

1. 쌀은 전선적(全鮮的)으로 보아 절대 부족하지 않은가.

2. 시골에서는 쌀만 먹고 있는 것처럼 당국에서는 오해하고 있지 않은가.

3. 보리만 배급하지 말고 쌀도 많이 배급하기를 바란다.

4. 식량부족으로 여겨지는데, 올봄 춘궁기를 어떻게 넘겨야 하는가.

---

344 녹비(綠肥): 생풀이나 생잎으로 만든, 충분히 썩지 않은 거름.

5. 잡곡이 쌀보다 비교적 고가인데, 어떠한가.

6. 쌀 부족에 대한 보충은 충분한가.

7. 쌀 배급제도는 앞으로도 계속되는가.

8. 지난번 호별(戶別)로 미곡 조사를 했는데, 면(面) 내의 배급을 위한 것인가, 아니면 면 밖으로 반출하기 위한 것인가.

9. 면 내에서 갹출할 미곡은 면 내의 이재민에게 배급하는 것이 어떠한가.

10. 올해 풍작이 되면 배급제도는 정지하는가.

11. 식량 증산 방법의 한 계책으로 임야의 개간 허가를 지금보다 좀 더 완화할 수는 없는가.

12. 우리 군(郡)이 미곡이 부족한 현재 타 관내로 반출하는 것은 불합리하다.

13. 지난번에 미곡 매상(買上)을 했는데, 어떤 표준으로 이루어졌는가.

14. 미곡이 부족한 오늘날 술 양조를 전국적으로 폐지하는 것이 어떠한가.

15. 앞으로 면에서 잡곡을 배급하는가.

16. 생산자인 농민에게는 잡곡만 배급하고 백미(白米)는 왜 배급하지 않는가.

17. 면 내에서 공출하는 쌀값보다 구입하는 보리가 비싼 것은 어떤 이유인가.

18. 보리 가격보다 쌀 가격이 싼 것은 왜인가.

19. 춘궁기의 식량은 충분한가.

20. 하루 1인당 3홉(合)[345]의 비율로 식량을 배급하고 있는데 근거는 무엇인가.

21. 반미(飯米)의 공출을 위해 그 대금은 경성(京城)의 공정가격에서 제반 운임 비용을 공제한 금액을 받고 있는 데 반해, 잡곡은 인천(仁川)의 공정가격에 제반 운임 비용을 더하여 대금을 지불하고 있는 실정인데, 그 이유는 무엇인가.

22. 설탕이 부족한데 보충할 수 있는가.

---

345 1홉은 1되의 10분의 1.

물자 및 물가 문제에 관한 것

1. 어째서 광목(廣木) 및 세탁비누의 배급은 원활하지 않은가.
2. 원활하지 않은 광목 구매의 완화책을 바란다.
3. 광목, 작업화[地下足袋]의 배급은 앞으로 없는가.
4. 작업화 및 고무신의 품질이 향상되었으면 한다.
5. 의복용 광목도 배급제를 했으면 한다.
6. 농민은 광목이 없으면 작업하기 어려우니 어찌하면 좋은가?
7. 광목은 앞으로 절대 배급하지 않는가.
8. 고무신의 배급제도를 강화했으면 한다.
9. 고무신이 부족한 것은 어떤 이유인가.
10. 물가가 등귀(騰貴)하는 원인은 무엇인가.
11. 현재 모든 물자는 부족한 상태인데, 진정 물자가 결핍해서인가.
12. 공정가격은 앞으로 계속 변경될 것인가.
13. 종래에 어렵지 않게 물자를 입수할 수 있었는데도 불구하고, 어째서 부족한가.
14. 물가의 등귀에 어떻게 대처해야 하는가.
15. 공정가격은 앞으로 지속되는가.
16. 각종 물가는 오르고 가마니의 원료도 오르는데, 가마니 가격을 올리지 않는 것은 어째서인가.
17. 일반 물가는 언제 복구되는가.
18. 현재 고무신, 운동화 등은 물품 부족으로 구입에 상당한 고심(苦心)을 하게 되는데, 이번 기회에 농촌 사람은 일제히 짚신(草鞋)을 신도록 통제 지시하면 어떠한가.

시국에 관한 것

1. 구주전(歐洲戰)이 우리나라에 미칠 영향
2. 지나(支那) 중앙정권과 장개석(蔣介石)의 관계
3. 지나 중앙정부의 지역은 어디인가.
4. 지나사변(支那事變)은 향후 몇 년이 걸릴까.

5. 정부는 연 40억의 수입이 있다고 들었는데, 예산은 103억에 이른다. 이를 어떻게 하는가.
6. 왕정위(汪精衛)[346] 정부의 성립 월일(月日)은 언제인가.
7. 새로운 중앙정부의 주석은 누가 될 것인가.
8. 지원병을 5,000명 채용한다는데, 사실인가.

기타

1. 근로보국은 철도 공사에 나가지 말고, 면 내의 가뭄 피해 구제 공사에 나갔으면 한다.
2. 세금을 면제하거나 아니면 납부 기간을 연기했으면 한다.
3. 창씨(創氏) 설정의 이유.
4. 올해는 구제 공사가 없는가.
5. 올해 만주 이민은 몇 가족인가.
6. 의무교육은 몇 년경부터 실시하는가.
7. 사방공사(砂防工事)는 감정(勘定)이 15일 후가 되기 때문에 중류 이상의 생활을 영위하는 자가 아니면 출동할 수 없는데, 대책은 무엇인가.

〈경상남도〉

농사에 관한 것

1. 비료 배급이 원활하지 않아 시비(施肥)할 수 없는 상태가 계속되니, 뒤탈이 없도록 잘 조치해주기 바란다.
2. 가마니 공출이 급하기는 해도 원료 부족으로 공출할 수 없는 상태이다. 새로운 짚이 나올 때까지 공출을 유예해주었으면 한다.
3. 가마니의 생산 공출이 급하다 해도 원료 부족으로 생산이 곤란하니, 당국은 뒤탈이 없도록 어떻게 조치할 것인가.

346 왕정위(汪精衛, 1883~1944): 중화민국의 문인, 정치가. 중국국민당 부총재. 본명은 왕조명(汪兆銘).

4. 비료 가격이 오르고 수급이 원활하지 않아 매우 입수하기 어렵다. 선처의 방법은 없는가.
5. 면화 증산의 필요성은 인정한다 해도 경작 면적 이상으로 파종을 독려하고 있는데, 농가의 실정을 고려해주었으면 한다.
6. 저수지 설치가 절실히 필요한 곳이 있는데, 구제 공사로 설치하기를 바란다.
7. 보안림(保安林)이라 해도 필요 한도 내에서 녹비(綠肥) 채취를 허가해주었으면 한다.
8. 사유림(私有林)에서의 녹비 채취에 대하여 사방공사 관계자, 산림계(山林係) 등의 단속이 가혹하므로 고려해주기 바란다.
9. 자가용(自家用) 면화 혹은 이를 대신할 대체품의 배급을 희망한다.
10. 비료가 너무 적어서 구매가 쉽지 않다. 충분한 배급 방책을 바란다.
11. 면화 인상에 대해서 고려해주었으면 한다.
12. 금비(金肥)[347] 부족을 보충하기 위해 활엽수 가지잎 벌채를 허가해주었으면 한다.
13. 금후의 비료 배급에 대한 대책은 어떠한가.
14. 비료 배급 대책은 어떠한가.
15. 비료 배급이 원활하지 않은 것은 어떠한 이유인가.
16. 비료 배급이 원활하지 않은 것은 무엇이 원인인가.
17. 비료 입수의 어려움은 농촌에 치명적인 타격이 된다. 당국에서 대책은 없는가.
18. 비료는 현금으로 구입하려 해도 입수가 어렵다. 이러한 상태가 영속될 것인가.
19. 비료 부족을 어떻게 할 것인가.

식량에 관한 것

1. 미곡의 배급은 각 면에서 각기 배급할 수 있도록 취급되었으면 한다.
2. 미곡 배급이 원활하지 않다. 어떻게 해서든 조치해주기 바란다.
3. 보리는 일반적으로도 많이 가지고 있는데 거기다 또 보리만 많이 배급해서 보리밥만 먹고 있다. 이제 조금이라도 쌀을 배급해주기 바란다.
4. 식량 배급 시 보리 소유자에게 보리를 배급하기 때문에 처치가 곤란하다. 완화책은 없는가.

---

347 금비(金肥): 돈을 주고 사서 쓰는 화학비료, 시장에서 파는 유기질 비료.

5. 매월 1일 현재 미곡 보유량 조사를 실시하고 있는데, 어떤 이유인가.

6. 도내에 미곡 보유량은 어떠한가.

7. 한해민(旱害民)은 식량이 곤궁하니 식량 배급을 바란다.

8. 미곡 배급을 바란다.

9. 미곡 수급에 불안은 없는가.

물자와 물가에 관한 것

1. 농가 필수품은 부락연맹(部落聯盟), 진흥회(振興會) 등에서 배급하도록 처리해주기 바란다.

2. 석유 가격의 급등과 품귀 때문에 입수가 곤란한데, 선처할 대책은 없는가.

3. 성냥, 설탕이 다 없어진 것이 아닌가.

4. 노동자의 의복은 일반 물건과는 다르니, 스프[348]를 혼입하도록 고려해주었으면 한다.

5. 설탕은 유아 보육상 필수품이니 배급을 원활하게 해주었으면 한다.

6. 석유를 살 수 없을 것 같은데, 걱정은 없는가.

7. 자가용의 목화를 허용해주었으면 한다.

8. 모든 물가가 오르는 데 비해 쌀값은 매우 싼데, 그 이유는 무엇인가.

9. 면화 가격 인상에 대해 고려해주기 바란다.

10. 물가는 더 오를 것인가.

11. 면화와 면포가 잘 유통되지 않는데, 무슨 이유 때문인가.

12. 고무신은 수량이 적고 품질도 좋지 않은데, 왜 단속하지 않는가.

13. 면화가 비싸서 입수하기 어렵다. 자기 지역에서 재배하는 면화는 자유롭게 사용할 수 있게 인정해주기 바란다.

14. 공정가격은 형식적이어서 거의 다 암거래하는 상태이다. 당국은 엄정하게 단속했으면 한다.

15. 물가는 더 오를 것인가.

---

348 스프: 스테이블 파이버(staple fiber). 단직물(短織物). 면이나 양모처럼 길이가 짧은 섬유로서, 면이나 양모를 대용하는 인조섬유.

16. 모든 물가를 공정가격으로 해서는 도저히 구입할 수가 없다. 당국의 선처를 바란다.

17. 물자 부족은 언제까지 계속되는가.

18. 스프 혼방의류의 폐지를 바란다.

시국에 관한 것

1. 특별지원병제도는 영구히 계속되는 것인가.
2. 지나의 중앙정권은 신뢰할 만한가.
3. 사변의 전망은 어떠한가.
4. 국민정부(國民政府)[349] 수립에 따른 제3국의 동향은 어떠한가.
5. 중앙정권은 신뢰할 만한가.
6. 난인(蘭印)[350] 문제란 무엇인가.
7. 구주 전란이 지나사변에 미친 영향.

기타

1. 구제 공사는 언제까지 실시되는가. 계속 실시를 바란다.
2. 올해 북부조선·만주 이민은 언제부터 개시되는가.
3. 내지(內地)에는 왜 자유롭게 도항할 수 없는가.
4. 내선일체의 오늘날 도항 제한은 그 뜻에 반한다고 여겨지는데, 어떠한가.
5. 의무교육 실시 시기는 언제인가.
6. 한해(旱害) 이재민을 쉽게 내지로 도항할 수 있게 했으면 한다.

---

349 국민정부(國民政府): 중국 본토에서 1925~1949년까지, 본토가 공산화된 이후에는 타이완(臺灣)에서 국민당이 집권한 정부. 중국국민당이 1925년 광주(廣州)에 수립하였다.

350 난인(蘭印): 네덜란드령 동인도의 약칭. 현재의 인도네시아. 태평양전쟁 개전 당시 일본군 남방작전의 주된 목적은 바로 난인의 석유 자원을 획득하는 것이었다.

<자료 34>

「의무교육제도 실시 공표에 따른 민중의 반향」[351]

(조선총독부 경무국 보안과, 1940. 9.)

올해 8월 21일 정무총감과 학무국장이 담화 형식으로 조선인 초등학교 의무교육제도 시행 준비에 착수한다는 내용이 공표되어, 갑자기 내선인(內鮮人) 식자(識者)들의 여론을 불러일으켰다. 각도에서 정보를 종합하여 대별해보면, 대체로 내지인 측은 찬반양론으로 나뉜다. 27건 중 찬성을 표한 언동은 15건으로 반대적인 언동에 비해 약간 우세를 보였다. 그리고 반대 언동에서는 한두 가지 야유적인 것을 제외하면 일반적으로 비판적이었다. 그 이유는 현재 조선의 농산어촌(農山漁村)의 실정과 민도(民度) 및 경제력이 유치하다는 점, 1면 1교(一面一校)의 완수, 향후 앞날이 더욱 요원해진다는 정황 등 때문으로, 시기상조라는 것이 그 주된 이유이다. 이러한 찬반양론을 통해 조선인에 비해 관심이 적고 미온적이라는 느낌이 든다. 이에 반해 조선인 측에서는 총 건수 157건 중 찬성이 대다수를 차지했다. 이구동성으로 오랫동안의 숙원이 달성되었다고 호평할 정도로 절찬하였다. 이와 같이 조선인 측이 압도적으로 찬사를 보낸 것은 종래 육군특별지원병제도 시행 때에도 또는 지난번 창씨제도 실시에서도 볼 수 없었던 바로서, 본 제도가 얼마나 민의(民意)에 입각하고 있는가는 이러한 사실이 명백히 증명하는 바이다. 그렇지만 이렇게 찬성한 자의 언행이라고 하더라도 구체적으로 그 내용을 검토해보면, 절대 찬성을 보인 79건을 제외하면 찬성을 표시하면서도 다소 의견이 있었다. 즉 본 제도 시행에 필연적으로 따르는 과중한 경비 부담은 어쩔 수 없어서, 장래에 과연 이러한 부담을 감당할 수 있을지 없을지를 우려하는 경향도 보인다. 이러한 것들은 오히려 민중으로서

351 「義務教育制度實施公表に伴ふ民衆の反響」, 『高等外事月報』 제14호, 1940. 9, 朝鮮總督府 警務局 保安課, 14~15쪽.

당연히 고려해야 할 문제로 특별히 기이한 것은 아니다. 단지 여기에 다소 의외라고 할 만한 것은, 본 제도의 시행에 대해서는 물론 찬성하지만 본 제도의 실시와 함께 내선인 사이의 모든 차별제도도 철폐해야 한다는 것이다. 또는 본 제도의 실시는 다가올 가까운 장래에 내선인 사이의 모든 차별이 철폐되는 것으로 이어질 것이라고 추단(推斷)하는 것도 상당수에 달한다는 점이다. 이러한 사상은 향후 내선일체의 강화와 함께 모든 부문에 뒤따라 대두하여, 민중의 각층에 만연하지 않을까 예상된다.

의무교육제도 실시 공표에 따른 민중의 감상 내역표

1. 내지인 측

  1) 찬성을 표한 자(교육자가 많음): 15명

  2) 여러 이유로 시기상조라는 자: 8명

  3) 권리만 주장하고 의무를 다하지 않는 조선인은 본 제도 시행으로 옛 모습을 버려야 한다는 자: 2명

  4) 조선인의 안정책(安定策)으로서는 필요하다는 자 : 1명

  5) 조선인에 대해 내지인과 같은 권리를 부여하는 것은 바람직하지 않다는 자 : 1명

계: 27명

2. 조선인 측

  1) 절대적 찬성을 표한 자: 79명

  2) 실시 시기가 오히려 너무 늦었다고 하는 자: 10명

  3) 찬성은 하지만 경비 부담을 우려하는 자: 14명

  4) 찬성을 표하고, 더욱이 이 기회에 다른 내선인 간의 차별제도를 철폐해야 하며, 혹은 본 제도의 실시는 이 차별 철폐의 전제가 되어야 한다는 자: 40명

  5) 찬성의 뜻을 표하지만, 교원(教員)의 자질 저하를 걱정하는 자: 1명

  6) 과연 실현될지 어떨지 의심하는 자: 2명

  7) 시기상조라는 자: 8명

  8) 반대하는 자: 1명

계: 157명

<자료 35>

「국제정세의 급변에 대한 부민의 언동에 관한 건」[352]

(경기도경찰부장, 1941. 1. 27.)

경고비(京高秘) 제174호의 2

1941년(昭和 16) 1월 27일

경기도경찰부장(京畿道警察部長)

경무국장(警務局長) 귀하(殿)

국제정세의 급변에 대한 부민(部民)의 언동에 관한 건

요지(要旨)

1. 《경성일보(京日)》 사장, 오테아라이 다쓰오(御手洗辰雄)

일본 개전(開戰)은 미국(米國)도 이를 피해야 한다고 공작하고 있었지만 언제 불이 날지 알 수 없다. 3월에는 지중해(地中海) 작전이 행해질 것이므로 일본 개전은 5월경이 될 것이라고 생각한다. 소련에 대해서도 중대 결심이 필요하다. 총독이 경질(更迭)되어도 시국(時局) 상황은 경질되지 않을 것이다. 의회의 조기(早期) 절상(切上)과 개전은 아무런 관계가 없는 듯하다. 일본·미국전(日米戰)은 피할 수 없을 것이다.

352 京畿道警察部長, 「國際情勢ノ急變ニ對スル部民ノ言動ニ關スル件」, 1941. 1. 27, 『思想ニ關スル情報(13)』(국사편찬위원회 한국사데이터베이스).

2. 야마이치증권(山一證券) 경성지점장(京城支店長)

현재 주식시장이 거의 움직이지 않고 침묵 상태에 있는 것을 보더라도 대미(對米) 관계의 악화가 예상된다. 만약 개전하면 우리 경제인은 나라를 위해 무엇이라도 할 각오가 되어 있다.

3. 조고업자(操觚業者)[353] 방면

미국은 올해 1월 제1차 국방계획의 완료와 함께 대일(對日) 탄압을 강화하고 있다고 생각한다. 이에 처한 제국의 방책도 이미 결정되었다. 군함은 신속히 그 부서(部署)에 도착해 맹훈련을 개시하여 3월에는 개전할 수 있을 것이다. 지나(支那)에서의 건군(建軍) 활동은 대체로 완료되어, 향후의 전쟁은 해군에 일임할 수밖에 없다. 특히 미국과의 전쟁이 발발하면 사변의 조속한 종식은 곤란하므로 제국은 일대 결의가 요구된다.

4. 특요(特要), 조봉암(曺奉岩) 즉 동일량(東日亮)

미국은 무력으로 진정으로 일본과 싸울 실력이 없는데도 열렬히 항전적(抗戰的) 태도로 나와 우리 남방정책을 방해하고자 획책하고 있다. 제국은 어떠한 국난과 조우(遭遇)하더라도 결코 소신을 굽히지 않고, 일본·독일·이탈리아 삼국 추축의 강화에 노력하여 세계 신질서 건설에 매진해야 한다.

최근 대미(對米) 국제정세의 급박화에 따른 부민(部民)의 감상에 관해서는 이미 보고한 바이다. 경성부(京城府) 태평통(太平通) 소재 경성일보사(京城日報社) 사장 오테아라이 다쓰오(御手洗辰雄)는 이번 미국 정부의 초대로 도쿄에서 시국좌담회에 출석하고 지난 1월 25일 경성으로 돌아왔다. 그와 일부 부민의 감상을 내사(內査)했는데, 그 상황은 다음 기록과 같다.

첨부하니 참고하기 바란다.

위와 같이 보고한다.

353 조고(操觚)란 문필에 종사한다는 뜻이다.

- 기(記) -

1. 경성일보사 사장, 오테아라이 다쓰오

1) 국내 문제

통제경제의 강화와 최근의 국제정세 등 상당히 우려할 만한 것이 있다고 정부가 여러 실제 사례를 들어 언급하였다. 국내 문제에 대해서는 아무것도 이야기할 수 없다.

2) 일본·미국 관계

우리나라는 노력하여 대미관계를 피해야 한다. 온갖 공작을 하고 있는 미국도 독일을 적으로 돌린 것은 어쩔 수 없지만, 일본까지 적으로 돌리는 것은 피하면서 일·미 개전 바로 직전까지는 일본을 곤란하게 만들 작정인 듯하다. 따라서 쌍방에 마찰이 생기는 것은 당연한데, 나무를 문지르면 불이 나듯이 언제 불이 일어날지 모른다. 정부도 최악의 경우를 예상하여 만전의 준비를 갖추고 일전(一戰)을 벌일 결의를 하고 있기 때문에 일촉즉발(一觸卽發)의 위기라고 말해도 무방할 것이다.

3) 구주(歐洲) 문제

다음 달부터 3월에 걸쳐 이탈리아의 지중해 작전이 발전하고 이와 동시에 독일이 영국 본토를 상륙할 것 같다. 그때는 3국 조약에 기반하여 일본도 미국에 대하여 전쟁을 시작할 것으로 보이는데, 개전 시기는 5월이 될 것이라 생각한다.

이는 도저히 피할 수 없을 것이다.

4) 소련 관계

최근 소련의 대일(對日) 태도는 온당하지 않다. 혹시 일·미 개전이라도 일어나면 북으로는 소련, 서로는 지나, 동으로는 미국이 3면 작전을 펼칠 것이므로 중대한 결심이 필요하다고 생각한다.

5) 총독 경질 문제

도쿄에서는 조선총독의 풍문은 거의 듣지 못했다. 아키타(秋田) 척무대신(拓務大臣)과 만났을 때, 직접 듣지는 못했음에도 불구하고, "이러한 시국이기 때문에 조선총독은 노련한 미나미(南) 대장(大將)이 계속해줄 것이며, 경질 등은 전혀 고려하지 않고 있다. 현 내각 성립 당시부터 그러한 방침은 수상과 논의하여 결정한다."라는 이야기가 있었다. 대의사(代議士)의 임기까지 연장한다고 말하고 있는 때에 총독 경질 등은 고려하지 않고 있다.

6) 의회(議會) 관계

귀·중(貴中)[354] 양 의원도 간담회, 비밀회(秘密會) 등으로 내외의 현상을 상세히 청취하고, 질문도 피해 다음 달 10일경까지 일단락되었다. 어느 쪽도 길어질 필요는 없다. 굳이 따지면서 질문을 하면 국내 마찰이나 여론에 박차를 가하게 되어 치안상으로도 좋지 않다. 그리고 대외관계도 있다. 의회를 조속히 끝내는 것과 일·미 개전은 직접 관계는 없는 듯하다.

7) 일·미 개전은 필연

이상과 같은 상태에서 일·미 간에 직접 불을 지르게 되면 언제 전쟁이 시작될지 예단할 수 없다. 불을 지르지는 않는다 하더라도, 올해 5월에는 3국 조약 관계로 대미(對米) 전쟁이 일어날 것이라고 생각한다. 아무튼 일·미 전쟁은 피할 수 없으니 일본으로서는 이제부터가 참으로 중대한 위기이다. 따라서 국민은 굳게 단결하여 일로매진(一路邁進)해야 한다.

2. 야마이치증권(山一證券) 경성지점장

일본과 미국 사이가 위기라는 정보가 있다. 만약 그러하다면 이번에야말로 경제계로서는 중대한 결심이 필요하다. 현재 주식시장의 상황도 거의 움직임이 없이 침묵 상태인 것을 보더라도 대미 관계는 악화하였다고 예상된다. 일본과 미국은 언젠가는 충돌할 것이기 때문에 국민으로서는 해야 할 일을 한다면 오히려 불안이 없어지고 위아래가 일치 결속하여 일어설 것이라 생각한다. 만약 개전하면 주식시장도 입회 중지로 모라토리엄 시행과 같은 경우에 도

354 귀족원(貴族院)과 중의원(衆議院).

달할지도 모른다. 이렇게까지 하지 않으면 대미(對米) 전쟁은 이길 수 없다. 우리도 경제인으로서 국가를 위한다면 무엇이든지 할 각오가 되어 있다.

3. 부내(府內) 조고업자(操觚業者)

일본·독일·이탈리아 삼국동맹 결성 이래 이들을 추축국으로 대립하고 있다. 어디까지나 민주주의 국가의 현상 유지를 목표로 영국을 지원하고 노골적으로 원장(援蔣)[355] 행위를 계속하고 있는 미국은 올해 1월 말에 제1차 국방계획이 완료되기 때문에, 이 시기에 미국의 대일 탄압 방책은 한층 강화될 것이다. 이에 대처할 제국의 대미 방책은 이미 결정되었다. 선전포고 없이 일거에 대동아권(大東亞圈) 내 민주주의 국가의 군사시설을 파묻어버리듯이, 지난번 지나 연안(沿岸)의 항로(航路) 차단에 종사한 제국 군함은 모두 무장상선(武裝商船)으로 바뀌었다. 이 방면의 임무는 오로지 무장상선으로 된 함대가 맡는데, 모두 그 부서에 도착하여 현재 맹렬한 훈련을 개시하였다. 3월에 들어서면 양국 간의 전쟁이 시작될 것이다. 만약 그 시기를 놓치게 되면 올해 4월에는 반드시 전쟁을 하게 될 것이다.

그런데 육군 측에서 장개석 정권을 괴멸시키는 데에는 200만의 군대를 지나에 주둔시킬 필요가 임박해져서, 지나에서의 전황(戰況) 진전은 더는 바랄 것도 없다고 한다. 황군(皇軍)의 지나 진주(進駐)는 현재 기정사실이며, 육군의 활동 예정지는 대체로 완료되었기 때문에 장래의 전쟁은 오로지 해군에 일임할 수밖에 없다. 특히 대미 전쟁이 발발하면 사변 종식의 전망은 더욱더 곤란해져서 제국의 일대 결의가 절실히 요구되며, 제국의 작전은 한층 더 육해공군의 긴밀한 연락을 필요로 한다. 지금부터는 해군의 작전을 주로 하고 육군은 이에 추종할 수밖에 없게 된다. 이를 위해 군의 총사령관 임명이 필요할 경우는 해군에서 이를 임명하고 육군은 아무런 이의를 제기하지 않기로 결의하고 있다는 설이 있다.

4. 특요(特要), 조봉암 즉 동일량(東日亮), 당시 40세

지금 우리 제국은 조국(肇國)[356]의 정신에 입각하여 우선 동아(東亞)에서 공영권(共榮圈)을 확

---

355 중국의 장개석 정권을 지원한다는 뜻.

356 조국(肇國): 처음으로 나라가 세워짐 또는 나라를 세운 처음.

립하려 하고, 1억 국민 역시 결사의 각오로 이에 임하고 있다. 오늘날의 국제정세를 직시하면서 한편에서는 세계의 신질서를 건설하고자 일본·독일·이탈리아가 추축국이 되고, 다른 한편에서는 착취와 압박 위에 세계를 제패할 아성을 세우고 현상을 유지하려는 영·미주의(英米主義)가 있기에, 지금이야말로 서로 자웅(雌雄)을 결정하고 있음은 세상 사람들이 주지하는 사실이다. 우리 일본제국의 지나사변 처리에 대하여 영국·미국 등 여러 현상 유지 세력은 모든 수단 방법으로 중경(重慶) 정권[357]을 원조하여 동아의 신질서 건설을 방해 저지하고 있다. 최근 미국 정부와 일반 여론의 경향을 살펴보면 일본에 대한 적성(敵性)을 매우 노골적으로 드러내기에 이르렀다. 이는 태평양 함대의 극동 파견설 등 일본에 대한 무력 간섭설이다. 이와 같은 것은 수 세기에 걸친 우리 동양에서 살육과 착취 본위의 백인(白人) 통치를 유지하려는 야망으로서, 우리 제국 신민은 물론 동양 전체의 모든 민족은 실로 참을 수 없는 바이다. 제국은 동아의 맹주로서 우리 동아 신질서 건설은 제국의 주권 행사의 권역 내이며, 또한 실로 우리 제국의 생명선(生命線)이다. 그렇기 때문에 생명선을 위협한다면 우리는 단호하게 이를 타파하지 않으면 안 된다. 지금 미국은 경제적으로 군사적으로 우리 제국에 도전하고 있는데, 저 미국은 아직 군사적으로 우리 제국에 대항할 능력이 없다. 그냥 소리만 지르고 있는 것인데, 실은 경제적으로 우리나라의 생명력(生命力)을 위협하고자 하는 것이다. 최근 철(鐵) 등의 대일 수출금지법의 남발 등은 그 대일 적성(敵性)의 적극화를 설명하는 것으로서 우리가 간과해서는 안 된다. 우리 일본의 동양 공영권에 관한 국책은 고노에(近衛) 수상의 성명(聲明)과 같이 조국(肇國)의 정신이자 우리 민족의 역사적 사명이다. 현상 유지 국가들의 어떠한 음모와 방해를 받더라도 결단코 우리 주장을 굽히지 않고 어디까지나 일본·독일·이탈리아의 추축을 더욱 강화하며, 남방 여러 지역을 우선 처리해야 한다. 우리 한 개인의 주장과 견해에 머물지 않고, 우리 제국 1억 민의 공통된 감상이며 염원이라고 확신하고 있다.

발송처(發送先)

경무국장, 보안과장(사무관), 경무과장, 도서과장

---

357 중일전쟁 이후 수도를 중경(重慶)으로 이전한 장제스의 중국국민당 정부를 가리킴.

<자료 36>

「조선에 대한 징병제 시행의 각의 결정 공표에 관한 반향 조사」[358]

(사법성 형사국, 1942. 6.)

- 내용 -

머리말

1. 내지인(內地人)의 의향
2. 내지 재주(在住) 반도인(半島人)의 의향과 동정
3. 재선(在鮮) 내지인의 의향
4. 재선 반도인의 의향
5. 조선 통치에 관한 염원서(念願書)
6. 대만인(臺灣人)의 의향
7. 지나인(支那人)의 의향

머리말

대동아전쟁의 진전에 따라 각 전선에서 거둔 황군(皇軍)의 혁혁한 전과(戰果)는, 크나큰 천황의 빛나는 위엄 아래 황위(皇威)를 온 세상(四海)에 떨치고 있다. 이와 함께 우리 국민의 민족

358 「朝鮮に對する徵兵制施行の閣議決定公表に關する反響調査」, 『思想月報』 제95호, 1942. 6, 司法省 刑事局, 1~27쪽.

적 자각 역시 내·외지(內外地)[359]에 걸쳐 점점 더 확실히 견고해지고 심화하고 있다. 만주사변을 거쳐 지나사변(支那事變)으로 돌입하면서, 종래 「병역법(兵役法)」이 시행되지 않던 조선 및 대만에서도 앞다투어 이들 외지(外地) 출신자를 병역으로 나아가게 하는 기운이 점점 농후해졌다. 조선에서는 1938년 4월부터 「육군특별지원병령(陸軍特別志願兵令)」이 시행되었으며, 대만에서는 올해부터 지원병제도를 채용하기로 하였다. 조선의 지원병제도 성적은 내지인 병사에 비해 손색이 없는 병사들이라고 한다. 지원자 수도 매년 비약적으로 증가하고 있다.

* 주(註)

지원병제도는 "지나치게 엄선(嚴選)한다.", "경찰서원(警察署員)의 강제적인 권유에 기초한다." 등 다소 비난의 소리도 있지만, 대체로 상당한 성적을 거두었다고 관찰되고 있다.

조선 지원병제도의 지원자 수

1938년(昭和 13)	3,000명
1939년(昭和 14)	12,000명
1940년(昭和 15)	84,000명
1941년(昭和 16)	144,000명
1942년(昭和 17)	250,000명

대만 지원병제도의 지원자 수

1942년(昭和 17)	420,000명

다음은 징병제 실시 문제이다. 원래 조선에서 의무교육제 시행, 참정권 부여, 징병제 실시 등의 중대 현안은 우리 민족 정책의 기본적 방향에 따라 결정된다. 동시에 그 실시 시기 여하는 서로 관련되어 매우 중대하며, 종래부터 민간에서도 내선인(內鮮人) 각각의 논의 대상이 되

359 당시 일본은 행정법상으로 일본 본토를 '내지(內地)', 그 외의 식민지 지역 등을 '외지(外地)'로 구분하여 사용하였으며, 이에 준하여 '내지인', '외지인'이라고 불렀다. 이는 공식적으로 또 법적으로 자신들은 서양의 '식민지'와는 다르다는 것을 표방하면서, 내부적으로 차별을 두는 것이라 할 수 있다.

어왔다. 이번에 당국은 다른 현안들에 앞서, 1944년도부터 조선에서 징병제를 실시한다는 것을 결정하고, 5월 9일 정보국(情報局)이 이러한 취지를 발표하기에 이르렀다[주(註)]. 이에 대해 《아사히신문(朝日新聞)》은 사설에서 "우리는 이 제도의 채용에 의해 내선인 일체의 결실을 더욱더 거둘 것을 기대하고 있다. 한편으로는 이것이 금년도부터 실시하게 될 대만의 지원병제도에 과연 어떠한 영향을 미칠 것인가, 또 이들 외지에서의 징병제 채용으로 외지로부터 중앙의 의정(議政)이나 익찬(翼贊) 기관들에 대한 참가 요구는 어떠한 관계에 있는가 등에 대해서도 미리 깊이 성찰해야 한다."(《아사히신문》 5월 15일 자)라고 논하면서, 다른 현안과의 관계, 조선과 대만의 관계 등에 대해 일반인에게 주의를 환기하고 있다. 이는 뒤에 서술할 내선인의 반향과 관련지어 주목해야 할 것이다.

*** 주(註)**

정보국 발표(1942년 5월 9일)

정부는 8일 각의(閣議)에서 '조선 동포에 대해 징병제를 시행하여 1944년도부터 징집할 수 있도록 준비를 진행할 것'을 결정하였다.

정보국 총재 담(談)

조선 동포에 대해 징병제 시행을 염원하는 요망은 의회 청원이나 현지 보고 등을 보더라도 매우 치열했다고 한다. 1938년 칙령 제95호 「육군특별지원령」으로 지원에 의한 현역 또는 제1보충병역 편입의 길이 열렸으며, 전형에 합격한 지원병은 육군 부대에서 양호한 성적을 거두어 시국하의 군무(軍務)에 종사하고 있다. 또 지나사변 이래 내선일체(內鮮一體)의 기운이 팽배하게 일어났다. 특히 대동아전쟁 발발을 계기로 조선 동포의 지극한 총후봉공(銃後奉公)의 정성은 더욱 고조되고 있는 실정에 비추어, 이에 징병제 시행의 준비를 추진할 것에 관해 각의 결정을 보게 된 것이다.

미나미(南) 조선총독 담(1942년 5월 9일)

조선 동포에 대해 징병제를 시행하여 1944년도부터 이를 실시토록 준비를 진행하게 되었다. 이는 반도 통치상 획기적인 일대 진전으로 진심으로 기쁘기 한량없다. 무릇 반도는 시정(施政)

이래 33년이 된다. 역대 위정 당국자는 일시동인(一視同仁)의 성지(聖旨)를 받들어 반도 동포를 명실상부한 황국신민(皇國臣民)이 되게 하였다. 이는 내선일체라는 것으로 총후의 근간을 이루고 산업, 문화, 교육 그 외 시정 각 분야에서 진전 향상을 위해 노력해왔다. 반도 동포 역시 총후의 진정한 정신을 이해하기에 이르러 황국신민으로서의 결실을 거두기 위해 한결같이 노력해왔다. 내선일체라는 황모(皇謨)[360]를 익찬(翼贊)하여 받들려는 반도 동포의 지정(至情)은 마침내 치열한 병역제도 실시의 요망으로 결집하였다. 정부에서도 이러한 요망에 따라 지난 1938년도부터 육군지원병제도를 실시하게 되었다. 육군특별지원병제도는 해마다 양호한 성적을 거두어 채용자 수는 지원자 수와 함께 비약적으로 증가하였다. 이러한 반도 지원병은, 군(軍)에 따라서는 폐하의 충량(忠良)한 신하(股肱)로서 일사보국(一死報國)의 적성(赤誠)으로 받드는 중에 이미 호국(護國)의 꽃으로 산화하여 야스쿠니(靖國)의 신으로 영접받게 된 자도 있다. 또 고향에서는 지방의 중견으로서 향당(鄕黨)의 후진 지도에 노력하여 진정으로 황국의 일원이 된 결실을 보여주고 있다. 이번 대동아전쟁 발발 이래 반도 동포의 애국심은 실로 일대 비약을 이루었으며, 국방헌금 또는 군용기재(軍用器材)의 헌납으로 전쟁을 앞두고 배양한 총후봉공의 적성을 보여주고 있다. 게다가 총후의 은택에 보답하고자 부족함을 탄식하며 진정한 내선일체로 내지인 동포와 함께 황국에 온몸을 바칠 수 있도록 신속한 징병제도 실시를 요망하는 자도 적지 않다. 명실공히 황국신민으로서 봉공의 지성을 다하는 기운이 팽배하여 반도에 넘치고 있다. 이번에 정부가 반도 동포에 대한 징병제 시행의 방침을 결정한 이유도 반도 동포가 실로 숭고한 병역에 복무할 경지에 이르렀음을 확인한 결과라고 인정된다. 다년간의 염원이 이루어져 징병제 실시라는 하나의 단계에 도달하여 진정으로 내선일체의 길을 관철할 수 있게 되었다. 반도 동포의 영광과 그 만족은 헤아리고도 남음이 있다. 징병제 실시에는 여러 준비가 필요하다. 그러므로 앞으로 한층 더 군(軍)과의 연계를 긴밀히 하여 준비를 완료하도록 한뜻으로 전념해야 함은 물론이다. 반도 동포 여러분도 이러한 광영 있는 제도를 시행한 정신을 가슴 깊이 새기고 더욱더 정진 노력하여 내선일체의 진의(塵義)를 관철함과 동시에, 더욱더 국민적 자질의 연성(錬成) 향상에 노력하여 진정한 황국신민으로서 국민의 큰 임무를 완수할 날이 오기를 깊이 바라마지 않는 바이다.

360 황모(皇謨): 천황의 국가 통치 계획.

이제 대동아전쟁 완수의 도상에서 남방 여러 지역의 수억 민족과 공영(共榮)의 계약을 맺으려 한다. 우리나라로서는 민족문제는 당면한 긴급한 문제이다. 이미 오래전부터 우리 영토가 된 조선 및 대만에 대한 시책, 특히 민족 정책은 더욱 새로운 의의를 더해왔다고 할 수 있다. 본 조사의 목적도 조선에서 징병제 실시 발표에 대한 반도인과 내지인의 반향을 살펴봄과 동시에, 이를 통해 현재 내지인의 반도인에 대한 의향과 반도인의 일반적 사상 동향의 한 단면을 탐색함으로써, 민족문제에 관심을 가진 사람들에게 참고 자료가 되고자 함에 있다. 그리고 이를 통관(通觀)해보면, 내지 재주자의 의향과 재조선 내선인의 의향 사이에는 약간의 차이가 있다. 한마디로 말하면, 본 제도는 내지 재주 반도인은 환영하지만, 재조선 내지인은 조선인의 오만불손함을 초래할까 하는 두려움이 있는 것이다.

1. 내지인의 의향

내지인의 의향 중에는, 철저해진 황화(皇化)와 지원병제도의 성적을 보면 징병제 실시는 당연한 조치라며 이를 환영하는 것[주(註) 1-4]이 있으며, 대동아전쟁하에 있는 우리나라로서는 어쩔 수 없는 조치라고 대체로 인정하면서도 아직 의무교육제가 실시되지 않고 있고 또 종래 끈질기게 민족운동을 계속해온 조선에서 징병제를 시행하는 것은 시기상조라고 느끼는 것[주 5~10]은 오히려 일반적이다. 따라서 시행 초기에는 체격적인 측면보다는 사상 문제에 한층 중점을 두어야 한다는 것을 강조하거나[주 11~14], 또 그 편성에 관해서도 내선혼성군(內鮮混成軍)으로 남방 수비를 담당하는 것이 적당하다고 하는 것이 있다[주 15~16]. 아무튼 이러한 견지에서 그들에게 무기를 주는 것으로 인한 민족독립운동의 위험을 고려한 것으로 보인다. 이와 같이 징병제 시행에 대하여 소극적인 의견이 많은 것은 아마도 반도인에 대한 내지인의 일반적인 생각을 단적으로 반영하고 있다고 여겨진다. 과연 본 제도의 시행이 시기상조인지 어떤지는 장래 도출될 실적을 기다려야 할 것이다. 단지 이에 반해서 오히려 징병제 실시로 황화의 철저를 도모할 기회가 생기는 것이라 생각한다. 군대 교육은 저들을 황민(皇民)으로 연성(錬成)[361]시키게 될 것으로 기대하는 의향이 군인 중에서 보이고 있는[주 17~18] 것은 본 제도에 대한 하나의 적극적인 견해로서 주목해야 한다.

게다가 도조(東條) 수상이 1월 21일, 2월 16일, 3월 12일 세 번에 걸쳐서 동아시아 여러 민족에게 호소하였다. 영·미적인 패권의 얽매임에서 벗어나 대동아 신질서 건설에 협력을 아끼지 않는 자에 대해서는 우리나라 역시 이를 적으로 여기지 않으며, 그들의 독립을 원조할 용의가 있다는 취지의 성명을 발표하였다. 이는 내외에 상당한 반향을 일으켰는데, 특히 3월 12일 호주와 인도의 독립선언은 조선 민족에 커다란 영향을 주었다고 한다. 이번 징병제 실시 발표를 가리켜, 아마 조선인의 동요에 대한 정책적 의미도 다분히 있었을 것으로 해석하는 일부 의향[주 19]이 있는 것은 애초부터 너무 지나친 관찰이라고 하지 않을 수 없다.

*주 1

지나사변 발발 당시 천진(天津)에 거주하는 조선인이 일본 부녀자를 보호 구제하였다는 이야기를 듣고, 조선인의 황민화가 상당히 철저하게 이루어지고 있다고 감탄하였다. 이번 징병제 실시에 관한 보도를 보고, 매우 적절하며 대동아공영권 확립을 위해서는 그렇게 해야 한다고 감탄하였다. 조선인의 독립운동도 황군의 큰 전과 앞에서는 아무것도 할 수 없을 것이기 때문에, 징병제를 위험시하는 것은 오히려 쓸데없는 걱정이라고 생각한다. 그러나 조선인의 황민화운동은 앞으로 더욱더 철저하게 행해지지 않으면 안 된다. [시마네(島根), 현 의원(縣議)]

*주 2

대동아전쟁에서 큰 전과를 올리고 있는 가운데 조선에 징병제를 시행한다는 결정은 정말로 시기적절하다. 일부에서는 조선인의 무기 소유를 걱정하고 있는 경향도 있지만, 지원병제도의 결과에서 보더라도 그렇게 걱정할 필요는 없다고 생각한다. [고후(甲府), 혁신파(革新派)]

---

361 연성(錬成): 황국신민으로서의 자질을 연마 육성한다는 뜻으로서, 사회의 모든 부문에서 '총력전체제'하의 모범적인 '인간형'을 양성하기 위해 사용된 용어. 원래는 1935년 11월 일본 문부성에서 교학쇄신(教學刷新)을 목표로 창출한 조어(造語)였는데, 1941년 3월 일본 내 「국민학교령」에서 규정된 후 종전 때까지 줄곧 전시체제기 교육의 최고 목표로 사용되었음(寺崎昌男·戰時下教育研究會 編, 『總力戰體制と教育 - 皇國民'錬成'の理念と實踐』, 東京大出版會, 1987, 2~20쪽 참조).

*주 3

조선인의 통유성(通有性)[362]으로 징병제에 대해서는 부차적인 것으로 생각하는 자도 상당히 있겠지만, 이번 제도에 의해 해를 거듭해감에 따라 비로소 일본 국체를 감득(感得)하게 되는 것이 아닐까 생각한다. [교토, 유식자(有識者)]

*주 4

반도인 청년의 징병 실시는 언제든 어떤 기회에 표면화되어 실시되리라는 것은 누구나 예상하였을 것이다. 한마디로 말하자면 국가를 위해 또는 반도인을 위해 대단히 경하할 일이라고 믿는다. 그 이유를 한두 가지를 들어보면,

1) 극히 좁은 범위의 협소한 착안점이긴 하나, 반도 출신의 학동을 매년 내지인 학동과 함께 교육하고 있다. 모두가 그렇다고는 할 수 없지만 10명 가운데 2~3명은 매우 우수한 아이가 있다. 내지인에 비해 조금도 뒤떨어지지 않으며 오히려 뛰어난 자도 있다. 이들은 생각, 견해, 행동이 내지인과 조금도 다르지 않으며, 오히려 자진해서 움직이려 하므로 매우 호감을 갖고 교육하고 있다.

2) 누누이 전해지고 있듯이, 이번 대전(大戰)에서 반도 동포는 적성을 떨치고 있다. 군인이 될 수 없기 때문에 이를 보충하고자 총후에서 열성을 다해 일본인으로서의 긍지를 얻으려는 기색이 농후하다. 이러한 충정(衷情)은 깊이 살 만하다.

3) 국가의 인적 자원이 부족할 때 능력 있는 반도 청소년에게 지금보다 더 국가적 사명을 달성할 수 있도록 복무하게 하는 것은 인적·경제적으로 매우 적절하다고 생각한다. 훌륭한 청소년이 쓸데없이 비를 맞고 있다는 느낌이 농후하다. 저들을 국군(國軍)에 편입시킨다면, 국군이 한층 더 강화될 것으로 믿는다.

국군 강화야말로 우리가 절실히 기대하고 바라던 바이다.

4) 야마토(大和) 민족의 식민지 통치의 일대 성공을 말해주는 것이다. 천황의 빛나는 위엄으로 빛나는 신국(神國) 일본의 위용(威容)에 완전히 압도된 반도인이 오직 천황의 빛나는 위엄에 충성을 다하고자 밤낮으로 부심하는 모습은 참으로 기특하고 동시에 사랑해야 할 심정이다.

---

362 통유성(通有性): 여럿이 공통으로 가지고 있는 성질.

'이 세상[四海]에 누가 짐(朕)의 적자(赤子)가 아니겠는가'라는 넓은 마음이야말로, 이번에 비로소 가장 영광스러운 징병제도 실시로 사해동포의 핵심을 건드린 것이다. 새삼스럽게 황위(皇威)의 융성함에 감읍할 따름이다.

그러나 우리 국민으로서 반도인에 대한 징병 실시에 대해 한마디 주문 같은 것을 언급하자면,

① 십파일속(十把一束)[363]의 징병제에는 여러 가지를 고려할 필요가 있다고 하더라도, 천황의 군인이 된 이상 인물의 표준을 고려하지 않으면 안 된다. 가족, 학력, 자산, 경력, 인물, 재주 혹은 사상 등등 신중한 준비하에 행해야 한다. 특히 사상문제에 대해서는 가장 고려해야 한다. 그다음으로는 인물, 재주, 그 외는 적당한 정도면 괜찮다고 생각한다.

② 일본인으로서의 계몽운동을 일으켜야 한다. 사상적으로 문화적으로 징병제도 시행을 억지로 강요하면 싫어질 것이므로, 간접적으로 상세하고 치밀한 지도안(指導案)을 마련하여 계획적으로 해야 할 것이다. 저들의 끓어오르는 열의를 잘 지도할 필요가 있을 것이다. [히로시마(廣島), 국민학교(國民學校) 훈도(訓導)]

*주 5

조선인에 대한 징병제 시행은 한마디로 시기상조라고 할 수 있다. 우리는 여러 해 동안 저들 조선인을 사용하여 그들의 행동을 잘 알고 있다. 조선인은 첫째로 도의적 관념이 없다. 둘째로 국체관념이 조선인의 뇌리에 침투해 있는지 어떤지, 셋째로 일상이 엄정한 군무(軍務)에 복무할 수 있을지 어떨지의 견지에서 보아 쌍수를 들어 찬성을 표할 수는 없다.

단지 조선 통치상의 책략적 효과를 노린 적본주의(敵本主義)[364]의 경우라면 우리가 관여할 바는 아니다.

종래 조선에서는 민족운동도 왕성한 데다가 1938년 이래 실시된 지원병제도조차 꺼리는 경향이 있다고 들었다. 현재 그들에게 무기를 준다는 것은 상당히 고려해야 한다. 인도가 오늘날까지 독립의 기회가 없었던 것은 실로 무기 없는 정치 때문이었음은 세계가 알고 있는 사실이다. 원래 군인은 총알이 쏟아지는 가운데서도 상명하복(上命下從)이 절대적인데, 국체관념이

---

363 십파일속(十把一束): 여러 가지 것을 크게 하나로 묶어 취급함. 흔히 '十把一絡げ'라고 함.

364 적본주의(敵本主義): 목적이 다른 데 있는 것처럼 가장하다가 갑자기 본래의 목적을 향하여 행동하는 방법.

확립되지 않고 그 신념이 무너지거나 질서가 혼란해지는 결과가 생긴다면, 내지인만의 군대보다 잘못된 역효과가 생길 수도 있다고 추측된다. 또 조선인 간부 군인을 어느 정도까지 인정할 것인가. 군대를 인정하면서 장교나 하사관을 인정하지 않을 수는 없다고 생각한다. 하지만 이를 합리적으로 일사봉공(一死奉公)의 적성을 발휘할 수 있게 하는 것은 매우 어려운 일이라고 생각한다. [고베(神戸), 회사원]

*주 6

조선에 지원제를 시행한 것이 1938년경이었는데, 그 성적이 좋았기 때문에 징병제를 해도 좋을 것이라고 한다.

하지만 나는 곧바로 징집하는 것은 시기상조라고 생각한다. 언제부터 실시해야 할지 모르겠지만 적어도 3년이나 5년 후가 아니라면 곤란하지 않을까 생각한다. 왜냐하면 조선인들 중에는 아직 조선의 독립을 생각하는 이가 많기 때문이다. 저들 중에 그렇게 생각하는 자가 있다는 것도 저들로서 보면 무리가 아닌 점도 있다고 생각한다.

하지만 대동아전쟁 발발 후 황군의 전과에 대해 일본은 강하다는 절대적인 신뢰를 가짐으로써, 독립에 관한 생각은 버려야 한다는 데까지 왔음은 사실이라고 생각한다. 요컨대 일본의 강력함을 스며들게 하는 데 있다.

내선(內鮮)에서도 총후봉공에 열심이고, 지원제 채용으로 군인이 될 수 있게 되었으며, 영령(英靈)은 야스쿠니신사(靖國神社)에 합사(合祀)하게 되었다. 이러한 감격이 모여 징병제를 요망하는 목소리가 된 것이다. 이러한 자연스러운 기운에서 우러난 것이 기쁘다. [나가노(長野), 향군지부(鄕軍支部) 부장(副長)]

*주 7

조선의 징병제 실시는 실제로는 상당한 장애가 따를 것이라고 생각한다. 우선 첫째로 아직 의무교육제가 시행되지 않은 오늘날, 또 특별지원병의 강제적 징모(徵募) 운운하는 소리를 들었는데, 과연 원활하게 행해질지 심히 걱정스럽다. [교토, 유식자]

* 주 8

나는 조선 경상북도의 국민학교에 봉직한 체험으로 생각해보면 징병제 시행은 당연하다고도 여기지만, 이보다 먼저 의무교육제 실시가 선결문제라고 생각한다. 현재 조선인 중 30%밖에 취학하고 있지 않기 때문에 반도 근성이 여전히 남아 있다. 신문지상에서 지원병 모집에 대해 수십만 명의 응모자가 있다고 발표하고 있지만, 사실은 조선의 각 경찰서가 성과를 올리기 위해 응모자를 권유한 결과도 있다. 군이 요구하는 진정한 애국심으로 응모한 자는 적은 상황이다. 이를 고려한다면 의무교육제에서 징병제로의 이행은 적당한 과정이라고 생각한다. [오이타(大分), 청년학교 교유(教諭)]

* 주 9

인적 자원을 필요로 하는 일본의 현 상황에서는 어쩔 수 없는 일이겠지만, 조선인의 일부에서는 우리는 일본의 피정복 민족이라는 관념이 아직 남아 있는 무리가 많다는 것을 일단 고려하지 않으면 안 된다. 만주국이나 타이(泰)나 프랑스령 인도차이나(佛印) 등은 말할 것도 없이 이번에 점령된 남방 지역은 모두 독립을 종용하고 있음에도 불구하고, 오로지 조선만 병합하여 정복 민족으로 취급하고 있으니, 우리 조선 민족이 멸시당할 우려가 있다는 등으로 얘기하고 있는 것 같다. 이렇게 민족의식이 농후한 민족에게 무기를 쥐어주고 실력을 부여하는 것은 실로 위험한 문제라고 생각한다. [시즈오카(静岡), 공업조합(工業組合) 이사]

* 주 10

이번 조선 동포에 대한 징병제 실시를 내각이 결정한 것은 전반적으로 좋은 결과를 가져다 줄 것이라고 확신한다. 그러나 실제 숫자상으로 단정할 수 없는 장해가 상당히 동반되리라는 것을 예상하지 않으면 안 된다. 우선 첫째로 의무교육제가 되고 있지 않은 국민에 대해 입대(入隊)의 효과로서 언어, 풍습, 교육상 만족할 만한 결과를 얻을 수 있을지, 어떨지. 최근 실시되고 있는 지원병제도나 반도인의 시국인식이 향상되어 매우 좋은 성적을 거두고 있는 듯이 보이지만, 또 다른 어느 지방에서는 강제적으로 지원자를 내고 있다고 들었다. 지원자가 진정으로 적심(赤心)에서 지원하고 있는지 어떤지. 또 이 지원병이 되기 위해서는 역시 상당한 교육이 필요한 것처럼 이번 제도에서도 필연적으로 교양이 언급될 것이다. 한편 반도인의 독특한 국민성으로 보아 모든 점에서 상당히 곤란한 문제가 있을 것이라 생각한다. 요컨대 어떠한 제도, 어떠한 일에 대해서도 조선인이 절대적으로 신뢰하도록 지도 방법을 더욱 고려하여 실행해야 한다. [교토, 구지(宮司)[365]]

*주 11

징병제 실시는 대동아전쟁 수행상, 그리고 조선인의 지도상 일단 성공하였다. 하지만 징병할 때에는 신체적 골격에 구애되지 말고 사상 관계를 충분히 고려할 필요가 있다. [오카야마(岡山), 예비역(豫備役) 육군 중위]

*주 12

반도인이 오랫동안 기다려오며 소망했던 징병제도가 마침내 1944년부터 시행되는데, 같은 일본의 동포로서 당연한 일이라고 생각한다. 지금까지 도외시했기 때문인지 반도인 중에는 다소 감정이 상했던 경향도 엿보이지만, 이렇게 정해짐으로써 만족할 것이다. 하지만 많은 반도인 중 일부는 일한합병(日韓合倂)을 탐탁지 않게 여기고 독립운동을 계획하는 자도 있으므로, 징병할 때는 단지 체격에만 얽매이지 말고 사상 동향에 주의함은 물론, 배치도 한 곳에 집단으로 모이는 일이 없도록 세심한 주의가 요구된다. [오이타, 향군분회장(鄕軍分會長)]

*주 13

지원병제도 실시 이래의 성적으로 보아, 조선의 징병제도 실시는 적절한 조치였다. 이를 계기로 진정한 내선일체의 열매를 거두게 된 것은 기쁜 일이다. 단지 아직도 민족의식으로 독립의 기회를 엿보고 있는 자도 있다고 들었다. 이에 대해서는 엄중한 단속을 요한다. [고후, 농민]

*주 14

조선인에 대한 징병제 시행은 참으로 적절한 정책이긴 하다. 하지만 대동아전쟁하의 제국이 얼마나 인적 부족, 특히 군인의 보충에 고심하고 있는지가 조선인 등에게 간파될 우려가 있다

365 구지(宮司): 신사(神社)의 제사를 맡은 가장 높은 지위의 신관(神官).

고 생각한다. 지금은 조선인도 대체로 황민화되어 왔지만, 역시 불령분자(不逞分子)는 조선 독립의 기회를 엿보고 있기 때문에 상당한 주의를 요한다. 이번 대동아전쟁에서 미국·영국 양국 군이 대패한 원인 중 하나는 속국(屬國)의 병사를 다수 전선에 출동시켰기 때문이라는 관점도 있다. 아무튼 시행할 때는 매우 신중을 기해야 할 것이다. [시마네, 촌장(村長)]

*주 15

조선에서의 징병제 실시는 대동아전쟁 완수상 참으로 부득이한 일이라고 생각한다. 지원병 채용도 조선인이 자발적으로 지원한다면 문제가 없겠지만, 반강제적으로 지원하게 한다면 이들의 동향에 매우 주의를 기울일 필요가 있다. 조선인 군인[朝鮮軍]은 조선의 수비에는 배치하지 말고 내지인과 혼성으로 수비하게 해야 할 것이다. [시즈오카(静岡), 향군연합 분회장]

*주 16

대동아전쟁 완수를 위한 반도의 징병제 시행은 국민 전체가 기뻐해야 할 일이지만, 그들이 민족적 성격이 강하다는 것을 잊어서는 안 된다. 그러므로 군의 편성에서도 반도인만의 이른바 민족군(民族軍)이 되지 않도록 경계해야 한다. 내선혼성군(内鮮混成軍)을 구성하여 내선 병사가 진정으로 협력할 수 있도록 훈련할 필요가 있다. [교토, 유식자]

*주 17

만주사변을 계기로 조선인도 상당히 변해왔으며, 이와 함께 내지인의 조선인관(朝鮮人觀)도 급속하게 변하고 있다. 대동아전쟁 발생 이래 특히 그들의 사상 및 관념이 현저하게 좋아져서, 나도 일본인으로서 자랑스럽게 여기게 되었다. 조선 당로자(當路者)[366]의 요망과 군의 작전 방침에 따라 이번 발표가 이루어졌다고 생각한다. 저들의 현 상황에서 총을 쥐어주더라도 아무런 위험을 느끼지 않아도 된다고 인정하기에 이른 것일 것이다. 대동아전쟁의 목적이 동아(東亞)에서 백인(白人) 세력을 소탕하고, 대동아의 맹주인 일본 및 일본인이라는 자긍심을 조선인에게도 갖게 하며, 또 이들이 전쟁에 직접 참가하는 길을 제공하고, 나아가 군대 교육으

366 당로자(當路者): 중요한 지위나 직분에 있는 사람.

로 확실한 황민화를 기대한다. 이렇게까지 생각한다면 징병제 실시의 결과는 조선인의 민족의식을 삭감시키고 황민화와 내선일체에 한층 더 박차를 가하는 일이 될 것이다.

한편 전쟁에서도 매우 기대되는 장기전(長期戰) 완수상 만전의 체제를 갖출 수 있다고 생각한다. 장래 조선 병사의 운용방침은 군의 일이기에 예단할 수 없지만, 대체로 내지 병사와 혼합하여 이루어질 것이며, 조선 병사의 독립부대는 편성하지 않으리라고 생각한다. 또 당연히 장교 등용의 길도 마련하겠지만, 종래와 마찬가지로 군인의 중추 부문에는 등용하지 않을 것이라 생각한다. 이상의 관점에서 징병제 실시를 매우 기대하며, 조선 동포와 함께 기뻐하여 마지않는다. 한편 대만은 조선보다 일찍 우리나라에 예속되었지만, 대만인은 결국 지나인이다. 현재 독립국으로 존재하는 이상 그들에게 기대하는 것은 당분간 바라지 않음과 동시에, 징병제 실시와 같은 것은 아직 바라지 않는다. [교토, 퇴역(退役) 육군 중장]

*** 주 18**

조선의 징병제도 시행은 당연한 것으로서 오히려 늦은 감이 있다. 1938년(昭和 13) 이래 지원병제도에 의한 응모자 상황을 보더라도, 또는 지원병의 실전 상황을 관찰하더라도, 반도인이 나라를 생각하는 진의(眞意)는 인정된다. 특히 일지사변(日支事變), 대동아전쟁 등에서 조선 동포는 일본의 실력과 건국의 정신을 철저하게 체득하였다. 한편 조선인의 독립운동도 소비에트연방으로 편향된 일부 공산주의자뿐이며, 일반인의 독립운동의 싹은 대동아전쟁 발발로 근절되었다고 할 수 있다. 그래서 향후 조선인은 염려하지 않아도 될 것이라 생각한다. 징병 후에 계획에 어긋하는 일이 생길 우려는 없을지, 장래에 조선과 내지의 협화(協和) 사업을 더욱 향상 발전시켜야만 한다. 하지만 현하(現下)의 조선인을 동아공영권 지도자로 삼는 것은 아직 충분하지 않으니, 협화에 의해 선도할 필요가 있다. 따라서 이번 징병제도는 조선인에게 중요한 국가 관념을 배양하게 할 것이다. [히로시마사단(廣島師團), 사령부 보도부장(報導部長)]

*** 주 19**

필리핀, 버마에 독립을 부여한다는 도조(東條) 수상의 선언에 자극되어 조선인의 사상 경향은 상당히 악화된 듯이 보인다. 이번 징병제에 관한 발표는 이러한 분위기를 해소하고 일본을 신뢰하도록 만들기 위한 정책적 의미가 포함되어 있다고 생각한다. [교토, 유식자]

2. 내지 재주 반도인의 의향과 동정

이번 징병제 실시 발표가 이전의 창씨제도 단행보다 반도 민심에 더 큰 충격을 준 것은 상상하기 어렵지 않다. 내지 재주 조선인의 이에 대한 의향을 보면, 대다수는 징병제 시행으로 향후 폐하의 신하[股肱]로서 국민의 3대 의무 중 하나를 담당하고 성전(聖戰)에 참가할 수 있게 된 영광을 기뻐하고, 또 종래 내선일체의 대방침도 이로써 진정으로 현실화할 수 있다고 기대하는 등 대개 적극적인 태도를 밝혔다. 그중에는 1944년도부터의 시행을 늦었다면서 올해부터 실시해야 한다고 요망하는 자조차 있다. 미나미(南) 총독은 반도인의 감격을 "다년간의 염원이 이루어진 것으로 징병제도 실시라는 한 단계에 이르게 되어 진정한 내선일체의 길이 확실해졌다. 반도 동포의 영광과 만족은 헤아리고도 남음이 있다."고 언급하였다. 그들의 이러한 감격의 표명은 투서(投書), 헌금 및 축전으로도 나타나고 있다.

1) 언동(言動)

1. 나는 수년 전부터 ① 의무교육제 실시, ② 조선 참정권 부여, ③ 「징병령」 시행, 이상 세 가지가 내선융화를 촉진한다는 논리를 계속 유지해왔다. 이번 발표는 실로 훌륭한 결단이다. 조선 민족에 내선일체의 지침을 주었다고 생각한다. 나의 장남 히사오(久男)는 현재 19세인데, 열광적으로 기뻐하는 것을 보고 부모로서도 실로 기뻤다. [도쿄(東京), 선을(鮮乙), 잡화상]

2. 1944년(昭和 19)을 기하여 우리 조선인에게도 내지와 마찬가지로 징병제도가 실시되게 되었다는 것을 들었을 때만큼 감격한 일은 일찍이 없었다. 나는 내지로 도래한 이래 십수 년간 미력하나마 내지에 거주하고 있는 100만 반도인의 황민화에 온 힘을 기울여왔으며 내선융화에 관계해왔다. 장기간에 걸친 관계자 당국의 이해와 지도로 오늘에 이르게 되었다니 오로지 감격할 따름이다. 만주사변에서 지나사변으로 이어졌으며 이번 대동아전쟁으로 진전되었다. 그동안 우리 동포 2,500만은 국부적으로는 여전히 교육·문화 등과 관련하여 유감스러운 일이 있어왔다. 그러나 대부분은 이번 전쟁하에서 시국을

잘 인식하여 제국 신민으로서 적성을 다하는 수많은 미담도 남아 있다. 내지인에 절대 뒤지지 않는다는 자각으로 피눈물 나는 노력으로 황민화, 내지화(內地化)를 목표로 분투해왔던 것도 오로지 오늘이 있기를 기대하고 있었기 때문이다. 이 기쁨을 어떻게 표현해야 할지 모르겠다. 국민 상호 간에, 예를 들어 병적(兵籍)에 올라있지 않더라도, 혹은 최전선에 서지 않더라도 봉공(奉公)은 직역(職域)에서 충분히 할 수 있음은 물론이다. 이 점을 잘 알고 있지만 신성한 국민인 이상 내지인과 같은 자격을 부여받아, 내지인과 어깨를 나란히 하고 떳떳하게 최전선에 서서 봉공할 수 있게 된 것을 큰 자랑으로 느낀다. 이와 동시에 한층 더 책임의 중대함을 자각하고, 나아가 제2, 제3의 광명을 찾아 제국의 중대한 일익을 담당하고 있다는 책임감 아래 완전한 '황국민(皇國民)이다'고 할 수 있을 정도로 더욱더 정진해야 할 것이다. [히로시마(廣島), 협화회(協和會) 지도원(指導員)]

3. 1944년부터 우리가 염원하고 있던 징병제도를 실시하게 되어 이보다 기쁜 일은 없습니다. 저는 협화회 간사로서 어떤 회의에 출석해서도 반도인 교육제도의 개선과 징병제 시행 및 도항증명서(渡航證明書)의 폐지를 주장해왔습니다. 그 후 교육제도도 개선되었으며 지금 또 징병제도가 시행되게 되어 마냥 기쁠 따름입니다. 같은 국가에 살면서 지금까지 징병제도가 없었던 것을 얼마나 유감스럽게 생각했는지 모릅니다. 반도인이라 하더라도 내지인과 아무런 차이도 없습니다. 오히려 체격에서나 단결력에서 말하면 내지인보다 뛰어나면 뛰어났지, 뒤떨어지지는 않는다고 생각합니다. 저의 아들도 17세입니다만, 호적이 반도에 있습니다. 그래서 이러한 비상시에 어떻게든 위로부터 쓰임이 있고 싶었습니다만, 지금의 지원병제도로는 생각대로 되지 않아 불만이었습니다. 이제야 겨우 우리의 염원이 실현되어 만족합니다. [모리오카(盛岡), 협회회 간사]

4. 대동아전쟁 발발 이래 연전연승하고 있는 오늘날, 일한합병 이래 우리 반도인에게 부여되지 않았던 병역의무에 관해서는 지난번 지원병제도 실시를 보았고, 지금 새로이 1944년도부터 징병제도를 실시하게 되었다. 우리의 감격은 말할 필요도 없다. 오직 일시동인의 성지(聖旨)에 부응할 수 있는 시기가 바로 지금이기 때문에 신체만 건장하다면, 예를 들어 지원했지만 받아들여지지 않았더라도 징병검사에 합격하면 대일본제국의 군인이

될 수 있다고 생각하면 기쁘다. [히로시마, 학생 종합의향]

2) 투서(投書)

1. 감사합니다. 오로지 감사할 뿐입니다. 징병제 시행 – 수십만의 모든 반도 청년이 느꼈을 이 감격을 도대체 어떠한 말로써 표현해야 좋을지 모르겠습니다. 남자로서 군대 훈련소에 설 수 없는 안타까움, 부름에 응할 수 없는 슬픔, 병역은? 이라고 질문했을 때 '없어'라고 대답해야 하는 고통. 전쟁에 나가는 병사들을 보낼 때나 맞이할 때도 '나는 할 수 있어, 해야지'라고 지금까지 얼마나 자신의 마음을 타일렀을까.

   저뿐만이 아닙니다, 현재 모든 반도 청년이 지닌 진정한 마음은 징병제 실시야말로 내선(內鮮) 사이에 가로놓인 모든 마음의 울타리를 헐고, 싫더라도 결합해야 한다고 믿습니다. 어젯밤 19세의 반도 소년을 만나 "너는 1944년도에는 제일 먼저 가는 거야."라고 하자, 그 소년은 "그렇게 되면 제 아버지는 도쿄 구경을 할 수 있어요."라고 대답하였습니다. '그 의미는 자신이 전사(戰死)한다면 야스쿠니신사(靖國神社)에 가게 된다. 그러면 자신을 만나러 아버지가 도쿄에 온다'라는 것이다. 이런 마음이야말로 반도 소년 전체가 품고 있는 마음이라고 믿습니다. 저는 오로지 감격에 겨워 부름의 날을 기다리고 있습니다.

   반도의 한 청년으로부터

2. 정보국(情報局) 총재님. 이번에 우리에게도 징병제도를 시행하게 해주셔서 감사하며 감격해 마지않습니다. 우리에게는 더없는 명예입니다. 아, 일본제국에 태어난 행운, 뭐라고 감사해야 좋을지 온몸이 뜨거워지고 있습니다. 지금이야말로 야스쿠니 영령(英靈)의 원수를 갚아 보이겠습니다. 아무쪼록 내지의 여러분, 우리가 거두는 전과(戰果)를 즐겁게 기다려주세요. 더욱더 내선일여(內鮮一如), 대동아전쟁 완수에 매진할 수 있는 기쁨에 이 편지를 썼습니다. 천황 폐하 만세, 대일본제국 만세.

   마쓰모토 모토지로(松本元治郎)

   다니(谷) 정보국 총재 각하

3) 헌금(獻金)

1. 협화회 도쿄니시간다지회(東京西神田支會) 보도원(輔導員)

징병제 실시 공표에 감격하여 이를 실시에 따른 준비 경비의 일부로 써주시기 바란다면서, 금 100원을 관할 니시간다경찰서(西神田署)를 통해 5월 18일 육군성(陸軍省)에 헌금하였다.

2. 베이클라이트[367] 직공(도쿄)

징병제 시행 공표에 감격하여 5월 10일 직접 해군성(海軍省)에 출두해 금 10원을 국방헌금(國防獻金)으로 헌납하였다.

4) 융화운동자(融和運動者)의 동정

* 야마토구락부(大和俱樂部, 도쿄)

조선 징병제 시행 발표에 감격하여 박춘금(朴春琴) 이하 11명은 즉시 미나미(南) 조선총독, 이타가키(板垣) 군사령관 앞으로 축전을 보내고, 궁성요배(宮城遙拜) 후 내각·육군성·해군성·척무성(拓務省)[368] 등을 방문하여 각 대신에게 감사장(御禮狀)을 제출하였다. 그리고 16일에는 메이지신궁(明治神宮), 야스쿠니신사에 참배하여 감사 기원(祈願)을 할 계획이다. 징병제 시행은 박춘금이 다년간에 걸쳐 분주하게 노력한 덕분이라며, 그를 따르는 무리는 박춘금의 공적으로 칭하고 있는 상황이다.

물론 시정(施政) 30여 년의 성과를 보아야 한다. 반도인 황민화의 결실을 착실하게 거두고 있는 오늘날, 위와 같이 성은(聖恩)에 감격하여 성심껏 봉공하겠다고 맹세하는 자가 적지 않다는 것은 당연히 예상할 수 있을 것이다. 하지만 이와 같은 감격을 내지에 거주하는 모든 반도인이 진심에서 나온 것이라고 단정하고 곧바로 낙관해도 좋을까. 즉 한 걸음 더 들어가서

367 베이클라이트(bakelite): 1906년 발명된 열경화성(熱硬化性) 합성수지의 하나. 최초의 인공 플라스틱이라고 할 수 있다.

368 척무성(拓務省): 1929년에 설치된 일본 내각의 하나로서 척식 업무, 즉 식민지 행정을 통괄하던 중앙관청. 1942년 대동아성(大東亞省) 설치로 폐지되었다.

조금 자세하게 관찰해보면, 그중에는 징병제 실시에 대한 기쁨을 표명함과 동시에 곧바로 의무교육제 실시뿐만 아니라 나아가 참정권 획득, 도항 제한 철폐, 본적(本籍) 이전 문제 등을 거론한다. 징병제를 실시하는 이상, 이러한 문제들을 한꺼번에 해결하고자 하며, 또는 가까운 시일에 해결되기를 기대하는 자가 상당수 있다는 것을 발견하게 된다. 생각건대 저들의 감격이 진정으로 순수한 것이라면, 이러한 이른바 반대급부적인 점은 언급하지 않아야 하지 않을까. 이를 보면 그들은 황국민으로서의 영광에 감격한다는 단순한 기쁨이라기보다는 오히려 차별대우의 하나라도 철폐된다는 점을 기뻐하고 있는 것으로 보인다. 이는 대부분의 반도인이 아직 진정으로 일본인으로서의 자각이 철저하지 않다는 것을 드러내고 있다. 동시에 의무의 이행보다도 권리의 획득에 민감한 특성 때문에 이른바 '차별대우'에 많은 관심이 있다. 그 자격의 유무(有無)를 반성하기에 앞서 우선 그 철폐만을 요망하고 있는 심리 상태를 여실히 반영하고 있다고 볼 수 있다.

1. 반도인이 징병될 경우 수많은 마찰, 그 외 파생되는 사건의 발생이 예상된다. 하지만 이를 내다보면서 정부가 단호하게 1944년도부터 실시할 것을 각료회의에서 결정한 것은 진정한 내선일체를 바라는 입장에서 매우 감격스럽다. 반도인에게 국민으로서의 최대 의무인 병역의무 부가의 교환조건으로 당연히 생각할 수 있는 것이 반도인의 중앙참정권과 내지 도항 제한 철폐이다. 내지 도항 제한은 반도인에 대한 일종의 차별대우이며 우리로서는 굴욕이다.

   조선을 일본국(日本國)이라 하고, 조선인을 일본인이라고 하면서 내지 및 내지인과 차별하고 있는 것으로는,

   (가) 징병제도가 없다는 것
   (나) 의무교육제도가 없다는 것
   (다) 「호적법(戶籍法)」에 의해 내지로의 원적(原籍) 이동의 자유가 없다는 것

   등을 들 수 있다. (가)는 실시하기로 되었지만, (나)와 (다)를 신속히 실시하는 것은 3천만의 진정한 동포를 얻는 유일한 길이다. [교토, 유식자]

2. 이번에 정부의 큰 결단으로 우리 반도 출신자에게도 국민의 3대 의무인 징병제도의 의무가 부가되어, 명실공히 황국민으로서 최고의 의무를 다할 수 있게 되었습니다. 실제로 반도인이 징병될 경우 수많은 마찰, 기타 파생적인 사건이 생길 것으로 예상됩니다. 정부가 이러한 사실을 예측하여 1944년부터 단호하게 시행하기로 각료회의에서 결정한 것에 대해서는, 나는 진심으로 내선일체를 바라는 입장에서 매우 감사하고 기뻐하고 있습니다. 여기서 생각할 점은 반도인에게 국민으로서 최대의 의무인 병역의 의무가 부가되었기 때문에, 교환조건이라고 하면 좀 이상하지만, 당연히 생각할 수 있는 것이 중앙참정권의 부여와 반도인의 내지 도항 제한의 철폐입니다. 중앙참정권 부여로 진정한 내선일체화가 실현될 것입니다. 우리의 의도가 중앙에서 받아들여지는 것이야말로 진정한 정치라고 할 수 있습니다. 내지 도항 제한은 반도인에 대한 일종의 차별적 행위이며 굴욕이기 때문에 징병제도 실시와 동시에 철폐되어야 할 것입니다. 이는 저 개인의 의견이 아니라 아마 반도 출신자 모두의 의견이라고 생각합니다. 단지 입 밖으로 말을 하느냐 하지 않느냐에 차이가 있을 뿐입니다. 또한 다른 한편으로 생각해보면, 반도인에 대한 징병제도 시행은 시기상조라고 여겨집니다. 임시로 실시한다고 하더라도 유예기간이 너무 짧다는 느낌입니다. 적어도 3년 이상은 필요하다고 생각합니다. 왜냐하면 정부가 조선인에 대한 징병제도 시행을 결의한 이유는, 최근 신문지상에 발표된 바로는 만주사변 혹은 이번 전쟁 개시 이래로 조선인의 일본국민다운 의식이 높아진 결과이며, 징병제도 시행에 대한 요망이 강렬했기 때문이라고 언급하고 있습니다. 하지만 이는 조선인 중 일부 지식계급의 명예감을 만족시키기 위한 유동이며, 조선인의 국민의식이 고양되었다는 것도 아마 일부분이라고 생각합니다. 현재 내지로 도항하는 자의 대부분은 아직까지 국민의식이 높지 못하고, 또 자격을 갖추고 있지 않습니다. 따라서 우선 반도인 출신자에게 의무교육을 실시하고 국체관념을 철저히 이식시켜 천황 폐하의 적자(赤子)라는 국민의식 향상을 도모하는 것이 선결문제라고 생각합니다. 그렇지 않으면 실제로 징병되더라도 문자나 언어를 알지 못하거나, 혹은 일본 민족으로서의 본질의 차이에서 나온 관념상의 문제로 인해 징병제도 실시에 차질을 초래할 것이며, 나아가 지금 이상으로 반도인을 차별하는 것이 될 수도 있습니다. 이러한 결과는 반도인에게 징병 기피라는 사상을 유발하여 내선일체화라는 이상과는 반대되는 현상이 생기는 것 같은 결과를 빚게 되지 않을까 우려스럽습니다. [교토, 특요선을(特要鮮乙)]

3. 우리 조선인이 지금까지 총후(銃後) 국민으로서 진심을 다해왔지만, 내지인은 왠지 신용하지 않는 듯하다. 이번 징병제 시행으로 이러한 마음가짐이 정리될 수 있도록 반도인의 본적을 내지로 이적할 수 있기를 바란다.
적어도 내지에 20년 이상 일정 지역에 거주하고 있는 자에 대해서는 전적(轉籍)할 수 있도록 해주었으면 한다. [도쿄, 무직(無職)]

4. 나는 20년 전부터 이것을 요구하며 운동해왔는데, 실현되어 진정 기쁘기 그지없다. 같은 일본 국민이면서 징병제도가 시행되지 않은 것은 무엇보다 차별이라고 생각한다. 지난번에 창씨제도가 허가되고 이번에는 본적의 이전 및 혼혈(混血)인데, 이는 가장 큰 문제인 징병제가 시행됨으로써 이런 것들도 반드시 시행될 것으로 생각한다. [시즈오카, 양복상(洋服商)]

5. 나는 고베에 와서부터 그다지 정치운동은 하지 않았지만, 나고야에 있었을 때는 정치운동을 했습니다. 나는 10여 년 전부터 징병제 실시를 주장해왔습니다. 이번에 마침내 조선에서도 징병제가 실시되게 되어 감격해 마지않습니다. 이는 미나미(南) 총독의 노력도 그렇거니와, 도조(東條) 수상의 큰 결단에 경탄하지 않을 수 없습니다. 이전에 우리가 이 문제를 언급하면 조선은 내지에 비해 문화·교육 정도가 낮기 때문이라고 했다. 같은 내지에서도 도시 사람과 시골 사람의 문화 차이는 있지만, 지금까지 아무런 문제가 없다. 조선에서도 우수한 자만을 징집한다면 문제는 없을 것이다. 일찍이 정당이 화려했던 무렵 대의사(代義士) 들 사이에서는 조선을 식민지라고 칭하면서 영국·미국과 같은 착취주의(搾取主義)라고 칭했던 시대가 있었는데, 이로써는 내선일체는 할 수 없다. 내선일체는 징병 의무를 부담함으로써 비로소 어울리는 말이 되었다고 생각한다. 이제 하나 남은 문제는 총독부제(總督府制)의 문제이다. 완전한 내선일체라는 말을 사용하지 않는 총독제(總督制)를 폐지하고 내지와 동일한 현명(縣名)으로 내무성(內務省)이 직할하는 정도까지는 해야 한다. [효고(兵庫), 선을(鮮乙)]

한편 징병제 실시에 대한 반대 의견이 존재하는 것도 당연하다. 그 주된 것은 이른바 식민지 병사가 될 수는 없다는 두려움과 전통적으로 존재하던 양반계급의 천병(賤兵) 사상 및 서

민계급의 공병(恐兵) 사상이다. 전자는 이번 대전쟁에서 악랄한 영국·미국에 의해 자행된 비인도적인 작전에서 연상된 것이다. 반도인에게 이처럼 두려움이 존재하는 것은 우리 정책에 대한 불신이 드러난 것이라고 할 수 있다. 이 점에서도 민족적 편견을 뿌리뽑기는 어렵다고 생각하는 것이다. 후자는 이조시대(李朝時代) 계급제도와 용병제도의 결과로서, 전통적으로 반도인 사이에서 광범위하게 존재하고 있는 것이다. 병사가 되는 것은 낮은 계급인 자에게만 한정되었던 이조시대의 관념으로서 이른바 문무고관(文武高官)인 양반계급은 지금도 병사를 천대시한다. 체면상 징병제 실시를 맞아서도 이를 기피하려는 경향이 보인다. 또 병사가 되면 반드시 죽는다는 미신적인 공병 사상은 농어촌에 널리 퍼져 있으며, 특히 여성들이 뿌리 깊게 믿고 있다고 한다. 그러므로 이러한 전통적인 징병 기피적인 태도에 대해서는 징병제 실시상 신중한 주의를 기울일 필요가 있으며, 동시에 준비기간 중에 적절한 교화방책도 필요하다고 생각한다.

1. 일찍이 내지에 거주하는 조선인의 징병제도에 관한 의향은, 일반적으로 조선인이 군인이 된다면 미국이 필리핀 병사를 대하듯이, 혹은 영국이 인도 병사를 대하듯이 차별 관념으로 임하거나 총알받이가 되지는 않겠냐고 여기는 자가 많았다. 자제(子弟)를 가진 대다수는 병대(兵隊)로 나가는 것을 기뻐하지 않는다. 내가 아직 본적지에 있던 당시 보통학교(普通學校)에 들어가겠다고 말하자, 양친이나 친족이 학교를 나오면 군대에 가야 하니까 가지 말라고 해서 그만두었다. 오늘날 50세 이상의 부모들은 대부분 이런 마음을 지니고 있다고 생각한다. [도쿄, 특요선을(特要鮮乙)]

2. 반도인이 징병된 초기에는 미국의 필리핀 병사나 영국의 인도 병사와 같이 차별 관념으로, 혹은 총알받이가 되지 않을까 하는 두려움이 있다. 그래서 자식을 가진 부모는 군대에 보내는 것을 좋아하지 않는 자가 많다. [교토, 유식자]

3. 현재의 지원병제도를 당분간 계속하고 징병제는 4~5년 후에 실시해야 한다고 생각한다. 조선 청년의 교육은 내지인과 비교가 되지 않는다. 우선 의무교육을 철저히 한 후에 시행하는 것이 지당하다.

징병제 실시에 대해서는 조선인의 오래된 인습(因習) 때문에 부형(父兄)들이 다소 공포를 갖고 있다. 특히 이조시대에 사신(使臣)이었던 양반은 아직 봉건적 사상이 농후하기 때문에, 일반 농촌 청년과 동일하게 취급받는 것을 자신의 명예를 해치는 것으로 생각하여 징병제 시행을 내심 반대하고 있는 자가 상당히 많다고 생각한다. [도쿄, 직인(職人)]

4. 지나사변이 발발하고 5년이 지난 지금 징병제 시행을 발표한 것은 너무 늦은 감이 있다. 조선인 대부분은 만주사변 후 징병제가 시행되는 것을 각오하고 있었던 듯하다. 동시에 일반인은 의무교육제의 실시, 참정권도 희망하고 있었다. 그런데 이 3대 염원이 하나도 채택되지 않았고, 언문(諺文) 금지, 창씨개명(創氏改名) 등 마른하늘에 날벼락 같은 생각하지도 못한 일이 잇달아 일어났기 때문에 조선 내에서는 여러 가지 불평도 있었던 것 같다. 이것들은 대동아 건설 앞에는 아무런 문제도 안 된다고 생각한다. 이번 징병제 시행도 한편으로는 기쁘고 한편으로는 걱정스럽다. 일반 농촌 방면에서는 매우 환영하고 있다고 믿지만, 한편으로 도시인 또는 양반계급의 반자본가(半資本家)들 중에는 「징병령」을 싫어하는 경향이 있다고 생각한다. 그들은 아직도 옛날의 봉건적인 마음을 다소 가지고 있고 이기주의로 항상 게을러서 현 시국에 눈을 뜨지 못하고 있다. 이번 「징병령」으로 이들 양반계급의 청년을 징병하여 군사훈련을 시키고 시국을 인식시킬 필요가 있다. 현재의 지원병제도에 대해서도 그들은 여러 가지 핑계로 지원병을 기피하고 있는 것은 확실하다. 앞으로 우리 조선인은 일본을 의지하고 일본인과 친하게 지냄으로써 가장 행복한 좋은 영향을 받게 될 것이다. 이러한 사실을 확실히 믿는 나도 과거에는 무정부주의운동 등을 하면서 바보같은 소동을 벌인 적이 있다. 그렇지만 현재는 시대를 자각하고 인식하여 대동아 건설에 도움이 되고자 염원하고 있다. [도쿄, 전 아나계[369]]

5. 조선 통치정책의 일보 전진은 기쁘다. 하지만 조선은 역사상으로 보아 고려시대는 상무(尙武)의 기풍이 있었으나 이조시대부터는 병사를 천시하는 풍습이 있었다. 노인 중에는 천병(賤兵) 사상이 있고 '군대에 가면 죽는다'라는 공포심을 지니고 있는 자도 있을 것이라 생

369 아나키스트 계통.

각한다. 이러한 점을 실시상에서 고려할 필요가 있다.

6. 우리 조선인 전체로 보면 시기가 좋지 않을 뿐만 아니라 너무 이르다는 점도 있다. 왜냐하면 일반적으로 조선의 농어촌 사람은 옛날부터 일종의 전통적인 공포심을 갖고 있어 군인이 되는 것을 좋아하지 않았다. 전쟁이 한창인 현재 이를 실시한다면 농어촌의 대중에 끼치는 반향은 매우 클 것이다. 의무교육제 시행이 선결문제이다. 앞으로 정부와 총독부가 이러한 민중을 어떻게 이끌어갈 것인가가 가장 중대한 관심사일 것이다. [도쿄, 선갑(鮮甲)]

7. 징병의 실제 문제로 보면, 내지에 재주하는 자보다 조선에 거주하는 자가 더 순수하다. 이를 혼합할 경우 상당히 장애가 생길 것이다. 또 군대를 기피하는 반도 부녀자의 마음은 뿌리 깊으며, 군인이 되면 죽는다는 관념이 굳게 자리하고 있다. 이러한 잘못된 사상을 어떻게 교정할 것인가. [교토, 학생]

3. 재선(在鮮) 내지인의 의향

현지(現地)에서 내지인의 의향은 한마디로 말해 징병제 시행이 반도인의 오만불손한 태도를 더욱 조장하지는 않을까 두려워하는 자가 많다. 부화뇌동하여 의무를 다하지 않고 권리를 주장하는 그들의 성격으로 보아, 징병과 같은 최대의 의무를 부담하는 이상 당연히 '반대급부'로서 권리를 요구할 것이 예상된다. 의무교육 문제, 가봉(加俸) 문제, 참정권 문제 등에 관한 그들의 요구에 대해서는 정부의 단호한 방침이 요청된다. 이처럼 조선인의 오만불손함을 두려워하는 경향이 강한 것은 조선 거주 일본인 의향의 한 특색이라고 할 수 있다.

1. 군대는 머리 숫자를 갖추는 것만으로는 오합지졸이나 마찬가지다. 중요한 것은 정신력이다. 3천 년 이래 전통적으로 키워왔고 세계에 둘도 없는 야마토 다마시(大和魂)[370]를 지닌 현

370 야마토 다마시(大和魂): 일본 민족의 고유한 정신으로 강조된 관념이다. 화혼(和魂), 대화심(大和心), 일본정

재의 일본군은 어떤 군과도 비교되지 않는다고 생각한다. 요즈음과 같이 까딱하면 내지인을 압박하는 행동으로 나오는 조선인의 사상적 경향이 점점 더 늘어가고 있는데, 징병제 실시로 이를 더 증가시키는 요인이 될 것이다. 과연 이 제도 실시가 적기(適期)인지 의문이다. [부산(釜山), 재향군인]

2. 내선일체 구현에 획기적인 효과를 가져다줄 것이기에 기쁘기 그지없지만, 지나사변 이후 일부 반도인의 오만불손한 압박적 태도를 고려하면 오늘날 징병제도의 시행은 더욱 그들의 자존심을 건드리게 되어, 모든 내선 차별의 철폐, 참정권 부여 등을 급속히 요구하지 않을까 생각한다. 반도인 가운데 중국어를 이해하는 자는 약 30%에 지나지 않는다. 민도(民度), 사상, 모든 각도에서 보아 시기상조라는 느낌이 든다. [대구(大邱), 학교장]

3. 조선인은 일반적으로 의무를 다하기보다 권리를 주장하는 폐단이 있다. 참정권이나 의무교육 등 현실에 대해서는 적극적으로 요구하면서 징병제 실시 등에 대해서는 영합적(迎合的)이어서, 충심(衷心)으로 이를 바라는 자는 거의 없는 듯이 보인다. 표면상으로는 이렇게 말하면서도 진정한 애국심에서 나온 것으로 인정되는 자는 지극히 적다. [대구, 경방단장(警防團長)]

4. 시기상조다. 필경 하급 관청에서 날조한 지원병의 지원 상황을 당국은 진정한 열의에서 나온 것이라 오해하고 정부에 진언하였기 때문에 본 제도를 실시하게 된 것이라고 생각한다. 하지만 '부처(佛)를 만들어놓고 혼(魂)은 넣지 않는' 결과로 끝날 우려가 있다. [대구, 전 신문지국장]

5. 시기상조다. 반도인은 지나사변 이래 예전에 보지 못했던 횡포가 늘어가고 있다. 본 제도의 시행으로 이것이 더욱 심해져 내지인의 향후 생활이 염려된다. [전주(全州), 의사]

신(日本精神)과 같은 뜻이다. 전시체제기에는 군인의 사기 진작 구호로 사용되었다.

6. 본 제도는 반도에 대한 정치적 방책이라고 생각되지만, 향후 내지인은 조선 부대에 입대하는 것을 꺼려서 징병 적령 자제를 내지에 머물게 할 것이다. 또 반도인 재향군인이 다수가 되면 지도적 입장에 있던 내지인은 뒤로 물러날 수밖에 없을 것이다. [전주 읍회(邑會) 의원]

7. 시기상조다. 첫째 국어(國語)[371]를 이해하지 못하는 자가 입대하면 어떻게 될까. 현재 조선인은 우리에 대해서 '그대는 도대체 누구의 덕으로 재산을 만들었나. 우리 조선인의 덕이 아닌가. 그러니 그대들은 기부금을 한 사람당 배는 더 내야 한다.'는 등을 지껄이는 자도 있는 현상이다. 지나사변이 5년째가 되지만 아직도 방관적인 태도를 보인다. 내선일체라고 하면 곧바로 내지인과 같은 권리를 요구한다. 만약 대동아전쟁이 미국·영국에 유리하게 전개되면 그들은 적들을 편들지도 모른다. [광주(光州), 상업]

8. 현재 조선의 실정으로 보아 절대 시기상조다. 지원병 지원이 15만이라고 보도하고 있지만, 자발적인 지원자는 몇 명이나 될까. 실시 단행 성명(聲明) 후 언동은 삼가야겠지만, 조선인의 군대가 되지 않도록 군의 기구도 전면적으로 개혁해야 한다. 그렇지 않으면 일시동인은 이상에 불과하며, 우리의 빛나는 역사를 파괴할 것 같은 사태가 일어날지도 모른다. 상의하달(上意下達), 하정상달(下情上達)도 없는 시대의 상태이리라고 하고 싶다. [부산, 예비역 소위]

9. 조선인에게 의무를 지우는 것은 동시에 권리도 부여한다는 각오를 필요로 하는 것이다. 이번 문제는 의무 중에서 최대 의무인 관계로, 권리 주장을 서두르는 조선인으로서는 당연히 반대급부를 요구하게 될 것이다. 가봉(加俸) 문제, 참정권 문제 등 매우 복잡다기하다는 것을 예상하지 않으면 안 된다. 일단 발표한 이상 옳고 그름을 논해도 어쩔 수 없다. 중요한 것은 악(惡)에 대해서는 철저히 제압하고 이와 동시에 선(善)을 조장할 수밖에 없다. [평양(平壤), 회의소(會議所) 부회두(副會頭)]

371 일본어를 말함.

4. 재선(在鮮) 반도인의 의향

이미 지원병제도도 상당한 성적을 거두고 있는 조선에서는 징병제의 실시를 당연히 올 것이 왔다, 내선일체의 진정한 구체화다라며 일반적으로 찬성의 뜻으로 맞이하는 것이 내지 재주자(在住者)의 감격에 비하면 약간 저조하다. 천병·공병적(賤兵恐兵的)인 기피 경향은 하층계급과 노인, 적녀(嫡女)[372] 사이에 상당히 존재한다. 상층 지식계급 사이에서는 의무교육, 내지도항, 가봉(加俸)·숙사료(宿舍料), 참정권 등에 관한 차별대우의 철폐를 바라는 목소리가 있다. 또한 저들의 요망은 총독제도의 철폐(이것은 내지 반도인 중에도 있음)에까지 이르고 있다.

1. 징병제도 실시의 요망은 일부 반도 청년의 일시적인 감격과 정치에 관여한 관리와 각종 의원, 유력자가 인기를 끌려는 정책에 불과하다. 지원병제도가 실시되었을 때 나아가 지원하려고 한 사람은 극소수이고, 그 밖에는 모두 당국의 종용에 따른 것이다. 지원자의 모친은 모두 반대하였다. 징병제도는 의무로 전부 뽑히기 때문에 무지한 부인의 반대는 상당히 클 것이다. 상세한 사항이 발표되면 이들은 모성애에서부터 각종 수단을 써서 기피하지 않을까. 어떻든 현재 모친들의 심경은 제도에 대해 크나큰 불안과 초조함을 가지고 있는 것은 사실이다. [경성, 유식자 부인]

2. 지원병제도는 어린아이의 나쁜 장난과 같은 것으로, 반도인 상층부는 환영하지 않았다. 징병제도의 실시로 내지인과 동등한 자격을 부여받은 것이다. 인간은 의심하면 끝이 없다. 내지인은 너무나 우월감을 갖고, 반도인은 지나치게 비뚤어졌다. 일부 청년은 독립을 헛되이 꿈꾸고 있을지 모르나, 반도의 독립이 장차 발전할 것인지, 영속할 것인지를 생각하면 완전히 헛된 것이다. 구주(歐洲)의 현상이 그것을 실증한다. 이 정도로 내지인과 동등한 취급을 받는 것에 감사한다. 지금 곧바로 전쟁터에서 내지인과 같은 활동은 할 수 없겠지만, 지지

---

372 적녀(嫡女): 본처가 낳은 맏딸.

않겠다는 마음으로 반드시 반도에서도 제2의 폭탄3용사(爆彈三勇士)[373]와 9군신(九軍神)[374]이 나올 것이라고 믿는다. 머지않아 내지와 같은 권리도 부여될 것이다. [경성, 조선귀족]

3. 반도인 가운데에도 본 제도를 좋아하지 않는 사람이 다수라고 예상된다. 본 제도를 가장 기뻐하는 것은 내지 재주자이다. 조선은 아직 민도가 낮고, 또 민족 관념에서 벗어나지 않은 자는 흔쾌하게 생각하지 않을 것이다. 반도인의 결점이랄까, 풍속·습관 등을 내지인화할 수 없는 것과 나쁜 습관을 타파할 수 없는 것은 진실로 유감이다. 운운. [경성, 경성제대(城大) 예과생(豫科生)]

4. 제도 실시의 시작으로 당연히 조선 재주 내지인 관공리에 대한 가봉·숙사료, 기타 내선인 차별적 제도는 전폐될 것이다. 우리도 그때는 공회(公會) 석상에서 아무런 거리낌 없이 당당하게 내선 차별의 철폐를 주장할 심산이다. [대구, 전 도회(道會) 의원]

5. 예상하고 있던 일이었지만, 의무교육제도가 선행할 것이라고 생각하고 있었기 때문에 의외였다. [대구, 신문지국장]

6. 요즈음 각종 내선인 구별제도, 특히 내지 도항의 제한을 철폐해주시기 바란다. [전주, 농업]

7. 반도인은 공자(孔子)의 『논어(論語)』 및 불교에서 온 도덕관념으로 '효(孝)'에 있어서는 다른 민족에 비해 전혀 뒤지지 않지만, '충(忠)'의 관념은 조선의 역사와 통치자의 변천에 따라 비교적 희박하지 않나 생각한다. 무학(無學)의 무리에 대해 충의 관념을 충분하게 심어줄 수 있을지 의문이다. 제도가 실시된 이상 조선인과 내지인은 절대 똑같이 대우해야만 한다. 현재와 같은 차별대우에서는 피를 흘릴 만한 보람이 없다. [부산, 정미업(精米業)]

---

373 폭탄3용사(爆弾三勇士): 1932년 제1차 상해사변에서 적진을 뚫고 자폭해 돌격로를 열었다고 미화된 독립공병 제18대대의 에시타 다케지(江下武二), 기타가와 스스무(北川丞), 사쿠에 이노스케(作江伊之助) 등 3명의 일병을 말한다. 육탄삼용사(肉弾三勇士)라고도 한다.

374 9군신(九軍神): 태평양전쟁에서 하와이 진주만 공격 당시 돌아오지 않는 특별공격대 대원에게 주어진 칭호.

8. 의무교육제도도 발표되지 않았는데 어째서 징병제도가 발표되었는지 알 수 없다. 반도인의 부담과 책임은 상당히 무겁게 되었다. [신의주(新義州), 사철(私鐵) 차장(車掌)]

9. 이 기회에 내선(內鮮)의 구별을 철폐하고 총독정치도 폐지하여 내지의 연장을 도모할 필요가 있다. [신의주, 요주(要注)]

10. 오는 중의원(衆議院) 선거가 있을 때까지는 반도에도 참정권을 부여하여, 처음에는 먼저 각도에 1인 정도의 대의사(代議士)를 선출할 수 있다고 생각한다. 만약 3군에 1인 정도의 비율이라면 입후보할 생각이다. 당선은 자신 있다. [신의주, 도회 의원]

5. 조선 통치에 관한 염원서

김희선(金熙善)[375]은 6월 12일 고이소(小磯) 조선총독에게 조선 통치에 관한 염원서를 제출하였다. 다음에 징병제 실시에 관한 부분만을 뽑아 기록한다.

「염원서(念願書)」

1. 식량(食糧) (생략)

2. 징병과 의무교육

조선 징병제에 대해 일반 지식계급은 내선관계를 한층 적극적이고 긴밀하게 할 것으로 전망하여 찬성하고 있다. 이 계급 이외의 많은 사람은 아직 그 진의(眞意)를 몰라서 반도인이 황군이 될 수 있는 시대의 흐름을 반기지 않는다. 심지어는 서양인의 토착민 병사와 같다고 이

375 김희선(金熙善, 1875~1950): 조선 말기 육군참령(陸軍參領)으로서 일제 강점에 저항했으며, 안주군수(安州郡守)로 재직 중 3·1운동을 지원한 뒤 중국 상해로 망명하였다. 대한민국임시정부 수립에 참여하여 군무부 차장, 육군무관학교 교장 등을 지냈으며, 1920년대에 서간도에 임시정부 직속기관인 대한광복군총영(大韓光復軍總營)의 설치를 주도하였다. 그러던 중 변절하여 친일파로 변신했으며, 1950년 6·25 전쟁 중에 사망하였다. 1980년 대한민국 정부가 건국훈장을 추서했다가, 친일 행적이 드러나 1996년 서훈이 취소되었다.

해하는 사람도 있다. 그렇게 된 이유는 의무교육 실시와 동시에 시행해야 하는데, 징병제와 동시에 시행해야 할 의무교육을 뒤로 미루고 징병제를 먼저 선포하는 순서를 맞게 된 결과이다. 그렇다면 징병제를 연기하고 의무교육을 먼저 시행할 것인가. 아니면 1944년도부터 시행할 징병을 일정 기간(의무교육 실시 기간까지)은 국민학교 졸업 정도 이상으로 제한했으면 한다. 만일 그대로 징병하게 되면 애써 병사가 되어도 도리어 황군이 국민적 기초교육이 없는 문맹(文盲)의 군대가 되어, 일본정신 체득 함양 내지는 봉공에 상당한 저하를 가져올 것이다. 가능하면 특히 이러한 점을 높이 헤아리기를 고개 숙여 기원한다.

3. 중추원(中樞院) 개혁 문제 (생략)
4. 내선(內鮮) 관리의 차별 철폐 (생략)
5. 인재 등용 (생략)
6. 산업 경륜(經綸) (생략)
7. 암행어사(暗行御使) (생략)
8. 강제 시책(施策)의 완화 (생략)
9. 최고 참여관(參與官) (생략)
10. 통제경제법의 운용 문제 (생략)

1942년 6월 12일

경성부(京城府) 가회정(嘉會町) 1번지

김희선(金熙善)

조선총독, 육군대장, 고이소 구니아키(小磯國昭) 각하께 염원서를 올림

6. 대만인의 의향

대만은 조선보다 일찍 일본의 영토가 되었음에도 불구하고 올해부터 겨우 지원병제도가 채택된 데에 지나지 않는다. 대만에 대한 정부의 '편파적인' 대우라고 일부 대만인들 사이에는 불만을 느끼고 있다. 일반적으로는 같은 민족인 지나인과 싸우기를 바라지 않으며, 징병

제 시행도 이번 대전(大戰) 종료까지 연기했으면 좋겠다고 요망하였다. 내지인도 이 점에 관해서는 다소 경계하고 있다.

1. 조선에서는 1944년부터 징병제를 실시하게 된 이유가 있다. 조선과 대만은 외지(外地)라는 처지에서는 같아도 그간 각각 민족적 역사가 다르기에 병역 관념도 동등하게 논할 수는 없다. 물론 나로서도 일본 국민의 일원(一員)인 이상, 대만인의 병역에 관한 한 정면으로 반대하는 것은 아니다. 징병제도가 선포되는 분위기 속에서 사내아이를 가진 부모로서 말할 수 없는 중압감을 느끼는 것은 사실이다. 대만인은 조국이 지나민족이라는 것은 너무나도 명백하다. '피는 물보다 진하다'라는 점을 생각하면 대만인의 군대가 지나군과 싸우게 된다면 그 창끝이 무뎌질 것이라는 점은 상상하기 어렵지 않다. 따라서 대만인의 징병제는 이와 같은 복잡성으로 포장되어 있기 때문에, 조선의 예(例)처럼 곧바로 실시할 것이라고는 생각하지 않는다. 나 자신도 또한 마음속으로 이를 기대하고 있다. [도쿄, 대지업(貸地業)]

2. 조선에서는 내후년인 1944년부터 징병제가 시행된다고 하는데, 현재의 여러 정세로 판단하면 조만간 대만에서도 해당 제도가 반드시 시행되어야 할 것이다. 본도인(本島人) 중 이 일로 가장 타격을 받고 두려워할 자는 대지업[貸地業(地主)-원문] 계급이다. 종래 그들은 재력이 있기에 총독부의 관리들과 밀접한 교제를 통해 농민을 착취하고 사치스러운 생활에 젖어왔다. 이런 관계상 자신의 자제가 징병으로 나가게 된다면 얼마나 고통을 느끼겠는가. 나로서는 징병제 실시에 반대할 마음은 없지만, 만일 실시하게 된다면 다음과 같이 되기를 희망한다.

(가) 대만에서의 징병제 시행은 대동아전쟁이 끝난 후가 가장 적절한 시기라고 믿는다.

(나) 만약 대동아전쟁 중에 실시한다 하더라도, 대만인 병사를 지나 대륙의 전쟁터로 보내지 않기를 바란다.

(다) 어쨌든 징병제를 시행하더라도 병졸만으로는 단순한 발판밖에 되지 않는다. 어떻게든 대만인 장교를 양성해야 한다. [도쿄, 특요대갑(特要臺甲)]

3. 또다시 대만보다 조선에서 먼저 징병제가 시행되게 되어 매우 유감이다. 우리 대만인은 국

어가 통한다는 점에서도, 용감하다는 점에서도, 우리 쪽이 더 뛰어나다. 앞으로 1~2년 내에는 대만에서도 실시될 것으로 생각하니, 그때가 기다려진다. [교토]

4. 조선 쪽이 먼저 징병제도를 실시하게 된 것을, 우리 대만인은 유감스럽게 생각합니다. 국어가 통한다는 점에서도, 용감하다는 점에서도 조선인들보다 우리 대만인 쪽이 우수하다고 생각하고 있습니다. 정부의 방침이라면 어쩔 수 없는데, 앞으로 1~2년 안에는 대만에서도 징병제도를 실시해줄 것입니다. 그때야말로 내지 쪽이나 조선 쪽에 웃음거리가 되지 않는 훌륭한 장정을 낼 수 있도록 지금부터 유념하지 않으면 안 된다. [교토]

5. 조선에 대해서만 징병제도를 실시하는 것은 편파적이라는 느낌이 든다. 대만인의 황국에 대한 충성이 부족하다는 증거이므로 대만인은 앞으로 한층 더 노력해야 할 것이다. [고후(甲府), 학생]

6. 조선에서만 징병제도를 실시한다는 것은 편파적이라는 느낌이 든다. 이는 우리의 적성(赤誠)이 아직 부족하다는 증거이므로, 앞으로 황국을 위해 크게 진력하여 징병제 실시를 하루라도 빨리 했으면 한다. 대만은 남방 개발의 기지(基地)로서 종래보다 더 중요한 지점이 될 것은 의심하지 않기 때문에, 조선반도 동포에게 지지 않도록 크게 힘쓸 뿐이다. [고후, 학생]

7. 지나인의 의향

청도(青島) 거주 반도인은 징병제 시행에 감격하여 5월 26일 성은에 보답하고자 선서식(宣誓式)을 거행하였다. 이에 관한 지나인의 의향은 다음과 같다.

일지사변 이래 이미 5년이 지났지만, 그동안 일본은 만주·몽골 국경에서 소련과 싸워왔다. 더욱이 지난해 말 대동아전쟁이 발발하자 겨우 5개월 만에 남태평양 작전과 미얀마 진공에 혁혁한 전과를 거둔 반면, 상당수의 사상자(死傷者)도 나온 것도 상상하기 어렵지 않다. 앞으로 치안 확보를 위해서도 적지 않은 병력이 필요할 것은 명백하다. 이 때문에 이번에 갑작스럽게 조선에 「징병령」을 공포한 것이 아니겠는가. 그런데 일본은 조선병합(朝鮮併合) 후 통치에 상당히 고심하고 희생을 치렀다. 반동분자를 탄압하기 위해 여러 가지 금령 등도 시행해왔다. 그런데 이번에 생각지 않게 전역(戰域)이 확대되어 반도인을 이용하지 않을 수 없게 되었다고 짐작된다. 이것이 도리어 일부 반동분자에게 준동의 좋은 기회를 주는 결과가 되지 않을까, 개인적으로 우려하고 있다. 또한 중경(重慶) 정권[376]은 사변 후 "이번 대일항전(對日抗戰)은 잃어버린 중국 땅을 회복할 기회일 뿐만 아니라, 만주·몽골의 복귀와 함께 조선의 독립을 원조하는 것이다."라고 널리 선전하고 있다. 한때는 중경 정권 아래서 조선인 혁명당원들이 조선인민정부위원회[朝鮮人民政府委員會(?)]라는 것을 설치하기도 했다. 현재는 이 정권세력의 쇠약으로 이러한 목소리는 사그라져 있지만, 각지에서 이들 분자가 잠복하고 있는 것은 의심할 나위도 없다. 그들도 또한 이를 이용하여 분별없이 함부로 날뛰지는 않을 것이라 보고 있다.

376 중일전쟁 이후 수도를 중경(重慶)으로 이전한 장개석의 중국국민당 정부를 가리킴.

<자료 37>

「조선 동포 처우개선 발표에 따른 반향에 관한 건」[377]

(내무성 관리국장, 1945. 1. 21.)

관민(管民) 제12호

1945년(昭和 20) 1월 21일

내무성 관리국장 다케우치 도쿠지(竹内德治)

총무과장 귀하(殿)

조선 동포 처우개선(處遇改善) 발표에 따른 반향(反響)에 관한 건

위 제목에 관하여 이번 별지와 같이 조선총독부 경무국장(警務局長)[378]으로부터 통보(通報)가 와서 참고하시도록 보냅니다.

377 內務省 管理局長 竹內德治, 「朝鮮同抱處遇改善發表ニ伴フ反響ニ關スル件」, 1945. 1. 21, 『(朝鮮總督府 昭和20年) 公文雜纂』(일본국립공문서관 소장, 3A 15 29-4-4).

378 당시 경무국장은 미하시 고이치로(三橋孝一郎)임.

「조선 동포 처우개선 발표에 따른 반향」

경무국(警務局) 보안과(保安課)

조선 동포 처우개선 발표에 따른 반향(1월 8일 현재)

1. 일반적 반향

조선 동포 처우개선 발표에 따른 반향은 매우 크다. 이번 조치는 결전하 반도의 지리적 중요성과 부단한 노력 공헌이 인정됨에 따라, 반도는 금후의 성전(聖戰)에 한층 더 적극적으로 기여해야 하기 때문이다. 내선인(內鮮人) 모두 정부의 획기적인 영단(英斷)에 대해 일반적으로 큰 찬의(贊意)와 감사를 크게 표명하고 있다. 일부 조선인 중에는 전쟁 수행상의 조선인 회유책으로는 그다지 큰 기대를 할 수 없다거나, 이미 시기도 늦었다거나, 그 밖에 정치 처우 문제 및 일반 처우 문제에 대해 짐짓 일부러 오해하고 곡해하며 비판적이고 불만적인 언동을 늘어놓는 자가 없지는 않다. 한편 일부 내지인 사이에서도, 오늘날 일부 반도인의 실정(實情)으로 보아 날로 늘어나는 비협력 태도의 조장, 나아가 내지인 세력의 전면적 후퇴의 원인이 된다, 결전하 특히 반도의 현 상황에서 시기상조이며 부적절하다는 등의 위구적(危懼的)인 언동을 하는 경향이 있다. 그래도 요컨대 대세는 이번 조치가 반도의 실정에 맞는 적절한 정책으로서 구체적인 내용의 발표와 신속한 실현의 촉진을 기대하고 있다.

현재까지의 주요한 반향은 대체로 이하에서 기재한 바와 같다.

2. 정치 처우 문제

1) 내지인 측

일부 내지인 중에는 정치참여 문제에 관하여 시기상조라고 한다. 제국의 흥망을 결정하는 결전(決戰)이 한창인 중으로 이런 처우개선과 같은 국내 정치문제를 논의해야 할 시기가 아니다, 전쟁이 종결된 후에 반도 동포의 전쟁 기여 태도 여하를 참작하여 해결해야 한다, 또는 조선인의 거만한 분위기가 커지는 것을 걱정하고 불안하게 보고 있다. 일반적으로는 대동아 결전하 국민 총무장(總武裝) 총궐기를 필요로 하는 때에 본건 조치는 적절한 대책으로 정책이라며 대체로 찬성의 뜻을 표하고 있다. 주된 특이 언동의 요지는 다음과 같다.

○ 진정으로 황민화된 민족이라면 성전의 완수를 눈앞에 두고 협력해야 하지 않겠는가. 그중에는 특공대(特攻隊) 용사와 같은 인물도 있지만, 2,600만 민중 중에 이러한 인재는 과연 몇 명이나 있을지 의문이다.

○ 조사회(調査會)가 개선책을 어느 정도로 구체화할지는 모르겠지만, 처음부터 내지와 같지는 않을 것이다.

○ 줄 것은 주고 요구할 것은 요구하는 정치가 특히 조선에서는 중요하기에 이번 발표는 찬성한다.

○ 조선인의 전면적이고 무차별적인 요구 혹은 거만한 태도에 박차를 가하더라도 대국적(大局的)으로 기대하는 바가 적지 않다.

○ 앞으로 반도에 거주하는 내지인의 지위가 위험해진다. 대책이 필요하다.

2) 조선인 측

조선인 일반 대중층은 정치참여에 대해서는 비교적 관심이 희박할 뿐만 아니라, 극히 일부 층에서는 본건과 같은 것은 일부 특권계급의 정치적 야망을 만족시키겠지만 그 밖의 일반 대중에게는 아무런 영향이 없다, 오히려 조선 대중의 궁핍한 실생활을 직시하고 이에 들어맞는 대중적 정책 개선의 구현이야말로 전쟁 중에 가장 중요한 일이라는 비방적 언동을 늘어놓는 경향이 있다. 하지만 일반적으로는 조선의 획기적 약진으로서 감격과 희망이 비치고 있다. 특히 유식층은 감격과 기대가 훨씬 커서 조사회의 향후 활약을 주시하고 있으며, 동시에 반도에서 귀족원(貴族院)·중의원(衆議院) 양원 의원 선출이 확정적이라는 관측이 농후하다. 벌써부터 귀족원 10명, 중의원 30명 미만이라는 등 의원 수를 억측하고 있다. 이를 둘러싸고 관계 방면에 사전 출마 공작을 시도하는 경향도 상당히 산견(散見)된다는 정보도 있는 등 유식층 사이에서는 본건에 대한 관심이 극히 강렬해지고 있다. 반면 유식층 중 일부에서는 지나치게 기대가 커서 미리부터 조바심을 내고 있다. 본 문제가 아직 아무런 구체적인 요강

(要綱)이 없다는 점을 지적하며 일말의 불안한 언동이나 미온적인 정부 태도 등에 대해 비판하고 우려하는 경향이 있다. 특히 주목할 점은 조사회 위원 중에 조선인을 전혀 참여시키지 않은 것은 향후 이 조사회의 활동을 기대하기 어렵게 한다는 무책임한 억측을 하는 경향도 없지 않다는 것이다.

게다가 일부에서는 반도의 중의원 진출은 법제상의 절차, 기타 현하의 각종 실정에 비추어 조속한 해결은 지극히 어려울 것이라는 관측도 상당히 존재한다. 앞서 언급한 반도 유식층의 동향은 본건의 향후 추이 여하에 따라 상당히 주목을 요한다고 생각한다.

주된 특이 언동과 요망 등은 다음과 같다.

○ 조사회 위원에 반도인이 포함되지 않은 것은 결전하 반도의 진상을 파악하기 곤란하게 하니, 조사회의 활약은 기대하기 어렵다.

○ 제국의 비약적 발전 과정에서 반도의 인적·물적 자원이 전력하여 전쟁에 협력하고 있음을 생각해보면, 처우 문제는 오히려 너무 늦은 감이 든다.

○ 일반 처우는 별로 보잘것없어도 정치 처우는 외지(外地) 통치에 한 시대의 획을 긋는 일이며, 방법 여하에 따라서는 일본의 장래에 심대한 영향을 끼칠 것이다.

○ 귀족원·중의원 양원 의원을 약 40명을 선출할 것이라고 들었는데, 조선으로서도 기대에 어긋나지 않는 인물을 보내야 한다.

○ 참정권도 감사하지만, 먼저 도회(道會)·읍회(邑會) 등의 자치제 확립을 바란다.

○ 기대하고 있었던 만큼 이번 내용으로는 부족하다. 앞으로 발표와 결단을 기대한다.

○ 정치 처우는 우리로서는 그다지 관계가 없다. 실생활에 입각한 시책을 바란다.

○ 조선인에 대한 회유 및 정치 공작에 지나지 않는다.

○ 대만은 점령지, 조선은 합병(合倂)인데도 불구하고 양자의 동일한 처우는 이해할 수 없다.

○ 정부 방침은 고식적(姑息的)이다. 총독정치를 폐지하고 중앙 직할로 해야 하지 않나.

○ 대의사(代義士)를 선출하는 것보다 눈앞의 배급을 평등하게 하라.

○ 귀족원 의원은 3명 내지 10명, 중의원 20명 내지 30명 등 여러 설이 분분하다.

○ 추천 선출은 의미가 없다.

○ 관선(官選)은 환영하지 않는다. 민선(民選) 의원을 다수 선출했으면 한다.

3. 일반 처우 문제

1) 내지인 측

일반 처우 문제 중 내지 도항 제한의 철폐 문제는 치안, 풍속 혹은 민족적 관점에서 매우 위험하고 걱정스럽고 두렵다는 견해가 농후하다. 그 외 진학, 취직, 노무관리, 후생(厚生) 및 경찰 처우의 개선 등에 대해서는 개별적인 반향이 거의 보이지 않는다. 전반적으로 조선인의 진출 증가, 나아가 내지인 세력의 소퇴(消退)를 우려한다.

2) 조선인 측

조선인 유식층과 학생·청년 등 적어도 종래 민족문제에 다소 관심을 가졌던 계층에게 직접적으로 가장 불평불만의 원인이 되고 문제시되어온 내지 도항 제한의 철폐, 진학, 취직 및 그 외 개개의 문제가 도마 위에 올랐다. 이번에 해결의 서광이 보인 것은 진정으로 획기적이고 대중적인 처우 방책이 나온 것이라며 일반적으로 큰 감사의 뜻을 표하고 있다. 그렇다고 하더라도 아직 '조선 내 처우개선'에 관해서는 아무런 구체적인 내용이 발표되지 않아, 종래 반도 대중층이 기회가 있을 때마다 불평불만의 씨앗으로 삼아온,

○ 경제계 진출의 기회 균등

○ 반도인 관리의 가봉(加俸) 세도

○ 반도인 관리의 등용, 즉 내선정원제(內鮮定員制)의 개폐(改廢)

○ 의무교육제 실시

○ 배급제도의 평등화

(생활양식의 차이에 기초한 일상생활 물자의 배급에도 다소 차이가 있는데, 특히 민족적 차별인 것처럼 과장하여 외치는 일도 적지 않다.)

등 여러 문제가 해결되지 않은 채 남아 있는 것은 매우 유감이라는 불만스러운 언동이 상당히 강해져서, 이른바 조선인에 대한 멸시관(蔑視觀)을 이번 기회에 한꺼번에 불식시키려는 것이야말로 근본 문제가 될 것이다. 무형(無形)의 욕구가 극히 농후해지고 있다. 일반적으로 본

조치가 유명무실(有名無實)하게 끝나지 않도록 하기 위해서는, 무엇보다 향후 당국의 애정 어린 적극적인 시책과 말단 기관의 이해심 있는 운영이 연계되어 적정한 운영이 되도록 요망한다.

게다가 일반 처우 중 가장 문제의 초점인 내지 도항 제한 철폐에 대한 반향은 대체로 다음과 같다.

3) 내지 도항 제한 철폐

내지인 측의 일부에서는 치안상·풍속상 상당히 고려되어야 할 문제이기 때문에 무제한으로 조선인을 도항시키는 것은 시기상조이다, 비위 맞추기 정책, 내선융화에 역효과 초래 등 무책임하다고 비판하는 경향이 있다. 그래도 대다수는 결전 시책으로서 시의적절한 조치로 본다. 전력(戰力)의 비약적 증강이 필요한 때에 내선 왕래의 장벽이 되어온 도항 제한과 같은 것은 마땅히 전면적으로 철폐되어야 한다.

그런데 내선 민도(民度)의 차이, 상습 도항자(渡航者) 억제 또는 불령분자(不逞分子)의 잠입 방지 등은 별도의 입장에서 고려해야 할 문제이다. 한편 조선인 측에서는 쌍수를 들고 환영하고 있지만, 내심으로는 전면적인 무조건 철폐는 예상하지 않고 있다. 어떠한 형태로든 반드시 제한을 받을 것이라는 견해도 많다. 따라서 일부에서는 반도인을 전쟁에 협력시키기 위한 기만책이며, 전국(戰局)의 추세에 대처하는 반도 민중 회유책의 한 표현에 지나지 않는다고 하는 등 고의로 왜곡하기도 한다. 또는 수송 제한, 노무 송출(送出) 등과 관련하여 도항 제한을 철폐하는 것은 아무런 실효가 없을 것이라고 기대하지 않는 자도 있다. 혹은 비록 전면적 철폐를 하더라도 내지 측 경찰의 단속은 한층 엄중해질 것은 분명하므로, 도항 조선인의 고통은 가중되어 실질적으로는 자유 도항은 곤란할 것으로 예측하는 경향도 적지 않다. 어떻든 구체적인 발표를 주시하고 있다.

4. 특이 동향

1) 함경북도청(咸鏡北道廳)의 반도인 직원은 너무나 감격하여 12월 26일 나남신사(羅南神社)에서 감사 봉고제(奉告祭)를 거행하고, 같은 날 내각총리대신 및 조선총독 앞으로 감사 전보를 타전하였다.

2) 국민총력조선연맹(國民總力朝鮮聯盟)에서는 12월 30일 오전 10시를 기하여 조선연맹을 비롯해 도(道)·부(府)·군(郡)·도(島)·읍(邑)·면(面) 연맹 주최로 전 조선에서 일제히 감사 봉고제를 거행하였다.

3) 1월 4일 오후 1시부터 조선호텔에서 경성 거주 유력자 70여 명이 모여, 조선 동포 처우개선 총궐기운동 전개에 관한 간담회를 개최하였다.

① 감사 표명 방법
② 처우개선 취지의 주지(周知) 철저
③ 황도(皇道)·황민(皇民) 운동의 전개

이상 3개 항목에 걸친 간담을 통해 실천준비위원 30명을 선정하고, 이어서 같은 날 위원회를 개최하여 구체적인 실행 항목을 협의, 전선적(全鮮的) 운동 전개로 나아갈 것을 결정하였다.

4) 1월 8일 현재까지 송달된 감사장(感謝狀)은 총감독 앞 3통, 정무총감 앞 2통, 같은 내용의 전보 총독 앞 14통, 정무총감 앞 2통으로, 총 21통에 달한다.

1945년(昭和 20) 3월 6일

조선총독부 경무국장 발(發)

내무성 관리국장 앞

「전보(電報) 번역문(譯文)」

지난 2월 24일 조선인 내지 도항 제한 철폐 실시 발표에 따른 반향을 내사하였다. 본건은 일반적 처우개선 각의 결정이 발표된 후 최초의 구체책(具體策) 발표로서 특히 조선인 사이에서는 숙원이었던 관계상 일반적으로 다대한 명랑감(明朗感)을 주었다. 내지인 측에서도 대체로 찬성의 의사를 표하는 것 같다. 그런데 그 저류에서는 표면적 언동과 달리 철폐 후에 시국하 도항 취급의 진의를 이해하지 못한 비판적 내지 불만적 언동이 나타나고 있다. 그 주된 특이 언동을 아래와 같이 첨부하니, 참고하시기 바란다.

- 아래 -

1. 도항 제한 철폐 후에도 도항 취급 중 노무자 및 그 가족에 대한 사실상의 도항 제한은 여전히 존재하고 있을 뿐만 아니라, 특히 장기(長期) 여행자에 대한 신분증명 발급제와 같은 것은 그 이유나 형식 여하를 불구하고 도항 제한의 ■■적 ■■ 내지 대안에 지나지 않는다. 이번 기회에 명실공히 전면적 제한 철폐를 단행해야 한다.

2. 당국의 주안 목표는 ■■ 제한 강화, 기타 시국의 요청에 편승하여 이를 분식(粉飾)시키려는 기만정책이다.

3. 내지에서 공습의 본격화, 기타 시국하의 긴박한 제반 정세에 비추어보아 내지로의 여행은 좋지 않다. 오늘날 도항 제한을 폐지하는 것도 쓸데없이 그 시기가 늦었다. 차라리 참정권 부여, 물자 배급 차별의 철폐, 관공리 처우개선 등을 시급히 실시해야 한다.

4. 노무동원의 강화로 노무에게는 아무런 이해(利害)도 없다. 특히 앞으로도 도항상의 수속은 의연히 존속하는 이상, 그 철폐가 요구된다.

진총무(鎭總務) 제　　호

1945년(昭和 20) 3월 24일

진남포(鎭南浦) 부윤(府尹)

내각총리대신 귀하(殿)

「처우개선 감사 결의에 관한 건」

가열된 현 전쟁 시국하에서 당국은 조선에 거주하는 동포에 대한 처우개선의 실시 방책을 결정하여 착착 실현하고 있다. 이에 대하여 우리 부(府)의 통상(通常) 부회(府會)에서 개회 첫머리에 만장일치의 의결로 별지와 같이 처우개선 감사 결의를 하여 이를 송부한다.

처우개선 감사 결의문

참으로 가열된 현 전쟁 시국하에서 정부는 각의(閣議)에서 조선 동포에 대한 처우개선의 실시 방책을 결정하고 착착 실현하고 있다. 무한한 황은(皇恩)에 오직 황공스럽게 감격하지 않을 수 없는 바이다. 이는 역대 총리대신 각하가 일시동인(一視同仁)의 성지(聖旨)를 받들어 조선 통치에 부단한 노력을 다한 결과로, 우리 부회는 개회 첫머리에 만장일치로 결의하여 깊이깊이 감사의 뜻을 표하였다.

지금 전쟁 시국은 더욱 시급해져 진정 흥망을 결정하는 시기에 10만 부민(府民)은 더욱 순국(殉國)의 대의(大義)를 철저히 하고 궐기하여, 전력(戰力) 증강, 국토 방위에 매진하기를 맹세하고, 황은의 만분의 일이라도 보답하여 받들기를 기대한다.

1945년 3월 22일, 진남포부회(鎮南浦府會) 의장

내각총리대신 귀하

| 자료목록

연번	편저자	문건명(호수, 일자 등)	자료(책)명	발행처	발행일	본문 쪽수
1	朝鮮總督府	朝鮮中央情報委員會規定	朝鮮總督府官報 제3155호	朝鮮總督府	1937. 7. 22.	23
2	朝鮮總督官房 文書課	朝鮮時局宣傳事務概要	昭和12年 時局宣傳事務 報告	朝鮮總督官房 文書課	1937. 11. 20.	25
3	조선일보사	조선중앙정보위원회 관련《조선일보》기사	조선일보	조선일보사	1937. 7.~ 1939. 11.	51
4	高等法院 檢事局 思想部	朝鮮防共協會の設立とその活動狀況	思想彙報 제20호	高等法院 檢事局 思想部	1939. 9	75
5	朝鮮總督府 警務局 保安課	朝鮮における防共運動	日帝下 戰時體制期 政策 史料叢書 제52권	民族問題 研究所	1939	102
6	京畿道 警察部長	朝鮮防共協會京畿道聯合支部ノ結成式擧行ニ關スル件	思想ニ關スル情報 10	國史編纂 委員會	1938. 9. 19.	170
7	조선일보사	조선방공협회 관련《조선일보》기사	조선일보	조선일보사	1938. 8.~ 1940. 8.	175
8	朝鮮軍參謀長 久納誠一	7月31日附陸軍省令第34號ニ係ル意見	密大日記 第5冊(昭和 12年)	陸軍省	1937. 8. 10.	262
9	朝鮮軍參謀長 北野憲造	朝鮮軍報道部業務編成等ニ關スル規程報告ノ件	密大日記 第1冊(昭和 13年)	陸軍省	1938. 10. 31.	264
10	朝鮮軍參謀長 北野憲造	朝鮮軍報道會議ニ主任者派遣依頼ノ件照會	密大日記 第4冊(昭和 14年)	陸軍省	1939. 1. 16.	268
11	朝鮮軍參謀長 北野憲造	投降ソ聯兵宣傳利用狀況ニ關スル件	密大日記 第16冊(昭和 13年)	陸軍省	1938. 11. 14.	270
12	朝鮮軍參謀長 北野憲造	投降ソ聯兵ラ利用シタル宣傳效果概況報告ノ件	密大日記 第6冊(昭和 14年)	陸軍省	1939. 2. 17.	276

연번	편저자	문건명(호수, 일자 등)	자료(책)명	발행처	발행일	본문 쪽수
13	朝鮮軍参謀長 加藤鑰平	投降蘇聯兵ト思想犯受刑者ノ座談會效果槪況ノ件報告	陸支密大日記(密) 第69號-2	陸軍省	1939. 10. 19.	285
14	朝鮮郡司令部	朝鮮軍報道宣傳要綱(案)	日帝下 戰時體制期 政策史料叢書 제61권	民族問題 研究所	1940. 8. 1	298
15	朝鮮郡司令部	朝鮮軍報道宣傳業務規程(案)	日帝下 戰時體制期 政策史料叢書 제61권	民族問題 研究所	1940. 8. 1.	304
16	朝鮮郡司令部	昭和十五年度朝鮮軍報道宣傳計畫(案)	日帝下 戰時體制期 政策史料叢書 제61권	民族問題 研究所	1940. 8. 10.	308
17	朝鮮郡 報道部	朝鮮軍報道部事務規定	日帝下 戰時體制期 政策史料叢書 제61권	民族問題 研究所	1940. 8. 10.	317
18	朝鮮郡司令部	朝鮮軍連絡會同席上 軍報道部長說明要旨	日帝下 戰時體制期 政策史料叢書 제61권	民族問題 研究所	1940. 8.	326
19	조선일보사	'조선군' 보도부 관련 《조선일보》 기사	조선일보	조선일보사	1938. 4.~ 1940. 7.	329
20	朝鮮總督府 警務局	『제73회 제국의회 설명자료 (경무)』 중 時局座談會實施要項	일제하사회운동사자료총서 제7권	한국역사 연구회	1937	368
21	不明	昭和12年 時局宣傳事務報告 別紙 중 좌담회 질의사항	昭和12年 時局宣傳事務報告 別紙	不明	1937	373
22	朝鮮總督府 警務局	民衆啓蒙警察時局座談會の狀況	最近における朝鮮治安狀況	朝鮮總督府 警務局	1938	375
23	朝鮮總督府 警務局 保安課	時局座談會の指導方針に就て	高等外史月報 제2호	朝鮮總督府 警務局 保安課	1939. 8.	383
24	朝鮮總督府 警務局 警務課	國境地方帶防共工作計畫	警備關係綴-國境ノ部	朝鮮總督府 警務局 警務課	1938	388
25	咸鏡南道 警察部長	國境地帶ノ防共工作ニ關スル件	警備關係綴-國境ノ部	朝鮮總督府 警務局 警務課	1938. 5. 12.	399

연번	편저자	문건명(호수, 일자 등)	자료(책)명	발행처	발행일	본문 쪽수
26	咸鏡南道 警察部長	國境地帶ノ防共工作ニ關スル件	警備關係綴-國境ノ部	朝鮮總督府 警務局 警務課	1938. 6. 2.	410
27	조선일보사	시국좌담회 관련 《조선일보》기사	조선일보	조선일보사	1937. 8.~ 1940. 8.	421
28	高等法院 檢事局 思想部	支那事變に對する主義者の動靜に關する調查	思想彙報 제13호	高等法院 檢事局 思想部	1937. 12.	464
29	朝鮮総督府 警務局	志願兵制度實施竝教育令改正に伴ふ影響	最近に於ける朝鮮治安狀況-昭和十三年	朝鮮総督府 警務局	1938	486
30	內務省 警報局 保安課	志願兵制度實施方發表に關する反響	特高外事月報 1938년 1월분~4월분	內務省 警報局 保安課	1938. 1.~4.	491
31	朝鮮總督府 法務局 刑事系	長鼓峯事件に對する在京朝鮮人の動靜に關する件(제2~8보)	警視廳情報	朝鮮總督府 法務局 刑事系	1938~1939	505
32	朝鮮總督府 警務局 保安課	氏創設に對する言動調	高等外事月報 제8호	朝鮮總督府 警務局 保安課	1940. 3.	568
33	朝鮮總督府 警務局 保安課	最近に於ける農村民衆の動向	高等外事月報 제12호	朝鮮總督府 警務局 保安課	1940. 7.	575
34	朝鮮總督府 警務局 保安課	義務教育制度實施公表に伴ふ民衆の反響	高等外事月報 제14호	朝鮮總督府 警務局 保安課	1940. 9.	583
35	京畿道 警察部長	國際情勢ノ急變ニ對スル部民ノ言動ニ關スル件	思想ニ關スル情報(13)	國史編纂 委員會	1941. 1. 27.	585
36	司法省 刑事局	朝鮮に對する徵兵制施行の閣議決定公表に關する反響調查	思想月報 제95호	司法省 刑事局	1942. 6.	591
37	內務省 管理局長	朝鮮同抱處遇改善發表ニ伴フ反響ニ關スル件	(朝鮮總督府 昭和20年) 公文雜纂	內務省 管理局長	1945. 1. 21.	623

| 참고문헌

1. 논저

慶尙北道警察部, 「高等警察に關する指示注意事項」, 1937.11, 『諸會議綴』, 1937(국가기록원 소장 조선총독부 문서).

京畿道警察部, 「流言蜚語,造言飛語,其ノ他不穩言動者取締狀況」, 『治安情況』, 1938.9(국사편찬위원회 한국사 데이터베이스).

김영희, 「1930·40년대 일제의 농촌통제정책에 관한 연구」, 숙명여대 박사학위논문, 1995.

변은진, 『파시즘적 근대체험과 조선민중의 현실인식』, 선인, 2013.

변은진, 『일제말 항일비밀결사운동 연구』, 선인, 2018.

변은진·장순순 편역, 『전시체제기 여론통제(1)-기본 구상과 방향』, 동북아역사재단, 2021.

寺崎昌男·戰時下教育研究會 編, 『總力戰體制と教育 - 皇國民'錬成'の理念と實踐』, 東京大出版會, 1987.

小松孝彰, 『戰爭と思想宣傳戰』, 春秋社, 1939.

신지영, 「전시체제기(1937~1945) 매체에 실린 좌담회를 통해 본, 境界에 대한 감각의 재구성」, 『사이』 제4호, 국제한국문학문화학회, 2008.

安井英二, 「當面ノ思想對策ニ付テ」, 貴族院調査會 思想調査委員會, 1944.12.26.

娛平康弘 監修, 『戰前の情報機構要覽: 情報委員會から情報局まで』, 1964. 3.

靑健, 「중일전쟁기(1937~1940) '朝鮮軍司令部報道部'의 설치와 조직구성」, 『韓日民族問題硏究』 19, 2010.

朝鮮總督府, 『施政30年史』, 1940.

2. 기타 자료

《每日申(新)報》, 《東亞日報》, 《朝鮮日報》, 《京城日報》 등 당대 신문 자료

네이버, 야후재팬 등의 각종 온라인 사전류

| 찾아보기

ㄱ

ㄷ

ㄹ

ㅁ

ㅂ

ㅅ

ㅇ

ㅈ

ㅊ

ㅋ

ㅌ

ㅍ

ㅎ

동북아역사재단 일제침탈사 자료총서 58
사회 · 문화편

전시체제기 여론통제(2)
관련 기구와 조사

초판 1쇄 인쇄 2022년 12월 10일
초판 1쇄 발행 2022년 12월 20일

기획 | 동북아역사재단 일제침탈사 편찬위원회
편역 | 변은진 · 장순순
펴낸이 | 이영호
펴낸곳 | 동북아역사재단

등록 | 제312-2004-050호(2004년 10월 18일)
주소 | 서울시 서대문구 통일로 81 NH농협생명빌딩
전화 | 02-2012-6065
팩스 | 02-2012-6186
홈페이지 | www.nahf.or.kr
제작 · 인쇄 | (주)동국문화

ISBN 978-89-6187-760-2 94910
978-89-6187-702-2 (세트)